Karl-Heinz Steffens, Claudia Dreßler

Praxishandbuch Schiffsfonds

De Gruyter Praxishandbuch

Karl-Heinz Steffens, Claudia Dreßler

Praxishandbuch Schiffsfonds

DE GRUYTER

Zitiervorschlag: *Steffens/Dreßler* Schiffsfonds, Rn.

ISBN 978-3-11-033833-1
e-ISBN 978-3-11- 033841-6

Bibliografische Information der Deutschen Nationalbibliothek
Die Deutsche Nationalbibliothek verzeichnet diese Publikation in der Deutschen Nationalbibliografie; detaillierte bibliografische Daten sind im Internet über http://dnb.d-nb.de abrufbar.

Einbandabbildung: Jaroslaw Baczewski/iStock/Thinkstock
Datenkonvertierung/Satz: fidus Publikations-Service GmbH, Nördlingen
Druck: CPI books GmbH, Leck
♾ Gedruckt auf säurefreiem Papier
Printed in Germany
www.degruyter.com

Sehr geehrte Leserinnen und Leser,

das Praxishandbuch Schiffsfonds ist ein erster Anlauf, umfassend den Bereich der Schiffsfonds in den Focus zu stellen.

Aufgrund der Schlagzeilen über Insolvenzen bei Schiffsfonds hat diese Form der Kapitalanlage deutlich mehr Beachtung gefunden als ähnliche geschlossene Fonds.

Wir haben versucht, die Entwicklungslinien und die aktuell relevanten Schiffsfondstypen zu berücksichtigen. Dies war mit einem kleinen Autorenteam eine große Aufgabe.

Im Falle einer 2. Auflage werden alle seit Redaktionsschluss erfolgten gesetzlichen Änderungen sowie ein aktualisierter Überblick zum Markt der Schiffsfonds Berücksichtigung finden.

Die Autoren danken Frau Paula Behnke für die Unterstützung bei der Aufarbeitung des Gesamtkomplexes, der Recherche sowie bei den Grafiken.

Die Verantwortung für den Inhalt liegt bei dem Autorenteam.

Wir sind weiterhin an jeder Art von Rückmeldung von Ihnen, den Leserinnen und Lesern, sehr interessiert.

Vorwort

Dieses Praxishandbuch Schiffsfonds hat sich die Aufgabe gestellt, den Leser mit den typischen Besonderheiten von Schiffsfonds vertraut zu machen. Es soll zudem eine aktuelle Zusammenstellung des Geschehens um die Schiffsfonds sein. Der Stand des Praxishandbuches ist der 31.10.2013. Das Umfeld der Schiffsfonds ist weiter im Umbruch.

Zunächst geht es um eine Darstellung der Situation und die einzelnen Fondstypen. Weiter wird der Leser über die bei der Erstellung eines Schiffsfonds ablaufenden Prozesse informiert. Es geht um die Berücksichtigung der wirtschaftlichen, rechtlichen und steuerrechtlichen Aspekte. Da der Markt von Schiffsfonds sich schon einige Zeit entwickelt hat, wird auf die Besonderheiten hinsichtlich des Rahmens einzugehen sein, in dem sich der Schiffsfonds bewegt. Da in letzter Zeit die Krisensituationen für die Anleger deutlich häufiger sind, als es diese erwartet haben, wird das Szenario des Sanierung oder Insolvenz dargestellt. In letzter Zeit beschäftigen sich neben den Insolvenzgerichten auch die allgemeinen Gerichte mit der rechtlichen Bewältigung der Probleme mit den Schiffsfonds. Zugleich soll das Praxishandbuch den unterschiedlichen Lesergruppen den Zugang zum Schiffsfonds erleichtern.

Als in den siebziger Jahren die ersten Schiffsbeteiligungen an den Markt kamen, ging es für die Kapitalanlager in allererster Linie darum, Steuern zu „sparen". Der erste Schiffsfonds für die Kapitalanleger ermöglichte im Jahre 1975 den Anlegern Verlustzuweisungen von unglaublichen 300 Prozent des investierten Kapitals. Um es nachvollziehbar zu formulieren: Wer damals 100 DM investierte, erhielt vom Staat (Finanzamt) 150 DM zurück und war zusätzlich Miteigentümer eines Schiffes. Bei diesen Rahmenbedingungen war es für Emissionshäuser und den Vertrieb nicht sonderlich schwer, diese Steuergeschenke unter die Leute zu bringen. Damals förderte die Politik den Schiffsbetrieb, da die Werften in Deutschland zu dieser Zeit noch eine wichtige Wirtschaftskraft darstellten.

Das wirtschaftliche Ergebnis der Unternehmensbeteiligung Schiff spielte für die Kapitalanlager eine untergeordnete Rolle, ebenso wie der Kaufpreis, der Charterer, die Charterdauer usw. Die Kapitalanleger „investierten" in Verluste, um Steuer zu sparen.

Inzwischen haben sich die negativen steuerlichen Ergebnisse auf nur noch ca. 20 bis 50 Prozent reduziert. Dies ist im Vergleich zu anderen Beteiligungsmöglichkeiten immer noch relativ attraktiv. Spät setzte sich die Erkenntnis durch, dass Schiffsfonds auch ohne anfängliche Steuervorteile wirtschaftliche Investments sein konnten. Durch die Einführung der Tonnage-Steuer profitierten Schiffsfonds lange Zeit auch weiterhin von steuerlichen Vorteilen, die allerdings anders geartet sind. Die Tonnagesteuer ist als Begriff unscharf, weil die Einnahmen aus Schiffsfonds aus dem Schiffbetrieb nahezu völlig steuerfrei sind. Allerdings erfolgt auch dann eine Steuerzahlung, wenn überhaupt keine Einkünfte generiert werden. Der langfristige und illiquide Charakter von Schiffsbeteiligungen erfordert jedoch besondere Aufmerksamkeit, was das Erkennen und Bewerten der Risiken angeht. Diese haben sich bei vielen Schiffsfonds in letzter Zeit verstärkt realisiert. Es kam zu einer großen Anzahl von Insolvenzen bei Schiffsfonds.

Schließlich hat der deutsche und europäische Gesetzgeber die rechtlichen Rahmenbedingungen der Schiffsfonds und die der Anleger reguliert und an verschiedenen Stellen eingegriffen. Dieser Prozess ist noch nicht zum Ende gekommen. Es lohnt sich jedoch ein Resumée zu ziehen.

Berlin, März 2014 Karl-Heinz Steffens

Inhaltsverzeichnis

Abbildungsverzeichnis

Literaturverzeichnis

Assmann, Heinz-Dieter/Schütze, Rolf A. (Hrgs.), Handbuch des Kapitalanlagerechts, 3. Auflage, Verlag C.H. Beck, München 2007.

Baumbach, Adolf/Hopt, Klaus J., Handelsgesetzbuch, Kommentar, 35. Auflage, C. H. Beck, 2012.

Bernhardsgrüter, Martin/Ehrenthal, Joachim, Entwicklungsperspektiven geschlossener Schiffsfonds, 2010, Göttingen.

Biebig, Peter/Althof, Wolfgang/Wagener, Norbert, Seeverkehrswirtschaft, 4. Auflage, 2008, München.

Birk, Dieter, Steuerrecht, 15. Auflage, C. F. Müller, München, 2012.

Burgemeister, Jens, e-book Schiffsfonds, euroforum-fachwissen, 2007.

Deutsche Zweitmarkt AG, Leitfaden zum Deutschen Zweitmarktindex DZX, Hamburg, 2008.

Dietrich, Steffi, Steuerliche Behandlung von Beteiligungen an einen Schiffsfonds unter besonderer Berücksichtigung von Zweitmarktmodellen, 1. Auflage, 2008.

Dobert, Jürgen, Schiffsfonds und Schiffsfinanzierungen nach dem deutschen KG-Modell 1990–2000. Eine vergleichende Marktanalyse, Wentorf 2001.

Drobertz, Wolfgang/Tegtmeier, Lars,/Topalov, Mihail, Bewertung von Kommanditanteilen geschlossener Schiffsfonds mit dem Ertragswertverfahren in: Finanz Betrieb, 10. Jg., Nr. 6 S 399–411.

Schulze, Rainer/Dörner, Heinrich/Ebert, Ina u.a., Bürgerliches Gesetzbuch, Handkommentar, 7. Auflage, Nomos, 2012.

Ebenroth, Carsten Thomas/Boujong, Karlheinz/Joost, Detlev/Strohn, Lutz, Handelsgesetzbuch, Band 1: §§ 1 – 342 e Kommentar, 2. Auflage, Verlag Vahlen, 2008.

Friedrich, Rolf/Wegner, Christoph/Richter, Tim, Eigenkapitalfinanzierung über geschlossene Schiffsfonds, in: Winter/Hennig/Gerhard [Frankfurt School Verlag 2013].

FondsMedia, Praxistest Anlegerschutzanwalt Schiffsfonds, Hamburg, November 2013, FondsMedia GmbH.

FondsMedia Marktstudie Schiffsfonds, InsolvenzCheck 2012, Hamburg, FondsMedia GmbH.

Gaugler, Eduard/Heimburger, Wolfgang, Beiräte in mittelständischen Unternehmen, Verlag Haufe, Freiburg im Breisgau, 1985.

Gottwald, Uwe, Zwangsvollstreckung, Kommentar zu den Paragraphen 704 bis 915h ZPO mit Antrags- und Klagemuster für die Rechtspraxis, 6. Auflage. Haufe, Freiburg.

Haase, Florian/Dorn, Katrin (Hrsg), Vermögensverwaltende Personengesellschaften, Verlag C. H. Beck, München, 2013.

Hemberger, Pascal, Geschlossene Fonds als Anlagemöglichkeit für Privat Banking Kunden, 1. Aufl. 2012, Norderstedt.

Holzkötter, Dieter/Portisch, Wolfgang/Schuppener, Jörg, Rechtliche Anforderungen an Fortführungsprognosen, Fortbestehensprognosen und Sanierungskonzepte, in: ISU [Finanz Colloquium Heidelberg 2012].

Herber, Rolf, Seehandelsrecht: Systematische Darstellung, Berlin, 1999.

Hess, Harald, Insolvenzrecht, 4. Auflage, Verlag Müller, 2007.

Huber, Herwart, Der Beirat, Verlag Schmidt (Otto), 2004.

ISU – Institut für die Standardisierung von Unternehmenssanierungen (Hrsg.), Mindestanforderungen an Sanierungskonzepte – MaS, 2. Auflage, Finanz Colloquium Heidelberg, 2012.

Lampe, Marc, Schiffsfondsbeteiligungen, Skript zum 10. Tag des Bank- und Kapitalmarktrechts, nicht veröffentlicht, 2013.

Loritz, Karl-Georg/Wagner, Klaus-R., Geschlossene Fonds: Prospektdarstellung von „weichen“ Kosten und Anlageberatungspflichten in der Rechtsprechung des BGH vor dem 1.7.2005 und danach, NZG 2013, 367 ff.

Lüdicke, Jochen/Arndt, Jan-Holger, Geschlossene Fonds, 6. Auflage, Verlag C. H. Beck München, 2013.

Keunecke, Ulrich, Prospekte im Kapitalmarkt, Berlin, 2005.

Krause, Norbert, Praxishandbuch Schiffsregister, Verlag de Gruyter, Berlin, 2012.

Mager, Matthias, Offene und geschlossene Immobilienfonds und ihre internationalen Pendants, Grin Verlag, 2008.

Nippe, Jana Carola, Beiräte in deutschen Schiffs-KG's, VDM Verlag Dr. Müller, 2008.

Palandt, Bürgerliches Gesetzbuch, Kommentar, 72. Auflage, München, 2013.

Papsch, Christoph, Dicker Pott, in: Deutsche Seeschifffahrt, 2011, S. 22f.

Pelikan, Edmund, Chancen mit geschlossenen Fonds, 1. Auflage, Wiesbaden 2007.

Pelikan, Edmund, Beteiligungskompass, Handbuch für geschlossene Fonds, Landshut, 2004 – 2012.

Peppmeier, Kai/Schuppener, Jörg, Inhalte des Sanierungskonzepts, in: ISU [Finanz Colloquium Heidelberg 2012].

Portisch, Wolfgang, Beurteilung der Sanierungsstandards IDW S 6 und ISU-MaS, in: ISU [Finanz Colloquium Heidelberg 2012].

Portisch, Wolfgang/Schuppener, Jörg, Grundsätze ordnungsgemäßer Sanierungskonzepte (GoS), in: ISU [Finanz Colloquium Heidelberg 2012].

Raeke, Jürgen/Schramm, Michael, Optimal investieren mit GESCHLOSSENEN FONDS, 2005, München.

Rindfleisch, Stefan P., Restrukturierung von Schiffsfinanzierungen, in: Winter/Hennig/Gerhald [Frankfurt School Verlag 2013].

Saenger, Ingo, Zivilprozessrecht, 5. Auflage, Nomos, 2013.

Saenger, Ingo/Aderhold, Lutz/Leukaitis, Karlheinz/Speckmann, Gerhard [Hrsg.], Handels- und Gesellschaftsrecht, 2. Auflage, Verlos Nomos, 2011.

Saenger, Ingo, Gesellschaftsrecht, Verlag Vahlen, 2010.

Sattler, Andreas/Jursch, Peter/Müller, Bernd, Der GmbH-Beirat, 2. Auflage, Verlag VSRW, 2013.

Schirmacher, Albrecht F. (Hrsg.), Geschlossene Fonds 2011, Investieren in reale Assets, 1. Auflage 2010, GABLER Verlag, Springer Fachmedien, Wiesbaden.

Schmidt, Karsten, Gesellschaftsrecht, 4. Auflage, Carl Heymanns Verlag, 2002.

Späth, Walter, Schrottimmobilien, SKVS Verlag, Berlin, 2008.

Springer Gabler Verlag (Herausgeber), Gabler Wirtschaftslexicon, Stichwort Schiffsbank, Berlin.

Stiering, Lea Maria, Zivilrechtliche Grundlagen der vermögensverwaltenden Personengesellschaften, in: Haase, Florian/Dorn, Katrin [Verlag C. H. Beck 2013].

Tegtmeier, Lars, Entwicklung eines Performance-Indexes für Geschlossene Schiffsfonds und Einsatz in der Asset Allocation, 2011, Bad Soden.

Teichert, Torsten, Nach dem KG-Zeitalter: Die neue Welt der Schiffsfinanzierung, HANSA Forum, 2013, Hamburg.

Theewen, Eckhard M., Rechtstellung der Insolvenzgläubiger, 2. Auflage, Berliner Wissenschafts-Verlag, 2013.

Thiel, Rolf W., Die Haftung der Anlageberater und Versicherungsvermittler, C.H. Beck, München 2005.

Treibmann, Ralf, Täglich grüßt die Regulierung: Bericht vom Bankrechtstag 2013, ZBB, 2013, S. 285ff.

Volk, Markus, Schiffsbeteiligungen unter Aspekten der Renditeoreintierung, Diplomica Verlag, Hamburg 2006.

Winter, Henning/Hennig, Christian/Gerhard, Markus (Hrsg.), Grundlagen der Schiffsfinanzierung, Bd. 1, 4. Auflage, Frankfurt School Verlag, 2013.
Winter, Henning/Hennig, Christian/Gerhard, Markus (Hrsg.), Grundlagen der Schiffsfinanzierung, Bd. 2, 4. Auflage, Frankfurt School Verlag, 2013.

Abkürzungsverzeichnis

AG	Aktiengesellschaft
AIF	Alternative Investmentfonds
AIFM	Alternative Investmentfonds Manager
AnSVG	Anlegerschutzverbesserungsgesetz
ARB 94	Allgemeine Bedingungen für die Rechtsschutzversicherung
AuslInvestG	Auslandinvestmentgesetz
BA	Beteiligungsangebot
BaFin	Bundesanstalt für Finanzdienstleistungsaufsicht
BewG	Bewertungsgesetz
BFH	Bundesfinanzhof
BGB	Bürgerliches Gesetzbuch
BGBl	Bundesgesetzblatt
BGH	Bundesgerichthof
BGHZ	Entscheidungssammlung des Bundesgerichtshofes in Zivilsachen
BörsG	Börsengesetz
BRZ	Bruttoraumzahl bzw. Bruttoraumzone
bsi	Bundesverband Sachwerte und Investmentvermögen e.V.
BStBl	Bundessteuerblatt
BVerfG	Bundesverfassungsgericht
CFB	Commerz Real Fonds Beteiligungsgesellschaft mbH
DBA	Doppelbesteuerungsabkommen
DIS	Deutsche Institution für Schiedsgerichtsbarkeit
dwt.	dead weight tonnage (Tragfähigkeit eines Handelsschiffes)
EGBGB	Einführungsgesetz zum Bürgerlichen Gesetzbuche
ErbStG	Erbschaft- und Schenkungsteuergesetz
EStG	Einkommensteuergesetz
EStDV	Einkommensteuer-Durchführungsverordnung
ESUG	Gesetz zur weiteren Erleichterung der Sanierung von Unternehmen
E3	European, Ecological, Economical
FHH	Fondshaus Hamburg
GbR	Gesellschaft bürgerlichen Rechts
GOS	GEBAB Ocean Shipping
GewO	Gewerbeordnung
GewStG	Gewerbesteuergesetz
GmbH	Gesellschaft mit beschränkter Haftung
GmbHG	Gesetz betreffend die Gesellschaft mit beschränkter Haftung
HGB	Handelsgesetzbuch
Hrsg.	Herausgeber
IDW	Institut der Wirtschaftsprüfer
IDW-S4	Standard: „Grundsätze ordnungsgemäßer Beurteilung von Verkaufsprospekten über öffentlich angebotene Vermögensanlagen"
IGB	Internationale Grundwert Beteiligungsgesellschaft
IMO	International Maritime Organization (internationale Seeschifffahrtsorganisation)
InsO	Insolvenzordnung
InsVV	Insolvenzrechtliche Vergütungsverordnung
ISL	Institut für Seeverkehr, Wirtschaft und Logistik

ISO	International Organization for Standardization (international Organisation für Normung)
JPY	Japanische Yen
KAGB	Kapitalanlagegesetzbuch
KAGG	Gesetz über Kapitalanlagegesellschaften
KG	Kommanditgesellschaft
KVG	Kapitalverwaltungsgesellschaft
KWG	Kreditwesengesetz
LF	Lloyd Fonds
LNG	Liquefied natural gas (Flüssigerdgas)
LPG	Liquefied petroleum gas (Flüssiggas)
Ltd.	Limited (Kapitalgesellschaft)
LTV	Loan to Value
MPC	Münchmeyer Peter Capital
MS	Motorschiff
MSC	Mediterranean Shipping Company (Containerreederei)
MT	Motortanker
MV	motor vessel (englisch für Motorschiff)
NJW	Neue juristische Wochenschrift (Zeitschrift)
NOK	Nord-Ostsee-Kanal
NZG	Neue Zeitschrift für Gesellschaftsrecht
OBO	Ore-Bulk-Oil (Massengutfrachter, die Öl transportieren)
OECD	Organization for Economic Cooperation and Development (Organisation für wirtschaftliche Zusammenarbeit und Entwicklung)
OGAW	Organismen für gemeinsame Anlagen in Wertpapieren
OHG	offene Handelsgesellschaft
OLG	Oberlandesgericht
ÖRA	Öffentliche Rechtsauskunft- und Vergleichsstelle Hamburg
PCE	Premium Capital Emissionshaus
(Pty) Ltd.	proprietary Limited (südafrikanische Kapitalgesellschaft)
RVG	Rechtsanwaltsvergütungsgesetz
TEU	twenty foot equivalent unit (Containergröße)
TS	Turbine Steamer (Dampfturbinenschiff)
USD	US Dollar
UStG	Umsatzsteuergesetz
VDR	Verband Deutscher Reeder
VerkProspG	Wertpapier-Verkaufsprospektgesetz
VermAnlG	Vermögensanlagegesetz
VermVerkProspV	Verordnung über Vermögensanlagen-Verkaufsprospekte
VLCC	Very large crued carrier („Supertanker“)
WpHG	Wertpapierhandelsgesetz
ZPO	Zivilprozessordnung

A. Die Situation der Schifffahrt und der Schiffsfonds

I. Die Situation der Schifffahrt allgemein

Das Wachstum des Seeverkehrs beruht auf drei Faktoren: Dem anhaltenden Wachstum der Weltbevölkerung, der Globalisierung mit der Produktionsverlagerung in Entwicklungs- und Niedriglohnländer sowie der Wandlung von bisherigen Entwicklungs- und Schwellenländern zu Industrienationen. Dies betrifft insbesondere die südostasiatische Region. 1

Durch die ständig steigende ökonomische Verflechtung und internationale Arbeitsteilung der Länder kommt es im Zuge der sich ändernden Produktionsprozesse zu einem permanent steigenden Güteraustausch. Dieser Trend wird durch die Reduzierung von Seetransportkosten verstärkt. Man muss sich vor Augen führen, dass ein Seeschiff, das 5.000 Container mit ca. 24 Mann Besetzung transportiert, die gleiche Transportleistung erbringt wie 2.500 LKW mit ebensovielen Fahrten. Dabei ist der Energieverbrauch je transportierter Einheiz deutlich geringer. Eine Tatsache ist, dass über 95 % des weltweiten Warentransports über die Weltmeere erfolgt. 2

Die Schifffahrt in Deutschland steht mit ca. 3.700 finanzierten Schiffen im Jahr 2010 auf Platz 2 weltweit. Sie liegt nur hinter Japan. Diese Stellung wurde durch die politische Unterstützung gefestigt. Das Kapital zum Bau bzw. Erwerb eines Schiffs durch einen Fonds teilt sich auf in private Kapitalgeber bzw. Anleger – für das Eigenkapital – einerseits sowie Banken – für das Fremdkapital – andererseits. Bisher lag das Verhältnis am Gesamtkapital mit ca. 40 Prozent beim Eigenkapital und 60 Prozent beim Fremdkapital. Es handelt sich bei Schiffsfonds meistens um geschlossene Fonds. Die Kapitalgeber investieren als Kommanditisten in Kommanditgesellschaften. Die Anleger gehen eine unternehmerische Beteiligung ein, die mit entsprechend hohem Risiko verbunden ist. 3

Die Krise der Weltwirtschaft und der damit verbundene geringere Austausch von Waren zwischen den Kontinenten auf der Erde hat auch einen Einbruch der Frachtraten mit sich gebracht. Dadurch sank die Liquidität bei den Schiffseignern und geplante Neubauaufträge wurden verschoben bzw. bereits abgeschlossene wurden storniert. Dieses Szenario traf sowohl die Werften weltweit mit einem Auftragsrückgang von bis zu 90 Prozent innerhalb von zwei Jahren sowie die Schiffsfinanzierer (Banken, Emissionshäuser), die lange Zeit ein starkes Auftragswachstum von Neuemissionen verzeichnen konnten. 4

Bei der Auflage von Schiffsfonds sind Prognoserechnungen gesetzlich seit der Einführung der Prospektierungspflicht ab 2015 mit Einreichung bei der Bundesanstalt für Finanzdienstleistungsaufsicht (BaFin) vor der Publikation vorgeschrieben. Die Art der Konzeptionierung und des investierten Objekts ist nicht vorgeschrieben. Die Anlage in Schiffsfonds stellt für alle Beteiligten am Projekt (Reeder, Banken, Privatanleger) ein hohes Risiko dar. 5

6 Die Koalitionsverhandlungen im November 2013 beschäftigen sich auch mit der Abschaffung der Tonnagesteuer. Dies hätte erhebliche Auswirkungen auf neue Schiffsfonds. Auf dem HANSA Forum wurde vom Vorstandsvorsitzenden Dr. Torsten Teichert die neue Welt der Schiffsfinanzierung nach dem KG-Zeitalter gestellt und teilweise beantwortet. Die Schifffahrtskrise ist kein deutsches Phänomen. Es gibt einen dramatischen Rückgang neuer KG-Schiffsfonds. Die Schifffahrts- und Finanzkrise verändert die Schiffsfinanzierung für alle Zeiten.[1]

II. Die Schifffahrt aus Sicht der Politik

7 Die Schifffahrt ist in letzter Zeit häufiger Thema in der Politik. So hat die Bundesregierung seit 2007 einen Bericht über die Entwicklung und Zukunftsperspektiven der maritimen Wirtschaft in Deutschland vorzulegen. Weiter stellten in letzter Zeit verschiedene Parteien Anfragen an die Bundesregierung und das Parlament. Hierauf soll eingegangen werden, um die dahinterliegenden Positionen zu verstehen.

8 Die Bundesregierung ist gemäß Beschluss des Deutschen Bundestages vom 21. Juni 2007[2] zum Antrag der Fraktion der CDU/CSU und SPD „Maritime Wirtschaft in Deutschland stärken" vom 28. Februar 2007[3] aufgefordert, jeweils etwa zwei Monate vor einer Nationalen Maritimen Konferenz dem Deutschen Bundestag über die Entwicklung und Zukunftsperspektiven der maritimen Wirtschaft in Deutschland zu berichten.

9 Die erste Unterrichtung des Deutschen Bundestages erfolgte vor der Sechsten Nationalen Maritimen Konferenz in Rostock in 2009.[4] Der zweite Bericht wurde dem Deutschen Bundestag vor der Siebten Nationalen Maritimen Konferenz 2011 in Wilhelmshaven übergeben.[5] Schließlich erfolgte der Dritte Bericht am 25.2.2013[6] vor der Achten Nationalen Maritimen Konferenz vom 8.bis 9. April 2013 in Kiel.

10 Damit liegen umfassende Berichte der Bunderegierung zur maritimen Wirtschaft seit Anfang der Krise der maritimen Wirtschaft im Jahr 2008 vor. Die Lage in den maritimen Bereichen wird jeweils umfassend dargestellt. Dabei sind die unterschiedlichen politischen Positionen zu Tage getreten.

11 Aber auch die politischen Parteien im Bundestag haben sich intensiv mit Fragestellungen der maritimen Wirtschaft seit der Krise beschäftigt. Seit 2011 werden umfassende Fragen an die Bunderegierung gerichtet. Es wird exemplarisch eine

1 *Teichert, Torsten*, Nach dem KG-Zeitalter: Die neue Welt der Schiffsfinanzierung, HANSA Forum 2013, in Hamburg.

2 Bundestagsdrucksache 16/5437.

3 Bundestagsdrucksache 16/4423.

4 Bundestagsdrucksache 16/11855.

5 Bundestagsdrucksache 17/5572.

6 Bundestagsdrucksache 17/12567.

Anfrage hier dargestellt. Im Anhang III werden die weiteren Anfragen und Anträge dargestellt. Diese Anfragen und Anträge beleuchten die Positionen der Parteien.

Nach der Krise der Schiffsfinanzierung fragt die SPD-Fraktion[7] in einer kleinen 12
Anfrage an. Die Bundesregierung soll unter anderem Daten vorlegen, wie sich Umfang und Struktur der deutschen Handelsflotte entwickelt hat. Darüber hinaus wird auch nach dem Engagement von Banken, Schiffsfonds und Anlegern gefragt. Im Vorwort zur Kleinen Anfrage stellen die Fragesteller fest, dass es für viele Reedereien schwieriger geworden sei, in ausreichendem Umfang Kapital zu beschaffen – nicht zuletzt deshalb, weil sich immer mehr Banken aus der Schiffs- und Werftenfinanzierung zurückgezogen hätten.

Nach Auffassung der Grünen im Bundestag ist es sinnvoll, transparente Richt- 13
linien für die Beratung von Bankkunden zu erarbeiten und die Banken bzw. Vermögensberater bei der Erfüllung ihrer Informationspflicht besser zu kontrollieren (Kleine Anfrage der Abgeordneten Dr. Valerie Wilms, Nicole Maisch, Dr. Gerhard Schick, Bettina Herlitzius, Dr. Anton Hofreiter, Stephan Kühn, Ingrid Nestle, Daniela Wagner und der Fraktion BÜNDNIS 90/DIE GRÜNEN in der 17. Wahlperiode im Deutschen Bundestag – Drucksache 17/5993 vom 26.5.2011).

Die Bundesregierung wurde mit 17 Fragen zur Schiffsfinanzierung in Deutsch- 14
land befragt. Die Fragen an die Bundesregierung und die Antworten werden im Zusammenhang dargestellt:

Drucksache 17/**6238** – Deutscher Bundestag – 17. Wahlperiode

1. Welche Unternehmensstruktur (Anzahl und Sitz der Unternehmen, Anzahl der Mitarbeiter, Umsatz) bestand in den vergangenen Jahren in der Schiffsfinanzierungsbranche (bitte nach den Jahren 2000 bis 2010 und den Bereichen Banken und Emissionshäuser aufgliedern)?

In der Schiffsfinanzierung waren im Jahre 2009 gut zehn Banken und knapp 90 Emissionshäuser (Quelle: HANSA International Maritime Journal, 2010, Nr. 11 bzw. Nr. 7) aktiv. Detaillierte Statistiken zur Struktur dieser Unternehmen liegen der Bundesregierung nicht vor.

2. Welche Anzahl an finanzierten Schiffen wurde insgesamt inkl. Neuemissionen pro Jahr durch deutsche Emissionshäuser und Banken verwaltet bzw. neu aufgelegt (bitte jeweils nach den Jahren 2000 bis 2010 aufgliedern)?

a) Welches Kapitalvolumen stellt dies insgesamt bzw. jährlich dar?

b) Welche Quote Eigenkapital/Fremdkapital gab es hier im Jahresdurchschnitt aller Fonds?

Der Darlehensbestand der deutschen Schiffsfinanzierer betrug Ende 2009 insgesamt 106 Mrd. Euro, während er im Jahr 2000 noch bei ca. 40 Mrd. Euro lag. Die Neuzusagen der Banken sind jedoch um die Hälfte zurückgegangen. Emissionshäuser konnten 2009 für rund 80 Schiffe ausreichend Eigenkapital (mindestens 15 Prozent des Solls) einwerben, während es im Jahr davor noch 279 Schiffe waren. Das eingesammelte Kapitalvolumen betrug insgesamt 724 Mio. Euro, nachdem 2008 dieser Wert noch fast 2,5 Mrd. Euro erreichte (Quelle: HANSA International Maritime Journal, 2010, Nr. 7 und Nr. 11).

7 Bundestagsdrucksache 17/11422.

Detaillierte Zahlen liegen der Bundesregierung nicht vor. Hinsichtlich der Eigenkapital-/Fremdkapitalquote ist anzumerken, dass Banken aufgrund erteilter Platzierungsgarantien durch Fonds nicht eingeworbenes Eigenkapital aufbringen mussten.

3. Welche Formen der Schiffsfinanzierung gibt es in Deutschland, und welche Finanzierungsmöglichkeiten von Schiffen werden nach Information der Bundesregierung in anderen Staaten mit großer Schifffahrtstradition (Japan, Griechenland, Norwegen etc.) gewählt?

Grundsätzlich sind alle Formen der Finanzierung auch im Bereich Schifffahrt in Deutschland verfügbar. Im Unterschied zu anderen Ländern wurde in Deutschland jedoch in den meisten Fällen auf das KG-Modell abgestellt, das heißt, die Eigenkapitalbeschaffung über eine Vielzahl von Anlegern.

4. Wird der Standort Deutschland nach Ansicht der Bundesregierung für Schiffsfinanzierungen in den folgenden Jahren weiterhin interessant bleiben?

Die deutschen Banken sind in der Schiffsfinanzierung weltweit führend. Trotz der veränderten Rahmenbedingungen bekennen sich die Banken zur Schiffsfinanzierung und ordnen diese in vielen Fällen als Kerngeschäft ein.

a) Welche Maßnahmen sind nach Auffassung der Bundesregierung nötig, um Deutschland bei der Schiffsfinanzierung weiterhin auf den ersten Plätzen zu halten?

Das umfassende Know-how der deutschen schiffsfinanzierenden Banken ist eine gute Basis dafür, dass der Schiffsfinanzierungsstandort Deutschland weiterhin erfolgreich bleibt. Es muss aber jede einzelne Bank unternehmerisch entscheiden, welche Maßnahmen sie trifft, um eine starke Marktstellung zu behaupten.

b) Plant die Bundesregierung diesbezüglich, konkrete Maßnahmen zu ergreifen, und wenn ja, welche?

Spezielle Maßnahmen für den Bereich Schiffsfinanzierung sind nicht vorgesehen.

c) Welche Rolle kann dabei nach Auffassung der Bundesregierung eine Ausrichtung in nachhaltige (ökologisch, finanziell und sozial)Projekte im Schiffssegment spielen?

Nachhaltigkeit in der Schifffahrt beispielsweise durch den Einsatz energieeffizienter Motoren spielt eine zunehmende Rolle und kann damit die Beschäftigung eines Schiffes zu auskömmlichen Raten positiv beeinflussen.

5. Welche Auswirkungen hatte die Krise nach Ansicht der Bundesregierung auf die Zusammensetzung der bestehenden Flotte und Neubestellungen, und welche veränderten Unternehmensausrichtungen bzw. Marktänderungen sind nach Ansicht der Bundesregierung zu beobachten?

Die Zusammensetzung der Flotte hängt wesentlich von der Struktur der Nach frage nach Seetransportleistungen ab. Vor der Wirtschafts- und Finanzkrise wurden aufgrund der sehr positiven Nachfrageerwartung in großem Umfang neue Schiffe in allen Segmenten, die zu einem Teil erst noch ausgeliefert werden, bestellt. Da zum Höhepunkt der Krise insbesondere die Containerschifffahrt von Überkapazitäten betroffen war, haben Reedereien unter anderem versucht, mit Werften eine Typänderung bestellter Schiffe zu vereinbaren, um auf geänderte Marktverhältnisse zu reagieren. Darüber hinaus haben deutsche Reeder seit Ausbruch der Krise kaum neue Schiffe bestellt, denn sie waren meist mit der Restrukturierung ihrer Unternehmen aufgrund der Krise beschäftigt. Der Einfluss der Reeder auf die Flottenstruktur bleibt unter anderem wegen der Langlebigkeit des Investitionsguts Schiff beschränkt.

a) Welche Mitarbeiterentwicklung ist in der Schiffsfinanzierung insgesamt von 2000 bis 2010 (bitte nach den Jahren 2000 bis 2010 aufgliedern) zu beobachten?

Hierzu liegen der Bundesregierung keine Angaben vor.

b) Welche Handlungsschwerpunkte staatlicherseits ergeben sich nach Ansicht der Bundesregierung infolge der weltweiten Wirtschafts- und Finanzkrise in Bezug auf die Schiffsfinanzierung?

In Bezug auf den Bereich Schiffsfinanzierung sind keine speziellen staatlichen Maßnahmen geplant.

6. Welche Rolle werden nach Ansicht der Bundesregierung die Banken in Bezug auf die Schiffsfinanzierung in den kommenden Jahren spielen, unter besonderer Berücksichtigung des geringeren Risikoengagements der Banken und der Kreditvergabekriterien der Basel-II- bzw. Basel-III-Abkommen?
Es ist nicht ersichtlich, dass Basel II und Basel III die Bereitschaft der Banken zur Schiffsfinanzierung negativ beeinflusst.
Tonnagesteuer
7. Sieht die Bundesregierung Handlungsbedarf bei der Besteuerung von Kommanditgesellschaften vom sog. Transparenzprinzip hin zum sog. Trennungsprinzip (gemäß eines Vorschlags des Gutachtens zur Bewertung der 20 größten Steuersubventionen – „Evaluierung von Steuersubventionen", hier „Tonnagesteuer", Fifo Köln, ZEW Mannheim, Dez. 2009), und wenn ja, wie sollten sich Struktur und steuerliche Veranlagung von Kommanditgesellschaften darstellen?
Die Bundesregierung sieht keinen Handlungsbedarf für Zwecke der Tonnagebesteuerung bei der Besteuerung von Kommanditgesellschaften vom Transparenzprinzip zum Trennungsprinzip zu wechseln. Die Bundesregierung hat bereits im Rahmen der Antwort zu Frage 21 der Kleinen Anfrage „Auswirkungen von Einkommensteuervergünstigungen" (Bundestagsdrucksache 17/5870) vom 17. Mai 2011 gegenüber der Fraktion BÜNDNIS 90/DIE GRÜNEN zu dieser Problematik hinreichend Stellung genommen.
8. Hält die Bundesregierung weiterhin an der Tonnagesteuer im Rahmen des Maritimen Bündnisses fest?
a) Wie begründet sie ihre Antwort?
Die Tonnagebesteuerung ist eine wichtige Rahmenbedingung für eine positive Entwicklung des Schifffahrtstandortes Deutschland und die Schaffung von hochqualifizierten Arbeitsplätzen im maritimen Cluster. Mit dieser Form der Ertragsbesteuerung trägt die Bundesregierung wesentlich dazu bei, den Reedereistandort Deutschland mit entsprechender Wertschöpfung im deutschen maritimen Cluster auch künftig zu sichern. Durch jedes vom Schifffahrtsstandort Deutschland aus bereederte Handelsschiff werden schätzungsweise bis zu vier zusätzliche Arbeitsplätze an Land generiert. Die Anzahl hochwertiger Arbeitsplätze an Land z.B. in Reederei- und Maklerunternehmen hat sich hierdurch in der Vergangenheit positiv entwickelt. Vor dem Hintergrund der geschilderten positiven Wirkungen für die Sicherung des Schifffahrts- und Reedereistandortes Deutschland wird die Bundesregierung an den gesetzlichen Rahmenbedingungen dieses erfolgreichen Instrumentes weiterhin festhalten
b) Sieht die Bundesregierung Handlungsbedarf angesichts der Tatsache, dass die Vereinbarung im Rahmen des Maritimen Bündnisses, bis Ende des Jahres 2010 600 Seeschiffe unter deutscher Flagge zu stellen, nicht erfüllt wurde?
Die Bundesregierung sieht zurzeit keinen Handlungsbedarf. Die Förderung der nationalen Flagge ist nicht das primäre Ziel der Tonnagebesteuerung. Das primäre Ziel der Tonnagebesteuerung ist die Stärkung des maritimen Standortes Deutschland (Bereederung und Arbeitsplätze im Inland). Daher ist die Tonnagebesteuerung nicht an das Führen der deutschen Flagge geknüpft.
9. In welcher Form liegen der Bundesregierung Einschätzungen über die Höhe der Steuereinnahmen aus der Besteuerung des Tonnagegewinns gemäß § 5a des Einkommensteuergesetzes (EStG) vor (bitte auch die Höhe beziffern und nach den Jahren 2000 bis 2010 aufgliedern)?
a) In welcher Form liegen der Bundesregierung Einschätzungen über die Höhe der Steuermindereinnahmen bzw. Steuermehreinnahmen aus der Besteuerung des Tonnagegewinns gemäß § 5a EStG vor (bitte auch die Höhe beziffern und nach den Jahren 2000 bis 2010 aufgliedern)?
b) Auf Grundlage welcher Berechnung wird dies durch die Bundesregierung ermittelt?
c) Mit welchen Schätzungen über den Umfang des Subventionsvolumens für die Schiffsbranche rechnet die Bundesregierung für das laufende Jahr 2011 sowie für die folgenden Jahre 2012 und 2013?

Die Fragen 9a bis 9c werden wegen ihres Sachzusammenhangs gemeinsam beantwortet.
Die Bundesregierung schätzt die Steuerminder- bzw. -mehreinnahmen aus der Besteuerung des Tonnagegewinns nach § 5a EStG für die Frachtschifffahrt mit Hilfe eines eigenen Berechnungsmodells. Die Bundesregierung schätzt die Steuerminder- bzw. -mehreinnahmen aus der Besteuerung des Tonnagegewinns nach § 5a EStG für die Frachtschifffahrt mit Hilfe eines eigenen Berechnungsmodells. Im Grundsatz stellt dieses Modell den geschätzten fiktiven Gewinn aus einer regulären Gewinnermittlung (ohne Tonnagebesteuerung) und den Gewinn aus der Tonnagebesteuerung gegenüber. Die Berechnungen des Modells beruhen unter anderem auf Erkenntnissen die der Bundesrechnungshof in seiner Prüfung der Tonnagegewinnbesteuerung gewonnen hat. Weiterhin werden die aktuelle Entwicklung der Zahl der Frachtschiffe sowie die Erkenntnisse aus der aktuellen Betriebskostenstudie der HSH Nordbank „Untersuchung der Betriebskosten deutscher Containerschiffe" für 2009 für die Schätzung der finanziellen Auswirkungen der Tonnagegewinnbesteuerung berücksichtigt.
Aktuelle Daten der amtlichen Steuerstatistiken liegen nicht vor.
Nach den Ergebnissen dieses Schätzmodells ergeben sich für den Zeitraum 2004 bis 2010 folgende Steuermindereinnahmen (einschließlich Solidaritätszuschlag): Nach den derzeitigen Schätzungen dürften die Gesamtsteuerausfälle für 2011 eine Größenordnung von 380 Mio. Euro und für 2012 eine Größenordnung von 535 Mio. Euro erreichen.
d) Wie steht die Bundesregierung zu einer möglichen Verankerung der Tonnagegewinnermittlung zukünftig im Kapitalsteuergesetz, und welche Auswirkungen auf die Schiffsfinanzierung in Deutschland würde dies mit sich bringen?
Der Bundesregierung ist ein Kapitalsteuergesetz nicht bekannt.
10. Wird den Reedern in Bezug auf die Optimierung für die Tonnagesteuer Flexibilität in Krisenzeiten gewährt (etwa durch frühzeitigen Ausstieg aus der Tonnagesteuer innerhalb des 10-Jahres-Optionszeitraums), und wenn ja, inwieweit und unter welchen Bedingungen?
Nach abgestimmter Auffassung der obersten Finanzbehörden des Bundes und der Länder können für den Wechsel von der Tonnagesteuer zur Normalbesteuerung insbesondere folgende Ereignisse in Betracht kommen:
– Verlegung in ein ausländisches Register,
– Verlagerung der Bereederung in das Ausland,
– Übertragung der Anstellungsverhältnisse des Kapitäns und der Offiziere auf einen ausländischen Arbeitgeber.
Sollte in der Krise ein Unternehmen vor Ablauf der Bindungsfrist (§ 5a Absatz 3 EStG) freiwillig zur Normalbesteuerung wechseln wollen, hätte dies zur Folge, dass die Unterschiedsbeträge gemäß § 5a Absatz 4 Satz 1 Nummer 1 EStG aufzulösen sind. Zudem wäre nach diesem Wechsel eine Rückkehr zur Gewinnermittlung nach § 5a EStG erstmals wieder nach Ablauf eines Zeitraums von zehn Jahren möglich.
Der Bundesregierung liegen derzeit keine Erkenntnisse vor, dass Unternehmen innerhalb der Krise von der Tonnagebesteuerung zur Normalbesteuerung freiwillig gewechselt haben.
11. Wie bewertet die Bundesregierung den weiter anhaltenden Boom der Kreuzschifffahrt auf hoher See für den Schifffahrts- und Tourismusstandort allgemein und in Bezug auf die Schiffsfinanzierung?
a) Welchen Stellenwert misst die Bundesregierung der Finanzierung von Kreuzfahrtschiffen von Deutschland aus bei?
b) Welches Potenzial sieht die Bundesregierung bei der Finanzierung weiterer Kreuzfahrtschiffe von Deutschland aus?
Es wird von einem weiter wachsenden Markt für Kreuzfahrtschiffe ausgegangen, insbesondere aufgrund des demografischen Wandels in den meisten Industrieländern. Deutsche Unternehmen im Bereich Schiffbau und Schiffbauzulieferindustrie sind in diesem anspruchsvollen Segment

sehr erfolgreich. Ein wichtiger Erfolgsaspekt ist, dass den Bestellern wettbewerbsfähige Finanzierungen angeboten werden können. Die Bundesregierung unterstützt hierbei den Export von Kreuzfahrtschiffen durch Exportkreditgarantien des Bundes (Hermes-Bürgschaften). Darüber hinaus gewährt die Bundesregierung CIRR-Zinsausgleichsgarantien (Commercial Interest Reference Rate). Hierbei übernimmt der Bund eine Gewährleistung für das Refinanzierungszinsrisiko der Banken und ermöglicht damit günstige und langfristige Festzinskredite für Besteller von auf deutschen Werften gebauten Schiffen.

c) Welche Möglichkeiten werden gesehen, damit weitere Kreuzfahrtschiffe für die Tonnagesteuer optieren?

Eine Ausweitung des Anwendungsbereiches der Tonnagesteuer ist nicht beabsichtigt.

12. Wäre es nach der Auffassung der Bundesregierung möglich, die Tonnagesteuer mit einer weiteren Bedingung, wie z.B. der Belohnung für besonders umweltfreundliche Schiffe nach dem norwegischen Tonnagesteuermodell, zu verknüpfen, und wenn ja, wie sollte dies nach Auffassung der Bundesregierung ausgestaltet werden, und wenn nein, warum nicht?

Die Tonnagebesteuerung wird weltweit in ähnlicher Weise an allen wichtigen maritimen Standorten gewährt. Sie zielt in Deutschland auf eine Stärkung der Wettbewerbsfähigkeit deutscher Reeder und die Sicherung des maritimen Standorts Deutschland. Die Tonnagebesteuerung wurde nach der im Herbst 2009 vorgenommenen Evaluierung durch das Zentrum für Europäische Wirtschaftsforschung als geeignetes Instrument bewertet, da sie dem internationalen Standard entspricht. Vor diesem Hintergrund sieht die Bundesregierung derzeit keinen Anlass, die gesetzlichen Rahmenbedingungen dieses erfolgreichen Instrumentes nationaler Seeschifffahrtspolitik zu verändern.

13. Welchen Grund sieht die Bundesregierung dafür, dass trotz der gestiegenen Anzahl sowohl der von Deutschland aus finanzierten als auch der unter Tonnagesteuer fahrenden Schiffe die Anzahl der insgesamt beschäftigten Besatzungsmitglieder (1991 bis 2006) abnahm, und welche Konsequenzen zieht die Bundesregierung daraus?

Die deutschen Seeschifffahrtsunternehmen sind in globalen Märkten tätig und in der Wahl von Unternehmensstandorten der von ihnen betriebenen Schiffe weit gehend frei. Schifffahrtstandorte und Flaggenstaaten stehen deshalb ebenso im Wettbewerb wie die Unternehmen und ihre Beschäftigten. Hinsichtlich der Entwicklung des deutschen Bordpersonals auf Schiffen unter deutscher Flagge seit 2003 liegen der Bundesregierung folgende (in der Regel ansteigenden) Zahlen vor:

- 2003: 5835 Arbeitskräfte
- 2004: 5861 Arbeitskräfte
- 2005: 6540 Arbeitskräfte
- 2006: 6712 Arbeitskräfte
- 2007: 6903 Arbeitskräfte
- 2008: 6593 Arbeitskräfte
- 2009: 6531 Arbeitskräfte
- 30.6.2010: 7307 Arbeitskräfte

* Einschließlich Saisonarbeitskräfte.

Quelle: Bis einschließlich 2006 Seeberufsgenossenschaft, Hamburg. Ab 2007 Knappschaft-Bahn-See. Die Werte von 2007 und 2008ff. können durch den Wechsel der Datenerhebung von der See-Berufsgenossenschaft auf die Knappschaft-Bahn-See nicht miteinander verglichen werden. Die Berechnungsgrundlagen sind ähnlich, aber nicht identisch, da die Seeleute nicht mehr gesetzlich verpflichtet sind, sich über die Knappschaft-Bahn-See zu versichern.

Verbraucherschutz
14. Wie viele Fälle sind der Bundesregierung bekannt, in denen Kunden in Bezug auf die Informationspflichten bei Geldanlagen bei risikoreichen Investitionen durch die Banken nicht bzw. nur ungenügend aufgeklärt worden sind?
a) Wie viele Fälle von Geschädigten sind der Bundesregierung bei der Anlageberatung von Schiffsfonds bekannt?
Der Bundesregierung liegen keine Informationen über die Anzahl Geschädigter bei der Anlageberatung in Bezug auf Anteile an Schiffsfonds vor.
b) Welche Konsequenzen zieht die Bundesregierung daraus, und welche Maßnahmen wird sie ergreifen, um diese Missstände zu beheben?
Zur Stärkung des Anlegerschutzes im Bereich des so genannten grauen Kapitalmarkts hat die Bundesregierung Anfang April 2011 das „Gesetz zur Novellierung des Finanzanlagenvermittler- und Vermögensanlagenrechts" auf den Weg gebracht, durch das sowohl für das öffentliche Angebot als auch für den Vertrieb von Graumarktprodukten („Vermögensanlagen") strengere Anforderungen eingeführt werden sollen.
15. In wie vielen Fällen gab es von 2000 bis 2010 (bitte nach den Jahren 2000 bis 2010 aufgliedern) Insolvenzen von Schiffsgesellschaften?
a) Sind der Bundesregierung Zahlen darüber bekannt, in wie vielen Fällen das eingesetzte Kapital der Anleger/Gesellschafter nicht ausreichend war und aufgestockt werden musste (wenn ja, bitte nennen)?
b) Sind der Bundesregierung Zahlen darüber bekannt, in wie vielen Fällen das eingesetzte Kapital der Anleger/Gesellschafter ganz verloren gegangen ist und der Fonds abgewickelt werden musste (wenn ja, bitte die Anzahl und die Kapitalverluste nennen)?
Der Bundesregierung liegen die zur Beantwortung der Fragen notwendigen Informationen nicht vor.
16. Wie hoch sind die durchschnittliche, die mittlere und die höchste Vermittlungsprovision (in Prozent) bei Schiffsfonds bei der Vermittlung durch Banken, und wie hoch sind nach Erkenntnissen der Bundesregierung die sog. weichen Kosten im Rahmen der Auflage von Schiffsfonds, z.B. durch den
Vertrieb der Emissionshäuser, und welche Rechtsgrundlage kann hierfür jeweils herangezogen werden?
Nach den der Bundesanstalt für Finanzdienstleistungsaufsicht vorliegenden Erkenntnissen bewegen sich die Vermittlungsprovisionen – sowohl für Banken als auch für Finanzdienstleistungsinstitute und freie Vermittler – bei Schiffsfonds zwischen 5 und 20 Prozent des einzuwerbenden Eigenkapitals. Die „weichen Kosten" liegen generell bei geschlossenen Fonds bei ca. 15 bis 20 Prozent der von den Anlegern investierten Gelder. Zwischen Anleger und Emittent herrscht Vertragsfreiheit; eine gesetzliche Grundlage, auf Grund derer Provisionen oder Weichkosten verlangt werden können, gibt es deshalb nicht.
17. Welche rechtlichen Änderungen beabsichtigt die Bundesregierung bezüglich der Ausstiegs- und Schadenersatzmöglichkeiten für die Anleger von Schiffsfonds?
Zur Verbesserung der Schadensersatzmöglichkeiten für die Anleger hat die Bundesregierung bereits Maßnahmen ergriffen bzw. auf den Weg gebracht: Durch das im August 2009 in Kraft getretene „Gesetz zur Neuregelung der Rechtsverhältnisse bei Schuldverschreibungen aus Gesamtemissionen und zur verbesserten Durchsetzbarkeit von Ansprüchen von Anlegern aus Falschberatung" wurden die Verjährungsfristen von Schadensersatzansprüchen wegen Falschberatung verlängert und an die allgemeinen Verjährungsfristen angepasst. Durch das sich derzeit im parlamentarischen Verfahren befindliche „Gesetz zur Novellierung des Finanzanlagenvermittler- und Vermögensanlagenrechts" sollen zudem die Verjährungsfristen von Haftungsansprüchen wegen fehlerhafter oder fehlender (Verkaufs-)Prospekte verlängert und die Voraussetzungen der

Haftung für fehlerhafte oder fehlende Verkaufsprospekte dadurch erleichtert werden, dass die Ausschlussfrist, innerhalb derer ein Haftungsanspruch entstehen kann, verlängert wird. Durch dieses Gesetz soll schließlich auch die Protokollierungspflicht auf Anlageberatungsgespräche in Bezug auf Graumarktprodukte („Vermögensanlagen") ausgedehnt werden, um es Anlegern zu ermöglichen, in einem etwaigen späteren Schadensersatzprozess den Verlauf des Beratungsgesprächs nachzuweisen.

Die Grünen stellten noch einen weiteren Antrag in der 17. Wahlperiode vom 13.3.2013 im Deutschen Bundestag (Drucksache 17/12697):

Antrag
der Abgeordneten Dr. Valerie Wilms, Dr. Gerhard Schick, Bettina Herlitzius, Dr. Anton Hofreiter, Stephan Kühn, Daniela Wagner, Cornelia Behm, Harald Ebner,
Hans-Josef Fell, Bärbel Höhn, Sylvia Kotting-Uhl, Oliver Krischer, Undine Kurth (Quedlinburg), Nicole Maisch, Friedrich Ostendorff, Dr. Hermann E. Ott, Dorothea Steiner, Markus Tressel und der Fraktion BÜNDNIS 90/DIE GRÜNEN
Europäische Tonnagesteuer statt Steuersparmodell
Der Bundestag wolle beschließen:
I. Der Deutsche Bundestag stellt fest:
Die Tonnagesteuer[8] hat sich international als Förderinstrument für Reedereistandorte etabliert. Sie soll dazu beitragen, die weltweit agierende Seeschifffahrt am regionalen Standort zu halten. In Deutschland wurde die Tonnagesteuer 1999 durch § 5a des Einkommensteuergesetzes (EStG) eingeführt. Seit 2004, kurz nach Zustandekommen des Bündnisses für Ausbildung und Beschäftigung in der Seeschifffahrt (Maritimes Bündnis), profitierten die deutschen Reeder von der Tonnagesteuer mit über 5 Mrd. Euro.[9, 10] Auch für das Jahr 2012 gehen die Schätzungen der Bundesregierung davon aus, dass die Reeder trotz großer Verluste 520 Mio. Euro durch die Optierung für die Tonnagesteuer eingespart haben.[11] Die Tonnagesteuer gehört damit zum größten Beihilfeposten für die deutsche bzw. europäische Seeschifffahrt und ist die viertgrößte Einkommensteuervergünstigung in Deutschland.[12]
Mit einer in Deutschland geltenden Besonderheit können Anteilseigner von Schiffen direkt von diesen Steuervorteilen profitieren. Viele Privatanleger haben deswegen ihr Geld in Schiffsfonds angelegt und damit zum enormen Anwachsen der deutschen Flotte beigetragen. Die Flut an Privatinvestitionen hat so zu enormen Überkapazitäten beigetragen, in deren Folge die Charterraten für Schiffe einbrachen und Reeder massive Probleme zu bewältigen haben. Viele Privatanleger mussten als Anteilseigner zusätzliche Mittel in die Schiffsfonds zahlen, statt wie erhofft, ihre Anlage zu vermehren.
Die Tonnagesteuer hat sich als internationaler Standard etabliert. Ein Wechsel allein durch Deutschland dürfte zu deutlicher Steuerverlagerung führen. Deshalb ist es zunächst richtig,

---

8 Hierbei handelt es sich um die Tonnagegewinnermittlung als Gewinnermittlungsmethode für Gewinne aus dem Betrieb von Handelsschiffen im internationalen Verkehr (gemäß § 5a EStG), für die sich der Begriff „Tonnagesteuer" etabliert hat.
9 Vergleiche die Antwort der Bundesregierung auf die Kleine Anfrage der Fraktion BÜNDNIS 90/DIE GRÜNEN im Deutschen Bundestag, Bundestagsdrucksache 17/6238, S. 5.
10 Vergleiche Dreiundzwanzigster Subventionsbericht der Bundesregierung, S. 215f.
11 Vergleiche ebd.
12 Vergleiche ebd.

an der Tonnagebesteuerung festzuhalten. Um sie nicht als Steuersparmodell zu missbrauchen, müssen jedoch bestehende Fehlanreize innerhalb des deutschen Modells geändert werden. Außerdem muss auf europäischer Ebene der ruinöse Steuerwettbewerb bei der Besteuerung von Schiffen unterbunden werden.

Ein weiteres Ziel des Maritimen Bündnisses ist es auch, dass möglichst viele Schiffe unter deutscher Flagge fahren, damit die hohen deutschen Standards sowie bessere Lebens- und Arbeitsbedingungen an Bord der Schiffe gelten. Die Tonnagesteuer hat zwar dazu geführt, dass sich mehr Schiffsmanagementgesellschaften[13] in Deutschland angesiedelt haben, sie hat jedoch nicht dazu geführt, dass mehr Schiffe unter deutscher Flagge fahren. Die Ziele des Bündnisses, mehr Beschäftigung im maritimen Sektor zu erreichen sowie mehr Schiffe unter deutscher Flagge fahren zu lassen, wurden daher nur zum Teil erreicht.

Außerdem sind die Bedingungen, ein Schiff unter deutscher Flagge fahren zu lassen, nicht mehr zeitgemäß. So müssen bei der Registrierung mindestens zwölf verschiedene Behörden angelaufen werden. Das Verfahren zur Registrierung von Schiffsgesellschaften in einem deutschen Flaggenregister muss demnach deutlich vereinfacht und gestrafft werden.

Das Maritime Bündnis bleibt auf Dauer nur funktionsfähig, wenn die Bedingungen von allen Vertragspartnern eingehalten werden. Daher müssen auch Sanktionen vereinbart werden für den Fall, dass Vertragsparteien einzelne Bedingungen nicht einhalten. Damit würde das Maritime Bündnis verlässlicher für alle Seiten werden.

II. Der Deutsche Bundestag fordert die Bundesregierung auf,

1. das Besteuerungsprinzip von Schiffsgesellschaften innerhalb der Tonnagegewinnermittlung zu ändern und anstelle des bisherigen Transparenzprinzips das Trennungsprinzip einzuführen;
2. bei der Europäischen Union im Rahmen der Verhandlungen zu Förderungen in der Seeschifffahrt auf eine Harmonisierung der Tonnagesteuervorschriften hinzuwirken;
3. bei der Europäischen Union auf die Einführung eines europäischen Flaggenregisters hinzuwirken und das Führen von mindestens 60 Prozent der Schiffstonnage an die europäische Flagge als Bedingung für die Begünstigung einer europaweit harmonisierten Tonnagesteuer festzusetzen;
4. die Funktionsfähigkeit des im November 2012 eingerichteten Fondsmodells für die Ausbildung auf Seeschiffen alle zwei Jahre anhand folgender Kriterien zu überprüfen:
a) Anzahl der Schiffe unter deutscher bzw. einer zukünftigen europäischen Flagge (im sog. Monitoringbestand),
b) Anzahl ausgeflaggter Schiffe,
c) Anzahl der angebotenen Ausbildungsplätze der Reeder,
d) Verwendung der Ausgleichsmittel, die bei Ausflaggung eines Schiffes in einen privatrechtlichen Fonds fließen sollen;
5. das Maritime Bündnis und seine Bausteine als standortsichernde Maßnahme beizubehalten und die einzelnen Bedingungen anhand der bisherigen Ziele des Maritimen Bündnisses regelmäßig zu überprüfen;
6. die Bedingungen des Maritimen Bündnisses für alle Partner verbindlicher zu gestalten und auch Sanktionsmaßnahmen bei Nichteinhaltung der Bedingungen verpflichtend vorzusehen;
7. die Bedingungen der deutschen Flagge dienstleistungsorientiert zu verändern und sich für die Einrichtung einer Arbeitsgruppe aus Bund und Ländern einzusetzen mit der Federführung beim Bundesministerium des Innern, welche den Auftrag erhält, innerhalb von maximal zwei Jahren die bisher zerstreuten Zuständigkeiten bei Bund, Ländern und Kommunen im Rahmen der Ein-

13 Schiffsmanagementgesellschaft: Darunter sind Bereederungsagenturen zu verstehen, die die technische und kaufmännische Betriebsführung von Schiffen tätigen. Die Schiffsgesellschaft ist die Eigentumsge- sellschaft eines Schiffs.

tragung eines Schiffes in das Schiffsregister bzw. beim Wechsel der Flagge eines Schiffes in das deutsche Register so zusammenzuführen, dass ein Reeder nur noch eine Stelle zur Registrierung anlaufen muss und hierbei dafür zu sorgen, dass
a) deutlich einfachere Verwaltungswege gewährleistet sind,
b) die betreffenden Behörden deutlich besser erreichbar sind,
c) der Verwaltungsaufwand bei Eintragung in das deutsche Schiffsregister abgebaut und
d) die Internetplattform www.deutsche-flagge.de nutzerorientiert aktiviert wird.
Berlin, den 13. März 2013

Renate Künast, Jürgen Trittin und Fraktion

Die Beschäftigung des Bundestages zeigt schon die Problematik des Marktes der Schiffsfonds und der Schiffsbeteiligungen eindrucksvoll in alle Facetten auf. Im Praxishandbuch werden dazu an verschiedenen Stellen Antworten gegeben. 15

Schiffsfonds bzw. Tonnagesteuerfonds sind in Deutschland im Segment der geschlossenen Fonds eine der beliebtesten Anlagen neben Immobilienfonds. Seit den 1970er Jahren wurden von Kapitalanlagern weit über 30 Milliarden Euro in Schiffsfonds eingezahlt. Die Anleger hatten die Hoffnung Gewinne zu machen und Steuern zu sparen. In den Jahren 2000 bis 2008 haben Anleger jährlich zwischen drei und sieben Milliarden Euro pro Jahr in Schiffsfonds und Schiffsfondsbeteiligungen investiert. 16

Nach der Einführung des § 15b EStG im Dezember 2005 wurde die Neukonzeption von Schiffsfonds mit Anfangsverlusten über 10 % des Kommanditkapitals (Steuerstundungsmodell) unterbunden. Die in der Branche über viele Jahre beliebten sogenannten Kombi-Modelle (steuerliche Anfangsverluste in den ersten Jahren mit anschließendem Wechsel zur Tonnagebesteuerung) gehören damit der Vergangenheit an. Die Regelung griff für alle Schiffsfonds, für die nach dem 10. November 2005 mit dem Außenvertrieb begonnen wurde oder bei denen der Anleger nach dem 10. November 2005 beigetreten ist (Rückwirkung des Gesetzes). 17

Als Folge dieser gesetzlichen Änderung werden von den Emissionshäusern die derzeit in Mode befindlichen renditeorientierten Fondsprodukte auf den Markt gebracht, die von der Tonnagebesteuerung profitieren. 18

Die prognostizierten Renditen der Anbieter sind in den letzten Jahren rückläufig. Wurden 2002 durchschnittlich noch rund 9,5 % Nachsteuerrendite in Aussicht gestellt, reduzierte sich die Nachsteuerrendite kontinuierlich in den Jahren 2002 bis 2006. 2006 betrug die durchschnittlich erwartete Nachsteuerrendite rund 6,8 %. Die Weichkosten (im Wesentlichen Vertriebskosten und Gebühren der Anbieter) sind von 27,6 % des Eigenkapitals inklusive Agio im Jahre 2003 auf 23,3 % im Jahre 2007 zurückgegangen. Das durchschnittliche Fondsvolumen eines Schiffsfonds betrug 2007 rund 53,5 Mio. €. 19

Eine Analyse des Unternehmens TKL Fonds zum Ausschüttungs- und Tilgungsverhalten von 1.040 laufenden Schiffsfonds aller wesentlichen Emissionshäuser zum 31. Dezember 2005 hat folgende Resultate geliefert (Werte auf volle Prozente gerundet): 20

	Tilgungen	Ausschüttungen
über Plan	61 %	26 %
im Plan	18 %	28 %
unter Plan	21 %	46 %

21 Sondertilgungen gehören zum üblichen Verfahren von Emissionshäusern, wenn die Prognosen bei den Schiffsfonds nicht aufgehen. Nahezu die Hälfte aller Schiffsfonds haben die Ausschüttungsprognosen nicht erfüllt. Dies wird sich auf in naher Zukunft nicht ändern, weil Experten noch einige schwache Jahre vorhersagen.

22 Schiffsfonds werden fast ausschließlich als Euro- oder US-Dollar-Fonds aufgelegt. Gängige Fondskonzeptionen sind:
- Einzelschiff mit mittel- oder langfristigem Chartervertrag
- Einzelschiff, welches auf Reisebasis beschäftigt wird
- Flotte gleicher Schiffe
- Flotte verschiedenartiger Schiffe
- Dachfonds

23 Bei dem Anlageobjekt kann es sich um ein gebrauchtes Schiff handeln oder um einen Neubau. Die gängigen Schiffsarten sind
- Containerschiffe,
- Tanker und
- Massengutfrachter (Bulker)

aller Größenklassen.

24 Aber auch Spezialschiffe werden im Markt angeboten. Die Fondsgesellschaft überlässt das bemannte und betriebsbereite Schiff einem Unternehmen und erhält hierfür die vereinbarten Chartereinnahmen (üblich in US-Dollar). Aus diesen Einnahmen werden nach Abzug der Schiffsbetriebs- und Managementkosten, Zinsen und Tilgungen für aufgenommene Darlehen und den Verwaltungskosten die Auszahlungen für die Kommanditisten bestritten. Über- oder Unterdeckungen hieraus verändern die vorhandenen Liquiditätsreserven. Die langfristige Prognoserechnung im Prospekt zeigt die kalkulierten Ein- und Ausgaben sowie die geplanten Auszahlungen an die Kommanditisten. Wie viel das Schiff gekostet hat und welche Kosten für die Vermittlung des Eigenkapitals und die Gebühren des Anbieters anfallen, ist der Mittelverwendungsrechnung zu entnehmen. Die Mittelherkunftstabelle gibt Aufschluss über die Finanzierung der Gesamtkosten und das Verhältnis von Eigen- zu Fremdkapital. Die Kapitalrückflussrechnung zeigt die vom Anbieter prognostizierten Auszahlungen, die Steuerbelastung und die Nettorückflüsse an die Anleger. Zu beachten ist, dass die Auszahlungen an die Kommanditisten Liquiditätsüberschüsse der Gesellschaft darstellen.

Im Rahmen der langfristigen Prognoserechnungen werden von den Anbietern 25
Annahmen zu diversen Faktoren der Prognoserechnung getroffen (Wechselkurse, Zinssätze, Schiffsbetriebskosten, Anschlusscharterraten, off-hire Tage, Verkaufserlös des Schiffes, etc.). Je nach konservativer oder progressiver Wahl der diversen Parameter lassen sich beliebige Ausschüttungen und Renditen darstellen. Bei den prognostizierten Ausschüttungen und Renditen müssen also stets die Annahmen der Fondsrechnung hinterfragt werden, ob diese nachhaltig erzielbar sind!

Will man beurteilen, ob ein Schiffsinvestment auf solider Grundlage steht, sind 26
folgende Punkte ausschlaggebend:

- ein guter Einstandspreis des Schiffes,
- ein marktgerechtes, qualitativ ordentliches Schiff,
- Erstcharter mit einem belastbaren Charterer, die in einem guten Verhältnis zum Kaufpreis steht,
- eine kalkulierte Anschlusscharterrate, die nachhaltig erzielbar erscheint,
- realistische Schiffsbetriebskosten und off-hire Zeiten,
- nicht überzogene Weichkosten oder Gewinnbeteiligungen des Anbieters.

Die zukünftig erzielten Rückflüsse des Anlegers aus dem Schifffonds hängen dann in 27
erster Linie von den zukünftigen Entwicklungen des Chartermarktes, der Betriebskosten, der Zinsen und der Wechselkurse ab. Die Betriebskosten werden stark vom Preis für Schweröl determiniert; Schiffe können durch gewolltes Langsamfahren („Slow steaming") Kraftstoff sparen.[14]

Eine andere Checkliste zur Einschätzung eines Schiffsfonds ist Pelikans Beteili- 28
gungskompass 2006 zu entnehmen:[15]

Diese Punkte zeichnen einen guten Schiffsfonds aus:

1. Erfahrung des Reeders, am besten langjährig und durch Leistungsbilanz belegt
2. Eigenbeteiligung des Reeders
3. weiche Kosten maximal 10–12 Prozent
4. Es existiert möglichst kein Fertigstellungsrisiko des Investitionsobjekts bzw. der Investitionsobjekte
5. Es besteht ein langfristiger Chartervertrag mit einem namhaften und bonitätsstarken Charterer
6. hohe Ausschüttungen über 200 % bezogen auf eine 16 jährige Laufzeit
7. Investitionsobjekt verspricht eine Marktgängigkeit und gute Vercharterungsmöglichkeit
8. Der Bau- oder Kaufpreis des Schiffs ist günstig
9. Die Ansetzung der Anschlusscharterraten, der Unterhaltskosten des Schiffs und der Währungsschwankungen erscheinen realistisch und schlüssig

---

14 Wikipedia zu Schiffsfonds.

15 *Pelikan, Edmund*, Beteiligungskompass 2006.

10. Der prognostizierte Verkaufserlös ist realistisch für diesen Schiffstyp
11. Das Betriebskonzept stimmt mit der geplanten Fondslaufzeit überein.
12. Es wird nicht durch eine zu hohe, nicht währungskongruente Finanzierung ein überproportionales Risiko eingegangen.

29 Die einzelnen Punkte sind plausibel, aber es ist schwierig eine Bewertung der einzelnen Punkte für einen unerfahrenen Anleger durchzuführen. Hier bedarf es einiger Marktkenntnisse und Erfahrungen.

30 In der Regel werden Schiffe durch Schiffshypotheken zwischen 50 und 80 Prozent finanziert. Durch eine hohe Fremdfinanzierung kann das Schiff in einem schlechten wirtschaftlichen Umfeld schneller Schlagseite bekommen.

31 Die Schiffsfinanzierung setzt auf hohe Tilgungen von bis zu zehn Prozent pro Jahr, um das Schiff schnell zu entschulden.

32 Im Vergleich zu einer Immobilie, die bei guter Instandhaltung und gelegentlichen Investitionen an Wert gewinnt beziehungsweise inflationsgeschützt ist, fährt das Schiff auf seine Verschrottung und damit seinem Schrottwert zu. Dieser ist mal früher, mal später als nach etwa 20 Jahren erreicht.[16]

III. Performance von Schifffahrtsinvestments aus der Sicht des Jahres 2008 – vor der Krise!

1. Grundlagen

33 Die HSH Corporate Finance GmbH, nach eigenen Angaben auf ihrer Homepage Spezialistin für Mergers & Acquisitions, veröffentlichte im Juni 2008 in Erstauflage eine Studie zur Performance von Schifffahrtsinvestments.

34 In dieser Studie maß die HSH auf Basis historischer Daten das Risiko-/Ertragsverhältnis von Schifffahrtsinvestitionen und verglich sie mit der Performance anderer Assetklassen, z.B. Aktien-, Immobilien- oder Rentenmarkt. Daraus sollte sich ein Überblick über die wirtschaftliche Entwicklung dieser Assetklassen ergeben.[17]

35 Schwierigkeiten bei dieser Studie aus 2008 ergaben sich darin, dass zum einen börsennotierte Schifffahrtgesellschaften erst seit einigen Jahren existierten, und zum anderen bei nichtbörsennotierten Schifffonds-Kommanditgesellschaften aufgrund z.B. fehlender Marktpreise eine Untersuchung beeinträchtigten. Der fehlende Marktpreis konnte auch nicht durch die Zweitmarktbörse für „gebrauchte Kommanditanteile“ kompensiert werden.[18]

16 *Raeke, Jürgen/Schramm, Michael*, Optimalinvestieren mit GESCHLOSSENEN FONDS, 2005.
17 HSH Corporate Finance GmbH, Performance von Schifffahrtsinvestments, 1. Auflage 2008, S. 1.
18 HSH Corporate Finance GmbH, Performance von Schifffahrtsinvestments, S. 1.

Bereits 2008 kam die Studie der HSH zu folgenden Ergebnissen (Auszug)[19]: 36

- In der historischen Betrachtung wiesen die Performancedaten auf eine Private-Equity-ähnliche Risiko-/Ertragsstruktur mit hohen Renditen aber auch hohem Risiko hin.
- Die historische Rendite auf UDS-Dollar-Basis über den Zeitraum 1987 bis 2007 lag für das von HSH analysierte Geschäftsmodell bei über 25 % p.a., die Volatilität der Renditen liegt bei über 40 %.
- Der Renditeverlauf war dabei von zwei markanten Aufschwungphasen 1986–1990 und 2002–2007 gekennzeichnet.
- Aufgrund der hohen Volatilität eigneten sich Schifffahrtsinvestments vor allem für langfristig orientierte Investoren.

Schiffsfondsbeteiligungen wurden trotz der hohen Risiken aber nach wie vor auch in 37
den Folgejahren den Anlegern als sehr sichere Kapitalanlage empfohlen. Eine zurückhaltende Betrachtung anhand der bereits 2007 beginnenden Finanzkrise erfolgte nicht.

2. Risiko-/Ertragsrelation

Über alle Schifffahrtssektoren hinweg deutete die Analyse nach Auffassung der 38
HSH Corporate Finance GmbH auf wesentlich höheres Risiko der Schifffahrtsmärkte gegenüber dem Aktienmarkt hin. Das deutlich höhere Risiko wurde aber durch deutlich höhere Erträge in der Historie kompensiert, wobei Container und Bulker bei der Risiko-Ertragsrelation etwas besser abschnitten als die Tanker.[20]

Die Ergebnisse aus der Simulationsanalyse, die sich aus dem Performance-Ver- 39
gleich im Zeitraum 1986–2007 herausbildeten, wiesen laut HSH auf folgende Tendenzen hin (Auszug):

- Sowohl Container, Tanker als auch Bulker wiesen über den Substanzwert bewertet eine unabhängige Entwicklung im Vergleich zum MSCI World Total Return Ines auf und deuteten auf einen positiven Diversifikationsaspekt der Assets hin.
- Hohe historische Erträge aus der Schifffahrt waren gekoppelt an höhere Volatilitäten. Schiffsinvestments sind langfristige Investments.[21]

19 HSH Corporate Finance GmbH, Performance von Schifffahrtsinvestments, S. 2.
20 HSH Corporate Finance GmbH, Performance von Schifffahrtsinvestments, S. 7.
21 HSH Corporate Finance GmbH, Performance von Schifffahrtsinvestments, S. 8.

3. Sektorindizes gelisteter Schifffahrtsunternehmen 2003–2007

40 Über den gesamten Zeitraum war der Bulker-Sektor der Sektor mit der stärksten Performance, während der Container-Sektor u.a. die niedrigste Performance aufwies. Es wiesen jedoch alle Schifffahrtssektoren eine positive Performance auf. Der Bulker-Sektor kam im Fünf-Jahres-Zeitraum auf eine Performance von über 117 % p.a. Der schwächste Sektor, der Container-Sektor, kam immer noch auf eine Performance von 16 % p.a.[22]

41 Der Tanker-Sektor hatte in den letzten Jahren deutlich an relativer Stärke verloren. Der Container-Sektor hingegen war bereits in den Jahren 2003–2004 relativ schwach und hat sich seitdem auf diesem Niveau gehalten. Während der Bulker-Index leicht nachgab, konnten die anderen Indizes an relativer Stärke gewinnen.[23]

4. Entwicklung der Schifffahrtsaktien in 2007

a) Rendite, Risiko und Korrelation

42 Der Bulker-Sektor war mit einer Performance von knapp 140 % weiterhin der überragende Gewinner des Jahres 2007. Es folgte der Tanker-Sektor mit einer Performance von 14,8 %. Der Container-Sektor bildete mit einer Performance von 6,6 % das Schlusslicht.[24]

43 Es zeigte sich, dass im Jahr 2007 alle Sektoren hohe Dividendenrenditen von über 5 % erwirtschaften konnten. Die Bulker-Unternehmen haben trotz der sehr guten wirtschaftlichen Entwicklung „lediglich" 8,7 % ausgeschüttet und den restlichen Gewinn zur Stärkung der Rücklagen verwendet. Dies deutete auf eine vorsichtige Bilanzpolitik hin. Beim Blick auf die Volatilität stach wiederum der Bulker-Sektor mit einer annualisierten Volatilität von 35 % p.a. heraus.[25]

44 Vergleichend betrachtet zeigte sich, dass der Markt für Schifffahrtsaktien den Aktienmarkt im Jahr 2007 um 35 Prozentpunkte schlagen konnte. Die Volatilität lag dabei „nur" 7 Prozentpunkte höher.[26]

45 Bei genauerer Betrachtung konnte man zum Jahreswechsel 2007/2008 einen möglichen Favoritenwechsel erahnen. Während der Bulker-Markt zum Jahresende etwas nachgab, konnten sich insbesondere die Tanker-Märkte relativ erholen. Bei den Tanker-Märkten wurde diese Entwicklung sicherlich durch das plötzliche Anziehen der Spotmärkte im Dezember 2007 fundamental unterstützt. Es hatte damals den

---

22 HSH Corporate Finance GmbH, Performance von Schifffahrtsinvestments, S. 15f.
23 HSH Corporate Finance GmbH, Performance von Schifffahrtsinvestments, S. 18.
24 HSH Corporate Finance GmbH, Performance von Schifffahrtsinvestments, S. 20.
25 HSH Corporate Finance GmbH, Performance von Schifffahrtsinvestments, S. 21.
26 HSH Corporate Finance GmbH, Performance von Schifffahrtsinvestments, S. 21.

Anschein, dass in 2008 die Outperformance der Bulker nach dem fulminanten Anstieg der letzten Jahre zumindest temporär zum Erliegen kommen konnte. Angesichts der historisch hohen Charterraten in diesem Sektor schein eine Rückkehr zu niedrigeren Niveaus zum damaligen Zeitpunkt nicht unwahrscheinlich. In der Gesamtbetrachtung rangierten die Sektoren Container und Tanker etwa 25 % hinter dem Gesamtmarkt, während der Bulker-Markt etwa 60 % über dem Gesamtmarkt lag. .[27]

b) Teilsektor Bulker

Der Bulker-Markt war im Jahr 2007 derjenige Teilmarkt mit der besten Aktienperformance im Schiffsmarkt.[28] 46

c) Teilsektor Container

Der Markt für gelistete Containerschiffsgesellschaften war deutlich kleiner als die Märkte für Tankschiffgesellschaften oder Massengutschiffgesellschaften. Der Grund hierfür lag wohl darin, dass Containerschiffe in der Vergangenheit überwiegend von deutlichen Investoren über Kommanditgesellschaft-Modelle und weniger über den Aktienmarkt finanziert wurden.[29] 47

Beim Vergleich der Rendite des Aktienindex mit er Rendite, die die HSH auf Basis der synthetischen Schifffahrtsportfolios errechnet hat (+28,9 % in 2007), zeigte sich, dass der Aktienindex deutlich schlechter abgeschnitten hatte, als es durch die HSH zu errechnen gewesen wäre. Die HSH vermutete den Hauptgrund darin, dass dieses Gesellschaften vornehmlich langlaufende Charterverträge abgeschlossen hatten und somit nur unterproportional von den Wertsteigerungen der Schiffe profitieren konnten.[30] 48

d) Teilsektor Tanker

Gemessen an den Schiffswerten war der Markt für Tankschiffe in 2008 der dominierende Sektor. Der Wert aller Tankerschiffe machte etwa 50 % des Gesamtwertes der Handelstonnage aus. Entsprechend groß war auch die Anzahl an Tankschifffahrtsgesellschaften an der Börse. Der von der HSH berechnete Index der Tankschifffahrtsgesellschaften erreichte „nur“ ein Kursplus von 14,8 % im Jahr 2007.[31] 49

27 HSH Corporate Finance GmbH, Performance von Schifffahrtsinvestments, S. 22.
28 HSH Corporate Finance GmbH, Performance von Schifffahrtsinvestments, S. 24.
29 HSH Corporate Finance GmbH, Performance von Schifffahrtsinvestments, S. 25.
30 HSH Corporate Finance GmbH, Performance von Schifffahrtsinvestments, S. 26.
31 HSH Corporate Finance GmbH, Performance von Schifffahrtsinvestments, S. 26.

5. Aktuelle Situation

50 Aktuell sieht die Situation wie folgt aus: Die F.A.Z. vom 31.10.2013[32] beschäftigte sich mit der Krise der Schiffsfonds. Immer mehr Schiffsfonds müssen aufgrund gescheiterter Sanierungskonzepte oder aber auf Druck der die Schiffe finanzierenden Banken Insolvenz anmelden. So stieg die Zahl der Insolvenzen in 2013 um 100 Insolvenzen.

51 Hintergrund der schlechten wirtschaftlichen Lage ist nach wie vor, dass die Schiffe nicht genügend Charterraten erwirtschaften, um die aufgenommenen Kredite bedienen zu können. Dieser Umstand führt dazu, dass die Schiffsbanken den Druck auf die Fonds erhöhen und die Schiffsfonds zu Notverkäufen drängen. Dabei ist zu berücksichtigen, dass im Herbst 2013 ca. 1000 Schiffe – dies entspricht einem Drittel der deutschen Handelsflotte – wirtschaftlich nicht mehr dazu in der Lage sind, genug Einnahmen zu erwirtschaften. Meldet sein Schiffsfonds Insolvenz an, so ist ein Totalverlust für den Anleger kaum noch zu vermeiden. Was beim Abschluss der Kapitalanlage als lukratives und sicheres Investment angeboten wurde, stellt sich nunmehr nach Jahren als Totalverlust heraus. Der Grund für das Überangebot liegt teilweise darin, dass Kapitalanlagegesellschaften, Vermittlungsgesellschaften und freie Berater die Erlöse aus Schiffsfonds im Hinblick auf die erstellten Prognosen zu positiv gesehen haben. Anleger haben geglaubt, dass die Schiffe problemlos über Jahre – meistens über die ganze Laufzeit des Fonds – wirtschaftlich arbeiten können.

52 Nun trifft die Entwicklung in der Regel nur die Schiffsfondsanleger, da die finanzierenden Banken im Falle eines Notverkaufs eines Schiffes aufgrund der Schiffshypothek im Schiffsregister vorrangig bedient werden.

53 Über die unterschiedliche Sicherung der Ansprüche wurden die Anleger häufig nur unzureichend informiert.

54 Erschwerend kommt hinzu, dass derzeit überwiegend Fonds betroffen sind, welche in Containerschiffe einer kleineren Schiffsklasse investiert haben. Diese Containerschiffe fahren zu fast 100 % nicht mehr wirtschaftlich. Lediglich Großcontainerschiffe können derzeit eine recht akzeptabele Charterquote erzielen.

55 Die nahe Zukunft wird mit 2015 ein weiteres Problem bringen. Ab diesem Zeitpunkt ist der vielbefahrene Panamakanal für Schiffe zugänglich, welcher einer deutlich größeren Klasse angehören. Kleinere Schiffe werden dann aufgrund dieses Umstands wahrscheinlich nicht aus der Krise herauskommen.

56 Christina Anastassiou fasst in der Ausgabe der Welt vom 16.11.2013 treffend zusammen:

---

32 *Ritter, Johannes/Müssgens, Christian*, Schiffsfonds lassen Anleger verzweifeln, F.A.Z vom 31.10.2013.

„Die Krise der Schiffsfonds hält auch am Ende 2013 weiter an. Mehr als 200 Fonds sind bereits insolvent – und das wird nicht das Ende sein. Nur sehr mutige, antizyklisch orientierte Investoren kaufen noch vereinzelt.
Der Markt für Schiffsfonds ist denkbar schlecht. Im sechsten Jahr der historischen Schifffahrtskrise ist die Lage dramatisch: 212 Schiffsfonds haben seit Krisenbeginn Insolvenz angemeldet, 60 Prozent der laufenden Fonds befinden sich in Sanierung. Diese aktuellen Zahlen des Analysehauses Deutsche Fondsresearch wurden 550 Schifffahrtsexperten beim Branchentreff „Hansa-Forum Schiffsfinanzierung" in Hamburg präsentiert.
Zwar diskutierte die Branche auf dem Treffen unter dem optimistischen Motto „Nach der großen Schifffahrtskrise: Strategien und Modelle für die Märkte von morgen". Doch tatsächlich dürfte die Zahl der Insolvenzen steigen. Erst Anfang November waren die Insolvenzanträge für die sieben Containerschiffe aus dem Flottenfonds „Santa-R-Schiffe" des Hamburger Initiators MPC Capital sowie für die Beteiligungsgesellschaft MS „Santa-R-Schiffe" eingegangen. An den 2001 und 2002 platzierten Fonds hatten sich mehr als 2000 Anleger beteiligt. Doch weder der Fonds noch der Ärger einzelner Anleger waren Gegenstand der Veranstaltung – zahlreiche Redner dagegen sprachen über ihre Sorge angesichts der Gesamtlage. „Die neuesten Hochrechnungen gehen von einem Ende der Krise Mitte bis Ende 2015 aus", sagte Oliver Rossbach, Partner bei Taylor Wessing Rechtsanwälte aus Hamburg.
Die Schiffe der Fonds verdienen nicht genug Geld, um ihre Kredite zu bedienen. Und so kämpfen Banken dem Rechtsanwalt zufolge gegen die Abschreibungen auf ihre Schiffskredite, Anleger gegen den Verlust ihres Eigenkapitals – und manche Reeder bangen um ihre Existenz.
Rossbach stellte zwei Modelle für sogenannte Restrukturierungs-Plattformen vor, mit denen wirtschaftlich angeschlagene Schiffsfonds gemeinsam unter einem Dach gesammelt und durch die Krise gebracht werden sollen. Alle Beteiligten hätten etwas davon. Zugleich könnte es interessant sein für Neuinvestoren, die „zu attraktiven Preisen einsteigen und kurz- bis mittelfristig aussteigen wollen".
Und es waren potenzielle Investoren oder ihre Berater zum Branchentreff gekommen. Antizyklische Käufer, die in der Krise einsteigen, wenn es besonders billig ist, dann, wenn die Privatanleger viele Millionen Euro verloren haben und nichts mehr von den einst begehrten Schiffsfonds wissen wollen. 2007, auf dem Höhepunkt des Booms, hatten sie 3,58 Milliarden Euro Eigenkapital in diese Anlageklasse gesteckt.
„Es war zu viel anlagewilliges Kapital in Deutschland vorhanden, die drei Milliarden Euro waren eine typische Milchmädchen-Hausse. Jeder wollte ein Schiff zeichnen, das war ungesund", sagte Hermann Ebel, Vorstandsvorsitzender der Hansa Treuhand aus Hamburg. Der Markt werde sich wieder auf einem normalen Niveau von einer bis zwei Milliarden Euro einpendeln. Ebel rechnet vor 2016 nicht mit neuen Schiffsfonds-Angeboten. „Das Vertrauen der Anleger ist weitgehend zerstört durch die finanzielle und wirtschaftliche Malaise", sagte er. Auch wenn man 2015 wieder sehr gute Charterraten sehen sollte, würden Anleger noch abwarten.
Nach Einschätzung von Torsten Teichert ist der KG-Markt so gut wie tot, also der Markt für die in Form von Kommanditgesellschaften aufgelegten, geschlossenen Fonds. „Es gibt nicht nur eine Krise der Schiffsfonds, sondern eine fundamentale Krise des KG-Marktes. Die Platzierungszahlen sind extrem niedrig", sagte der Vorstandsvorsitzende des Hamburger Emissionshauses Lloyd Fonds.
Er gehe davon aus, dass es die Tonnagesteuer nicht mehr lange geben werde. Die pauschale, vom tatsächlichen Gewinn eines Schiffes unabhängige und sehr geringe Steuer war jahrelang das wesentliche Argument im Vertrieb der Schiffsfonds. Teichert forderte, die deutsche Schifffahrt müsse kapitalmarktfähig werden: „Davon sind wir meilenweit entfernt." Solange die Märkte nicht besser würden, könne man keine neuen Schiffsfonds emittieren – deutsche Privatanleger seien ängstlich und investierten nicht antizyklisch.

Hans Joachim Weinberger geht davon aus, es sei vor 2015 nicht möglich, einen neuen Schiffsfonds aufzulegen. Der Geschäftsführer der Gebab-Gruppe aus Meerbusch zitierte die Analysten von Alphaliner, denen zufolge bis 2015 mehr Containerschiffe abgeliefert würden als die Nachfrage aufnehmen könne.
Nachgefragt beim Institut für Seeverkehrswirtschaft und Logistik (ISL) in Bremen: Wie geht es weiter? Burkhard Lemper, Professor am ISL, erwartet im Frühsommer 2014 eine Erholung bei kleineren Containerschiffen mit bis zu 3000 Stellplätzen. Bis dahin dürften ihre Charterraten unter Druck bleiben.
Schlechter sind die Aussichten für Frachter mit bis zu 8000 Stellplätzen. „Allein in den ersten drei Quartalen 2013 haben die Linienreedereien die günstigen Neubaupreise genutzt und 200 Containerschiffe bestellt, darunter viele mit einer Kapazität oberhalb von 10.000 Containerstellplätzen. Sie werden die mittelgroßen Frachter verdrängen“, sagte Lemper.
„Die Vielzahl an Bestellungen ist angesichts der Marktsituation nicht verständlich.“ Die aktuelle Flotte umfasst 5134 Containerschiffe, in den Orderbüchern stehen 463 Schiffe bis 2016. Anfang November lagen 200 Frachter ohne Beschäftigung vor den Häfen.“[33]

6. Resümee

57 Die HSH Bank kam zu dem Schluss, dass Schifffahrtsinvestments sich vor allem für Investoren eigneten, die einen langen Anlagehorizont hatten und zwischenzeitliche Schwächephasen beispielsweise „aussitzen“ wollten.[34] Tatsächlich sieht es so aus, dass Fachleute von einem möglichen Ende der Krise in 2015 ausgehen. Schiffsfonds sollten bei einem Gesamtvermögen von ca. 500.000,00 Euro als sinnvolle Beimischung von fünf bis zehn Prozent erfolgen, wenn die sonstige Vermögensstruktur vorhanden ist.

IV. Der Schiffsbegriff

1. Allgemein

58 Eine Legaldefinition für den Begriff Schiff gibt es nicht, sodass eine Begriffsbestimmung durch die allgemeine Verkehrsauffassung und höchstrichterliche Rechtsprechung entwickelt wurde. Im Seeschifffahrts- und Binnenschifffahrtsrecht versteht man unter einem Schiff einen

---

33 *Anastassiou, Christina*, Kein Ende der Schiffsfonds-Pleiten in Sicht, Die Welt vom 16.11.2013 – www.welt.de/121950487.

34 HSH Corporate Finance GmbH, Performance von Schifffahrtsinvestments, S. 29.

„schwimmfähigen Hohlkörper von nicht unbedeutender Größe, der fähig und bestimmt ist, auf oder unter Wasser fortbewegt zu werden und Sachen und Personen zu tragen“[35]

2. Definition des Schiffsbegriffs

Nach dieser Definition ist für den Schiffsbegriff wesentlich: 59

ein schwimmfähiger Hohlkörper, dessen Form nicht festgelegt und von nicht ganz unbedeutender Größe ist. Bestimmte Maße/Mindestmaße sind nicht festgeschrieben und bestimmen sich jeweils nachdem Zweck der zur Anwendung heranzuziehenden Rechtsvorschriften.

Auch Kleinfahrzeuge, welche nicht durch Muskelkraft, sondern mit einem Motor oder durch Wind angetrieben werden, können es durch ihre nicht unerhebliche Geschwindigkeit rechtfertigen, dass in Haftungsfragen das Binnenschifffahrtsrecht oder Seerecht Anwendung findet.[36]

Der Hohlkörper muss fähig und dazu bestimmt sein, sich auf oder auch unter dem Wasser fortzubewegen oder fortbewegt werden.

Danach ist ein eigener Antrieb auch für Seeschiffe nicht erforderlich.[37] Es ist lediglich zu gewährleisten, dass eine Fortbewegung nach den hierfür einschlägigen Bestimmungen und Befähigungen vorliegt.[38]

Maßgeblich ist die Fähigkeit und Bestimmung, Personen oder Sachen zu tragen. Hiernach sind Bojen oder andere schwimmenden Seezeichen wie unbemannte Leuchtfeuer keine Schiffe.

Damit zählen zu den Schiffen neben Fracht- und Passagierschiffen auch 60
Schwimmkräne, Schwimmbagger, Feuerschiffe, Rohrleger, Schlepper und bewegliche Offshore Einrichtungen.[39]

Nicht zu den Schiffen zählen 61
- schwimmende Badeanstalten,
- schwimmende Gaststätten,
- Wohnboote,
- Lagerschiffe,
- Flöße,
- Schiffsbrücken,
- Wasserfahrzeuge,

35 *Rabe, Dieter*, Seehandelsrecht, 4. Auflage 2000.
36 BGH NJW 72, 538.
37 BGHZ 76, 2011.
38 Hanseatisches OLG, HGZ 14, 296.
39 Staudinger/*Noll*, § 1 SchRG Rn. 6.

- Amphibien-Fahrzeuge und
- Luftkissenfahrzeuge.

62 Eine Bohrinsel wird nicht als Schiff angesehen, sondern als „schwimmendes Gerät“ oder „schwimmende Anlage“ bezeichnet, da die Plattform in der Regel fest mit dem Meeresboden verbunden ist und es damit eindeutig an der Schiffseigenschaft fehlt.[40]

63 Ein Schiff verliert seine Schiffseigenschaft nicht, wenn es zum Beispiel gesunken, aber noch bergungsfähig ist. Ebenso, wenn sich ein Schiff vorübergehend auf einer Werft zwecks Umbau oder Reparatur befindet. Nur eine endgültige Aufgabe des Schiffs zum Zwecke der Schifffahrt führt zum Verlust der Schiffseigenschaft.[41]

64 Ist ein Schiffswrack gesunken, besteht die Schiffseigenschaft fort, solange der Schiffseigentümer sein Eigentum nicht aufgibt (§ 7 SchRG) und das Schiff noch bergungs- und reparaturfähig ist. Ist das Schiff (Wrack) nicht mehr bergungs- und/oder reparaturfähig geht die Schiffseigenschaft verloren. Die Schiffseigenschaft ist auch dann verloren, wenn das Schiff zuvor im Schiffsregister eingetragen war.[42]

65 Bei einem Totalverlust bzw. unrettbarem Untergang des Schiffs erlöschen neben dem Eigentum auch die Schiffshypotheken, die Schiffsgläubigerrechte jedoch nur vorbehaltlich eines etwaigen Fortbestehens der Versicherungsforderung nach § 32 SchRG.[43]

3. Das Schiff im Registerrecht

66 Bei der Einordnung im Schiffsrecht oder Registerrecht ist es entscheidend, um welche Art Schiff es sich im Rechtssinne handelt. Dabei sind die nachfolgenden Unterscheidungen von grundsätzlicher Bedeutung:

a) See- oder Binnenschiff

67 Ob ein Schiff ein Seeschiff ist und damit im Seeschiffsregister eingetragen wird oder um ein Binnenschiff und somit Eintragung im Binnenschiffregister wird durch die Verwendung definiert. Die jeweilige Eintrag in das entsprechende Register kann ein Anhaltspunkt sein, zwingend lässt sich aber keine See- oder Binnenschiffseigenschaft ableiten.[44]

---

40 *Prause*, SchRgO, § 3.
41 *Rabe*, Einf. Rn. 12.
42 RG HGZ 19, 119.
43 *Krause, Norbert*, Praxishandbuch Schiffsregister, 2012.
44 OLG Celle MDR 76, 936.

b) Weitere Differenzierungen

Man unterscheidet dann noch Kauffahrteischiffe oder Nichterwerbsschiffe und schließlich Staatsschiffe oder Privatschiffe.[45] 68

V. Das Schiffsregister

1. Allgemein

Das Schiffsregister ist dem Grundbuch im Liegenschaftswesen nachgebildet. Die 69 Schiffsregisterordnung folgt dem System der Realfolien. Jedes Schiff hat sein eigenes Registerblatt, auch wenn ein Eigentümer mehrere Schiffe besitzt (§/SchRegO, § 1 SchRegDV).

Grundbuch und Schiffsregister dienen beide öffentlichen und privatrechtlichen 70 Zwecken. Der öffentliche Zweck ist die Nationalisierung der Schiffe durch die Eintragung in das Register und die Feststellung des Flaggenrechts.

Der privatrechtliche Zweck ist die Orientierung des am Seeverkehr beteiligten 71 Publikums und die Eintragung von Pfandrechten.

Daneben wird das Schiffsregisterrecht wie das Grundbuchrecht in formelles und 72 materielles Recht eingeteilt.

2. Das materielle Schiffsregisterrecht

Das materielle Schifffahrtsregisterrecht umfasst das Recht an den eingetragenen Schiffen und den Schiffsbauwerken. Hier werden der Erwerb oder Verlust des Eigentums, das Recht an Schiffshypotheken, der Nießbrauch an Schiffen oder das Recht der Bauwerft eingetragen.[46]

Das formelle Schiffsregisterrecht umfasst schließlich das Recht über die Führung und Einrichtung des Schiffsregisters.

Wichtig ist für Schiffsfondsanteileigentümer das uneingeschränkte Einsichts- 73 recht in das Schiffsregister. Nach § 8 Abs. 1 SchRegO ist das Schiffsregister öffentlich und die Einsicht jedermann gestattet, der ein berechtigtes Interesse hat.

Wie im Grundbuch besteht auch der öffentliche Glaube des Schiffsregisters an 74 den Eintragungen. Die Kenntnis des Schiffsregisters wird bedeutsam beim Verkauf des Schiffs, bei Sicherungsrechten und dergleichen. Die Versicherung des Schiffes ist wiederum Voraussetzung für eine Schiffshypothek. Nur so kann ein Schiffskredit aufgenommen werden.

---

45 Dazu im Einzelnen *Krause, Norbert*, Praxishandbuch Schiffsregister, 2012.

46 *Krause, Norbert*, Praxishandbuch Schiffsregister, 2012.

3. Klassifikationsgesellschaften

75 Die Bewertung nach dem technischen und baulichen Zustand sowie die Erlaubnis bestimmte Güter zu transportieren, werden für See- und Binnenschiffe durch Klassifikationsgesellschaften wahrgenommen.

Eine anerkannte Klassifikationsgesellschaft ist der Germanische Lloyd. Der Germanische Lloyd veröffentlicht jährlich ein Schiffsregister, erlässt Vorschriften für Schiffsneubauten und Schiffsreparaturen und führt Schiffsinspektionen und Sicherheitskontrollen durch.

76 Weitere Klassifikationsgesellschaften sind
- American Bureau of Shipping (ABS) aus den USA
- Bureau Veritas aus Frankreich (BV)
- China Classification Society aus China (CCS)
- Det Norske Veritas (DNV) aus Norwegen
- Korean Register of Shipping (KRS) aus Korea
- Lloyds's Register of Shipping (LKS) aus England
- Nippon Kaiji Kyokai (NKK) aus Japan
- Registro Italiano Navale (RINA) aus Italien
- Maritime Register of Shipping (RS) aus Russland

77 Schiffsklassifizierer sind eine Art TÜV für Schiffe. Ihre Ingenieure prüfen im Auftrag der Reeder regelmäßig, ob Frachter oder Tanker noch sicher und seetüchtig sind. In jüngerer Zeit überwachen die Gesellschaften auch andere Großprojekte, etwa Kraftwerke oder Windräder.

78 Ein Klassifikationsattest ist Voraussetzung, um ein Schiff und dessen Ladung versichern zu können. Die Versicherung des Schiffes ist wiederum Voraussetzung für die Beleihung durch Banken.[47]

---

47 *Winter, Henning/Henning Christian/Gerhard, Marcus* (Hrsg.), Grundlagen der Schiffsfinanzierung, 3. Aufl., 2013; *Gerhard, Sven,* Schiffsversicherungen.

B. Emissionshaus

I. Aufgaben des Emissionshauses

Das Emissionshaus ist der Anbieter der Beteiligungen am Kapitalmarkt. Die Unternehmen werden auch als Emittenten oder Initiatoren bezeichnet. Der Emittent ist für Platzierung und den Prospekt verantwortlich. 79

Des Weiteren werden dem Emissionshaus weitere Aufgaben im Lebenszyklus eines Schiffes zugeordnet:

Die folgenden Aufgaben sind dem Emissionshaus zugeordnet[48]: 80

1. Investitionsphase

Erstellung des Beteiligungskonzepts; Marketing; Beschreibung der wirtschaftlichen, steuerlichen und rechtlichen Aspekte; Einwerben von Eigenkapital; Sicherstellung der Fremdfinanzierung; Erstellung und Veröffentlichung des Verkaufsprospektes, Festlegung der Quote zwischen Eigen- und Fremdkapital, Versicherung („loss of hire", Kaskoversicherung, Protection & Indemnity). 81

2. Betriebsphase

Abstimmung bei Charterverträgen; Abstimmung der Zinskonditionen; Betriebskostenanalyse der verschiedenen Reedereien; Controlling; Zusammenarbeit mit dem Beirat; Treuhänder und Investoren informieren 82

3. Veräußerungsphase

Bewertung von Kaufangeboten; Mitwirkung bei Verkaufsverhandlungen; Marktanalyse. Verkauf des Schiffs 83

Oder Verschrottung. Es sind die betriebsgewöhnliche Nutzungsdauer für Schiffe bei der Abschreibung zu beachten. Zur Berechnung des Schrottwerts bestehen einschlägige Verfügungen der OFD Hamburg und Bremen.

48 Verkaufsprospekt MS E. R. France S. 23.

4. Kapitalanlegerbetreuung

84 Zu den Hauptaufgaben gehört die Zusammenführung qualifizierter Vertragspartner. Die anderen Aufgaben können an Dienstleister übertragen werden. Das Emissionshaus bietet ihre Schiffsfonds über einen Direkt- Vertrieb an oder bedient sich externer Vertriebspartner, die die Eigenkapitalvermittlung auf Provisionsbasis übernehmen. Als Vertriebspartner kommen u.a. Sparkassen, Banken und freie Vermittler in Betracht.

85 Wie stellt sich nun ein Emissionshaus in einem Organigramm dar: Wir blicken dazu auf die Conti Unternehmensgruppe.

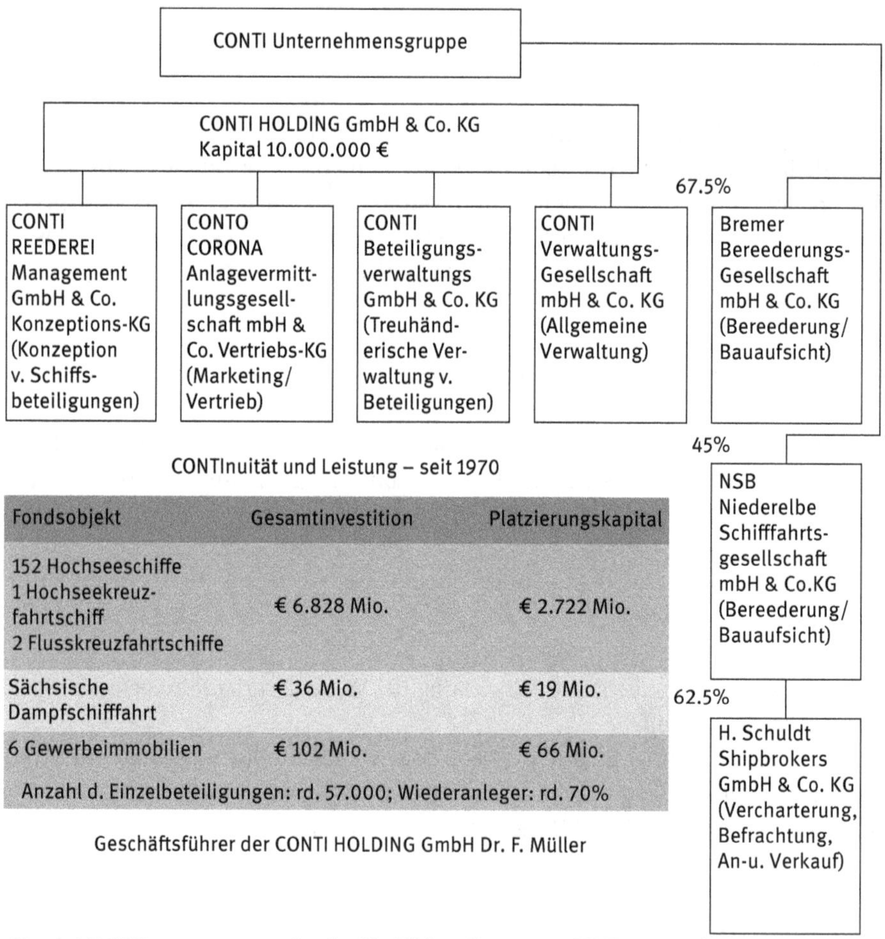

Fondsobjekt	Gesamtinvestition	Platzierungskapital
152 Hochseeschiffe 1 Hochseekreuz-fahrtschiff 2 Flusskreuzfahrtschiffe	€ 6.828 Mio.	€ 2.722 Mio.
Sächsische Dampfschifffahrt	€ 36 Mio.	€ 19 Mio.
6 Gewerbeimmobilien	€ 102 Mio.	€ 66 Mio.
Anzahl d. Einzelbeteiligungen: rd. 57.000; Wiederanleger: rd. 70%		

Stand: 1.8.2012 Quelle: Modifiziert, Homepage CONTI Unternehmensgruppe

Abbildung 1: Unternehmensstruktur CONTI Unternehmensgruppe

5. Gesellschaftsversammlungen

Die Emissionshäuser führen Gesellschaftsversammlungen mit den Anlegern gemäß dem Gesellschaftsvertrag durch. Wegen der Größe der Gesellschaften mit mehreren hundert Anlegern ist dies nicht immer einfach. Viele Emissionshäuser verlagern deshalb die Gesellschaftsversammlungen auf schriftliche Informationen an die Anleger. 86

II. Wirtschaftliche Bedeutung von Emissionshäusern

Zu den erfahrensten Emissionshäuser von Schiffsbeteiligungen gehört als Initiator die CONTI Reederei. Seit der Gründung im Jahre 1970 beläuft sich die Anzahl der Einzelbeteiligungen auf rund 56.400 und die Anzahl der geschlossenen Fonds auf rund 149.[49] 87

Die nachfolgende Statistik zeigt die fünf größten Anbieter von geschlossenen Schiffsfonds in Deutschland nach platziertem Eigenkapital im Jahr 2012.

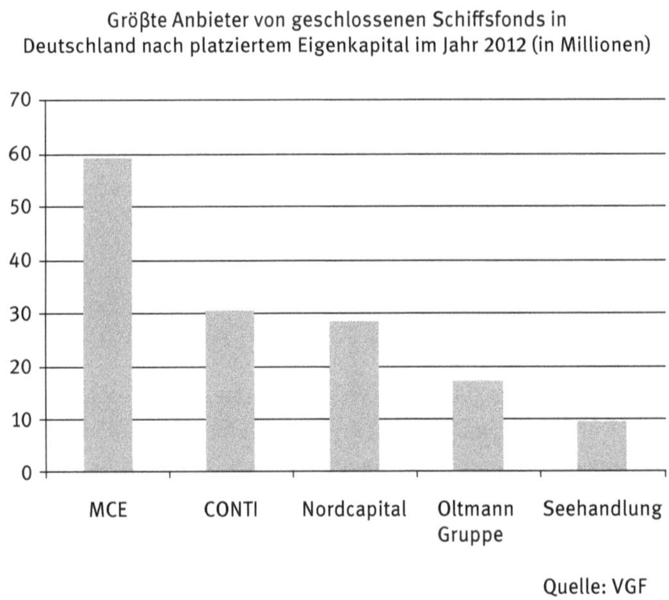

Abbildung 2: Größte Anbieter von geschlossenen Schiffsfonds nach platziertem Eigenkapital im Jahr 2012 (in Millionen).

49 Homepage: CONTI Unternehmensgruppe.

88 Zurzeit leiden die Emissionshäuser unter dem Nachfragerückgang der Schiffsfondsprodukte. Da die Umsätze der Emissionshäuser vor allem abhängig von dem Eigenkapital der Gesellschafter sind, ist ein Rückgang der Ertragskraft zu verzeichnen. Eigenkapitalplatzierungsgarantien und Bürgschaften als Sicherheit für die Banken stellen die Emissionshäuser und Reedereien bereit, da sie als Gründungsgesellschafter der Schiffsfonds beitreten. Dementsprechend können Ansprüche gegen die Emissionshäuser entstehen, wenn Schiffsfonds nicht voll eingeworben werden können, die noch im Zulauf sind. Gegenwärtig ist ein solches Risiko der Inanspruchnahme groß, da Eigenkapital nach der Schifffahrtskrise nur im geringen Maße eingenommen wird.

89 Seit dem Ausbruch der Finanzkrise im Jahr 2008 ist das platzierte Eigenkapital von Schiffsfonds drastisch zurückgegangen. Zudem entfällt ein Teil des Neugeschäfts auf Eigenkapitalerhöhungen für Fondssanierungen.

90 **Zwischen 2002 und 2011 ergibt sich folgendes Bild:**
2002 wurde 1.460 Millionen Euro Eigenkapital platziert
2003 wurde 2.329 Millionen Euro Eigenkapital platziert
2004 wurde 2.908 Millionen Euro Eigenkapital platziert
2005 wurde 2.960 Millionen Euro Eigenkapital platziert
2006 wurde 2.546 Millionen Euro Eigenkapital platziert
2007 wurde 3.000 Millionen Euro Eigenkapital platziert
2008 wurde 2.500 Millionen Euro Eigenkapital platziert
2009 wurde 742 Millionen Euro Eigenkapital platziert
2010 wurden 711 Millionen Euro Eigenkapital und Eigenkapital-Erhöhungen platziert
2011 wurden 402 Millionen Euro Eigenkapital und Eigenkapital-Erhöhungen platziert.[50]

III. Verband der Emissionshäuser

91 Viele Emissionshäuser haben sich im Verband VGF zusammengeschlossen. Der Verband wurde am 26.6.2013 in Bundesverband Sachwerte und Investmentvermögen e.V. umbenannt. Neben den neuen Namen gab es auch eine neue Ausrichtung, weil jetzt Tätigkeiten im direkten Zusammenhang mit dem KAGB stehen.

Der Verband hat auch ein Leistungsbilanzportal des bsi Bundesverbands Sachwerte und Investmentvermögen e.V. eingeführt. Hier können Interessierte die Leistungsbilanzen und Prospekte der Verbands-Mitglieder recherchieren, im Volltext durchsuchen und herunterladen.

---

50 Die Daten wurden den Quellen Fondstelegram/*Stefan Loipfinger* (2002–2006) und VGF-Branchenzahlen (ab 2007) entnommen.

Die Leistungsbilanzen werden mindestens ab dem Jahr 2005 erfasst. Die Prospekte werden erfasst, soweit sie ab dem 1.7.2005 zur Veröffentlichung von der Bundesanstalt für Finanzdienstleistungsaufsicht (BaFin) gebilligt wurden. Die Aktualisierung der Datenbank erfolgt in 14-tägigem Rhythmus.

Der bsi Bundesverband Sachwerte und Investmentvermögen e.V. ist die Inter- 92
essenvertretung der Unternehmen, die Sachwerte verwalten und deren Tätigkeit im direkten Zusammenhang mit dem Kapitalanlagengesetzbuch (KAGB) steht.

Der Verband hat aktuell 59 Mitglieder, die Sachwertvermögen in Höhe von 127 Mrd. Euro verwalten (Stand 09/13).

IV. Übersicht über die Emissionshäuser

Es wird eine Übersicht der bedeutsamen Emissionshäuser am Markt gegeben. Die 93
Emissionshäuser werden kurz vorgestellt und es werden Informationen über die Schiffsfonds gegeben.

Aktuelle Informationen lassen sich häufig über die Internetseiten der Emissi- 94
onshäuser oder über den Zweitmarkt zu den Schiffsfonds erlangen. Dabei ist festzustellen, dass das Berichtswesen durch von den Emissionshäusern zur Verfügung gestellte Informationen in den letzten Jahren sehr unterschiedlich war. Allgemein ist die Tendenz festzustellen, dass die Informationen deutlich zurückhaltender gegeben werden.

Der bsi Bundesverband Sachwerte und Investmentvermögen e.V. ist die Interessenvertretung der Unternehmen, die Sachwerte verwalten und deren Tätigkeit im direkten Zusammenhang mit dem Kapitalanlagengesetzbuch (KAGB) steht, will dem entgegenwirken. Dort kann man auf einer besonderen Seite Informationen über die beigetretenen Mitgliedsunternehmen erhalten. Es erfolgt eine Aktualisierung im Rhythmus von 14 Tage.

1. Atlantic

Das Emissionshaus Atlantic Gesellschaft zur Vermittlung Internationaler Investitio- 95
nen mbH & Co. KG wurde 1998 als Tochter der Rickmers Gruppe gegründet. Insgesamt wurden seit 1998 vom Emissionshaus Atlantic 36 Schiffsfonds aufgelegt neben einigen Immobilienfonds.

Bei der Atlantic Gesellschaft zur Vermittlung Internationaler Investitionen mbH 96
& Co. KG handelt es sich um ein Emissionshaus, welches 1998 als Tochter der Rickmers Gruppe gegründet wurde. Bisher hat Atlantic seit 1998 neben einigen Immobilienfonds insgesamt 36 verschiedene Schiffsfonds ins Leben gerufen. Insgesamt haben sich 13.000 Anleger bereits an den Schiffs- und Immobilienfonds beteiligt. Das Gesamtinvestitionsvolumen beläuft sich auf € 1,5 Milliarden mit einem platzier-

ten Eigenkapital von € 660 Millionen. Der Schiffsfonds Atlantic MS Aruni Rickmers musste Insolvenz anmelden. Das Insolvenzverfahren wurde am 12.11.2012 eröffnet. Wieder werden hier Bankdarlehen und ähnlich Schulden vorrangig vor den Anlegern (Kommanditisten) bedient.

2. BS Invest

97 Das Emissionshaus BS Invest Gesellschaft für Beteiligungsvermittlung mbH ist ein Tochterunternehmen Reederei Bernhard Schulte aus Hamburg und verfügt nach eigenen Angaben daher über Erfahrung von über 120 Jahren im Bereich der Schifffahrt. Zu den bevorzugten Investitionsobjekten zählen seit der Gründung im Jahre 2003 Tanker, Frachter und Containerschiffe. Die derzeitige Flotte besteht aus 17 Schiffen.

3. Bluewater Capital

98 Seit 2007 bietet die Bluewater Capital GmbH aus Bremen Schiffsbeteiligungen an. Bluewater Capital brachte seit dem 11 Schiffsfonds auf den Markt. Diese investierten in Transportschiffe. Das Emissionshaus fungiert neben den Vertrieb auch als Treuhänder der Fonds.

4. Buss Capital

99 Buss Capital ist ein Fondshaus und Containerfinanzierer mit den Schwerpunkten Schifffahrt, Logistik und Immobilien. Der 2003 gegründete Fondsanbieter bezeichnet sich selbst als Marktführer im Bereich der Containerfonds. Seit 2007 sind auch Schiffs- und Immobilienfonds im Angebot. Bislang brachte Buss Capital 29 Publikumsfonds und drei Privatplatzierungen auf den Markt. Die Anzahl der Anleger beläuft sich auf rund 27.500. Das eingeworbene Eigenkapital beträgt ca. € 870 Millionen.

100 Ende Juni 2013 verkauften fünf Fonds ihr verbleibendes Containerportfolio an schwedische Investoren. Rund 3.000 Container wurden dabei für knapp € 12 Millionen verkauft. Mit rund € 25 Millionen Eigenkapital wurde der Fonds Buss Global Container 12 planmäßig 2013 geschlossen.

5. CASTOR Kapital

101 Das Emissionshaus CASTOR Kapital legt Schiffsbeteiligungen und Schiffsfonds seit 1993 auf. Spezialisiert ist das Emissionshaus auf Schiffe kleinerer und mittlerer

Tonnage. Sitz der Gesellschaft ist Hamburg. Seit 1993 wurden insgesamt 35 Schiffsfonds mit einer Gesamtinvestitionssumme von rund € 280 Millionen und einem Eigenkapital von circa € 125 Millionen realisiert.

6. CFB-Fonds

Die Commerz Real Fonds Beteiligungsgesellschaft mbH, kurz CFB, ist innerhalb der Commerz Real Gruppe die Spezialistin für Konzeption, Vertrieb und Verwaltung von unternehmerischen Beteiligungen. Dabei hat die CFB über 25 Jahre Erfahrung vorzuweisen. Die Produktpalette beinhaltet nicht nur Schiffsfonds, sondern auch u.a. Leasingfonds, Infrastruktur-Betreiber-Konzepte, Medienfonds, Immobilienfonds und Solarfonds. 102

96 % ihrer Containerschiffsflotten haben Charterverträge mit den größten drei Containerlinien-Reedereien – Mærsk, MSC und CMA CGM – abgeschlossen. Die Laufzeiten betragen bis zu 15 Jahre. Seit dem Jahre 1983 hat die CFB rund 180 Fonds realisiert. Das Investitionsvolumen betrug insgesamt circa € 13, 5 Milliarden und das Eigenkapital € 5,5 Milliarden bei 73.000 Anlegern. 103

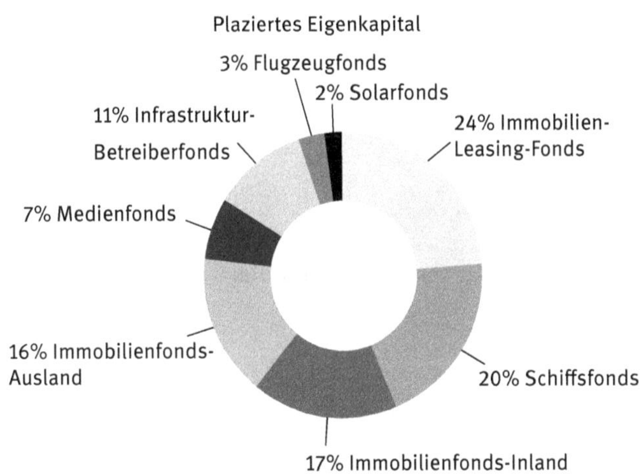

Quelle: Homepage CFB-Fonds, Stand:31.12.2011

Abbildung 3: Platziertes Eigenkapital, CFB-Fonds.

7. ConRendit Containerfonds

Bis 2009 befasste sich das Emissionshaus ConRendit mit Containerfonds. Insgesamt wurden seit 2002 29 Fonds, davon 15 Containerfonds, aufgelegt, an denen rund 7000 104

Anleger beteiligt waren. Das Gesamtinvestitionsvolumen soll sich auf € 460 Millionen belaufen.

105 Aufgrund der Wirtschaftskrise nahm man Containerfonds zugunsten von Immobilien- und Infrastrukturfonds aus dem Programm, um sich neu auszurichten. Die Anleger müssen bereits reduzierte Ausschüttungen feststellen oder teilweise auf diese verzichten.

8. CONTI

106 Seit der Gründung 1970 bietet CONTI Schiffsbeteiligungen an. Von der Unternehmensgruppe wurden seit 1970 Investitionen in Höhe von € 6,97 Milliarden realisiert. Das Eigenkapital der Anleger betrug bis heute € 2,8 Milliarden. 1979 wurde die Fondsgesellschaft CONTI Reederei Management GmbH & Co. KG in München gegründet.

107 CONTI konnte sich gut durch die Schifffahrtskrise durchkämpfen. Problemschiffe aus dem Container-Bereich konnten durch zinslose Darlehen der CONTI-Holding stabilisiert werden. Des Weiteren bestehen meist langfristige Charterverträge, die teilweise vorzeitig verlängert werden konnten.

108 Gegenwärtig umfasst die CONTI-Flotte 96 Schiffe:
- 56 Containerschiffe
- 27 Bulker
- 8 Produktentanker
- 2 Gastanker
- 1 Hochseekreuzfahrtschiff
- 2 Flusskreuzfahrtschiffe

109 2011 war CONTI der zweitgrößte Anbieter von Schiffsfonds nach platziertem Eigenkapital hinter Nordcapital.

9. Doric Asset Finance

110 Die Doric Asset Finance bietet nicht nur Schiffsfonds an, sondern vor allem Beteiligungen an Flugzeugen, Immobilien- und Energiefonds. Das Gesamtinvestitionsvolumen aller Fonds beträgt USD 5,4 Milliarden. In die Fonds investierten insgesamt 27.500 Anleger mit einem Eigenkapital von € 1,2 Milliarden.

Das gemeinsam mit der Lauterjung Reederei betriebene Capesize-Massengutschiff MS Sunrise fährt aktuell nur für den Schiffsfonds der Doric Asset. Die beiden Schiffsfonds Doric Fonds MS Borneo und Doric Fonds MS Java sind indirekt an diesem Schiff beteiligt. Diese wurden im Jahr 2006 auf den Markt platziert. Sie beteiligen sich nicht an zwei gleichnamigen Schiffen, sondern am 2011 fertiggestellten Schiff MS

Sunrise/POS Winner. Von den beiden Fonds wurde ein Eigenkapital von rund € 50 Millionen erbracht.

10. Dr. Peters Group

Seit mehr als 35 Jahren konzipiert, platziert und managt die Dr. Peters Group geschlossene Fonds. Das Unternehmen mit Sitz in Dortmund und Hamburg wurde 1960 gegründet und gehört zu den ältesten sowie größten inhabergeführten Initiatoren geschlossener Fonds in Deutschland. 111

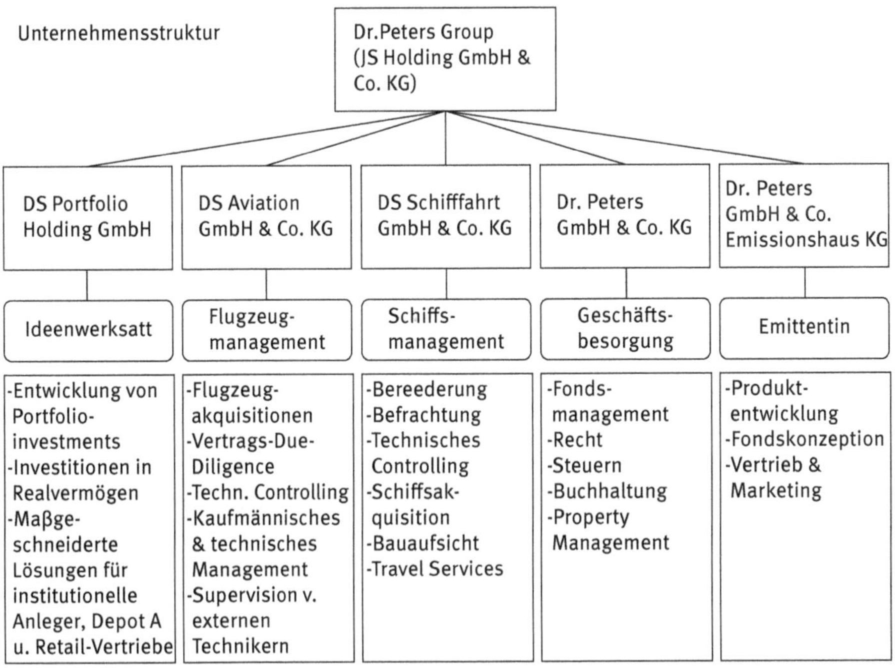

Quelle: Modifiziert nach Homepage Dr. Peters Group

Abbildung 4: Unternehmensstruktur Dr. Peters Gruppe.

Geschäftsgegenstand ist die Gründung und Verwaltung von Publikums-Gesellschaften, die unter dem Markennamen DS-Fonds bekannt sind. DS steht für die Produktphilosophie „Dynamik & Sicherheit". Unter „Dynamik" versteht Dr. Peters die Anpassung von Einnahmen an Lebenshaltungskosten sowie Produkte, die sich aus dynamischen Märkten ableiten. Mit „Sicherheit" verbindet das Emissionshaus das Bestreben, die Fondsprodukte und damit das Kommanditkapital der Anleger so weit 112 wie möglich vor Risiken über erstklassige Geschäftspartner sowie Verträge und Versicherungen abzusichern.

113 Der erste Fonds wurde 1975 platziert. Heute umfasst das DS-Fondsportfolio 141 aufgelegte Fonds. Die Investitionsschwerpunkte bilden Schiffsbeteiligungen, geschlossene Immobilienfonds im In- und Ausland sowie der Zweitmarkt von US-Lebensversicherungen. In 2007 erweiterte die Dr. Peters Group die Investitionsfelder um das Segment der Flugzeugfonds.

114 Schiffsbeteiligungen werden seit 1990 platziert. Sie bilden heute den Investitionsschwerpunkt des Unternehmens. Bisher wurden mehr als 76 Schiffsfonds initiiert. Damit zählt Dr. Peters zu den größten deutschen inhabergeführten Schiffsinitiatoren und betreut für seine Anleger an der Gesamttonnage gemessen die größte Handelsflotte Deutschlands und eine der größten Tankschiff-Flotten der Welt.

115 Bisher investierte die Dr. Peters Gruppe circa 6,79 Mrd. Euro in Flugzeuge, Schiffe, Immobilien, den Zweitmarkt von US-Lebensversicherungen. Das von mehr als 90.000 Beteiligungen eingezahlte Eigenkapital beträgt rund 3,30 Mrd. Euro.

116 Durch die Wirtschaftskrise sah sich die Dr. Peter-Gruppe gezwungen, für 14 Ein-Schiff-Gesellschaften Zahlungsunfähigkeit anzumelden.

11. Elbe Emissionshaus Schiffsfonds

117 2004 wurde ein vergleichbar kleiner Anbieter geschlossener Schiffsfonds gegründet – die EEH Elbe Emissionshaus GmbH & Co. KG. Aufgelegt hat das Elbe Emissionshaus 18 Schiffsfonds und einen Tankcontainerfonds. Dabei wurde insgesamt ein Eigenkapital von € 120 Millionen und ein Gesamtinvestitionsvolumen von € 300 Millionen platziert. Investiert wurde vor allem in kleine Containerfeederschiffe und Mehrzweckfrachter. Für deren Bewirtschaftung setzte man auf mittelständische und kleine Familienreedereien.

118 Die Schiffe der EEH Fonds blieben nicht von der krisenhaften Entwicklung auf den Schiffsmärkten verschont. 2010 trugen die stagnierende Nachfrage und die beschäftigungslosen Liegezeiten der Schiffe dazu, dass eine Mehrzahl der Schiffsfonds keine Ausschüttungen an die Anleger zahlen konnten. Der EEH Fonds MS Pacific Sun GmbH & Co. KG wurde Mitte 2011 zahlungsunfähig und musste Insolvenz anmelden. Die Unregelmäßigkeiten der Bereederung wurden als Ursache dafür gesehen.

119 Am 26.03.2013 hat die EEH Elbe Emissionshaus GmbH & Co. KG einen Antrag auf Eröffnung auf Eigeninsolvenz bei dem zuständigen Amtsgericht in Hamburg gestellt. Die EST Elbe Schiffstreuhand ist von der Eigeninsolvenz der EEH Elbe Emissionshaus GmbH & Co. KG nicht betroffen und somit weiterhin für die Betreuung der Investoren verantwortlich.

120 Das Eigenkapital beträgt € 4,6 Millionen. Investiert wurde in ein Multipurpose-Containerschiff mit einer Containerkapazität von 629 TEU und einer Tragfähigkeit

von 8.024 tdw. Gebaut wurde das Schiff auf der chinesischen Werft Shandong Huanghai Shipbuilding.

Im März 2011 wurden Auszahlungen in Höhe von 7 % des Kommanditkapitals 121
zurückgefordert. Des Weiteren wurde eine Kapitalerhöhung beschlossen.

12. Embdena Partnership GmbH

Seit 1982 entwickelt und realisiert die Embdena Partnership AG, die sich 2012 in die 122
Embdena Partnership GmbH umgewandelt hat, als Initiator geschlossene Schiffsfonds. Das in Emden ansässige Emissionshaus platzierte mittlerweile über 65 Schiffe mit einem Gesamtinvestitionsvolumen von rund € 1 Milliarde. Das Emissionshaus investiert vor allem in bereits gebaute Schiffe und fungiert oft auch als Gründungsgesellschaft, Prospektherausgeber und Treuhänder.

Am 01. März 2013 hat das Emissionshaus selbst Insolvenz am Amtsgericht Aurich 123
anmelden müssen. Hintergrund waren Probleme bei den Prospekten der Schiffsfonds.

13. Fondshaus Hamburg

Neben Schiffsfonds ist das Fondshaus Hamburg auch auf Immobilienfonds spezia- 124
lisiert. Rund 50 geschlossene Fonds brachte das Unternehmen seit seiner Gründung 2001 auf den Markt. Das Fondshaus Hamburg ist ein Tochterunternehmen der Ahrenkiel Gruppe. Die Fondshaus Hamburg Treuhand GmbH fungiert als Treuhänder der Beteiligungen.

14. GEBAB

Die drei wesentlichen Geschäftsbereiche der GEBAB Unternehmensgruppe sind das 125
Emissionshaus, die Treuhandverwaltung und der Reedereibetrieb. Seit ihrer Gründung 1985 hat die GEBAB über 100 Fonds auf den Markt platziert. Über 18.000 Anleger investierten in die Schiffsbeteiligungen mit einem Eigenkapital von € 1,6 Milliarden. Das Gesamtinvestitionsvolumen beträgt über € 4 Milliarden.

15. Hamburgische Seehandlung

Seit 1995 bietet die Hamburgische Seehandlung Schiffsbeteiligungen und geschlos- 126
sene Schiffsfonds an. Das Unternehmen gehört zur Laeisz-Gruppe, die in der Schifffahrt tätig ist. Beteiligt ist das Unternehmen an See- und Flussschiffen. Bis zum Jahr 2011 hat die SEEHANDLUNG 23 Beteiligungsangebote in den Bereich Handelsschiff-

und Kreuzfahrt platziert. Dabei beträgt das Gesamtinvestitionsvolumen € 809 Millionen und das Eigenkapital € 348 Millionen. 16 Fonds liefen noch zum 31.12.2011 mit einem Investitionsvolumen von € 604 Millionen. Laut der Leistungsbilanz per 31.12.2011 ist für die Anleger eine durchschnittliche lineare Rendite in Höhe von 5,1 % p.a. nach Steuern bei einer Laufzeit von durchschnittlich 10 Jahren erzielt worden.

127 Das gesamte Investitionsvolumen zum 31.12.2009 der 16 laufenden Vermögensanlagen der Hamburgischen Seehandlung beträgt 591,35 Mio. Euro inkl. Agio und liegt damit um 2,65 Mio. Euro über dem prospektierten Wert von 588,70 Mio. Euro. Die Summe des jeweils eingeworbenen Eigenkapitals ohne Agio beträgt 257,90 Mio. Euro im Vergleich zu den prospektierten Werten von 254,19 Mio. Euro.

Betrachtet man nur das Jahr 2009, so lag die Summe der Auszahlungen aller laufenden Vermögensanlagen mit ca. 13,6 Mio. Euro unter dem Vorjahresniveau, was insbesondere mit der Containerschifffahrtskrise zusammenhängt. Dies entspricht einer durchschnittlichen Auszahlung über alle lt. Prospekt auszahlenden laufenden Vermögensanlagen von ca. 5 % auf das Nominalkapital. Bei den vier Panmaxbulkern lagen die Auszahlungen zwischen 16 % und 30 %. Der kumulierte Cash-flow (ermittelt aus den Jahresergebnissen unter Neutralisierung der nicht zahlungswirksamen Erträge/Aufwendungen) der laufenden Vermögensanlagen liegt um ca. 8,8 % unter Prospektniveau. Von den 10 Vermögensanlagen schnitten vier Vermögensanlagen besser ab und sechs lagen unter Prospektansatz. Der prospektierte Wert zum 31.12.2009 lag bei insgesamt 193,97 Mio. Euro, der realisierte Cash-flow beträgt 176,90 Mio. Euro.

128 Das prospektierte Fremdkapital von insgesamt 8,90 Mio. Euro, 173,05 Mio. USD, 2.030,29 Mio. JPY und 14,15 Mio. CHF wurde zum 31.12.2009 noch mit 8,83 Mio. Euro, 61,99 Mio. USD, 254,99 Mio. JPY und 14,03 Mio. CHF in Anspruch genommen. Bei neun der zehn Vermögensanlagen wurden Sondertilgungen geleistet; bei zweien davon hat der Tilgungsvorsprung über 4 Jahrestilgungen betragen. Bei Flussfahrt '08 liegen die Tilgungen auf Prospektniveau. Insgesamt betrug der prospektierte Stand des Fremdkapitals zum 31.12.2009 8,83 Mio. Euro, 82,11 Mio. USD, 1.123,23 Mio. JPY und 14,04 Mio. CHF.

129 Bei den steuerlichen Ergebnissen schnitt aus Investorensicht saldiert eine Gesellschaft besser ab als prospektiert, sechs schlechter und drei wie prospektiert. In den oben genannten Werten sind die Unterschiedsbeträge nicht berücksichtigt, da Unterschiedsbeträge bei den älteren Vermögensanlagen nicht prospektiert waren und bei einigen auch noch nicht endgültig festgestellt wurden.

a) Leistungsbilanz per 31.12.2010

130 Das Investitionsvolumen sämtlicher 24 Beteiligungsangebote der Hamburgischen Seehandlung (inklusive der Beteiligung „Sonnenstrom alpha" der Schwestergesellschaft Hamburgische Energiehandlung) beträgt etwa 844 Mio. Euro bei einem Eigenkapital von ca. 358 Mio. Euro exklusive Agio. Sieben der 24 Fonds wurden bereits beendet. Dabei wurde für die Anleger trotz zwischenzeitlich schwieriger Marktver-

hältnisse eine durchschnittliche lineare Rendite von 6,7 % p.a. nach Steuern bei einer durchschnittlichen Fondslaufzeit von 9,1 Jahren erzielt. Bei der Renditeermittlung nach der branchenüblichen Methode des internen Zinsfußes (IRR) ergibt sich eine durchschnittliche Rendite nach Steuern von 10,5 % p.a. Bei sämtlichen Schiffsverkäufen konnte eine positive Rendite erzielt werden. In keinem Fall hat ein Anleger also weniger Kapital zurückerhalten als er eingesetzt hat.

b) Leistungsbilanz 2011/2012

Die konsequente Tilgungspolitik in „besseren Zeiten" hat dazu geführt, dass alle Gesellschaften im Handelsschifffahrtsbereich über dem Tilgungsplan liegen bzw. bereits entschuldet sind. 11 der bislang 24 emittierten Beteiligungsangebote konnten mit einer IRR-Rendite von durchschnittlich 10,8 % p.a. nach Steuern beendet werden. Bei der Kreuzfahrt-Flotte mit mittlerweile acht Flusskreuzfahrtschiffen konnten Auszahlungen und Tilgungen wie prospektiert geleistet werden.[51] 131

Die Gruppenstruktur der Hamburgischen Seehandlung sieht wie folgt aus: 132

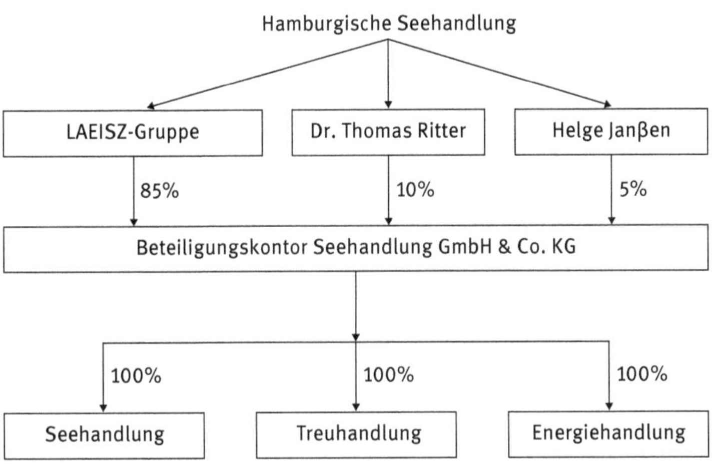

Abbildung 5: Unternehmensstruktur Hamburgische Seehandlung

16. Hannover Leasing

Hannover Leasing zählt zu den führenden Anbietern von Sachwertanlagen in Deutschland. Das Unternehmen konzipiert Geschlossene Fonds und andere Beteiligungsmög- 133

51 Quelle: Internetseite der Hamburgischen Seehandlung.

lichkeiten für private und institutionelle Investoren. Die Investitionsschwerpunkte liegen auf den Assetklassen Immobilien im In- und Ausland sowie Flugzeuge. Insgesamt haben sich bislang mehr als 63.500 private und institutionelle Anleger an Fonds von Hannover Leasing beteiligt und dabei insgesamt € 9,1 Milliarden Eigenkapital investiert. Das Gesamtinvestitionsvolumen der von Hannover Leasing verwalteten Vermögenswerte beläuft sich auf 15,2 Milliarden Euro. Schiffsfonds spielen nur eine untergeordnete Rolle. Das Gesamtinvestitionsvolumen aller Schiffe beträgt USD 157 Millionen.

17. Hansa Treuhand

134 Seit 1983 emittiert das Emissionshaus Hans Treuhand Schiffsfonds auf den Markt. Über 100 Schiffsfonds, zwei Private-Equity-Fonds und vier Flugzeugfonds wurden seither aufgelegt. Des Weiteren bittet die Hansa Treuhand Reederei-Dienstleistungen an.

18. HTB Hanseatisch Schiffsfonds GmbH & Co. KG

135 HTB Hanseatische Schiffsfonds GmbH & Co. KG hat sich auf den Zweitmarkt-Schiffsfonds spezialisiert. Bislang wurden neun geschlossene Zweimarktschiffsfonds aufgelegt. Es handelt sich bei diesen um sieben Publikumsfonds und zwei private Placements. Bei ihren Beteiligungskäufen tendiert der HTB-Schiffsfonds zu Schiffen, die grundsätzlich der Tonnagebesteuerung unterliegen.

136 HTB Hanseatische Schiffsfonds GmbH & Co. KG hat sich auf den Zweitmarkt-Schiffsfonds spezialisiert. Bislang wurden neun geschlossene Zweimarktschiffsfonds aufgelegt. Es handelt sich bei diesen um sieben Publikumsfonds und zwei private Placements. Bei ihren Beteiligungskäufen tendiert der HTB-Schiffsfonds zu Schiffen, die grundsätzlich der Tonnagebesteuerung unterliegen.

19. IGB (Internationale Grundwert Beteiligungsgesellschaft)

137 Die Internationale Grundwert Beteiligungsgesellschaft fungiert als Anleger geschlossener Fondsbeteiligungen. 2005 brachte das Unternehmen den ersten Containerfonds auf den Markt. Bislang folgten vier weitere Containerfonds. Die IGB-Gruppe ist auch im Bereich der Immobilien-, Infrastruktur- und Erneuerbare-Energie-Fonds tätig. Von der IGB wurden insgesamt fünf Containerfonds aufgelegt.

20. KGAL GmbH & Co. KG

Der Finanzdienstleister wurde am 14. August 1968 in Hamburg gegründet. Überwiegend bietet die KGAL Flugzeugfonds an. Seit 2003 bietet die KGAL GmbH & Co. KG Schiffsfonds an. In zwölf verschiedene Schiffsfonds haben bisher 11.000 Anleger über € 485 Millionen investiert. 138

21. König & Cie. GmbH & Co. KG

König & Cie. wurde von Tobias König im Jahre 1999 gegründet. Seit dem wurde ein Gesamtinvestitionsvolumen von über € 4,2 Milliarden initiiert. Dabei wurden rund 80 geschlossene Fonds, darunter 50 Schiffsfonds, aufgelegt. 139

Auch hier ist die Schifffahrtskrise nicht spurlos an König & Cie. vorüber gegangen. Besonders gut zu sehen ist dies bei den Fonds MS Agaman und MS Stadt Lübeck. Diese fordern von ihren Anlegern 26 % der ursprünglichen Anlagesumme aufgrund Liquiditätsengpässen zurück. 140

22. Lloyd Fonds AG

Die Lloyd Fonds AG ist ein börsennotiertes Emissionshaus für geschlossene Fonds. Das in Hamburg ansässige Unternehmen hat über 100 Fonds aufgelegt. 53.000 Anleger haben mit einem Eigenkapital von € 2 Milliarden in Fonds der Lloyd Fonds AG investiert. Dabei kam ein Gesamtinvestitionsvolumen von rund € 5,1 Milliarden zusammen. Die Gründung erfolgte 1995 als Lloyd Fonds Gesellschaft für Unternehmensbeteiligungen mbH & Co. KG. An der Börse ist das Unternehmen seit 2005. Die Rechtsform wurde 2001 in die einer Aktiengesellschaft umgewandelt. Das Unternehmen ist auf Schiffs- und Immobilienfonds spezialisiert. 141

23. MPC Münchmeyer Peter Capital AG

Gegründet wurde die MPC Münchmeyer Peter Capital AG 1994. Seit 2000 ist das Unternehmen an der Börse notiert. Insgesamt hat das Unternehmen 326 Kapitalanlagen aufgelegt. 180.000 Anleger haben dabei rund € 7,9 Milliarden investiert. Das Gesamtinvestitionsvolumen beläuft sich bei € 18,9 Milliarden. Von den 326 Kapitalanlagen sind davon 126 Schiffsfonds. Es wurde in mehr als 220 Schiffen investiert. Das Gesamtvolumen soll rund € 3 Milliarden betragen. 142

24. Nordcapital

143 1992 wurde das Unternehmen Nordcapital von den Brüdern Bertram und Erck Rickmers gegründet. Sie stammen von der Familie, die die gleichnamige Reederei Rickmers seit 1834 betreibt. Um in das Fondsgeschäft einzusteigen, wurde die Nordcapital Treuhand GmbH & Co. KG im Jahr 1996 gegründet. Nordcapital hat seit seiner Gründung 140 Schiffs-, Immobilien-, Energie- sowie Waldfonds aufgelegt.

25. Norddeutsche Vermögensanlage

144 Das Emissionshaus Norddeutsche Vermögensanlage wurde im Jahr 1975 gegründet. Die Norddeutsche Vermögensanlage GmbH & Co. KG konzipiert Kapitalanlagen im Bereich der Seefahrt und Gewerbeimmobilien. Rund 27.000 Anleger sollen rund € 2,33 Milliarden in die Kapitalanlagen investiert haben. 95 Schiffsfonds mit einem Investitionsvolumen von € 3,95 Milliarden hat das Emissionshaus auf den Markt platziert.

145 Anhand der Leistungsbilanz 2010 – eine neuere Leistungsbilanz ist im Internet nicht verfügbar – wird über die Schiffsbeteiligungen 1–95 berichtet. Es handelt sich dabei um laufende Schiffsbeteiligungen und abgeschlossene Schiffsbeteiligungen.

146 Zu den jeweiligen Beschäftigungssituationen oder Darlehenssituationen ist die Leistungsbilanz 2010 oder spätere heranzuziehen.

147 Aus der folgenden Abbildung ist die Unternehmensstruktur zu entnehmen.

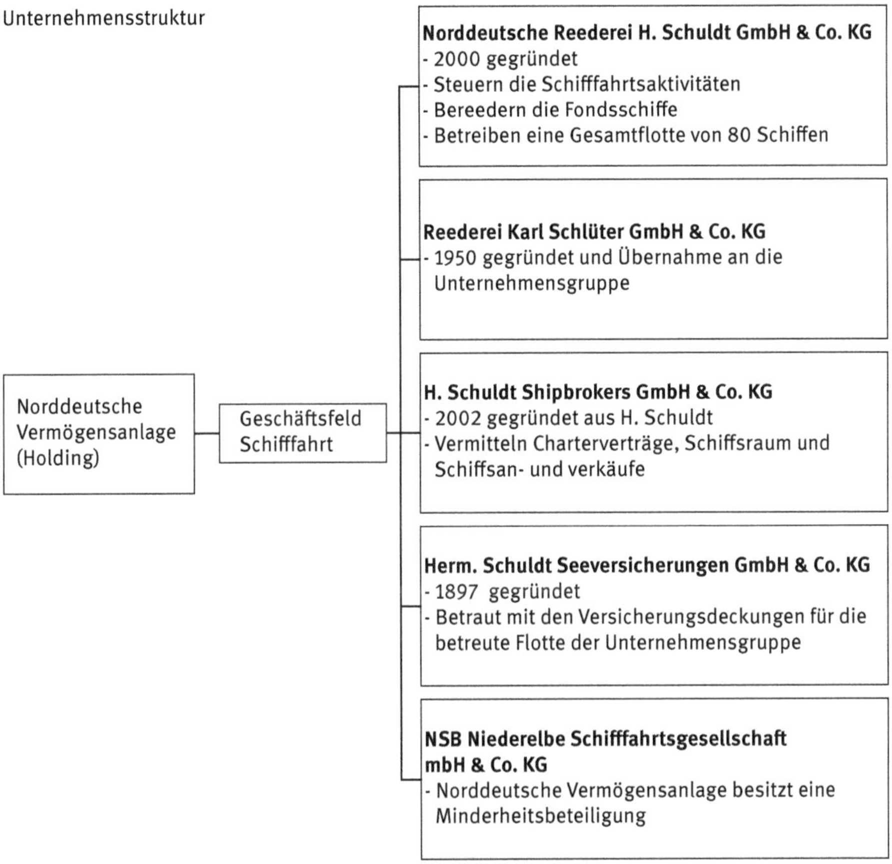

Quelle: Modifiziert nach Homepage Norddeutsche Vermögen

Abbildung 6: Unternehmensstruktur Norddeutsche Vermögensanlage.

Die Norddeutsche Vermögensanlage spricht bei den Schiffsfonds von Investments auf 148
die Norddeutsche Art. Sie führt auf der Internetseite weiter aus:[52]

> „Schiffs- und Immobilienfonds sind unternehmerisch geprägte, renditeorientierte Kapitalanlagen – konzipiert als geschlossene Fonds Im Gegensatz zu offenen Fonds ist das Investitionsvolumen fest definiert. Ist das benötigte Kapital eingeworben, wird der Fonds geschlossen. Das Anlageobjekt ist ebenfalls klar definiert. Die Anleger investieren nicht in ein anonymes Konstrukt, sondern sind Miteigentümer eines konkreten Investitionsgegenstandes und Teilhaber einer Schifffahrts- oder Immobiliengesellschaft.
>
> In hanseatischer Tradition setzen wir auf Qualität statt Quantität. Leitmotiv jeder Fondskonzeption ist eine konservative Kalkulation, die den Anlegern attraktive Renditechancen bei

52 Website: http://www.norddeutsche-vermoegen.de/de/unternehmen/fondskonzepte.html.

größtmöglicher Sicherheit bietet. Investments auf die Norddeutsche Art basieren auf konservativ kalkulierten Fondskonzeptionen. Wir legen bei der Auswahl und der Realisierung unserer Fondsprodukte folgende Kriterien zugrunde:

Bei Schiffsfonds:
- Attraktivität der Schiffsklasse und -größe für das jeweilige Einsatzgebiet
- Ausgewogene Charterzeiten und attraktive Chartereinnahmen gemessen an Klasse und Einsatzgebiet des Schiffes
- Angemessener Baupreis
- Ertrags- und Wertentwicklungspotenzial
- Berücksichtigung wirtschaftlicher und steuerlicher Rahmendaten
- Frühzeitige Entschuldung der Schiffe
- Internationale Partner mit erstklassigem Renommee
- Konservative Kalkulation über den gesamten Planungszeitraum mit einer attraktiven Rendite für den Anleger."

26. Oltmann Gruppe

149 Die Oltmann Gruppe wurde im Jahr 1986 von Jan Luiken Oltmann gegründet. Spezialisiert hat sich das Unternehmen im Bereich Schiffsbeteiligung vor allem auf die Container-, Feeder- und Multipurpose-Schifffahrt. Seit der Gründung hat die Oltmann Gruppe 228 Fonds und über 270 Schiffe mit einem Gesamtinvestitionsvolumen von über € 3 Milliarden finanziert.

150 Inzwischen sind 139 geschlossene Schiffsfonds wieder abgewickelt. Von denen haben mehr als 70 % die Erwartungen übertroffen und lediglich 9 % verfehlten die Erwartungen leicht und 4 % deutlich. Durchschnittlich erzielten die Anleger eine jährliche Rendite von 26,6 % p.a. nach Steuern. Das ist für ein Unternehmen, das Schiffsfonds auf den Markt platziert, eine sehr gute Leistungsbilanz mit Blick auf die Schifffahrtskrise.

151 Das sonst so übliche Agio von 5 % des Beitrags, der investiert wird, gibt es bei der Oltmann Gruppe nicht. Stattdessen machen Vergütung und Provision rund 12 % der Gesamtinvestition aus. Für eine Schiffsbeteiligung ist dies ein guter Wert. Die Oltmann Gruppe hat eine Produktreihe „Schnäppchenfonds" mit antizyklischem Ansatz entwickelt. Die durchschnittliche Laufzeit der Fonds liegt bei nur unter sechs Jahren.

152 An allen von der Oltmann Gruppe angebotenen Vermögensanlagen beteiligten sich bis zum 31.12.2010 insgesamt über 10.000 Anleger. Das Emissionsvolumen belief sich an diesem Stichtag auf 1,18 Milliarden Euro; das Gesamtinvestitionsvolumen betrug mehr als 2,9 Milliarden Euro[53].

53 Leistungsbilanz 2010 der Oltmann Gruppe.

Die Oltmann Gruppe hat die Leistungsbilanz 2010 mit der Kurzübersicht 1986 – 2010 und ein Update 2011 auf der Seite der Oltmann Gruppe zum Download bereitgestellt. Neuere Zahlen sind über die Pressemitteilungen vorhanden. 153

27. OwnerShip Emissionshaus GmbH

Im Oktober 2003 wurde die OwnerShip Emissionshaus GmbH in Hamburg gegründet. 154
Sie vertreibt und verwaltet Schiffsbeteiligungen in der Form geschlossener Fonds. Insgesamt wurden 25 Schiffs- und Schiffsflottenfonds emittiert. Die geschäftsführenden Gesellschafter sind Olaf Pankow und Thomas Wenzel. Die OwnerShip Treuhand GmbH dient als Schnittstelle der Beteiligten.

28. Premicon AG

Die Premicon AG wurde 1998 als Dienstleister für Kapitalanleger gegründet und hat 155
seitdem 20 Fonds auf dem deutschen Kapitalmarkt aufgelegt, 13 davon im Bereich Flusskreuzschifffahrt, womit sie Marktführer in diesem Segment ist. Hinzu kommen unter anderem zwei Fonds in der Hochseekreuzfahrt sowie eine Hochsee-Reederei-Beteiligung. Mit 22 Flusskreuzfahrtschiffen verfügt sie über die größte Flotte auf dem Fahrtgebiet Rhein, Main, Mosel und Donau.

Die Premicon AG hat ihre Kompetenz zudem auf Assetmanagement sowie Dienst- 156
leistungen in der Schifffahrt und der Touristik konsequent ausgebaut. Dies beinhaltet die Entwicklung touristischer Projekte, die Planung und Baubegleitung von Flusskreuzfahrtschiffen, den nautisch-technischen Betrieb derselben, das Hotel- und Cateringmanagement an Bord sowie komplette Dienstleistungspakete für Reiseveranstalter. Dieser Zweig wird seit Anfang 2013 intensiv ausgebaut und auf absehbare Zeit das Kerngeschäft darstellen. Neuemissionen im Bereich der Kreuzschifffahrt sind derzeit nicht geplant. Grund für diese Neuausrichtung ist das Negativimage der geschlossenen Fonds im Allgemeinen und der Schiffsbeteiligungen im Besonderen. Obwohl die Zahlen das Wachstum in der Kreuzfahrt belegen, wird dieser Markt von der Fondsbranche aktuell als Teil der krisengebeutelten Frachtschifffahrt wahrgenommen. Die bestehenden Fonds werden in gewohnter Weise und Qualität fortgeführt, die Gesellschafter und Vertriebspartner weiterhin umfassend betreut.

29. PCE Premium Capital Emissionshaus

Seit 2004 bietet das in Hamburg ansässige Emissionshaus Schiffsbeteiligungen an. 17 157
Schiffsfonds wurden seitdem auf den Markt platziert. Nach Angaben des Unternehmens haben sich 5.000 Anleger mit einem Investitionsvolumen von rund USD 500

Millionen daran beteiligt. Spezialisiert hat sich das Emissionshaus vor allem auf Flusskreuzfahrten und Handelsschiffe. Investiert wurde dabei in 12 Containerschiffe und 5 Flusskreuzfahrtschiffe (Stand Ende 2011).

158 Das PCE Premium Capital Emissionshaus übernimmt die Konzeption und Realisierung der Schiffsfonds sowie die Betreuung der Banken, Sparkassen und Anlageberater sowohl in der Platzierung als auch im Beteiligungsverlauf. Der geschäftsführende Gesellschafter ist Kai-Michael Pappert. Für die Betreuung der Investoren ist die PCE Treuhand verantwortlich. Zuständig für die betriebswirtschaftliche Beratung der Schiffsbeteiligungen ist die PCE Treuhand.

30. Salamon AG

159 Im Jahr 1993 hat Christian Salamon die Salamon AG gegründet. Die Salamon AG ist ein reedereiunabhängiger Initiator von Schiffsbeteiligungen. Christian Salamon ist neben Ulrich Thamm geschäftsführender Gesellschafter des Unternehmens. Fast 10.000 Anleger investierten eine Eigenkapitalsumme in Höhe von rund € 360 Millionen. Das Gesamtinvestitionsvolumen der Schiffsbeteiligungen beträgt über € 800 Millionen.

160 Die Salamon AG ist eine operativ tätige Holdinggesellschaft (Dachgesellschaft). Unter ihr sind die Funktionsträger Salamon Emissionshaus GmbH, Salamon Fondsverwaltung GmbH und Westfälische Sachwert und Treuhand GmbH zusammengefasst. Das Salamon Emissionshaus ist für die Produktentwicklung und die Platzierung auf den Markt zuständig. Sie erstellt das Emissionsprospekt und übernimmt anschließend die Beschaffung des Eigenkapitals seitens der Anleger.

V. Motivation der Emissionshäuser bezüglich der Auflage von Schiffsfonds

161 Schiffsbeteiligungen sind unternehmerische Beteiligungen, die erstmals im 14. Jahrhundert aufgetreten sind. Bis zu dieser Zeit mussten die Reeder das Risiko der Piraterie oder Untergang ihres Schiffes selber tragen. Um dieses zu umgehen, wurde damals schon mit mehreren Reedern, aber auch Privatanlegern in mehrere Schiffe investiert, um das persönliche Risiko so gering wie möglich zu halten.

162 Die Anleger, die sich damals beim Reeder engagierten, konnten so nachhaltig am wirtschaftlichen Erfolg teilhaben. Viel geändert hat sich bis heute nicht, nur sind die Investoren als beschränkt haftende Mitunternehmer an einer GmbH & Co. KG beteiligt und nicht an einer altertümlichen Partenreederei. Eine GmbH & Co. KG ist eine Kommanditgesellschaft, wonach mindestens eine GmbH die Vollhafterstellung einnehmen muss und die Investoren haften lediglich mit ihrer Kapitaleinlage. Die Kom-

manditgesellschaft bietet die Chance, die Vorteile der Rechtsformen einer Personengesellschaft und einer Kapitalgesellschaft miteinander zu verbinden.

Durch den Beginn der Globalisierung Anfang der 70er Jahre bekamen auch die Warenflüsse einen enormen Zuwachs und lösten in der Branche der Seetransporte einen Boom aus. Denn 97 % der Transporte werden über den Seeweg abgefertigt und durch den technischen Fortschritt und die Industrialisierung ist heute der Handel mit Waren in größeren Mengen und schnelleren Lieferungszeiten immenser als früher. 163

Der Anleger hat heute eine Vielzahl von gewinnbringenden Anlagemöglichkeiten zur Auswahl. Aber nach wie vor haben bei Schiffsbeteiligungen steuerliche Aspekte und attraktive Auszahlungen eine besondere Bedeutung. Besonders nach der Einführung der Tonnagesteuer 1999 erfreuen sich diese Beteiligungen einer großen Beliebtheit bei vermögensstarken Kundenschichten, da durch sie nur noch niedrige Ertragssteuerbelastungen zu erwarten sind. Für die Anwendung der Tonnagesteuer, die die pauschale Gewinnermittlung für das Unternehmen von Handelsschiffen im internationalen Verkehr bezeichnet, sind für die Gesellschaften folgende Bedingungen zu erfüllen: Betrieb von Handelsschiffen im internationalen Verkehr, Bereederung und Geschäftsleitung im Inland und unwiderruflicher Antrag auf Tonnagebesteuerung. 164

Zusätzlich zu einer einfachen Schiffsbeteiligung, die langfristig bindet, gibt es den Handel mit Schiffsanteilen, den Zweitmarkt. Hier kann der Investor, der dringend flüssige Mittel braucht, seine Schiffsbeteiligung verkaufen. Diese Alternative hat in den letzten Jahren stark an Bedeutung gewonnen. Im Gegensatz zur Erstzeichnung einer Schiffsbeteiligung haben sich die Anteile bereits einige Jahre bewährt. Heute werden angemessene Preise gezahlt. Die sich daraus entwickelnden Zweitmarktfonds bieten für den Anleger hohe Auszahlungen, eine breite Risikostreuung und eine relativ kurze Laufzeit. Einen Zweitmarktfonds bieten die Fondsgesellschaften an, die die Gelder von potenziellen Anlegern sammeln und diese in gebrauchte Anteile geschlossener Fonds investieren. Die Beteiligung endet erst, wenn der Fonds aufgelöst bzw. das Schiff verkauft wird oder wenn der Anleger seine Beteiligung auf dem Zweitmarkt veräußern kann. 165

Ein jeder, der ein solches Geschäft als große Chance sieht, schnelles Geld zu verdienen, sollte immer an die Risiken denken. Empfehlenswert ist es, eine Beteiligung nur mit ausreichendem Eigenkapital abzuschließen. Eine Fremdfinanzierung wäre keine sinnvolle Lösung, weil die Risiken sich nicht vollständig verdrängen lassen. Aber dank der erhöhten und weiter steigenden Nachfrage an Schiffen in den letzten Jahren, vor allem verursacht durch die Folgen einer rasanten Globalisierung, haben sich Schiffsbeteiligungen zu einem lohnenden Investment entwickelt. Nicht selten übersteigen die Renditen die 15 % p.a. Grenze und ein Abflauen dieses Boomsegmentes ist bisher nicht zu erkennen. 166

Bei der Vielzahl der Emissionshäuser fragt sich der Anleger natürlich was war die Motivation für die Emissionshäuser bezüglich der Konzipierung und Auflage von Schiffsfonds. Der Markt für Schiffsbeteiligungen bietet einige Besonderheiten, die beim Investment in andere Assetklassen nicht so bedeutend sind. So kommt der Tat- 167 sache, dass 71,00 % der Erdoberfläche mit Wasser bedeckt sind in dieser Assetklasse eine große Bedeutung zu. Durch die zunehmende Globalisierung werden sich die internationalen Warenverkehrsströme zwangsläufig erhöhen. Zu beachten ist weiter, dass bei der Schifffahrt vor allem eine Abhängigkeit von den Schwankungen der Weltwirtschaft und deren Konjunkturzyklen besteht. Damit verbunden sind die die Schwankungen der Nachfrage nach Transportkapazitäten und somit die Charterraten sowie Lohn-, Produktions- und Rohstoffkosten. Selbst das Wachstum der Weltbevölkerung und dem daraus resultierenden Versorgungsbedarf wirkt sich auf den Markt der Schiffsbeteiligungen aus. Eine weitere Besonderheit ist durch die überproportionale Konzentration des weltweiten Waren- und Schiffsverkehrs auf den südost- und ostasiatischen Raum gegeben. Daher ist die konjunkturelle sowie politiche Komponente sehr genau zu beobachten.

168 Ein weiterer Aspekt im Hinblick auf die Marktsituation ist die Struktur der Welthandelsflotte. Bei den globalen und zivilen Transportschiffen stellen Tanker und Massengutfrachter (Bulker) mit ca. 75 % den größten Anteil dar. Dagegen machen Containerschiffe und Stückgutschiffe zusammen etwa 20 % aus.[54]

169 Die Situation und die Handlungsmöglichkeiten von Fondsinitiatoren werden oft unter dem Aspekt der am Markt durchsetzbaren Produkte gesehen. Gemeint ist damit vor allem, welche Kapitalanlageprodukte aktuell bei Kapitalanlegern und insbesondere auch bei Finanzvertrieben nachgefragt werden. Es handelt sich dabei um den Markt für Beteiligungsmodellen an Schiffen, Immobilien, Medien oder Infrastrukturprojekten, um nur einige zu nennen. Hier werden private Investoren akquiriert, die Eigenkapital bereitstellen.

170 Die Fondsinitiatoren müssen im Markt für Beteiligungsmodelle stets auch die jeweils relevanten Primärmärkte für die betreffenden Assets – wie beispielsweise Immobilien, Schiffe oder Flugzeuge – im Blick behalten. Die Emissionshäuser müssen sich bei ihren Aktivitäten also nach zwei Markten ausrichten, die weitestgehend unabhängig voneinander funktionieren und nicht selten in einem Spannungsverhältnis zueinander stehen.

171 Im Unterschied zu den Primärmärkten wird der Markt für Beteiligungsmodelle von bestimmten Determinanten bestimmt. Hierzu zählen die subjektiven Erfahrungen und Anforderungen des Finanzvertriebs und der Kapitalanleger, aber auch bestimmte Anlagemoden.[55]

172 Die Anlagemoden üben vom Kapitalanlagemarkt her Druck auf das Emissionshaus aus. Es muss somit das am meisten gesuchte Anlageprodukt beschafft werden. Von der anderen Seite können günstige Rahmenbedingungen für ein Produkt spre-

54 *Pelikan, Edmund*, Chancen mit geschlossenen Fonds, 1. Auflage, Wiesbaden, 2007.
55 *Hemberger, Pascal*, Geschlossene Fonds als Anlagemöglichkeit für Privat Banking Kunden, 1. Auflage 2012, Norderstedt.

chen, der Markt für Beteiligungsmodelle kann jedoch Zweifel aufkommen lassen, ob sich das Investitionsobjekt platzieren lässt.

Diese Überlegungen gelten für alle Beteiligungsmodelle. So erzielten Schiffs- 173
beteiligungen niemals höhere Placierungsvolumina als gerade in den Jahren, in denen Charterraten und Schiffspreise einen Höchststand erreichten. Einiges hat dafür gesprochen, dass das Jahr 2009 ein viel besserer Zeitpunkt für die Auflegung eines Schiffsfonds war, als etwa das Jahr 2007. Leider handelt die große Mehrheit der Anleger nicht im Marktmodell – der gute Anleger ist also nur ein Denkmodell.[56]

Der Schiffsfonds benötigt für das Emissionshaus wettbewerbsfähige Kostenstruk- 174
turen. Es geht darum um anfängliche Fondskosten und dauerhafte Fondskosten.

Anfängliche Kosten entstehen bei der Gestaltung, Konzeption und dem Vertrieb 175
des Kapitalanlageprodukts. Diese Kosten werden im Fondsprospekt ausgewiesen, sind aber teilweise schlecht nachvollziehbar, weil sie teilweise für die Kapitalanleger verschleiert werden. Die BGH Rechtsprechung hat sich damit umfangreich beschäftigt. Ein Weichkostenanteil von über 15 % ist beim Beratungsgespräch aufzuklären, was nach der Erfahrung von Fachanwälten für Bank- und Kapitalanlagerecht häufig vergessen wird.

Die dauerhaften Fondskosten werden für die Betreuung des Anlegers gezahlt. 176
Diese sind bei anderen Kapitalanlageprodukten als Schiffsfonds deutlich höher, weil häufiger bei der Kapitalanlage etwas an Kundendienst zu erledigen ist. Es werden zum Beispiel für offene Immobilienfonds laufende Verwaltungsgebühren für die Verwaltung der Immobilien verlangt.

Bei den anfänglichen Kosten bei geschlossenen Fonds wie Schiffsfonds kam es 177
nach Herbert Spechthauser, Vorstand beim Emissionshaus Hannover Leasing, in den vergangenen Jahren zu einer Fehlentwicklung, was die Verteilung der anfänglichen Kosten betraf. Von diesen fließt nach seiner Auffassung ein immer größerer Teil dem Vertrieb zu. Für den Initiator oder das Emissionshaus bleibt nur ein kleinerer Teil. Es ist jedoch das Emissionshaus, der in das Risiko geht, wenn er auf eigene Rechnung ein Schiff akquiriert, bevor das Eigenkapital für den Fonds eingesammelt wird.

Das Provisionsinteresse des Vertriebs, der beratenden Bank und Sparkassen ist 178
jedoch sehr stark. Ausschlaggebend für die von Gerichten festgestellten Falschberatungen war vielfach das Provisionsinteresse. Diese Provision wird nicht nur aus dem Agio, dem Ausgabeaufschlag, gespeist, sondern auch aus Teilen der in den Fondskonzeptionen vorgesehenen hohen Vergütungen. Über diese Zahlungen sind nach der Rechtsprechung die Anleger aufzuklären. Die Praxis verdeckter Rückvergütungen (kick-Backs) wurde vom Bundesgerichtshof beanstandet. Er legte auch für die weichen Kosten die Grenze von 15 % fest. Bei vielen Schiffsfonds wird diese Grenze deutlich überschritten.

---

56 Vgl. *Pelikan, Edmund*, Chancen mit geschlossenen Fonds, 1. Auflage, Wiesbaden 2007.

179 Das Landgericht hat bei dem Schiffsfonds MPC-Fonds MS Santa-P Schiffe seine Verurteilung der Bank darauf gestützt, das die Bank ihren Kunden nicht über die an sie fließenden Provisionszahlungen in Höhe von 14 % bezogen auf die Bareinlage aufgeklärt hat. Weiter war im Prospekt des Fonds MS Santa-P Schiffe nicht im Einzelnen dargestellt, wie sich die Kosten zur Kapitalbeschaffung verteilen, und wem, zu welchem Zeitpunkt, welche Gelder zufließen.

180 Die Schiffsfonds werden insbesondere wegen der anfänglichen hohen „Weichkosten" kritisiert. Unter „Weichkosten" werden die Vertriebskosten verstanden.

181 Schiffsfonds sind auch für bestimmte Zielgruppen nicht geeignet. Dazu gehören insbesondere ältere Kapitalanleger. Nach Recherchen des ZDF Magazins WISO besitzen in Deutschland die über 55-jährigen knapp die Hälfte des Geldvermögens. Die sogenannten „Best Ager" sind aufgrund ihrer Kaufkraft eine begehrte Zielgruppe für Banken und Finanzdienstleister. Die meisten Senioren wollen für ihr Geld Sicherheit und Flexibilität. Dies bieten aber Schiffsfonds nicht.

182 Gottfried Mehner fasst es in der Börsenzeitung zusammen:

> „Die Perspektive für den Schifffahrtsmarkt ist und bleibt trübe. Sah es in der zweiten Jahreshälfte 2010 kurzzeitig so aus, als würden sich die Charterraten endlich erholen, steht nach einem erneuten Rückgang im laufenden Jahr fest, dass selbst die leisesten Hoffnungen auf eine Stabilisierung des Marktes vergebens gewesen sind. Der Vertrieb von geschlossenen Beteiligungen ist in einem derartigen Umfeld extrem schwierig. Das hat natürlich direkte Rückwirkungen auf das Neugeschäft, denn die enttäuschten Anleger leiden nicht leise und behalten ihren Misserfolg für sich, sondern schalten immer häufiger Fachanwälte ein, um Schadenersatz geltend zu machen oder im Falle einer fehlerhaften Anlageberatung eine Rückabwicklung zu erreichen. Zu erwarten ist in diesem Umfeld ein grausam schlechtes Zeichnungsjahr.
> Geschlossene Schiffsbeteiligungen sind unternehmerische Beteiligungen. Dass sich die Branche im zurückliegenden Jahr 2010 für viele überraschend schnell stabilisierte, lag in erster Linie am kollektiven „Slow Steaming", mit dem Reeder den Treibstoffverbrauch nahezu halbieren können. Durch die Langsamfahrt stieg der Bedarf an Schiffen, und die daraus resultierenden Neubestellungen setzen dem Sektor nun aufs Neue zu, denn nun drückt das neue strukturelle Überangebot verstärkt in den Markt. Bei Fracht- und Charterraten besteht daher in den meisten Bereichen keine Chance, das Vorkrisenniveau auch nur annähernd zu erreichen. Somit steuern Tanker, Bulker und die bei den deutschen Anlegern so beliebten Containerfrachter flott ins nächste Wellental, und der Markt ist schwieriger denn je einzuschätzen.
>
> Gigantischer Verdrängungswettbewerb
> In den Vorjahren waren Fondsfinanzierer und Charterreeder mit hochspekulativen Bestellungen aufgefallen. Jetzt sind es die Linienreeder, bei denen – angezettelt durch den Weltmarktführer AP Møller-Mærsk – ein gigantischer Verdrängungswettbewerb stattfindet. Die Mærsk Line bestellte in jüngerer Vergangenheit allein 20 Containerriesen mit einer Tragfähigkeit von 18 000 TEU (Twenty Foot Equivalent Unit), also Standardcontainern, zum Stückpreis von 190 Mill. Dollar.
> Aus Sicht des Analysehauses Alphaliner sitzen die Werften dieser Welt auf Schiffsbestellungen mit einem Gesamtvolumen von mehr als 57 Mrd. Dollar. Dabei stammt ein Volumen von 27 Mrd. Dollar aus Neubestellungen nach der Krise. Keine Bank, das ist dabei zu berücksichtigen, finanziert zurzeit Neubauten ohne Beschäftigungsnachweise bzw. Langfristcharter. Die auf den Markt drängende Neubautonnage verfügt also stets über feste erste Aufträge. Dieses Volumen fehlt

dann aber der Bestandsflotte. Dadurch kommen nun die zu absoluten Boomzeiten georderten teuren Schiffe mit entsprechend teuren Finanzierungen in Schwierigkeiten. Das Sanierungsvolumen der schiffsfinanzierenden Banken schätzt Roland Berger auf 23,7 Mrd. Euro. Dies bedeutet, dass bislang rund ein Drittel des Schiffskreditportfolios der Banken notleidend ist.
Die Banken gehen deshalb inzwischen zu Kombinations-Deals über: Wer ihnen einen Sanierungsfall abnimmt, erhält im Gegenzug betont günstige Konditionen für ein anderes Projekt. Generell aber ist es das Ziel der Schiffsbanken, ihre Risikoaktiva zu reduzieren. Die Liquiditätsnöte der Reeder nehmen dementsprechend weiter zu. In diesem Umfeld sollten antizyklische Investoren und Schnäppchenjäger zu Kaufgelegenheiten kommen. Weil Banken – abgesehen von einigen chinesischen Akteuren, die sich als Exporthelfer für die nationaler Werften verstehen – nach dem dreijährigen Desaster die Taschen zuhalten, sind Reeder auf Finanzierungsalternativen angewiesen. Bislang dominiert in Deutschland das zumeist fondsfinanzierte Ein-Schiffs-Modell, also das „KG-Modell“: Rund 440 000 Privatanleger sind über geschlossene Fonds als Kommanditisten an Containerfrachtern, Tankern oder Bulkern beteiligt. Immer weniger Investoren sind nach der tiefen Krise aber dazu bereit, das Risiko einer unternehmerischen Beteiligung neu einzugehen. Der Markt für geschlossene Schiffsfonds hat deshalb sein Vorkrisenniveau nicht annähernd wieder erreicht.
Viele Schiffsbanken scheuen zudem die eigenkapitalbelastenden Wirkungen dieser Finanzierungen nach den verschärften Anforderungen von Basel III. Das verteuert die Kredite und führt zu höheren Eigenkapitalanforderungen. Die Folge sind gravierende Finanzierungslücken bei Reedern. „Der Einstieg amerikanischer Private-Equity-Gesellschaften bietet den deutschen Reedern eine Finanzierungsalternative zu den bisherigen Modellen“, heißt es bei der HSH Corporate Finance. Amerikanisches Private Equity sei in Europa bislang vor allem bei griechischen Schifffahrtsgesellschaften wie beispielsweise Euroseas aktiv. Das Negativbeispiel der insolventen Bremer Reederei Beluga mit dem Finanzinvestor Oaktree gelte aus Sicht der US-Investoren als Einzelfall. Das Engagement amerikanischer Private-Equity-Firmen stehe zwar aktuell noch ganz am Anfang, könnte aber mittelfristig „zum Zukunftsmodell“ avancieren. Die Renditeerwartungen lägen bei 15 % und mehr. Ein Exit könnte später auch über Börsengänge erfolgen.
Welche Zukunft fondsfinanzierte Modelle haben, ist schwer abzuschätzen. Eine solidere Kalkulation würde in jedem Fall helfen. Die Qualitätsführer der Branche operieren ohne Agio, legen keine überzogenen Fondskonzipierungskosten auf überlange Laufzeit um, damit sie nicht so auffallen, sie arbeiten nicht mit überzogenen Treuhandgebühren und halten auch bei den Vertriebskosten nicht beide Hände auf. Bei solchen Anbietern stimmt immer noch die Rendite. Für konservative Anleger passen Schiffsfonds aber immer weniger.“[57]

57 *Mehner, Gottfried*, Geschlossene Fonds in schwerer See, Börsen-Zeitung vom 24.11.2011.

C. Schiffsfonds – Marktübersicht

I. Allgemeines zum Markt

183 Schiffsfonds bzw. Tonnagesteuerfonds sind in Deutschland im Segment der geschlossenen Fonds eine der beliebtesten Anlagen neben Immobilienfonds. Seit den 1970er Jahren wurden von Kapitalanlegern weit über 30 Milliarden Euro in Schiffsfonds eingezahlt. Die Anleger hatten die Hoffnung Gewinne zu machen und Steuern zu sparen. In den Jahren 2000 bis 2008 haben Anleger jährlich zwischen drei und sieben Milliarden Euro pro Jahr in Schiffsfonds und Schiffsfondsbeteiligungen investiert[58].

184 Ende des Jahres 2008 kam es für die Schiffsbeteiligungen zur tiefsten und auch nachhaltigsten Krise: die seit Mitte 2008 anhaltende Schifffahrtskrise und die Finanzkrise. Bis Ende des 2. Quartals 2008 gehörten Beteiligungen an Schiffen noch zu einem beliebten Investitionsobjekt im Marktbereich der Fonds. Die Schifffahrt profitierte insbesondere von dem starken Wachstum in China. Mit dem Wachstum des Landes ist ein enormer Bedarf an Transportleistungen entstanden. Dieser führte auch dazu, dass die Charterraten aller Schiffsgattungen im Jahr 2003 explodierten und im Jahr 2005 Rekordraten erzielt werden konnten. Doch schon Ende des Jahres 2008 waren Platzierungen von Schiffsfonds nur mit erheblichen Aufwand und nur langsam möglich.

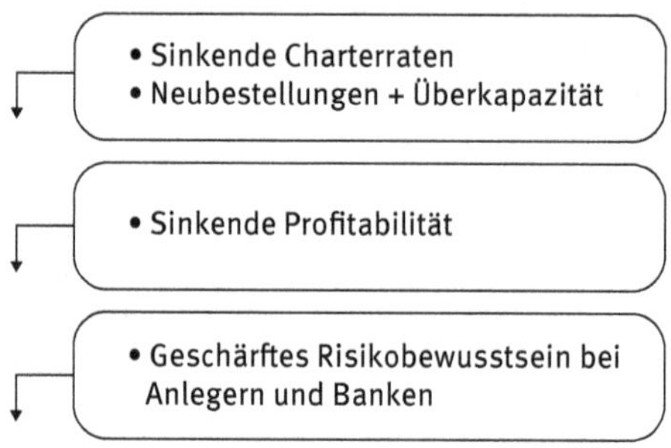

Folge: Kein großes Interesse privater Investoren und Banken in den Schiffmarkt zu investieren

Abbildung 7: Folge der Schifffahrtskrise

185 Das Jahr 2009 war geprägt von Sanierungen und auch vereinzelt Insolvenzen nicht nur von Schiffsfondsgesellschaften, sondern auch von Emissionshäusern. Anleger mussten häufig zusätzliches Eigenkapital nachschießen. Ferner mussten Tilgungsaussetzungen mit den Banken vereinbart werden resultierend aus den sinkenden

58 *Lüdicke, J./Arndt, J.*, Geschlossene Fonds, 6. Auflage, S. 282.

Chartereinnahmen, die die operativen Betriebskosten nicht mehr decken konnten. Durch die Wirtschaftskrise sind die Charterraten in allen Größen- und Typklassen von Schiffen eingebrochen. Die Überkapazität an Schiffen und die geringe Nachfrage brachte diesen Verfall. Dementsprechend konnten viele Schiffe nicht ausgelastet werden, da sie keine Beschäftigung fanden. Aufgrund der langen Dauer und des großen Ausmaßes der Krise sind die Anleger in einem erheblichen Umfang aufgefordert, Auszahlungen, die sie in der Vergangenheit erhalten hatten, zurückzuzahlen und Kapitalerhöhungen vorzunehmen.

Nichtsdestotrotz stellt die Schifffahrt heute das bei weitem wichtigste Transportmittel im Langstreckenverkehr dar, auch wenn die Schifffahrtskrise zeitlich noch nicht einzugrenzen ist. Es kann unterstellt werden, dass im interkontinentalen Verkehr rund 95 % der Waren auf dem Seeschiff transportiert werden. Des Weiteren lag 2012 der Umsatz der deutschen Schiffbauunternehmer bei € 5,1 Milliarden und der Umsatz der deutschen Schiffbauzulieferer 2011 bei € 11,5 Milliarden bei insgesamt 100.000 Beschäftigten in der Branche.[59]

II. Die verschiedenen Arten der Schiffsfonds

Die Schiffsfonds investieren in unterschiedliche Schiffstypen. Den weitaus größten 186
Anteil an der Schiffsflotte auf den Weltmeeren stellen Tanker und Massengutschiffe Bulker dar. Containerschiffe dominieren dagegen den Anlagemarkt. Im Marine Flottenkommando-Jahresbericht schildert Fakten und Zahlen zur maritimen Unabhängigkeit der Bundesrepublik Deutschland[60]. Die Versorgung mit wichtigen Rohstoffen, der Schutz und die nachhaltige Nutzung der Meere und sichere Seeverbindungen bleiben entscheidend für die strategische Entwicklung der nationalen und internationalen Volkswirtschaft. Deutschland zählt zu den führenden Wirtschafts- und Handelsnationen der Welt.

1. Containerschiffe

Containerschiffe sind für den Transport in ISO-Containern konzipiert und ausgelegt. 187
Hintergrund für diese Initiierung war das Wachstum der Weltwirtschaft und das enorme Bestreben im Welthandel nach Standardisierungen.

Bei einem Containerschiff können die zu verladenden Container ohne Raumver- 188
lust direkt neben- und übereinander gelagert werden. Da die Lade- bzw. Stellkapazi-

59 PricewaterhouseCoopers, Studie zur Lage des deutschen Schiffbaus 2013, S. 19.

60 Marine Flottenkommando-Jahresbericht 2012, 25. Auflage.

tät nach der Anzahl der Containerkapazität bemessen wird, war die Standardisierung der Container unvermeidbar.

189 Ein Container hat das Standardmaß TEU (entspricht einer Länger von 20 Fuß = 6,096 m). TEU wird aus dem Englischen abgeleitet (Twenty Foot Equivalent Units).

190 Containerschiffe können in verschiedene Klassen eingeteilt werden. Die Einteilung erfolgt in der Regel auf Basis der Ladekapazität in Twenty-Equivalent-Unit (TEU) und der damit verbundenen Größe des Schiffes.

191 Es ist bemerkenswert, dass sich das Volumen der Schiffe über die Zeit erhöht und ein Ende der Entwicklung noch nicht abzusehen ist.[61]

192 In der Anlage findet sich ein chronologischer Überblick über diese kontinuierliche Größenentwicklung bei Containerschiffen wieder[62]:

Ab 1960	Erste Generation mit bis zu 1.000 TEU
Ab 1970	Zweite Generation mit 1.000 bis 2.000 TEU
Ab 1980	Dritte und vierte Generation (Panamax-Klasse) mit 3.000 bis 4.000 TEU
Ab 1992	Postpanamax-Klasse mit 5.000 bis 6.000 TEU
Ab 2001	„Hamburg Express“ (Hapag-Lloyd) mit 7.506 TEU
Ab 2003	„OOCL Shenzhen (OOCL) mit 8.063 TEU
2010	Suezmax-Klasse mit 12.000 TEU
2010–2015	Malacca-Max-Klasse mit 18.000 TEU

193 Aufgrund des über die Jahre hinweg einsetzenden technischen Fortschrittes werden die verschiedenen Containerschiffe in Generationen unterteilt[63]:

Generation	Jahr	Länge m	Breite m	Tiefgang m	TEU
1.	bis 1968	180	25	9,0	500–800
2.	ab 1969	225	30,5	11,5	1.500
3.	ab 1972	287	32	12,5	3.000
4.	ab 1987	275	39	13,5	4.500
5.	ab 1997	325	41	14,1	5.500
6.	ab 1999	345	43	14,5	> 8.000
7.	ab 2006	398	56	16,0	> 14.000

194 Die Unterteilungen weichen etwas ab, dies ist jedoch nicht sehr bedeutsam.

195 Der internationale Containerverkehr wuchs in den letzten Jahren stark. Seit Beginn der kommerziellen, internationalen Containerschifffahrt im Jahre 1966 hat dies System einen ungebrochenen und sehr dynamischen Aufschwung erlebt.

61 *Bernhardsgrütter, Martin/Ehrenthal, Joachim*, Entwicklungsperspektiven geschlossener Schiffsfonds, 2010.

62 *Otto, Ingmar*, Der Seefrachtverkehr im deutschen Außenhandel, München 2008.

63 *Papsch, Christoph*, Dicker Pott, in: Deutsche Seeschifffahrt, Heft 7–8/2011, S. 22–33.

Mit der steigenden Containerisierung ist auch der Weltcontainerumschlag gestiegen. Darunter ist die Anzahl der weltweit in einem Jahr transportierten Container zu verstehen. 196

Man unterscheidet bei dem Weltcontainerumschlag **drei verschiedene Bereiche**: 197

- die Ost-West-Verkehre
- die Nord-Süd-Verkehre sowie
- die intraregionalen Direktverkehre

Unter den **Ost-West-Verkehren** fasst man die Transportwege zwischen Europa und Nordamerika, Europa und Asien und den Transpazifikverkehr zusammen. Diese Verkehrsströme machen ca. 39 % des weltweiten Containerumschlags aus. 198

Unter dem **Nord-Süd-Verkehren** versteht man die Transportwege zwischen Europa und Mittel- und Südamerika, Nordamerika und Mittel- und Südamerika, Europa nach Südostasien und von Asien nach Südostasien/Ozeanien. Der Anteil macht ca. 21 % des Weltcontainerumschlags aus. 199

Der Rest von ca. 40 % verteilt sich auf die so genannten **intraregionalen Direktverkehre**, die ihren Schwerpunkt im Bereich ASIEN – Mittelosten haben und allein fast 30 % des Weltcontainerumschlags ausmachen.[64] 200

Informationen zu den Containermärkten lassen sich bei Clarken Research Services, London ermitteln. 201

a) Feederschiffe

Feederschiffe sind kleine Containerschiffe mit geringen Schwankungen in ihren Charterraten. Insbesondere ökonomische Gründe spielen bei ihrem Einsatz eine Rolle. Denn sollen an einem kleinen Hafen nur wenige Container entladen werden, ist es wirtschaftlich in den seltensten Fällen sinnvoll, diese Häfen mit den großen Containerschiffen anzulaufen. 202

Aus diesem Grund entwickelte sich die Praxis dahingehend, dass die mittleren und großen Containerschiffe nur gezielt die großen Umschlaghäfen anfahren. Dort werden sie entladen und die Fracht wird auf die Feederschiffe umgeladen, die die Fracht sodann zu den kleinen Häfen weitertransportieren. 203

Allerdings sind mittlerweile auch die mittelgroßen Containerschiffe darauf ausgelegt, die kleinen Häfen ansteuern zu können, die zuvor ausschließlich durch Feederschiffe erreichbar waren. Aus diesem Grund bietet der Markt der Feederschiffe kaum Wachstumspotential. Da jedoch in den vergangenen Jahrzehnten hier kaum neue Feederschiffe ihren Dienst aufnahmen, ist aufgrund des fortgeschrittenen Alters 204

64 *Burgemeister, Jens*, Schiffsfonds, e-book, 2007.

der derzeit gecharterten Feederschiffe der Markt auch zukünftig nicht völlig aus den Augen zu verlieren.

b) Containerschiffe mittlerer Größe

205 Diese Schiffe mit etwa 3.500 TEU können aufgrund des vielfältigen Ausbaus auch kleiner Häfen mittlerweile eine große Anzahl mittelgroßer Häfen anfahren. Hierdurch entsteht erheblicher Druck auf die Feederschiffe. Problematisch für diese Schiffsgröße ist allerdings auch die kaum vorhandene Marktlage der großen Containerschiffe, da die mittleren Containerschiffe mit der Auslastung der großen Containerschiffe eng verknüpft sind.

c) Große Containerschiffe

206 Containerschiffe ab 6.000 TEU werden als große Containerschiffe klassifiziert. Ein Chartermarkt ist derzeit nahezu nicht vorhanden. Aufgrund des Booms der Schiffsfonds seit Ende der 1990er Jahre wurden unzählig viele Schiffsfonds insbesondere im Containersegment initiiert. Die einzelnen Schiffe wurden in den meisten Fällen langfristig über mehrere Jahre verchartert. Aufgrund des Einbruchs des Weltmarktes konnten die Prognosen nicht mehr erfüllt werden und Charterverträge platzen.

207 Aufgrund der schlechten Auftragslage mussten viele Charterer die Insolvenz beantragen. Wegen der Abhängigkeit von der Auftragslage und den Charterern sahen sich bald auch viele Containerschiffsfonds der drohenden Insolvenz ausgesetzt. Da sich die Situation auf dem Weltmarkt bis heute noch nicht wesentlich erholt hat, bleibt die Auftragslage nach wie vor desaströs.

2. Tanker

208 Tanker transportieren Massengüter flüssigen oder gasförmigen Zustands. Häufig wird die Ladefähigkeit der Tanker in tdw oder dwt (aus dem Englischen: tons dead weight; Ladetonne) angegeben.

209 Die geläufigsten Tanker sind die Rohöl-, Produkten- und Chemietanker. Die zu transportierenden Güter werden in Gefahrengutklassen IMO 1–3 unterteilt (IMO = International Maritime Organisation).

210 Ebenfalls häufig vertreten sind die Gastanker, die wie folgt unterschieden werden:
- LNG Carrier (Liquefied Natural Gas): flüssiges Erdgas;
- LPG Carrier (Liquefied Petroleum Gas): Butan und Propan als Abfallprodukt der Raffinerien, Ammoniak.

211 Aufgrund der weltweit hohen Rohölnachfrage ist hier die Auftragslage trotz Überbauungen recht stabil. Zudem müssen noch immer Alttanker, die den aktuellen Anfor-

derungen nicht mehr entsprechen, ausgemustert werden. Aus diesem Grund dürften hier wohl auch zukünftig noch Nachbauten erforderlich werden. Starkes Wachstum dürfte voraussichtlich nicht zu erwarten sein, von einem stabilen Bedarf kann aber durchaus ausgegangen werden.

Über einen Zeitraum von 1993 bis 2005 sind die Transportmengen bei Rohöl im Durchschnitt um 2,2 % p.a. gestiegen, bei den Ölprodukten hingegen sogar um 3,2 % p.a.[65] 212

Bei den Tankschiffen werden die Schiffe in folgende Größenklassen eingeteilt: 213

1. VLCC Tanker (Very Large Crude Carrier) mit einer Tragfähigkeit von 200.000 – 350.000 tdw.
2. Suezmax – Tanker mit einer Tragfähigkeit von 135.000 bis 200.00 tdw.
3. Aframax – Tanker mit einer Tragfähigkeit von 80.000 bis 130.000 tdw.
4. Panmax Tanker – Tanker mit einer Tragfähigkeit von 60.000 bis 80.000 tdw.
5. Handysitze Tanker – Tanker mit einer Tragfähigkeit von 20.000 bis 60.000 tdw.
6. Small-Handy-Size Tanker – Tanker mit einer Tragfähigkeit bis zu 20.000 tdw.

Der Begriff „tdw“ steht hierbei für „ tons dead weight“ und entspricht der gesamten Tragfähigkeit eines Schiffs in Tonnen, die neben dem reinen Gewicht des Schiffs auch Ladung, Treibstoff, Ausrüstung und Proviant umfasst.[66] 214

3. Bulker

Bulker bzw. Bulk Carrier transportieren als Massengutschiffe vorwiegend Güter nur einer Art. Da flüssige und gasförmige Güter regelmäßig von Tankern transportiert werden, zählen zur gängigen Fracht der Bulker vorwiegend Schuttgüter. 215

Es existieren allerdings OBO (Ore Bulk Carrier/Oil Carrier). Diese Carrier können sowohl flüssige als auch Schuttgüter transportieren. Aufgrund der hohen Anschaffungs- und Erhaltungskosten ist die Anzahl jedoch verhältnismäßig gering. 216

Bulker sind stark von den Rohstoffmärkten und deren Charterraten abhängig. Daher unterliegt auch die Bulker-Charterquote hohen Schwankungen. 217

Bei den Massengutschiffen wird zwischen vier gängigen Größensegmenten unterschieden: 218

1. Handysize-Bulker mit einer Tragfähigkeit zwischen 10.000 und 40.000 tdw.
2. Handymax -Bulker mit einer Tragfähigkeit zwischen 40.000 und 60.000 tdw.
3. Panamax-Bulker mit einer Tragfähigkeit zwischen 60.000 und 80.000 tdw. Mit maximalen Breite von 32,3 Metern

---

65 Clarkson Research Studies: „Oil & Tanker Trades Outlook 06/2006“ und Ausgaben der Vorjahre.
66 *Burgemeister, Jens*, Schiffsfonds, e-book, 2007.

4. Capesize-Bulker mit einer Tragfähigkeit ab 80.000 tdw. überwiegend aber in der Größe zwischen 100.000 und 200.000 tdw.

4. Schwergutschiffe

219 Fracht außerhalb der Norm der TEU-Container wird als Stückgut transportiert. Es wird immer wieder Fracht geben, die sich nicht mit den standardisierten TEU-Container verschiffen lassen wird. Schwergutschiffe transportieren insbesondere Schwergutladungen mit jeweils über 60 Tonnen Gesamtgewicht. Dazu zählen vor allem Turbinen, Generatoren, Bauteile für industrielle Produktionslinien, Eisenbahnwagen, Baumaschinen etc.

220 Über die letzten Jahrzehnte zeigte sich dieser Markt relativ stabil. Viele Schwergutschiffe sind überaltert, sodass wohl verschiedene Neuanschaffungen zu erwarten sind.

5. Multipurposeschiffe

221 Multipurposeschiffe ermöglichen den Einsatz in fast allen Bereichen. Eine Festlegung auf eine bestimmte Fracht erfolgte nicht. Aufgrund der vielfältigen Einsatzmöglichkeiten sind hier bislang kaum Schwankungen aufgetreten, allerdings ist der Wachstum dieses Marktes gering.

6. Kreuzfahrtschiffe

222 Kreuzfahrtschiffe werden unterteilt in Hochsee- und Flusskreuzfahrtschiffe. Das Marktwachstum ist hier ebenfalls gering.

7. Flottenfonds

223 Bei Flottenfonds werden mehrere Schiffe ähnlich einem Dachfonds in einem einzigen Fonds angesiedelt. Ziel ist es, aufgrund verschiedener Schiffsarten eine möglichst große Risikostreuung zu erreichen. Die Marktlage ist abhängig von der Ausgestaltung des Flottenfonds.

8. Versorgungsschiffe, Kühlschiffe

Versorgungsschiffe gewährleisten die Versorgung von beispielsweise Ölplattformen. 224
Kühlschiffe übernehmen vorwiegend den Transport schnell verderblicher Lebensmittel wie z.B. Bananen. Die Nachfrage nach diesen Schiffen ist begrenzt.

III. Platziertes Eigenkapital bei den Schiffstypen

Der Markt beim platzierten Eigenkapital sieht folgendermaßen aus: 225

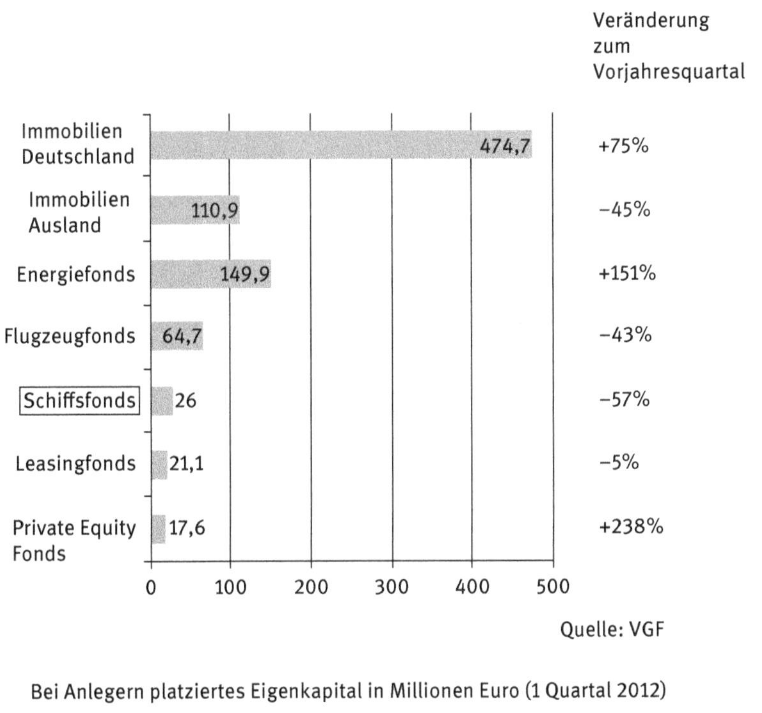

Abbildung 8: Bei Anlegern platziertes Eigenkapital in Millionen Euro (1. Quartal 2012)

Laut dem Deutschen FondsResearch – einen Beratungsunternehmen in Hamburg – 226
wurden allein im Zeitraum zwischen Januar und Juni 2013 100 Schiffe veräußert. Im Monat Mai kam es zum Verkauf von 29 Schiffen mit einem Kommanditkapital von rund € 397 Millionen. Im Gegensatz dazu wurden in 2012 lediglich 86 Schiffe verkauft. Die Mehrzahl der Veräußerungen wurde auf Grund der wirtschaftlichen Schieflage der Schiffe vollzogen. Den größten Anteil bildeten hierbei Containerschiffe aller Größenklassen.

Allerdings könnte die weiterhin bestehende Überkapazität wohnungssuchenden Studenten zu Gute kommen. 411 Hochseecontainer sollen in Berlin-Treptow als Wohnungen für Studenten dienen. Die Wohnanlage wäre die erste ihrer Art in Deutschland. Die Container sind 2,50 Meter breit, 2,90 Meter hoch und 12 Meter lang. Eine möblierte Version eines Containers soll € 389 pro Monat kosten. Dies wäre eine etwas andere Form Container gewinnbringend weiter zu verwenden.

227 Die Emissionshäuser sind teilweise an Banken angelehnt. Es bestehen auch starke Bindungen an Reedereien. Diese Verbindungen muss man als Kapitalanleger kennen und bei den Überlegungen der verschiedenen Parteien in der Krise einbeziehen. Wenn dies nicht geschieh lassen sich oft Entscheidungen nicht nachvollziehen.

D. Konzeption eines Schiffsfonds

I. Allgemeines

Die Chancen und Risiken eines geschlossenen Fonds in Form des Schiffsfonds stehen und fallen bei einer solchen Vermögensanlage mit der Qualität der Konzeption. Unrealistische Prognosen und unerfahrene Partner bieten häufig nicht die Gewähr für einen erfolgreichen Verlauf des Schiffsfonds. Auch die umfassende Prüfung durch einen Wirtschaftsprüfer und die Gestattung eines Prospekts durch die BaFin lassen immer noch eine kritische Prüfung des Schiffsfonds ratsam sein. Ein kritischer Kapitalanlager sollte neben dem ihm vorliegenden Verkaufsprospekt sich immer auch aus anderen öffentlich zugänglichen Quellen unterrichten.[67] **228**

Durch die ab 2005 ergebenden Vorgaben zum Prospekt und die IDW S 4 erhält der Anleger erheblich mehr Informationen als früher. Doch der Prospekt ist immer noch die Basis der Entscheidung. Insbesondere sollte ein Anleger sehr genau die beschriebenen Risiken einer Schiffsbeteiligung und deren Eintrittswahrscheinlichkeit sich vor Augen führen. Ist das angebotene Schiff von einer erfahrenen Werft hergestellt worden und verfügt der Bereederer über die entsprechenden Erfahrungen in der Bereederung gerade des jeweiligen Schiffstyps? Sind die erstellten Prognosen für die Schiffsbetriebskosten realistisch? Bietet der Erstcharterer des Schiffes die Bonität, damit in der Anfangsphase des Schiffsbetriebs keine Störungen auf der Einnahmenseite auftreten? Sind die zugrundegelegten Annahmen zu den Zins- und Währungsentwicklungen nachvollziehbar?[68] **229**

Falls diese Fragen für die Anleger positiv beantwortete werden, dann stellt eine Schiffsbeteiligung eine gute Portfoliobeimischung für einen Anleger dar. Der Anleger muss sich aber der Risiken einer unternehmerischen Anlage bewusst sein. **230**

II. Darstellung des Prozesses der Prospektierung

Es soll auf den Prozess der Prospektierung eines Schiffsfonds eingegangen werden. Es gibt dabei allgemeine Ansätze aber auch individuelle Verfahren, wie im Emissionshaus vorgegangen wird. **231**

---

67 *Burgemeister, Jens*, e-book Schiffsfonds, 2007
68 *Burgemeister, Jens*, e-book Schiffsfonds, 2007

1. Beteiligte Personen

232 Dazu ist zunächst einmal darzustellen, welche beteiligten Personen dabei eine Rolle spielen. Folgende Personen haben Bedeutung für einen Schiffsfond:
- der Kapitalanleger
- der Reeder
- das Emissionshaus
- der Charterer
- die Treuhandgesellschaft
- die Bank, insbesondere Schiffsbank.
- die Berater

a) Der Kapitalanleger

233 Der Anleger beteiligt sich treuhänderisch oder direkt an einer Kommanditgesellschaft in Form einer GmbH & Co. KG und partizipiert so am wirtschaftlichen Erfolg des Unternehmens „Schiff". Er stellt eine Einlage von meistens mindestens 10.000 Euro zur Verfügung.

b) Der Reeder

234 Der Reeder zeichnet verantwortlich für den technischen Zustand des Schiffes. Er kümmert sich um die Besatzung des Schiffes, schließt die für den Betrieb des Schiffes erforderlichen Versicherungen ab, verhandelt mit dem Charterer des Schiffes die Charterverträge und erledigt das komplette kaufmännische Management der Schiffsgesellschaft.

c) Das Emissionshaus

235 Das Emissionshaus erstellt das Gesamtkonzept einer Schiffsbeteiligung und führt die einzelnen beteiligten Partner zueinander. Es erstellt den Emissionsprospekt nach dem gesetzlichen und standesrechtlichen Vorgaben. Es vertreibt die Vermögensanlage entweder selbst oder über Vertriebspartner. Zudem übernimmt das Emissionshaus das gesamte Marketing im Zusammenhang mit einer Schiffsbeteiligung.

d) Der Charterer

236 Der Charterer ist der Mieter des Schiffes. Die Mieteinnahmen sind bis zum Verkauf des Schiffes die einzige Einnahmequelle der Kommanditgesellschaft. Es ist sehr entscheidend, einen solventen, mit einem guten Rating bewerteten Charterer zu finden, um so sichere Einnahmen für die Schiffsgesellschaft zu generieren.

e) Die Treuhandgesellschaft

Über die Treuhandgesellschaft beteiligt sich ein Anleger im Normalfall an einer Schiffsgesellschaft. Die Treuhandgesellschaft nimmt im Namen der Anleger deren Interessen wahr und vertritt diese. 237

Alternativ kann der Anleger selbst ohne Treuhänder aktiv sein. Die Vertretung der Kapitalanleger erfolgt auf den Gesellschafterversammlungen. Zwischen den jährlichen Gesellschaftsversammlungen erörtert der Reeder die anfallenden Fragen aus dem laufenden Betrieb des Schiffes mit der Treuhandgesellschaft. 238

f) Die Bank (Schiffsbank)

Die Bank stellt im Wege der Darlehensgewährung der Schiffsgesellschaft die Mittel zur Verfügung, die diese neben dem Eigenkapital (=Emissionskapital) benötigt, um den Erwerb des Schiffes zu ermöglichen. Zur Sicherheit wird der Bank eine erstrangige Schiffshypothek im Schiffsregister bestellt. Die Beleihungsgrenze liegt regelmäßig zwischen 60 bis 70 % des Schiffskaufpreises. 239

g) Die Berater – Wirtschaftsprüfer, Steuerberater, Rechtsanwälte

Während der Realisierungsphase und auch während der Laufzeit des Schiffsfonds ergeben sich zahlreiche Tätigkeitsbereiche für Berater. Zunächst ist das Vertragswerk zu erstellen und die steuerliche Konzeption des Schiffsfons zu entwickeln. Anschließend wird der Verkaufsprospekt, zu dessen Aufstellung seit dem 1.7.2005 für Publikumsfonds eine gesetzliche Verpflichtung besteht, erstellt. Die Veröffentlichung des Prospekts muss von der Bundesanstalt für Finanzdienstleistungsaufsicht nach einem formalen Prüfungsverfahren gestattet werden. Bei etablierten Emissionshäusern werden dann Gutachten nach IDW S 4 erstellt. Es wird zudem die Mittelverwendung in der Investitionsphase vom Mittelverwendungsprüfer überprüft. Die Gesellschaftsverträge werden von Rechtsanwälten erstellt. 240

2. Entscheidende Faktoren, Einzelfaktoren

Bei der Entscheidung, wie eine Schiffsbeteiligung aufgelegt werden soll, spielen eine Vielzahl von *Einzelfaktoren* eine Rolle, auf die nachfolgend eingegangen werden soll: 241
- die Auswahl der Partner
- die Auswahl des Investitionsobjektes,
- die Kalkulationsgrundlagen
- die Beschäftigung des Schiffes

a) Auswahl der Partner

242 Von erheblicher Bedeutung bei einer Schiffsbeteiligung ist die Auswahl des Emissionshauses. Nur erfahrene Emissionshäuser mit einer positiven und langjährigen Leistungsbilanz versprechen Gewähr für eine sinnvolle und sachgerechte Auswahl des Investitionsobjekts und dessen laufende Betreuung. Die Leistungsbilanz sollte auch laufend veröffentlicht werden.

243 Durch ihre langjährige Erfahrung greifen diese Emissionshäuser nur auf solche Reeder zurück, bei denen sie die Gewähr haben, dass diese in der Lage sind und die Erfahrung haben, ausgewählte Schiffe sachgerecht über die prospektierten Laufzeiten zu betreiben. Wichtig für den Kapitalanleger ist hier, dass sich der Reeder selbst an dem Schiff beteiligt, um so sein Eigeninteresse an einem ordnungsgemäßen und wirtschaftlichen Betrieb sicherzustellen. Wer also selbst Geld verlieren könnte agiert verantwortlicher.

244 Neben Reeder und Emissionshaus ist weiter die Auswahl des (Erst-)*Charterers* von entscheidender Bedeutung. Dieser übernimmt als Mieter des Schiffes dessen Einsatzdisposition, trägt in der Regel die Kosten für den Treibstoff des Schiffes und hat unter Umständen die Kosten bestimmter Versicherungen zu tragen (Kriegsversicherungen). Wie gerade ausgeführt, steht und fällt der wirtschaftliche Erfolg einer Schiffsbeteiligung mit der Bonität des Charterers. Daher legt ein gutes und seriöses Emissionshaus immer Wert auf seriöse Charterer, die über eine gute Bonität verfügen und mit denen man in der Vergangenheit gute Erfahrungen gemacht hat.

245 Von nicht unerheblicher Bedeutung ist hier schließlich die Auswahl der finanzierenden *Bank*. Hier hat sich über die Jahre ein hohes Spezialistentum ergeben, das den Besonderheiten bei der Schiffsfinanzierung Rechnung trägt. Bei der Auswahl der Banken muss das Emissionshaus daher stark darauf geachtet, dass hier nur solche Institute ausgewählt werden, die mit den schiffstypischen Besonderheiten vertraut sind und sich als Partner eines solchen Investments verstehen.[69]

b) Auswahl des Investitionsobjektes Schiff

246 Neben der Auswahl der oben dargestellten Personen und Institutionen ist natürlich die Auswahl des *Schiffes* von entscheidender Bedeutung.

247 Hier sind folgende Parameter zu beachten, die beispielhaft stichpunktartig aufgeführt sind. Diese Auflistung ist nicht abschließend und soll einen Überblick über die vielfältigen Aspekte bei der Auswahl des Investitionsobjektes geben:

248 Checkliste Neubauschiffe:

69 *Winter, Henning/Hennig, Christian/Gerhard, Marcus* (Hrsg.), Grundlagen der Schiffsfinanzierung, 4. Auflage 2013; *Friedrichs, Ralf/Wegener, Christoph/Richter, Tim*, Eigenkapitalfinanzierung über geschlossene Schiffsfonds.

- Welcher Schiffstyp soll erworben werden (Containerschiff, Tankschiff oder Bulker)? Handelt es sich bspw. um ein Container-Feederschiff oder um ein Großcontainerschiff (> 5.000 TEU)
- Wie sind die Marktaussichten für die Betrieb eines solchen ausgewählten Schiffes für die nächsten 10 – 20 Jahre?
- Auf welcher Werft ist das Schiff gebaut worden?
- Handelt es sich um eine in solchen Schiffstypen erfahrene Werft?
- Gab es in der Vergangenheit bei der Werft Gewährleistungsfälle und wie wurden diese bearbeitet?
- Wurde das Schiff unter der Kontrolle einer vom Reeder gestellten Bauaufsicht hergestellt?
- Welche Zulieferer haben bei dem Schiff die Hauptmaschine, die Hilfsdiesel, die Kräne, die technische Anlage etc. geliefert?
- Konnte mit diesen Zulieferern eine gesonderte Gewährleistung für die eingebauten Komponenten vereinbart werden?
- Sind diese Zulieferer/Hersteller weltweit vertreten und können eine problemlose Ersatzteilversorgung sicherstellen?
- Nach den Vorschriften welcher Klassifikationsgesellschaft wurde das Schiff erstellt?
- War die Klassifikationsgesellschaft während der Bauphase auf der Werft zugegen?

Checkliste Gebrauchtschiffe: 249
- Bei Gebrauchtschiffen ist insbesondere auf die in der Vergangenheit erstellen Klassepapiere zu achten, d.h. gibt es Hinweise auf eine mangelhafte Wartung?
- Bei einem Gebrauchtschiff erfolgt der Erwerb erst nach eingehender Besichtigung durch die Inspektionsabteilung des Reeders oder durch einen hierfür speziell beauftragten Gutachter.
- Gab es Schäden, die gegebenenfalls nicht sachgerecht repariert worden sind?
- Gibt es rechtliche Beschränkungen beim Erwerb des Schiffes (Schiffspfandrechte Dritter, Fahrverbote für den Besuch bestimmter Länder)?
- Muss ein eventuell bestehender Charter mit übernommen werden? Gibt es in diesem Charter Verlängerungsoptionen und/oder Vorkaufsrechte für den Charterer?
- Besteht eine Pool-Mitgliedschaft, die übernommen werden muss?

c) Kalkulationsgrundlagen

Wenn diese Fragen zufriedenstellend beantwortet werden konnten und ein grundsätzliches Interesse für den Erwerb des Schiffes gegeben ist, dann stellt sich die Frage, ob der Erwerb kaufmännisch sinnvoll ist. 250

Ob ein Kauf kaufmännisch sinnvoll ist ergibt sich aus einer realistische Prognose für die einzelnen Parameter, so dass eine Kalkulation erstellt werden kann. Der Pro- 251 gnosezeitraum ergibt sich aus der Laufzeit der Vermögensanlage und schwankt zwischen zehn und 20 Jahren.

Zunächst ist zu prüfen, ob der Kaufpreis des Schiffes marktgerecht ist. Bei der Beurteilung dieser Frage kann auf die umfangreichen Informationen des An- und Verkaufsmarktes zurückgegriffen werden, ebenso wie auf die von den verschiedenen Marktteilnehmern abgegebenen Einschätzungen zur Entwicklungen in den Chartermärkten. Hier sind die Schiffsmakler heranzuziehen.

In der Schifffahrt gibt es weltweit umfangreiche Datenbanken zur Beurteilung dieser Faktoren. Eine Vielzahl von Schiffsverkäufen wird unter Angabe der Schiffstypen und der Bau- bzw. Kaufpreise veröffentlicht. Gleiches gilt für die in den jeweiligen Märkten abgeschlossenen Charterverträge, sodass die Ankaufsentscheidung auf einer aktuellen, sehr transparenten Markteinschätzung getroffen werden kann.

252 Wichtig ist allgemein die Markteinschätzung, also die Berücksichtigung des aktuellen Flottenbestands, dessen alters- und größenmäßige Zusammensetzung und der sich noch in den Orderbüchern der Werft befindlichen Neubauverträge, sowie des potenziellen Abwrackungsbestands der Flotte. In Märkten, in denen ein Großteil der Flotte überaltert ist, ist eher mit einer Verjüngung zu rechnen. Neue technische Vorgaben internationaler Behörden und/oder der Klassifikationsgesellschaften können zu einer Reduzierung der bestehenden Flotte führen, wenn bestimmte Schiffe zukünftig nicht mehr betrieben werden können (z.B. Doppelhüllentankern).

253 Die Beurteilung des Kaufpreises eines Schiffes ist von zentraler Bedeutung. Weiter ist die Einschätzung eines zukünftigen Verkaufspreises des Schiffes bedeutsam. Unter Hinzuziehung von externen Marktgutachtern, lässt sich aus historischer Sicht ermitteln, welche Verkaufspreise für welche Schiffe bei welchem Schiffsalter erzielt werden können. Anhand dieser umfassenden Daten ermittelt das Emissionshaus im Austausch mit dem Reeder einen wahrscheinlichen Verkaufspreis, aus dem dann den Anlegern die Schlussausschüttung zufließen soll.

d) Beschäftigung

254 Beim Erwerb des Schiffes wird darauf geachtet, dass schon bei der Bestellung des Neubaus eine Beschäftigung in Form einer Charter vorliegt, um so zumindest für den Beginn des Investments eine gesicherte Einnahme zu haben. Sollte ein Charter nicht erzielt werden können, reicht hier gegebenenfalls auch die Mitgliedschaft in einem Pool aus.

255 Ein Pool ist eine Vereinigung mehrerer Schiffsgesellschaften in der Form einer Gesellschaft des bürgerlichen Rechts, in der diese die Einnahmen ihrer von der Größe her vergleichbaren Schiffe zusammenlegen und diese dann nach einem bestimmten Schlüssel auf die einzelnen Pool-Mitglieder verteilen. Solange ein Schiff technisch einsatzbereit ist, nimmt es immer an dem Pool-Ergebnis teil. Dies auch, wenn es selbst aktuell keine eigene Beschäftigung hat. Daher kann man einen Pool als eine

Art Versicherung gegen das Beschäftigungsausfallrisiko bezeichnen. Dies ist der Vorteil des Pools.

256 Der Nachteil eines Pools ist dagegen, dass eine Einschiffsgesellschaft nicht die Chance hat, gegebenenfalls allein an einer guten Charter zu partizipieren, weil die über dem Pool-Durchschnitt liegenden Charter mit den übrigen Pool-Mitgliedern geteilt werden müssen.

257 Vor dem Hintergrund der jüngsten Entscheidungen der EU-Behörden, dass die Linienkonferenzen der Containerschifffahrt gegen das Kartellverbot der EU verstoßen, erfolgen seitens der EU auch Untersuchungen zu der Frage, ob ggf. auch Poolverträge einem Kartellverbot unterliegen. Die untersagten Linienkonferenzen hatten unstreitige Preisabsprachen für den Transport von Containern zum Inhalt, wo hingegen bei Poolvereinbarungen die am Markt erzielbaren Chartereinnahmen von mehreren Schiffsgesellschaften „gepoolt" werden. Aufgrund der Größe der Pools in den jeweiligen Marktsegmenten und der nicht auf Preisbildung ausgelegten Zielrichtung der Pools sieht der Verfasser keine kartellrechtlichen Probleme für die Pools, wie sie derzeit vereinzelt in den Medien diskutiert werden.

258 Die Bundesregierung hat auch den Einnahmepool als Versicherung gesehen, bei dem Versicherungssteuer anfallen. Durch einen Beschluss hat man zunächst davon abgesehen.

3. Entscheidende Faktoren, Schiffsbetriebskosten

259 Nach der Bewertung des Kaufpreises und der Einnahmemöglichkeiten des Schiffes ist schließlich auf die Kostenseite einzugehen.

Vorab ist zu berücksichtigen, dass es aufgrund der Tatsache, dass die internationale Seeschifffahrt überwiegend in US-Dollar fakturiert, es aufgrund von Währungskursschwankungen zu nicht unerheblichen Einflüssen auf die Rentabilität der Beteiligung des Anlegers kommen kann. Daher hat jeder Emissionshaus Währungs- und Zinsannahmen zu treffen, die bei der Kalkulation zugrunde zu legen sind.

260 Da die Einnahmen des Schiffes in USD erzielt werden, ist zunächst eine Prognose über die Entwicklung des Währungskurses USD/Euro zu treffen. Die Kosten der Schiffsgesellschaft fallen teilweise ebenso in USD an, teilweise aber auch in Euro, YEN oder in Schweizer Franken, insbesondere bei der Fremdfinanzierung des Schiffes. Daher ist auch für diese Währungen eine Wechselkursannahme zu treffen. Bei der Finanzierung des Schiffes spielen die Erwartungen zu den Zinssätzen eine erhebliche Rolle.

261 Dies bedeutet, dass zu den jeweiligen Fremdwährungsannahmen Zinsannahmen anzustellen sind. Die Zinsannahmen sind ebenso wie die Währungsannahmen laufend zu aktualisieren, um so sich hier abzeichnenden Entwicklungen Rechnung zu tragen.

262 Nachdem diese Annahmen getroffen worden sind, werden die im Rahmen eines Schiffsbetriebes anfallenden Schiffsbetriebskosten je nach Währungsanfall kalkuliert.

263 Zu den Schiffsbetriebskosten, die von der Einschiffsgesellschaft zu tragen sind, gehören insbesondere

- Personalkosten
- Instandhaltungskosten
- Schmierstoffkosten
- Versicherungskosten
- Finanzierungskosten
- Verwaltungskosten

a) Personalkosten

264 Die Personalkosten fallen überwiegend in USD an, weil die Schiffsbesatzung (bis auf die Schiffsleitung) meistens aus asiatischen Ländern stammt und in USD entlohnt wird. Die Schiffsleitung (Kapitän, Chief Engineer) ist häufig direkt beim Reeder angestellt und wird in Euro bezahlt. Die immer größer werdende Welthandelsflotte führte zu einer deutlich gestiegenen Nachfrage nach gut ausgebildeten Schiffsbesatzungen, die leider nicht immer befriedigt werden konnte. Dies kann sich in steigenden Personalkosten niederschlagen.

b) Instandhaltungskosten

265 Bei den Instandhaltungskosten ermittelt der Reeder seine Erwartungen, mit welchen Kosten zu rechnen ist. Hierbei handelt es sich um die laufenden Instandhaltungskosten, Reparaturkosten und die Kosten für die alle zweieinhalb bzw. fünf Jahre anfallenden Dockungs- bzw. Klassekosten.

266 Unter einer Klasse versteht man die von einer Klassifikationsgesellschaft (eine Art TÜV für Schiffssicherheit) vorgegebene Definition über die Bauausführung und den Erhaltungszustand des Schiffskörpers und dessen Ausrüstung.

267 Die Klasse hat immer eine beschränkte Gültigkeitsdauer, in der und vor deren Ablauf bestimmte Arbeiten durchgeführt werden müssen. Wie bei einem Fahrzeug sind die Schiffe regelmäßig technisch vollständig auf ihre Schiffssicherheit und Seetauglichkeit zu überprüfen. Ohne eine solche Überprüfung und Absegnung durch die Klassifikationsgesellschaften darf ein Seeschiff nicht betrieben werden. Diese Klasse findet fast immer in einem Dock statt. Hierfür muss das Schiff für einen Zeitraum von zwei bis vier Wochen aus seiner Beschäftigung genommen werden um in einem Trockendock die von der Klassifikationsgesellschaft vorgeschriebene und eventuell erforderliche Überholungsarbeiten vorzunehmen (Außenanstrich, Motorrevision, etc.).

c) Schmierstoffkosten

Die reinen Treibstoffkosten eines Seeschiffs werden bei einem üblichen Zeitcharter vom Charterer getragen, nicht jedoch die Kosten der *Schmierstoffe*. Diese sind von der Einschiffsgesellschaft zu übernehmen. Aufgrund der stark gestiegenen Rohölpreise sind Preissteigerungen und letztlich Kostensteigerungen aktuell nicht zu vermeiden. 268

d) Versicherungskosten

Ein Seeschiff muss normalerweise *nicht* versichert werden. Da jedoch die Schadenshöhe im Fall eines Schadens erheblich sein kann, wird jeder Schiffseigentümer sein Schiff sowohl gegen Schäden am Schiff versichern, als auch eine Haftpflichtversicherung abschließen. Aktuell verlangen die Behörden, dass beim Anlaufen die dortigen Behörden einen Versicherungsnachweis haben wollten. Sie wollen im Schadensfall sicher zu sein, dass diese Schäden abgesichert sind. Dies ist insbesondere bei Tankern der Fall, bei denen im Schadensfall gleich enorme Umweltschäden zu befürchten sind.[70] 269

e) Finanzierungskosten

Da der überwiegende Teil des Kaufpreises eines Schiffes über ein *Bankdarlehen*, das so genannte Schiffshypothekendarlehen, aufgebracht wird, sind bei der Kalkulation der Zinssatz und die sonstigen Kosten des Darlehens zu berücksichtigen. Solche Kosten sind insbesondere Bereitstellungsgebühren für Darlehen, die für den Erwerb von Schiffen vorgesehen sind, die sich noch im Bau befinden. Hier ist beispielsweise eine verbindliche Finanzierungszusage der Bank zu vergüten. 270

Der Zinssatz, den die Bank der Einschiffsgesellschaft belastet, ergibt sich zum einen aus dem Markt und zum anderen aus der Einschätzung der Bank, mit welchen Risiken das Investment behaftet ist. Neben der Bewertung des Schiffstyps und dessen Marktchancen spielt hier insbesondere die Einschätzung der Erfahrung und der Bonität des Emissionshauses und des Reeders eine entscheidende Rolle. 271

Nachdem nun alle Kostenarten, die in einer Schiffskalkulation zu berücksichtigen sind, ermittelt wurden, wird eine erste *Kalkulation* erstellt. Aus dieser Kalkulation lässt sich entnehmen, ob ein Ankauf des Schiffes für einen Anleger ein lohnendes Investment sein kann. 272

Hier wird vorrangig auf zwei Kenngrößen abgestellt. Zum einen wird ermittelt, welche Vermögensmehrung sich für den Anleger ergibt, wenn sich das Projekt prognosegemäß verhält. Dies bedeutet, mit welchem Vermögenszuwachs der Anleger bei Verkauf des Schiffes nach Abzug seines Kapitaleinsatzes und aller zu zahlenden 273

---

70 *Winter, Henning/Hennig, Christian/Gerhard, Marcus* (Hrsg.), Grundlagen der Schiffsfinanzierung, 4. Auflage, 2013; *Gerhard, Sven*, Schiffsversicherungen.

Steuern erzielen kann. Hier hat jedes Emissionshaus üblicherweise Kennziffern, die nicht unterschritten werden dürfen.

Zum anderen werden die prognostizierten Ergebnisse für eine Renditeberechnung nach der Methode des Internen Zinsfußes (IRR) zusammengefasst. Hier gibt es Renditeuntergrenzen, bei deren Nichterreichen von einem Erwerb des Schiffes Abstand genommen wird.[71]

f) Verwaltungskosten

274 Zu den Verwaltungskosten gehören Kosten der laufenden Verwaltung der Gesellschaft. Hierunter fallen neben den Verwaltungskosten für den Reeder auch die Gebühren der Treuhandgesellschaft, die für ihre Tätigkeiten im Interesse der Anleger eine Vergütung erhält, die üblicherweise in Abhängigkeit vom einzuwerbenden Emissionskapital ermittelt wird. Weiterhin fließen hier die Kosten für die rechtliche und steuerliche Beratung.

4. Entscheidung zum Erwerb eines Schiffes

275 Wenn unter Berücksichtigung aller Parameter und Annahmen sich das Investment als ein rentierliches Investment darstellt, dann wird ein Seeschiff erworben, um dieses dann im Rahmen eines Emissionsprospekts den Anlegern als Vermögensanlage anzubieten.

276 Bevor hier jedoch mit der Prospektierung begonnen werden kann, ist zu berücksichtigen, dass die erworbenen Schiffe ja nicht unbedingt auch seitens der Werft/Verkäufer zur Ablieferung anstehen.

Aktuell werden Schiffe bei Werften bestellt, bei denen die Ablieferung für zukünftige Jahre vorgesehen ist. Hier wäre es nicht unbedingt sinnvoll, bereits jetzt einen Prospekt zu erstellen.

277 Jedoch ist es zwingend erforderlich, die sich im Marktumfeld ergebenden Veränderungen zu beobachten und gegebenenfalls schon tätig zu werden, bevor mit der Prospektierung begonnen werden kann. Es ist insbesondere auf die wahrscheinlichen Schwankungen der Zins- und Währungsmärkte hinzuweisen, aber auch auf die Entwicklung der Neubaupreise.

278 Während der Bauphase finden laufende Abstimmungen zwischen dem Emissionshaus und dem Reeder und dessen Bauaufsicht statt, um sicherzustellen, dass das Schiff vertragsgemäß hergestellt wird. Dazu gehört, dass eventuelle Mehrkosten aufgrund technischer Umbauarbeiten richtig erfasst und verhandelt werden und dass

---

71 *Winter, Henning/Hennig, Christian/Gerhard, Marcus* (Hrsg.), Grundlagen der Schiffsfinanzierung, 4. Auflage, 2013, Instrumente der Schiffsfinanzierung.

mögliche Verschiebungen des Ablieferungsdatums auch in der Kalkulation ihren Niederschlag finden. Da diese im Vorstadium erfolgenden Schritte auch bei der eigentlichen Prospektierung anfallen, werden diese nachfolgend ausführlicher geschildert.

5. Prospektierung

Das Emissionshaus und der Vertrieb haben im Zuge seiner Produktplanung bestimmte 279
Vorstellungen, wann welche Schiffsemissionen am Markt für Kapitalanlagen angeboten werden sollen. Nach diesen Vorgaben richtet sich dann der Vorgang der Prospektierung. Hier wird im Wege einer zeitlichen Rückrechnung ermittelt, wann mit den einzelnen, nachfolgend geschilderten Schritten zu beginnen ist. Die Prospektierung selbst erstreckt sich je nach Projekt über einen Zeitraum von bis zu fünf Monaten.

Zunächst wird das Augenmerk auf die rechtlichen Aspekten der Vermögensanlage, danach auf den steuerlichen Aspekten, um dann auf die öffentlich-rechtlichen Besonderheiten der Gestaltung der Prospekte durch die Bundesanstalt für Finanzdienstleistungsaufsicht gerichtet.

Abschließend wird dann noch auf die üblicherweise stattfindende Prospektprüfung durch einen Wirtschaftsprüfer eingegangen.

6. Rechtliche Aspekte

Zeitgleich mit der Aktualisierung der Kalkulation ist der rechtliche Rahmen zu ferti- 280
gen, in dem sich der Anleger an einer Vermögensanlage Schiff beteiligt.

a) Gründung der Emittenten in Form einer GmbH & Co. KG

Jede Beteiligungsgesellschaft wird in der Form einer GmbH & Co. KG angeboten. 281
Daher gründet das Emissionshaus gemeinsam mit dem Reeder zunächst eine GmbH, die sich dann wiederum als persönlich haftende Gesellschafterin an einer ebenfalls zu gründenden Kommanditgesellschaft beteiligt. Deren Kommanditisten bestehen bis zur Einwerbung des Anlegerkapitals aus Gesellschaftern, die aus dem Kreis der Initiatoren stammen, also aus dem Bereich des Reeders und des Emissionshauses. Diese werden auch Gründungsgesellschafter oder Initiatoren genannt.

b) Besonderheiten/Vorteile dieser Rechtsform

Diese Rechtsform biete zwei Besonderheiten, die ausschlaggebend für deren Auswahl 282
sind. Zum einen ist die Kommanditgesellschaft nicht Objekt der Besteuerung, diese findet grundsätzlich auf der Seite der Anleger statt. darin unterscheidet sich die Kommanditgesellschaft grundlegend von einer Kapitalgesellschaft (z.B. GmbH, AG) die

selbst Steuerschuldner ist und deren Gewinne dann an die Gesellschafter ausgeschüttet werden und dort steuerlich nochmals gesondert erfasst werden. Eine GmbH hat jedoch den Vorteil, dass hier die Gesellschafter den Gläubigern der Gesellschaft nicht unmittelbar haften. Diesen Vorteil bietet jedoch die Kommanditgesellschaft als Sonderform einer offenen Handelsgesellschaft (OHG) auch, weil bei dieser der Anleger von einer direkten Haftung gegenüber den Anlegern freigestellt ist, sofern er seine Hafteinlage in die Kommanditgesellschaft geleistet hat.

283 Bei Erwerb eines Schiffes wird dann die zu gründende Kommanditgesellschaft Vertragspartei entweder der Bauwerft oder des Verkäufers des Schiffes und hat so einen unmittelbaren Anspruch auf Übereignung des Schiffes in Erfüllung des jeweiligen Vertrages.

c) Einholung von Marktgutachten externer Gutachter

284 Bei jeder Prospektierung werden Gutachten eingeholt, um gegenüber dem Anleger zu dokumentieren, dass die Auffassungen und Einschätzungen des Emissionshauses nicht aus der Luft gegriffen sind, sondern auf fundierten Annahmen beruhen. Es werden sowohl Gutachten von anerkannten Sachverständigen eingeholt, die sich mit dem Marktumfeld beschäftigen, in denen das Schiff eingesetzt werden soll, als auch Gutachten zum Wert des Schiffes. In Letzterem befindet sein Gutachter unter Berücksichtigung seiner umfangreichen Datenbasen, ob der Kaufpreis des Schiffes angemessen ist, und ob die Annahme des Emissionshauses zum erzielbaren Wiederverkaufserlös am Ende der prospektierten Laufzeit nachvollziehbar ist.

d) Einholung von Bonitätsratings wichtiger beteiligter Personen

285 Die Erfolgsaussichten einer Schiffsbeteiligung hängen neben dem professionellen Betrieb des Schiffes auch von der Bonität wichtiger Vertragspartner ab. Daher wird sich jedes seriöse Emissionshaus ein unabhängiges Rating einer anerkannten Rating-Agentur einholen, um so eine Einschätzung von unabhängiger dritter Seite über die Zahlungsfähigkeit und die wirtschaftlichen Aussichten dieser Personen zu erhalten.

286 Insbesondere sollten immer aktuelle Ratings eingefordert vom
- Charterer,
- Pool-Manager,
- Vertragsreeder und von der
- Werft.

(1) Charterer

287 Je länger ein Schiff eine Anfangsbeschäftigung hat, desto wichtiger ist die Bonität des Charterers. Im Zweifelsfall überwiegt hier die Bonität des Charterers ein höherer Charter eines weniger gut bewerteten anderen Charterers.

(2) Pool-Manager

Wenn ein Schiff in einem Einnahmepool fährt, dann relativiert sich zwar die Frage 288
nach der Bonität des jeweiligen Charterers, weil bei einem Pool die darin zusammengefassten Schiffe bei mehreren Charterern beschäftigt werden. Jedoch steigt dann das Interesse des Emissionshauses und des Anlegers an der Bonität des Pool-Managers, der über den Einsatz der gepoolten Schiffe entscheidet und der auch in Einzelfällen des gesamten Zahlungsverkehr zwischen der Einschiffsgesellschaft, dem Charterer des Schiffes und dem Pool kontrolliert.

(3) Werft

Ein noch so günstig erworbenes Schiff kann den Preis nicht wert sein, wenn die 289
Werft das Schiff nicht liefern kann. In der Vergangenheit ist es leider auch vorgekommen, dass die Werfen aufgrund erheblicher wirtschaftlicher Schwierigkeiten deutliche Preiserhöhungen verlangten, die dann „zähneknirschend“ akzeptiert werden mussten, weil die Einschiffsgesellschaft das Schiff benötigte, um ihrerseits nicht gegenüber einem Charterer vertragsbrüchig zu werden, wenn das Schiff schon einem Charterer mit Ablieferung zugesagt war.

Diese Preiserhöhungen traten insbesondere dann auf, wenn die Werften auf 290
die gestiegenen rohstoffpreise für Stahl nicht angemessen reagiert haben und dann versuchten, die erhöhten Einkaufspreise ihrer Roh- und Hilfsstoffe weiterzugeben, obwohl die Bauverträge eine solche Preisanpassung nicht vorsahen.

Leider ist es in der Vergangenheit auch vorgekommen, dass die Werften aufgrund 291
von Liquiditätsproblemen die Schiffe nicht rechtzeitig oder gar nicht liefern konnten.

(4) Vertragsreeder

Während der gesamten prospektieren Laufzeit der Vermögensanlage „Schiff“ 292
kümmert sich der Vertragsreeder umfassend um den Betrieb des Schiffes. Dieser schließt für die Einschiffsgesellschaft alle erforderlichen schuldrechtlichen Verträge ab, wie z.B. Anstellungsverträge für das seemännische Personal, Kaufverträge für Ersatzteile und Betriebsstoffe, Versicherungsverträge etc. Die Einschiffsgesellschaft wird quasi vom Vertragsreeder repräsentiert. Sollte dieser nun eine schlechte Bonität haben, kann sich dies natürlich nachteilig auf die abzuschließenden Verträge auswirken.

e) Erstellung bzw. Einholung aller Verträge

Eine Schiffsbeteiligung umfasst ein umfangreiches Vertragspaket, das zu schnüren 293
ist. Dies sind sowohl die Verträge mit externen Vertragspartnern als auch das ganze „interne“ Vertragswerk“, das für die Schiffsgesellschaft erstellt werden muss.

294 Zu den externen Verträgen rechnet man den Bauvertrag mit der Werft bzw. den Kaufvertrag über den Erwerb eines Schiffes, den Charter- bzw. Poolvertrag für die Beschäftigung des Schiffes sowie die Finanzierungsverträge, die die Zurverfügungstellung des erforderlichen Fremdkapitals gewährleisten.

Alle geschilderten Verträge basieren auf branchenüblichen Standards, die weltweit (bezüglich Bauverträge und Kaufverträge, als auch Charterverträge) verwendet werden. Solche Standards werden beispielsweise von der BIMO, Lloyds, NYPE oder anderen maritimen Organisationen entwickelt und von den Marktteilnehmern verwendet.

295 In den Bauverträgen werden neben Schiffsbeschreibung, Baupreis und Lieferzeitpunkt normalerweise noch Pönalen vereinbart, wenn bestimmte Parameter nicht erreicht werden. Hierzu gehört die Tragfähigkeit des Schiffes, die für dessen Einsatz von wesentlicher Bedeutung ist (Stichwort „Zuladung"), die Geschwindigkeit ebenso wie der Treibstoffverbrauch, und bei Containerschiffen letztlich noch der „Intake", d.h. die Anzahl der auf dem Schiff staubaren Container. Da ein Containercharterer seine Einnahmemöglichkeiten nach der möglichen Anzahl der zu transportierenden Container bemisst, ist dieser Punkt für den Besteller von herausgehobener Bedeutung. Bei Nichterreichung dieser zugesicherten Eigenschaften hat dann die Werft die vertraglich vereinbarten Pönalen zu leisten, ebenso wie für eine verspätete Lieferung des Schiffes. Bei allen Bauverträgen gibt es jedoch ein sogenanntes Ceiling, d.h., die Summe aller Pönale ist der Höhe nach auf einen bestimmten Betrag begrenzt. Nur bei Überschreitung des Liefertermins um üblicherweise mehr als 210 Tage kann der Besteller dann vom Bauvertrag zurücktreten.

296 Die Finanzierungsverträge sind ebenfalls standardisierte Verträge, die mit den Schiffshypothekenbanken abgeschlossen werden. Für die Gewährung des Darlehens lassen sich die Banken Schiffshypotheken in den Schiffsregistern eintragen. Zudem muss die Schiffsgesellschaft die zukünftigen Chartereinnahmen abtreten, ebenso die eventuellen Versicherungsleistungen, sollte das Schiff ein Versicherungsfall werden. Sollte die Einschiffsgesellschaft dann wider Erwarten den vertraglich vereinbarten Zins- und Tilgungsdienst nicht leisten können, sind die Banken formal berechtigt, diese Sicherheiten zu verwerten. Die Praxis hat jedoch zumindest für den deutschen Bankenbereich gezeigt, dass von dieser Möglichkeit so gut wie kein Gebrauch gemacht worden ist, und die Banken gemeinsam mit den Reedern und den Schiffseigentümern einen Weg gesucht und auch gefunden haben, durch die Talsohlen der Märkte hindurchzukommen.

297 Im Rahmen der Prospektierung wird dann ein umfangreicher Bestand an erforderlichen „internen Verträgen" erstellt.

298 Hierbei handelt es sich normalerweise um folgende Verträge:

- Gesellschaftsvertrag der Emissionsgesellschaft
- Treuhand- und Serviceverträge zwischen Einschiffsgesellschaft, Treuhandgesellschaft und Anleger
- Bereederungsverträge mit dem Vertragsreeder

- Bauaufsichtsverträge mit dem Vertragsreeder
- Vertriebsvereinbarungen mit dem Emissionshaus, externen Vertrieben
- Platzierungsgarantien
- Darlehensverträge mit den finanzierenden Banken
- Mittelverwendungskontrollverträge mit dem Mittelverwendungskontrolleur

All diese Verträge basieren auf Standardvertragswerken, die jedes Emissonshaus vorliegen hat und die je nach Einzelfall anzupassen sind. 299

Wichtigster Vertrag hierzu ist natürlich der Gesellschaftsvertrag, der für die nächsten zehn bis 20 Jahre die Zusammenarbeit zwischen den Anlegern und den Initiatoren/Gründungskommanditisten regelt. Im Nachfolgenden wird kurz dargestellt, welche für den Anleger wichtigen Aspekte in einem Gesellschaftsvertrag geregelt werden, wie sie auch in den Prospekten ausgeführt werden.

f) Gesellschaftszweck und Finanzierung der Schiffsgesellschaft

Der Gesellschaftszweck ist jeweils der Erwerb und Betrieb eines Seeschiffes. Die 300
Finanzierung erfolgt neben dem Fremdkapital durch das von den Gründungsgesellschaftern aufzubringende Eigenkapital. Hinzu tritt das von den Anlegern einzuwerbende Eigenkapital in Form von Kommanditbeteiligungen. Gelegentlich kann auch eine stille Beteiligung eingesetzt werden. Diese kommt dann vom Reeder oder der Werft.

g) Beteiligungsformen

Der Beitritt der Kapitalanlager zu der Schifffahrtsgesellschaft erfolgt meistens mittel- 301
bar als (Treugeber-) Kommanditist. Das hat den Vorteil, dass über den Treuhänder die Bündelung der Kommanditisten möglich ist. Es kann auch eine direkte Kommanditistenstellung erfolgen. Bei der ersten Alternative schließt der Kapitalanlager mit der Treuhänderin einen Treuhandvertrag ab. Dies muss notariell erfolgen. Die Treuhänderin ist sodann für die Verwaltung der Einlage der Treugeber (Kapitalanlager) verantwortlich. Entscheidet sich ein Kapitalanlager für eine direkte Kommanditistenstellung, wird diese namentlich mit der Haftsumme in das Handelsregister eingetragen (Direktkommanditist).

h) Beitrittserklärung

Der Beitritt des Kapitalanlegers zu einem Schiffsfonds erfolgt über die Beitrittserklä- 302
rung. Diese Beitrittserklärung enthält die Beitrittssumme, eine Widerrufserklärung und eine separate Verbraucherinformation für Fernabsatzgeschäfte. Das Vertragswerk ist für den Gründungskommanditisten schon bei der Prospektierung abgeschlossen worden. Der Anleger tritt dann dem bereits existierenden Vertragswerk bei. Es kann

auch der Beitritt zu einem Blindpool erfolgen. Dann wird das Investitionsobjekt erst noch gekauft oder erstellt.

i) Einzahlung der Zeichnungssumme durch den Schiffsfondszeichner

303 Die Kapitalanlager erbringen nach erfolgtem Beitritt ihre Beteiligungssumme nach den Regeln der Beitrittserklärung. Dies erfolgt dann nach Konzept in einer Summe oder in mehreren Raten.

j) Treuhänderin

304 Die Treuhänderin informiert die Treugeber und die Direktkommanditisten über die Angelegenheiten der Schifffahrtsgesellschaft. Sie berät die Treugeber/Direktkommanditisten in allen mit ihrer Beteiligung in Zusammenhang stehenden Fragen. Dies muss berufsrechtlich zulässig sein, weil sonst früher das Rechtsberatungsgesetz und jetzt das Rechtsdienstleistungsgesetz verletzt werden könnte. Das Rechtsdienstleistungsgesetz (Gesetz über außergerichtliche Rechtsdienstleistungen) regelt seit dem 1. Juli 2008 in Deutschland Befugnis, außergerichtliche Rechtsdienstleistungen zu erbringen. Es hat damit das bis dahin geltende Rechtsberatungsgesetz abgelöst.

E. Kapitalanlagegesetzbuch und Honorarberatung

Die Rechtsentwicklung im Finanzdienstleistungsbereich ist stark vorangeschritten. **305**
Dieser Prozess ist auch noch nicht abgeschlossen. Hier ein kurzer Blick auf die aktuelle Lage:

I. Regulierung der geschlossenen Fonds durch das KAGB

Das Kapitalanlagegesetz (KAGB) zur Umsetzung der Richtlinie 2011/61/EU über die **306**
Verwaltung alternativer Investmentfonds AIF (AIFM-Umsetzungsgesetz – AIFM-UmsG) ist am 22. Juli 2013 in Kraft getreten. Die AIFM-Richtlinie entstand als Reaktion auf die Finanzkrise, um die Transparenz und den Binnenmarkt zu fördern. Regulieren wird das KAGB die Geschäftstätigkeit sämtlicher offenen und geschlossenen Fondsprodukte und deren Verwalter in Deutschland. Diese werden unter staatlicher Aufsicht gestellt.

Das KAGB legt einen neuen Begriff des Investmentfonds zugrunde. Ein Invest- **307**
mentvermögen darf nur als AIF (Alternativer Investmentfonds) oder als OGAW (Organismus für gemeinsame Anlagen in Wertpapieren) aufgelegt werden. Ist dies nicht der Fall, liegt ein strafbares Investmentgeschäft vor. Gemäß § 1 Abs. 1 KAGB ist Investmentvermögen jeder Organismus für gemeinsame Anlagen, der von einer Anzahl von Anlegern Kapital einsammelt, um es gemäß einer festgelegten Anlagestrategie zum Nutzen dieser Anleger zu investieren und der kein operativ tätiges Unternehmen außerhalb des Finanzsektors ist.

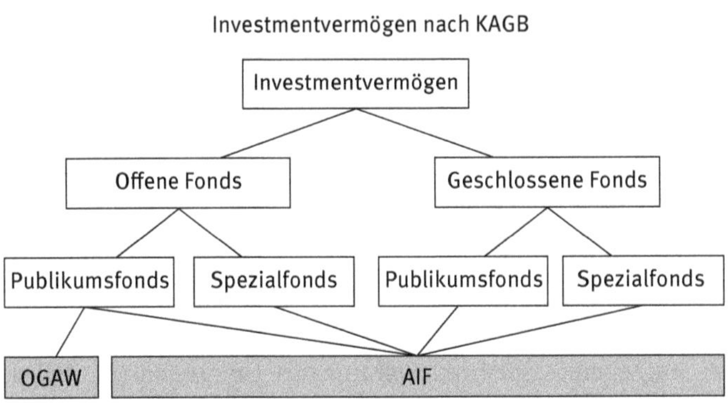

Quelle: Deloitte, FSI Investment Management Newsletter 2/2012

Abbildung 9: Investvermögen nach KAGB

Das klassische KG-Modell hat an Attraktivität verloren. Die EU-Richtlinien zur Regulie- **308**
rung alternativer Investmentfonds sollten umgesetzt werden, um den Anleger besser

zu schützen und unseriöse Anbieter auszufiltern. Die Fonds müssen dabei Berichtpflichten erfüllen und eine strengere Vorsorge treffen. Durch die Sicherung wie die Verwahrstelle und die erweiterte Kontrolle sollen die Marktteilnehmer und Produkte professionalisiert werden und Rechtsicherheit für die ganze Branche geschaffen werden. Die Regulierung nach dem KAGB ist an die Verwalter der Fonds adressiert.

309 Durch die Einführung des KAGB gelten zahlreiche Sondernormen für die Investment-KG. Neben dem Gesellschaftsvertrag werden die KG verpflichtet Anlagebedingungen zu erstellen. Eine Änderung kann nur mit der Genehmigung der BaFin und bei wesentlichen Änderungen mit einer 2/3 Zustimmung der Anleger erfolgen (§ 267 KAGB).

310 Eine Ausschüttung oder die Rückgewähr der Einlage darf nur mit Zustimmung des Kommanditisten erfolgen, wenn dadurch der Wert der Einlage des Betroffenen unter dem Betrag der Einlage herabgemindert wird (§ 152 KAGB). Des Weiteren ist der Kommanditist vor der Zustimmung zu informieren, dass die Haftung mit der Rückgewahr der Einlage wiederauflebt. Der Anleger wird weiterhin vor einer langen Nachhaftung geschützt. Ab dem Zeitpunkt des Ausscheidens haftet der ausgeschiedene Kommanditist nicht mehr für die Verbindlichkeiten der Investment-KG (keine 5 jährige Nachhaftung mehr).

Fraglich ist teilweise, ob Schiffsfonds und ihre Verwalter durch das KAGB reguliert werden. Dies ist nicht der Fall, wenn die Schiffsgesellschaft operativ tätig wäre. Sind die Schiffe der Gesellschaft über einen Time-Charter-Vertrag beschäftigt, dann ist die operative Tätigkeit zu bejahen. Die technisch-nautische Betriebsführung liegt bei einem Time-Charter-Vertrag beim Vercharterer. Somit liegt die Betriebsführung beim Schiffsfonds, wenn er in der üblichen Weise gestaltet ist. Ist dies der Fall, dann handelt es sich bei den meisten Schiffsfonds nicht um ein Investmentvermögen im Sinne des neuen KAGB. Es handelt sich vielmehr um ein operativ tätiges Unternehmen, das sich außerhalb des Finanzsektors befindet. Dementsprechend findet keine Regulierung durch das KAGB statt und Produktregeln müssen nicht eingehalten werden. Die Schiffsfonds sind nur der Prospektpflicht unterworfen.

Hinweis: Hier fallen die Schiffsfonds aus dem Schutzbereich des KAGB heraus.

---

311 Die BaFin hatte als Zielsetzung alle Kapitalanlagen und deren Beteiligte in die staatliche Kontrolle zu zwingen. Allerdings ist durch den allzu weiten Rahmen nahezu jedem Initiator möglich durch eine Umstrukturierung des Unternehmens selbst darüber zu entscheiden, ob ein Angebotskonzept von dem KAGB reguliert werden soll. Der Initiator muss nur einen Weg finden sich als Anlage- oder als Unternehmenskonzept einstufen zu lassen.

312 Für ein Aussprechen der Regulierung im Schiffsbereich könnte die Zurückgewinnung des verlorengegangenen Vertrauens der Anleger sein. Die Anleger haben durch die vielen Sanierungen und Insolvenzen, die durch die Finanzkrise und den damit

verbundenen niedrigen Charterraten ausgelöst wurden, das Interesse und Vertrauen an die Schiffsbeteiligung verloren. Eine Kontrolle und Professionalisierung könnte dem Anleger wieder Sicherheit für eine Investition geben. Fraglich bleibt allerdings, ob der Markt darauf reagieren wird.

1. Kapitalverwaltungsgesellschaft (KVG)

Die Initiatoren müssen für die Fonds – geschlossene oder offene – sogenannte KVG 313
(Kapitalverwaltungsgesellschaften) nach den Anforderungen des KAGB gründen, die ihren satzungsmäßigen Sitz im Inland haben. Die Zulassung als KVG ist bei der BaFin erforderlich. Die KVG soll darauf gerichtet sein Investmentvermögen zu verwalten. Zwar kann die KVG für mehrere Beteiligungsmodelle tätig sein, aber die Errichtung ist mit erheblichen Kosten verbunden.

Die KVG können als externe oder interne KVG existieren. Die externen KVG 314
können nach einmaliger Erlaubnis von mehreren AIF (Alternative Investmentfonds) mit Verwaltungsverantwortung bestellt werden. Die interne KVG benötigt nach dem KAGB individuelle Erlaubnisse, wenn die Investmentgesellschaft selbst die Gesamtverantwortung übernimmt. Dementsprechend ist die externe KVG leichter durchzusetzen. Durch die Einsetzung einer externen KVG wird nicht der Grundsatz der Selbstorganschaft verletzt und kein Unternehmensvertrag geschlossen.

Es wird von der Geschäftsführung Zuverlässigkeit und fachliche Eignung erwar- 315
tet (§ 153 Abs. 2 KGAB). Durch diese gesetzlich verankerten Erwartungen an die Geschäftsführung erfolgt auch keine gewerbliche Entprägung der GmbH & Co. KG.[72] Eine fachliche Eignung der Geschäftsführung wird vorausgesetzt, wenn in einem ausreichendem Maße der Bewerber über theoretische und praktische Kenntnisse in den betreffenden Geschäften sowie über Leistungserfahrung in Bezug auf die fondsspezifische Geschäftstätigkeit verfügt.

Nach dem KAGB müssen eine interne KVG mit einem Anfangskapital von min- 316
destens € 300.000 und eine externe KVG mit mindestens € 125.000 ausgestattet sein.

Des Weiteren umfasst die KVG die OWAG-Kapitalverwaltungsgesellschaft (Organismus für gemeinsame Anlagen in Wertpapieren) und die AIF-Verwaltungsgesellschaft.

2. Verwahrstelle

Die Regulierung sieht eine Trennung der Verwahrung der Vermögenswerte eines AIF 317
von dem Portfolio- und Risikomanagement des AIF vor, um einen Interessenskon-

72 *Treibmann*, ZBB 2013, 285, 295.

flikt zu vermeiden. Dementsprechend ist eine unabhängige und im Anlegerinteresse handelnde Verwahrstelle zu benennen. Allerdings stellt die Einführung der Verwahrungspflicht für geschlossene Fonds ein großes Problem dar. Auf Grund der Haftungsrisiken werden sich wenige Anbieter dafür finden lassen, denn der Gesetzgeber sieht für die Verwahrstelle eine Haftungsübernahme vor.

318 Grundsätzlich ist die Auswahl der Verwahrstellen durch die BaFin genehmigungspflichtig. Es muss sich um ein Kreditinstitut mit Sitz in der Europäischen Union, eine Wertpapierfirma oder eine andere Einrichtung, die einer Beaufsichtigung und ständigen Überwachung unterliegen. Dementsprechend kann es sich auch ausnahmsweise um einen Rechtsträger handeln, der gesetzlich einer beruflichen Registrierung oder gesetzlichen und regulativen Bestimmungen unterliegt. Zu nennen sind als Beispiele Rechtsanwälte oder Notare.

319 Die Verwahrstelle für geschlossene AIF kann auch ein Treuhänder sein (§ 80 Abs. 3 KAGB). Die Voraussetzungen für die Einsetzung eines Treuhänders als Verwahrstelle sind in den §§ 80 bis 90 KAGB geregelt. In Betracht kommt ein Treuhänder nur bei bestimmten Investmentvermögen. Es muss sich zunächst um einen geschlossenen AIF handeln. Nach der Tätigung der Anlage darf in den ersten fünf Jahren keine Rückgaberechte seitens der Anleger ausgeübt werden können.

320 Zu unterscheiden ist weiterhin, ob es sich um ein Spezial-AIF oder Publikums-AIF handelt. Für Spezial-AIF, deren Zeichnung nur durch professionelle oder semi-Professionelle Anleger erfolgt, wird der Treuhänder gegenüber der BaFin lediglich durch die KVG benannt. Bei Publikums-AIF reicht eine bloße Benennung nicht aus, daher ist ein formelles Genehmigungsverfahren erforderlich. Antragstellerin ist in diesem Verfahren die KVG.

321 Als Treuhänder kommen natürliche oder auch Gesellschaften in Betracht, die einer gesetzlich anerkannten berufsmäßigen Registrierung oder Recht- und Verwaltungsvorschriften unterliegen. Von dem Treuhänder wird eine gewisse finanzielle Garantie gefordert neben einem Verwahrstellenvertrag und der fachlichen Eignung.

322 Der Verwahrstellenvertrag muss die organisatorischen Abläufe, Pflichten und Recht geregelt haben. Eine mehrjährige Tätigkeit als Treuhänder in vergleichbaren Sachverhalten oder als Berater für geschlossene Fonds oder in einer Verwaltung geschlossener Fonds sprechen für eine fachliche Eignung. Um die Kontrollaufgaben zu erfüllen, sollte der Treuhänder zudem eine nachweisbare Fähigkeit zur Prüfung der Organisation und der Abläufe in einem Unternehmen nachweisen können.

323 Zudem ist eine persönliche Zuverlässigkeit nachzuweisen. Von besonderer Relevanz sind Verstöße gegen Straf- und Ordnungswidrigkeitentatbestände. Dabei sind ein polizeiliches Führungszeugnis sowie eine eigenhändig unterschriebene Erklärung beizubringen. Für die Abdeckung von potenziellen Schäden aus der Tätigkeit aufgrund einer Pflichtverletzung wird ein Betrag von mindesten € 150.000 verlangt. Neben dieser Sicherheit ist weiterhin eine Haftpflichtversicherung notwendig.

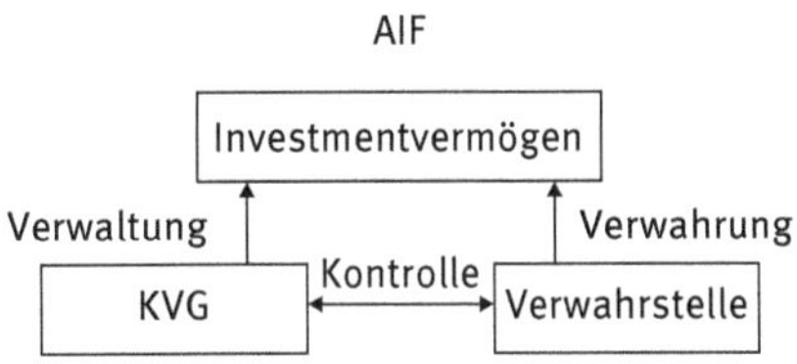

Abbildung 10: Alternative Investment Vermögen (AIF)

Der Treuhänder hat in seiner Arbeit als Verwahrstelle die Kontrollpflicht bezüglich 324
der Verwahrung der Gelder. Des Weiteren gehören die Überwachung der Anteilsausgabe und deren Rückgabe sowie die Überwachung der Ermittlung des Anteilswertes und der korrekten Abwicklung von Geschäften des Fonds zu seinem Aufgabengebiet. Zudem obliegt dem Treuhänder die Rechtsmäßigkeitskontrolle der Weisungen der KVG. Sofern das AIF Finanzinstrumente hält, ist der Treuhänder für die Verwahrung dieser zuständig.

Für jeden AIF darf nur eine einzige Verwahrstelle beauftragt werden.

3. Alternative zum klassischen KG-Modell

Die Verabschiedung des KG-Modells durch den Gesetzgeber kann für die Emissions- 325
häuser eine Möglichkeit sein, sich diesen Vorschriften zu entziehen. Das Kapital der Anleger für Sachwerte könnte über festverzinsliche Wertpapiere eingeworben werden und nicht wie bislang durch die unternehmerische Beteiligung. Die Anleihen würden dann nicht unter die AIFM-Richtlinien fallen. Diese Form würde für die Anleger viele Vorteile bringen. Die Zeichner leihen dem Fonds Kapital und erwerben somit keine Anteile an einer KG. Der Emittent vergütet das verliehene Kapital mit jährlichen Zinsen. Im Falle einer Insolvenz müssten die erhaltenen Erträge nicht zurückgestattet werden wie bei Ausschüttungen im KG-Modell.

Anders als KG-Anteile sind Anleihen besser handelbar (fungible), da sie an der 326
Börse gelistet werden können. KG-Anteile können nur mühsam am Zweitmarkt veräußert werden.

Allerdings hat man bei Anleihen ebenso wenig eine Garantie für eine Zinszahlung 327
wie bei einer KG für Ausschüttungen. Die Abhängigkeit von der Ertragskraft und Wertentwicklung des Objektes bleibt bestehen. Ein Totalverlust des eingesetzten Kapitals kann auch nicht ausgeschlossen werden. Eine Abwägung der Chancen und Risiken bringt deshalb keine besonderen Vorteile. Der Vorstandsvorsitzende der Lloyd Fonds AG – Dr. Torsten Teichert – sah auf dem HANSA Forum 2013 im November 2013 in Hamburg das Ende der KG-Modelle.

4. Schiffsbeteiligungen im Umbruch

328 Die Schiffsfonds werden interessant bleiben, ob als KG-Modell oder in anderer rechtlicher Form. Die Finanzierung ausgewählter Assets ist immer interessant. Der graue Kapitalmarkt wird sich in einen weißen Kapitalmarkt verändern. Die Erholung des Marktes für Schiffsbeteiligungen wird sicherlich noch eine gewisse Zeit in Anspruch nehmen. Bei wieder anziehenden Schifffahrtsmärkten nach 2015 dürften aber auch Schiffsbeteiligungen wegen des Bedarfs durch die Neugestaltung des Panama-Kanals wichtig werden. Damit entsteht auch ein Anreiz für deutsche Anleger sich finanziell zu beteiligen.

II. Honorarberatung

329 In Deutschland wird hauptsächlich die Anlageberatung auf Provisionsbasis betrieben. Dabei wird die Dienstvergütung des Beraters durch die Zuwendung von Anbietern oder Emittenten der jeweiligen Finanzprodukte vergütet. Interessenskonflikte sind in dieser Form der Beratung nicht auszuschließen.

330 Gerade im Bereich der Schiffsfonds werden die Anleger häufig falsch beraten. Anlageberater von Banken oder Sparkassen preisen oft Schiffsbeteiligungen als eine sichere Kapitalanlage an. Geraten allerdings die Schiffsfonds in wirtschaftliche Schwierigkeiten, ist ein Totalverlust nicht ausgeschlossen, da es sich um eine unternehmerische Beteiligung seitens der Anleger handelt. Daher ist diese Form der Kapitalanlage nicht als Altersversorgung geeignet. Das sehen auch verschiedene Gerichte so.

331 In der Regel erhält das Geldinstitut im Falle einer Vermittlung einer Beteiligung eine Rückvergütung, sogenannte Kick-backs, über die der Anleger häufig nicht aufgeklärt wird.

Um in der Anlageberatung mehr Transparenz zu schaffen, ist die Beratung auf Honorarbasis neu geregelt worden. Das neue Gesetz soll Mitte 2014 in Kraft treten.

332 Künftig soll sich der Kunde bewusst für die Honorarberatung oder provisionsgestützte Anlageberatung entscheiden können. Zunächst soll eine neue gesetzlich definierte Form der Anlageberatung unter dem Begriff der Honorar-Anlageberatung geschaffen werden. Es soll ein eigenständiges Berufsbild des unabhängigen Honorarberaters entstehen. Zudem sollen für diese Form der Beratung zusätzliche Anforderungen geknüpft werden. Die Honorar-Anlageberatung darf nur gegen das Honorar des Kunden erbracht werden. Allerdings gibt es Produkte, die am Markt nicht provisionsfrei erhältlich sind. In einem solchen Falle soll es dem Honorar-Anlageberater erlaubt sein diese Zuwendungen anzunehmen, wenn er sie unverzüglich an den Kunden weiterleitet. Des Weiteren muss sich der Anlageberater einen hinreichenden

Marktüberblick verschaffen und nicht auf einzelne Finanzinstrumente beschränkt sein, um den Kunden bestmöglich beraten zu können.[73]

Bei einem Wertpapierdienstleistungsunternehmen kann die Anlageberatung 333
ausnahmsweise sowohl auf Honorar- als auch auf Provisionsbasis möglich sein. Voraussetzung dafür ist, dass die Bereiche strikt voneinander zu trennen sind in organisatorischer, funktioneller und personeller Hinsicht.

Die Regelungen für die Anlageberatung nach dem Wertpapierhandelsgesetz 334
(WpHG) werden zusätzlich ergänzt durch die Regelungen für Finanzanlageberater, die in der Gewerbeordnung (GewO) reguliert sind. Die gewerblichen Finanzanlageberater beraten dabei über Finanzinstrumente, die in die Bereichsausnahme nach dem Kreditwesengesetz (KWG) fallen.

Um als Honorar-Finanzanlageberater zu arbeiten, benötigt man eine gewerbe- 335
rechtliche Erlaubnis. Wie bei einem Finanzanlagevermittler wird hierfür ein Sachkundenachweis und eine Berufshaftpflichtversicherung für die Zulassung benötigt und die Eintragung in das von den Industrie- und Handelskammer (IHK) geführte zentrale Register muss erfolgen. Auch der Honorar-Finanzanlageberater darf keine Zuwendung seitens Dritter für seine Arbeit annehmen und darf nur vom Kunden vergütet werden.

Honorarberater

Honorar-Anlageberater	Honorar-Finanzanlageberater

Unterschiede

Honorar-Anlageberater	Honorar-Finanzanlageberater
• Im Kreditwesengesetz (KWG) reguliert	• In der Gewerbeordnung (GewO) reguliert
• Aufsichtsbehörde ist die BaFin	• Aufsichtsbehörde ist das Gewerbeamt
• Produktpalette ist nicht auf einzelne Produktpaletten beschränkt	• Produktpalette unfasst offene und geschlossene Fonds sowie sonstige Vermögensanlagen

Gemeinsamkeiten

- Vergütung ausschließlich durch den Kunden
- Vor Beginn des Beratungsgespräch sind die Kunden zu informieren, dass die Beratung auf Honorarbasis stattfindet
- Keine Provisionen von Dritten
- Bei Produkten, die keinen Nettotarif haben, müssen die Provisionen unverzüglich an den Kunden weitergeleitet werden
- Eintragung in ein öffentliches Register

Abbildung 11: Honorarberater

73 *Treibmann*, ZZB 2013, 285, 295.

336 Im Bereich der Schiffsfonds ist für die Anleger wenig Transparenz nach Abschluss der Kapitalanlage gegeben. Deutlich wird dies erst im Falle einer Rückforderung von Ausschüttungen, um ein Sanierungskonzept auf dem Weg zu bringen oder wenn eine Insolvenz droht. In solchen Situationen wäre eine kompetente und vor allem unabhängige Anlageberatung besonders wichtig gewesen, um das Wohl der Anleger nicht aus dem Auge zu verlieren. Die Beratung nach Provision hat in den vergangenen Jahren erheblichen Schaden verursacht.

337 Bei einer Honorarberatung könnt man davon ausgehen, dass sich die Beratung nicht auf die Schiffsfonds beschränkt, die die größte Provision für den Berater versprechen, sondern auf Produkte, die für dem Anleger am besten geeignet sind. Da der Honorarberater einen hinreichenden Marktüberblick haben muss, darf er sich nicht auf ihm nahestehende Anbieter beschränken. Somit kann sich die Beratung nicht zu einem Verkaufsgespräch umwandeln, um Provisionen abzukassieren und dadurch eine für den potentiellen Anleger schlechtere Anlagelösung anzubieten. Allerdings lässt sich natürlich hinzufügen, dass eine Honorarberatung keine Qualitätsgarantie darstellt. Die Gerichte haben sich umfassend mit der Beratung von Anlegern auseinandergesetzt. Dies hat seinen Niederschlag in der Kick-Back-Rechtsprechung des BGH.

F. Typische Rechtskonstruktion und Beteiligte an einem Schiffsfonds

I. Allgemeines zur Rechtskonstruktion eines Schiffsfonds

Die Schiffsfonds sind im Gesellschaftsrecht geregelt. Es sind untypische Personen-Gesellschaften, weil häufig mehrere hundert Anleger sich zusammenschließen. 338

II. Gesellschaftsrecht

Das Gesellschaftsrecht regelt die Rechtsverhältnisse der privatrechtlichen Personenvereinigungen. Sie gehört zum Teilbereich des „Handelsrecht im weitesten Sinne". Die Personenvereinigungen werden zur Erreichung eines bestimmten gemeinsamen Zwecks durch Rechtsgeschäfte begründet.[74] Somit ist das Gesellschaftsrecht zugleich Personen- Organisations- und Schuldrecht. 339

Wer in Deutschland eine Gesellschaft gründet, ist bei der Wahl der Rechtsform beschränkt auf die begrenzte Anzahl der gesetzlich vorgeschriebenen Formen (Numerus clausus der Gesellschaftsformen). 340

Zu diesen privatrechtlichen Zweckverbänden gehören unter anderem[75]:
- Der Verein des bürgerlichen Rechts
- Die Gesellschaft bürgerlichen Rechts (GbR)
- Die offene Handelsgesellschaft (OHG), die Kommanditgesellschaft (KG)
- Die stille Gesellschaft
- Die Aktiengesellschaft (AG), die Gesellschaft mit beschränkter Haftung (GmbH)
- Die Kommanditgesellschaft auf Aktien(KGaA)
- Die eingetragene Genossenschaft

Entsprechend ihrer Rechtsform und Organisationen lassen sich die Gesellschaften in zwei Gruppen einteilen: Personen- und Kapitalgesellschaften. 341

1. Personengesellschaften

Die Organisation der Personengesellschaft beruht auf einen schuldrechtlichen Vertrag. Dieser begründet die individuellen Beziehungen zwischen den Gesellschaftern untereinander zur Erreichung eines gemeinsamen Zwecks. 342

---

74 *K. Schmidt*, GesR, S. 3ff.
75 *K. Schmidt*, GesR, S. 4.

343 Grundsätzlich gilt für die Personengesellschaften, dass sie keine eigene Rechtspersönlichkeit besitzen. Aber in manchen Rechtgebieten werden sie so behandelt wie rechtsfähige Gesellschaften. Im Grundsatz bedeutet dies, dass die einzelnen Gesellschafter Träger von Pflichten und Rechten sind und nicht die Gesellschaft an sich. Folglich sind Personengesellschaften keine juristischen Personen. Eine wichtige Ausnahme von diesem Grundsatz für die OHG und die KG gibt es mit § 124 Abs. 1 HGB. Durch § 124 Abs. 1 HGB wird der OHG eine rechtliche Selbstständigkeit verliehen. Diese ähnelt der Rechtspersönlichkeit einer juristischen Person. Die OHG erwirbt somit eine sogenannte Teilrechtsfähigkeit, indem sie unter ihrer Firma Verbindlichkeiten eingeht und Rechte erwirbt oder vor Gericht klagen oder verklagt werden kann. Durch eine analoge Anwendung des § 124 Abs. 1 HGB gilt dies auch für die KG.

344 Seit der Grundlagenentscheidung des BGH vom 29.01.2001[76] ist eine Rechtsfähigkeit für die Gesellschaft bürgerlichen Rechts (GbR) ebenso zu bejahen in Hinblick auf die GbR im Außenverhältnis.[77]

345 Ein weiterer Grundsatz der Personengesellschaft ist das Prinzip der Selbstorganschaft. Die Selbstorganschaft bedeutet, dass die Geschäftsführung und die Vertretung persönlich von den Gesellschaftern vorgenommen werden. Dies kann gemeinschaftlich geschehen oder auf Wunsch im Gesellschaftsvertrag von einem dazu bestimmt werden. Aus diesem Prinzip ergibt sich ein Organschaftsmonopol der unbeschränkt haftenden Gesellschafter.[78] Dieser Grundsatz gilt nicht für den Kommanditisten in der KG und den stillen Gesellschafter.

346 Die Gesellschafter haften für die Verbindlichkeiten der Gesellschaft als Gesamtschuldner. Allerdings haften die Gesellschafter mit ihrem eigenen Privatvermögen.[79]

347 Im Rechtsverkehr tritt die Personengesellschaft unter den Namen der Gesellschafter auf. Wenn es sich um eine Personenhandelsgesellschaft handelt, so tritt sie auf unter den Namen der Firma.

---

76 BGHZ 146, 341.

77 *Die wichtigsten Leitsätze dieser Entscheidung des BGH:*

1. Die (Außen-)Gesellschaft bürgerlichen Rechts besitzt Rechtsfähigkeit, soweit sie durch Teilnahme am Rechtsverkehr eigene Rechte und Pflichten begründet.

2. In diesem Rahmen ist sie zugleich im Zivilprozess aktiv und passiv parteifähig.

3. Soweit der Gesellschafter für die Verbindlichkeiten der Gesellschaft bürgerlichen Rechts persönlich haftet, entspricht das Verhältnis zwischen der Verbindlichkeit der Gesellschaft und der Haftung des Gesellschafters derjenigen bei der OHG (Akzessorietät).

78 *K. Schmidt*, GesR, S. 416.

79 Dies gilt nicht für den Kommanditisten in der KG und den stillen Gesellschafter.

	GbR	OHG	KG	GmbH & Co.KG
Zweck	Jeder erlaubte Zweck: nicht Handels- gewerbe	Betrieb eines Handels- gewerbes	Betrieb eines Handels- gewerbes	Betrieb eines Handels- gewerbes
Unbeschränkte persönliche Haftung der Gesellschafter	Ja	Ja	Komplementär ja; Kommanditist nein	Komplementär-GmbH, also keine juristische Person
Mindestkapital	Nicht vorgeschrieben	Nicht vorgeschrieben	Nicht vorgeschrieben	KG: Nicht vorgeschrieben; Komplementär-GmbH: 25.000 €

Abbildung 12: Vergleich Personengesellschaften

Der Begriff der Firma hat im Handels- und Gesellschaftsrecht eine andere Bedeutung als im Alltag. Es wird nicht das Unternehmen als Betrieb oder Gebäude gemeint, sondern der Name des Kaufmanns gemäß § 17 HGB. Unter diesem Namen betreibt er seine Geschäfte. 348

Weiterhin ist die Gesellschaft abhängig von dem Bestand der Gesellschafter. 349 Sofern der Gesellschaftsvertrag keine näheren Bestimmungen aufweist in Form von Sonderregelungen wird nach gesetzlichen Regelungen die Gesellschaft aufgelöst durch Kündigung oder Tod eines Gesellschafters.

2. Kapitalgesellschaften

Die zweite Gruppe der Gesellschaften bildet die Kapitalgesellschaft. Der Unterschied 350 zu den Personengesellschaften beruht auf der Organisation. Kapitalgesellschaften werden nicht auf einen schuldrechtlichen Vertrag begründet, sondern auf der rechtsgeschäftlich vereinbarten Geltung einer Satzung oder Verfassung. Geregelt sollten vor allem die Willensbildung, die Geschäftsführungsbefugnis sowie die Vertretung der Gesellschaft.

Kapitalgesellschaften sind juristische Personen. Juristische Personen sind Perso- 351 nenvereinigungen, die von der Rechtsordnung als selbstständige Rechtsträger anerkannt sind. Sie sind rechtsfähig, d.h. sie können Träger von Rechten und Pflichten sein und können klagen und verklagt werden. Sie nehmen am Rechtsverkehr teil genauso wie natürliche Personen.

352 Im Gegensatz zu Personengesellschaften sind Kapitalgesellschaften von Bestand ihrer Gesellschafter unabhängig. Ein Gesellschafterwechsel ist durch eine freie Übertragung der Mitgliedschaft möglich.

353 Ein weiterer Unterschied besteht in der Geschäftsführung und Vertretung. Eine Selbstorganschaft ist nicht zwingend. In den Kapitalgesellschaften kann eine Fremdorganschaft herrschen. Die Geschäftsführung und Vertretung kann von zwei verselbstständigten Organen erfolgen, die keine Gesellschafter sind.

354 Als Kapitalgesellschaften werden unter anderem bezeichnet:
- Aktiengesellschaft (AG)
- Gesellschaft mit beschränkter Haftung (GmbH)
- Kommanditgesellschaft auf Aktien (KGaA)
- Europäische Aktiengesellschaft (SE)

355 Die Form der Kapitalgesellschaft eignet sich nicht für geschlossene Fonds. Personengesellschaften als Rechtsform sind aus steuerlicher Hinsicht dafür besser geeignet. Somit können planmäßige Verluste beim Gesellschafter des Fonds wirksam gemacht werden, die zu Steuerersparnissen führen. Die Verluste können mit anderen Einkunftsarten zusammengerechnet werden, um das zu versteuernde Einkommen zu senken.

III. Gesellschaft bürgerlichen Rechts (GbR)

356 Die GbR, auch BGB-Gesellschaft genannt, findet ihre gesetzliche Regelung in §§ 705ff. BGB. Bei der GbR handelt es sich um einen vertraglichen Zusammenschluss von mindestens zwei Personen zur Erreichung und Förderung eines gemeinsamen Zwecks, wobei alle Gesellschafter persönlich für die Verbindlichkeiten der Gesellschaft haften. Nicht notwendig ist das Vorhandensein eines Gesellschaftsvermögens. Diese Rechtsform ist bei geschlossenen Immobilienfonds häufig anzutreffen.

357 Voraussetzung für die GbR ist ein Vertrag als Grundlage. Ein schriftlicher Vertrag ist dank der Privatautonomie nicht erforderlich. Dieser kann auch mündlich oder stillschweigend geschlossen werden. Als Gesellschafter kommen sowohl natürliche und juristische Personen wie auch solche des öffentlichen Rechts in Betracht. Eine andere Personengesellschaft wie die OHG, KG oder eine andere GbR können Gesellschafter sein. Die Geschäftsführung ebenso wie die Vertretung üben alle gemeinsam aus.

358 Die Gesellschafter einer GbR haften für die Verbindlichkeiten der Gesellschaft unbeschränkt persönlich. Begründet wird die persönliche Haftung über § 128 HGB, den der BGH auch für die GbR als anwendbar erklärt hat.[80] Dies führt zur Angleichung der Haftung an das der OHG. Sie sind Gesamtschuldner (§§ 421ff. BGB), d.h. sie

80 BGHZ 146, S. 341.

schulden dieselbe Leistung nebeneinander. Der Gläubiger kann sich auswählen, bei welchem Schuldner er die Leistung einfordern will. Wird ein solcher Gesellschafter in Anspruch genommen, so hat er einen primären Rückgriffanspruch gegen die Gesellschaft. Falls die Gesellschaft diesen Anspruch nicht erstattet, kann der Gesellschafter den Anspruch gegen die Mitgesellschafter stellen.

Wie schon oben erwähnt verfügt die GbR über Rechts- und Parteifähigkeit. Als dessen Folge kann die GbR auch rechtlich Eigentümerin von Grundbesitz sein. Rechtsinhaber des Grundstückseigentums sind demnach nicht mehr gemeinschaftlich die Gesellschafter, sondern die Gesellschaft.

Die GbR ist der organisatorische Grundtyp der Personengesellschaften. Erforder- 359
lich ist innerhalb der Personengesellschaft eine Differenzierung von den Personenhandelsgesellschaften (KG, OHG). Die Abgrenzung erfolgt über den Gesellschaftszweck. Der gemeinsame Zweck in einer GbR besteht nicht in dem Betreiben eines Handelsgewerbes. Dabei kann der vereinbarte Zweck ganz unterschiedlicher Art sein.[81] Es können wirtschaftliche als auch ideelle Zwecke gefördert werden. Gegenstand der Gesellschaft können politische, kreative, religiöse, karikative wie auch wissenschaftliche Zwecke sein. Gewollt sein muss aber eine rechtliche Bindung hinsichtlich der Förderung des gemeinsamen Zwecks. Insbesondere durch die Zahlung von vertraglich versprochenen Beiträgen kann der Gesellschaftszweck gefördert werden. Die erbrachten Beiträge werden auch Einlagen genannt. Bei Fonds werden grundsätzlich Geldbeiträge geleistet.

Betrieben werden GbR von Unternehmen bei denen kein Handelsgewerbe vor- 360
liegt. Ebenso können GbR Zusammenschlüsse von Personen sein, die einen freien Beruf ausüben (z.B. Rechtsanwälte, Ärzte, Steuerberater, etc.).

Aufgrund ihrer Flexibilität ist die GbR die am vielseitigste Gesellschaft. In Bezug 361
auf die Erscheinungsform lässt sich die GbR zwischen Innen- und Außengesellschaft unterscheiden. An Bedeutung hat diese Differenzierung seit der Bestätigung der Rechtsfähigkeit der Außengesellschaft durch den BGH gewonnen.[82] Außengesellschaften treten demnach nach außen in Erscheinung und können am Rechtsverkehr teilnehmen. Die Gesellschafter einer Innengesellschaft treten im Rechtsverkehr nicht für die GbR auf, sondern stets für sich selbst. Nimmt die Innengesellschaft allerdings am Rechtsverkehr teil, wird sie automatisch zu einer Außengesellschaft mit den dazugehörigen Pflichten und Rechten.[83] Typische Außengesellschaften sind unter anderen wie oben schon benannt die Sozietäten und Gemeinschaftspraxen der Angehörigen der freien Berufen, Bau-Arbeitsgemeinschaften (ARGE), Bauherrengemeinschaften und Grundbesitzgesellschaften insbesondere (geschlossene) Immobilienfonds.[84]

81 *Saenger*, Gesellschaftsrecht, Rn. 42.
82 BGH NJW 2001, 1056.
83 BGH WM 1975, 268.
84 *Saenger/Aderhold/Leukaitis*/Speckmann (Hrsg.), Handels- und Gesellschaftsrecht, S. 362ff.

Auch die Fonds-GbR ist eine Außengesellschaft der GbR. Die Teilnahme am Rechtsverkehr zur Verwaltung ihres Gesellschaftsvermögens erfolgt durch ihre Organe.

362 Eine GbR kann auch als Gelegenheits- und Dauergesellschaft angelegt werden.[85] Gelegenheitsgesellschaften wie beispielsweise private Fahrgemeinschaften bilden die Ausnahme, denn häufig sind sie auf Dauer angelegt.

IV. Offene Handelsgesellschaft (OHG)

363 Die offene Handelsgesellschaft (OHG) ist eine Handelsgesellschaft des Handelsgesetzbuches (HGB), deren Zweck auf den Betrieb eines Handelsgewerbes unter gemeinschaftlicher Firma gerichtet ist und aufgrund dessen sie die Kaufmanneigenschaft besitzt.[86] Sie ist wie die GbR eine Personengesellschaft und Gesamthandsgesellschaft und somit ist sie fähig, Träger von Rechten und Pflichten, parteifähig sowie insolvenzfähig zu sein.

364 Die OHG ist ihrerseits die Grundform der Personenhandelsgesellschaft. Im Unterschied zur GbR ist der Gesellschaftszweck der OHG – wie bei der KG – das Betreiben eines Handelsgewerbes unter gemeinschaftlicher Firma. Betrieben muss ein Gewerbe, dass nach Art und Umfang einen in kaufmännischer Weise eingerichteten Geschäftsbetrieb erfordert (§ 1 Abs. 2 HGB). Wird kein Handelsgewerbe betrieben, so liegt eine OHG nur vor, wenn die Firma im Handelsregister eingetragen ist (§ 105 Abs. 2 HGB).

365 Die OHG unterscheidet sich von der KG durch die unbeschränkte Haftung der Gesellschafter gegenüber den Gesellschaftsgläubigern. Dies stellt den wesentlichen Unterschied dar. Die Gesellschaftsgläubiger können somit auf das gesamte Privatvermögen der Gesellschafter zugreifen.[87]

366 Im Bereich der geschlossenen Fonds hat die OHG keine große Bedeutung. Die Fonds, die ein Handelsgewerbe betreiben, benötigen für das hohe Risiko eine Haftungsbeschränkung. Eine andere Gesellschaftsform wie die KG ist geeigneter.

---

85 *Saenger*, Gesellschaftsrecht, Rn. 42.

86 Unter Gewerbe versteht man jede nach außen erkennbare, selbstständige, planmäßige auf Dauer mit Absicht der Gewinnerzielung ausgeübte Tätigkeit.

87 *Saenger*, Gesellschaftsrecht, Rn. 263.

V. Kommanditgesellschaft (KG)

1. Begriff

Die Kommanditgesellschaft ist eine Personengesellschaft im Sinne des §705 BGB. Einzuordnen ist die KG als eine Sonderform der offenen Handelsgesellschaft (OHG), deren Zweck auf den Betrieb eines Handelsgewerbes unter gemeinschaftlicher Firma gerichtet ist.[88] 367

Die KG unterscheidet sich von der OHG allein dadurch, dass bei zumindest einem Teil der Gesellschafter die Haftung auf den Betrag einer bestimmten Vermögenseinlage beschränkt ist (Kommanditist), während mindestens ein anderer Gesellschafter unbeschränkt mit seinem gesamten Privatvermögen haftet (Komplementär).[89] In der KG kann nicht derselbe Gesellschafter zugleich Kommanditist und Komplementär sein. Im Gesellschaftsvertrag muss die beschränkte Haftung des Kommanditisten und dessen Höhe der Haftung vereinbart sein. 368

Die sogenannte Hafteinlage wird auf einen bestimmten Geldbetrags festgesetzt. Die Hafteinlage bzw. Haftsumme muss ins Handelsregister eingetragen werden. Spätestens im Falle einer Insolvenz ist die ausstehende Einlage von den Kommanditisten zu erbringen. 369

Haben die Kommanditisten ihre Einlage erbracht, haften sie nicht gegenüber den Gesellschaftsgläubigern. Die Außenhaftung lebt allerdings wieder auf, wenn den Kommanditisten die Einlage von der Gesellschaft zurückgeleistet wird oder wenn der Kapitalanteil des Kommanditisten durch eine Entnahme gemindert wurde. 370

Die Haftsumme ist zu unterscheiden von der Pflichteinlage. Die Pflichteinlage ist die Leistungspflicht gegenüber der Gesellschaft (Innenverhältnis) und die Haftsumme wirkt zugunsten der Gläubiger (Außenverhältnis), die im Handelsregister eingetragen ist und eine einmalige Zahlungspflicht des Kommanditisten darstellt. Die Pflichteinlage gegenüber der Gesellschaft ist meist höher als die Hafteinlage gegenüber den Gläubigern. Mit der Einzahlung der Pflichteinlage ist in der Regel auch die Hafteinlage erbracht. 371

Beim Eintritt in eine bestehende KG haftet der Kommanditist auch für die begründeten Verbindlichen vor seinem Beitritt. Es gilt die gleiche zeitlich unbegrenzt Haftung wie für die persönlich haftenden Gesellschafter einer OHG (§130 HGB), die für den Kommanditisten natürlich summenmäßig beschränkt ist. 372

Unbeschränkt haftet der Kommanditist, wenn die KG noch nicht in das Handelsregister eingetragen ist, er aber dem Geschäftsbeginn zugestimmt hat und seine Beteiligung als Kommanditist den Gläubigern nicht bekannt war (§176 Abs. 1 HGB). Des Weiteren haftet er unbeschränkt für Verbindlichkeiten der Gesellschaft, wenn er in

---

88 *K. Schmidt*, GesR, S. 1529.
89 *Ebenroth/Bonjong/Joost/Strohn*, §161 Rn. 11.

eine bestehende Handelsgesellschaft eintritt, aber es keine Eintragung seinerseits in das Handelsregister erfolgte. Wegen der Gefahr der unbeschränkten Haftung sollte ein Kommanditist erst handeln, wenn die Eintragung in das Handelsregister stattgefunden hat.

373 Nach § 160 HGB besteht für ausscheidende Kommanditisten eine Nachhaftung für Verbindlichkeiten der Gesellschaft für einen Zeitraum von fünf Jahren, die in Prospekten oft keine Erwähnung findet. Ist der Kommanditist nach dem Ausscheiden weiterhin im Handelsregister eingetragen, so haftet er gegenüber Dritten bis zur Austragung. Die fünf Jahres Frist beginnt erst ab der Eintragung des Ausscheidens.

374 Die Komplementäre besitzen im Wesentlichen die gleiche Stellung wie die Gesellschafter einer OHG. Man kann sagen, die OHG besteht nur aus Komplementären besteht.

2. Innenverhältnis

375 Die Kommanditisten und Komplementäre unterscheiden sich nicht nur durch die unterschiedliche Haftung. Nach § 164 HGB sind die Kommanditisten in der Regel von der Geschäftsführung ausgeschlossen und zur Vertretung der Gesellschaft nicht befugt. Die Komplementäre besitzen die Geschäftsführungskompetenz. Diese beinhaltet aber nicht die Vornahme außergewöhnlicher Geschäfte, die dem Gesellschaftszweck überhaupt fremd sind oder die den Rahmen des normalen Geschäftsbetriebs überschreiten. Für diese Fälle wird ein Gesellschafterbeschluss benötigt. Im Falle einer Kreditaufnahme kann es fraglich sein, ob dies eine Geschäftsführungsmaßnahme darstellt. Grundsätzlich kann man dies bejahen, solange das Risiko und der Umfang des Kredits sich im Rahmen halten. Ist dies nicht der Fall benötigt der Geschäftsführer für einen Großkredit einen Gesellschafterbeschluss. Dasselbe gilt auch für die OHG.

376 Die Kompetenz der Geschäftsführung kann allerdings durch den Gesellschaftsvertrag auf den Kommanditisten übertragen werden, da im Innenverhältnis Vertragsfreiheit besteht und § 164 BGB nicht zwingendes Recht ist. Somit kann dem Kommanditisten die Geschäftsführung übertragen werden. Durch die Erteilung der Prokura kann der Kommanditist die Gesellschaft auch nach außen vertreten. Aber grundsätzlich führen die Komplementäre die Geschäfte und vertreten die Gesellschaft nach außen hin.

377 Da im Regelfall der Kommanditist keine Geschäftsfähigkeitsbefugnis aufweisen kann, besitzt der Kommanditist Kontrollrechte. Das Gesetzt räumt ihm diese Rechte ein anlässlich seiner Haftsumme und seiner Beteiligung an Gewinn und Verlust. Dieses Kontrollrecht kann der Kommanditist zur Nachprüfung der Richtigkeit des Jahresabschlusses nutzen. Für eine sachgerechte Nachprüfung wird ein Einsichtsrecht in die Bücher und Papiere gewährt, die dafür erforderlich sind.

Das Informationsrecht kann sich auch auf die Geschäftsführung des Komplementärs sowie der damit zusammenhängende Unterlagen erstrecken. Diese Erweiterung erfolgt allerdings nur wenn es wichtiger Grund besteht. Ein wichtiger Grund liegt vor, wenn unter anderem eine sachgemäße Ausübung der Mitgliedschaftsrechte nicht gewährleistet ist sowie ein Gefährdungstatbestand bezogen auf die Gesellschaft existiert. Dies ist dann der Fall, wenn eine Schädigung der Gesellschaft oder der Gesellschafter droht. 378

Weitere Rechte des Kommanditisten sind beispielsweise das Recht auf Teilnahme an Gesellschafterversammlungen, das Stimmrecht, das Recht Auseinandersetzungs- und Abfindungsguthaben, das Recht auf Ergebnisteilhabe. 379

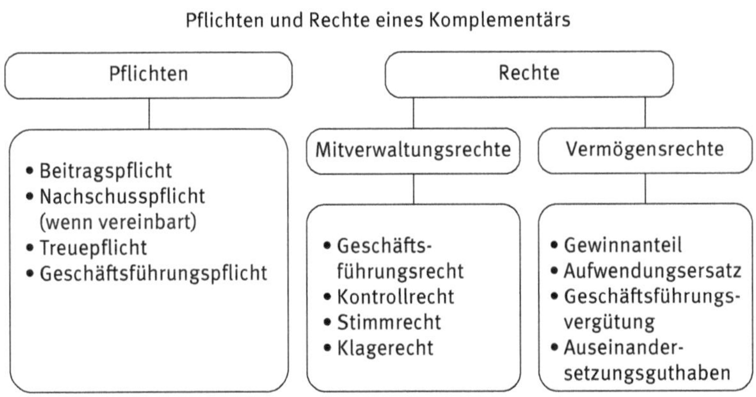

Abbildung 13: Pflichten und Rechte eines Komplementärs

Die typische Treuepflicht wird dem Komplementär wie auch dem Kommanditisten auferlegt. Zur Treuepflicht gehört unter anderem das Wettbewerbsverbot. Dieses gilt gesetzlich aber nicht für die Kommanditisten, sondern nur für die Komplementäre (§ 112 HGB). Allerdings muss durch die allgemeine Treuepflicht der Kommanditist Handlungen unterlassen die zu einer Schädigung der Gesellschaft führen kann. Der im Gesellschaftsvertrag festgehaltene gemeinsame Zweck der Gesellschaft darf nicht gefährdet werden. 380

Wie bei der OHG ist das Gesellschaftsvermögen der KG Gesamthandsvermögen. Die Beteiligung der Gesellschafter wird durch den Kapitalanteil festgelegt. Der Kapitalanteil ist eine Rechengröße, das Aufschluss über das Verhältnis der Vermögensbeteiligung der verschiedenen Gesellschafter geben soll. Für die Verteilung von Gewinn und Verlust gelten gesetzliche Sonderregelungen, die aber wiederum durch den Gesellschaftsvertrag modifizierbar sind. Jeder Gesellschafter, auch der Kommanditist, erhält vom Jahresgewinn einen Anteil von 4 % seines Kapitalanteils. Der weitere Gewinn wird in einem angemessenen Verhältnis verteilt. Eine Verteilung nach Köpfen wie bei der OHG erfolgt nicht. Bei der Verteilung muss die höhere Haftung des Komplementärs sowie seine Arbeitsleistung in der Geschäftsführung berücksichtigt 381 werden. Bei den Kommanditisten wird der Gewinn nicht über den Betrag der vereinbarten Einlage hinaus zugeschrieben.

Typischer Gegenstand gesellschaftsvertraglicher Regelungen
- Gesellschaftszweck, Sitz, Name/Firma
- Dauer der Gesellschaft
- Gesellschafter
- Einlagen und Beteiligungsverhältnisse
- Geschäftsführung und Vertretung
- Verteilung von Gewinn und Verlust
- Entnahmen und Tätigkeitsvergütungen
- Beschlussfassung, Stimmrechte
- Informations- und Kontrollrechte
- Ausscheiden von Gesellschaftern/Kündigung
- Abfindungsregeln
- Wettbewerbsverbote

382 Die Verlustverteilung erfolgt ebenfalls in einem angemessenen Verhältnis. Abgeschrieben wird er vom Kapitalanteil. Dieser kann passiv, d.h. negativ, ausfallen. Der passive Kapitalanteil des Kommanditisten ist durch spätere Gewinne wieder auszugleichen, bevor eine Auszahlung eines Gewinns erfolgt.

Der Kommanditist besitzt durch die Beteiligung an Gewinn und Verlust nicht automatisch ein Entnahmerecht in Höhe der 4 %. Verlangen kann er nur Auszahlungen des Gewinnanteils, wenn sein Kapitalanteil den Betrag der Einlage erreicht hat.

3. Rechtsnatur

383 Auch wenn die KG keine juristische Person darstellt, ist sie eine rechtsfähige Personengesellschaft. Unter ihrer Firma kann sie klagen und verklagt werden sowie Verbindlichkeiten eingehen und Rechte erwerben.[90]

384 Die KG ist wie die OHG eine Gesamthandsgemeinschaft. Das Vermögen der Gesellschaft ist demnach Gesamthandsvermögen und wird rechtlich der KG zugeordnet.

385 Kraft Rechtsform ist die KG stets Kaufmann im Sinne von § 6 Abs. 1 HGB[91] und muss ins Handelsregister eingetragen werden. Die Anleger einer KG müssen ebenfalls als Gesellschafter (Direktkommanditist) ins Handelsregister eingetragen werden wie auch die Gesellschafter einer OHG (§ 106 Abs. 2 Nr. 1 HGB), wenn es sich bei den Anlegern nicht um Treugeber handelt.

---

90 *Ebenroth/Boujong/Joost/Strohn*, § 161 Rn. 5.
91 *Baumbach/Hopt*, § 161 Rn. 5.

Die Beteiligung an einem Schiffsfonds kann von Todes wegen oder rechtsgeschäftlich übertragen werden. Bei der Übertragung von Todes wegen (§ 1922 BGB) geht die Rechtstellung des Erblassers auf den Erben über. Die Gesellschaft wird auf Grund des Todes eines Kommanditisten nicht aufgelöst. Die Erben führen anstelle des Erblassers die Gesellschaft fort (§ 177 HGB). Eine rechtsgeschäftliche Anteilsübertragung ist aus heutiger Sicht möglich, wenn die Übertragung im Gesellschaftsvertrag zugelassen ist oder die Gesellschafter bei einem Beschluss zustimmen. Die Anteilsübertragung erfolgte dann im Wege der Sonderrechtsnachfolge unmittelbar von dem ausscheidenden Kommanditisten (§§ 398, 413 BGB). 386

4. Erscheinungsformen und Bedeutung der KG

Die Kommanditisten und Komplementäre sind in der klassischen Form der KG natürliche Personen. Meist besteht eine gewisse persönliche Beziehung zwischen den Gesellschaftern. Diese Form wird gerade bei Familienbetrieben als Rechtsform genutzt. Die Familienmitglieder, die zu einer persönlichen Mitarbeit beispielsweise nicht geeignet sind oder ein Risiko der unbeschränkten Haftung nicht tragen wollen, können mit dieser Gesellschaftsform in das Familienunternehmen mit einsteigen. 387

Eine besondere Form der KG ist die GmbH & Co.KG. Bei dieser Form ist einziger persönlich haftender Gesellschafter (Komplementär) eine GmbH. Mit dieser Mischform lassen sich die steuerlichen Vorteile einer KG mit den haftungsrechtlichen Vorteilen einer Kapitalgesellschaft kombinieren.[92] Der Unternehmensträger ist die KG und nicht die GmbH.[93] 388

Eine vom der klassischen KG abweichende Form stellen die sogenannten „Publikumskommanditgesellschaften“ (Publikums-KG) dar. Sie sind gekennzeichnet durch die Vielzahl kapitalistisch beteiligter Kommanditisten (Anlagegesellschafter), die meist in keiner persönlichen Beziehung zueinander stehen[94] – wie die Anleger eines Schiffsfonds. Häufig hält ein Kommanditist, sogenannter Treuhänder, seine Beteiligung für eine Vielzahl von Anlegern treuhänderisch zur Verfügung.[95] Der BGH spricht auch von einem von gesellschaftsrechtlichen Beziehungen überlagerten Treuhandverhältnis.[96] 389

Bei nahezu allen Publikums-KG ist der Komplementär eine juristische Person (meist eine GmbH). Diese Mischform von Personen- und Kapitalgesellschaft wird als GmbH & Co. KG bezeichnet. 390

---

92 *Saenger*, Gesellschaftsrecht, Rn. 420.

93 *K. Schmidt*, Gesellschaftsrecht, § 56 II 1a, S. 1629.

94 BGHZ 64, 238, 241.

95 *Baumbach/Hopt*, § 161 Rn. 4; *Saenger*, Gesellschaftsrecht, Rn. 332.

96 BGH 11.10.2011 – II ZR 242/09, WM 2011, 2327 Rn. 18.

5. GmbH & CO.KG

391 Eine GmbH & CO. KG ist eine Kommanditgesellschaft. Der einzige persönlich haftender Gesellschafter ist die Kapitalgesellschaft (GmbH). Bei den Kapitalgesellschaften ist die Gesellschaft selbst Haftungssubjekt, so dass keine Möglichkeit besteht die Gesellschafter persönlich in Anspruch zu nehmen. Die Haftung der Komplementäre lässt sich allerdings auf das Vermögen der GmbH begrenzen. Das erforderliche Mindestkapital beträgt 25 000 EUR (§ 5 Abs. 1 GmbHG). Durch die Kombination der zwei Gesellschaftsformen wird eine Gewerblichkeit durch die Stellung des Komplementärs auf eine Kapitalgesellschaft hergestellt. Somit können die Einkünfte der Gesellschaft als gewerbliche Einkünfte eingeordnet werden (§ 15 EStG). Voraussetzung ist hierfür die Gewinnerzielungsabsicht[97] (Abgrenzung zur Liebhaberei) sowie die Stellung des Gesellschafters als Mitunternehmer, der am Unternehmerrisiko beteiligt ist und Unternehmerinitiative entfalten kann. Unternehmerrisiko beinhaltet die Beteiligung am Erfolg und Misserfolg (Gewinn und Verlust), sowie einer Haftungsübernahme. Mit der Unternehmerinitiative ist die Teilhabe an der Unternehmenspolitik gemeint. Hierfür reicht es aus, dass den Anlegern die für Kommanditisten vorgesehenen Kontrollrechte uneingeschränkt zustehen.

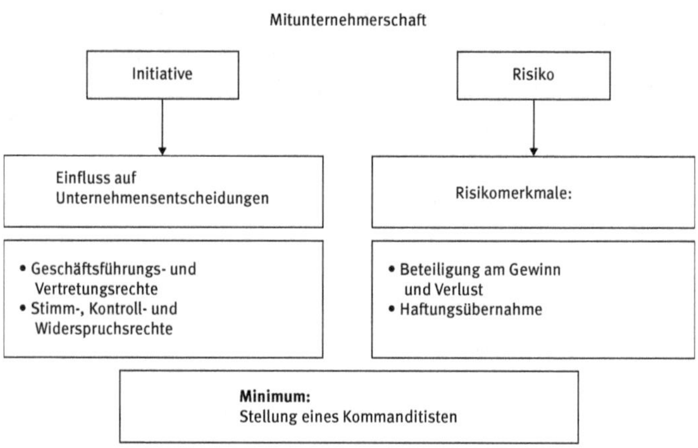

Abbildung 14: Mitunternehmerschaft

392 Bei der typischen GmbH & Co. KG besteht der einzige Zweck der GmbH darin Komplementär zu sein. Es könnte aber anstelle der GmbH auch eine andere juristische Person Komplementär sein (AG & Co. KG, Stiftung & Co.KG). Dies ist in der Praxis aber selten der Fall.

97 *Birk*, Steuerrecht, Rn. 699.

Die GmbH & Co. KG entwickelte sich durch das Bestreben nach steuerlichen Vorteilen und die Vermeidung haftungsrechtlichen Nachteilen der Personengesellschaften. Dies führt zur Vermeidung der Doppelbelastung des Gewinns einer Kapitalgesellschaft durch die Einkommens- und Körperschaftsteuer sowie zur Vermeidung des Nachteils der unbeschränkten Haftung einer natürlichen Person. Diese Mischform wird steuerlich als Personengesellschaft anerkannt. Aufgrund dessen ist die GmbH & Co. KG selbst nicht Besteuerungssubjekt der Einkommen- und Körperschaftssteuer. Eigenständiges Besteuerungssubjekt ist sie lediglich bei der Umsatz- und Gewerbesteuer. Somit werden Gewinne nur einmal im Rahmen der Einkommensteuer bei den Gesellschaftern der KG erfasst, da die Zurechnung der Gewinne unmittelbar an die Gesellschafter erfolgt. Des Weiteren lässt sich eine Haftungsbeschränkung für alle natürlichen Personen erreichen. Die Kommanditisten haften beschränkt auf ihre Vermögenseinlage und die GmbH als Komplementär unbeschränkt, jedoch nur mit ihrem Gesellschaftsvermögen.[98] 393

Durch die Verbindung von Elementen einer Personengesellschaft und Kapitalgesellschaft wird bei der Ausgestaltung der Gesellschaftsverträge ein weiter Spielraum gewährt. Attraktiv wird diese Form der KG durch die weitgehende Vertragsfreiheit bei der Gestaltung des Innenverhältnisses zwischen den Gesellschaftern sowie durch die Freiheit der Satzungsgestaltung einer GmbH. Für die Anbieter von Schiffsfonds gibt es zudem keine staatlichen Vorschriften, die eingehalten werden müssen. So hat der Anbieter große Gestaltungsfreiheit bei der Erstellung von Gesellschafts- oder Treuhandverträgen. 394

Die Publikums-KG hat sich im Markt der Publikumsfonds als Rechtsform etabliert. Sie dienen als Kapitalsammelbecken, indem eine große Zahl von Anlagegesellschaftern über Prospekte in der Öffentlichkeit geworben wird. Diese beteiligen sich auf Basis eines vorformulierten Gesellschaftsvertrages an der Gesellschaft. Die Gesellschafter haben demnach wenig Einfluss auf den Gesellschaftsvertrag, den die Initiatoren nach ihren Vorstellungen ausgestalten. Es bedarf daher einer besonderen Schutzbedürftigkeit der Gesellschafter. Der Prospektbegriff wird durch die neuere Rechtsprechung des BGH erweitert. Je nach Einzelfall gehören auch Produktinformationen dazu, die den Eindruck einer umfassenden und informellen Darstellung der Anlage aus dem Empfängerhorizont des Lesers erzeugen.[99] Auch Zeitungsartikel können Prospektbestandteil sein, wenn der Artikel und die Produktinformation alle zusammen mit dem Prospekt (Emissionsprospekt) Gegenstand des Vertriebes gewesen ist.[100] Die Anleger werden über die sogenannte Prospekthaftung geschützt, die von der Rechtsprechung entwickelt worden[101] und gegenwärtig gesetzlich im Verkaufsprospektgesetz gere- 395

98 *Saenger*, Gesellschaftsrecht, Rn. 420.
99 *Hebrant*, DB 2012, 273.
100 *Hebrant*, DB 2012, 273, 274.
101 BGHZ 79, 337.

gelt ist. Die Initiatoren und Gründer der Publikumsgesellschaften haften, wenn die Prospekte ein unvollständiges oder falsches Bild vermitteln, mit denen die Anleger beworben wurden. Seit dem 01.07.2005 unterliegen die Emissionsprospekte durch die Bundesanstalt für Finanzdienstleistungsaufsicht (BaFin) einer Genehmigungspflicht. Allerdings prüft die BaFin ausschließlich die Vollständigkeit der Prospekte nach formalen Kriterien, nicht aber die inhaltliche Korrektheit, Qualität des Fonds oder der Verantwortlichen.

396 Die Kommanditisten-Haftung in einer Publikums-KG kann eintreten, wenn die Einlage des Anlegers nicht erbracht wurde oder es zur Rückgewähr der Einlage gekommen ist (§ 172 Abs. 4 HGB). Diese „Ausschüttungen“, die von Anbietern gerne als vorzeitige Entnahme bezeichnet werden, sind gewinnunabhängig. Der Begriff der Ausschüttung im Sinne des Gesetzes ist beschränkt auf echte Gewinne und nicht auf Liquiditätsausschüttungen. Diese unterliegen keiner Rückforderung, selbst bei späteren Gewinnen. Gewinnunabhängige Auszahlungen lassen die Haftung der Anleger wieder aufleben, wenn der Kapitalanteil der Kommanditisten unter den Betrag der Haftsumme sinkt.

397 In der Regel handelt es sich auch bei einem Schiffsfonds um die Rechtsform der GmbH & Co. KG, das als Kreditnehmer der Bauzeitfinanzierung dient. Das Vermögen der Anlage besteht aus einem (Einschiffsgesellschaft) oder mehreren Schiffen (Mehrschiffsgesellschaft). Gesellschaftsrechtlich sind diese Fonds typische Fondsgesellschaften. Diese Rechtsform ist gerade für Schiffsfonds nicht nur aus steuerlichen Gründen geeignet, sondern auch aus haftungsrechtlichen Gründen in Bezug auf eventuelle Ölverschmutzungen durch das Schiff. Die Anleger eines Schiffsfonds können sich unmittelbar als Kommanditist oder mittelbar über einen Treuhänder als Treugeber unternehmerisch beteiligen.

398 Durch das Handelsrechtreformgesetz hat sich die Möglichkeit gegeben die Personengesellschaften im Bereich der reinen Vermögensverwaltung zu nutzen (§ 105 Abs. 2 HGB). Zudem besteht die Möglichkeit für vermögensverwaltende Personengesellschaften sich in das Handelsregister eintragen zu lassen.

399 Weitere Motive für eine solche Gründung sind unter anderem die relativ problemlose Aufnahme von Familienangehörigen in ein Einzelunternehmen unter der Beschränkung der Haftung sowie die Aufnahme von Kapitalgebern ohne großen Einfluss dieser auf das Management zu befürchten.

6. Schiffs-KG

400 Wie bereits oben angesprochen ist die GmbH & Co. KG als Rechtsform in der Schiffsbeteiligung heute oft anzutreffen. Das klassische Einschiff-KG-Modell begründet die deutsche Vorherrschaft auf den Markt für Schiffsfinanzierungen. Sie bietet im

Gegensatz zur Gesellschaftsform der Partenreeder[102] (§ 489 HGB a.F.) den Vorteil der beschränkten Haftung. Die Gesellschafter der Partenreeder mussten damals mit ihrem gesamten Vermögen unbeschränkt haften. Als Handelswährung dient meist der US-Dollar.

Die Einschiffsgesellschaft erwirbt direkt ein Schiff, welches dann verchartert wird. 401

Die Konzeption als Mehrschiffsgesellschaft investiert der Schiffsfonds in mehrere Einschiffsgesellschaften. Diese Fonds werden dann als Dachschiffsfonds oder Flottenfonds bezeichnet. Bei einem Flottenfonds kann die Investition auch in Schiffen unterschiedlichen Typs (Containerschiffe, Tanker etc.) erfolgen.

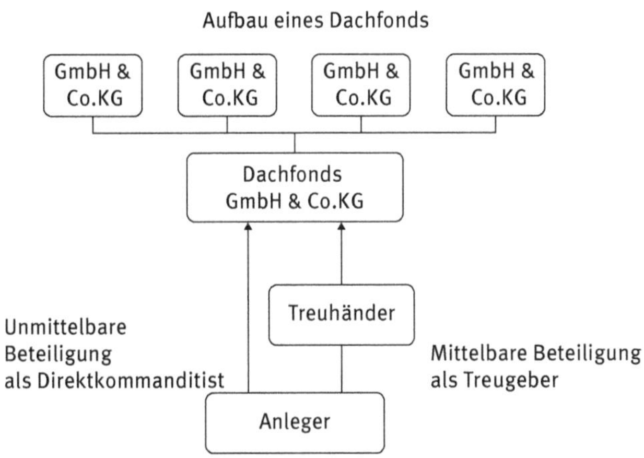

Abbildung 15: Aufbau eines Dachfonds

Die Schiffs-KG ist gebildet, um in ein Schiff zu investieren. Es handelt sich also um eine Sachwertinvestition. An einem Schiffsfonds lässt man Anleger mitwirken, um Eigenkapital zu generieren. Das Schiff wird von der GmbH & Co. KG gekauft und an eine Reederei verchartert. Das konkrete Investitionsschiff steht von Anfang an fest dementsprechend ist es in der Regel kein sogenanntes „Blind Pool“. Vom Initiator wird die Mindestbeteiligungssumme vorgegeben. Häufig liegt diese Summe bei € 15.000. Nachdem das benötigte Kapital aufgebracht wurde, wird der Fonds geschlossen (geschlossener Fonds), damit die Finanzierung sichergestellt wird und der Gesellschaftszweck realisiert werden kann. 402

Geschlossene Fonds werden vor allem für die Finanzierung von Großprojekte genutzt[103] und heutzutage ausschließlich in der Form der GmbH & Co. KG konzipiert. 403

102 Die Partenreeder war eine Gesellschaftsform des deutschen Seehandelsrechts.
103 *Nippe, Jana Carola*, Beiräte in deutschen Schiffs-KG's, S. 39.

Die Anleger haben die Möglichkeit in einem bestimmten Zeitraum (Platzierungszeitraum) in den Fonds zu investieren bis dieser geschlossen wird.[104] In der Regel nehmen die Anleger oder Investoren die Rolle als Kommanditisten ein. Folglich haben sie die Chance an einem potentiellen Erfolg der Schiffsgesellschaft teilzuhaben und können sich so an großen Investitionsprojekten beteiligen. Deshalb gibt es keinen Anspruch auf einen festen Rückzahlungstermin oder feste Verzinsung. Die Beteiligung an einem Schiffsfonds kann unmittelbar als Kommanditist oder als Treugeber über eine Treuhandgesellschaft erfolgen. Der Kommanditist muss sich ins Handelsregister eintragen. Bei dem Treugeber entfällt die Eintragung. Dies bedeutet natürlich einen geringeren Aufwand.

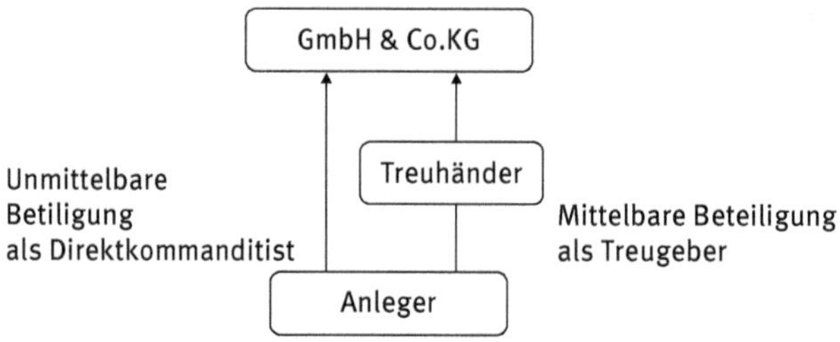

Abbildung 16: Beteiligung eines Direktkommanditisten und eines Treugebers.

404 Der Anleger beteiligt sich mit einem festen Betrag an der Fondsgesellschaft und bindet sich über die Laufzeit der Beteiligung langfristig (10 – 25 Jahre). Das Ergebnis dieser unternehmerischen Beteiligung hängt für die Anleger wesentlich davon ab, wie sich die Weltwirtschaft, die betreffenden Frachten- und Charterraten entwickeln. Weitere Faktoren können für die Entwicklung ausschlaggebend sein. Dazu gehören die Risiken des Schiffsbetriebs, die Schiffsbetriebskosten sowie die Finanzierungskosten. Ob ein Schiffsfonds eine langfristige Ertragskraft besitzt, ist hauptsächlich von der Angebots- und Nachfragesituation in Bezug auf die Kapazität des Schiffmarktes abhängig.

405 Ein Fonds setzt sich meist zusammen aus Eigenkapital und Fremdkapital als Finanzierungsquelle. Die Anleger bringen das Eigenkapital auf und die Banken das Fremdkapital. Die Banken verdienen sich an der vereinbarten Tilgung des Kredites. Die Banken haben das Recht bei Fonds, die mit ihren Zins- und Tilgungszahlungen im Rückstand sind, einen Zwangsverkauf des Schiffes durchzusetzen. Die Anleger als Eigenkapitalgeber werden in einem solchen Fall nachrangig bedient.

406 Im Jahr 2011 liegen hinsichtlich des laufenden Schiffsportfolios die Containerschiffsfonds an erster Stelle bei den Anlegern mit einem Anteil von circa 60, 4 %. Auf

104 *Mager, Matthias,* Offene und geschlossene Immobilienfonds und ihre internationalen Pendant, S. 1.

den zweiten Rang liegen die Tankerfonds mit 19, 7 % und auf den dritten die Bulker (Massengutfrachter) mit 5, 7 %.[105]

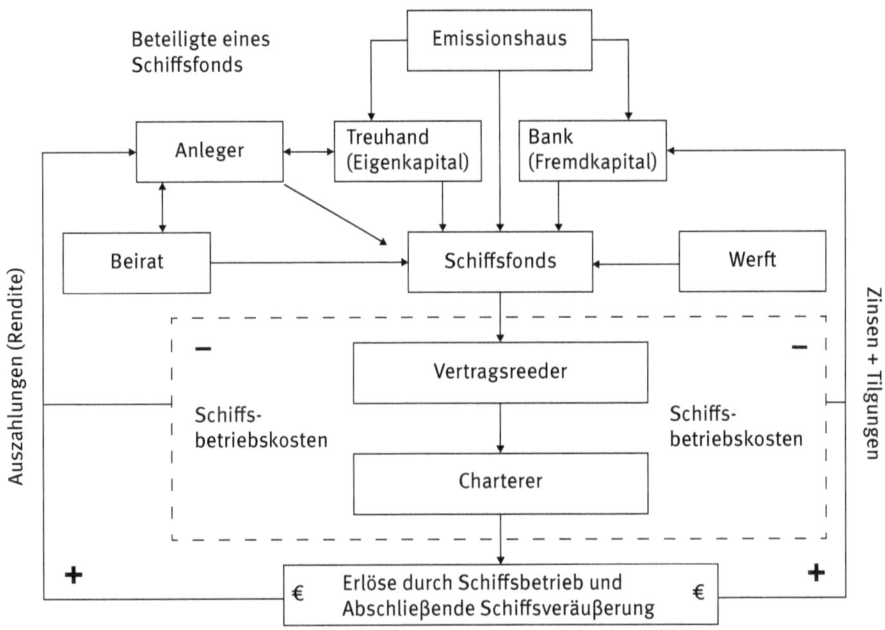

Quelle: Modifiziert aus Atlantic Akademie, Welche Partner sind bei einem Schiffsfonds beteiligt?

Abbildung 17: Beteiligte eines Schiffsfonds

Weitere Kapitalquellen für die Schiffsfinanzierung sind neben dem KG-Modell der Kapitalmarkt und die Private Equity. Privat Equity ist ein von privaten oder institutionellen Anlegern (Kreditinstitute, Versicherungen etc.) bereitgestelltes Kapital, mit dem die Privat-Equity-Gesellschaft Unternehmensanteile für einen bestimmten Zeitraum erwerben, um von Renditen zu profitieren. 407

105 FondsMediaPerformanceCheck 2011.

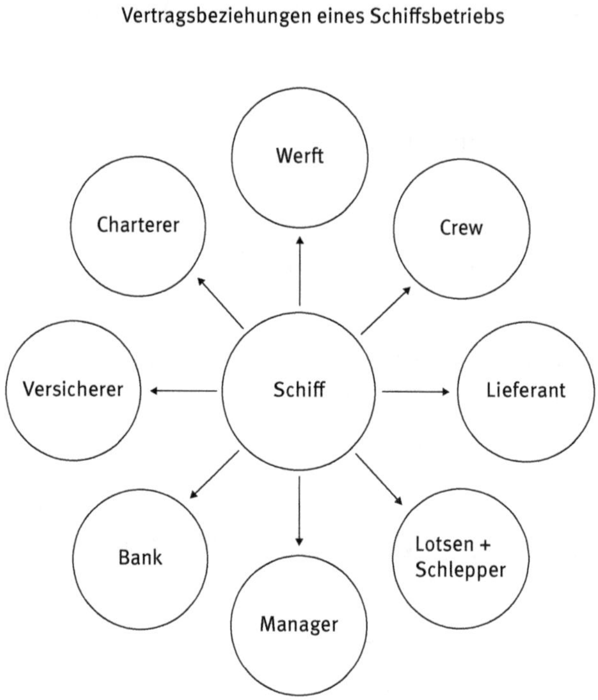

Abbildung 18: Vertragsbeziehungen eines Schiffsfonds

408 Im Grundsatz stellen Schiffsfonds eine komplexe Anlage dar. Seitens des Beraters einer solchen Anlage sollte man ein hohes Maß an Spezialwissen erwarten. Anleger sollten sich der langjährigen Kapitalbindung bewusst sein und sich fragen, ob sie sich die Vorteile des Sachwertes Schiff leisten wollen.

409 Die Beteiligungsgesellschaft schließt mit den anderen Beteiligten Verträge und kümmert sich direkt oder indirekt um die organisatorische Abwicklung. Die Erstcharter ist in der Regel für mehrere Jahre fest und bereits vor dem Bauvertrag bzw. Kaufvertrag vertraglich fest abgeschlossen. Damit sichert sich der Charterer das Verfügungsrecht für ein Schiff über einen bestimmten Zeitraum. Auf der anderen Seite sichert der Chartervertrag für die Beteiligungsgesellschaft und deren Kapitalanleger und die finanzierende Schiffshypothekenbank auf lange Sicht eine fixierte Einnahmesicherheit ab.[106]

410 Für das kontinuierliche, technische und finanzielle Management beschäftigt die Gesellschaft einen erfahrenen Vertragsreeder mithilfe eines Bereederungsvertrags. Damit stellt der Reeder den Betreiber des Schiffs dar. Inhalt des Vertrages ist die

106 *Lüdicke, J./Arndt, J.*, Geschlossene Fonds, 7. Auflage, C.H. Beck Verlag München, 2013.

Wartung, Reparatur, Auswahl der Besatzung, Finanzbuchhaltung sowie die technische und nautische Betriebsführung.

Für diesen Aufwand erhält der Reeder eine Bereederungsvergütung, die einem bestimmten Prozentsatz der Chartereinnahmen oder einer pauschalen Gebühr entspricht.[107] 411

Um Risiken entgegenzuwirken wählt die Beteiligungsgesellschaft die Möglichkeit der Risikostreuung, bei der das Schiff an einen Charterer mit guter Bonität vermietet wird. Außerdem gibt es die Möglichkeit, dass Erträge mehrerer Schiffe in einen Einnahmepool fließen. Durch die Poolbildung kann Beschäftigungsausfällen entgegengewirkt werden. 412

Die Betriebskosten des Schiffs machen einen großen Block aus. Hier wirken die die Lohn- und Materialkosten sowie die Kosten für unvorhergesehene Ersatzinvestitionen durch Verschleiß oder Materialermündung auf die Investitionssumme ein. Die Charter bzw. Charterausfälle und die Betriebskosten wirken auf die Ausschüttungen der Kapitalanleger ein. 413

Üblicherweise folgen nach einer Anlagedauer von zwölf bis fünfzehn Jahren der Verkauf des Schiffes und die Liquidation des Fonds. Diese Zeitdauer zu wählen ergibt sich aus der Abnutzung des Schiffs und daraus resultierenden Vorgaben und Bestimmungen im Hinblick auf die Sicherheit.[108] 414

7. Nachschusspflicht und Rückforderungen von Ausschüttungen

Sobald Fonds in eine wirtschaftliche Krise gelangen, werden oft die Anleger zur Sanierung herangezogen, indem sie zu Zahlungen von Nachschüssen aufgefordert werden. Vor allem Schiffsfonds mit nur einer Einschiffsgesellschaft können bei einer Krise in wirtschaftliche Bedrängnis kommen, da ihnen der Ausgleich von anderen Schiffen fehlt. Bei einer Gesellschafterversammlung werden sicherlich viele Anleger schwer davon zu überzeugen sein, dass die Zuführung von neuem Kapital für den Schiffsfonds hilfreicher ist als eine Insolvenz. Besteht keine Nachschusspflicht, so bleibt der Gesellschaft nur die Möglichkeit im Wege der Liquidation die Gesellschafter zum Ausgleich zu verpflichten oder die Gesellschaft muss in die Insolvenz gehen. Für Kommanditisten, die ihre Einlage in Höhe von der im Handelsregister eingetragenen Haftsumme geleistet haben, besteht keine Pflicht zum Ausgleich eines möglicherweise negativen Auseinandersetzungsguthabens. Die Fondsgesellschaft kann die Anleger nicht zum Ausgleich von Unterdeckungen heranziehen. 415

Der Anleger ist zur Leistung von Nachschüssen nur verpflichtet, wenn im Zeitpunkt des Beitritts des Kommanditisten der Gesellschaftsvertrag eine diesbezügliche 416

107 *Pelikan, Edmund,* Chancen mit geschlossenen Fonds, Wiesbaden, 2007.
108 *Pelikan, Edmund,* Chancen mit geschlossenen Fonds, Wiesbaden, 2007.

Regelung enthält mit dem Ausmaß und Umfang der nachträglichen Beitragspflicht. Eine Nachschusspflicht kann aber auch nachträglich durch eine Gesellschafterversammlung beschlossen werden. Die Gesellschafter können durch einen einstimmigen Gesellschafterbeschluss von dem gesetzlichen Belastungsverbot (§ 707 BGB) abweichend eine Nachschusspflicht begründen. Dabei werden nur Gesellschafter begründet, die dem Beschluss zugestimmt haben. Hat sich ein Gesellschafter bei dem Beschluss enthalten, so ist er trotz einstimmigen Gesellschafterbeschluss nicht verpflichtet Nachschüsse zu leisten.[109]

417 Von der Zahlungspflicht der Nachschüssen ist die Rückzahlung von Ausschüttungen zu unterscheiden. Ausschüttungen erhalten die Anleger (Kommanditist) während der Dauer der Beteiligung an dem Fonds von der Fondsgesellschaft. Sobald die Gesellschaft die geleisteten Einlagen der Anleger zurückzahlt, lebt die Haftung dieser wieder auf (§ 172 Abs. 4 HGB). Wie bereits oben erwähnt ist den Anlegern oft nicht klar, dass es sich bei diesen Ausschüttungen nicht um Gewinne handelt, sondern um die Auszahlung der Einlagen. Mit dem Wiederaufleben der Haftung, werden diese Rückforderungen begründet. Wenn es sich allerdings tatsächlich um Gewinne handelt, besteht keine Rückzahlungspflicht.

418 Hinsichtlich der Nachhaftung ist der bereits ausgeschiedene Gesellschafter mit der Gefahr konfrontiert für die Dauer von fünf Jahren Rückzahlung der Ausschüttungen zu leisten.

8. Beitritt zu einer Publikums-KG

419 Tritt jemand in eine bestehende Gesellschaft ein, bedarf es den Vertragsabschlusses mit allen Gesellschaftern. Das kann naturgemäß durch die große Anzahl an Gesellschaftern zu Schwierigkeiten führen. Möglich ist eine Ausnahme von diesem Grundsatz, wenn im Gesellschaftsvertrag dem Komplementär das Recht eingeräumt wird, für die anderen Gesellschafter die Zustimmung zu erteilen.[110] Im Falle eines Aufnahmevertrages schließt der Komplementär die Erklärung für die KG und deren Gesellschafter ab.[111]

9. Ausschließung eines Gesellschafters

420 Auf Antrag der übrigen Gesellschafter kann das dafür zuständige Gericht den Ausschluss eines Gesellschafters statt der Auflösung der Gesellschaft aussprechen, wenn

---

109 BGH 25.05.2009 – II ZR 259/07.

110 BGH 01.03.2011 – II ZR 16/10, NZG 2011, 551 Rn. 9.

111 BGH 01.03.2011 – II ZR 16/10, NZG 2011, 551 Rn. 10; *Weber*, NJW 2012, 274, 280.

ein wichtiger Grund für den Ausschluss besteht. Ein wichtiger Grund liegt vor, wenn der Gesellschafter eine ihm nach dem Gesellschaftsvertrag obliegende wesentliche Verpflichtung vorsätzlich oder aus grober Fahrlässigkeit verletzt oder wenn die Erfüllung einer solchen Verpflichtung unmöglich wird (§ 133 Abs. 2 HGB). Dazu gehört auch, dass der Fortbestand der Gesellschaft unzumutbar ist, wenn ein zweckgemäßes Zusammenwirken der Gesellschafter nicht zu erwarten ist.[112] Da die Gesellschafter einer KG nicht auf eine sehr enge Zusammenarbeit angewiesen sind und oft eine persönliche Beziehung zwischen ihnen fehlt, ist ein Ausschluss eines Kommanditisten, anders als die Gesellschafter einer OHG, schwer zu rechtfertigen.

10. Schiffsbanken

Schiffspfandbriefbank oder Schiffskreditbank sind Kreditinstitute, die auf versi- 421
cherte, im Schiffsregister eingetragene Schiffe gegen Eintragung von Schiffshypotheken Darlehen an Reeder bzw. Schiffseigner gewähren aufgrund der erworbenen, durch Schiffshypotheken gesicherten Forderung Schuldverschreibungen (Schiffspfandbriefe) ausgeben. Schiffsbanken sind Spezialbanken, die unter anderem der Schifffahrtsfinanzierung (Schiffneubau oder Schiffskauf) dienen.

„Die Deutsche Schiffsbank AG war eine private Spezialbank mit Sitz in Bremen und Hamburg. 422
Sie hatte die Rechtsform einer Aktiengesellschaft, und war eine 100-prozentige Tochtergesellschaft der Commerzbank AG. Die Verschmelzung mit der Commerzbank AG am 22. Mai 2012 bedeutete das Ende der Deutschen Schiffsbank
Im März 2011 gab die Commerzbank bekannt, die *Deutsche Schiffsbank* auf die Commerzbank verschmelzen zu wollen. Dabei würden die Schiffsfinanzierungsaktivitäten als Geschäftsfeld bestehen bleiben, der Markenname allerdings aufgegeben werden. Am 9. November 2011 gab die Commerzbank bekannt, dass sie von der UniCredit Bank AG deren achtprozentigen Minderheitsanteil an der Deutschen Schiffsbank übernommen hat. Somit hielt die Commerzbank 100 % des Aktienkapitals.

Geschichte
Die Deutsche Schiffsbeleihungs-Bank AG, Hamburg, wurde 1918 gegründet. Sie legte den Grundstein für eine seit über 90 Jahren anhaltende Partnerschaft mit der maritimen Industrie. Mit der Gründung der Schiffsbeleihungsbanken begann ein völlig neuer Weg in der Schiffsfinanzierung. Die aktive Nutzung des Kapitalmarkts wurde wesentlicher Bestandteil des Geschäftsmodells, um im Interesse von Reedereien und Werften die Mittel für die benötigten Kredite zu beschaffen. Die kleinere Stückelung der ausgegebenen Pfandbriefe schuf den Zugang zu Investoren, die der Schifffahrt bis dahin fernstanden oder nur geringere Beträge investieren wollten.
Die Deutsche Schiffahrtsbank AG, Bremen, wurde 1948 gegründet. Sie hatte zwei Vorgängerinstitute, deren Geschichte auf das Jahr 1918 zurückgeht: die Deutsche Schiffspfandbriefbank in Berlin, die nach dem Zweiten Weltkrieg in Jahr 1945 nach Bremen verlagert wurde, und die

112 BGH WM 1997, 2169ff.

Deutsche Schiffskreditbank in Duisburg. Beide Vorgängerinstitute waren insbesondere in der **Finanzierung der** Binnenschifffahrt engagiert und wurden später mit der Deutschen Schiffahrtsbank verschmolzen. Diese hatte bereits in den 60er-Jahren begonnen, **das internationale Geschäft a**ufzubauen. 1989 fusionierten die Deutsche Schiffahrtsbank AG, Bremen, und die Deutsche Schiffsbeleihungs-Bank AG, Hamburg, zur Deutschen Schiffsbank AG. Die Commerz- und Disconto-Bank wurde 1870 in Hamburg gegründet. Für das norddeutsche Bankinstitut zählten schon damals die Handelsfinanzierung und **der Mittelstand** zu den Schwerpunkten des Geschäfts. Die Dresdner Bank wurde 1872 in Dresden gegründet. Sie ging aus dem Privatbankhaus Michael Kaskel hervor. Die Dresdner **Bank betrieb** vor allem börsennahe Geschäfte und war auf die Großindustrie ausgerichtet. Seit den 1930er-Jahren war sie erfolgreich im Schiffs- und Werftfinanzierungsgeschäft aktiv.
Nach der Übernahme der Dresdner Bank bündelte die Commerzbank alle Schiffsfinanzierungsaktivitäten im Konzern in der Deutschen Schiffsbank AG. Das Gebäude Domshof 17 wurde 2012 unter Denkmalschutz gestellt. Die Bank will sich (Stand Juni 2013) möglichst wertschonend aus dem Geschäftsbereich ‚Schiffsfinanzierung zurückziehen, d.h. dieses Kreditvolumen von 16 Mrd. Euro nach und nach auf Null zurückfahren.

Geschäftstätigkeit
Aus dem Geschäftsfeld „Deutsche Schiffsbank" heraus werden Schifffahrtskunden weltweit beraten und betreut. Für Schiffsneubauten und Ankäufe von Zweithandtonnage bietet die Bank deutschen und internationalen Geschäftspartnern aus der maritimen Wirtschaft individuell strukturierte Finanzierungslösungen. Das Geschäftsfeld „Deutsche Schiffsbank" bietet Schifffahrtsfinanzierungen (Schiffsneubau- und Second-Hand-Finanzierung) und setzt auf ein ganzheitliches Betreuungsmodell. Ein Teil der vergebenen Kredite sind Darlehen, welche gegen Bestellung von Schiffspfandrechten gewährt werden (*Schiffshypotheken*). Beliehen werden sowohl in Deutschland geflaggte Schiffe, wie auch im Ausland registrierte Schiffe, sofern deren Hypothek eine dem deutschen Recht vergleichbare Sicherheit gewährt. Auf Grundlage der in- oder ausländischen Schiffspfandrechte werden von der Bank besicherte Anleihen ausgegeben (*Schiffspfandbriefe*), deren Gesamtvolumen beläuft sich auf rd. 3,6 Mrd. Euro. Sowohl *Schiffspfandbriefe*, wie auch unbesicherte Bankanleihen, werden an den regionalen Börsenplätzen in Hamburg sowie Bremen/Berlin gehandelt. [113]

11. Kompetenzbereich des Geschäftsführers

423 Die Gesellschaft als solches kann nicht handeln. Deshalb wird ein Geschäftsführer benötigt, der für sie tätig wird. Um den Kompetenzbereich des Geschäftsführers festzustellen, sind die Begriffe Grundlagengeschäfte, gewöhnliche und außergewöhnliche Geschäftsführungsmaßnahmen zu unterscheiden. Die gewöhnlichen Geschäftsführungsmaßnahmen müssen im Gesellschaftsvertrag nicht speziell aufgelistet werden. Dafür benötigt der Geschäftsführer keinen Gesellschafterbeschluss. Grundsätzlich müssen die Geschäftsführer alle kaufmännischen, organisatorischen und personellen Maßnahmen ergreifen, die die Erreichung des Gesellschaftszwecks fördern. Bei

---

113 Wikipedia, zu Deutsche Schiffsbank (letzter Abruf 18.3.2014).

der KG und OHG ist für eine außergewöhnliche Geschäftsführungsmaßnahme ein Gesellschafterbeschluss notwendig. Dieses kann aber durch die Erweiterung der Befugnisse im Gesellschaftsvertrag verändert werden. Dazu gehören Geschäfte, die mit dem Gesellschaftszweck und dem Unternehmensgegenstand unverträglich sind.

Außergewöhnliche Geschäfte sind beispielsweise die Aufnahme, Gewährung oder Kündigung besonders hoher Kredite sowie die Aufnahme stiller Gesellschafter als Maßnahme zur Kapitalbeschaffung. Diese Maßnahmen fallen allerdings in den Kompetenzbereich der Geschäftsführer bei der GbR sowie bei der GmbH/AG. Die Grundlagengeschäfte fallen überhaupt nicht unter die Geschäftsführungskompetenz, wie der Abschluss oder Änderung des Gesellschaftsvertrages, die Aufnahme eines Gesellschafters oder die Erhöhung der Beiträge. Solche Entscheidungen bedürfen der Zustimmung der Gesellschafter. Bei der Personengesellschaft ist eine Übertragung der Befugnisse unter strengen Anforderungen möglich. Bei Kapitalgesellschaften (GmbH, AG) ist die Aufnahme weiterer Gesellschafter nur durch Erhöhung des Kapitals möglich. Die Kapitalerhöhung kann wiederum nur durch die Gesellschafterversammlung erfolgen. 424

12. Gesellschafterversammlung

Das Gesetz sieht keine förmliche Gesellschaftsversammlung für die Personengesellschaften vor. Aufgrund der Vertragsfreiheit kann eine solche Bestimmung zur Gesellschafterversammlung durch den Gesellschaftsvertrag eingeführt werden. Die Beschlussfassung ist auch formfrei möglich. 425

Das Stimmrecht bei Gesellschaftsbeschlüssen gehört zu den Mitwirkungsrechten eines Gesellschafters. Grundsätzlich wird für einen Beschluss Einstimmigkeit (§ 119 Abs. 1 BGB) gefordert. Ein Beschluss muss unter Zustimmung aller mitwirkungsberechtigten Gesellschafter gefasst werden. Der Gesellschaftsvertrag kann aber eine abweichende Regelung vorsehen. 426

Es kann durchaus von dem Einstimmigkeitsprinzip abgewichen werden. Eine andere Möglichkeit der Willensbildung findet sich in Mehrheitsbeschlüssen, soweit dadurch nicht der Schutz der einzelnen Gesellschafter unzulässig beeinträchtigt wird. Die Grenzen für die Zulässigkeit von Mehrheitsbeschlüssen stellen weiter die §§ 134, 138 BGB (gute Sitten) und der Minderheitenschutz dar. Im Zweifel berechnet sich die Stimmabgabe nach Köpfen und nicht nach Kapitalanteilen, wenn der Gesellschaftsvertrag eine Stimmenmehrheit für erforderlich hält. Häufig richtet sich aber das Stimmrecht nach der Höhe des Gesellschaftsanteils. So kann zum Beispiel einem Gesellschafter je 100 € seines Anteils eine Stimme angerechnet werden. In Fragen der Geschäftsführung sind allgemein gehaltene Klauseln im Gesellschaftsvertrag unbedenklich. Allerdings sollte auf Fragen der Gesellschaftsverfassung eine deutliche Formulierung im Vertrag über die Beschlussfindung hervorgehen. 427

428 Jedem Gesellschafter stehen weitere Mitwirkungsrechte zu. Unter anderem gehören dazu:
- Recht zur Geschäftsführung
- Widerspruchsrecht
- Informations- und Kontrollrechte
- Recht an der Mitwirkung der Liquidation
- Kündigungsrecht

429 Des Weiteren sind die Gesellschafter beteiligt an den Ergebnissen sowie am Auseinandersetzungsguthaben gemäß dem Gesellschaftsvertrag.

430 Die Willensbildung einer Gesellschaft muss nicht zwingend in einer Versammlung erfolgen. Im Gegensatz zu einer Aktiengesellschaft kann die Personengesellschaft verschiedene Formen der Kommunikation wie ein schriftliches oder telefonisches Verfahren wählen, um ein Ergebnis zur Willensbildung zu erhalten.

a) Gesellschafterversammlung bei der GmbH & Co.KG

431 Die Willensbildung in der GmbH & Co. KG könnte aufgrund der zwei Gesellschaften Schwierigkeiten bereiten. Erfolgen muss die Willensbildung jeweils nach den Regeln der KG bzw. der GmbH. Unproblematisch ist die Willensbildung, wenn die GmbH nur auf Tätigkeit des Komplementär beschränkt ist oder wenn es sich um eine personengleiche GmbH & Co. KG handelt. Bei einer personengleichen GmbH & Co. KG sind die Kommanditisten zugleich auch die Gesellschafter der GmbH.

432 Schwierig wird es mit den Gesellschaftsbeschlüssen bei einer Einheits-GmbH & Co. KG. Diese Variation der GmbH & Co. KG zeichnet sich dadurch aus, dass die KG die Alleingesellschafterin der Komplementär- GmbH ist. Die Beschlüsse der GmbH müssen von der Gesellschafterin der KG gefasst werden. Die Gesellschafterin der KG muss wiederum von der Komplementärin bzw. der Geschäftsführung vertreten werden. Durch diesen Vorgang wird die Kompetenzgrenze zwischen Gesellschafterversammlung und Geschäftsführung aufgehoben. Diese Aufhebung bereitet große Schwierigkeiten im dem Bereich des Stimmverbots. Das Stimmrecht ist für denjenigen ausgeschlossen, der an dem den Beschlussgegenstand bildeten Streit oder Geschäft beteiligt ist oder die Abgabe der Stimme als Richter in eigener Sache erfolgt. Im Falle der Einheits-GmbH & Co. KG kommt es zu einem Insichgeschäft (§ 181 BGB). Somit erfolgt ein Stimmverbot, das einen Beschluss unmöglich machen würde. Um dieses Problem zu entgehen muss die Geschäftsführung den Kommanditisten eine Vollmacht ausstellen.

433 In der Publikums-KG kann die Anzahl der Anleger große Schwierigkeiten bereiten. Aufgrund der mangelnden Beziehungen zwischen den Anlegern ist es schwer sich zu größeren Allianzen zusammenzuschließen, um einen Beschluss durchzusetzen. Eine jeweilige Kontaktaufnahme mit Hilfe der Informationen aus dem Handelsregister ist nicht möglich. In diesem werden nur die direkten Gesellschafter eingetragen

und nicht die vom Treuhänder vertretenden Mitgesellschafter. Als Mitgesellschafter bleibt die Möglichkeit die Namensliste vom Treuhänder heraus zu verlangen. Das Recht, seinen Vertragspartner zu kennen, sei in jedem Vertragsverhältnis selbstverständlich[114] und auch bei mittelbaren Beteiligten deshalb, um die eigenen Rechte und Pflichten effizient wahrnehmen zu können. Natürlich kann es dadurch zu einem Interessenkonflikt kommen zwischen den Anlegern, die anonym bleiben wollen, und denen, die mit den Mitgesellschaftern kommunizieren wollen.[115] Der BGH hebt diesen Konflikt zugunsten der Mitgesellschafter auf, die in Kontakt treten wollen.

b) Umlaufverfahren statt Gesellschafterversammlung

Nach § 48 Abs. 2 GmbHG ist ein schriftliches Beschlussverfahren, als Umlaufverfahren 434
bezeichnet, möglich, wenn sich sämtliche Gesellschafter mit der schriftlichen Abgabe der Stimmen einverstanden erklären. Auch Gesellschafter, die kein Stimmrecht besitzen, müssen zustimmen. In einer Gesellschafterversammlung hätten nicht stimmberechtige Gesellschafter die Möglichkeit gehabt an einer Diskussion teilzunehmen und damit möglicherweise Einfluss auf einen Beschluss. Somit sind Beschlüsse ohne die Zusammenkunft der Gesellschafter in einer Gesellschafterversammlung realisierbar. Das Umlaufverfahren bietet sich vor allem an, wenn kein Diskussionsbedarf besteht, aber ein formeller Beschluss getroffen werden soll. Ein schriftliches Verfahren wird meist von dem Geschäftsführer organisiert. Dieser teilt an alle Gesellschafter per Rundschreiben den Gegenstand des Beschlusses mit und fügt dabei ein Abstimmungsformular zur Rückmeldung bei.

c) Beirat in Schiffs-KGs

Ein Beirat kann neben der Gesellschafterversammlung und der Geschäftsführung ein 435
Organ der GmbH & Co. KG sein.

Eine Definition des Begriffs Beirat in Bezug auf Schifffahrtgesellschaften lautet: 436
„(...) Der Beirat berät die Geschäftsführung der Schifffahrtsgesellschaft in allen wichtigen Geschäftsangelegenheiten und entscheidet über die im Gesellschaftsvertrag aufgeführten Maßnahmen. Durch seine Kontroll- und Mitwirkungsrechte ist sichergesellt, dass die Interessen der Gesellschaft bestmöglich vertreten werden (...).“[116]

Vom Gesetzgeber ist der Beirat nicht zwingend vorgeschrieben. Es handelt sich 437
vielmehr um ein auf freiwilliger Basis gebildetes Organ,[117] das der Geschäftsführung

114 BGH 11.01.2011 – ZR 187/09, DB 2011, 346, 347.

115 *Voigt*, NZG 2011, 256.

116 MPC Münchmeyer Petersen Capital Vermittlung GmbH, Was Sie schon immer über eine Schiffsbeteiligung wissen wollten, S. 11.

117 *Huber*, Der Beirat, S. 1.

als Impuls- und Ratgeber dienen soll. Die Gesellschafter können im Rahmen ihrer Satzungsautonomie in der Gesellschafterversammlung dieses zusätzliche Gesellschaftsorgan schaffen. Die rechtliche Grundlage für den Beirat beruht entweder auf die Satzung und demnach auf den Gesellschaftsvertrag oder auf einen Dienstvertrag mit der Schiffsgesellschaft.[118] Der Beirat kann auch nachträglich durch die Änderung des Gesellschaftsvertrags oder der Satzung errichtet werden.[119] Der schuldrechtliche Beirat, der auf einen Dienstvertrag im Sinne von §§ 675, 611 BGB beruht, wird zwischen der Gesellschaft und Beiratsmitgliedern vereinbart. Durch diese Form besitzt der Beirat allerdings keinen Status als Organ, d.h. ihm werden keine Zuständigkeiten eingeräumt und ist ausschließlich für die Beratung der Geschäftsführung zuständig. Dieser Fall gehört allerdings zur Ausnahme.

438 Soll die Haftung der Beiratsmitglieder beschränkt werden, muss dies im Gesellschaftsvertrag festgehalten werden. Unter Umständen haften sie bei Verletzung der Sorgfaltspflicht.

439 Der Aufbau des Beirats kann aufgrund der fehlenden gesetzlichen Vorschriften unterschiedlich sein. Die Anzahl der Mitglieder sollte sich aber hinsichtlich Schifffahrtsgesellschaften auf drei bis fünf Mitgliedern begrenzen, um eine Effektivität zu gewährleisten.[120]

440 Durch die Beschlussfassung der Gesellschafter besteht die Möglichkeit im Rahmen der Satzungsautonomie dem Beirat Kompetenzbereiche zuzuweisen. Zu den möglichen Aufgaben können unter anderem gehören:[121]

- Übertragung von Geschäftsführungsmaßnahmen (aber nur begrenzt)
- Überwachung und Beratung der Geschäftsführung
- Sicherung der Unternehmensnachfolge
- Schiedsrichterfunktion
- Repräsentationsfunktion

441 Ziel des Beirats ist die bestmögliche Wahrnehmung der Interessen der Anleger Kommanditisten durch die Rechte des Beirats.

d) Arten der Anlegerbeteiligung

442 Die Ausgestaltung der Beteiligung des Anlegers kann auf unterschiedlicher Weise erfolgen. Zu nennen sind die vier Möglichkeiten der Beteiligung: Unmittelbare und mittelbare Beteiligung, Einschaltung eines Treuhänders und stille Gesellschaft.

---

118 *Sattler/Jursch/Müller,* Der GmbH-Beirat, S. 67.

119 *Sattler/Jursch/Müller,* Der GmbH-Beirat, S. 67.

120 *Gaugler/Heimburger,* Beiräte mittelständischer Unternehmen, S. 87f.

121 *Nippe, Jana Carola,* Beiräte in deutschen Schiffs-KG's.

Bei der unmittelbaren Beteiligung ist der Anleger selbst Gesellschafter der Fondsgesellschaft. Somit ist der Anleger direkt an der Willensbildung beteiligt. 443

Die mittelbare Beteiligung kann nur über eine zweite Gesellschaft erfolgen. Der Anleger kann als Gesellschafter einer Gesellschaft, die wiederum Gesellschafter der Fondsgesellschaft ist seine Wirkung ausüben. 444

Die Einschaltung eines Treuhänders ist eine weitere Art der Beteiligung. Der Treuhänder ist selbst Gesellschafter der betroffenen Gesellschaft. Den Geschäftsanteil hält er für den Mitgesellschafter (Anleger). 445

Eine weitere indirekte Art der Beteiligung stellt die stille Gesellschaft dar. Der Anleger ist hier Gesellschafter der stillen Gesellschaft und nicht der betroffenen Gesellschaft. Es wird vom Anleger eine Einlage geleistet. Dadurch wird er an Gewinn und Verlust der Gesellschaft beteiligt. Die stille Gesellschaft ist eine GbR und eine reine Innengesellschaft, die nicht im Rechtverkehr in Erscheinung tritt. 446

VI. Schiffsfonds und Steuern

1. Allgemeine Besteuerung der Personengesellschaften

a) Überblick

Die Personengesellschaft als solches ist nicht Steuersubjekt der Einkommen- oder der Körperschaftsteuer. Nach § 1 Abs. 1 S. 1 EStG sind allein natürliche Personen steuerpflichtig, d.h. die Gesellschafter einer Personengesellschaft. Die Gesellschafter führen die einkunftserzielende Tätigkeit als gesamthänderischer Verbund aus, so dass sie zusammen den Tatbestand der Einkunftsart verwirklichen.[122] Grundsätzlich werden alle Erträge mit dem persönlichen Steuersatz versteuert. 447

Bei Personengesellschaften gilt das Transparenzprinzip.[123] Versteuert wird der Gewinn einer Personengesellschaft von den Gesellschaftern anteilig (§ 15 Abs. 1 Nr. 2 EStG). Zweck des § 15 Abs. 1 Nr. 2 EStG ist es den Mitunternehmer bei der Bestimmung der Einkünfte aus Gewerbebetrieb einem Einzelunternehmer gleichzustellen. 448

Dazu ein Beispiel: A und die B-GmbH sind Gesellschafter der AB-OHG. Die OHG erzielt einen Gewinn von 100.000 EUR. Auf A enthält einen Gewinnanteil von 50.000 EUR, für den sie Einkommensteuer zahlen muss. Die B-GmbH muss den Gewinnanteil von 50.000 EUR der Körperschaftsteuer unterwerfen. 449

Das Transparenzprinzip gilt bei der Umsatz- und der Gewerbesteuer nicht. Personengesellschaften, die gewerblich tätig sind, müssen diese bezahlen (§ 2 Abs. 1 S. 3 UStG; § 5 Abs. 1 S. 3 GewStG). In unserem Beispiel müsste die AB-OHG Umsatz- und Gewerbesteuer zahlen. 450

122 *Birk*, Steuerrecht, Rn. 1103.
123 *Birk*, Steuerrecht, Rn. 1103.

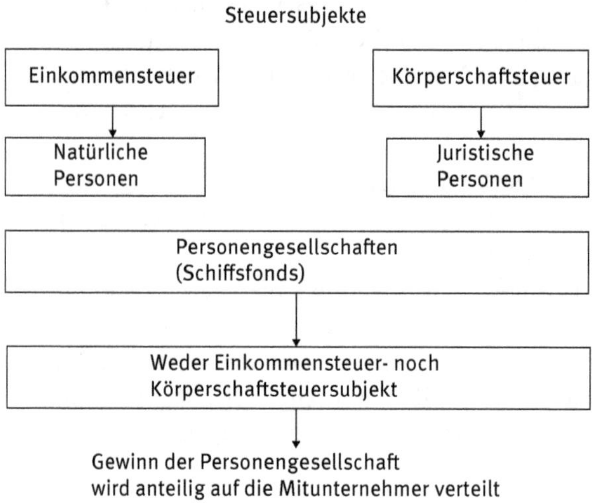

Abbildung 19: Steuersubjekte

451 Der Gewinn der Personengesellschaften wird von den Gesellschaftern bei Entstehung versteuert. Dabei ist irrelevant wann der Gewinn entnommen wird, d.h. die Zurechnung erfolgt unabhängig von den Entnahmen. Handelt es sich auf der Gesellschaftsebene um gewerbliche Einnahmen, werden sie dem Gesellschafter auch als gewerbliche Einnahmen zugerechnet.

452 Einkünfte aus Gewerbe werden erzielt, wenn es sich bei der Beteiligung des Gesellschafters um eine Mitunternehmerschaft handelt. Die Rechtsprechung fordert für die Mitunternehmerschaft drei Voraussetzungen: Es muss sich dabei um ein privatrechtliches Gesellschaftsverhältnis (1) handeln, der Gesellschafter muss Unternehmensrisiko (2) tragen und Unternehmerinitiative (3) entfalten.[124] Der Kommanditist einer KG erfüllt meist diese Anforderungen der Mitunternehmerschaft. Insoweit ist es ausreichend, wenn der Fondsgesellschafter mit seiner Kommanditeinlage für die Schulden des Fonds haftet und am Gewinn beteiligt ist. Bei über Treuhandkommanditisten gehaltenen Fondsanteilen setzt die Mitunternehmerstellung voraus, dass der Anleger über den Treuhänder wie ein Kommanditist Stimm-, Kontroll- und Widerspruchsrechte wahrnehmen kann. Problematisch ist dies, wenn der Treuhänder für eine Mehrzahl von Anlegern nach Maßgabe von Mehrheitsentscheidungen einheitlich für alle über ihn beteiligten Anleger handelt.[125]

453 Des Weiteren ist es erforderlich, dass die Personengesellschaft als solches einen Gewerbebetrieb führt, damit den Gesellschaftern Einkünfte aus Gewerbebetrieb zuge-

124 BFH, GrS 4/82, BStB1 II 1984, 751 (769).

125 BFH Urteil vom 10.12.1992, XI R 45/88, BStBl II 1993, 538 = NJW 1993, 3288.

rechnet werden können. Die Tätigkeit einer Personengesellschaft kann gewerblich, teilweise gewerblich, gewerblich geprägt oder vermögensverwaltend sein.

(1) Gewerbliche Tätigkeit

Eine Personengesellschaft übt eine gewerbliche Tätigkeit aus, wenn ein Gewerbe betrieben wird. Ein Gewerbebetrieb ist eine selbstständige nachhaltige Betätigung, die mit Gewinnerzielungsabsicht unternommen wird (§ 15 Abs. 2 S. 1 EStG). Dabei darf es sich nicht um Land- und Forstwirtschaft, selbstständige Arbeit oder private Vermögensverwaltung handeln.[126] 454

(2) Teilweise gewerbliche Tätigkeit

Einkünfte einer Personengesellschaften, die nur teilweise eine gewerbliche Tätigkeit ausüben (gemischte Tätigkeit), werden als Einkünfte aus Gewerbebetrieb eingeordnet (§ 15 Abs. 3 Nr. 1 EStG). Es wird ausschließlich auf die Tätigkeit der Gesellschaft abgestellt. Zu einer solchen Abfärbung zählt nicht, wenn der Gesellschafter in seinem Sonderbereich gewerbliche Einkünfte erzielt.[127] Der Bundesfinanzhof lässt bei einem gewerblichen Anteil von nur 5 % diese Regel nicht gelten.[128] 455

(3) Gewerblich geprägte Personengesellschaften

Gewerblich geprägte Personengesellschaften sind Personengesellschaften, die gar keine gewerbliche Tätigkeit entfalten. Eine oder mehrere Kapitalgesellschaften sind dabei persönlich haftende Gesellschafter (Komplementär) der Personengesellschaft und nur diese sind befugt zur Geschäftsführung (§ 15 Abs. 3 Nr. 2 S. 2 EStG).[129] Ein typisches Beispiel dafür bildet die GmbH & Co. KG. Diese gelten als Gewerbebetrieb und unterliegen der Gewerbesteuer. Dazu gehören auch die Schiffsfondsgesellschaften. 456

(4) Vermögensverwaltende Personengesellschaften

Rein vermögensverwaltende Personengesellschaften üben keine gewerblichen Tätigkeiten aus. Dazu gehören oft Fondsgesellschaften, die nicht unter § 15 Abs. 3 Nr. 2 EStG fallen. Diese Personengesellschaften sind im Bereich der Überschusseinkünfte tätig.[130] Die Einkünfte werden erzielt aus Kapitalvermögen (§ 20 EStG), aus Vermie- 457

---

126 *Birk*, Steuerrecht, Rn. 695.
127 BVerfG, 1 BvL 2/04.
128 BFH, IV R 60/95.
129 BFH v. 8.6.2000, BFH/NV 2001, S. 230.
130 *Birk*, Steuerrecht, Rn. 1120.

tung und Verpachtung (§ 21 EStG) oder sonstige Einkünfte im Sinne der §§ 22, 23 EStG. Hauptterscheinungsformen sind die Immobilienfonds. Die erzielten Einkünfte, werden dabei in einer Einnahme-Überschuss-Rechnung auf Ebene der Gesellschaft. Die ermittelten Überschüsse sind dann anteilig auf die einzelnen Gesellschafter zuzurechnen. Nur wenn Früchte aus der Vermögenssubstanz gezogen werden, ist die Gesellschaft vermögensverwaltend.[131] Die auf Vermietung und Verpachtung entfallenden Grundstücksaufwendungen können als Werbungskosten abgezogen werden. Beispiele für Werbungskosten dafür sind: Schuldzinsen, Erhaltungsaufwand,[132] Sonderabschreibungen, sonstige Werbungskosten.

458 Der Steuerpflichtige kann dann in aller Regel frei wählen, ob er den Tatbestand des § 15 Abs. 3 Nr. 2 EStG erfüllt, d.h. gewerbliche Einkünfte erzielt (Gewerbebetrieb auf Antrag).[133]

b) Bestandteile der Einkünfte

459 Auch wenn Personengesellschaften nicht als Steuerschuldner herangezogen werden, so wird ihnen dennoch steuerlich eine begrenzte Rechtssubjektivität eingeräumt. Diese besitzen sie sowohl für die Gewinnerzielung als auch für die Gewinnermittlung. Aus dieser Folgerung daraus ergibt sich die steuerliche Trennung der Gesellschaft- von der Gesellschafterebene. Zu berücksichtigen ist andererseits, dass wegen der engen Verbindung der Gesellschafter und der Gesellschaft bestimmte Rechtsbeziehungen nicht wie bei Kapitalgesellschaften und deren Anteileignern behandelt werden sollte.

460 Die Ermittlung der Einkünfte bei der Mitunternehmerschaft erfolgt zweistufig. Zum einen gehören dazu die Gewinnanteile aus der Gesellschaft und zum anderen die Sonderausgaben wie Tätigkeiten oder Darlehen. Bei steuerlichen Jahresbilanzen einer Personengesellschaft kann gegebenenfalls eine dritte Stufe hinzukommen, nämlich die Ergebnisse der Ergänzungsbilanz.

461 Für die Ermittlung des Gewinns aus der Personengesellschaft ermittelt sich nach den für alle Gewinneinkünfte erzielenden Personen gleichermaßen geltenden Regelungen in §§ 4- 7k EStG. Zum Betriebsvermögen gehören alle Wirtschaftsgüter, die ihr als eigene zuzurechnen sind (§ 39 AO). Die Gewinnverteilung richtet sich nach dem Gesellschaftsvertrag. Erfolgen kann sie nach der jeweiligen Beteiligung der Gesellschafter am Gesamthandsvermögen.

462 Eine unmittelbare Zurechnung an den Gesellschafter findet auch statt, wenn die Personengesellschaft keine Gewinne erzielt. Im Gegensatz zu Kapitalgesellschaften wirken sich auch Verluste für die Anleger aus. Allerdings findet diese Regel nicht bei Gesellschaftern Anwendung, wenn diese beschränkt haften, wie etwa die Komman-

131 *Stiering*, in: Haase/Dorn (2013), S. 9.
132 BFH v. 19.12.1995, BStB1 1996, S. 134.
133 *Birk*, Steuerrecht, Rn. 1119.

ditisten eines Schiffsfonds, und die Haftsumme schon erreicht ist durch vorab zugerechnete Verluste (§ 15 a EStG). Das negative Kapitalkonto des Anlegers gilt nicht als wirtschaftliche Belastung.[134] Eine wirtschaftliche Belastung tritt nur dann ein, wenn dem Kommanditisten später wieder Gewinne zuzurechnen sind.

Die zweite Stufe der Gewinnermittlung ist der Sonderbereich. Entgelte aus der Rechtsbeziehung mit der Personengesellschaft werden den gewerblichen Einnahmen des Mitunternehmers zugeordnet. Dies sind demnach die Sonderbetriebseinnahmen. Die damit zusammenhängenden Aufwendungen sind die Sonderbetriebsausgaben. Sonderbilanzen werden aufgestellt, um den Mitunternehmer wie einen Einzelunternehmer zu besteuern. Die Bilanzen dazu sind meist sehr kurz, da sie nur wenige Wirtschaftsgüter beinhalten. Werden diese veräußert, muss keine Sonderbilanz mehr geführt werden. Steuerlich bei der Mitunternehmerschaft sind auch Wertveränderungen im Sonderbetriebsvermögen zu erfassen. 463

Der Anleger eines geschlossenen Fonds wird im Gegensatz zu anderen Anlagen (Anleihen, Aktien etc.) direkt Gesellschafter der Fondsgesellschaft (Kommanditist). Diese Einkünfte werden vom Betriebstättenfinanzamt der Gesellschaft festgestellt. Für den Anleger erfolgt im Anschluss eine Berücksichtigung der anteiligen Ergebnisse im Rahmen der Einkommensteuerveranlagung durch das Wohnsitzfinanzamt. Der Anleger selbst muss sich nicht mit dem Finanzamt auseinandersetzen. 464

Bei den geschlossenen Fonds handelt es sich zumeist bei der Einkunftsart um Einkünfte aus Gewerbebetrieb. Dies gilt nicht nur für Schiffsfonds, sondern auch meist für Medien-, Leasing- und Windkraftfonds.

2. Steuerliche Besonderheiten der Schiffsfonds

Bei den Schiffsfonds gibt es bezüglich der Besteuerung Besonderheiten. Im Bereich der geschlossenen Fonds genießen Schiffsfonds Vorteile gegenüber anderen geschlossenen Fonds. Die Schiffsfonds sind – wie alle geschlossenen Fonds – von der Abgeltungssteuer nicht betroffen. Die Gesellschafter einer Personengesellschaft erzielen mit ihrer Beteiligung Einkünfte aus Gewerbebetrieb und erzielen hieraus gewerbliche Einkünfte im Sinne des § 15 Abs. 1 S. 1 Nr. 2 EStG. Die Schiffsgesellschaften unterliegen als Handelsbetriebe weiterhin der Buchführungspflicht (§ 238 HGB). Die Gewinnermittlung erfolgt durch einen Betriebsvermögenvergleich nach § 4 Abs. 1 und § 5 EStG. 465

Für den Anleger eines Schiffsfonds muss das Merkmal der Mitunternehmerschaft ebenfalls vorliegen (zivilrechtliches Gesellschaftsverhältnis, Unternehmerrisiko, Unternehmerinitiative). Im Falle einer mittelbaren Beteiligung als Treugeberkommanditist durch einen Treuhänder gilt eine weitere Voraussetzung für Anerkennung der Mitunternehmerschaft. Der Anleger muss das Treuhandverhältnis beherrschen, 466

134 *Birk*, Steuerrecht, Rn. 1134.

indem er gegenüber dem Treuhänder weisungsbefugt ist. Neben den Kontroll- und Informationsrechten eines Kommanditisten sollte der Anleger auch das Recht haben, sich durch die Eintragung in das Handelsregister als Kommanditist an der Schiffsgesellschaft zu beteiligen.[135]

467 Gewerbliche Einkünfte werden nur dann vom Finanzamt anerkannt, wenn neben der Mitunternehmerschaft auch eine Gewinnerzielungsabsicht vorliegt. Diese wird sowohl auf Ebene der Gesellschaft wie auch auf Ebene des Anlegers überprüft. Eine Gewinnerzielungsabsicht liegt vor, wenn eine Betriebsvermögensmehrung im Sinne eines Totalgewinns angestrebt wird.[136] Es betrifft das Gesamtvermögen des Betriebs von der Gründung bis zur Veräußerung. Die Gewinnerzielungsabsicht ist von der steuerlich unbeachtlichen Liebhaberei abzugrenzen.[137] Im Falle der Schiffsfonds liegt eine solche Absicht vor, da eine Beteiligung an eine Schiffsgesellschaft mit im Bereich der internationalen Schifffahrt üblichen Gewinnerwartungen geplant ist. Zur Gewinnermittlung sind hierbei die zu erstellenden Steuerbilanzen heranzuziehen. Die Ergebnisse unter der Anwendung der Tonnagesteuer sind nicht zu berücksichtigen.[138]

a) Tonnagesteuer

468 Diese Einkünfte der Schiffsgesellschafter unterliegen der Tonnagesteuer. Die Tonnagesteuer ist keine eigene Steuerart für Schifffahrtsbetriebe, sondern eine pauschale Gewinnermittlungsmethode. Sie findet ihre gesetzliche Regelung in § 5 a EStG. Sie ersetzt die herkömmliche Gewinnermittlung durch Betriebsvermögensvergleich nach § 5 EStG. Die anfallende Steuerschuld wird anhand der Größe des Schiffes berechnet und nicht wie bei der herkömmlichen Gewinnermittlung durch einen Betriebsvermögensvergleich. Die Höhe des zu versteuernden Gewinns richtet sich so nicht nach dem Gewinnerertrag, sondern nach der Größe des Schiffes (Nettoraumzahl) und der Anzahl der Betriebstage pro Wirtschaftsjahr. Die anzusetzenden Werte für die Größe des Schiffes sind sehr gering. Folglich ergibt sich ein geringer steuerlicher Gewinn und somit eine geringere Steuerlast. Es fallen nur geringe pauschale Steuersätze an, da bezüglich der Tonnage die Steuerhöhe relativ niedrig angesetzt ist. Mit der Tonnagesteuer sind allerdings mögliche spätere Gewinne bei der Veräußerung bereit abgegolten.

- 0,92 Euro pro Tag und 100 Nettotonnen bis 1.000 Nettotonnen
- 0,69 Euro pro Tag und 100 Nettotonnen von 1.000 bis 10.000 Nettotonnen
- 0,46 Euro pro Tag und 100 Nettotonnen von 10.000 bis 25.000 Nettotonnen
- 0,23 Euro pro Tag und 100 Nettotonnen für über 25.000 Nettotonnen

---

135 BFH I R 69/97, BStB1. II 99, S. 514; BFH VIII R 18/93, BStB1. II 95, S. 714; BFH IV R 47/96, BStB1. II 77, S. 737.

136 *Birk*, Steuerrecht, Rn. 700.

137 BFH v. 15.5.2002, BFH/NV 2002, S. 1428.

138 *Friedrichs/Wegner/Richter*, in: Winter/Hennig/Gerhard (2013) S. 1400.

Grundsätzlich sind mit der Tonnagesteuer alle Gewinne der Schiffsgesellschaft inklusive eines etwaigen Veräußerungsgewinns abgegolten (§ 5 a Abs. 5 S. 1 EStG). 469

Vor der Tonnagesteuer (Gewinnermittlungsmethode) war Förderung der Schiffsfonds durch die Gewährungen von Sonderabschreibungen und Sondertarifen für die Einkünfte aus der Schifffahrt geprägt. Die im Inland registrierten Handelsschiffe konnten Sonderabschreibungen in Jahr der Anschaffung sowie den nachfolgenden vier Wirtschaftsjahren vornehmen (§ 82 f EStDV i.V.m. § 51 Abs. 1 Nr. 2 w EStG). Diese Sonderabschreibungen konnten bis zu einer Höhe von 40 % der Anschaffungskosten betragen. Die Voraussetzung dafür war, dass die Schiffe nicht innerhalb von acht Jahren veräußert wurden.[139] Der Gesetzgeber ließ diese Sonderabschreibungen durch das Jahressteuergesetz 1997 in einer Übergangsregelung 1998 auslaufen.[140] Des Weiteren lief im Jahr 1999 die erweiterte Verlustrechnung der Kommanditeinlage durch eine in § 52 EStG eingeschränkte Anwendung des § 15 a EStG aus, die bis hin zu 125 % betragen konnte.[141] 470

Der Steuergesetzgeber entschied sich dank einst von Helmut Kohl (CDU) für eine begünstigte Besteuerung der Schifffahrtserträge durch die Tonnagesteuer ab 1999. Diese wurde mit dem Art. 6 Nr. 1 des Seeschifffahrtanpassungsgesetzes am 9. September 1998 eingeführt.[142] Gleichzeitig wurde die wahlweise Tarifermäßigung (§ 34 c Abs. 4 EStG) gestrichen, die eine Besteuerung von 80 % der Einkünfte mit dem halben Durchschnittsteuersatz ermöglichte. Die Neuregelung ist nicht mehr auf das Führen der deutschen Flagge ausgelegt, sondern auf die Sicherung und den Ausbau der Beschäftigung im Inland und die Stärkung des Schifffahrtsstandortes Deutschland. 471

Ursprünglich waren von der Tonnagesteuer nicht nur Handelsschiffe begünstigt, sondern auch Schiffe, die beispielsweise zum Schleppen und Bergen von Bodenschätzen oder zur Vermessung von Energielagerstätten eingesetzt wurden.[143] Dies wurde durch Art. 7 des Gesetzes zur Änderung seeverkehrsrechtlicher, verkehrsrechtlicher und anderer Vorschriften mit Bezug zum Seerecht vom 8. April 2008 gestrichen.[144] 472

Seit dem 1. Januar 1999 ist es nun erlaubt den entfallenden Gewinn der Schiffsfonds unter bestimmten Voraussetzungen nach der Schiffstonnage zu ermitteln. Zur Gewinnermittlung nach der Tonnagesteuer hat die Schifffahrtsgesellschaft folgende Voraussetzungen zu erfüllen: 473

1. Betrieb eines Handelsschiffes im internationalen Verkehr
2. Bereederung und Geschäftsleitung im Inland sowie
3. unwiderruflicher Antrag der Schifffahrtsgesellschaft.

---

139 *Lüdicke, J./Arndt, J.*, Geschlossene Fonds, S. 304.
140 BVerfG Beschluss v. 3.12.1997 2 BvR 882/97, NJW 1998, 1547.
141 *Lüdicke, J./Arndt, J.*, Geschlossene Fonds, S. 304.
142 BGHl. 1998 I, 2860.
143 *Lüdicke, J./Arndt, J.*, Geschlossene Fonds, S. 305.
144 BGBl. 2008 I, 709.

(1) Betrieb eines Handelsschiffes im internationalen Verkehr

474 Die Handelsschiffe müssen überwiegend im internationalen Verkehr eingesetzt werden. Somit werden Handelsschiffe, die in der nationalen Fahrt eingesetzt werden, ausgeschlossen. Des Weiteren müssen die Handelsschiffe auch zur Beförderung von Gütern oder Personen eingesetzt werden. Von der Tonnagebesteuerung werden demnach alle anderen eingesetzten Schiffstypen – wie Schlepper, Forschungsschiffe oder Bergungsschiffe – ausgeschlossen.

(2) Bereederung und Geschäftsleitung im Inland

475 Die Geschäftsleitung der Gesellschaft muss im Inland liegen. Dadurch entsteht für die Gewinne die unbeschränkte Steuerpflicht. Somit behält Deutschland das Besteuerungsrecht nach dem OECD-Muster-Doppelbesteuerungsabkommen. Die Schiffe müssen zudem in einem inländischen Seeschiffsregister eingetragen sein.

476 Durch die Bereederung im Inland soll erreicht werden, dass die Organisation des Schiffsbetriebs mit ihrer Wirkung für die Beschäftigung in den Landbetrieben der Reederei im Inland stattfinden soll.

(3) Unwiderruflicher Antrag der Schifffahrtgesellschaft

477 Der Antrag auf Tonnagebesteuerung ist für zehn Jahre unwiderruflich bindend. Nach Ablauf dieser Zeit kann die Gesellschaft einen Antrag zu Rückkehr in die Regelbesteuerung der Gewinnermittlung nach §§ 4, 5 EStG stellen.

478 Dass der Betrieb von Handelsschiffen auch die Vercharterung umfasst ist besonders für Schiffsfonds bedeutsam. Eine reine Bareboat-Vercharterung ist damit nicht mit inbegriffen. Der Schiffsfonds als Ausrüster auf der Basis von Zeitcharter (Time Charter) ist eine Anforderung für die Tonnagesteuer.[145] Diese können aber nur einbezogen werde, wenn weitere Handelsschiffe im internationalen Verkehr betrieben werden.

479 Die Voraussetzungen müssen vom Beginn des Wirtschaftsjahr der Optionsentscheidung an erfüllt sein. Die Schifffahrtsgesellschaft ist zehn Jahre an die Tonnagebesteuerung gebunden. Nach Ablauf dieser Zeit kann die Gesellschaft den Antrag unwiderruflich zurücknehmen.

480 Aufwendungen, die einem Anleger im Zusammenhang mit der Beteiligung entstanden sind, können steuerlich nicht berücksichtigt werden, soweit der Gewinn der Schiffsgesellschaft pauschal nach der Tonnagebesteuerung erfolgte.

481 Erwirtschaftet der Schiffsfonds allerdings Verluste muss die Tonnagesteuer dennoch bezahlt werden, das natürlich einen Nachteil in dieser Gewinnermittlungsmethode aufweist.

145 *Lüdicke, J./Arndt, J.*, Geschlossene Fonds, S. 309.

b) Gewerbesteuer

Bei der Gewerbesteuer (Realsteuer) wird ein Gewerbebetrieb mit der Steuer belastet 482
und keine natürliche oder juristische Person wie bei der Einkommen- oder Körperschaftsteuer. Steuerschuldner ist die Gesellschaft selbst. Die sachliche Gewerbepflicht eines Unternehmens beginnt in dem Zeitpunkt, indem alle Voraussetzungen für einen Gewerbebetrieb erfüllt sind (§ 15 Abs. 2 EStG).[146] Eine bloße Vorbereitung auf die Gründung begründet daher noch keine Steuerpflicht. Gegenstand der Gewerbesteuer ist daher nur der auf den laufenden Betrieb entfallende Gewinn. Beginn einer sachlichen Gewerbesteuerpflicht einer gewerblich geprägten Personengesellschaft (Schiffsfonds) findet erst mit der werbenden Tätigkeit statt.

Die Schiffsfonds unterliegen der Gewerbesteuer mit dem Beginn des Schiffsbe- 483
triebs, wenn die Gesellschaft selbstständig und nachhaltig am Wirtschaftsleben teilnimmt und das Kostenrisiko aus dem Betrieb des Schiffes trägt. Der ermittelte Gewinn auf Basis der Tonnagesteuer wird ohne Hinzurechnungen und Kürzungen berechnet (§ 7 S. 3 GewStG).[147] Dem pauschal ermittelten Gewinn werden Sonderbetriebseinnahmen, wie Vergütungen an die Gesellschafter, abzüglich der zusammenhängenden Kostenhinzugerechnet. Dieser Betrag wird der Gewerbesteuer unterworfen, dass über § 35 EStG den Anlegern anrechenbar ist.

Voraussetzungen für einen Gewerbebetrieb

Positive Voraussetzung	Negative Voraussetzung
Selbstständigkeit	Keine Land- und Forstwirtschaft
Nachhaltigkeit der Betätigung	Keine selbstständige Arbeit
Gewinnerzielungsabsicht	
Beteiligung am allgemeinen wirtschaftlichen Verkehr	Keine Vermögensverwaltung

Abbildung 20: Voraussetzungen eines Gewerbebetriebs.

Aufzulösende Unterschiedsbeträge und Gewinne aus der Veräußerung eines Schiffes 484
unterliegen ebenfalls der Gewerbesteuer.

Mit der tatsächlichen Einstellung des Gewerbebetriebes erlischt damit auch die Steuerpflicht zur Gewerbesteuer.

146 BFH vom 20.12.2000 – XI R 8/00, BStB1 II 2002, S. 478.

147 BFH Urteil vom 6.7.2005 – VIII R 72/02, DStRE 2008, 1273.

c) Schenkungs- und Erbschaftssteuer

485 Die Beteiligung an einem Schiffsfonds eines inländischen Anlegers kann durch Schenkung oder Erbschaft übertragen werden. Grundsätzlich unterliegt die Übertragung der Schenkungs- und Erbschaftssteuer.

486 Der Kommanditanteil geht nach dem Tod des Anlegers unmittelbar auf dessen Erben über. Mangels abweichender Regelungen im Gesellschaftsvertrag wird die Gesellschaft fortgeführt (§ 177 HGB). Unproblematisch ist es auch bei Schenkungen von Anteilen. Meist ist die Möglichkeit einer Abtretung im Gesellschaftsvertrag vorgesehen. Wenn dies nicht der Fall ist, braucht der Anleger für die Abtretung die Zustimmung aller Gesellschafter.

487 Die Steuersätze richten sich nach dem Erbschaftsteuergesetzt und liegen zwischen 7 % und 50 % (§ 19 Abs. 1 ErbStG).

488 Durch das Erbschaftsteuerreformgesetz vom 24. Dezember 2008 wurde das Erbschaft- und Schenkungssteuerrecht ab dem 1. Januar 2009 neu geregelt.[148] Grundlegend wurde dabei besonders die Bewertung der verschenkten bzw. vererbten Wirtschaftsgüter geändert. Des Weiteren folgten Korrekturen zu den Freibeträgen und Steuersätzen. Die Freibeträge für die Personen der Steuerklasse I wurden erhöht. Die Freibeträge aus der Steuerklasse II und III belaufen sich auf € 20.000. Die Steuersätze der Klasse III wurden erkennbar angehoben.[149]

489 Steuerpflichtige Erwerbe sollen grundsätzlich mit dem gemeinen Wert angesetzt werden (§ 9 BewG), wenn nichts Spezielleres vorgeschrieben ist. Die Beteiligung des Anlegers an einem Schiffsfonds stellt anteiliges Betriebsvermögen dar, d.h. der gemeine Wert des Betriebsvermögens ist auf die einzelnen Gesellschafter aufzuteilen.

490 Um den Unternehmerstand in Deutschland zu sichern wird Betriebsvermögen bei Vererbung und Schenkung privilegiert. Abhängig ist der Ausmaß der Begünstigungen von der Behaltensfrist des Betriebsvermögen bzw. der Beteiligung des Anlegers. Der Erbe/Beschenkte hat die Wahl zwischen zwei Optionen zu wählen. Die erste Option ist der Verschonungsabschlag bzw. die Regelverschonung. Die Stellung eines Antrags ist nicht notwendig. Der entsprechende Mitunternehmeranteil bleibt zunächst zu 85 % von der Besteuerung verschont. Voraussetzung hierfür ist eine Behaltensfrist von mindestens fünf Jahren nach Erbfall/Beschenkung. Sobald die restlichen 15 % einen Betrag von € 150.000 nicht übersteigen, bleibt dieser ebenso steuerlich verschont. Der Verschonungsabschlag stellt allerdings keine Option dar, wenn das Betriebsvermögen aus mehr als 50 % sieben Jahren aus mehr als 10 % Verwaltungsvermögen.[150]

Bei der Optionsverschonung (zweite Option) ist zunächst ein unwiderruflicher Antrag beim Finanzamt erforderlich. Das begünstigende Vermögen wird im vollen Umfang steuerfrei gestellt (§ 13 a Abs. 8 ErbStG). Die Verschonung setzt voraus, dass

---

148 BGBl. I 2008, S. 3018ff.

149 *Friedrich/Wegner/Richter*, in: Winter/Hennig/Gerhard (2013), S. 1407.

150 *Friedrich/Wegner/Richter*, in: Winter/Hennig/Gerhard (2013), S. 1408.

das Betriebsvermögen aus nicht mehr als 10 % Verwaltungsvermögen besteht und die Behaltensfrist sieben Jahre beträgt. Zusätzlich wird bei Betrieben mit mehr als 20 Beschäftigten die Einhaltung von Mindestlohnsummen gefordert. Diese erhöht sich bei der Optionsverschonung auf 700 % (§ 13 a Abs. 8 Nr. 1 ErbStG). Die Ausgangslohnsumme beträgt bei einer Behaltensfrist von fünf Jahren 400 %.

d) Doppelbesteuerungsabkommen

Durch die grenzüberschreitende Aktivität der Schiffe kommt es zu steuerlichen Auslandsberührungen. Gemäß der geltenden Steuergesetzgebung muss jeder in Deutschland Steuerpflichtige seine gesamten, weltweit erzielten Einkünfte versteuern (Welteinkommensprinzip).[151] Man nennt dies die unbeschränkte Steuerpflicht nach § 1 Abs. 1 EStG. Des Weiteren besteuern die Staaten Einkünfte, die Nichtansässige (weder Wohnsitz noch gewöhnlichen Aufenthalt) aus inländischen Quellen einnehmen (Quellenprinzip). Dies ist die beschränkte Steuerpflicht nach § 1 Abs. 4 EStG. Zwangsläufig kommt es daher zu Doppelbesteuerungen von denselben Einkünften, wenn der Steuerpflichtige in einem anderen Staat Einkünfte erzielt. Um eine zu hohe Steuerlast zu vermeiden, hat Deutschland mit vielen Ländern sogenannte bilaterale Doppelbesteuerungsabkommen (DBA) beschlossen. Das sind in der Regel zweiseitige völkerrechtliche Verträge. Diese Verträge verpflichten, diejenigen Steuern nicht oder nur gering zu erheben, die das Abkommen dem jeweils anderen Staat zur ausschließlichen Nutzung zuweist.[152] Folglich verzichten viele Staaten auf Steueransprüche, die sie normalerweise in ihrer nationalen Rechtsordnung geltend machen würden. Die Bundesrepublik hat mit insgesamt 92 Staaten Doppelbesteuerungsabkommen auf dem Gebiet der Steuern vom Einkommen und Vermögen abgeschlossen (Stand 2012). 491

Bei einem Abschluss eines Doppelbesteuerungsabkommens können die Staaten zwischen der Anrechnungs- und Freistellungsmethode wählen.[153] Bei der Anrechnungsmethoden wird die im Ausland bezahlte Steuer auf die im Inland zu zahlende Steuer angerechnet. Dagegen werden bei der Feststellungsmethode ausländische Einkünfte bei der Ermittlung nicht berücksichtigt. Bei dieser Anwendung werden die ausländischen Einkünfte zwar von der inländischen Besteuerung verschont, jedoch im Rahmen eines Progressionsvorbehaltes (§ 32 b Abs. 1 S. 1 Nr. 3 EStG). Dabei werden die Einkünfte bei der Ermittlung des auf die übrigen Einkünfte anzuwendenden Steuersatzes berücksichtigt. 492

151 *Birk*, Steuerrecht, Rn. 1452.
152 *Vogel*, DStZ 1997, 269, (279).
153 *Birk*, Steuerrecht, Rn. 1466.

G. Die Rahmenbedingungen für die Schifffahrt – Das neue Seehandelsrecht

I. Allgemeines

493 Am 4. Februar 2013 hat der Bundesrat das Gesetz zur Reform des Seehandelsrechts beschlossen. Das deutsche Seehandelsrecht wurde insgesamt modernisiert und für den internationalen Wettbewerb fit gemacht.

494 Das Gesetz zur Reform des Seehandelsrechts regelt im Wesentlichen drei Bereiche:
- das Seehandelsrecht,
- das allgemeine Transportrecht und
- das Binnenschifffahrtsrecht.

495 Im Mittelpunkt stand das im Handelsgesetzbuch geregelte Seehandelsrecht, das vollständig neu gefasst wurde. Das allgemeine Transportrecht und das Binnenschifffahrtsrecht wurden in einigen Punkten modernisiert.

496 Unglücksfälle wie der des Kreuzfahrtschiffs Costa Concordia haben gezeigt, wie wichtig unbürokratische Entschädigungszahlungen an Passagiere sind. Das Gesetz trifft Vorsorge dafür, dass Entschädigungen im Geltungsbereich dieses Gesetzes künftig verschuldensunabhängig gezahlt werden. Zudem wird die Zahl der seehandelsrechtlichen Vorschriften auf etwa die Hälfte reduziert, was zu einer deutlichen Entbürokratisierung beiträgt.

II. Seehandelsrecht

497 Im Seehandelsrecht sind vor allem folgende Neuerungen hervorzuheben:
- Veraltete Vorschriften wie die Partenreederei und das seerechtliche Verklarungsverfahren wurden abgeschafft, die Regelungen über die Haverei sowie über den Kapitän wurden deutlich gestrafft.
- Das Seefrachtrecht wurde klarer strukturiert. Die allgemeinen Vorschriften über die Abwicklung der Beförderung wurden an die Vorschriften im Handelsgesetzbuch über das Frachtgeschäft sowie an die allgemeinen zivilrechtlichen Vorschriften im Bürgerlichen Gesetzbuch angelehnt und damit einfacher handhabbar. Die auch weiterhin an dem Protokoll vom 23. Februar 1968 zur Änderung des Abkommens vom 25. August 1924 zur Vereinheitlichung von Regeln über Konnossemente („Visby-Regeln“) ausgerichteten Haftungsregelungen wurden modernisiert. Insbesondere wird ein Haftungsausschluss für Feuer und für nautisches Verschulden nur noch dann anerkannt, wenn er vertraglich vereinbart worden

ist. Darüber hinaus wurde erstmals die Verwendung elektronischer Konnossemente und Seefrachtbriefe ermöglicht.
- Die Bareboat Charter und die Zeitcharter wurden erstmalig als eigenständige, vom Seefrachtvertrag zu unterscheidende Vertragstypen geregelt.
- Die Haftung des Beförderers für Schäden von Passagieren auf Seeschiffen wurde in Anlehnung an die EG-Verordnung 392/2009 über die Unfallhaftung von Beförderern von Reisenden auf See ausgestaltet; vorrangig kommt allerdings die seit dem 31. Dezember 2012 geltende EG-Verordnung zur Anwendung.
- Für den Arrest in Seeschiffe wurde auf das Vorliegen eines Arrestgrundes verzichtet. Es kommt also nicht mehr darauf an, ob ohne den Arrest die Vollstreckung des Urteils vereitelt oder wesentlich erschwert werden würde.

III. Allgemeines Transportrecht

Das allgemeine Transportrecht, nämlich das im Handelsgesetzbuch geregelte Fracht-, 498
Speditions- und Lagerrecht, wurde vor allem in folgenden Punkten modernisiert:
- Die gesetzliche summenmäßige Beschränkung der Haftung des Absenders für Fehlinformationen wurde beseitigt.
- Auf das Erfordernis der drucktechnischen Hervorhebung von Haftungshöchstbeträgen in Allgemeinen Geschäftsbedingungen, die von den gesetzlichen Beträgen abweichen, wurde verzichtet.
- Die Hemmung der Verjährung eines Anspruchs gegen den Frachtführer wurde erleichtert, indem auch eine durch E-Mail übermittelte Erklärung des Absenders oder Empfängers, mit der dieser Ersatzansprüche erhebt, als formgültige Erklärung anerkannt wird, die die Verjährung hemmt.
- Erstmalig wird die Verwendung eines elektronischen Frachtbriefs, Ladescheins oder Lagerscheins ermöglicht.

IV. Binnenschifffahrtsrecht

Die für die Binnenschifffahrt maßgeblichen Regelungen werden in Einzelpunkten an 499
das neue Seehandelsrecht angepasst. Hervorzuheben sind folgende Änderungen:
- Die im Binnenschifffahrtsgesetz enthaltenen Regelungen über die Haverie wurden wie im Seehandelsrecht verschlankt und mit den seehandelsrechtlichen Regelungen verknüpft.
- In das Binnenschifffahrtsgesetz wurde eine Regelung über Schiffsüberlassungsverträge aufgenommen, die auf die neuen seehandelsrechtlichen Regelungen über die Bareboat Charter und die Zeitcharter verweist.

- Die bereits im geltenden Binnenschifffahrtsgesetz enthaltene Verweisung auf die seehandelsrechtlichen Regelungen über die Personenbeförderung wurde an die geänderten Regelungen im Handelsgesetzbuch angepasst.
- Die in die Zivilprozessordnung aufgenommene Regelung über den erleichterten Arrest in Schiffe gilt auch für den Arrest in Binnenschiffe.[154]

154 Pressemitteilung Bundesministerium der Justiz: http://www.bmj.de/DE/Buerger/wirtschaftHandel/Seehandelsrecht/seehandelsrecht_node.html

H. Der Emissionsprospekt

I. Begrifflichkeit

Für geschlossene Fonds, zu denen auch Schiffsfonds zählen, sieht der Gesetzgeber eine Pflicht zur Veröffentlichung eines Emissionsprospektes vor (vgl. § 8f Abs. 1 VerkProspG [Wertpapier-Verkaufsprospektgesetz]). 500

Ein Prospekt muss grundsätzlich über die tatsächlichen und rechtlichen Verhältnisse, die für die Beurteilung der angebotenen Vermögensanlagen notwendig sind, Auskunft geben und richtig und vollständig sein. Er ist in deutscher Sprache und in einer Form abzufassen, die sein Verständnis und seine Auswertung erleichtern (§ 2 Abs. 1 S. 1 und 3 VermVerkProspV [Verordnung über Vermögensanlagen-Verkaufsprospekte]). 501

II. Gesetzlich geforderter Inhalt und Aufbau eines Emissionsprospekts

Die Anforderungen zu Inhalt und Aufbau des Emissionsprospekts sind in der VermVerkProspV gesetzlich geregelt. Diese Verordnung enthält ein Muster zum Aufbau eines Prospektes. Dieses Muster ist jedoch nicht verbindlich, sodass der Anbieter (Emittent) von diesem Musteraufbau grundsätzlich abweichen kann (§ 2 Abs. 3 VermVerk-ProspV). Trotzdem müssen alle gesetzlichen Anforderungen im Prospekt enthalten sein. 502

1. Pflichtangaben

Grundsätzlich soll sich jedoch der Emittent beim Aufbau des Prospektes anhand der Reihenfolge der Benennung der Angaben in der VermVerkProspV orientieren (§ 2 Abs. 3 S. 1 VermVerkProspV). 503

Der Emittent darf zudem weitere freiwillige Zusatzangaben im Prospekt veröffentlichen. 504

Die allgemeinen Grundsätze des Aufbaus eines Prospektes stellen sich wie folgt dar (vgl. § 2 VermVerkProspV): 505

- Deckblatt, ggf. mit Hinweis darauf, dass die inhaltliche Richtigkeit der Angaben im Prospekt nicht Gegenstand der Prüfung der BaFin ist;
- Inhaltsverzeichnis,
- Hinweis auf Verjährung von Ansprüchen aufgrund Prospekthaftung,

- Wesentliche tatsächlich und rechtliche Risiken: Liquiditätsrisiken, Risiken aus Fremdkapital, Risiken aus Fremdfinanzierung der Kommanditeinlage; das Maximalrisiko muss beschrieben werden,
- Prognosen,
- Datum der Erstellung des Prospekts,
- Unterschrift des Emittenten.

506 Der Gesetzgeber fordert damit insbesondere die strikte Trennung der Benennung der Risiken von der Darstellung der Prognosen des Schiffsfonds. Hierdurch soll erreicht werden, dass sich der Anleger einen geordneten Überblick aller Risiken zu verschaffen, ohne jedoch gleichzeitig von den Prognosen abgelenkt zu werden.

507 Der Prospekt muss weitere Pflichtangaben enthalten:

2. Angaben über den Emittenten (§§ 5 bis 8 VermVerkProspV)

508 – Grundsätzliche Angaben gemäß § 5 VermVerkProspV:
  - Name,
  - Sitz,
  - Gründungsdatum,
  - Gegenstand,
  - Registernummer,
- Angaben zur Höhe des Kapitals (§ 6 VermVerkProspV),
- Angaben zu den Gründungsgesellschaftern und den Gesellschaftern im Zeitpunkt der Prospekterstellung (§ 7 VermVerkProspV),
- Angaben über die Geschäftstätigkeit (§ 8 VermVerkProspV),
- Angaben über Mitglieder der Geschäftsführung, Treuhänder, Beirat etc. (§ 12 VermVerkProspV).

3. Angaben zum Schiffsfonds (§§ 4, 9 VermVerkProspV)

509 – allgemeine Angaben gemäß § 4 VermVerkProspV:
  - Art, Anzahl, Gesamtbetrag des Schiffsfonds,
  - Hauptmerkmale der Anteile der Anleger,
  - steuerliche Konzeption,
  - Übertragung der Schiffsfondsbeteiligung; ggf. Hinweis zur Einschränkung der freien Handelbarkeit bzw. zum regelmäßig fehlenden Zweitmarkt,
  - Benennung der Zahlstellen,
  - Einzelheiten zur Zahlung, insb. Kontoverbindung,
  - Benennung der Stellen, die die Beitrittserklärungen entgegennehmen,
  - Benennung der Frist zur Schließung des Schiffsfonds,

  - Erwerbspreis des Schiffes/der Schiffe,
  - Benennung der dem Anleger entstehenden weiteren Kosten (Erwerb, Verwaltung, Veräußerung),
  - Hinweis auf Haftung und Pflicht zur Zahlung von Nachschüssen,
  - Hinweis auf Gesamthöhe der Provisionen (Vermittlungsprovisionen o.ä.),
- Angaben über Anlageziele und Anlagepolitik (§ 9 VermVerkProspV):
  - Anlagestrategie,
  - Anlagepolitik,
  - Anlageobjekt,
  - beteiligte Personen,
  - bereits geschlossene Verträge,
  - voraussichtliche Gesamtkosten.

4. Angaben über die Vermögens-, Finanz- und Ertragslage des Anbieters (§§ 10, 11, 13, 15 VermVerkProspV)

- letzter Jahresabschluss und Lagebericht des Emittenten, Zwischenübersicht (§ 10 VermVerkProspV), 510
- Name, Anschrift, Berufsbezeichnung des Abschlussprüfers, Bestätigungsvermerk (§ 11 VermVerkProspV),
- Angaben über den jüngsten Geschäftsgang und die Geschäftsaussichten (§ 13 VermVerkProspV).

Ist ein Anbieter vor weniger als 18 Monaten gegründet worden und verfügt daher noch 511
nicht über einen Jahresabschluss und Lagebericht, gelten hier gemäß § 15 VermVerkProspV verringerte Prospektanforderungen.

III. Freiwillige Prüfung eines Prospektes nach IDW S4 Standard

Jeder veröffentlichte Verkaufsprospekt muss zum einen den Anforderungen der BaFin 512
statthalten. Die BaFin überprüft formal den korrekten Aufbau des Prospektes. Eine inhaltliche, materielle Prüfung findet nicht statt.

Viele Emittenten vollziehen darüber hinaus eine freiwillige, zusätzliche Prüfung 513
eines Prospektes gemäß dem Standard IDW S4 (Institut der Wirtschaftsprüfer Standard 4 für geschlossene Fonds). Hier wird der Prospektinhalt überprüft. Diese Zusatzprüfung soll die Qualität eines geschlossenen Fonds und dessen Prospekts verbessern und dadurch den Anleger bei seiner Anlageentscheidung unterstützen. Dabei prüfen Wirtschaftsprüfer, Rechtsanwälte oder Steuerberater den aufzulegenden Schiffsfonds.

514 Prüfungsschwerpunkt ist neben der Richtigkeit der steuerlichen und rechtlichen Erläuterungen auch die Überprüfung des Risikoteils. Ebenso werden die Beschreibung des Anlageobjekts im Prospekt nebst Prognoserechnungen, Investitions- und Finanzierungsplan sowie die steuerlichen Rechnungen überprüft.

515 Die Prospektprüfung nach IDW S4 soll mit hinreichender Sicherheit feststellen, ob die für eine Anlageentscheidung erheblichen Angaben vollständig und richtig enthalten sind und ob diese Angaben deutlich werden.[155] Damit ist die Prüfung nach IDW S4 weitreichender als die Prüfung der BaFin.

516 Die Beurteilung nach IDW S4 soll aus Sicht eines durchschnittlich verständigen und vorsichtigen Anlegers erfolgen, der über ein gewisses Maß an Grundverständnis für wirtschaftliche Gegebenheiten von Schiffsfonds verfügt.[156]

517 Nach IDW S4, Anlage 1 werden daher zusätzlich zu den Anforderungen des VermVerkProspV folgende Punkte geprüft:

- Kurzdarstellung der wesentlichen Aspekte des Schiffsfonds (Abschnitt 3.2.1),
- Wirtschaftliche Angaben (Abschnitt 4.1):
  - Leistungsnachweise,
  - Kosten Investitionsphase,
  - Prognosedarstellung,
  - Nutzung der Vermögensanlage,
  - Sensitivitätsanalyse,
- Rechtliche Angaben (Abschnitt 4.2):
  - Angaben zum Schiffsfonds und den Vertragspartnern,
  - Beendigung des Schiffsfonds,
  - steuerliche Angaben.
- Hinweise zu besonderen Umständen.

518 **Praxishinweis:**
Nach IDW S4 wird der Prospekt jedoch nicht auf seine Gesamtplausibilität geprüft. Es werden lediglich Teilbereiche herausgegriffen und analysiert sowie die angestellten Berechnungen auf etwaige Fehler überprüft. Es werden lediglich wirtschaftliche, steuerliche und rechtliche Prospekte überprüft – und zwar jeder Teilbereich gesondert. Eine Überprüfung des Fondskonzepts in seiner Gesamtheit erfolgt jedoch nicht.

IV. Prospektanalyse

519 Die in diesem Abschnitt bereits benannten gesetzlichen Anforderungen an ein Emissionsprospekt sind Voraussetzung für dessen Analyse. Die Analyse ist insbesondere

155 IDW S4, Tz. 7.
156 IDW S4, Anlage 1, Abschnitt 2.5.

hinsichtlich der im Prospekt benannten Risiken und Prognosen (sog. zukunftsorientierte Angaben) von großer Bedeutung.

1. Darstellung von Prognosen

Der Emittent kann den potentiellen Anleger nur dann zur Investition in den Schiffsfonds bewegen, wenn die Zukunftsprognosen des Schiffsfonds detailliert dargestellt sind. Prognosen haben mit großer Wahrscheinlichkeit Einfluss auf den Entscheidungsfindungsprozess des interessierten Anlegers, da die erwartete Entwicklung dargestellt wird. 520

Grundsätzlich existieren zwei Arten von Prognosen: bedingte und unbedingte Prognosen. Eine Bedingung im Sinne von § 158 Abs. 1 BGB liegt dann vor, wenn die Wirksamkeit des vorgenommenen Rechtsgeschäfts von einem zukünftigen Ereignis abhängt. 521

Eine unbedingte Prognose, also eine Prognose ohne eine an diese geknüpfte Bedingung, ist für den interessierten Anleger nicht nachprüfbar, da die zugrundeliegenden Maßstäbe der Prognose für den Anleger schon nicht erkennbar sind. Dies ist der Grund dafür, dass unbedingte Prognosen regelmäßig nicht im Verkaufsprospekt aufgenommen werden. Daher wird auf eine weitere Darstellung der unbedingten Prognosen an dieser Stelle verzichtet und nachfolgend lediglich eine nähere Betrachtung der bedingten Prognosen vorgenommen. 522

Bedingte Prognosen bestehen aus einer Prognoseannahme, die wiederum aufgegliedert ist in eine allgemein gültige Aussage sowie eine Vermutung zur zukünftigen Entwicklung. 523

Beispiele: 524
- Fällt die Temperatur unter 0°C, gefriert Wasser zu Eis.
- Bei verstärkter Nachfrage nach einem bestimmten Produkt steigt dessen Preis.

Der Eintritt der Bedingung ist bei den vorgenannten Beispielen von hoher Gewissheit. Allerdings werden auch Prognosen erstellt, deren Eintritt von einer nahezu unbestimmten Anzahl zukünftiger Ereignisse abhängt. 525

Beispiele: 526
- Zinsentwicklung;
- Entwicklung des Wechselkurses;
- Verabschiedung neuer, nationaler und internationaler Richtlinien, Verordnungen und Gesetzen.

Daher ist es stets erforderlich, die naturgemäße Unsicherheit einer Prognose dem Anleger ausdrücklich zu verdeutlichen. Prognosen sind daher regelmäßig ausdrücklich als Prognosen zu betiteln (§ 2 Abs. 2 S. 7 VermVerkProspV). Erfolgt keine Offenle- 527 gung, könnte dies zu einer Täuschung des interessierten Anlegers führen, da ihm die Unsicherheit der benannten Faktoren nicht hinreichend erkenntlich gemacht wird. In einer nicht ausdrücklich als solcher betitelten und daher verschleierten Prognose ist regelmäßig ein Prospektfehler zu sehen.

528 Da § 2 Abs. 2 S. 7 VermVerkProspV nur für Prognosen in Form von Graphiken bzw. Tabellen gilt, besteht weiterhin die Gefahr, dass der interessierte Anleger Prognosen, die im Fließtext des Prospektes versteckt eingebaut sind, nicht als solche ausdrücklich erkennen kann. Bislang hat der Gesetzgeber jedoch von einer entsprechenden Kennzeichnungspflicht für im Fließtext eingebaute Prognosen abgesehen.

529 Als nächstes müssen die Grundlagen der Erstellung der Prognose offengelegt werden. Es liegt auf der Hand, dass eine Prognose zunächst auf einer subjektiven Bewertung durch den jeweils tätigen Prognoseersteller. Dieser muss sich jedoch bei der Erstellung der Prognose wiederum an z.B. bisherige Statistiken und Erfahrungswerte halten. Der Prognoseersteller darf seine Einschätzung nicht fernab jeglicher Grundlagen abgeben und so eine vorsätzlich falsche Prognose erstellen.

530 Gemäß IDW S4 wurden diverse Voraussetzungen an die Darstellung von Prognosen aufgelistet. So muss die Prognose immer unter der Leitlinie der Richtigkeit erstellt werden.[157] Das heißt Berechnungen müssen korrekt und nachvollziehbar sein, der Unsicherheitsfaktor einer Prognose muss herausgearbeitet werden.

531 Prognosen können erstellt werden zu:
- Einzelprognosen (z.B. Ausschüttungen, Wechselkurse),
- Prognosesystemen (z.B. Mittelverwendung).

532 Einzelprognosen ermöglichen dem interessierten einen präzisen und verständlichen Überblick. Die Veröffentlichung eines Berichtssystems hilft dem Anleger auch nach Fondszeichnung langfristig, die richtige Entscheidung zu seiner Schiffsfondsbeteiligung zu treffen (z.B. weitere Zeichnung desselben Schiffsfonds oder Veräußerung der Anteile, sofern möglich).

533 – *Direkte und indirekte Prognosen:*
  Bei einer direkten Prognose wird der Wert einer bestimmten Variablen ausschließlich aus den Vergangenheitswerten derselben Variablen prognostiziert.
  Bei einer indirekten Prognose werden verschiedene Variablen eingebaut.
- *Qualitative und quantitative Prognosen:*
  Bei einer qualitativen Prognose steht nur die Art und Richtung der Entwicklung im Vordergrund.
  Bei einer quantitativen Prognose wird auch das Ausmaß der Entwicklung betrachtet.
- *Punktprognosen und Intervallprognosen:*
  Bei einer Punktprognose ist ein spezieller zukünftiger Wert maßgeblich.

157 IDW S4, Anlage 1, Abschnitt 2.3.1 sowie 2.3.2.

Bei einer Intervallprognose wird ein bestimmtes Intervall festgelegt und begutachtet.

Intervallprognosen ermöglichen aufgrund des berücksichtigten Intervalls eine relativ 534
glaubwürdige Darstellung für den Anleger. Häufig bietet sich eine Kombination mit Punktprognosen an, um dem Anleger seine Anlageentscheidung zu vereinfachen. Dies ist allerdings nur möglich, wenn dem Anleger die Prognoseeigenschaft gemäß § 2 Abs. 2 S. 7 VermVerkProspV auch tatsächlich verdeutlich wird.

2. Beurteilung der Prognosen

Zu beachten ist, dass die Qualität der Prognosen ausschließlich im Zeitpunkt der 535
Erstellung des Emissionsprospektes überprüft werden kann[158] (sog. ex-ante-Beurteilung). Auch wenn der Eintritt der Prognosen sicherlich nur aus der aktuellen Entwicklung beurteilt werden kann (sog. ex-post-Beurteilung), so ist diese spätere Entwicklung für die Beurteilung, ob ein Prospektfehler vorliegt oder nicht, grundsätzlich nicht relevant. Ein Prospektfehler kann daher nur dann bejaht werden, wenn die Prognose im Zeitpunkt der Prospekterstellung bereits fehlerhaft war und so nicht hätte veröffentlicht werden dürfen.

3. Darstellung von Risiken

Das Emissionsprospekt dient dem interessierten Anleger als Informationsgrundlage 536
für dessen Anlageentscheidung. Der Anleger steht vor seiner Investitionsentscheidung und sollte dabei die Risiken der jeweils ins Auge gefassten Schiffsfondsbeteiligung beachten. Die Darstellung der Risiken hat daher erheblichen Einfluss auf die Anlageentscheidung.

Der Gesetzgeber fordert im Emissionsprospekt ausdrücklich die Darstellung der 537
Risiken (vgl. § 2 Abs. 2 S. 4 bis 6 VermVerkProspV). In den IDW S4 werden diese geforderten Risikodarstellungen weiter konkretisiert.[159]

Die wesentlichen tatsächlichen und rechtlichen Risiken im Zusammenhang mit 538
der Vermögensanlage sind in einem gesonderten Abschnitt darzustellen, dass nur diese Angaben enthält. Es ist insbesondere einzugehen auf:
- Liquiditätsrisiken,
- Risiken, die mit einem Einsatz von Fremdkapital einhergehen,
- Risiken einer möglichen Fremdfinanzierung des Anteils durch den Anleger.

---

158 BGH, Urteil vom 18.07.2008 – NJW 2008, 3060 und NJW 2008, 3059.
159 IDW S4 Anlage 1, Abschnitt 3.3.

539 Dabei ist das den Anleger treffende maximale Risiko an hervorgehobener Stelle im Prospekt in seiner Größenordnung zu beschreiben.[160]

540 Der Gesetzgeber sieht einen genauen Ort der Risikoangaben nicht vor. Der IDW S4 konkretisiert dies und sieht vor, die Risikoangaben voran zustellen ist und damit zwischen der Vorabdarstellung der Vermögensanlage[161] und den Angaben über die Vermögensanlage[162] zu erfolgen hat.

541 Nach IDW S4 sind all die Risiken zu benennen, die wesentlich sind.[163] Die Wesentlichkeit hiernach ist dann zu bejahen, wenn die Risikodarstellung die Anlageentscheidung des interessierten Anlegers beeinflusst. Der IDW S4[164] benennt ausdrücklich solche entscheidungserheblichen Risiken, die daher im Prospekt zu erläutern sind. Dazu gehören:

- rechtliche Risiken,
- steuerliche Risiken,
- Risiken der Fremdfinanzierung der Anlagesumme durch den Anleger,
- Risiken bei Auslandsbezug (sofern vorhanden),
- Rückabwicklungsrisiken.

542 Weiterhin sind nach IDW S4 branchenspezifische Risiken zu erläutern.[165] Eine genaue Definition, was genau unter branchenspezifischen Risiken zu verstehen ist, erfolgt jedoch nicht.

543 Weder der Gesetzgeber noch der IDW S4 fordert eine Gewichtung der Risiken oder Benennung des Ursprungs der Risiken. Die Risiken sind lediglich hinsichtlich der Auswirkungen und der Eintrittswahrscheinlichkeit zu kategorisieren.

544 Der Gesetzgeber und die BaFin erachten die Darstellung von Bruttorisiken als ausreichend. Unter Bruttorisiken ist die Summe aller Risiken zu verstehen, denen die Schiffsfondsgesellschaft ausgesetzt ist und die von der Geschäftsführung des Schiffsfonds vermieden oder reduziert werden können. Nach IDW S4[166] ist jedoch die Darstellung der Nettorisiken erforderlich. Nettorisiken sind die über die Bruttorisiken hinaus verbleibenden Restrisiken, die von der Geschäftsführung des Schiffsfonds getragen werden müssen.

545 Da hier weitere Vorschriften weder durch den Gesetzgeber noch durch das Institut der Wirtschaftsprüfer erfolgen, ist der Emittent relativ frei in der Gestaltung seiner Risikohinweise.

---

160 § 2 Abs. 2 S. 4 bis 6 VermVerkProspV.
161 IDW S4 Anlage 1, Abschnitt 3.2.3.
162 IDW S4 Anlage 1, Abschnitt 3.4.
163 IDW S4 Anlage 1, Abschnitt 2.5.
164 in Anlage 1.
165 in Anlage 3, 5, 6, 7.
166 Anlage 1, Abschnitt 3.3.

4. Gesellschaftsvertrag

Der Gesellschaftsvertrag stellt die rechtliche Grundlage für alle mit dem jeweiligen Schiffsfond befassten Akteure dar. Er regelt alle Belange der Schiffsfondsgesellschaft und ist stets im Emissionsprospekt abgedruckt. 546

Nachfolgender, beispielhafter Gesellschaftsvertrag[167] stellt den rechtlichen Rahmen eines Dachfonds dar, der wiederum in verschiedene Zielfonds investiert hat. 547

Muster Gesellschaftsvertrag

Gesellschaftsvertrag
für die
... GmbH & Co. KG

Zwischen
1. der ... gesellschaft mbH, ...
2. der ... gesellschaft mbH, ...
3. der ..., GmbH, ...

– nachfolgend auch „Treuhänderin" genannt –

wird unter Aufhebung sämtlicher bisheriger Vereinbarungen
der Gesellschaftsvertrag wie folgt vollständig neu gefasst:

§ 1
Firma, Sitz und Geschäftsjahr

1. Die Firma lautet:

...

– nachfolgend auch „Beteiligungsgesellschaft" genannt –

2. Die Beteiligungsgesellschaft hat ihren Sitz in Jork.
3. Das Geschäftsjahr der Beteiligungsgesellschaft ist das Kalenderjahr. Das erste Geschäftsjahr endet am 31.12.2004.

§ 2
Gegenstand des Unternehmens

1. Gegenstand der Beteiligungsgesellschaft bildet die Beteiligung als Kommanditistin an anderen Kommanditgesellschaften, die ihrerseits eigene Seeschiffe betreiben („Zielfonds"). Die Beteiligungsgesellschaft übernimmt die Aufgabe eines Dachfonds.
2. Die Beteiligungsgesellschaft wird sich an folgenden von der ... emittierten Zielfonds als Kommanditistin beteiligen:
a) ...
b) ...

§ 3
Mittelverwendung und -herkunft,
Mittelverwendungskontrolle

1. Für die Mittelverwendung und die Mittelherkunft gilt der nachfolgende Plan:
A. Mittelverwendung (Investitionsplan)
a) Beteiligung „..." € ...
b) Beteiligung „..." € ...

---

167 Muster nach HCI Hammonia I aus Fondsprospekt.

Gesamt €...[168]
B. Mittelherkunft (Finanzierungsplan)
Kommanditeinlagen

a) ... mit einer Einlage von	€ ...
b) ... mit einer Einlage von	€ ...
c) Einlagen von Treugebern („Emissionskapital")	€ ...
Gesamt	€ ...[169]

2. Für den Fall, dass die in Ziff. 1 unter „A. Mittelverwendung" vorgesehenen Investitionen ganz oder teilweise nicht umgesetzt werden können, wird die Geschäftsführung ermächtigt, das zur Verfügung stehende Kapital in einen oder mehrere vergleichbare Zielfonds zu investieren. In diesem Fall können auch die jeweiligen Investitionen in die einzelnen Zielfonds von dem vorgesehenen Plan abweichen.
3. Die Zahlungen der durch die ... vertretenen Gesellschafter („Treugeber") sind zunächst auf das in der Beitrittserklärung angegebene Treuhandkonto zu leisten. Auszahlungen von diesem Konto dürfen nur mit Zustimmung der die Mittelverwendung kontrollierenden Wirtschaftsprüfungsgesellschaft unter folgenden Voraussetzungen vorgenommen werden:
Vorlage von angenommenen Beitrittserklärungen, aus denen hervorgeht, dass sich die Beteiligungsgesellschaft an den in § 2 Ziff. 2 sowie § 3 Ziff. 1 dieses Vertrages genannten Zielfonds jeweils beteiligt hat.

§ 4
Gesellschafter und Beteiligung

1. Persönlich haftende Gesellschafterin: ... gesellschaft mbH, ohne Einlage
2. Kommanditisten:
a) ... gesellschaft mbH, mit einer Einlage von € ...
b) ... GmbH, mit einer Einlage von € ...
3. Die Kommanditistin ... GmbH ist berechtigt, ihre Kommanditeinlage als Treuhänderin im eigenen Namen, aber für Rechnung Dritter, um den Betrag von € ... („Emissionskapital") auf € ... zu erhöhen. Darüber hinaus ist eine weitere Kapitalerhöhung von € ... zulässig, wenn das von der ... GmbH gezeichnete Kommanditkapital den Betrag gem. Satz 1 übersteigt. Für diesen Erhöhungsbetrag gelten die Bestimmungen über die Mittelverwendung entsprechend.
4. Zusätzlich zu den Einlagen der Treugeber ist entsprechend den Bedingungen der Beitrittserklärung das vereinbarte Agio zu leisten.
5. a) Die Einzahlungen der in Ziff. 2 genannten Kommanditisten sind spätestens bei Errichtung der Beteiligungsgesellschaft fällig;
b) die Einzahlungen der ... GmbH auf das Kommanditkapital sind gem. den Bedingungen der Beitrittserklärung zu leisten, jedoch nur soweit die Treugeber entsprechende Einlagen zur Verfügung gestellt haben.
6. Rückständige Zahlungen sind gegenüber der Beteiligungsgesellschaft mit 1 % monatlich zu verzinsen. Die Geltendmachung eines weitergehenden Verzugsschadens bleibt vorbehalten.
7. Die Übernehmer der von der ... GmbH gehaltenen Kommanditbeteiligung können nach eigener Wahl sich persönlich und unmittelbar an der Beteiligungsgesellschaft beteiligen oder aber ihre Beteiligung gem. gesondertem Treuhandvertrag durch die ... GmbH verwalten lassen.
8. Soweit sich die Kommanditisten treuhänderisch an der Beteiligungsgesellschaft beteiligen, so gelten zwischen Beteiligungsgesellschaft, Treuhänderin und Treugeber die Bestimmungen des gesondert abgeschlossenen Treuhandvertrages.

168 Zzgl. 5 % Agio
169 Zzgl. 5 % Agio

9. Soweit die Treuhänderin sich für fremde Rechnung an der Beteiligungsgesellschaft beteiligt und sie diese Treuhandschaft angezeigt hat, ist sie zu Einlagenleistungen nur insoweit verpflichtet, als ihr von dem jeweiligen Treugeber entsprechende Geldmittel zur Verfügung gestellt worden sind. Gegen den Treugeber, der seine Einlage nicht, nicht vollständig oder verspätet erbracht hat, hat die Beteiligungsgesellschaft einen unmittelbaren Zahlungsanspruch.
10. Wenn sich der beitretende Kommanditist unmittelbar an der Beteiligungsgesellschaft beteiligt, so ist er verpflichtet, der persönlich haftenden Gesellschafterin auf seine Kosten eine notariell beglaubigte Vollmacht zur Bewirkung sämtlicher Handelsregisteranmeldungen zu erteilen, die für die Beteiligungsgesellschaft und ihre Gesellschafter beim Handelsregister erforderlich werden.
11. Die persönlich haftende Gesellschafterin hat das Recht, einen Kommanditisten, der seine fällige Einlage ganz oder teilweise nicht oder nicht rechtzeitig erbringt, aus der Beteiligungsgesellschaft auszuschließen. Für diesen Ausschluss bedarf es keines besonderen Gesellschafterbeschlusses. Diese Vereinbarung findet entsprechende Anwendung für die nicht rechtzeitige Erbringung der Einlage eines Treugebers und den Ausschluss des Treugebers.

§ 5
Gesellschafterkonten

1. Die Einlagen werden den Kommanditisten auf festen Kapitalkonten gutgebracht. Das Agio wird auf Kapitalsonderkonten gebucht. Neben den festen Kapitalkonten werden für jeden Gesellschafter bewegliche Kapitalkonten für Gewinn- und Zinsgutschriften, Verlustanteile, Entnahmen und Einzahlungen, soweit sie nicht Kapitaleinlagen darstellen, geführt.
2. Etwaige Verlustanteile werden den Kommanditisten auf besonderen Verlustkonten belastet. Bis zu deren Ausgleich sind darauf jeweils alle nachfolgenden Gewinnanteile für sie zu verbuchen. Die beschränkte Haftung nach den §§ 171 ff. HGB bleibt hiervon unberührt.

§ 6
Geschäftsführung und Vertretung

1. Die Geschäftsführung der Beteiligungsgesellschaft erfolgt durch die persönlich haftende Gesellschafterin. Die Vertretung der Beteiligungsgesellschaft erfolgt ausschließlich durch die persönlich haftende Gesellschafterin. Sie ist bei ihrer Tätigkeit von den Beschränkungen des § 112 HGB und § 181 BGB befreit.
2. Zu solchen Maßnahmen, die über den gewöhnlichen Geschäftsbetrieb einer Kommanditgesellschaft hinausgehen, ist die Zustimmung der Gesellschafterversammlung erforderlich. An die Stelle der Gesellschafterversammlung tritt im Falle der Bildung eines Beirates in den in diesem Vertrag vorgesehenen Fällen der Beirat. Nicht zustimmungsbedürftig sind alle Maßnahmen der persönlich haftenden Gesellschafterin, die zur Durchführung der in § 3 bezeichneten Investitionen erforderlich oder sachdienlich sind.
Der Zustimmung der Gesellschafterversammlung bedürfen:
a) Verkauf von Anteilen an den Zielfonds;
b) der Abschluss von Geschäften, die die Beteiligungsgesellschaft mit einem höheren Geschäftswert als € ... verpflichten;
c) Beschluss über die Ausübung des Stimmrechts bei den Zielfonds, wenn Gegenstand der Beschlussfassung der Verkauf eines Schiffes ist;
d) die Verwendung von Liquiditätsüberschüssen.

§ 7
Beirat

1. Die Gesellschafterversammlung kann mit Mehrheit beschließen, dass die Beteiligungsgesellschaft einen Beirat erhält, über dessen Zusammensetzung die Gesellschafterversammlung mit Mehrheit nach Maßgabe der nachfolgenden Regelungen bestimmt. Der Beirat besteht aus drei Mitgliedern. Die persönlich haftende Gesellschafterin ist in jedem Fall berechtigt, ein Beiratsmitglied zu bestimmen.

2. Der Beirat wird für einen Zeitraum von 3 Geschäftsjahren (ohne Anrechnung des Geschäftsjahres, in welchem der Beirat das erste Mal gewählt wurde) bestellt. Eine Wiederbestellung ist zulässig.
3. Der Beirat ist zur Verschwiegenheit verpflichtet.
4. Der Beirat erhält neben dem Ersatz der notwendigen Auslagen keine Tätigkeitsvergütung.
5. Der Beirat hat die persönlich haftende Gesellschafterin in allen wichtigen Angelegenheiten zu beraten. Er ist berechtigt,
a) die Bücher der Beteiligungsgesellschaft durch einen Angehörigen der steuerberatenden Berufe einsehen bzw. prüfen zu lassen;
b) der Gesellschafterversammlung bei zustimmungsbedürftigen Geschäftsführungsmaßnahmen Vorschläge zu unterbreiten;
c) jederzeit eine außerordentliche Gesellschafterversammlung entsprechend § 8 Ziff. 3 dieses Vertrages einzuberufen.

§ 8
Gesellschafterversammlung

1. Die Gesellschafterversammlung entscheidet über alle Angelegenheiten, für die eine gemeinsame Beschlussfassung im Gesellschafterkreis erforderlich oder zweckmäßig ist.
2. Eine Gesellschafterversammlung für das abgelaufene Geschäftsjahr findet spätestens bis zum 31. Dezember des Folgejahres am Sitz der Beteiligungsgesellschaft oder in ... statt.
3. Die ordentlichen Gesellschafterversammlungen werden von der persönlich haftenden Gesellschafterin einberufen. Außerordentliche Gesellschafterversammlungen haben stattzufinden, wenn Gesellschafter, die zusammen über mindestens 20 % des stimmberechtigten Kapitals verfügen, oder der Beirat oder die persönlich haftende Gesellschafterin dies verlangen.
4. Gesellschafterversammlungen werden schriftlich mit einer Frist von 3 Wochen einberufen. Die Ladungsfrist kann bis auf 7 Tage abgekürzt werden, wenn dringende Beschlussfassungsgegenstände dies erfordern. Für die Fristberechnung gilt der Poststempel der Einberufung. In der Einladung sind Tagungsort, Tagungszeit und Tagesordnung anzugeben.
5. Den Vorsitz in der Versammlung führt die persönlich haftende Gesellschafterin. Mit Zustimmung der Gesellschafterversammlung kann auch eine andere Person zur Leitung der Versammlung bestimmt werden. Der Vorsitzende oder eine von ihm zu benennende Person hat ein Protokoll über die Gesellschafterversammlung und die in ihr gefassten Beschlüsse zu erstellen.
6. Die Gesellschafter sind berechtigt, sich in der Versammlung durch einen Mitgesellschafter oder durch eine von Berufs wegen zur Verschwiegenheit verpflichtete Person vertreten zu lassen, die Angehöriger der rechts- oder steuerberatenden Berufe sein muss. Der Versammlungsleiter kann andere Personen als Vertreter von Gesellschaftern zulassen. Der Vertreter hat eine schriftliche Vollmacht vorzulegen.
7. Die Gesellschafterversammlung kann ihre Beschlüsse auch im Schriftwege fassen, wenn nicht mehr als 20 % des stimmberechtigten Kapitals einer schriftlichen Beschlussfassung widersprechen.

§ 9
Gesellschafterbeschluss

1. Ein Gesellschafterbeschluss kommt durch die einfache Mehrheit der abgegebenen Stimmen zustande, sofern in diesem Gesellschaftsvertrag nichts anderes vorgeschrieben ist. Das Stimmrecht richtet sich nach dem Verhältnis der festen Kapitalkonten der Kommanditisten, wobei auf volle € 500 jeweils eine Stimme entfällt.
2. Die Gesellschafterversammlung ist beschlussfähig, wenn mindestens 50 % des stimmberechtigten Kapitals anwesend oder durch schriftlich Bevollmächtigte vertreten sind. Ist hiernach die Versammlung nicht beschlussfähig, so wird von der persönlich haftenden Gesellschafterin mit gleicher Form und einer Frist von 10 Tagen eine neue Gesellschafterversammlung einberufen, die in jedem Fall beschlussfähig ist.

3. Durch schriftliche oder fernschriftliche Stimmabgabe kommt ein Gesellschafterbeschluss nur zustande, wenn ihm nicht gem. § 8 Ziff. 7 widersprochen wird und wenn sich mindestens 50 % des stimmberechtigten Kapitals innerhalb der von der Beteiligungsgesellschaft gesetzten Ausschlussfrist an ihr beteiligen.
4. Über jede Beschlussfassung in der Gesellschafterversammlung wird eine Niederschrift aufgenommen, die vom Versammlungsleiter zu unterzeichnen und alsbald allen Gesellschaftern in Abschrift zu übersenden ist. Ein darin protokollierter Gesellschafterbeschluss kann wegen Verletzung gesetzlicher oder vertragsmäßiger Bestimmungen nur innerhalb eines Monats nach Zugang durch Klageerhebung angefochten werden. Die Frist gilt auch als gewahrt, wenn die betreibende Partei in ihr einen Schiedsrichter benennt.

§ 10
Beteiligung von Treuhänderin und Treugeber

1. Soweit die ... Anteile für ihre Treugeber hält, ist sie berechtigt, gemäß den ihr erteilten Weisungen ihr Stimmrecht unterschiedlich auszuüben.
2. Jeder treuhänderisch von der ... vertretene Treugeber ist persönlich zur Teilnahme an der Gesellschafterversammlung berechtigt. Er kann – ungeachtet der bestehenden Treuhandschaft – sämtliche Gesellschaftsrechte selbst wahrnehmen bzw. wahrnehmen lassen. Der Treugeber erwirbt mit Annahme der Beitrittserklärung diejenigen Rechte und Pflichten, die auch einem Kommanditisten zustehen.
3. Soweit Gesellschafter sich treuhänderisch durch die ... vertreten lassen, gilt der zwischen Treugeber und Treuhänderin geschlossene Treuhandvertrag.
4. Eine Treuhandvergütung steht der ... für ihre Tätigkeit nicht zu.

§ 11
Zuständigkeit der Gesellschafterversammlung

1. Gegenstand der Gesellschafterversammlung sind:
a) Entgegennahme des Berichts der persönlich haftenden Gesellschafterin über das abgelaufene Geschäftsjahr;
b) Genehmigung des Jahresabschlusses des abgelaufenen Geschäftsjahres;
c) Beschlussfassung über Ausschüttungen;
d) Entlastung der persönlich haftenden Gesellschafterin;
e) Beschlussfassung in den anderen in diesem Vertrag genannten Fällen.
f) Die Wahl eines Abschlussprüfers gem. § 12 Ziff. 2.
2. Folgende Beschlussgegenstände bedürfen abweichend von der Regelung gem. § 9 Ziff. 1 der qualifizierten Mehrheit von 70 % der anwesenden oder vertretenen Stimmen:
a) Änderung des Gesellschaftsvertrages;
b) Auflösung der Beteiligungsgesellschaft oder ihre wesentliche Einschränkung;
c) Verkauf von in § 2 Ziff. 2 genannten Kommanditbeteiligungen an den Zielfonds bzw. von Schiffen, die in den Zielfonds enthalten sind.

§ 12
Jahresabschluss

1. Der Jahresabschluss wird innerhalb der gesetzlichen Aufstellungsfrist, spätestens jedoch zehn Monate nach Ablauf des Geschäftsjahres durch die persönlich haftende Gesellschafterin aufgestellt.
2. Sobald der Jahresabschluss auf diese Weise erstellt ist, unterliegt er für die ersten beiden Geschäftsjahre zwingend der Abschlussprüfung durch einen Angehörigen der wirtschaftsprüfenden Berufe, sofern der Jahresabschluss nicht von einem Wirtschaftsprüfer oder Steuerberater erstellt worden ist.
3. Sobald der Jahresabschluss vorliegt, bekommt jeder Gesellschafter ehestmöglich, spätestens mit der Einladung zur ordentlichen Gesellschafterversammlung, eine Bilanz nebst Gewinn- und Verlust-

rechnung zur vertraulichen Behandlung. Der Treuhänderin ist auf Verlangen für jeden Treugeber ein vollständiger Jahresabschluss auszuhändigen.

§ 13
Vergütungen

1. Die persönlich haftende Gesellschafterin erhält für ihre Tätigkeit eine ergebnisunabhängige jährliche Haftungsvergütung in Höhe von € 2.500 p.a. zuzüglich evtl. anfallender gesetzlicher Umsatzsteuer, die jeweils zum 30.12. eines jeden Kalenderjahres fällig wird.
2. Daneben erhält die persönlich haftende Gesellschafterin sämtliche Aufwendungen ersetzt, die ihr in Erfüllung ihrer Geschäftsführungstätigkeit entstehen.

§ 14
Gewinn und Verlust

1. Der nach Abzug der Vergütungen (§ 13 dieses Vertrages) verbleibende Gewinn oder Verlust wird auf die Kommanditisten im Verhältnis ihrer festen Kapitalkonten verteilt.
2. Verlustanteile werden zunächst mit geleisteten Agiobeträgen des betreffenden Gesellschafters auf dem Kapitalsonderkonto verrechnet und danach verbleibende Beträge auf dem Verlustkonto erfasst.
3. Kommanditisten, die zu unterschiedlichen Zeitpunkten der Beteiligungsgesellschaft beitreten, sind im Rahmen der steuerlichen Zulässigkeit gleichzustellen. Insoweit gelten die steuerlichen Vorschriften auch handelsrechtlich. Sofern eine relative Gleichstellung der Verlustsonderkonten zum Ende eines Geschäftsjahres unter Beachtung der vorstehenden Verteilungsabrede nicht erreicht werden kann, wird diese relative Gleichstellung in den folgenden Geschäftsjahren herbeigeführt.
4. Die Erhöhung einer Kommanditeinlage gilt im Sinne dieser Regelungen als Beitritt eines Kommanditisten.
5. Nach einer vollständigen Gleichstellung wird das Ergebnis auf die Gesellschafter nach der Höhe der übernommenen Kommanditeinlagen (feste Kapitalkonten) verteilt.

§ 15
Entnahmen

1. Die persönlich haftende Gesellschafterin hat das Recht, die ihr nach § 13 zustehenden Vergütungen zu entnehmen.
2. Über weitere Entnahmen bzw. Ausschüttungen entscheidet die Gesellschafterversammlung. Sie sind nur zulässig, soweit die Liquiditätslage der Beteiligungsgesellschaft dies nach Erfüllung des vertraglichen Kapitaldienstes unter Berücksichtigung einer angemessenen Liquiditätsreserve zulässt. Es ist vorgesehen, Ausschüttungen jeweils halbjährlich vorzunehmen.
3. Entnahmen haben grundsätzlich unter Berücksichtigung der Gleichbehandlung der Gesellschafter im Verhältnis der festen Kapitalkonten stattzufinden.

§ 16
Gesellschaftsdauer

1. Die Beteiligungsgesellschaft besteht auf unbestimmte Zeit. Scheidet ein Gesellschafter aus, wird das Gesellschaftsverhältnis unter den verbleibenden Gesellschaftern fortgesetzt, gegebenenfalls mit den Rechtsnachfolgern des ausgeschiedenen Gesellschafters. Dies gilt sinngemäß auch im Falle der §§ 133, 135 und 140 HGB in Verbindung mit § 161 Abs. 2 HGB.
2. Ist ein persönlich haftender Gesellschafter nicht mehr vorhanden, so setzen die Kommanditisten einen neuen persönlich haftenden Gesellschafter zu gleichen Bedingungen auf den Tag des Ausscheidens des persönlich haftenden Gesellschafters ein. Hierüber entscheiden sie mit einfacher Mehrheit der vorhandenen Stimmen.

§ 17
Vermögensverfall

Wird über das Vermögen eines Gesellschafters das Insolvenzverfahren eröffnet oder wird die Eröffnung des Insolvenzverfahrens mangels Masse abgelehnt, so scheidet dieser Gesellschafter 2 Monate nach diesem Zeitpunkt aus. Eines besonderen Gesellschafterbeschlusses bedarf es dazu nicht. Dasselbe gilt für einen Gesellschafter dann, wenn ein Privatgläubiger seine Rechte aus dem Gesellschaftsverhältnis pfändet und er diese Vollstreckungshandlung nicht binnen 2 Monaten abwendet.

§ 18
Kündigung

1. Jeder Kommanditist kann das Gesellschaftsverhältnis mit einer Frist von sechs Monaten zum Jahresende, erstmals zum 31.12.2019, für sich dergestalt kündigen, das er zum Stichtag ausscheidet. Hierzu richtet er ein entsprechendes Einschreiben an die Treuhänderin, die dann alle Gesellschafter hiervon unverzüglich schriftlich verständigt.
2. Auch die persönlich haftende Gesellschafterin kann das Gesellschaftsverhältnis mit den Terminen und Fristen aus Ziff. 1 kündigen, hat hierzu jedoch ein entsprechendes Einschreiben an alle Kommanditisten zu richten.

§ 19
Übertragung von Gesellschaftsanteilen

1. Jeder Kommanditist kann seine Beteiligung durch Rechtsgeschäft unter Lebenden mit Zustimmung der persönlich haftenden Gesellschafterin unter folgenden Voraussetzungen übertragen:
a) Die Übertragung erfolgt mit Wirkung auf den Beginn oder das Ende eines Geschäftsjahres;
b) die bei Veräußerer und Erwerber verbleibenden oder entstehenden Kommanditbeteiligungen müssen mindestens € 5.000 oder ein Vielfaches davon betragen.
2. Die persönlich haftende Gesellschafterin kann ihre Zustimmung nur aus wichtigem Grund verweigern.
3. Die persönlich haftende Gesellschafterin erteilt bereits jetzt ihre Zustimmung für Übertragungen auf Ehegatten und Abkömmlinge der Gesellschafter.
4. Der mittelbare oder unmittelbare Erwerb von mehr als 50 % der Gesellschaftsanteile oder der Hinzuerwerb von Gesellschaftsanteilen, der für einen Gesellschafter mittelbar oder unmittelbar zu einer Mehrheit von mehr als 50 % der Anteile führt, bedarf der Zustimmung der Gesellschafterversammlung. Die Gesellschafterversammlung kann die Zustimmung nur verweigern, wenn ein Schaden für die Beteiligungsgesellschaft oder einzelne Gesellschafter zu
befürchten ist.
5. Die Verpfändung von Gesellschaftsanteilen an ein Kreditinstitut zur Finanzierung ist jederzeit zulässig. Dies gilt auch für die Abtretung der geldwerten Ansprüche aus der Beteiligung.

§ 19 a
Vorkaufsrecht

1. Beabsichtigt ein Treugeber oder ein Kommanditist, seine Treugeberstellung bzw. seinen Gesellschaftsanteil an Dritte zu veräußern, so steht der persönlich haftenden Gesellschafterin, mit Ausnahme der Übertragungen gem. § 19 Ziff. 3 ein Vorkaufsrecht zu.
2. Das Vorkaufsrecht kann wie folgt ausgeübt werden:
a) der veräußerungswillige Treugeber oder Kommanditist hat der persönlich haftenden Gesellschafterin unter Angabe des mit dem Dritten vereinbarten Preises und der sonstigen Bedingungen mittels eingeschriebenen Briefes die beabsichtigte Veräußerung anzuzeigen;
b) die persönlich haftende Gesellschafterin kann das ihr zustehende Vorkaufsrecht nur binnen zwei Wochen nach Zugang der vollständigen Anzeige gem. lit a) ausüben. Übt die persönlich haftende Gesellschafterin ihr Vorkaufsrecht aus, so ist der Treugeber oder Kommanditist verpflichtet, seine

Treugeberstellung bzw. seinen Gesellschaftsanteil Zug um Zug gegen Zahlung des Kaufpreises auf die persönlich haftende Gesellschafterin zu übertragen;
c) macht die persönlich haftende Gesellschafterin von ihrem Vorkaufsrecht keinen Gebrauch, so kann der veräußerungswillige Treugeber oder Kommanditist seinen Gesellschaftsanteil zu den der persönlich haftenden Gesellschafterin nach den vorstehenden Bestimmungen mitgeteilten Vertragsbedingungen an Dritte veräußern.

§ 20
Ausscheiden eines Gesellschafters

1. Scheidet die persönlich haftende Gesellschafterin aus der Beteiligungsgesellschaft aus, so wählen die verbleibenden Gesellschafter mit einfacher Mehrheit eine neue persönlich haftende Gesellschafterin, die an die Stelle der bisherigen tritt.
2. Durch den Tod eines Gesellschafters wird die Beteiligungsgesellschaft nicht aufgelöst, sondern mit den Erben des Gesellschaftsanteils oder dem Vermächtnisnehmer fortgesetzt. Werden mehrere Personen Erben oder Vermächtnisnehmer eines Kommanditisten, können sie ihre Rechte als Kommanditist nur einheitlich durch einen gemeinsamen Bevollmächtigten ausüben, der auch zur Entgegennahme aller Erklärungen der übrigen Gesellschafter und der Beteiligungsgesellschaft als ermächtigt gilt. Solange ein solcher Vertreter nicht schriftlich gegenüber der persönlich haftenden Gesellschafterin von allen Erben/Vermächtnisnehmern einheitlich benannt ist, ruhen die Stimmrechte der betroffenen Kommanditbeteiligung und es können weder Entnahmen getätigt werden noch kann über das Gewinnbezugsrecht oder das Auseinandersetzungsguthaben verfügt werden. Die Wahrnehmung der Gesellschafterrechte durch einen Testamentsvollstrecker ist zulässig.

§ 21
Auseinandersetzung

1. Scheidet ein Kommanditist aus, ohne dass sich das Gesellschaftsverhältnis mit seinen Rechtsnachfolgern fortsetzt, findet mit ihm eine Auseinandersetzung auf der Grundlage des Buch- und Bilanzwertes unter Einbeziehung seiner Gesellschafterkonten (§ 5 Ziff. 1) per Stichtag in nachstehender Weise statt.
2. Zunächst wird der letzte Gewinn- bzw. Verlustanteil des betreffenden Kommanditisten ermittelt und auf seinem Separatkonto verbucht, wobei gegebenenfalls zeitanteilige Abgrenzung aus dem nachfolgenden Jahresabschluss erfolgt.
3. Anschließend werden das Kapitalkonto, das Separatkonto und das Verlustsonderkonto des betreffenden Kommanditisten per Stichtag auf ein Abfindungskonto umgebucht.
4. Das Abfindungskonto wird dem betreffenden Kommanditisten bzw. seinen Rechtsnachfolgern in sechs gleichen Halbjahresraten ausgezahlt, beginnend mit dem 1. Juli nach dem Geschäftsjahr des Ausscheidens, wobei der jeweilige Bestand mit 6 % jährlich zu verzinsen ist.
5. Ergibt sich für das Abfindungskonto ein Schuldsaldo, so gilt Ziff. 4 für dessen Ausgleichung sinngemäß, jedoch vorbehaltlich und unbeschadet der Regelung in § 167 Ziff. 3 und §§ 171 ff. HGB, so dass die Haftungsbeschränkung des ausscheidenden Kommanditisten nach diesen Vorschriften in jedem Fall gewahrt bleibt.
6. Die Gesellschaft ist nur verpflichtet, das hier nach den vorstehenden Vorschriften ergebende Abfindungsguthaben zu zahlen, wenn sie nach ihrer Liquiditätslage hierzu in der Lage ist.
7. Der ausgeschiedene Kommanditist hat jedoch das Recht einen Rechtsnachfolger zu benennen, der mit allen Rechten und Pflichten in seine Rechtsstellung eintritt. In diesem Fall tritt das von dem ausgeschiedenen Kommanditisten erzielte Entgelt an die Stelle des Abfindungsguthabens.

§ 22
Auflösung mit Gesellschafterbeschluss

1. Wird die Auflösung der Beteiligungsgesellschaft mit der in § 11 Ziff. 2 vorgesehenen Mehrheit beschlossen, so findet die Liquidation durch die persönlich haftende Gesellschafterin statt. Für die Abwicklung gelten die Bestimmungen dieses Gesellschaftsvertrages dann sinngemäß.
2. Bei einem Auflösungsbeschluss sind diejenigen Gesellschafter nicht stimmberechtigt, die das Gesellschaftsverhältnis bereits gekündigt haben.

§ 23
Auflösung ohne Gesellschafterbeschluss

1. Mit der Auflösung des letzten in § 2 Ziff. 2 dieses Vertrages genannten Zielfonds, wird auch die ... GmbH & Co. KG aufgelöst. Die Auflösung bzw. Liquidation richtet sich nach dem jeweiligen Vertragswerk der Zielfonds. Eines besonderen Auflösungsbeschlusses bedarf es in diesem Fall nicht.
2. Wird die Beteiligungsgesellschaft durch die Liquidation des letzten Zielfonds aufgelöst, so wird das Vermögen nach Berichtigung aller Verbindlichkeiten im Verhältnis der festen Kapitalkonten an die Gesellschafter verteilt. Hiervon wird nur abgewichen, wenn bei einzelnen Gesellschaftern durch Entnahmen oder Einlagen oder nicht geleistete Kapitaleinzahlungen Berichtigungen vorzunehmen sind.

§ 24
Erfüllungsort und Gerichtsstand

Erfüllungsort und Gerichtsstand für alle sich aus diesem Vertrag oder aufgrund dieses Vertrages ergebenden Ansprüche ist – soweit gesetzlich zulässig – ....

§ 25
Kosten

Die Kosten der Gesellschaftsgründung und dieses Vertrages trägt die Beteiligungsgesellschaft.

§ 26
Schriftform

Änderungen und Ergänzungen dieses Gesellschaftsvertrages bedürfen zu ihrer Wirksamkeit der Schriftform. Dies gilt auch für die Aufhebung des Schriftformerfordernisses.

§ 27
Teilnichtigkeit

1. Eine unwirksame Bestimmung oder eine Vertragslücke berühren die Wirksamkeit dieses Vertrages im Übrigen nicht. Unwirksame Bestimmungen oder Vertragslücken sind vielmehr durch eine solche Regelung zu ersetzen oder auszufüllen, die der von den Gesellschaftern beabsichtigten Regelung in gesetzlich zulässiger Weise wirtschaftlich am nächsten kommt.
2. Dies gilt auch im Falle der steuerlichen Nichtanerkennung von Bestimmungen dieses Vertrages aufgrund von Änderungen der Steuergesetze und/oder von Verwaltungsvorschriften der Finanzverwaltung.

§ 28
Schiedsgericht

1. Alle Streitigkeiten, die sich im Zusammenhang mit diesem Vertrag oder über seine Gültigkeit ergeben, werden unter Ausschluss des ordentlichen Rechtsweges durch ein Schiedsgericht endgültig entschieden.
2. Für das Schiedsverfahren gilt die Schiedsgerichtsordnung der Deutschen Institution für Schiedsgerichtsbarkeit e.V. (DIS) in der bei Einleitung des Verfahrens gültigen Fassung. Das Schiedsgericht besteht aus drei Schiedsrichtern, die alle die Befähigung zum deutschen Richteramt haben müssen. Das Schiedsgerichtsverfahren findet in ... statt.

5. Praxishinweise

548 Die BaFin ist die einzige öffentliche Institution, die vor Prospektveröffentlichung diesen auf etwaige Fehler überprüft. Bei ihrer Prüfung hält sich die BaFin jedoch ausschließlich an die gesetzlichen Vorgaben, ohne hierbei die IDW S4 zu berücksichtigen.

549 Ist in einem Prospekt daher ein Prüfvermerk gemäß IDW S4 zu finden, gibt das Emissionshaus bekannt, die freiwillige, zusätzliche Prüfung nach IDW S4 absolviert zu haben.[170]

550 Schließlich ist auch auf das Vermögensanlagen-Informationsblatt (VIB) hinzuweisen. Es ist der sog. Beipackzettel für die Kapitalanlage auf drei DIN-A-4 Seiten.

551 Hier sollen gemäß § 13 Abs. 2 alle Informationen zum Schiffsfonds prägnant dargestellt sein.

V. Prospekthaftung

552 Schadensersatzansprüche aus Prospekthaftung kann jeder geltend machen, der eine öffentlich angebotene Kapitalanlage erworben hat.

1. Gesetzliche Prospekthaftung bzw. Prospekthaftung im engeren Sinne

553 Zunächst ist die gesetzlich geregelte Prospekthaftung zu betrachten. Diese gilt für Wertpapier- oder Börsenzulassungsprospekte gemäß WpHG und BörsG. Da eine Schiffsfondsbeteiligung weder als Wertpapier noch als Börsengeschäft, sondern vielmehr als unternehmerische Beteiligung zu kategorisieren ist, ist damit weder das WpHG noch das BörsG anwendbar.

554 Auch wenn die Prospekthaftung nach WpHG oder BörsG ausscheidet, so galt seit Änderung des VerkProspG durch das AnSUV zum 01.07.2005 dieses VerkProspG zum Teil auch für den „grauen Kapitalmarkt“. Gemäß § 3g VerkProspG musste der Prospekt alle tatsächlichen und rechtlichen Angaben enthalten, die notwendig sind, um dem Publikum eine zutreffende Beurteilung des Emittenten und der Vermögensanlage im Sinne von § 8f Abs. 1 VerkProspG zu ermöglichen. Unterblieb dies oder erfolgte dies fehlerhaft, ermöglichten §§ 13, 13a VerkProspG i.V.m. §§ 44ff. BörsG eine entsprechende Haftung. Allerdings waren durch das geänderte VerkProspG lediglich die Emissionsprospekte für Immobilienfonds erfasst. Prospekte von Schiffsfonds fielen nicht darunter.

170 *Voß, Thorsten*, in: Winter/Hennig/Gerhard (Hrsg.), Grundlagen der Schiffsfinanzierung, Bd. 2, 2014.

Seit dem 01.06.2012 ist das VermAnlG (Vermögensanlagengesetz) in Kraft, welches das VerkProspG ablöste. 555

a) Früherer Anwendungsbereich

Der BGH hat seit 1978 für den „grauen", d.h. den gesetzlich nicht geregelten, Kapitalmarkt eine bürgerlich-rechtliche Prospekthaftung für die Richtigkeit und Vollständigkeit von Prospekten entwickelt. Sie geht davon aus, dass das Emissionsprospekt regelmäßig die einzige Informationsquelle für den Anleger ist.[171] Sie knüpft nicht an persönliches Vertrauen gegenüber dem Anlageberater oder Anlagevermittler, sondern an typisiertes Vertrauen in das Emissionsprospekt an.[172] Diese Art der Prospekthaftung ist speziell entwickelt worden für Beteiligungen an Publikums-Kommanditgesellschaften[173] und weitere Fonds.[174] 556

b) Aktueller Anwendungsbereich

Das Anlegerschutzverbesserungsgesetz (AnSVG) hat für den grauen Kapitalmarkt ab 01.07.2005 eine im Wesentlichen flächendeckende Prospektpflicht (vgl. § 8f VerkProspG) und gesetzliche Prospekthaftung (§§ 13, 13a VerkProspG i.V.m. §§ 44ff. BörsG) begründet. Durch die Ablösung des VerkProspG durch das VermAnlG zum 01.06.2012 ist nun endlich auch für den grauen Kapitalmarkt die bürgerlich-rechtliche Prospekthaftung flächendeckend bejaht worden. Das VermAnlG gilt ebenfalls ausdrücklich für geschlossene Fonds, mithin auch für Schiffsfonds. 557

Die Haftung richtet sich damit ausschließlich nach §§ 20ff. VermAnlG und nicht mehr nach den Grundsätzen der bürgerlich-rechtlichen Prospekthaftung. 558

In Fällen eines fehlerhaften Verkaufsprospektes richtet sich die Haftung der Verantwortlichen nach § 20 VermAnlG. Fehlt das Verkaufsprospekt vollständig, ist § 21 VermAnlG die einschlägige Anspruchsgrundlage. Wurde die Schiffsfondsbeteiligung auf Grundlage von Angaben in einem fehlerhaften Vermögensanlagen-Informationsblatt erworben, ergibt sich der Anspruch aus § 22 VermAnlG. 559

Mit Wirkung zum 22.07.2013 trat das KAGB (Kapitalanlagegesetzbuch) in Kraft. Aus einer öffentlichen Bekanntmachung der BaFin geht hervor, dass Schiffsfondsbeteiligungen ausdrücklich nicht in den Anwendungsbereich des KAGB fallen, wenn (und dies ist der Regelfall) das jeweilige Schiff mittels Zeitcharter-Vertrages verchartert ist. Nach der Einschätzung der BaFin ist in solchen Zeitcharter-Verträgen ein ope- 560

---

171 BGHZ 111, 314.
172 BGHZ 123, 106.
173 BGHZ 71, 284.
174 *Grüneberg, Christian*, in: Palandt, BGB, 72. Auflage 2013, § 311 Rn. 67.

ratives Geschäft zu sehen. Operative Geschäfte fallen nicht in den Anwendungsbereich des KAGB.[175]

561 Damit bleiben die bisherigen Regelungen auch (vorerst) zukünftig anwendbar.

c) Haftpflichtige

562 Nach wie vor sind die Gründer, Initiatoren und Gestalter der Schiffsfondsgesellschaft für die Richtigkeit und Vollständigkeit des Prospektes verantwortlich. Verantwortlich sind auch sog. „Hintermänner" aller Personen, die hinter der Schiffsfondsgesellschaft stehen und auf das Geschäftsgebaren oder die Gestaltung des konkreten Modells entscheidenden Einfluss ausüben[176] (z.B. Treuhandkommanditisten[177]). Die Haftung erstreckt sich auch auf Garanten des Prospektes, die als Steuerberater, Rechtsanwalt, Wirtschaftsprüfer o.ä. einen Vertrauenstatbestand für die Richtigkeit des Prospektes geschaffen haben, vorausgesetzt, ihre Mitverantwortlichkeit ist nach außen hervorgetreten.[178] Die kreditgebende Bank haftet, wenn sie sich als Mitinitiatorin aktiv an der Prospektgestaltung oder Werbung beteiligt[179] oder sich als Referenz benennen lässt.[180][181]

d) Richtigkeit und Vollständigkeit des Prospektes

563 Der Emissionsprospekt muss über sämtliche Umstände, die für die Anlageentscheidung von Bedeutung sind, richtig und vollständig informieren.[182] Dazu gehören v.a.:
- die Möglichkeit eines Totalverlusts,[183]
- die Risiken einer steuerlichen Anerkennung,[184]
- die kapitalmäßigen und personellen Verflechtungen der Gesellschafter,[185]
- die Entwicklung eines Vorgängerfonds.[186]

---

175 BaFin, Auslegungsschreiben zum Anwendungsbereich des KAGB und Begriff des „Investmentvermögens", Geschäftszeichen WA 41-Wp 2137-2013/0001.
176 BGH NJW 2010, 1077.
177 BGH NJW-RR 2008, 1129.
178 BGH NJW 2001, 360.
179 BGHZ 93, 264.
180 BGH NJW 1992, 2149.
181 vgl. *Grüneberg, Christian,* in: Palandt, BGB, 72. Auflage 2013, § 311 Rn. 69.
182 BGH NJW 2004, 2228; BGH NJW 2010, 1077.
183 BGH NJW-RR 2007, 1329 Tz. 14.
184 BGH NJW-RR 2003, 1393.
185 BGH WM 2010, 1017.
186 BGH NJW-RR 2010, 911.

Angaben zur Innenprovision müssen richtig sein.[187] Der Prospekt muss über anfallende „weiche Kosten“ klar und übersichtlich[188] und richtig informieren.[189][190] 564

2. Die uneigentliche Prospekthaftung bzw. Prospekthaftung im weiteren Sinne

Neben der eigentlichen Prospekthaftung aus typisiertem Vertrauen besteht eine uneigentliche Prospekthaftung gemäß §§ 311 Abs. 2, 241 Abs. 2, 280 Abs. 1 BGB (Haftung aus Verschulden bei Vertragsverhandlungen; culpa in contrahendo). Dieser Anspruch steht selbständig neben den Ansprüchen nach dem VermAnlG. 565

Wer bei den Vertragsverhandlungen als künftiger Vertragspartner, Vertreter, Sachwalter oder Garant gegenüber einem Anleger persönliches Vertrauen in Anspruch genommen hat, haftet für Mängel des bei den Verhandlungen benutzten Emissionsprospekts.[191] Diese Haftung besteht bei Inanspruchnahme von persönlichem Vertrauen auch dann, wenn zugleich die Voraussetzungen der Prospekthaftung vorliegen[192] oder wenn im Übrigen unrichtige oder unvollständige Angaben erfolgen.[193] Gehaftet wird auch für unrichtige Angaben über die Gewinnsituation (Verluste statt der behaupteten Gewinne).[194] Der Vertragspartner des Anlegers, z.B. die Treuhand- oder Gründungskommanditistin, haftet wegen § 278 BGB auch, wenn ihrem Verhandlungsgehilfen ein Schuldvorwurf zu machen ist.[195, 196] 566

3. Haftung des Anlageberaters

Unabhängig von der Tatsache, ob bei dem Beratungsgespräch ein Emissionsprospekt verwendet worden ist oder nicht, kommt stets eine Haftung des Anlageberaters wegen Falschberatung in Betracht. 567

Sucht ein potentieller Anleger Beratung bei einer Bank oder einem Anlageberater, wird das darin liegende Angebot zum Abschluss eines Beratungsvertrages stillschweigend durch die Aufnahme des Beratungsgesprächs angenommen.[197] Von wem 568

187 BGH NJW-RR 2009, 1275 Tz. 13.
188 BGH NJW 2004, 2228.
189 BGH NJW 2006, 2042.
190 *Grüneberg, Christian,* in: Palandt, BGB, 72. Auflage 2013, § 311 Rn. 70.
191 BGHZ 83, 222; BGH NJW 1995, 130; BGH NJW 2001, 360.
192 BGH NJW-RR 2003, 1351.
193 BGH WM 2008, 1545.
194 BGH NJW-RR 1986, 1102.
195 BGH NJW 1985, 380; BWH NJW 2006, 2410.
196 *Grüneberg, Christian,* in: Palandt, BGB, 72. Auflage 2013, § 311 Rn. 71.
197 BGHZ 100, 117.

genau die Initiative zur Einleitung dieses Beratungsgesprächs ausging, ist unerheblich.[198]

569 Für den Fall, dass der Emissionsprospekt fehlerfrei ist und der Anlageberater auf Grundlage dieses Prospektes berät, scheidet eine Haftung des Anlageberaters aus. Ist jedoch der Prospekt unvollständig, unklar oder stellt Risiken unzutreffend dar, kann sich auch der Anlageberater schadensersatzpflichtig machen.

570 In der Rechtsprechung besteht nunmehr Einigkeit zu der Frage, wann ein Anlageberatungsvertrag zustande kommt.[199] Vor allem ist dann ein Anlageberatungsvertrag zu bejahen, wenn mit detaillierten Berechnungsbeispielen einzelne Erläuterungen hinsichtlich des Schiffsfonds abgegeben werden.[200] Die Frage, ob tatsächlich Beratungsfehler vorliegen, die zu Schadensersatzansprüchen fehlen, bedarf jedoch einer detaillierten Einzelfallprüfung.

571 **Praxishinweis:**
Die Überprüfung der Beratungssituation und des Emissionsprospektes auf etwaige Fehler sollte nur durch einen fachkundigen Fachanwalt/Fachanwältin für Bank- und Kapitalmarktrecht vorgenommen werden.

572 Bei der Überprüfung der Anlageberatung sollte insbesondere überprüft werden, ob es um falsche tatsächliche Angaben oder um fehlerhafte Prognosen oder um fehlerhafte Prognosen aufgrund falscher tatsächlicher Angaben geht. Denn grundsätzlich können nur tatsächliche falsche Angaben zu einem Beratungsfehler führen, auch dann wenn Prognosen auf ihnen aufbauen.[201] Eine falsche Prognose allein kommt nur ausnahmsweise als Haftungsgrundlage in Betracht, wenn sie im Zeitpunkt der Prospekterstellung bereits völlig unvertretbar war.

VI. Ursächlichkeit (Kausalität)

573 Ein Beratungs- oder Prospektfehler kann nur dann Schadensersatzansprüche begründen, wenn er ursächlich, d.h. kausal für die Fondszeichnung durch den Anleger war.

574 Die Zivilprozessordnung erfordert es in einem Klageverfahren, dass der Kläger all die Umstände, die seinen Anspruch begründen, detailliert dargelegt und bewiesen werden (sog. Beibringungsgrundsatz). Daher muss der Anleger die unterlassene oder fehlerhafte Beratung beweisen. Allerdings muss der Anlageberater darlegen, wie genau er seine Beratungspflicht erfüllt hat.

198 BGH NJW 1993, 2433.
199 BGH NJW 2003, 1811; BGH NJW 1999, 638; BGH NJW 2008, 2852.
200 Z.B. BGH NJW 2003, 1811.
201 Z.B. BGH NJW 2007, 1874; BGH NJW 2008, 649.

Steht jedoch fest, dass der Anlageberater seine Pflichten verletzt hat, gilt grundsätzlich die Vermutung aufklärungsrichtigen Verhaltens. Hiernach wird vermutet, dass sich der Anleger entsprechend einer korrekten Beratung verhalten hätte, er also bei pflichtgemäßer Beratung den richtigen Hinweisen gefolgt wäre und die Schiffsfondsbeteiligung nicht gezeichnet hätte. Hierbei handelt es sich um einen sog. Anscheinsbeweis. Die Gegenseite kann diesen mit entsprechendem Tatsachenvortrag erschüttern. 575

VII. Verschulden und Mitverschulden

Es ist stets anhand des Einzelfalls zu beurteilen, ob sich jemand, der der Prospekthaftung oder der Haftung aus Verletzung einer Aufklärungspflicht unterliegt, dem Vorwurf des Verschuldens gemäß § 280 Abs. 1 S. 2 BGB entziehen kann. Daher unterbleiben an dieser Stelle generelle Ausführungen zum Verschulden. 576

Praxistipp: 577
Die Frage nach einem Verschulden sollte von einem qualifizierten Fachanwalt für Bank- und Kapitalmarktrecht überprüft werden.

VIII. Schaden

Sowohl bei einem Schadensersatzanspruch aus Prospekthaftung als auch bei einem Schadensersatzanspruch aus fehlerhafter Anlageberatung, durch die der Anleger dem Schiffsfonds beigetreten ist, liegt der Schaden regelmäßig in der Beteiligung am Schiffsfonds selbst. Der Anleger ist daher so zu stellen, wie er stünde, wenn er die Schiffsfondsbeteiligung nie gezeichnet hätte. In der Folge ist die Beteiligung rückabzuwickeln, Zug um Zug gegen Übertragung der Beteiligung auf den Schadensverantwortlichen.[202] 578

IX. Nachträge zum Prospekt

Gelegentlich wird ein Prospekt erstellt, mit dem die Anleger über die Kapitalanlage informiert werden. Zieht sich die Einwerbung von Anlegern zeitlich hin oder ändern sich die Rahmenbedingungen für die Kapitalanlage, so ist ein Nachtrag zum Prospekt zu erstellen. Dies wird teilweise vom Emissionshaus vergessen. Auch die Nachträge sind den Anlegern zu übergeben.

202 Z.B. BGHZ 71, 284; BGH NJW 2004, 2228; BGH NJW 2006, 2042.

X. Verjährung

579 Die Verjährung hängt von dem verwirklichten Tatbestand ab.

580 Die Verjährung bei Prospekthaftung im engeren Sinne galt für Altfälle mit Zeichnung vor dem Jahr 2002 gemäß § 20 Abs. 5 KAGG, § 12 Abs. 5 AuslInvestG und trat sechs Monate ab Kenntnis, spätestens jedoch drei Jahre nach Zeichnung der Beteiligung ein.[203] Seit dem 01.07.2005 beträgt die Verjährung gemäß §§ 8f, 13 Abs. 1 Nr. 3 VerkProspG i.V.m. § 46 BörsG ein Jahr nach Kenntnis vom Prospektmangel, längstens jedoch drei Jahre nach Prospektveröffentlichung.[204]

581 Für Prospekthaftung im weiteren Sinne sowie für jede Art der Vertrauenshaftung knüpft die Haftung an die Inanspruchnahme des besonderen Vertrauens bzw. die Verletzung von Aufklärungspflichten an und ist somit eine verschuldensabhängige Haftung. Hierfür gelten die allgemeinen zivilrechtlichen Verjährungsvorschriften der §§ 195, 199 BGB; für Übergangsfälle gilt Art. 229 § 6 EGBGB. Hiernach beginnt die regelmäßige, dreijährige Verjährungsfrist mit Schluss des Jahres, in dem der Anspruch entstanden ist und der Anleger von den den Anspruch begründenden Umständen und der Person des Schuldners Kenntnis erlangt oder ohne grobe Fahrlässigkeit hätte erlangen müssen. Die Verjährungshöchstfrist beträgt hier jedoch zehn Jahre ab Anspruchsentstehung, was regelmäßig im Zeitpunkt des Wirksamwerdens des Beitritts zum Schiffsfonds zu sehen ist.

582 Die Verjährung ist als sog. rechtshindernde Einrede vom Gericht nur zu beachten, wenn sie vom Gegner erhoben wird. Das Gericht darf also nicht von sich aus prüfen, ob die geltend gemachten Ansprüche bereits verjährt sind oder nicht.

---

203 Z.B. BGHZ 83, 222; BGH NJW 2004, 3420.

204 Wagner in: Assmann/Schütze, Handbuch des Kapitalanlagerechts, 3. Auflage 2007, § 15 Rn. 188ff. 53

I. Sanierung von Schiffsfonds

Schiffsfonds können gerade durch niedrige Charterraten in Insolvenzgefahr geraten. 583
Daneben sind hohe Fremdfinanzierungsanteile eine Gefahr für das Schiff, weil die Kredite bedient werden müssen. Deutlich wurde dies in der Finanz- und Wirtschaftskrise in den vergangenen Jahren, wovon auch die Schifffahrt betroffen war. Es wurden in den vergangenen Jahren mehr Schiffe gebaut und finanziert als benötigt. Diese enorme Überkapazität der Schiffe sorgte zu einem starken Wettbewerb untereinander, so dass die Charterraten zu Dumping-Preisen verhandelt wurden. Ist die Fortführung eines Unternehmens nach den Umständen überwiegend wahrscheinlich (§ 19 Abs. 2 InsO) und besteht dementsprechend eine positive Fortführungsprognose, so muss eine Unterdeckung auf der Aktiva-Seite der Bilanz nicht zur einer Insolvenz führen.[205] Eine Alternative zur Insolvenz könnte Sanierungen bieten. Ein Schiffsfonds ist sanierungsbedürftig, wenn man einen Insolvenzfall vermeiden bzw. beseitigen will.

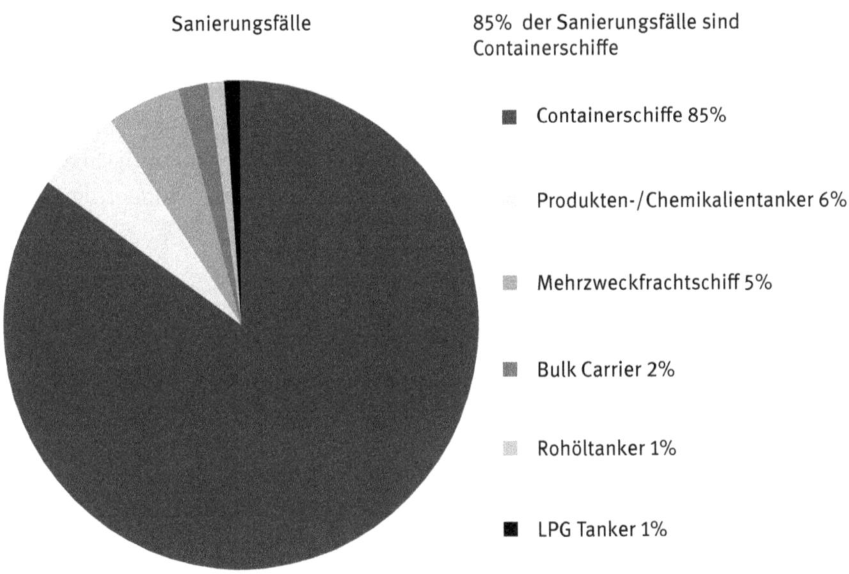

Quelle: Studie „Sanierungskapital für Schiffsfonds"/
Deutsche Fondsresearch GmbH und TPW Todt & Partner GmbH & Co. KG/November 2011

Abbildung 21: Sanierungsfälle

205 *Holtkötter/Portisch/Schuppener* in: ISU (2012), Rn. 1.

584 Sanierungsbedarf besteht in den meisten Fällen infolge von Liquiditätsproblemen der Schiffsgesellschaft aufgrund nicht ausreichender Einnahmen aus dem Schiffsbetrieb. Auf Grund der schlechten Charterratenentwicklungen in der Krisenzeit waren vor allem Containerschiffe von Sanierungen betroffen, aber auch andere Schiffstypen wie Tanker und Massengutfrachter. Ein weiterer Grund für eine Sanierung kann der Verstoß gegen Auflagen von Darlehensverträgen sein. Die Darlehensverträge haben in der Regel häufig Werterhaltungsvorschriften, infolge derer das Verhältnis zwischen dem ausstehenden Darlehensbetrag und dem Marktwert des jeweiligen Schiffes nicht überschreiten darf (Loan to Value).[206] In den meisten Fällen wird eine 105 %-Klausel vereinbart, die besagt, dass die Darlehenshöhe 105 % des Wertes des finanzierten Schiffes nicht übersteigen darf. Grund für das Überschreiten können die Veränderungen des Schiffswertes oder Wechselkurzschwankungen sein. Das Wechselkursrisiko entsteht sowohl in der Investitionsphase als auch in der Betriebsphase des Schiffes, da die Mehrzahl der Schiffsfonds auf Euro-Basis angeboten wird, aber in der internationalen Schifffahrt mit US-Dollar gerechnet wird. Allerdings bestehen natürlich auch Chancen durch eine günstige Kurzentwicklung. Ein größeres Wechselkursrisiko können Schiffsfonds erhalten, die in japanischen Yen einen Teil des Fremdkapitals aufgenommen haben. Ausschlaggebend hierfür ist das Kursverhältnis von US-Dollar zu Yen. Die Folge einer Überschreitung kann eine Berechtigung der finanzierenden Bank hervorrufen, eine Nachsicherung oder eine vorzeitige Teiltilgung des Schiffsdarlehens zu verlangen. Der Schiffsfonds kann dann dadurch sanierungsbedürftig werden, wenn die Gesellschaft keine Zusatzversicherungen oder Sondertilgungen leisten kann.

---

206 *P. Rindfleisch* in: Winter/Hennig/Gerhard (2013), S. 968.

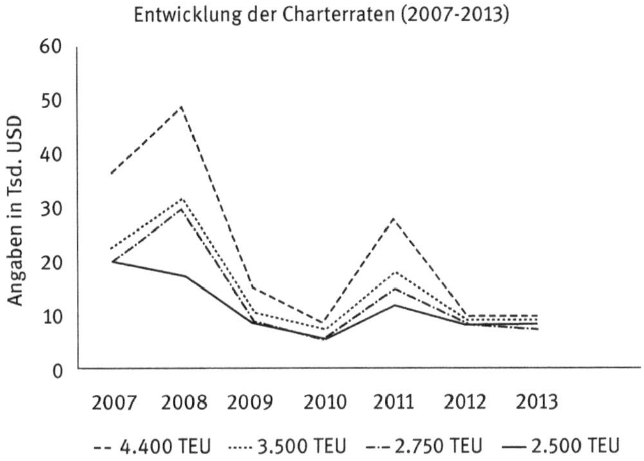

Quelle: Modifiziert nach Clarkson Research Services Ltd.
Shipping Intelligence Network, Mai 2013

Abbildung 22: Entwicklung der Charterraten

Bei Einschiffsgesellschaften ist es besonders schwierig den Banken weitere Sicherheiten zu geben, da meist das Schiff, das zugunsten der Bank mit einer Hypothek belastet ist, selbst das einzige Vermögensobjekt darstellt. Sanierungen können erfolgsversprechend sein, wenn die Schiffsfonds konkurrenzfähige Schiffe besitzen und gering verschuldet sind. Die ersten Anzeichen für eine wirtschaftliche Schieflage eines Schiffsfonds sind für den Anleger sichtbar, wenn prospektierte Ausschüttungen ausbleiben oder die Anleger aufgefordert werden, bereits vorgenommene Auszahlungen zurückzuzahlen oder neues Kapital nachzuschießen. 585

I. Sanierungskonzept

Für die Sanierung und ein damit verbundenes Fortführen der Gesellschaft ist ein tragfähiges Sanierungskonzept erforderlich. Laut dem BGH-Urteil vom 04.12.1997 sollte ein Sanierungsversuch dabei mindestens ein schlüssiges Konzept voraussetzen, das nicht offensichtlich undurchführbar ist. Weiterhin ist in der Frage der Erkennbarkeit der Ausgangslage wie auch bei der Prognose der Durchführbarkeit auf die Beurteilung eines unvoreingenommenen branchenkundigen Fachmann abzustellen. Dem Fachmann sollten dabei natürlich alle üblichen Buchhaltungsunterlagen vorgelegt werden. Zu prüfen und zu erfassen sind die Wirtschaftslage der Gesellschaft in Bezug auf ihre Branche, die Vermögens-, Ertrags- und Finanzlage sowie die Ursachen der 586

Krise.[207] Die Unternehmenskrise ist wahrzunehmen unter anderem durch eine andauernde oder drohende Zahlungsunfähigkeit. Eine Zahlungsunfähigkeit liegt vor, wenn das Bankguthaben oder andere liquidierbare Vermögensgegenstände nicht mehr dafür ausreichen, um fällige Verbindlichkeiten zu erfüllen. Allerdings darf für eine Sanierung eine Überschuldung des Schiffsfonds nicht existieren, denn sonst könnten sich die Beteiligten der Sanierung wegen Insolvenzverschleppung strafbar machen.

Eine Überschuldung nach §19 Abs.2 InsO liegt vor, wenn das Vermögen des Schuldners die bestehenden Verbindlichkeiten nicht mehr deckt. Folge der Leistungsstörung eines Schiffsfonds sind meist Tilgungs- und Zinsaussetzungen. Des Weiteren kennzeichnend sind Verstöße gegen die sogenannte „Loan to Value“ beziehungsweise 105%-Klausel (Werterhaltungsklausel) oder gegen Währungsklauseln wegen Wechselkursschwankungen.

Eine Krise frühzeitig erkennen, sollten vor allem die geschäftsführenden Gesellschafter eines Schiffsfonds. Für eine erfolgreiche Sanierung müssen Untersuchungen durchgeführt werden. Analysiert werden muss die wirtschaftliche Lage der Branche und des Unternehmens mit der Diagnose des Ist-Zustandes, um einen Vergleich zu dem Soll-Zustand herzustellen. Das Alter und der Zustand des Schiffes oder der Schiffe des Fonds müssen überprüft werden, um ein Fortfahren mit diesen bestätigen zu können. Des Weiteren sollte eine Bereitschaft der Banken zur Sanierung vorhanden sein. In der Regel sind mehrere Banken eingebunden, häufig in Form von Konsortien, deren Konsorten mit unterschiedlichen Quoten an dem Schiffsfonds beteiligt sein können. Daher ist es besonders wichtig, die Zustimmung von allen Banken zu erhalten.

Im Vorfeld sollten mit den Vertragspartnern des geschlossenen Fonds Verhandlungen geführt werden über eventuelle Stundungen oder Verzichtserklärungen. Die Geschäftsführung sollte zunächst bemüht sein, mit den Banken ein Stilhalten zu vereinbaren. Im Normalfall ist Inhalt des Stilhaltens, dass die Banken die fälligen Leistungen bis auf weiteres nicht einfordern. Fällige Tilgungszahlungen werden dabei lediglich aufgeschoben. Die Pflicht zur Rückzahlung bleibt bestehen. Zweck dieser Stillhaltevereinbarungen ist die Schaffung eines zeitlichen Spielraums für die Schiffsgesellschaft, damit nicht gleich wegen der Zahlungsunfähigkeit Insolvenz angemeldet werden muss. Womöglich kann die Gesellschaft in dieser Zeit zusätzliche Geldgeber ausfindig machen.

Zu prüfen ist hierbei die Sanierungsfähigkeit der Gesellschaft. Die Sanierungsfähigkeit setzt unter anderem voraus, dass die Schiffsgesellschaft noch über genügend Erfolgspotential zur Sicherhung der Wettbewerbsfähigkeit am Markt verfügt. Weiterhin sind Stundungen banktechnisch einfacher zu handhaben als Neukredite. Für ihr Entgegenkommen stellt die Bank üblicherweise eine Stundungsgebühr in Rechnung, erhöht die Zinsmarge oder fordert Zusatzsicherheiten als Gegenleistung. Die Schaf-

207 BGH, Urteil vom 04.12.1997 – IX ZR 47/97, NJW 1998, S. 1561ff.

fung eines kurzfristigen Spielraums zwecks einer Durchführung der Sanierungsprüfung kann auch mit einem Überbrückungskredit hilfreich sein. Dies ist aber nur möglich, wenn eine Sanierung wirklich angestrebt wird. Diese Vereinbarungen mit den Banken haben immer einen vorläufigen Charakter, d.h. sie müssen spätestens in dem Monat beendet sein, wenn eine Insolvenz nicht mehr abgewendet werden kann. Allerdings kann auch ein Risiko der Verschlechterung der Verwertungsergebnisse durch diesen Spielraum bestehen.

Vor der Einführung der Tonnagebesteuerung konnten Schiffe, die in finanziellen 587
Schwierigkeiten geraten sind, unter steuerlicher Nutzung der wirtschaftlich anfallenden Verluste saniert werden. Dies ist heutzutage nicht mehr möglich, da die meisten Schiffe der Tonnagesteuer unterliegen und somit ist eine steuerliche Nutzung der entstandenen Verluste nicht mehr möglich.

Eine Überwindung der finanziellen Probleme und damit die Abwendung einer 588
Insolvenz sind nur möglich, wenn alle Beteiligten – wie Banken, Lieferanten, Gesellschafter etc. – von der Tragfähigkeit des Sanierungskonzepts überzeugt sind. Das Sanierungskonzept soll als Grundlage zur Beurteilung der Sanierungsfähigkeit und Sanierungswürdigkeit dienen.

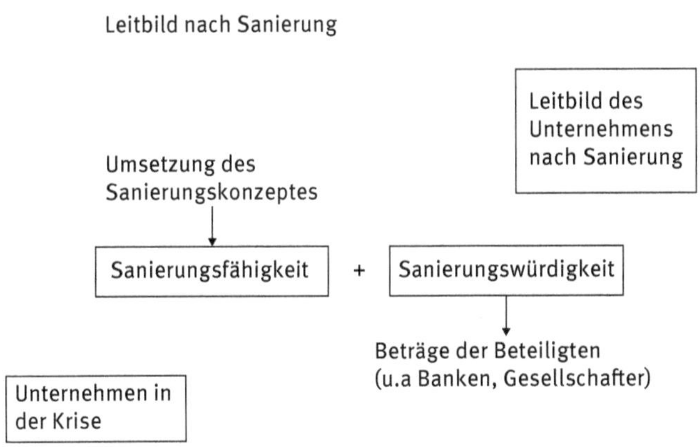

Abbildung 23: Leitbild nach Sanierung

Ziel einer Sanierung soll sein, das Unternehmen mit geeigneten Maßnahmen nach- 589
haltig wettbewerbsfähig und damit renditefähig zu machen. Zudem sollte eine künftige Zahlungsfähigkeit mittels einer positiven Fortführungsprognose als weitere Voraussetzung für eine Sanierung vorhanden sein. Für eine Beteiligung der Akteure des Unternehmen muss dargelegt werden, dass das Unternehmen im Zeitraum der Prognose zahlungsfähig bleibt, d.h. die zu erwartenden Zahlungsverpflichtungen müssen im Prognosezeitraum beglichen werden können. Erst mit einer solchen Fortführungsprognose sind vor allem Banken bereit sind an einer Sanierung zu beteiligen.

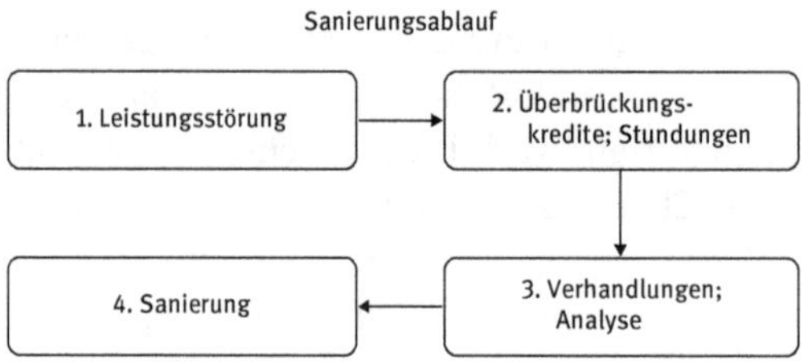

Abbildung 24: Sanierungsablauf

590 Nach diesen Schritten kann entschieden werden, ob eine Sanierung oder Liquidation in Frage kommt. Bei einer Entscheidung für eine Sanierung, muss ein Konzept mit den Zielen der Gesellschaft entwickelt werden. Dabei sollte das Sanierungskonzept für eventuelle Veränderungen in der Wirtschaft, Politik oder Umwelt eine hohe Anpassungsfähigkeit erbringen. Ein Sanierungskonzept sollte eine langfristige Einnahmen-Ausgaben-Planung aufweisen, d.h. für die kommenden drei bis fünf Jahre. Die Planung sollte das sogenannte worst-case und best-case-Szenario für den Schiffsfonds in dieser Zeit darstellen, um eventuelle Risiken bestmöglich einzuschätzen. Damit ein Sanierungskonzept seriös abgewickelt werden kann, sollte ein Vorabzeitraum von drei bis sechs Monaten eingeplant werden, um beispielsweise Bankgespräche, nötige Vergleichsrechnungen oder Vertragsergänzungen vorzunehmen. Entscheidet man sich für die Durchführung einer Sanierung ist dabei für das Gelingen der Fondsrettung die Teilnahme der Anleger besonders wichtig, da eine Kreditaufnahme der Banken oder anderen Kapitalgebern schwierig ist. Für eine Sanierung wird in erster Linie Kapital benötigt, um Verbindlichkeiten zu erfüllen und Veränderungen des Schiffsfonds vorzunehmen. Auf Grund der Gegebenheit der Tonnagebesteuerung kann bei Schiffsbeteiligungen die günstige Besteuerungen von der Dotierung, dass der Sanierung gewährt werden soll, den Anlass zur Teilnahme dazu geben. Ein bestimmtes Sanierungskonzept für jeden wirtschaftlich gefährdeten Schiffsfonds existiert nicht. Eine Sanierung muss von den individuellen, wirtschaftlichen, vertraglichen und steuerlichen Rahmenbedingungen abhängig sein.

1. Sanierungsberater/-gutachter

591 Wie schon bereits erwähnt sollte die Feststellung der Sanierungsfähigkeit einer Gesellschaft durch einen objektiv branchenkundigen Fachmann erfolgen, dem die Buchhaltungsunterlagen zeitnah vorgelegt werden.[208] Weitere Vorgaben hat der BGH an den Fachmann bislang nicht gestellt. Allerdings ist zu nennen, dass die Verantwortung für ein solches Sanierungskonzept allein bei den gesetzlichen Vertretern der

208 BGH-Urteil v. 04.12.1997 – IX ZR 47/97, NJW 1998, S. 1561ff.

Gesellschaft liegt. Dementsprechend ist das Unternehmen frei bei der Einholung bzw. Auswahl eines Beraters. Diese können einen Gutachter für die Sanierung bestellen. Der Sanierungsgutachter ist als neutraler Gutachter zu bestellen. Er sollte eigenverantwortlich tätig sein und dementsprechend in seiner Unabhängigkeit nicht durch Dritte eingeschränkt werden.

Fraglich ist aber, ob eine krisenunerfahrene Gesellschaft, die sich in einer finanzi- 592
ellen Schieflage befindet, bereit ist zusätzlich Gelder für einen professioneller Berater zur Verfügung zu stellen und dabei stattdessen lieber selbst ohne professionelle Hilfe eine Sanierung durchführen will. Oft wird unterschätzt, dass eine Sanierung viel Zeit und Energie kostet, die neben dem eigentlichen Geschäft durchgeführt werden muss.

Die Aufgaben eines Sanierungsberaters beinhalten die Unterstützung der Sanie- 593
rungseinleitung und der Erstellung des Sanierungskonzeptes sowie die Hilfe bei Gesprächen mit den Banken oder Kommanditisten/Treugebern. Für die fremdkapitalgebenden Banken spielt die Auswahl des Beraters ebenfalls eine wichtige Rolle bei einer geplanten Sanierung. Die Banken wollen eine vollständige und realistische Bewertung der Sanierungsaussichten erhalten und setzten dadurch auch eigene Kriterien bezüglich des Beraters auf. Rechtliche und betriebswirtschaftliche Kenntnisse sind als selbstverständlich auf beiden Seiten vorauszusetzen.

2. Sanierungsstandard IDW S 6

An Bedeutung haben immer mehr qualitative Sanierungsgutachten gewonnen. Dabei 594
hat sich vor allem das IDW S 6 (Standard der Wirtschaftsprüfer „Anforderungen an die Erstellung von Sanierungskonzepten") etabliert. Dabei stellt das IDW S 6 Kernanforderungen an das Sanierungskonzept.

Allerdings sind rechtliche Anforderungen an ein Sanierungskonzept noch nicht 595
gegeben. Es gibt seitens der Rechtsprechung nur Teilausführungen zu notwendigen Bestandteilen eines Gutachtens. Als Beispiel ist zu nennen, dass ein Sanierungsgutachten nicht verwertbar ist, wenn übliche Mindestanforderungen nicht eingehalten werden, wie das Fehlen einer Ursachenanalyse, keine zeitlichen Vorgaben zur Umsetzung oder zu pauschale Rechnungen.[209]

Des Weiteren sollte die Sanierungsmaßnahmen auch objektiv dafür geeignet 596
sein, die Gesellschaft in naher Zukunft durchgreifen zu sanieren.[210] Behilflich bei der Findung weiterer Anforderungen eines Sanierungskonzeptes sind erkennbar bei dem Fortführungsprognose im Insolvenz- und Handelsrecht. Demnach sollten der

209 OLG Köln v. 24.09.2009 – 18 U 134/05, WPg 2011, S. 442ff.

210 BGH Urteil v. 12.11.1992 – IX ZR 236/91, ZIP 1993, S. 276ff., BGH Urteil v. 04.12.1997 – IX ZR 47/97, ZIP 1998, S. 248ff., BGH Urteil v. 03.12.1998 – IX ZR 313/97, ZIP 1999, S. 76ff., BGH Urteil v. 15.11.2001 – StR 185/01, ZIP 2002, S. 346ff.

Ertrags- und Finanzplan sowie die aussagekräftige Bewertung des Geschäftsmodells als Anforderung gelten.[211]

Abbildung 25: Sanierungskonzept

597 Ein qualitativ hochwertiges Konzept, das durch die Einhaltung von Standards (wie IDW S 6) erstellt wird, kann einen großen Beitrag leisten für den Erfolg einer Sanierung.

598 Das IDW S 6 wurde nach einer Modifizierung des Entwurfs IDW ES 6 („Anforderungen an die Erstellung von Sanierungskonzepten“) im September 2009 verabschiedet. Der IDW S 6 wurde wiederum überarbeitet und das Regelungswerk IDW ES 6 n. F.[212] „Entwurf einer Neufassung des IDW Standards: Anforderungen an die Erstellung von Sanierungskonzepten“ wurde verfasst (noch nicht verabschiedet).

211 *Portisch*, in: ISU (2012), Rn. 71.

212 IDW ES 6 n. F. vom 07.09.2011.

Jede Unternehmenssanierung benötigt eine individuelle Lösungsstrategie. Allerdings sollten einige Anforderung als Kernbestandteil gesehen werden. Demnach sollte ein Sanierungsgutachten nach IDW folgende Punkte beinhalten: 599

1. Aufbau des Sanierungskonzepts
2. Auftragsdurchführung
3. Unternehmensentwicklung
4. Analyse der Unternehmenslage
5. Analyse des Krisenstadiums
6. Analyse und Krisenursache
7. Bericht/Stellungnahme zur Unternehmensfortführung
8. Ausrichtung am Leitbild der sanierten Gesellschaft
9. Maßnahmen zur Krisenbewältigung
10. Integrierte Sanierungsplanung
11. Berichterstattung/Einschätzung der Sanierungsfähigkeit

3. Grundsätze ordnungsgemäßer Sanierungskonzepte

Die Grundsätze ordnungsgemäßer Sanierungskonzepte (GoS) wurden von dem ISU in Zusammenarbeit unter anderen mit Bankvertretern, Insolvenzrechtlern und Sanierungsexperten entwickelt. Die GoS sollen Mindestleitlinien für die Aufstellung, Kontrolle, Umsetzung und Fortschreibung von Sanierungskonzepten darstellen.[213] Dabei sind die Anforderungen von Wissenschaft, Recht und Praxis zu berücksichtigen. Bei der Erstellung eines Sanierungskonzeptes geht stets eine Analyse (Unternehmen, Markt, Umfeld) voraus, die die Vergangenheit und den Ist-Zustand einkalkuliert. Aus dieser Analyse kann ein positives Sanierungspotential abgeleistet werden. Folgende Grundsätze sind bei der Erstellung eines Gutachtens zu beachten[214]: 600

Grundsätze ordnungsgemäßer Sanierungskonzepte

- Grundsatz der Erfüllung der rechtlichen Anforderungen
- Grundsatz der Neutralität und Qualifikation des Gutachters
- Grundsatz der Vollständigkeit und Aktualität
- Grundsatz der Wesentlichkeit und Angemessenheit
- Grundsatz der Klarheit
- Grundsatz der Folgerichtigkeit
- Grundsatz der Flexibilität
- Grundsatz der Nachhaltigkeit
- Grundsatz der Sicherstellung des Sanierungsmanagments
- Grundsatz der Dokumentation

---

213 *Portisch/Schuppener* in: ISU (2012), Rn. 112.
214 *Portisch/Schuppener* in: ISU (2012), Rn. 112.

a) Grundsatz der Erfüllung der rechtlichen Anforderungen

601 Für ein Sanierungskonzept und dessen Umsetzung sowie der Bestellung eines Beraters sind die gesetzlichen Vertreter der Gesellschaft verantwortlich. Des Weiteren sind einige Mindestanforderungen, die die höchstrichterliche Rechtsprechung in der Vergangenheit aufgestellt hat, zu beachten (s.o.).

b) Grundsatz der Neutralität und Qualifikation des Gutachters

602 Von entscheidender Bedeutung ist die Qualifikation und Neutralität des Sanierungsgutachters. Allerdings lässt sich feststellen, dass eine Prognose eines Unternehmens schwer festzulegen ist ohne eine subjektive Bewertung. Dementsprechend sollte eine Qualifikation Stärken aufweisen, die sich in Form von Lebensläufen, Zeugnissen, Empfehlungen etc. nachweisen lassen. Weiterhin sollte eine Offenlegung rechtlicher und wirtschaftlicher Verflechtung zwischen dem Auftraggeber, Gutachter sowie Kreditinstituten (oder andere Gläubigern) stattfinden.

c) Grundsatz der Vollständigkeit und Aktualität

603 Um ein schlüssiges Sanierungskonzept zu erstellen, müssen dabei alle wesentlichen Daten vollständig zusammengestellt werden. Durch diesen Grundsatz kann erst gewährleistet werden, dass eine korrekte Beurteilung über die Sanierungsfähigkeit und -würdigkeit getroffen werden kann. Wichtig dabei ist, dass alle Unternehmensunterlagen zeitnah zur Verfügung stehen.

d) Grundsatz der Wesentlichkeit und Angemessenheit

604 Da das Informationsvolumen eines Unternehmens immens sein kann, sollte für eine zielstrebige Erarbeitung eines Sanierungskonzeptes das Datenvolumen eingeschränkt werden. Im Vordergrund sollen relevante Tatsachen und Sachverhalte stehen. Die Auswahl der Informationen, die für das Konzept von wesentlicher Bedeutung sind, ist von dem Sanierungsgutachter zu treffen. Um nicht den Grundsatz der Vollständigkeit vollkommen zu missachten, können die Informationen in komprimierter Weise in Form von Tabellen, etc. zusammengestellt werden.

e) Grundsatz der Klarheit

605 Alle Informationen müssen klar und verständlich dargestellt werden. Die Gefahr einer Fehlinterpretation durch eine nicht eindeutige Information soll ausgeschlossen werden. Gerade von dem Gutachter sind die Handlungsempfehlungen sowie Ergebnisse der Sanierungsprüfung (wichtig für die fremdkapitalgebende Bank für das weitere Vorgehen) klar auszudrücken und im Konzept hervorzuheben. Alle Angaben müssen nachprüfbar sein.

f) Grundsatz der Folgerichtigkeit

Damit die Sanierungsakteure mit Hilfe des Konzeptes Sanierungsmaßnahme durchführen können, ist das Sanierungskonzept in einer lückenlos schlüssigen Weise darzustellen. Für die korrekte Beurteilung von Sachverhalten ist als Grundsatz das Kriterium der „überwiegenden Wahrscheinlichkeit" aus Sicht eines sorgfältigen und gewissenhaften Kaufmanns hinzuzuziehen.[215] Da man die gewissen Entwicklungen durch unerwartete Ereignisse (in Politik, Umwelt, Gesellschaft, etc.) nicht stets einschätzen kann, müssen die Prognosen darauf ausgerichtet sein. Es sind dabei Planungen zu entwickeln, die ein sogenanntes best- und worst-case-Szenario beinhalten, um auf jegliche Änderung vorbereitet zu sein. 606

g) Grundsatz der Flexibilität

Im Bezug auf den Grundsatz der Flexibilität soll im Sanierungsgutachten auf die individuellen Risikomerkmale, den Krisenverlauf sowie auf die rechtlichen und wirtschaftlichen Rahmenbedingungen eingegangen werden.[216] 607

h) Grundsatz der Nachhaltigkeit

Das Ziel einer Sanierung ist die nachhaltige erfolgreiche Umsetzung des Konzeptes für das Unternehmen, das wieder wettbewerbsfähig am Markt stehen kann. 608

i) Grundsatz der Sicherstellung des Sanierungsmanagements

Die Umsetzung der Sanierungsmaßnahmen in der Praxis müssen für eine erfolgreiche Sanierung sichergestellt und realisiert werden. Um dieses Vorhaben nicht zu gefährden, ist ein Sanierungsmanagement zu bestellen, dass für die Umsetzung verantwortlich ist. Dabei ist ein Maßnahmenplan inklusiver Zeitplanung für die Sanierungsmaßnahmen zu erstellen. 609

j) Grundsatz der Dokumentation

Der Grundsatz der Dokumentation beinhaltet die komplette Dokumentation des Gutachters in Bezug auf seine Tätigkeit. In dem Sanierungskonzept soll eine vollständige Feststellung zur Beurteilung des Unternehmens beinhalten. Der Gutachter hat eine Wertung über die Sanierungsfähigkeit abzugeben. 610

---

215 *Portisch/Schuppener:* ISU (2012), Rn. 143.
216 *Portisch/Schuppener:* ISU (2012), Rn. 146.

4. Sanierungsgutachten

611 Im Idealfall beauftragt die Geschäftsführung zur Erstellung eines Sanierungsgutachtens einen Gutachter. Das Sanierungsgutachten unter Beachtung der höchstrichterlichen Rechtsprechung und der MaS (Mindestanforderungen an Sanierungskonzepte) sollte wie folgt gegliedert werden[217]:

I. Basisdaten
   1. Auftrag und Auftragsdurchführung
   2. Qualifikationsnachweis des Gutachter
   3. Zur Verfügung gestellte Unterlagen
   4. Beschreibung des Unternehmens
   5. Rechtliche Verhältnisse
   6. Management Summary[218]

II. Wirtschaftliche Ausgangslage des Unternehmens
   1. Prüfung der Insolvenzantragspflichten
   2. Wirtschaftsbranche/Unternehmensumfeld
   3. Unternehmensanalyse
      a) Ergebnisentwicklung
      b) Ergebnisbeiträge der strategischen Geschäftseinheiten
      c) Bilanzentwicklung
      d) Finanzierung
      e) Personal
      f) Management
      g) Rechnungswesen und Controlling
      h) rechtliche Problemfelder
      i) Einzelfallspezifische Analysefelder
   4. S.W.O.T.-Analyse[219]

III. Krisenursachenanalyse

IV. Erstellung eines Sanierungskonzepts
   1. Strategische und operative Neuausrichtung
   2. Leistungswirtschaftliche Sanierungsmaßnahmen
   3. Festlegung des Sanierungsmanagement/Bewertung des vorhandenen Managements
   4. Insolvenzplanverfahren und Sanierung mittels eines „Pre-Packaged-Plan[220]"
   5. Maßnahmenplan

---

217 *Peppmeier/Schuppener:* ISU (2012), Rn. 171.

218 Zusammenfassung des Berichts für die Führungskrafte.

219 **S**trenghts (Stärken) **W**eaknesses (Schwächen) **O**pportunities (Chancen) **T**hreats (Risiken): Positionsbestimmung und Strategieentwicklung

220 Planvorlagebefugnis: Einreichung des Insolvenzplans mit Antragstellung.

V. Vermögens-, Ertrag- und Finanzlage – Sanierungsplanung
VI. Bewertung der Sanierungsfähigkeit
VII. Haftungsverhältnisse und Vollständigkeits- und Einverständniserklärung der Vertretungsorgane

In der Management Summary sollten Krisenfall, Ursachen und Sanierungsmaßnahmen des Unternehmens zusammengefasst werden, um den Überblick zu erleichtern. Weiterhin sollte darin der Liquiditätsbedarf der Sanierung und die Erreichung dieser Beträge dargestellt werden.[221] Das Summary endet mit der Äußerung über die Sanierungsfähigkeit und Sanierungswürdigkeit. 612

Der Gutachter hat in seiner Tätigkeit die Prüfung einer Insolvenzantragspflicht durchzuführen, um eine gegebenenfalls vorhandene Antragspflicht mit sofortigen Maßnahmen zu beseitigen. Gelingt es dem Gutachter nicht, ist ein Insolvenzantrag zu stellen. 613

In der S.W.O.T.-Analyse soll die Gesellschaft nach Stärken und Schwächen, die sich nur auf das Unternehmen selbst beziehen können, bezogen auf die Chancen und Risiken in der Außenwelt untersucht werden. Die Bezeichnung SWOT ist ein englisches Akronym und setzt sich aus den Begriffen Strenghts (Stärken), Weaknesses (Schwächen), Opportunities (Chancen) und Threats (Risiken) zusammen. Es handelt sich hierbei um ein Analyseinstrument, das die Position des Unternehmens und die damit verbundene Strategieentwicklung darstellt. 614

Eine Analyse der Stärken und Schwächen einer Gesellschaft bezogen auf das Unternehmens sowie der Marktsituation sind allein noch nicht aussagekräftig genug. Ein Vergleich zu den Wettbewerbern muss vorgenommen werden, um die wesentlichen Wettbewerbsvor- und -nachteile zu erkennen und letztendlich im Sanierungskonzept Berücksichtigung zu finden. 615

Das Gutachten sollte derart umfassend gestaltet sein, das sich ein hinreichendes Bild der Gesellschaft und der sanierungsrelevanten Aspekte erreichen lässt. 616

221 *Peppmeier/Schuppener:* ISU (2012), Rn. 213f.

S.W.O.T.- Analyse

Beispiel:
Nordcapital– MS E.R. Benedetta

Strenghts (Stärken)	Opportunities (Chancen)
• Erfahrener Initiator • Langfristiger Chartervertrag mit Upside Potential nach 10 bzw. 12,5 Jahren • Währungskongruentes Investment • Teilweise Absicherung d. Betriebskosten • Gesellschaftsvertragliche Kontraktfairness hoch	• Geringe Zinsausgaben • Anpassung an Marktcharter nach 10 bzw. 12,5 Jahren
Weeknesses (Schwächen)	**Threats (Risiken)**
• Unbefristeter Vertragsreeder-Vertrag • Keine Platzierungsgarantie	• Ausfall des Charterers • Höhere Aufwendungen für Schiffsbetriebskosten

Quelle: Modifiziert nach Scope Investment Rating,
Investmentanalyse Nordcapital - MS E.R. Benedetta, Februar 2012

Abbildung 26: S.W.O.T.-Analyse

5. Sanierung durch die Teilnahme der Anleger

617 Eine Sanierung kann durch verschiedene Arten der Kapitalbeschaffung erfolgen. Um keinen Totalverlust zu erleiden, ist es oft wirtschaftlich sinnvoll, wenn die Anleger neue Liquidität zur Verfügung stellen. Den Fortbestand des Schiffsfonds kann zum einem durch Eigenkapital gesichert werden. In der Regel ist im Gesellschaftsvertrag keine Sanierung mit Gesellschafterbeiträgen in Form von Rückzahlungen der schon erhaltenden Ausschüttungen oder einer generellen Kapitalerhöhung verankert. Es bedarf hierzu einer Änderung des Gesellschaftsvertrages und einem Gesellschafterbeschluss von einer ¾ Mehrheit. Um Anreize für eine solche Veränderung zu geben, werden die Anleger, die zusätzliches Geld zur Verfügung stellen, mit Sonderrechten ausgestattet. Die Sonderrechte gewähren den Anlegern vor allem eine Bevorzugung bei den Entnahmeregelungen und Vorabregelungen und Sonderstimmrechte. Vorabgewinne können für das Kapital der Sanierung von der Tonnagebesteuerung abgegolten werden. Für den Anleger besteht somit keine steuerliche Belastung.

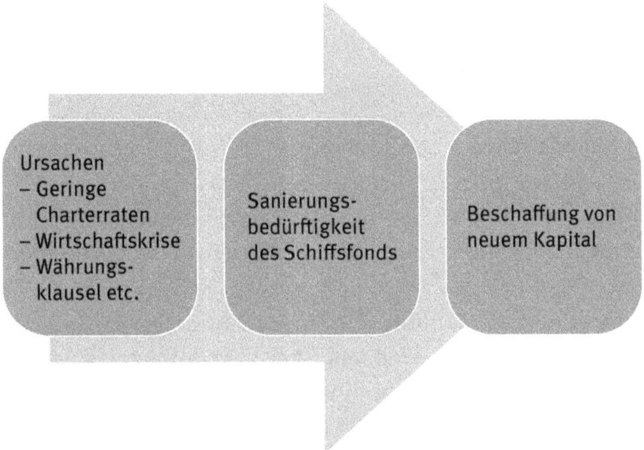

Abbildung 27: Sanierung, Beschaffung von neuem Kapital

Im Falle des Nachschusses in Form einer Kapitalerhöhung können alte und neue Gesellschafter frisches Geld (fresh money) einbringen. Die Tonnagebesteuerung bleibt bestehen. Allerdings ist hierfür meist ein Gesellschafterbeschluss notwendig mit einer ¾ Mehrheit und einer Änderung des Gesellschaftsvertrags. Des Weiteren muss die Kapitalerhöhung durch Nachschuss im Handelsregister aktualisiert werden. Für das neue Kapital erfolgt eine zusätzliche Haftung. 618

Der Nachschuss kann aber auch als Rückzahlung der Entnahmen erfolgen. Dafür leisten die alten Gesellschafter ihre Einlagen als Rückzahlungen der Liquiditätsausschüttungen. Die Haftung für die erhaltenen Liquiditätsausschüttungen erlischt wieder. Allerdings ist auch in diesem Fall eine Änderung des Gesellschaftsvertrags wie auch ein Gesellschafterbeschluss mit einer ¾ Mehrheit erforderlich. Zu bedenken ist aber, dass sicherlich nicht alle Gesellschafter willens oder gar in der Lage dazu sind, die Ausschüttungen wieder der Gesellschaft zur Verfügung zu stellen. Wenn die Summe der ausgezahlten Ausschüttungen überhaupt nicht oder nur gerade so ausreicht, um die Sanierungskosten zu decken, dann wäre eine Kapitalerhöhung durch alte und neue Gesellschafter angebrachter. 619

Möglich wäre auch eine Kombination von einem Nachschuss durch Kapitalerhöhung und Rückzahlung der Entnahmen. Die alten Gesellschafter leisten Einlage aus den Liquiditätsausschüttungen zurück und die neuen Gesellschafter leisten eine neue Einlage nebst Zuzahlung an die Gesellschaft. 620

Eine weitere Möglichkeit der Teilnahme der Anleger an einer Sanierung des Schiffsfonds ist das Gewähren von Gesellschafterdarlehen. Zivilrechtlich ist dies einfacher durchzuführen. Für einen Gesellschafterdarlehen ist keine Änderung des Gesellschaftervertrags notwendig. Das Gesellschafterdarlehen kommt durch einen schuldrechtlichen Vertrag zustande. Die erhaltenden Zinsen sind jedoch vollständig steuerpflichtig. Regelmäßig ist allerdings eher die gesellschaftsrechtliche Beteiligung 621 erwünscht, um in den Genuss der Tonnagebesteuerung zu kommen. Grundsätzlich ist „frisches" Eigenkapital Grundvoraussetzung der Bank für eine Sanierung.

6. Sanierung mit Hilfe von Bankdarlehen

622 Das Darlehen, das in der Krise gewährt wird, ist ein zusätzlicher Eigenkapitalersatz. Ein Überbrückungskredit einer Bank kann helfen, wenn Schiffe beispielsweise keinen Anschlusscharter finden.

623 Im Falle eines Darlehens erfolgt die Zahlung der Zinsen vorrangig der Auszahlung der Ausschüttungen an die Anleger. Des Weiteren ist eine Änderung des Gesellschaftsvertrags nicht notwendig, da es sich um einen schuldrechtlichen Vertrag handelt. Allerdings bleibt die Haftung für erhaltende Liquiditätsauszahlungen bestehen und es kommt zu einer zusätzlichen Haftung für das Darlehen mit Zinszahlung. In vielen Fällen ist die Bereitschaft der Bank zur Beteiligung nur dann gegeben, wenn sich die Anleger ebenfalls Beiträge geleistet haben. „Frisches" Fremdkapital kann durch die finanzierende Bank selbst oder auch von anderen Banken oder Investoren erbracht werden.

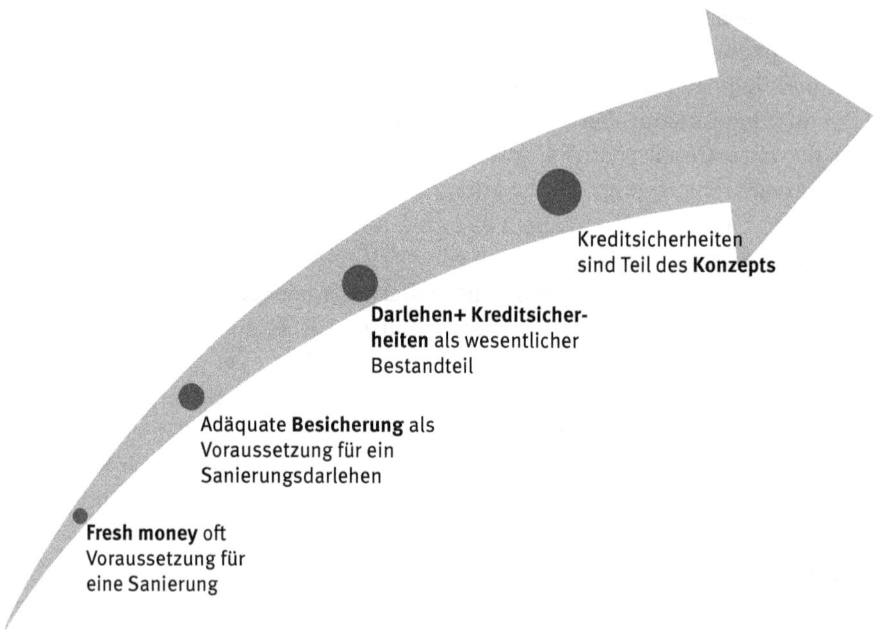

Abbildung 28: Kreditsicherheit als Teil einer Sanierung.

7. Sanierung eines Dachfonds

Bei der Sanierung eines Dachfonds ist zu unterscheiden, ob alle oder nur bestimmte Einschiffsgesellschaften, sogenannte Zielfonds, sanierungsbedürftig sind. Ist nur eine Einschiffsgesellschaft betroffen und es handelt sich bei der Sanierung um eine gesellschaftsrechtliche Beteiligung, so fließt das Kapital der Anleger direkt in die notleidende Einschiffsgesellschaft. Diese Anleger werden durch diesen Vorgang direkt Kommanditisten oder Treugeber der sanierungsbedürftigen Gesellschaft. Im Falle einer Sanierungsbedürftigkeit des ganzen Dachfonds, d.h. jeder Zielfonds ist notleidend, gelangt das Sanierungsgeld direkt in den Dachfonds. Anschließend wird die Sanierungssumme an die Zielfonds verteilt. 624

Soweit die Voraussetzungen des IDW-Standards erfüllt werden, können sich die Beteiligten ein umfassendes Bild des Unternehmens mit seinen Chancen bilden und den Umfang der Sanierungen mit den erforderlichen Maßnahmen einschätzen. 625

8. Sanierungsplattformen von Banken und Dritten

Die Banken gründen eigene Sanierungsplattformen oder unterstützen fremde Sanierungsplattformen, damit Problemschiffe mit schwierigen Krediten aus den Bilanzen der Banken verschwinden. Die Frachtschiff-Kontor Bahira GmbH präsentiert sich als eine solche Lösung. Das Kontor kauft gemeinsam mit den Banken, die zu einem teilweisen Forderungsverzicht bereit sind, finanziell angeschlagene Schiffe, um sie kurzfristig operativ zu stabilisieren und mittelfristig zu sanieren. Es gibt auch ein Kontor für Feederschiffe. 626

Die Banken haben den Druck, dass sie von Schiffskrediten herunter kommen wollen. Sehr problematisch ist die Lage für Banken in den vielen Fällen, in denen der aktuelle Schiffswert deutlich unter dem aktuellen Kredit liegt. Dieser Zustand macht einen echten, marktgerechten Verkauf kaum möglich. Es müsste zu erheblichen Abschreibungen auf den Kredit kommen. 627

Diese Sanierungsplattformen haben wenig Sinn für Kapitalanleger, weil sie erst am Ende – wenn es dann noch Geld gibt – bedient werden. Hier bleicht abzuwarten, wie sich die Sanierungsplattformen entwickeln. 628

II. Fazit

Die verschiedenen Sichtweisen der Schiffsbanken, der Emissionshäuser und der Investoren – insbesondere der Anleger – sind im Sanierungsprozess zu beachten. Hier ist die Bündelung der Interessen für die privaten Anleger am schwierigsten. Die jeweilige Höhe der Beteiligungen bei privaten Situationen und der fachliche Kenntnisstand sind häufig sehr unterschiedlich. Die Kapitalgeber, wie Schiffsbank und 629 private Kapitalanleger wollen meist kein Kapital mehr zuführen, während das Emissionshaus weiter arbeiten will. Häufig ist die bloße Senkung von Schulden durch Zuführung von Eigenkapital alleine noch nicht ausreichend[222]. Es besteht meistens ein Bedarf an einer Reduktion der Verbindlichkeiten im Gesamten. Es muss häufig versucht werden, die Zinsbelastung zu senken und so beim Abbau der Verbindlichkeiten voranzukommen.

630 Im Falle einer Insolvenz haftet der Anleger auf die Hafteinlage, die im Handelsregister eingetragen ist. Normalerweise ist die Hafteinlage deutlich geringer als die Pflichteinlage. Der Anleger haftet mit der Hafteinlage für die Forderungen von Dritten gegenüber der Gesellschaft. In der Regel sind die eingezahlten Gelder in der Insolvenz verloren.

631 Allerdings könnte es für den Anleger günstiger sein, den Schiffsfonds in die Insolvenz zu lassen. Bei einer Sanierung können die Nachforderungen nach oben hin unbegrenzt sein und für den Anleger eine Belastung darstellen. Des Weiteren kann eine Sanierung auch wirtschaftlich scheitern.

222 *Schulz, Dietmar*, Restrukturierungspraxis: Sanierung und Liquiditätsbeschaffung, 1. Auflage, Stuttgart 2010, S. 187.

J. Der Markt für gebrauchte Schiffe

I. Verkauf eines Schiffs aus einem Schiffsfonds

Der Verkauf eines Schiffes erfolgt in der Regel auf der Grundlage eines Memorandum of Agreement (MOA), für das üblicherweise ein Muster der Norwegian Shipbrokers' Association als Grundlage verwendet wird. Die aktuelle Version des Memorandum of Agreement ist die Saleform 2012. 632

Ein Schiff ohne Schiffsmakler zu verkaufen ist schwierig. Bei der Auswahl des Maklers muss man dessen Sachkunde für bestimmte Schiffsgrößen, Schiffsarten und Länder beachten. Für den Makler sind Courtagen oder Kommissionen von 1–3 % des Kaufpreises einzuplanen. Dabei sind auch die Verkaufspreise des Schiffes zu beachten. Die Courtage beträgt bei Schiffen mit einem Verkaufspreis von 5 Mio. US-Dollar/Euro zwischen 2 und 3 % vom Kaufpreis. Ab 10 Millionen Euro/US-Dollar fällt die Courtage auf 1 bis 1,5 % vom Kaufpreis. 633

Bei Maklern ist ein Exklusivvertrag nicht üblich, aber trotzdem gern gesehen. 634

Das MOA folgt in der Regel englischem Recht und sieht London als Schiedsgerichtsstand (arbitration) vor. Das MOA bedarf nicht der notariellen Form. Das Verhandlungsergebnis der Parteien wird durch Ergänzungen und Streichungen im MOA sichtbar gemacht und festgehalten. 635

Die Abwicklung des Kaufvertrages erfolgt im Rahmen eines umfangreichen sogenannten Closings, während dessen auch die Löschung der Schiffshypothek und häufig auch die Löschung des Schiffs im deutschen Schiffsregister – bei einem Verkauf ins Ausland – erfolgt. Verkäufer und Käufer können sich durch Rechtsanwälte vertreten lassen. 636

Ein Muster einer MOA, weiterer Vertragsmuster sowie umfangreicher Informationen befinden sich im Internet unter der Adresse www.bimco.org. BIMCO (The Baltic and Internationale Maritime Councel) ist eine internationale Schifffahrtsorganisation mit Sitz in Kopenhagen. 637

Das Abweichen von bestimmten Klauseln ist nur schwer verhandelbar. 638

Der Vertragsinhalt besteht zunächst aus der Beschreibung des Schiffes einschließlich seiner Flaggenführung. 639

Es ist ein Kaufpreis zu finden. Dieser kann sich am Darlehensvolumen plus X, am Marktwert des Schiffes, oder nach LTAV bemessen. 640

Bis zur Schifffahrtskrise im Jahr 2008 waren marktpreisorientierte Bewertungsverfahren für Schiffe üblich. Es galt der Satz: „Bewerten heißt Vergleich!“ 641

Es erfolgte eine Wertermittlung auf Basis von Kaufpreisen von vergleichbaren Schiffen in zeitnah zum Stichtag erfolgter Transaktionen zwischen sachverständigen, vertragswilligen und voneinander unabhängigen Parteien. 642

In der Krisensituation der Schiffsmärkte lässt sich die Gleichheit von Wert und Preis nur schwer herstellen. 643

644 Es wurde das Long Term Asset Value (LTAV)-Verfahren entwickelt. Die Vereinigung Hamburger Schiffsmakler und Schiffsagenten e.V. (VHSS) hat in Zusammenarbeit mit PricewaterhouseCoopers (pwc) ein alternatives Schiffsbewertungsverfahren entwickelt.

645 Die Grundsätze der Bewertung sind im „Hamburg Ship Evaluation Standard (HSES) festgehalten.

646 Im LTAV-Verfahren geht es um zukünftiges Ertragspotential statt um aktuelle Transaktionspreise. Die Basis ist das Discounted Cash Flow (DCF) – Verfahren. Im DCF-Verfahren werden die erwarteten finanziellen Überschüsse (Free Cash Flows) aus dem Besitz und der ökonomischen Nutzung des Schiffes diskontiert. Das DCF-Verfahren ist ein anerkanntes Verfahren zur Unternehmens- und Assetbewertung. Das LTAV-Verfahren ist eine notwendige Ergänzung zu den bisher verwendeten marktpreisorientierten Bewertungsverfahren.[223]

647 Die „freihändige Veräußerung des Schiffes hat den Vorteil, dass der Markt keine erkennbare Notlage erkennt und so unter Umständen ein höherer Verkaufspreis erzielt werden kann. Das Problem liegt jedoch darin, dass der Verkäufer keine Lastenfreiheit garantieren kann. Es können in der Verkaufsphase Eintragungen ins Schiffsregister erfolgen. Die Mannschaft des Schiffes kann ihre Forderungen leicht durchsetzen, weil das gekaufte Schiff ohne Mannschaft zunächst ein Problemfall ist.

II. Versteigerung eines Schiffs aus einem Schiffsfonds

648 Die Abteilung für Zwangsversteigerungs- und Zwangsverwaltungssachen beim Amtsgericht ist zuständig für die Zwangsversteigerung und Zwangsverwaltung von Immobilien. Darunter versteht das Gesetz Grundstücke mit dem aufstehenden Gebäuden, Eigentumswohnungen, Teileigentume und Erbbaurechte. Dies können auch Versteigerungen zum Zwecke der Auseinandersetzung bestehender Eigentümergemeinschaften sein, wenn diese sich nicht gütlich einigen (Verfahren nach § 180 ZVG).

Ferner besteht Zuständigkeit für die Zwangsversteigerung von Schiffen, sofern diese in einem Schiffsregister eingetragen sind und sich zum Zeitpunkt der Beschlagnahme im Gebiet des Amtsgerichts liegen.

649 Es gilt das Zwangsversteigerungsrecht des ZVG. Der Zwangsversteigerungsvermerk wird ins Schiffsregister eingetragen.

223 *Mayr, Daniel*, LTAV – Schiffsbewertungen auf neuer Basis – 16. HANSA-Forum „Schiffsfinanzierung“ am 15.11.2012.

III. Verwertung durch den Insolvenzverwalter

Der Verkauf eines Schiffes erfolgt auch hier in der Regel auf der Grundlage eines Memorandum of Agreement (MOA), für das üblicherweise ein Muster der Norwegian Shipbrokers' Association als Grundlage verwendet wird. Die aktuelle Version ist die Saleform 2012. 650

Das MOA folgt in der Regel englischem Recht und sieht London als Schiedsgerichtsstand (arbitration) vor. Das MOA bedarf nicht der notariellen Form. Das Verhandlungsergebnis der Parteien wird durch Ergänzungen und Streichungen im MOA sichtbar gemacht und festgehalten. 651

Der Vertragsinhalt der MOA ist nicht auf einen freihändigen Verkauf durch einen Insolvenzverwalter gerichtet und bedarf folglich erheblicher Anpassungen, insbesondere im Bereich der Gewährleistung. 652

Die Abwicklung des Kaufvertrages erfolgt im Rahmen eines umfangreichen sogenannten Closings, während dessen auch die Löschung der Schiffshypothek und häufig auch die Löschung des Schiffs im deutschen Schiffsregister – bei einem Verkauf ins Ausland – erfolgt. Verkäufer und Käufer können sich durch Rechtsanwälte vertreten lassen. 653

Ein Muster einer MOA, weiterer Vertragsmuster sowie umfangreicher Informationen befinden sich im Internet unter der Adresse www.bimco.org. 654

Das Abweichen von bestimmten Klauseln ist nur schwer verhandelbar. 655

K. Zwangsmaßnahmen bei Schiffen

I. Zwangsvollstreckung in ein Schiff – Allgemeines

656 Zu Zwangsvollstreckungen in ein Schiff kommt es wegen Bankschulden, Schulden gegenüber der Besatzung oder wegen Treibstoff und Schmierstoffe für das Schiff. Ein Schiff gehört zu den beweglichen Sachen, selbst wenn es in ein Schiffsregister eingetragen ist. Dies gilt nicht nur für deutsche, sondern auch für ausländische Schiffe. Bei ausländischen Schiffen muss die konsularische Vertretung benachrichtigt werden.[224]

II. Arrest des Schiffs (an die Kette legen)

657 Der Arrest in Seeschiffe erfolgt grundsätzlich nach den allgemeinen Vorschriften der §§ 916 ff. ZPO. Das Schiff wird hinsichtlich der Anordnung und Vollziehung des Arrestes wie eine bewegliche Sache behandelt (§ 931 Abs. 1 ZPO).

658 Eine internationale Vereinheitlichung des Arrestrechts besteht zur Zeit nicht. Arreste in ausländische Schiffe werden eingeschränkt. Sie dürfen nur wegen bestimmter sogenannter See-Forderungen ausgebracht werden. Die Liste dieser Seeforderungen ist lang, sodass sie kaum eine Einschränkung darstellt.

659 Ein Arrest wird vom Gericht zur Sicherung einer Geldforderung – oder einer Forderung, die in eine solche übergehen kann – angeordnet (§ 916 Abs. 1 ZPO). Der Anspruch muss gegen den Eigentümer des Schiffes gerichtet sein und die Haftung muss sich auf das Schiff erstrecken.

660 Voraussetzung für den Arrestbefehl ist neben einem zu sichernden Anspruch gegen den Arrestschuldner ein Arrestgrund. Ein Arrestgrund liegt vor, wenn zu besorgen ist, dass ohne die Arrestverhängung die Vollstreckung des Urteils über den zu sichernden Anspruch vereitelt oder wesentlich beschwert werden würde (§ 917 Abs. 1 ZPO).

661 Als Gefährdungstatbestand beim Arrest in ein Schiff kommt insbesondere das Auslaufen des Schiffes in Betracht. Bei einer Ein-Schiff-Gesellschaft stellt das Schiff der einzige Vermögensgegenstand der Gesellschaft dar.

662 Ein Sonderfall liegt auch in § 917 Abs. 2 ZPO. Wenn das Urteil im Ausland vollstreckt werden muss, so ist dies stets ein ausreichender Arrestgrund.

---

224 *Gottwald, Uwe*, Zwangsvollstreckung: Kommentar zu den Paragrapfhen 704 bis 915 h ZPO mit Antrags- und Klagemuster für die Rechtspraxis, 6. Auflage, Haufe, Freiburg.

Im Arrestbefehl ist ein Sicherheitsbetrag anzugeben, durch dessen Hinterlegung die Vollziehung des Arrestes gehemmt und der Schuldner zum Antrag auf Aufhebung des vollzogenen Arrestes berechtigt wird (§ 923 ZPO).[225] 663

III. Überlegungen des Anwalts der Bank, die den Arrest durchführen will

1. Schiffsbezogene Überlegungen

Es ist zu prüfen, in welchem Land man die Zwangsversteigerung durchführen will. 664
Wenn die Zwangsversteigerung in Deutschland durchgeführt wird ist das praxiserfahrene ZVG einschlägig für das Verfahren. Bei Versteigerungen im Ausland werden immer Übersetzungen der Originaldokumente benötigt.

2. Versteigerungsverfahren in der Bundesrepublik Deutschland

Das Versteigerungsverfahren in Deutschland richtet sich nach der Zwangsverstei- 665
gerungsordnung. Es liegt eine klassische Versteigerung gemäß §§ 66 ff. ZVG vor. In Deutschland wird eine Versteigerung durch § 156 BGB geregelt. Bei gewerblichen Versteigerungen findet § 34b Gewerbeordnung Anwendung. Die Schiffe werden ähnlich den Immobilien versteigert. Nach Arrestantrag erfolgt die Arrestierung („an die Kette legen“) dann der Zwangsversteigerungsantrag und nach Bewertung die Anberaumung eines Termins. Dieser muss dann veröffentlicht werden. In dieser Phase des Verfahrens muss das Schiff natürlich bewacht werden. Im Zwangsversteigerungstermin erfolgen der Zuschlag und anschließend die Erlösverteilung. Hier werden die Ansprüche in der Rangfolge geprüft. Nach der Zwangsversteigerung muss das Schiffsregister die Löschung der Rechte bewerkstelligen.

Bei Zwangsversteigerungen besteht immer das Risiko der Schadenersatzpflicht 666
bei Fehlern und bei Nichtbeachtung von Zwangsversteigerungshindernissen.

3. Versteigerungsverfahren im Ausland mit besonderen Verfahren

Bei Versteigerungen im Ausland werden immer Übersetzungen der Originaldoku- 667
mente benötigt.

---

225 *Herber, Rolf*, Seehandelsrecht: Systematische Darstellung, Berlin, 1999.

Beliebte Arrest- und Versteigerungsländer sind:
- Niederlande
- Singapur
- Hongkong
- Zypern
- Malta
- Großbritannien
- Südafrika
- Gibraltar
- Deutschland
- China

Hier sind funktionierende Rechtssysteme vorhanden. Es bestehen Erfahrungen mit Schiffsarresten und Versteigerungen. Schließlich ist die Länge der Verfahrensdauer überschaubar.

668 Es gibt auch das niederländische „Rückwärts"-Bietverfahren. Bei der Rückwärtsauktion liegt die Motivation in der Informationsasymmetrie im Markt. Ein Anbieter kennt häufig nicht die Zahlungsbereitschaft seiner Interessenten. Setzt er einen zu hohen Preis fest, kann er seine Ware nicht verkaufen. Setzt er einen zu niedrigen Preis an, schöpft er nicht den möglichen Umsatz aus. Die meisten Bieter kennen die jeweilige Zahlungsbereitschaft, weil sie sich ein Limit gesetzt haben. Häufig lassen sich in der Auktion Bieter von anderen Bietern beeinflussen. Sie bieten dann mehr als sie zuvor beabsichtigt haben. Bei der Rückwärtsauktion sind solche „Bietergefechte" nicht möglich. Es werden von oben herab Beträge genannt. Der erste, der ein Gebot abgibt, erhält das Auktionsgut.

669 Man kann in den Niederlanden auch das Out of Court Sale Verfahren wählen.

670 In Hongkong kann man per in-rem-Verfahren vorgehen. Der Anspruch richtet sich unmittelbar gegen das Schiff.

4. Erlösauskehr

671 Bei der Erlösauskehr legt das Gericht die Reihenfolge der zu befriedigenden Gläubiger fest. Primär werden Versteigerungskosten einbehalten. Bei der Verteilung werden Schiffsgläubigerrechte beachtet. Es handelt sich um Heuerforderungen, öffentliche Abgaben. Bergungskosten und Ansprüche der Sozialversicherungsträger.

672 Da die Schiffsgläubigerrechte nicht registrierungsfähig sind ist die Anzahl und deren Umfang unter Umstände schwer feststellbar. Dies stellt ein Risiko für alle Gläubiger dar.

Damit kann der Anleger in einem Schiffsfonds auch ersehen, dass er kaum bei der Versteigerung oder dem Verkauf eines Schiffes Berücksichtigung finden wird.

L. Insolvenzverfahren

I. Grundlagen des Insolvenzverfahrens (§§ 1ff. InsO)

Das Insolvenzverfahren ist auf Antrag einzuleiten. 673

Die Ziele des Insolvenzverfahrens hat der Gesetzgeber in § 1 Insolvenzordnung (InsO) festgelegt. Es dient dazu, die Gläubiger eines Schuldners gemeinschaftlich zu befriedigen, indem das Vermögen des Schuldners verwertet und der Erlös verteilt wird; alternativ kann in einem Insolvenzplan eine abweichende Regelung insbesondere zum Erhalt der Schiffsfondsgesellschaft getroffen werden. Der redliche Schuldner, die Schiffsfondsgesellschaft, soll hierbei Gelegenheit erhalten, sich von seinen restlichen Verbindlichkeiten zu befreien. 674

Im Rahmen des Insolvenzverfahrens steht dem Gläubiger keine Möglichkeit mehr zur Verfügung, seine eigene Forderung individuelle in voller Höhe gegen die Schiffsfondsgesellschaft zu vollstrecken. Vielmehr wird das verbleibende Vermögen auf alle Gläubiger anteilig im Verhältnis der Höhe der einzelnen Forderungen aufgeteilt. 675

Beispiel:
Die Insolvenzgläubiger A und B haben gegenüber der Schiffsfondsgesellschaft offene Forderungen. Gegenüber A schuldet die Schiffsfondsgesellschaft 20.000,00 Euro, gegenüber B schuldet sie 10.000,00 Euro. Die Tätigkeit des Insolvenzverwalters ergibt, dass die Schiffsfondsgesellschaft für die Insolvenzmasse abzüglich aller sonstigen Kosten und Auslagen liquide Mittel in Höhe von 20.000,00 Euro zur Verfügung stellen kann.
Diese Insolvenzmasse in Höhe von 20.000,00 Euro wird nun anteilig auf die Insolvenzgläubiger A und B im Verhältnis ihrer offenen Forderungen gegen die Schiffsfondsgesellschaft aufgeteilt.
A erhält 2/3 der Insolvenzmasse, d.h. 13.333,33 Euro.
B erhält 1/3 der Insolvenzmasse, d.h. 6.666,67 Euro.

Das für das Insolvenzverfahren zuständige Insolvenzgericht ist das Amtsgericht am Sitz der Niederlassung der Fondsgesellschaft (§ 3 Abs. 1 i.V.m. § 2 Abs. 1 InsO). 676

Wurde Antrag auf Eröffnung des Insolvenzverfahrens gestellt, so ist das Insolvenzgericht verpflichtet, alle für das Insolvenzverfahren relevanten Umstände selbst zu ermitteln; diese Verpflichtung wird als Amtsermittlungsgrundsatz bezeichnet (§ 5 Abs. 1 S. 1 InsO). 677

II. Eröffnungsvoraussetzungen und Eröffnungsverfahren (§§ 11ff. InsO)

1. Eröffnungsvoraussetzungen

678 Schiffsfonds sind regelmäßig als Kommanditgesellschaften (im Regelfall GmbH & Co. KG) konzipiert worden. Da sie für eine Vielzahl von Anlegern/Kommanditisten konzipiert sind, werden sie häufig als „Publikums-KG" bzw. „Publikumskommanditgesellschaft" bezeichnet. Denn teilweise sind weit mehr als 50.000 Anleger/Kommanditisten vorhanden.

679 Selbst wenn Schiffsfondsgesellschaften meist als GmbH & Co. KG firmieren, so bleibt diese Gesellschaftsform rein juristische betrachtet trotzdem eine reine Kommanditgesellschaft. Grundsätzlich haftet bei einer Kommanditgesellschaft der Komplementär persönlich und unbeschränkt auch mit seinem Privatvermögen. Um dieses enorme Haftungsrisiko auszuschalten, ist bei einer GmbH & Co. KG einzig voll haftende Komplementärin eine GmbH. Eine GmbH haftet grundsätzlich nur bis zur Höhe ihres Stammkapitals. Das Stammkapital beträgt mindestens 25.000,00 Euro (§ 5 Abs. 1 GmbHG).

680 Stammkapital ist diejenige finanzielle Einlage, die bei einer GmbH von den Gesellschaftern eingezahlt werden muss. Der Wert von 25.000,00 Euro ist dabei das Mindestkapital, das immer vorhanden sein muss (sog. Mindeststammkapital).

681 § 11 Abs. 2 Nr. 1 InsO sieht ausdrücklich vor, dass auch über das Vermögen einer Kommanditgesellschaft ein Insolvenzverfahren eröffnet werden kann.

682 Der wichtigste Grund, aus dem die Schiffsfonds grundsätzlich als GmbH & Co. KG gestaltet werden, ist die Beschränkung der Haftung der Gesellschafter, d.h. der Kommanditisten. Denn nur der Komplementär, d.h. die GmbH, haftet uneingeschränkt. Die Kommanditisten haften grundsätzlich lediglich in der Höhe ihrer in der Beitrittserklärung zugesicherten Einlagesumme.

683 Allerdings ist darauf hinzuweisen, dass im Falle einiger Schiffsfondsgesellschaften im jeweiligen Gesellschaftsvertrag Regelungen enthalten sind, wonach die Kommanditisten im Falle einer Insolvenz zu weiteren Zahlungen aufgefordert werden können, auch wenn die Einlagesumme bereits vollständig eingezahlt oder, im Falle bereits erhaltener Ausschüttungen, wieder vollständig zurückbezahlt worden ist. Hier ist der einschlägige Gesellschaftsvertrag genau zu überprüfen. Der BGH[226] hat sich mit dieser Problematik bereits auseinandergesetzt. Hiernach sind erhaltene Ausschüttungen nur dann zurück zu zahlen, wenn im Gesellschaftsvertrag eine ausdrückliche Regelung zur Rückzahlungsverpflichtung enthalten ist.

684 Zwingende Voraussetzung für die Eröffnung eines Insolvenzverfahrens ist ein schriftlicher Antrag entweder eines bzw. mehrerer Gläubiger oder des Schuldners

226 BGH Urteil vom 12.03.2013 – II ZR 73/11.

(der Schiffsfondsgesellschaft) selbst (§ 13 Abs. 1 S. 1 InsO). Wird der Antrag durch die Schiffsfondsgesellschaft gestellt, sind hierbei die besonderen Voraussetzungen der §§ 13 Abs. 1 S. 2 bis 5, 15, 15a InsO zu beachten.

Zu beachten ist auch, dass der Eröffnungsantrag gemäß § 13 Abs. 2 InsO solange 685 zurückgenommen werden kann, bis das Insolvenzverfahren eröffnet oder der Eröffnungsantrag abgewiesen und sodann diese Abweisung rechtkräftig geworden ist, da Rechtsmittel hiergegen nicht eingelegt worden sind (§ 13 Abs. 2 InsO).

Ein Gläubiger einer Schiffsfondsgesellschaft darf einen Eröffnungsantrag immer 686 dann stellen, wenn er ein rechtliches Interesse an der Eröffnung des Insolvenzverfahrens hat; zudem muss er seine Forderung gegen die Schiffsfondsgesellschaft und den Eröffnungsgrund für das Insolvenzverfahren vor Gericht glaubhaft machen (§ 14 Abs. 1 S. 1 InsO).

Glaubhaftmachung ist eine besondere Form der Beweisführung vor Gericht, die 687 insbesondere hinsichtlich des Beweismaßes und der Beweismittel Erleichterungen vorsieht. Grundsätzlich muss eine Tatsache zur vollen Überzeugung des Gerichts bewiesen werden (sog. Vollbeweis). Demgegenüber bedeutet die Glaubhaftmachung eine Absenkung des Beweismaßes: Die Richtigkeit des Parteivorbringens muss nicht gewiss sein, sondern es genügt, dass das Gericht die Wahrheit der behaupteten Tatsache aufgrund Indizien für überwiegend wahrscheinlich hält.[227]

Für den Gläubiger relevant ist die Regelung des § 14 Abs. 3 InsO. Sollte die Forde- 688 rung gegen die Schiffsfondsgesellschaft erfüllt werden, nachdem der Gläubiger den Eröffnungsantrag beim Insolvenzgericht gestellt hat, so wird das Insolvenzgericht aufgrund der Zahlung und der dadurch eintretenden Erfüllungswirkung den Eröffnungsantrag als unbegründet abweisen. Allerdings hat dann die Schiffsfondsgesellschaft die bereits entstandenen Kosten dieses Verfahrens zu tragen.

Zu beachten ist, dass die Zeitspanne zwischen Stellung des Eröffnungsantrags 689 und Entscheidung des Gerichts zur Eröffnung des Insolvenzverfahrens teilweise mehrere Monate betragen kann. Dies ist von Gericht zu Gericht und der jeweiligen Arbeitsauslastung verschieden.

Praxishinweis Eröffnungsvoraussetzungen 690
Schriftlicher Antrag beim zuständigen Insolvenzgericht
Glaubhaftmachung eines eigenen rechtlichen Interesses des Antragstellers

---

2. Eröffnungsverfahren

Ohne Vorliegen eines Eröffnungsgrundes kann ein Insolvenzverfahren nicht eröffnet 691 werden (§ 16 InsO).

227 *Saenger*, in: Saenger, Zivilproessordnung, 5. Auflage 2013, § 294 Rn. 1f.; BGH NJW-RR 11, 136, 137).

692 Allgemeiner Eröffnungsgrund ist die Zahlungsunfähigkeit. Die Schiffsfondsgesellschaft ist zahlungsunfähig, wenn sie nicht in der Lage ist, die fälligen Zahlungspflichten zu erfüllen. Wichtigstes Indiz für eingetretene Zahlungsunfähigkeit sind regelmäßig die durch die Schiffsfondsgesellschaft eingestellten Zahlungen (§ 17 InsO).

693 Schiffsfondsgesellschaften in Form der GmbH & Co. KG sind Gesellschaften ohne Rechtspersönlichkeit ohne natürliche Person als persönlich haftender Gesellschafter (Komplementär). Komplementärin ist hier allein eine GmbH. Diese Ausgestaltung ändert nichts daran, dass es sich trotzdem um eine Kommanditgesellschaft (KG) handelt. Eine KG als Personengesellschaft hat keine Rechtspersönlichkeit, ihr sind aber auf bestimmten Teilgebieten Rechtsfähigkeiten eingeräumt worden (§§ 161 Abs. 2, 124 Handelsgesetzbuch HGB). Dies ist aber keinesfalls mit einer Rechtspersönlichkeit gleichzusetzen, so wie sie § 19 Abs. 3 S. 1 InsO vorausgesetzt.

694 Beantragt die Schiffsfondsgesellschaft als Schuldnerin die Eröffnung des Insolvenzverfahrens, so genügt in diesem Fall bereits die drohende Zahlungsunfähigkeit als Eröffnungsgrund. Drohende Zahlungsunfähigkeit bedeutet, dass die Schiffsfondsgesellschaft nicht mehr in der Lage sein wird, ihre bestehenden Zahlungspflichten im Zeitpunkt der Fälligkeit zu erfüllen (§ 18 Abs. 1 und 2 InsO).

695 Da die Schiffsfondsgesellschaft als sogenannte juristische Person des Privatrechts einzustufen ist, genügt als Eröffnungsgrund auch die Überschuldung (§ 19 Abs. 1 InsO). Regelmäßig liegt Überschuldung vor, wenn das Vermögen der Schiffsfondsgesellschaft die bestehenden Verbindlichkeiten nicht mehr deckt (§ 19 Abs. 2 InsO).

696 Ist der Eröffnungsantrag zulässig, hat die Schiffsfondsgesellschaft dem Insolvenzgericht alle erforderlichen Auskünfte zu erteilen und im Eröffnungsverfahren mitzuwirken (§ 20 Abs. 1 InsO).

---

697 **Praxishinweis:**
Zwischen drohender Zahlungsunfähigkeit und Überschuldung muss genau unterschieden werden.

---

a) Mögliche gerichtliche Maßnahmen

698 Das Insolvenzgericht hat alle Maßnahmen zu treffen, die erforderlich erscheinen, um bis zur Entscheidung über die Eröffnung oder Nichteröffnung des Insolvenzverfahrens Nachteile für die Vermögenslage des Schiffsfonds zulasten der Gläubiger zu verhindern (§ 21 Abs. 1 S. 1 InsO).

699 Zu diesen Maßnahmen zählen (vgl. § 21 Abs. 2 InsO):
- Bestellung eines vorläufigen Insolvenzverwalters;
- Einsetzen eines vorläufigen Gläubigerausschusses;
- Der Schiffsfondsgesellschaft wird ein allgemeines Verfügungsverbot auferlegt;
- Es wird angeordnet, dass Verfügungen der Schiffsfondsgesellschaft nur mit Zustimmung des vorläufigen Insolvenzverwalters wirksam sind;

- Zwangsvollstreckungsmaßnahmen gegen die Schiffsfondsgesellschaft aus rechtskräftigen Titeln können untersagt oder einstweilen eingestellt werden;
- Anordnung einer vorläufigen Postsperre;
- Anordnung eines Verwertungs- bzw. Einziehungsverbotes hinsichtlich bestimmter Gegenstände, die zur Fortführung der Schiffsfondsgesellschaft eingesetzt werden können; gegebenenfalls ist ein eventuell eintretender Wertverlust zu ersetzen;

Sollten die vorgenannten Maßnahmen nicht ausreichend sein, so kann das Insolvenzgericht die organschaftlichen Vertreter der Schiffsfondsgesellschaft, d.h. die Geschäftsführung des Komplementärin, zwangsweise vorführen und nach entsprechender Anhörung in Haft nehmen lassen (§ 21 Abs. 3 InsO). 700

b) Der vorläufige Insolvenzverwalter (§ 22 InsO)

Das Insolvenzgericht kann für die Zeit bis zur Entscheidung über die Eröffnung bzw. Nichteröffnung bereits einen Insolvenzverwalter einsetzen. Da dieser dann noch vor der gerichtlichen Entscheidung zur tatsächlichen Einleitung und Nichteinleitung des Insolvenzverfahrens tätig ist, wird dieser ausdrücklich als vorläufiger Insolvenzverwalter bezeichnet. Seine Befugnisse sind auch weniger weitreichend als diejenigen des ab Eröffnung des Insolvenzverfahrens eingesetzten Insolvenzverwalters. 701

Für den Fall, dass der Schiffsfondsgesellschaft durch das Insolvenzgericht ein allgemeines Verfügungsverbot auferlegt worden ist, so ist ab diesem Zeitpunkt nur noch der vorläufige Insolvenzverwalter zur Verwaltung und Verfügung über das Vermögen der Schiffsfondsgesellschaft berechtigt (§ 22 Abs. 1 S. 1 InsO). 702

Pflichtaufgaben des vorläufigen Insolvenzverwalters bei allgemeinem Verfügungsverbot der Schiffsfondsgesellschaft sind (vgl. § 22 Abs. 1 S. 2 InsO): 703
- Sicherung und Erhaltung des Vermögens der Schiffsfondsgesellschaft;
- Fortführung der Schiffsfondsgesellschaft bis zur insolvenzgerichtlichen Entscheidung über die Eröffnung des Insolvenzverfahrens; ausnahmsweise kann das Insolvenzgericht einer Stilllegung der Schiffsfondsgesellschaft zustimmen;
- Prüfung, ob das Vermögen der Schiffsfondsgesellschaft die Kosten des Insolvenzverfahrens decken wird;
- Zusätzlich kann das Insolvenzgericht den vorläufigen Insolvenzverwalter beauftragen, als Sachverständiger zu prüfen, ob tatsächlich ein Eröffnungsgrund vorliegt und welche Aussichten für eine Fortführung der Schiffsfondsgesellschaft bestehen.

Wurde der Schiffsfondsgesellschaft durch das Insolvenzgericht kein allgemeines Verfügungsverbot auferlegt, so legt das Insolvenzgericht die einzelnen Pflichten des vorläufigen Insolvenzverwalters genau fest, wobei sich das Insolvenzgericht an den zuvor aufgelisteten, möglichen Aufgaben orientiert (§ 22 Abs. 2 InsO). 704

705 **Praxishinweis:**
Zwischen vorläufigem Insolvenzverwalter und Insolvenzverwalter muss genau unterschieden werden.

c) Bestellung eines vorläufigen Gläubigerausschusses (§ 22a InsO)

706 Der Gläubigerausschuss gewährleistet die Mitbestimmung der Insolvenzgläubiger und deren Interessenvertretung im Rahmen des Insolvenzverfahrens. Allerdings bestellt das Insolvenzgericht einen vorläufigen Gläubigerausschuss nur in den ausdrücklich vom Gesetz angeordneten Fällen (vgl. § 22a InsO). Die Regelungen des § 22a InsO sind relativ neu und wurden erste Ende 2011 durch das ESUG eingeführt.

707 Erforderlich für die Initiierung eines vorläufigen Gläubigerausschusses ist, dass die Schiffsfondsgesellschaft mindestens zwei der drei nachfolgend aufgezählten Eigenschaften im Geschäftsjahr, das dem Jahr der Stellung des Insolvenzeröffnungsantrages vorausgeht, erfüllt (vgl. § 22a Abs. 1 Nr. 1–3 InsO):
- nach Abzug eines ausgewiesenen Fehlbetrages auf der Aktivseite verbleibt eine Bilanzsumme von 4.840.000,00 Euro;
- vor Abschlussstichtag wurde mindestens 9.680.000,00 Euro Umsatzerlös erzielt;
- die Schiffsfondsgesellschaft beschäftigte im Jahr durchschnittlich 50 Arbeitnehmer.

708 Ist nur eines der vorgenannten Merkmale erfüllt, so kann das Insolvenzgericht einen vorläufigen Gläubigerausschuss nicht bestellen.

709 Die hierfür geeigneten Personen müssen dem Insolvenzgericht vorab benannt werden. Zudem müssen diese Personen mit der Benennung einverstanden sein (§ 22a Abs. 2, 4 InsO).

710 Ein vorläufiger Gläubigerausschuss darf in folgenden Fällen *nicht* eingesetzt werden (vgl. § 22a Abs. 3 InsO):
- wenn der Geschäftsbetrieb der Schiffsfondsgesellschaft eingestellt ist, oder
- die Einsetzung des vorläufigen Gläubigerausschusses ist aufgrund der zu erwartenden Insolvenzmasse nicht verhältnismäßig, oder
- die Einsetzung des vorläufigen Gläubigerausschusses hätte negativen Einfluss auf die Vermögenslage der Schiffsfondsgesellschaft.

711 Ist ein Gläubigerausschuss nicht bestellt, so kann es in einigen gesetzlich festgelegten Fällen erforderlich sein, die Gläubigerversammlung hinzuzuziehen (§§ 74ff. InsO). Ihre Aufgabe ist ebenfalls die Wahrung der gemeinsamen Interessen der Insolvenzgläubiger. Sie ist ausschließlich Vertretungsorgan der absonderungsberechtigten

Gläubiger sowie der Insolvenzgläubiger und hat nicht wie der Insolvenzverwalter und der Gläubigerausschuss auch die Interessen der anderen Beteiligten zu wahren.[228]

Praxishinweis: 712
Ist die Einsetzung eines vorläufigen Gläubigerausschusses möglich und sinnvoll?

d) Verfügungsbeschränkungen (§§ 23–25 InsO)

Das gerichtlich angeordnete allgemeine Verfügungsverbot und die Bestellung eines 713 vorläufigen Insolvenzverwalters sind öffentlich bekanntzumachen. Dieser gerichtliche Beschluss ist der u.a. der Schiffsfondsgesellschaft und deren Schuldnern zuzustellen. Die Schuldner der Schiffsfondsgesellschaft dürfen dann nur noch unter Beachtung dieses Beschlusses Zahlungen vornehmen (§ 23 Abs. 1 InsO).

Dieser Beschluss ist im Schiffsregister einzutragen (§ 23 Abs. 2, 3 InsO). 714

Sollte ein Schuldner dennoch entgegen dem gerichtlichen Beschluss Zahlungen 715 vornehmen, so sind diese nicht wirksam (§§ 24 i.V.m. 81, 82 InsO). Der Schuldner wird daher nicht von seiner Zahlungsverpflichtung befreit.

Das Gericht ist selbstverständlich auch befugt, die zuvor angeordneten Siche- 716 rungsmaßnahmen wieder aufzuheben (§ 25 InsO).

e) Abweisung mangels Masse (§§ 26, 26a InsO)

Das Gericht wird trotz entsprechenden Antrages das Insolvenzverfahren nicht eröff- 717 nen, wenn die Insolvenzmasse, d.h. die Mittel der Schiffsfondsgesellschaft, nicht ausreichen, um zumindest die Kosten des Insolvenzverfahrens zu decken (§ 26 Abs. 1 S. 1 InsO). Etwas anderes gilt nur, wenn ein ausreichender Geldbetrag vorab zur Verfügung gestellt wird, der genaue diese Verfahrenskosten decken wird oder wenn das Insolvenzgericht die Verfahrenskosten nach § 4a InsO stundet (§ 26 Abs. 1 S. 2 InsO).

Unter Stundung ist das Hinausschieben der Fälligkeit einer Forderung zu verste- 718 hen. Der Schuldner kann aber trotzdem jederzeit zahlen.[229]

Wird das Insolvenzverfahren mangels Masse nicht eröffnet, so ordnet das Insol- 719 venzgericht an, dass die Schiffsfondsgesellschaft in das Schuldnerverzeichnis im Sinne von § 882b der Zivilprozessordnung (ZPO) einzutragen ist (§ 26 Abs. 2 InsO).

Trotz Nichteröffnung hat die Schiffsfondsgesellschaft auch die Auslagen des vor- 720 läufigen Insolvenzverwalters zu erstatten, die vorab vom Insolvenzgericht festgesetzt werden (§ 26a InsO).

228 *Theewen, Eckhard M.*, Rechtsstellung der Insolvenzgläubiger, 2. Auflage 2013, S. 53.
229 BGH NJW 1998, 2060; 2000, 2580/82.

721 **Praxishinweis:**
Die Möglichkeit der Abweisung mangels Masse beachten, da so der Antragsteller die Kosten des unnötig eingeleiteten Verfahrens zu tragen hat.

f) Einleitung des Insolvenzverfahrens durch Eröffnungsbeschluss (§§ 27–33 InsO)

722 Zur Eröffnung des Insolvenzverfahrens ist ein gerichtlicher Beschluss erforderlich, der unverzüglich öffentlich bekanntgemacht wird (§ 30 InsO). Es wird ein Insolvenzverwalter benannt (§ 27 Abs. 1 InsO). Eine Eintragung im Schiffsregister erfolgt (§ 33 InsO).

723 Die Unterscheidung zwischen vorläufigem Insolvenzverwalter und dem eigentlichen Insolvenzverwalter ist erforderlich, um die unterschiedlichen Verfahrensstadien zu verdeutlichen. Der vorläufige Insolvenzverwalter wird eingesetzt, solange die Eröffnung des Insolvenzverfahrens lediglich beantragt ist, die gerichtliche Entscheidung aber noch aussteht. Erst mit Eröffnung des Insolvenzverfahrens wird der endgültige Insolvenzverwalter eingesetzt.

724 Zudem haben die jeweiligen Insolvenzverwalter unterschiedliche Befugnisse.

725 Der Eröffnungsbeschluss enthält insbesondere (vgl. § 27 Abs. 2 InsO):

- die genaue Bezeichnung der Schiffsfondsgesellschaft nebst Registergericht und Registernummer, Geschäftszweig, gewerblicher Niederlassung;
- Name und Anschrift des Insolvenzverwalters;
- die genaue Stunde der Eröffnung des Insolvenzverfahrens.

726 Die exakte Angabe der Stunde ist grundsätzlich für die Einordnung der verschiedenen Gläubiger und der Forderungen sowie für die Berechnung verschiedener Fristen relevant.

727 Für den Fall, dass die exakte Stunde der Eröffnung des Insolvenzverfahrens nicht angegeben ist, so gilt als Zeitpunkt 12.00 Uhr des Tages, an dem der Eröffnungsbeschluss erging (§ 27 Abs. 3 InsO).

728 In dem gerichtlichen Eröffnungsbeschluss sind alle Gläubiger der Schiffsfondsgesellschaft aufzufordern, ihre Forderungen innerhalb einer bestimmten Frist beim Insolvenzverwalter anzumelden (§ 28 Abs. 1 i.V.m. § 174 InsO).

729 Das Insolvenzgericht legt zudem Termine der Gläubigerversammlungen zum einen zum Fortgang der Schiffsfondsgesellschaft auf Grundlage des Berichts des Insolvenzverwalters (Berichtstermin), zum anderen zur Überprüfung der angemeldeten Forderungen (Prüfungstermin), fest (§ 29 InsO).

730 Gegen die Entscheidung des Insolvenzgerichts über die Eröffnung oder Nichteröffnung des Insolvenzverfahrens ist das Rechtsmittel der sofortigen Beschwerde gegeben (§ 34 InsO). Grundsätzlich gilt hier die Notfrist von zwei Wochen (§§ 576, 579 Zivilprozessordnung ZPO).

Wichtig: 731
Bei einer Notfrist ist weder ein Antrag auf Fristverlängerung noch bei Verstreichenlassen der Frist die Wiedereinsetzung in den vorigen Stand möglich. Verstreicht also diese Frist, kann hiergegen nicht weiter vorgegangen werden.

Die Anmeldung der Forderung muss schriftlich erfolgen. Hilfreich ist es, Kopien von 732
Unterlagen und Schriftstücken beizufügen, aus denen sich die Forderung des Gläubigers ergibt (§ 174 Abs. 1 S. 1 InsO).

In der Anmeldung sind der Grund und die Höhe der Forderung anzugeben. Sollte 733
der Gläubiger über Hinweise zur einer Straftat der Führungsebene der Schiffsfondsgesellschaft verfügen, so sind diese Tatsachen ebenfalls zu benennen (§ 174 Abs. 2 InsO).

Wichtig: 734
Die Forderungen nachrangiger Gläubiger sind nur anzumelden, wenn das Insolvenzgericht besonders zur Anmeldung dieser Forderungen auffordert. Bei der Anmeldung solcher Forderungen weist das Gericht den Gläubiger auf den Nachrang hin (§ 174 Abs. 3 InsO).

Im Regelfall sind Anleger an einer Schiffsfondsgesellschaft entweder direkt oder über 735
eine Treuhänderin als Kommanditisten beteiligt.

Praxishinweis: 736
Hinsichtlich der Art der Beteiligung gibt der Gesellschaftsvertrag Aufschluss.

Ein Kommanditist ist Gesellschafter der Schiffsfondsgesellschaft. Er haftet nach 737
außen gegenüber dem Rechtsverkehr allerdings grundsätzlich nur beschränkt, d.h. in Höhe seiner Haftsumme nach § 171 HGB.

Die Haftsumme ist derjenige Betrag, der in der Beitrittserklärung zur Schiffs- 738
fondsgesellschaft vereinbart worden ist. Sie kann von der Zeichnungssumme abweichen. Teilweise beträgt die Haftsumme lediglich 10 % der Zeichnungssumme.

Der Anleger als Kommanditist trägt immer auch das unternehmerische Risiko der 739
Schiffsfondsgesellschaft mit. Ist beispielsweise die Einlagesumme, d.h. der Betrag laut Beitrittserklärung, vollständig einbezahlt worden und der Anleger erhält während der Fondslaufzeit beispielsweise eine Ausschüttung, so lebt die Haftung gegenüber der Schiffsfondsgesellschaft in Höhe der erhaltenen Ausschüttung grundsätzlich wieder auf (vgl. § 172 Abs. 4 HGB). Etwas anderes gilt nur, wenn der Gesellschaftsvertrag des Schiffsfonds hier ausdrücklich eine anderslautende Regelung trifft.

740 **Rechenbeispiel:**
Anleger A beteiligt sich an der Schiffsfondsgesellschaft mit 100.000,00 Euro. In den ersten drei Jahren der Fondslaufzeit erhält A jährlich eine Ausschüttung von je 1.500,00 Euro; der Gesamtbetrag der Ausschüttungen beläuft sich auf 4.500,00 Euro. In den Folgejahren unterbleiben weitere Ausschüttungen. Das Insolvenzverfahren wird nach entsprechendem Antrag eröffnet. Der Insolvenzverwalter prüft, ob alle Anleger ihre Einlageverpflichtungen erfüllt haben. Im Falle von A stellt er fest, dass er 4.500,00 Euro der Einlage gegenüber den Gläubigern der Gesellschafter nicht geleistet hat. Der Insolvenzverwalter kann daher A auffordern, die 4.500,00 Euro wieder einzuzahlen.

741 Eine Rückzahlung der Einlage erfolgt auch im Falle einer Kündigung der Beteiligung durch den Anleger. Bei einer Kündigung vor Ende der Fondslaufzeit wird ein Auseinandersetzungsguthaben an den ausscheiden Anleger gezahlt. Der Anleger haftet aber trotzdem grundsätzlich nach seinem Ausscheiden aus der Schiffsfondsgesellschaft auf die vor dem Ausscheiden der Fondsgesellschaft begründeten Gesellschaftsverbindlichkeiten. Liegt das Auseinandersetzungsguthaben im Zeitpunkt der Kündigung infolge von Verlusten (nicht Überentnahmen) unter dem Einlagebetrag, lebt die Haftung entsprechend niedriger grundsätzlich wieder auf.[230] Eine Kündigung ist nur nach Maßgabe des Gesellschaftsvertrages möglich.

742 **Rechenbeispiel:**
Wie zuvor; der Anleger A hat in den ersten Jahren nach Fondsauflegung insgesamt 4.500,00 Euro Ausschüttungen erhalten. In den Folgejahren werden keine Ausschüttungen gezahlt. Der A kündigt seine Fondsbeteiligung. Es wird das Auseinandersetzungsguthaben berechnet. Die Schiffsfondsgesellschaft erwirtschaftete einige Verluste. Das Auseinandersetzungsguthaben des A ergibt ein Minus von 1.500,00 Euro. Die Schiffsfondsgesellschaft wird den A mit großer Wahrscheinlichkeit zur Wiedereinzahlung auffordern.

743 Die Haftung lebt auch in folgenden Fällen grundsätzlich wieder auf (Beispiele)[231]:
- Rückzahlung des Agios;
- Überentnahmen;
- Begleichung persönlicher Verbindlichkeiten des Anlegers durch die Schiffsfondsgesellschaft;
- Zahlung an einen Dritten, der wiederum die Zahlung an den Kommanditisten weiterleitet (Auszahlung über Eck).

744 Etwas anderes gilt nur bei anderslautender Regelung im Gesellschaftsvertrag des Schiffsfonds.

---

230 *Hopt*, in: Baumbach/Hopt, Handelsgesetzbuch, 35. Auflage 2012, § 172 Rn. 6; § 171 Rn. 1.
231 *Hopt*, in: Baumbach/Hopt, Handelsgesetzbuch, 35. Auflage 2012, § 172 Rn. 6.

Diese Haftungsproblematik aufgrund des Eingehens eines unternehmerischen Risikos ist der Grund dafür, dass die Forderung auf Rückzahlung des Einlagebetrages durch den Anleger im Falle einer Insolvenz der Schiffsfondsgesellschaft nachrangig gegenüber den Forderungen sonstiger Gläubiger behandelt wird. Das Insolvenzgericht muss allerdings ausdrücklich zur Anmeldung dieser Forderungen auffordern. 745

Praxishinweise: 746
- Antragsgrund aus Sicht des Gläubigers: Zahlungsunfähigkeit
- Bei Anlegern/Kommanditisten als nachrangigen Gläubigern fordert das Insolvenzgericht ausdrücklich zur Forderungsanmeldung auf.
- Die Regelungen des Gesellschaftsvertrags müssen genau geprüft werden.

III. Insolvenzmasse und Einteilung der Gläubiger (§§ 35ff. InsO)

Das Insolvenzverfahren umfasst die sogenannte Insolvenzmasse. Hierunter ist das gesamte Vermögen der Schiffsfondsgesellschaft im Zeitpunkt der Eröffnung des Insolvenzverfahrens und zusätzlich das Vermögen zu verstehen, das während des Insolvenzverfahrens erlangt wird (§ 35 Abs. 1 InsO). 747

Nicht zur Insolvenzmasse gehören sogenannte unpfändbare Gegenstände (§ 36 Abs. 1 S. 2 InsO, der auf die einschlägigen Vorschriften der ZPO verweist). Ob ein Gegenstand der Schiffsfondsgesellschaft zur Insolvenzmasse gehört oder nicht, wird durch das Insolvenzgericht entschieden (§ 36 Abs. 4 S. 1 InsO). 748

Sogenannter *Insolvenzgläubiger* der Schiffsfondsgesellschaft ist nach § 38 InsO nur derjenige persönliche Gläubiger, der im Zeitpunkt der Eröffnung des Insolvenzverfahrens einen begründeten Vermögensanspruch gegen die Schiffsfondsgesellschaft hat. Diese Insolvenzgläubiger werden vorrangig aus der Insolvenzmasse bedient. Alle Insolvenzgläubiger sind gleichberechtigt. 749

Von den vorgenannten Insolvenzgläubigern sind die sogenannten *nachrangigen Insolvenzgläubiger* im Sinne von § 39 InsO zu unterscheiden. Sie werden erst bedient, wenn alle Insolvenzgläubiger befriedigt sind und sodann noch Insolvenzmasse verbleibt, um die nachrangigen Insolvenzgläubiger zu bedienen. 750

Zu den nachrangigen Insolvenzgläubigern gehören (vgl. § 39 Abs. 1 InsO): 751
- Insolvenzgläubiger, denen seit Eröffnung des Insolvenzverfahrens z.B. laufende Zinsen aus Forderungen entstehen;
- Insolvenzgläubiger, denen aufgrund der Teilnahme am Insolvenzverfahren Kosten entstehen;
- Gläubiger, die gegen die Schiffsfondsgesellschaft Anspruch auf Zahlung z.B. einer Geldstrafe, Geldbuße, eines Ordnungsgeldes oder Zwangsgeldes haben;
- Insolvenzgläubiger, die gegen die Schiffsfondsgesellschaft Anspruch auf eine unentgeltliche Leistung haben;

- Insolvenzgläubiger, die gegen die Schiffsfondsgesellschaft Rückgewähransprüche z.B. aus einem Gesellschafterdarlehen haben.

752 Unter Gesellschafterdarlehen ist im Rahmen einer Schiffsfondsbeteiligung ein solches Darlehen zu verstehen, dass von dem Anleger/Kommanditisten gegenüber der Schiffsfondsgesellschaft gewährt worden ist. Es ist nicht mit dem Einlagebetrag gleichzusetzen, sondern unabhängig davon zu betrachten.

753 Zur Insolvenzmasse gehören auch Forderungen, die erst zukünftig fällig, d.h. vom Gläubiger einforderbar, werden. Im Rahmen eines Insolvenzverfahrens gelten sie trotzdem als bereits fällig (§ 41 InsO). Auflösend bedingte Forderungen werden im Rahmen des Insolvenzverfahrens wie Forderungen ohne Bedingungen behandelt (§ 42 InsO).

754 Aus der so berechneten Insolvenzmasse sind die Kosten des Insolvenzverfahrens und sonstige Masseverbindlichkeiten vorweg zu berichtigen (§ 53 InsO).

755 Zu den Kosten des Insolvenzverfahrens zählen (vgl. § 54 InsO):
- die Gerichtskosten für das Insolvenzverfahren;
- die Vergütungen und Auslagen des vorläufigen Insolvenzverwalters, des Insolvenzverwalters und, sofern vorhanden, der Mitglieder des Gläubigerausschusses.

756 Unter sonstigen Masseverbindlichkeiten sind zu verstehen (vgl. § 55 InsO):
- Verbindlichkeiten, die durch Handlungen des Insolvenzverwalters oder in anderer Weise begründet werden, ohne zu den Kosten des Insolvenzverfahrens zu gehören;
- Verbindlichkeiten aus gegenseitigen Verträgen, soweit deren Erfüllung auch nach Eröffnung des Insolvenzverfahrens verlangt wird oder in dieser Zeit zu erfolgen hat;
- Verbindlichkeiten aus einer ungerechtfertigten Bereicherung der Masse.
- Ungerechtfertigte Bereicherung liegt vor, wenn die Insolvenzmasse durch den Wertzuwachs erhöht wird, der Wertzuwachs jedoch ohne jeglichen rechtlichen Grund erfolgte, d.h. nicht rechtmäßig ist.

757 Die Verbindlichkeiten des vorläufigen Insolvenzverwalters zählen nach Verfahrenseröffnung zu den Masseverbindlichkeiten (§ 55 Abs. 2 S. 1, Abs. 4 InsO).

1. Kosten des Insolvenzgerichts

758 Die Gerichtskosten werden auf Grundlage des Wertes der Insolvenzmasse im Zeitpunkt der Beendigung des Insolvenzverfahrens errechnet. Hat ein Insolvenzgläubiger den Eröffnungsantrag gestellt, bemessen sich die Gerichtskosten anhand des Wertes dieser Forderung; die Forderung des Insolvenzgläubigers muss jedoch geringer sein als der Wert der Insolvenzmasse. Die Gebühr bei einem Antrag des Insolvenzgläubigers beträgt in jedem Fall jedoch mindestens 150,00 Euro.

2. Kosten des Insolvenzverwalters

Die weiteren Einzelheiten, die über die Regelung der §§ 54, 55 InsO hinausgehen, sind in § 2 der InsVV (Insolvenzrechtliche Vergütungsverordnung) geregelt. 759

Im Regelfall erhält der Insolvenzverwalter: 760
- von den ersten 25.000,00 Euro der Insolvenzmasse 40 %;
- von dem Mehrbetrag bis zu 50.000,00 Euro 25 %;
- von dem Mehrbetrag bis zu 250.000,00 Euro 7 %;
- von dem Mehrbetrag bis zu 500.000,00 Euro 3 %;
- von dem Mehrbetrag bis zu 25 Millionen Euro 2 %;
- von dem Mehrbetrag bis zu 50 Millionen Euro 1 %;
- von dem darüber hinausgehenden Betrag 0,5 %.

Die Mindestvergütung beträgt jedoch: 761
- in Verfahren mit nicht mehr als 10 Gläubigern 1.000,00 Euro;
- bei 11 bis 30 Gläubigern: je angefangene 5 Gläubiger Erhöhung der 1.000,00 Euro um 150,00 Euro;
- ab 31 Gläubigern: je angefangene 5 Gläubiger Erhöhung um 100,00 Euro.

Hinzuzuaddieren sind sonstige Auslagen und Kosten. 762

3. Kosten des Rechtsanwalts

Für die Berechnung der Rechtsanwaltsgebühren ist grundsätzlich ebenfalls der Wert 763
der Insolvenzmasse maßgeblich.

Der Rechtsanwalt der Schiffsfondsgesellschaft darf seiner Gebührenrechnung 764
den Mindestwert von 4.000,00 Euro zugrunde legen.

Der Rechtsanwalt des Insolvenzgläubigers legt seiner Gebührenrechnung die 765
Höhe der angemeldeten Forderung zugrunde.

4. Kosten des Gläubigerausschusses

Die Mitglieder des Gläubigerausschuss haben ebenfalls einen Anspruch auf Vergü- 766
tung (§ 73 InsO). Ist vom Insolvenzgericht ein Gläubigerausschuss eingesetzt worden, erhält jedes Mitglied für jede Stunde seiner Tätigkeit eine Vergütung zwischen 35,00 Euro und 95,00 Euro zzgl. Umsatzsteuer (§ 17 InsVV). Wie der Insolvenzverwalter werden auch hier darüber hinausgehende Auslagen und Kosten erstattet, wenn die entsprechenden Belege vorgelegt werden können.

IV. Insolvenzverwalter und Organe der Gläubiger (§§ 56ff. InsO)

1. Insolvenzverwalter (§§ 56ff. InsO)

767 Zum Insolvenzverwalter kann nur bestellt werden, wenn er für den jeweiligen Einzelfall der Schiffsfondsgesellschaft geeignet ist. Es muss insbesondere geschäftskundig und von den Gläubigern und der Schiffsfondsgesellschaft unabhängig sein. Nach der Bestellung erhält er eine Urkunde (§ 56 InsO).

768 In der ersten Gläubigerversammlung nach Bestellung des Insolvenzverwalters können die Gläubiger einen anderen Insolvenzverwalter wählen (§ 57 InsO). Zu beachten ist, dass hierfür eine Mehrheit erforderlich ist, die in der Summe der Forderungsbeträge der zustimmenden Gläubiger mehr als die Hälfte der Summe der Forderungsbeträge der abstimmenden Gläubiger beträgt (§ 76 Abs. 2 HS. 1 InsO).

769 Der Insolvenzverwalter steht unter der Aufsicht des Insolvenzgerichts, wobei das Insolvenzgericht von ihm jederzeit einzelne Auskünfte oder Berichte über den Sachstand und die Geschäftsführung verlangen kann (§ 58 Abs. 1 S. 1 und 2 InsO).

770 Ist das Insolvenzgericht der Auffassung, der Insolvenzverwalter erfülle seine Pflicht nicht ordnungsgemäß, kann es gegen den Insolvenzverwalter nach entsprechender vorheriger Androhung ein Zwangsgeld von maximal 25.000,00 Euro festsetzen (§ 58 Abs. 2 S. 1 und 2 InsO). In Extremfällen kann das Insolvenzgericht den Insolvenzverwalter aus wichtigem Grund aus dem Amt entlassen. Der Insolvenzverwalter ist jedoch vorab anzuhören (§ 59 Abs. 1 S. 1 und 3 InsO).

771 Der Insolvenzverwalter ist allen Beteiligten zum Schadensersatzverpflichtet, wenn er schuldhaft die ihm obliegenden gesetzlichen Pflichten verletzt. Er hat für die Sorgfalt eines ordentlichen und gewissenhaften Insolvenzverwalters einzustehen (§ 60 Abs. 1 S. 1 und 3 InsO).

772 Hat ein Insolvenzverwalter eine Masseverbindlichkeit begründet und kann diese aus der verbleibenden Insolvenzmasse nicht voll erfüllt werden, so ist der Insolvenzverwalter dem Massegläubiger gegenüber zum Schadensersatz verpflichtet. Dies gilt dann nicht, wenn der Insolvenzverwalter bei Begründung dieser Masseverbindlichkeit nicht erkennen konnte, dass die Masse voraussichtlich zur Erfüllung nicht ausreichen würde (§ 61 S. 1 und 2 InsO).

773 Schadensersatzansprüche gegen den Insolvenzverwalter wegen einer Pflichtverletzung verjähren spätestens drei Jahre nach seiner rechtskräftigen Einstellung oder nach Aufhebung der Einstellung (§ 62 S. 1 und 2 InsO).

774 Der Insolvenzverwalter erhält seine Vergütung aus der Insolvenzmasse, wobei der Wert der Insolvenzmasse im Zeitpunkt der Beendigung des Insolvenzverfahrens maßgeblich ist. Hieraus wird ein Regelsatz berechnet (§ 63 Abs. 1 S. 1 bis 3 InsO). Zu beachten ist, dass ausschließlich das Insolvenzgericht die Vergütung und sonstigen Erstattungen durch gerichtlichen Beschluss festsetzt (§ 64 Abs. 1 InsO). Dieser Beschluss wird zwar veröffentlicht, allerdings ohne Benennung des genauen Betrags, den der Insolvenzverwalter erhält (§ 62 Abs. 2 S. 1 und 2 InsO).

Bei Beendigung seiner Tätigkeit hat der Insolvenzverwalter dem Insolvenzgericht zur Überprüfung vollständig Rechnung zu legen (§ 66 Abs. 2. S. 1 InsO). Sodann hat der Insolvenzverwalter gegenüber einer Gläubigerversammlung Rechenschaft abzulegen; etwas anderes gilt nur, wenn der Insolvenzplan hiervon ausdrücklich absieht (§ 66 Abs. 1 S. 1 und 2 InsO). 775

Praxishinweis: 776
Der Insolvenzverwalter ist bemüht, viele Insolvenzforderungen zur Insolvenzmasse listen zu können, da hierdurch auch seine Vergütung steigt.

---

2. Gläubigerausschuss (§§ 67ff. InsO)

Bei Bedarf kann bereits vor der ersten Gläubigerversammlung vom Insolvenzgericht ein Gläubigerausschuss eingesetzt werden. Die Entscheidung liegt im Ermessen des Insolvenzgerichts. 777

a) Mitglieder des Gläubigerausschusses

Der Gläubigerausschuss soll bestehen aus (vgl. § 67 Abs. 2 InsO): 778
- den absonderungsberechtigten Gläubigern,
- den Insolvenzgläubigern,
- den Kleingläubigern.

Es dürfen auch solche Personen in den Gläubigerausschuss bestellt werden, die keine Gläubiger sind (§ 67 Abs. 3 InsO). 779

Hat das Gericht einen Gläubigerausschuss eingesetzt, hat die Gläubigerversammlung zu beschließen, ob dieser Gläubigerausschuss beibehalten werden soll; das heißt, dass erst die Gläubigerversammlung endgültig zum Gläubigerausschuss entscheidet. Hat das Insolvenzgericht einen solchen nicht eingesetzt, kann die Gläubigerversammlung über eine Einsetzung selbständig entscheiden (§ 68 Abs. 1 S. 1+2 InsO). Die Gläubigerversammlung ist bei ihrer Wahl frei (§ 68 Abs. 2 InsO). 780

Das Insolvenzgericht darf auch einen nur vorläufigen Gläubigerausschuss einsetzen. Diese ist dann, ähnlich wie beim vorläufigen Insolvenzverwalter, für die Zeit bis zur Entscheidung über die Eröffnung oder Nichteröffnung des Insolvenzverfahrens zuständig. 781

Die Mitgliedschaft im Gläubigerausschuss kommt zustande, wenn das gewählte Mitglied seine Aufnahme annimmt. Erst wenn diese Annahmeerklärung beim Insolvenzgericht eingeht, wird sie wirksam. 782

b) Aufgaben des Gläubigerausschusses

783 Zu den Aufgaben des Gläubigerausschusses zählen (vgl. § 69 InsO):
- Unterstützung und Überwachung des Insolvenzverwalters bei seiner Geschäftsführung;
- Unterrichtung über den Gang der Geschäfte;
- Einsehen der Bücher und Geschäftspapiere;
- Pflicht, den Geldverkehr und Geldbestand prüfen zu lassen.

784 Der Gläubigerausschuss darf zudem von der Schiffsfondsgesellschaft Auskunft verlangen (§ 97 InsO). Im Insolvenzplanverfahren hat der Gläubigerausschuss gegenüber dem Insolvenzverwalter hinsichtlich der Planüberwachung Auskunftsanspruch zum jährlichen Bericht des Insolvenzverwalters über den jeweils aktuellen Stand sowie die weiteren Erfolgsaussichten bei der Erfüllung des Insolvenzplans. Der Gläubigerausschuss darf allerdings auch Zwischenberichte und Einzelauskünfte verlangen (§ 261 Abs. 2 InsO).

785 Bei Vorhandensein eines wichtigen Grundes darf der Gläubigerausschuss beim Insolvenzgericht einen Antrag auf Entlassung des Insolvenzverwalters stellen. Wird der Antrag vom Insolvenzgericht abgelehnt, darf der Gläubigerausschuss hiergegen das Rechtsmittel der sofortigen Beschwerde einlegen (§ 59 InsO).

786 Gemäß § 149 Abs. 2 InsO kann der Gläubigerausschuss mitbestimmen, wie Geld, Wertpapiere und Kostbarkeiten hinterlegt oder angelegt werden sollen. Der Insolvenzverwalter muss sich daran halten. Es ist jedoch möglich, dass die Gläubigerversammlung eine anderslautende Vereinbarung trifft (§ 149 Abs. 3 InsO).

787 Der Gläubigerausschuss hat die Möglichkeit der Stellungnahme hinsichtlich:
- des Berichts des Insolvenzverwalters (§ 156 Abs. 2 S. 1 InsO);
- des Insolvenzplans (§ 232 Abs. 1 Nr. 1 InsO);
- der Schlussrechnung des Insolvenzverwalters (§ 66 Abs. 2 S. 2 InsO).

788 Zudem darf die Gläubigerversammlung beim Insolvenzgericht Antrag auf Einberufung der Gläubigerversammlung stellen. Wird der Antrag abgelehnt, ist auch hier das Rechtsmittel der sofortigen Beschwerde möglich (§ 75 InsO).

789 Darüber hinaus muss die Gläubigerversammlung bei vielen wichtigen Rechtshandlungen des Insolvenzverwalters zustimmen. Ohne Zustimmung wird die Rechtshandlung des Insolvenzverwalters nicht wirksam:
- § 160 Abs. 2 InsO:
  - Veräußerung der Schiffsfondsgesellschaft als Ganzes;
  - freihändige Veräußerung von Grundstücken;
  - Veräußerung des Warenlagers im Ganzen;
  - Aufnahme eines Darlehens, das die Insolvenzmasse erheblich belastet;
  - Beteiligung der Schiffsfondsgesellschaft an einer anderen Gesellschaft;
  - Einleitung oder Aufnahme eines Rechtsstreits mit erheblichem Streitwert;
  - Ablehnung der Aufnahme eines Rechtsstreits mit erheblichem Streitwert;

  - Abschluss eines gerichtlichen Vergleichs im Rahmen eines Rechtsstreits mit erheblichem Streitwert.
- Stilllegung der Schiffsfondsgesellschaft noch vor dem Berichtstermin (§ 158 Abs. 1 InsO);
- Antrag an das Insolvenzgerichts zum Verzicht auf Erstellung eines Masseverzeichnisses (§ 187 Abs. 3 InsO);
- Verteilung der Insolvenzmasse an die Insolvenzgläubiger (§ 187 Abs. 3 S. 2 InsO);
- Antrag auf Fortsetzung gemäß Insolvenzplan (§ 233 InsO).

Plant die Schiffsfondsgesellschaft im Rahmen der Eigenverwaltung, eine Rechtshandlung besonderer Bedeutung vorzunehmen, muss auch hier der Gläubigerausschuss zustimmen (§ 276 InsO). 790

c) Beschlussfähigkeit (§ 72 InsO)

Ist die Mehrheit der Mitglieder des Gläubigerausschusses anwesend, besteht grundsätzlich Beschlussfähigkeit. Ein Beschluss bedarf der Mehrheit der abgegebenen Stimmen, um wirksam zu sein. In einer Satzung darf der Gläubigerausschuss anderweitige Regelungen zur Beschlussfähigkeit treffen (§ 72 InsO). 791

Grundsätzlich ist jedoch die einfache Stimmenmehrheit maßgeblich. Eine Summenmehrheit wie bei der Gläubigerversammlung, bei der die Höhe der angemeldeten Forderung das Stimmgewicht des Gläubigers bestimmt, ist nicht erforderlich. Beim Gläubigerausschuss gilt der Grundsatz der Gleichwertigkeit der Mitglieder und deren Stimmen. 792

d) Tätigkeit des Gläubigerausschusses

Die Organisation und das Verfahren des Gläubigerausschusses sind mit Ausnahme der Beschlussfähigkeit (§ 72 InsO) gesetzlich nicht geregelt. 793

Der Gläubigerausschuss muss sich daher selbst organisieren und festsetzen, wann er zusammentritt. Aus diesem Grund bietet es sich an, dass sich der Gläubigerausschuss selbst eine Geschäftsordnung gibt. 794

e) Entlassung aus dem Gläubigerausschuss (§ 70 InsO)

Bei Vorhandensein eines wichtigen Grundes darf das Insolvenzgericht Mitglieder des Gläubigerausschusses aus deren Amt entlassen. Die Entlassung kann eingeleitet werden (vgl. § 70 InsO): 795
- durch Entscheidung des Gerichts (sog. Entlassung von Amts wegen);
- auf Antrag des Mitglieds des Gläubigerausschusses;
- auf Antrag der Gläubigerversammlung.

796 Häufige Gründe für eine Entlassung sind:
- im Falle von Interessenkollisionen die Verfolgung von Sonderinteressen (Eigeninteresse oder Drittinteresse);
- Pflichtverletzungen:
  - Verletzung der Pflicht zur Verschwiegenheit;
  - Unterlassen/Vernachlässigung der Pflicht zur Überwachung und Kontrolle des Insolvenzverwalters;
- langwierige, schwere Erkrankung (dann regelmäßig Antrag auf Entlassung durch das Mitglied selbst);
- fehlende Eignung für die Aufgabe im Gläubigerausschuss im speziellen Fall (z.B. fehlende Erfahrungen auf dem Gebiet der Schiffsfondsbeteiligungen).

797 Vor der Entlassung ist das jeweilige Mitglied des Gläubigerausschusses anzuhören. Gegen die Entlassung besteht das Rechtsmittel der sofortigen Beschwerde. Gegen die Abweisung des Antrags auf Entlassung besteht kein Rechtsmittel (§ 70 Abs. 3 InsO).

f) Schadensersatzpflicht (§ 71 InsO)

798 Bei schuldhafter Pflichtverletzung ist das einzelne Mitglied des Gläubigerausschusses schadensersatzpflichtig. Die Schadensersatzpflicht besteht gegenüber (vgl. § 71 InsO):
- den Insolvenzgläubigern,
- den absonderungsberechtigten Gläubigern.

---

799 **Praxishinweis:**
Es kann gegen diese Risiken eine spezielle Haftpflichtversicherung abgeschlossen werden.

---

800 Die Beschränkung der Schadensersatzpflicht gegenüber Insolvenzgläubigern und absonderungsberechtigten Gläubigern gemäß § 71 InsO bedeutet jedoch nicht, dass andere Personen Schadensersatzansprüche nicht geltend machen dürfen. Haben andere Personen und nicht Insolvenzgläubiger oder absonderungsberechtigte Gläubiger einen Schaden erlitten, muss dieser Schaden als Gesamtschaden gemäß § 92 InsO geltend gemacht werden. Hierzu ist nur der Insolvenzverwalter berechtigt.

801 Hinsichtlich jeder Pflichtverletzung genügt jede Art der Fahrlässigkeit des Mitglieds des Gläubigerausschusses.

802 Die Schadensersatzansprüche verjähren gemäß § 71 S. 2 InsO innerhalb von drei Jahren. Die Frist beginnt in dem Zeitpunkt, in dem der Geschädigte von dem Schaden und den Umständen, die den Schadensersatzanspruch begründen, Kenntnis erlangt.

g) Vergütungsanspruch (§ 73 InsO)

Die Mitglieder haben einen Anspruch auf Vergütung ihrer Tätigkeit und Erstattung von Auslagen (§ 73 InsO). Jedes Mitglied erhält grundsätzlich für jede Stunde seiner Tätigkeit eine Vergütung zwischen 35,00 Euro und 95,00 Euro zzgl. Umsatzsteuer; maßgeblich ist der Umfang der Tätigkeit (§ 17 Abs. 1 InsVV). 803

Die Höhe der Vergütung wird durch Beschluss des Insolvenzgerichts festgesetzt (§§ 73 Abs. 2 i.V.m. § 64 Abs. 1 InsO). 804

h) Rechtsstellung der Mitglieder des Gläubigerausschusses

Die Mitglieder sind verpflichtet, ihre Aufgaben unabhängig und frei von Weisungen zu erfüllen. Es ist ihnen allerdings verboten, ihren Informationsvorsprung gegenüber anderen Gläubigern auszunutzen und sich dadurch Sondervorteile zu verschaffen. Daher sollten die Mitglieder eventuelle Interessenkonflikte unverzüglich offenlegen. Es muss dann darüber entschieden werden, ob gegebenenfalls das befangene Mitglied nur von der Beratung ausgeschlossen oder ob ihm in dieser Angelegenheit das Stimmrecht entzogen werden soll. Eine Regelung in der Insolvenzordnung ist hierzu nicht vorhanden. 805

Legt das Mitglied des Gläubigerausschusses seinen Interessenkonflikt jedoch nicht rechtzeitig offen, so ist die zwingend erforderliche Neutralität des Gläubigerausschusses gefährdet. Das Mitglied setzt sich der Gefahr von Schadensersatzverpflichtungen (§ 71 InsO) und der Entlassung (§ 70 InsO) aus. 806

i) Vorläufiger Gläubigerausschuss

Das Insolvenzgericht hat die Möglichkeit und – bei Überschreitung einer bestimmten Mindestgröße der Schiffsfondsgesellschaft – die Pflicht, bereits für den Zeitraum zwischen Stellung des Eröffnungsantrages und Entscheidung über die Eröffnung oder Nichteröffnung des Insolvenzverfahrens einen vorläufigen Gläubigerausschuss einzusetzen. Hierdurch soll der Einfluss der Gläubiger vor allem auf die Auswahl des Insolvenzverwalters vergrößert werden. 807

Der vorläufige Gläubigerausschuss wird aber auch vor der Anordnung einer Eigenverwaltung durch die Schiffsfondsgesellschaft selbst beteiligt. 808

3. Gläubigerversammlung (§§ 74–79 InsO)

Die Gläubigerversammlung ist das wohl wichtigste Organ im Insolvenzverfahren. Die Gläubigerversammlung wird vom Insolvenzgericht einberufen (§§ 74, 75 InsO). Die Einberufung hat innerhalb von sechs Wochen nach Eröffnung des Insolvenzverfahrens zu erfolgen. 809

810 Wird ein Antrag auf Einberufung durch
- den Insolvenzverwalter,
  oder
- den Gläubigerausschuss,
  oder
- mindestens fünf absonderungsberechtigte oder nicht nachrangige Gläubiger, deren Forderungen 1/5 der Gesamtforderungen ausmacht,
  oder
- einen oder mehrere absonderungsberechtigte oder nicht nachrangige Gläubiger, deren Forderungen 2/5 der Gesamtforderungen ausmacht,

gestellt, ist eine Gläubigerversammlung innerhalb von zwei Wochen einzuberufen.

811 An der Gläubigerversammlung teilnehmen dürfen:
- alle Insolvenzgläubiger,
- die absonderungsberechtigten Gläubiger,
- Gläubiger aufschiebend bedingter Forderungen,
- nachrangige Gläubiger.

---

812 **Praxishinweis:**
Gläubiger bestrittener Forderungen oder von Forderungen, die unter einer Bedingung stehen, sind nicht stimmberechtigt, d.h. sie dürfen nicht abstimmen.

---

813 Beschlüsse der Gläubigerversammlung bedürfen der Mehrheit der abgegebenen Stimmen der anwesenden Mitglieder (§ 72 InsO). Es ist jedoch möglich, dass das Insolvenzgericht einen bereits getroffenen Beschluss wieder aufheben kann (§ 78 InsO).

814 Zu den Entscheidungskompetenzen der Gläubigerversammlung gehören:
- Abberufung des Insolvenzverwalters;
- Einsetzung des Gläubigerausschusses inklusive Bestimmung der Zusammensetzung sowie Regelung der Befugnisse;
- Fortgang des Insolvenzverfahrens (Sanierung oder Auflösung der Schiffsfondsgesellschaft?).

815 Das Insolvenzgericht kann ein Mitglied des Gläubigerausschusses aus wichtigem Grund nach seiner vorherigen Anhörung aus dem Amt entlassen (§ 70 InsO). Bei schuldhafter Pflichtverletzung sind die Mitglieder des Gläubigerausschusses schadensersatzpflichtig (§ 71 InsO).

816 Die Gläubigerversammlung ist berechtigt, vom Insolvenzverwalter einzelne Auskünfte und einen Bericht über den Sachstand und die Geschäftsführung zu verlangen (§ 79 Abs. 1 InsO).

Gegenüberstellung von Gläubigerausschuss und Gläubigerversammlung

	Gläubigerversammlung	**Gläubigerausschuss**
Funktion	Interessenvertretung	Kontrollorgan
Einberufung durch	– Berichts- und Prüfungstermin vom Insolvenzgericht festgelegt – Insolvenzverwalter – Gläubiger – Gläubigerausschuss (sofern vorab bestellt)	– Insolvenzgericht
teilnahmeberechtigt	– absonderungsberechtigte Gläubiger – Insolvenzgläubiger – Insolvenzverwalter – Mitglieder des Gläubigerausschusses (sofern vorab bestellt) – Schiffsfondsgesellschaft	– absonderungsberechtigte Gläubiger – Insolvenzgläubiger mit den höchsten Forderungen – Gläubiger mit geringen Forderungen (Kleingläubiger) – Arbeitnehmer
Aufgaben	– Vorschlag des Insolvenzverwalters – Festlegung der Anforderungen an den Insolvenzverwalter (sofern vorläufiger Gläubigerausschuss nicht bestellt) – Abberufung des Insolvenzverwalters – Einsetzen des Gläubigerausschusses, Festlegung seiner Zusammensetzung und Aufgaben – Entscheidung über Sanierung oder Liquidation der Schiffsfondsgesellschaft – Entscheidung, ob Insolvenzplan erstellt werden soll	– Vorschlag des Insolvenzverwalters – Antrag auf Entlassung des Insolvenzverwalters – Prüfung der Schlussrechnung – Kassenkontrolle – Kontrolle der Bücher und Geschäftspapiere – Einberufung der Gläubigerversammlung – Genehmigung der Schließung der Schiffsfondsgesellschaft vor dem Berichtstermin – Zustimmung zu Rechtshandlungen von besonderer Bedeutung – Zustimmung der Verwertung und Verteilung durch den Insolvenzverwalter – Mitwirkung am Insolvenzplan – Überwachung der Erfüllung des Insolvenzplans

V. Allgemeine Wirkungen der Eröffnung des Insolvenzverfahrens (§§ 80ff. InsO)

Mit Eröffnung des Insolvenzverfahrens geht das Recht des Schiffsfondsgesellschaft, **817**
das zur Insolvenzmasse gehörende Vermögen zu verwalten und hierüber zu verfügen,

auf den Insolvenzverwalter über (§ 80 Abs. 1 InsO). Hat die Schiffsfondsgesellschaft nach Eröffnung des Insolvenzverfahrens trotzdem über einen Gegenstand der Insolvenzmasse verfügt, so ist diese Verfügung unwirksam (§ 81 Abs. 1 S. 1 InsO).

818 Ist nach Eröffnung des Insolvenzverfahrens z.B. eine Zahlung direkt an die Schiffsfondsgesellschaft erfolgt, obwohl die Zahlung in die Insolvenzmasse hätte erfolgen müssen, so ist der Zahlende nur dann tatsächlich von seiner Zahlungspflicht befreit, wenn er im Zeitpunkt der Zahlung die Eröffnung des Insolvenzverfahrens nicht kannte (§ 82 S. 1 InsO). Dies bedeutet, dass er nur in diesem Fall mit befreiender Wirkung gezahlt hat. Weiß der Zahlende von der Eröffnung des Insolvenzverfahrens und zahlt er trotzdem direkt an die Schiffsfondsgesellschaft und nicht in die Insolvenzmasse, so ist seine Zahlungsverpflichtung gegenüber der Insolvenzmasse nicht erfüllt. Der Insolvenzverwalter wird ihn zur erneuten Zahlung zur Insolvenzmasse auffordern.

819 Gerichtliche Verfahren (z.B. Klagen gegen die Schiffsfondsgesellschaft auf Schadensersatz), die bereits vor Eröffnung des Insolvenzverfahrens eingeleitet waren, können vom Insolvenzverwalter aufgenommen werden (§§ 85, 86 InsO). Sobald jedoch das Insolvenzverfahren eröffnet ist, können die Insolvenzgläubiger ihre Forderungen nur noch über das Insolvenzverfahren verfolgen (§ 87 InsO).

820 Hat allerdings ein Gläubiger der Schiffsfondsgesellschaft vor Eröffnung des Insolvenzverfahrens einen gerichtlichen Titel gegen die Schiffsfondsgesellschaft erwirkt und führt er die Zwangsvollstreckung aus diesem Titel im letzten Monat vor dem Antrag auf Eröffnung des Insolvenzverfahrens durch, so ist die Zwangsvollstreckungsmaßnahme unwirksam. Das gleiche gilt, wenn nach Antrag zur Eröffnung des Insolvenzverfahrens gegen das zur Insolvenzmasse gehörenden Vermögen der Schiffsfondsgesellschaft die Zwangsvollstreckung betrieben wird (§ 88 S. 1 und 2 InsO).

821 Ist das Insolvenzverfahren eröffnet worden, darf ein Gläubiger die Zwangsvollstreckung grundsätzlich weder in die Insolvenzmasse noch in das sonstige Vermögens der Schiffsfondsgesellschaft betreiben (§ 88 Abs. 1 InsO).

822 Zwangsvollstreckungsmaßnahmen wegen Verbindlichkeiten der Insolvenzmasse, die nicht durch Rechtshandlungen des Insolvenzverwalters begründet worden sind, sind für die Dauer von sechs Monaten nach Eröffnung des Insolvenzverfahrens unzulässig (§ 90 Abs. 1 InsO).

823 Ebenso unmöglich ist es, nach Eröffnung des Insolvenzverfahrens Rechte an Gegenständen der Insolvenzmasse wirksam zu erwerben (§ 91 Abs. 1 InsO).

824 Ansprüche der Insolvenzgläubiger auf Schadensersatz wegen Verminderung des zur Insolvenzmasse gehörenden Vermögens vor oder nach Eröffnung des Insolvenzverfahrens (sog. Gesamtschaden), können während des Insolvenzverfahrens nur vom Insolvenzverwalter geltend gemacht werden (§ 92 S. 1 InsO).

825 Für den Fall, dass ein Insolvenzgläubiger gegenüber der Schiffsfondsgesellschaft über eine aufrechenbare Gegenforderung verfügt, so wird dieses Aufrechnungsrecht

vom Insolvenzverfahren grundsätzlich nicht berührt (§§ 94, 95 InsO). Die Ausnahmen, wann eine Aufrechnung unzulässig sein soll, finden sich in § 96 InsO.

Die Schiffsfondsgesellschaft ist verpflichtet, dem Insolvenzgericht, dem Insolvenzverwalter, dem Gläubigerausschuss und auf Anordnung des Insolvenzgerichts der Gläubigerversammlung über alle Verhältnisse, die das Insolvenzverfahren betreffen, Auskunft zu erteilen. Zudem müssen grundsätzlich Tatsachen offenbart werden, die auf Straftaten oder Ordnungswidrigkeiten schließen lassen (§ 97 Abs. 1 InsO). 826

Die Schiffsfondsgesellschaft ist dazu verpflichtet, den Insolvenzverwalter bei der Erfüllung seiner Aufgaben zu unterstützen (§ 97 Abs. 2 InsO). Je nach Einschätzung des Insolvenzgerichts kann es hinsichtlich wahrheitsgemäßer Aussagen erforderlich sein, dass die Geschäftsführung der Schiffsfondsgesellschaft an Eides statt versichert, sie habe die von ihnen verlangte Auskunft nach bestem Wissen und Gewissen richtig und vollständig erteilt (§ 98 Abs. 1 S. 1 InsO). In Ausnahmefällen kann das Insolvenzgericht die Geschäftsführung zwangsweise vorführen und nach Anhörung in Haft nehmen lassen (§ vgl. § 98 Abs. 2 und 3 InsO). Das Insolvenzgericht darf in Extremfällen nach vorheriger Anhörung der Geschäftsführung der Schiffsfondsgesellschaft auch eine Postsperre verhängen, wonach bestimmte oder alle Post dem Insolvenzverwalter zuzuleiten ist (vgl. § 99 InsO). 827

Die Auskunfts- und Mitwirkungspflichten und die Durchsetzungsmöglichkeiten (§§ 98, 99 InsO) gelten auch für die sonstigen Organe sowie Angestellten der Schiffsfondsgesellschaft (vgl. § 101 InsO). 828

VI. Erfüllung der Rechtsgeschäfte (§§ 103ff. InsO)

Der Insolvenzverwalter kann im Rahmen eines Wahlrechts nach eigenem Ermessen entscheiden, ob ein gegenseitiger Vertrag zwischen einem Gläubiger und der schuldenden Schiffsfondsgesellschaft erfüllt wird oder eben nicht. Für den Fall, dass der Insolvenzverwalter die Erfüllung ablehnt, bleibt dem Gläubiger nur die Möglichkeit, die Forderung nunmehr als Insolvenzforderung gegen die Insolvenzmasse geltend zu machen (§ 103 Abs. 1 und 2 InsO). Bei teilbaren Leistungen ist § 105 InsO zu beachten. 829

Für den Fall, dass ein Gläubiger zur Sicherung seines Anspruchs eine Vormerkung im Schiffsregister oder Schiffsbauregister hat eintragen lassen, darf der Gläubiger für seinen Anspruch Befriedigung aus der Insolvenzmasse verlangen (§ 106 Abs. 2 i.V.m. Abs. 1 InsO). 830

Miet- und Pachtverhältnisse der Schiffsfondsgesellschaft sowie Dienstverhältnisse, die bereits vor der Eröffnung des Insolvenzverfahren bestanden, bestehen mit Wirkung für die Insolvenzmasse fort (§ 108 Abs. 1 und 2 InsO). Der Insolvenzverwalter hat jedoch bei Miet- und Pachtverhältnissen ein ordentliches Kündigungsrecht mit einer Kündigungsfrist von grundsätzlich drei Monaten zum Monatsende (§ 109 Abs. 1 S. 1 InsO). 831

832 Einen Miet- oder Pachtvertrag, das die Schiffsfondsgesellschaft als Mieterin oder Pächterin eingegangen war, kann der andere Vertragspartner nach dem Antrag auf Eröffnung des Insolvenzverfahrens aus folgenden Gründen nicht kündigen (§ 112 InsO):

- wegen rückständiger Miete oder Pacht, die in der Zeit vor dem Eröffnungsantrag eingetreten ist;
- wegen einer Verschlechterung der Vermögensverhältnisse der Schiffsfondsgesellschaft.

833 Ein Dienstverhältnis (beispielsweise ein Arbeitsvertrag) kann sowohl vom Insolvenzverwalter als auch vom anderen Vertragspartner grundsätzlich mit einer Kündigungsfrist von drei Monaten zum Monatsende gekündigt werden (§ 113 InsO).

834 Ein von der Schiffsfondsgesellschaft erteilter Auftrag, der sich auf das zur Insolvenzmasse gehörende Vermögen bezieht, erlischt durch die Eröffnung des Insolvenzverfahrens (§ 115 Abs. 1 InsO). Gleiches gilt für abgeschlossene Geschäftsbesorgungsverträge (§ 116 InsO) und grundsätzlich für Vollmachten, die die Schiffsfondsgesellschaft, bezogen auf das zur Insolvenzmasse gehörende Vermögen, erteilt hat (§ 117 Abs. 1 InsO).

VII. Insolvenzanfechtung (§§ 129ff. InsO)

835 Grundsätzlich darf der Insolvenzverwalter Rechtshandlungen anfechten, die vor der Eröffnung des Insolvenzverfahrens vorgenommen worden sind und die Insolvenzgläubiger benachteiligen. Ein Unterlassen steht einer Rechtshandlung gleich (§ 129 InsO).

1. Kongruente Deckung (§ 130 InsO)

836 Gemäß § 130 Abs. 1 InsO sind im Rahmen sog. kongruenter Deckungen grundsätzlich solche Rechtshandlungen anfechtbar, die einem Insolvenzgläubiger eine Sicherung oder Befriedigung gewährt oder ermöglicht haben,

- wenn die Handlungen in den letzten drei Monaten vor dem Eröffnungsantrag vorgenommen wurden, allerdings nur, wenn zur Zeit dieser Handlung die Schiffsfondsgesellschaft zahlungsunfähig war und der Gläubiger gleichzeitig die Zahlungsunfähigkeit kannte,
  oder
- wenn die Handlungen nach dem Eröffnungsantrag vorgenommen worden sind und der Gläubiger in diesem Zeitpunkt die Zahlungsunfähigkeit oder den Eröffnungsantrag kannte.

Der positiven Kenntnis stehen solche Umstände gleich, die zwingend auf die Zahlungsunfähigkeit oder den Eröffnungsantrag schließen lassen (§ 130 Abs. 2 InsO). 837

2. Inkongruente Deckung (§ 131 InsO)

Anfechtbar sind auch solche Rechtshandlungen, die einem Insolvenzgläubiger eine Sicherung oder Befriedigung verschafft haben, die er so grundsätzlich nicht beanspruchen durfte (vgl. § 131 Abs. 1 InsO): 838
- wenn die Handlungen im letzten Monat vor dem Eröffnungsantrag oder nach diesem Antrag vorgenommen worden sind,
  oder
- wenn die Handlungen innerhalb des zweiten oder dritten Monats vor dem Eröffnungsantrag vorgenommen worden sind und die Schiffsfondsgesellschaft in diesem Zeitpunkt der Handlungen zahlungsunfähig war,
  oder
- wenn die Handlungen innerhalb des zweiten oder dritten Monats vor dem Eröffnungsantrag vorgenommen worden sind und dem Gläubiger in diesem Zeitpunkt der Handlungen bekannt war, dass hierdurch die Insolvenzgläubiger benachteiligt sind.

Der positiven Kenntnis stehen solche Umstände gleich, die zwingend auf die Benachteiligung schließen lassen (§ 131 Abs. 2 S. 1 InsO). 839

3. Unmittelbar nachteilige Rechtshandlungen (§ 132 InsO)

Anfechtbar sind auch solche Rechtsgeschäfte der Schiffsfondsgesellschaft, die die Insolvenzgläubiger unmittelbar benachteiligten (vgl. § 132 Abs. 1 InsO):
- wenn das Rechtsgeschäft in den letzten drei Monaten vor dem Eröffnungsantrag vorgenommen worden ist, wenn in diesem Zeitpunkt des Rechtsgeschäfts die Schiffsfondsgesellschaft zahlungsunfähig war und wenn der andere Vertragspartner in diesem Zeitpunkt die Zahlungsunfähigkeit kannte,
  oder
- wenn das Rechtsgeschäft nach dem Eröffnungsantrag vorgenommen worden ist und wenn der andere Vertragspartner im Zeitpunkt des Rechtsgeschäfts die Zahlungsunfähigkeit oder den Eröffnungsantrag kannte.

Der positiven Kenntnis stehen solche Umstände gleich, die zwingend auf die Zahlungsunfähigkeit oder den Eröffnungsantrag schließen lassen (§ 132 Abs. 3 i.V.m. § 130 Abs. 2 InsO). 840

4. Vorsätzliche Benachteiligung (§ 133 InsO)

841 Eine Rechtshandlung, die die Schiffsfondsgesellschaft in den letzten zehn Jahren vor Eröffnungsantrag oder nach diesem Eröffnungsantrag vorgenommen hat, ist auch dann anfechtbar, wenn und soweit die Schiffsfondsgesellschaft den Vorsatz hatte, ihre Gläubiger zu benachteiligen. Der andere Vertragspartner muss jedoch diesen Vorsatz der Schiffsfondsgesellschaft im Zeitpunkt der Rechtshandlung gekannt haben. Diese Kenntnis ist dann anzunehmen, wenn der andere Vertragspartner wusste, dass die Zahlungsunfähigkeit der Schiffsfondsgesellschaft drohte und dass die Rechtshandlung die Gläubiger benachteiligte (§ 133 Abs. 1 InsO).

842 Die Anfechtung ist ausgeschlossen, wenn ein Vertrag früher als zwei Jahre vor dem Eröffnungsantrag geschlossen worden ist. Sie ist auch ausgeschlossen, wenn dem anderen Vertragspartner im Zeitpunkt des Vertragsschlusses der Vorsatz der Schiffsfondsgesellschaft, ihre Gläubiger zu benachteiligen, nicht bekannt war (§ 133 Abs. 2 InsO).

5. Unentgeltliche Leistungen (§ 134 InsO)

843 Eine unentgeltliche Leistung der Schiffsfondsgesellschaft ist anfechtbar, wenn sie weniger als vier Jahre vor dem Eröffnungsantrag vorgenommen worden ist. Keine Anfechtungsmöglichkeit besteht bei Leistungen auf ein gebräuchliches Gelegenheitsgeschenk geringen Wertes (§ 134 Abs. 1 und 2 InsO).

844 Auf eine Definition des „gebräuchlichen Gelegenheitsgeschenkes geringen Wertes“ verzichtet das Gesetz. Die wohl herrschende Meinung in der Literatur geht jedoch hierbei von einem Wert zwischen 50,00 Euro und 500,00 Euro aus.[232]

6. Gesellschafterdarlehen (§ 135 InsO)

845 Anfechtbar sind Rechtshandlungen, die für den Darlehensrückzahlungsanspruch eines Gesellschafters Sicherung gewährt hat, wenn sie in den letzten zehn Jahren vor dem Eröffnungsantrag oder nach diesem Antrag vorgenommen worden ist (§ 135 Abs. 1 Nr. 1 InsO).

846 Wurde mit der Rechtshandlung der Darlehensrückzahlungsanspruch eines Gesellschafters befriedigt, ist diese Handlung anfechtbar, wenn sie im letzten Jahr vor dem Eröffnungsantrag oder nach diesem Antrag vorgenommen worden ist (§ 135 Abs. 1 Nr. 2 InsO).

232 *Hess*, in: Hess, Insolvenzrecht, 4. Auflage 2007, Kapitel 2 Rn. 716k m.w.N.

7. Berechnung der Fristen vor dem Eröffnungsantrag (§ 139 InsO)

Die zuvor benannten Fristen, die sich auf den Tag des Eröffnungsantrages beziehen, beginnen mit dem Anfang des Tages, an dem der Eröffnungsantrag beim Insolvenzgericht eingegangen ist. In allen anderen Fällen beginnt die Frist erst mit dem Anfang des Folgetages (§ 139 Abs. 1 InsO). 847

Für den Fall, dass mehrere Eröffnungsanträge gestellt worden sind, so ist der Tag des Eingangs des ersten Eröffnungsantrages maßgeblich. Dies gilt auch, wenn nicht der erste, sondern ein späterer Eröffnungsantrag die Eröffnung des Insolvenzverfahrens herbeigeführt hat (§ 139 Abs. 2 S. 1 InsO). 848

Praxishinweis: 849
Für die Berechnung der Fristen und die Frage einer eventuellen Gläubigerbenachteiligung muss immer das Datum des erstgestellten Eröffnungsantrages als Grundlage dienen. Gegebenenfalls muss hier beim Insolvenzgericht nachgefragt werden, wann der erste Antrag eingegangen ist.

8. Rechtsfolgen (§ 143 InsO)

Durch die Anfechtung muss grundsätzlich all das zur Insolvenzmasse zurückgewährt werden, das durch die angefochtene Handlung aus dem Vermögen der Schiffsfondsgesellschaft veräußert, weggegeben oder aufgegeben worden ist (§ 143 Abs. 1 S. 1 InsO). 850

Es gelten die Grundsätze des zivilrechtlichen Bereicherungsrechtes entsprechend (§ 143 Abs. 1 S. 2, Abs. 2 S. 1 InsO). 851

Der Anfechtungsanspruch verjährt nach den allgemeinen zivilrechtlichen Regelungen gemäß §§ 195ff. BGB. Grundsätzlich tritt Verjährung mit dem Schluss des Jahres ein, in dem der Anspruch entstanden ist und der Gläubiger von den den Anspruch begründenden Umständen Kenntnis erlangt oder grob fahrlässig nicht erlangt hat (§§ 195, 199 Abs. 1 BGB). Die Verjährungshöchstfrist beträgt jedoch zehn Jahre ab Entstehung des Anfechtungsrechts (§ 199 Abs. 3 Nr. 1 BGB). 852

Rechtshandlungen, die nach Eröffnung des Insolvenzverfahrens vorgenommen worden und wirksam sind, können nach den gleichen Regeln angefochten werden, die für den Zeitraum vor der Verfahrenseröffnung Anwendung finden (vgl. § 147 S. 1 InsO). 853

VIII. Verwaltung und Verwertung der Insolvenzmasse (§§ 148ff. InsO)

1. Sicherung der Insolvenzmasse (§§ 148–155 InsO)

a) Allgemeines (§§ 148–150 InsO)

854 Nach der Eröffnung des Insolvenzverfahrens ist es Aufgabe des Insolvenzverwalters, das gesamte, zur Insolvenzmasse gehörende Vermögen der Schiffsfondsgesellschaft sofort in Besitz zu nehmen und zu verwalten (§ 148 Abs. 1 InsO).

855 Ist ein Gläubigerausschuss bestellt, so kann dieser bestimmen, wie genau mit einzelnen Wertgegenständen zu verfahren ist, d.h. an welcher Stelle und zu welchen Bedingungen Geld, Wertpapiere und Kostbarkeiten zu hinterlegen und anzulegen sind (§ 149 Abs. 1 S. 1 InsO).

856 Der Insolvenzverwalter hat die Möglichkeit, diese Wertgegenstände z.B. durch den Gerichtsvollzieher mittels Anbringung eines Siegels sichern zu lassen (§ 150 S. 1 InsO).

b) Verzeichnis der Massegegenstände (§ 151 InsO)

857 Zudem ist es Aufgabe des Insolvenzverwalters, ein Verzeichnis der einzelnen Gegenstände der Insolvenzmasse aufzustellen. Hierbei ist grundsätzlich die Schiffsfondsgesellschaft hinzuziehen, es sei denn, hierdurch entstünden nachteilige Verzögerungen. Der Wert jedes Gegenstands ist anzugeben. Auf die Erstellung dieses Verzeichnisses darf nur in Ausnahmefällen und nur nach Gestattung durch das Insolvenzgericht nach vorherigem Antrag des Insolvenzverwalters verzichtet werden (§ 151 Abs. 2 und 3 S. 1 InsO).

c) Gläubigerverzeichnis (§ 152 InsO)

858 Weitere Aufgabe des Insolvenzverwalters ist die Erstellung eines Gläubigerverzeichnisses, in das alle Gläubiger der Schiffsfondsgesellschaft aufzunehmen sind. Die absonderungsberechtigten Gläubiger und die einzelnen Rangklassen der nachrangigen Insolvenzgläubiger inklusive Anschrift sowie Grund und Betrag ihrer Forderung – gegebenenfalls zuzüglich Gegenstand, an dem das Absonderungsrecht besteht – sind ebenfalls aufzuführen (§ 152 InsO).

d) Vermögensübersicht (§ 153 InsO)

859 Zudem muss der Insolvenzverwalter auf den Zeitpunkt der Eröffnung des Insolvenzverfahrens eine Übersicht aufstellen, die alle Gegenstände der Insolvenzmasse enthält und die Verbindlichkeiten der Schiffsfondsgesellschaft aufführt; diese sind einander gegenüber zu stellen (§ 153 Abs. 1 S. 1 InsO).

e) Niederlegung der Verzeichnisse (§ 154 InsO)

Das Verzeichnis der Massegegenstände, das Gläubigerverzeichnis und die Vermögensübersicht sind in der Geschäftsstelle des Insolvenzgerichts niederzulegen. Die Beteiligten des Insolvenzverfahrens können hierin Einsicht nehmen (§ 154 InsO). 860

2. Entscheidung über die Verwertung (§§ 156–164 InsO)

a) Berichtstermin (§ 156 InsO)

Bereits im Eröffnungsbeschluss legt das Insolvenzgericht einen Berichtstermin fest, 861 in dem der Insolvenzverwalter über die wirtschaftliche Lage der Schiffsfondsgesellschaft und ihre Ursachen zu berichten hat. Zudem hat er darzulegen, ob die Aussicht besteht, die Schiffsfondsgesellschaft ganz oder teilweise weiterzuführen oder ob ein Insolvenzplan die richtige Handlungsalternative wäre. Die Schiffsfondsgesellschaft, der Gläubigerausschuss (sofern bestellt) etc. müssen hinsichtlich des Berichts des Insolvenzverwalters Gelegenheit zur Stellungnahme erhalten (§ 156 Abs. 1 S. 1 und 2, Abs. 2 S. 1 InsO).

b) Entscheidung über den Fortgang des Verfahrens (§ 157 InsO)

Es ist ausschließlich Aufgabe der Gläubigerversammlung innerhalb dieses Berichtstermin, 862 darüber zu beschließen, ob die Schiffsfondsgesellschaft stillgelegt oder vorläufig fortgeführt werden soll. Diese Entscheidung darf die Gläubigerversammlung in einem späteren Termin allerdings abändern (§ 157 S. 1 und 3 InsO). Für diese Beschlüsse der Gläubigerversammlung ist die absolute Mehrheit der Stimmen, gemessen auf Grundlage der Beträge der Forderungen der anwesenden Gläubiger, erforderlich (§ 76 Abs. 2 InsO). Es zählt also nicht zu den Aufgaben des Insolvenzverwalters, die Entscheidung über Sanierung oder Abwicklung der Schiffsfondsgesellschaft selbst und eigenständig zu treffen.

c) Verwertung der Insolvenzmasse (§§ 159–164 InsO)

Nach diesem Berichtstermin hat der Insolvenzverwalter unverzüglich (d.h. ohne 863 schuldhaftes Verzögern) das zur Insolvenzmasse gehörende Vermögen zu verwerten, es sei denn, die Gläubigerversammlung beschließt etwas anderes (§ 159 InsO).

In besonderen Fällen ist eine gesonderte Zustimmung des Gläubigerausschusses 864 einzuholen. Ist ein Gläubigerausschuss nicht bestellt worden, ist die Zustimmung der Gläubigerversammlung einzuholen (§ 160 Abs. 1 S. 1 und 2 InsO).

Diese Zustimmung ist insbesondere erforderlich (vgl. § 160 Abs. 2 InsO): 865
- wenn z.B. die Schiffsfondsgesellschaft veräußert werden soll;
- wenn ein Darlehen aufgenommen werden soll, das die Insolvenzmasse erheblich belasten würde;

- wenn ein Rechtsstreit mit erheblichem Streitwert eingeleitet oder aufgenommen werden soll, die Aufnahme eines solchen Rechtsstreites abgelehnt oder zur Beilegung oder Vermeidung eines solchen Rechtsstreites ein Vergleich oder Schiedsvertrag geschlossen werden soll.

866 Ist über die Vornahme einer solchen besonders bedeutsamen Rechtshandlung zu entscheiden, so muss der Insolvenzverwalter die Schiffsfondsgesellschaft hierüber vorab unterrichten, wenn dies nicht eine nachteilige Verzögerung des Insolvenzverfahrens zur Folge haben würde. Fehlt die Zustimmung der Gläubigerversammlung, kann das Insolvenzgericht nach entsprechendem Antrag und nach Anhörung des Insolvenzverwalters die Vornahme dieser besonders bedeutsamen Rechtshandlung vorläufig untersagen. Es muss jedoch sodann eine Gläubigerversammlung einberufen werden, die dann über die Vornahme der Rechtshandlung entsprechend zu beschließen hat (§ 161 InsO).

867 Sollte gegen die Regelungen der §§ 160ff. InsO verstoßen worden sein, so bleiben die Handlungen des Insolvenzverwalters trotzdem wirksam (§ 164 InsO).

3. Gegenstände mit Absonderungsrechten (§§ 165–173 InsO)

868 Unter dem Begriff Gegenständen mit Absonderungsrechten sind solche Gegenstände zu verstehen, an denen die Schiffsfondsgesellschaft vor Eröffnung des Insolvenzverfahrens einem Gläubiger ein Sicherungsrecht verschafft hat.[233] Die Gründe hierfür können verschieden sein.

869 Zu den Sicherungsrechten gehören insbesondere:
- Sicherungsabtretung/Sicherungszession (§§ 398ff. BGB);
- Bürgschaft (§§ 765ff. BGB);
- Sicherungsübereignung (§§ 929, 930 BGB);
- Eigentumsvorbehalt (§§ 929, 158, gegebenenfalls 449 BGB);
- Pfandrecht an beweglichen Sachen (§§ 1204ff. BGB);
- Grundpfandrechte:
  - Bürgschaft (§§ 765ff. BGB);
  - Hypothek (§§ 1113, 1135ff. BGB);
  - Pfandrecht (§§ 1204, 1250, 401 bzw. §§ 1273 Abs. 2, 1250 BGB).

233 *Theewen, Eckhard M.*, Rechtstellung der Insolvenzgläubiger, 2. Auflage 2013, S. 77.

a) Verwertung unbeweglicher Gegenstände/Immobilien (§ 165 InsO)

Unbewegliche Gegenstände (Immobilien) werden durch Zwangsversteigerung oder Zwangsverwaltung beim zuständigen Vollstreckungsgericht verwertet, auch wenn an dieser Immobilie ein Absonderungsrecht besteht (§ 165 InsO). 870

b) Verwertung beweglicher Gegenstände (§ 166 InsO)

Bewegliche Gegenstände, an denen ein Absonderungsrecht besteht und die der Insolvenzverwalter in seinem Besitz hat, darf er freihändig verwerten. Hat die Schiffsfondsgesellschaft eine Forderung zur Sicherung eines Anspruchs abgetreten, darf der Insolvenzverwalter diese Forderung z.B. wieder einziehen (§ 166 Abs. 1 und 2 InsO). In einigen Fällen besteht eine solche Verwertungsmöglichkeit nach § 166 Abs. 1 und 2 InsO ausnahmsweise nicht (vgl. § 166 Abs. 3 InsO). 871

Darf der Insolvenzverwalter eine bewegliche Sache gemäß § 166 Abs. 1 InsO verwerten, so muss er dem absonderungsberechtigten Gläubiger, sofern er dies wünscht, Auskunft über den Zustand der Sache erteilen bzw. darf dieser Gläubiger die Sache besichtigen (§ 167 Abs. 1 S. 1 und 2 InsO). 872

c) Unterrichtung des Gläubigers (§ 167 InsO)

Für den Fall, dass der Insolvenzverwalter eine bereits abgetreten Forderung wieder einziehen darf, so muss er dem absonderungsberechtigten Gläubiger auf dessen Verlangen hin Auskunft über die Forderung erteilen bzw. Einsicht in die Bücher und Geschäftspapiere gestatten (§ 167 Abs. 2 S. 1 und 2 InsO). 873

d) Mitteilung der Veräußerungsabsicht (§ 168 InsO)

Noch bevor der Insolvenzverwalter einen Gegenstand an einen Dritten veräußert, muss er dem absonderungsberechtigten Gläubiger mitteilen, auf welche Weise genau er diesen Gegenstand veräußern möchte. Dieser Gläubiger muss die Möglichkeit erhalten, innerhalb einer Woche auf eine andere, für ihn günstigere Möglichkeit der Verwertung des Gegenstandes hinzuweisen. Diese rechtzeitig benannte Verwertungsmöglichkeit muss der Insolvenzverwalter sodann wahrnehmen. Möglich ist auch, dass dieser Gläubiger den Gegenstand selbst übernimmt (§ 168 InsO). 874

e) Schutz des Gläubigers vor einer Verzögerung der Verwertung (§ 169 InsO)

Bleibt die Verwertung des Gegenstands jedoch aus, müssen dem absonderungsberechtigten Gläubiger grundsätzlich vom Berichtstermin an laufend die geschuldeten Zinsen aus der Insolvenzmasse gezahlt werden (§ 169 S. 1 InsO). 875

f) Verteilung des Erlöses (§ 170 InsO)

876 Ist die bewegliche Sache oder die Forderung verwertet worden, sind von dem Verwertungserlös zunächst die Kosten der Feststellung und Verwertung abzuziehen. Der verbleibende Betrag ist unverzüglich, d.h. ohne schuldhaftes Verzögern, dazu einzusetzen, den absonderungsberechtigten Gläubiger zu befriedigen. Für den Fall, dass dieser Gläubiger den Gegenstand verwerten darf, muss er einen Betrag für die Kosten der Feststellung und des Umsatzsteuerbetrages vorweg an die Insolvenzmasse abführen (§ 170 InsO).

g) Berechnung des Kostenbeitrags (§ 171 InsO)

877 Die Kosten der Feststellung beinhalten die Kosten der tatsächlichen Feststellung des Gegenstandes und der Rechte an diesem. Als Kosten der Verwertung werden grundsätzlich pauschal 5 % des Verwertungserlöses angesetzt. Wird von dieser Pauschale erheblich nach oben oder nach unten abgewichen, so sind diese Kosten anzusetzen. Fällt Umsatzsteuer an, ist ebenfalls anzusetzen (§ 171 InsO).

h) Sonstige Verwendung beweglicher Sachen (§ 172 InsO)

878 Der Insolvenzverwalter ist dazu berechtigt, eine bewegliche Sache vorerst nicht zu verwerten sondern weiter für die Insolvenzmasse zu benutzen. Allerdings muss er grundsätzlich den dadurch entstehenden Wertverlust von der Eröffnung des Insolvenzverfahrens an durch laufende Zahlungen an den Gläubiger ausgleichen (§ 172 Abs. 1 S. 1 und 2 InsO). Klassisches Beispiel ist die weitere Benutzung eines Firmenwagens durch den Insolvenzverwalter.

i) Verwertung durch den Gläubiger (§ 173 InsO)

879 Für den Fall, dass der Insolvenzverwalter eine bewegliche Sache oder eine Forderung, an denen ein Absonderungsrecht besteht, gerade nicht verwerten darf, darf der Gläubiger eine entsprechende Verwertung vornehmen. Gegebenenfalls setzt das Insolvenzgericht nach entsprechendem Antrag dem Gläubiger eine Frist zur Verwertung. Läuft diese Frist ohne Verwertung ab, ist wiederum der Insolvenzverwalter zur Verwertung berechtigt (§ 173 InsO).

IX. Befriedigung der Insolvenzgläubiger und Einstellung des Verfahrens

1. Feststellung der Forderungen (§§ 174–186 InsO)

a) Anmeldung der Forderung (§ 174 InsO)

Die Insolvenzgläubiger müssen ihre Forderungen dem Insolvenzverwalter schriftlich anzeigen. Entsprechende Urkunden (z.B. Verträge, Rechnungen) sollten beigefügt werden (§ 174 Abs. 1 S. 1 und 2 InsO). 880

Die Forderungen nachrangiger Gläubiger sind nur anzumelden, wenn das Insolvenzgericht hierzu ausdrücklich aufgefordert hat (§ 174 Abs. 3 InsO). Anleger bzw. Kommanditisten sind als nachrangige Gläubiger einzustufen und sollten daher die Aufforderung des Insolvenzgerichts abwarten.

b) Tabelle (§ 175 InsO)

Anschließend ist es Aufgabe des Insolvenzverwalters, jede angemeldete Forderung und die dazu gemachten Angaben in eine Tabelle einzutragen, die anschließend bei der Geschäftsstelle des Insolvenzgerichts zu hinterlegen ist (§ 175 Abs. 1 InsO). 881

c) Prüfungstermin (§ 176 InsO)

Sodann beraumt das Insolvenzgericht einen Prüfungstermin an, indem es die angemeldeten Forderungen ihrem Betrag und ihrem Rang nach überprüft. Diejenigen Forderungen, die vom Insolvenzverwalter, von der Schiffsfondsgesellschaft oder von einem Insolvenzgläubiger bestritten werden, sind vom Insolvenzgericht einzeln zu erörtern bzw. zu prüfen (§ 176 InsO). 882

d) Nachträgliche Anmeldungen (§ 177 InsO)

In diesem Prüfungstermin sind auch diejenigen Forderungen zu prüfen, die nach Ablauf der Anmeldefrist und damit grundsätzlich verspätet angemeldet worden sind. Widerspricht jedoch der Insolvenzverwalter oder ein Insolvenzgläubiger dieser Prüfung oder wird eine Forderung sogar erst nach diesem Prüfungstermin angemeldet, hat das Insolvenzgericht einen weiteren, besonderen Prüfungstermin zu bestimmen oder die Prüfung im gerichtlichen schriftlichen Verfahren anzuordnen. Die hierdurch entstehenden Kosten hat der Säumige zu tragen (§ 177 Abs. 1 S. 1 und 2 InsO). 883

Der besondere Prüfungstermin muss öffentlich bekannt gemacht werden. Zu diesem Termin sind die Insolvenzgläubiger, der Insolvenzverwalter und die Schiffsfondsgesellschaft besonders zu laden (§ 177 Abs. 3 S. 1 und 2 InsO). 884

e) Feststellung der Forderungen (§ 178 InsO)

885 Ist gegen eine Forderung im Prüfungstermin oder im schriftlichen Verfahren nach § 177 InsO kein Widerspruch erhoben worden oder wurde ein vorab erhobener Widerspruch nunmehr beseitigt, so gilt die Forderung als offiziell festgestellt. Das Insolvenzgericht trägt für jede angemeldete Forderung in die Tabelle ein, inwieweit sie ihrem Betrag und ihrem Rang nach festgestellt ist oder wer der Feststellung widersprochen hat. Die Eintragung in die Tabelle wirkt für die festgestellten Forderungen ihrem Betrag und ihrem Rang nach wie ein rechtskräftiges Urteil gegenüber dem Insolvenzverwalter und allen Insolvenzgläubigern (§ 178 InsO).

f) Streitige Forderungen (§ 179 InsO)

886 Hat der Insolvenzverwalter oder ein Insolvenzgläubiger eine Forderung bestritten, so ist es nunmehr grundsätzlich Aufgabe des Gläubigers, die Feststellung gegen denjenigen, der bestreitet, herbeizuführen. Liegt jedoch für eine solche Forderung ein vollstreckbarer Titel oder ein Endurteil vor, so ist es Aufgabe des Bestreitenden, den durch ihn erhobenen Widerspruch aufrecht zu erhalten und zu verfolgen (§ 179 InsO).

g) Gerichtliche Zuständigkeit für die Feststellung (§§ 180, 185 InsO); Streitwert (§ 182 InsO)

887 Für den Fall rechtlicher Bedenken gegen die Feststellung der Forderungen ist vor dem zuständigen Zivilgericht Klage zu erheben. Zunächst ist grundsätzlich dasjenige Amtsgericht ausschließlich zuständig, bei dem auch das Insolvenzverfahren anhängig ist oder war. Sollte jedoch der Streitgegenstand nicht zur Zuständigkeit der Amtsgerichte gehören, so ist dasjenige Landgericht ausschließlich zuständig, zu dessen Gerichtsbezirk das zuständige Insolvenzgericht gehört (§ 180 Abs. 1 S. 1 bis 3 InsO). Sollte eine Zuständigkeit der Zivilgerichte nicht gegeben sein, ist das tatsächlich zuständige Gericht oder die tatsächlich zuständige Verwaltungsbehörde auch für die Feststellung zuständig (§ 185 S. 1 InsO).

888 War im Zeitpunkt der Eröffnung des Insolvenzverfahrens bereits ein Rechtsstreit über eine Forderung anhängig, hat die Feststellung dadurch zu erfolgen, dass der Rechtsstreit durch Aufnahme weiter zu betreiben ist (§ 180 Abs. 2 InsO). Der Streitwert dieser Klage bestimmt sich nach dem Betrag, der bei der Verteilung der Insolvenzmasse für die Forderung zu erwarten ist (§ 182 InsO).

h) Wirkung der gerichtlichen Entscheidung (§ 183 InsO)

889 Die rechtskräftige Entscheidung des Gerichts wirkt gegenüber dem Insolvenzverwalter sowie allen Insolvenzgläubigern. Die Partei, die den Rechtsstreit gewinnt, sollte dafür Sorge tragen, beim Insolvenzgericht die Berichtigung der Tabelle zu beantragen. Haben einzelne Gläubiger und nicht der Insolvenzverwalter diesen Rechtsstreit

geführt, können diese Gläubiger die Erstattung ihrer durch den Rechtsstreit entstandenen Kosten aus der Insolvenzmasse verlangen, wenn der Masse durch die gerichtliche Entscheidung ein Vorteil entstanden ist (§ 183 InsO).

i) Klage gegen einen Widerspruch der Schiffsfondsgesellschaft (§ 184 InsO)

Für den Fall, dass die Schiffsfondsgesellschaft eine Forderung bestreitet, kann der Gläubiger gegen die Schiffsfondsgesellschaft auf Feststellung der Forderung gegen sie klagen. Liegt für eine solche Forderung bereits ein vollstreckbarer Titel oder Endurteil vor, obliegt es der Schiffsfondsgesellschaft binnen einen Monats, beginnend ab dem Prüfungstermin oder im schriftlichen Verfahren mit dem Bestreiten der Forderung, den Widerspruch zu verfolgen. Sollte diese Frist ohne Ergebnis verstreichen, so gilt der Widerspruch als nicht erhoben (§ 184 InsO). 890

j) Wiedereinsetzung in den vorigen Stand (§ 186 InsO)

Sollte die Schiffsfondsgesellschaft den Prüfungstermin versäumt haben, kann nach vorherigem Antrag die Wiedereinsetzung in den vorigen Stand gemäß §§ 233–236 ZPO gewährt werden (§ 186 InsO). Erforderlich ist, dass die Frist ohne Verschulden der Schiffsfondsgesellschaft verstrichen ist; dies muss glaubhaft gemacht werden (§ 233 ZPO). Zudem muss ein entsprechender Wiedereinsetzungsantrag gestellt werden (§ 236 ZPO). Sind diese Voraussetzungen erfüllt, wird das gerichtliche Verfahren in den Stand zurückgesetzt, in dem es sich vor Ablauf der Frist befunden hat, d.h. es wird erneut ein Prüfungstermin angesetzt. 891

2. Verteilung (§§ 187–206 InsO)

a) Befriedigung der Insolvenzgläubiger (§ 187 InsO)

Eine Befriedigung der Insolvenzgläubiger darf erst nach dem allgemeinen Prüfungstermin eingeleitet werden. Es müssen genügend Barmittel in der Insolvenzmasse vorhanden sein. Jedoch werden nachrangige Insolvenzgläubiger bei diesen Abschlagsverteilungen grundsätzlich nicht berücksichtigt. Es ist Aufgabe des Insolvenzverwalters, die Verteilung vorzunehmen. Vor jeder Verteilung muss jedoch die Zustimmung des Gläubigerausschusses eingeholt werden, wenn ein solcher bestellt ist (§ 187 Abs. 1 bis 3 InsO). 892

b) Verteilungsverzeichnis (§ 188 InsO)

Zudem muss der Insolvenzverwalter vor jeder Verteilung ein Verzeichnis der Forderungen aufstellen, die bei der Verteilung zu berücksichtigen sind; das Verzeichnis ist auf der Geschäftsstelle des Insolvenzgerichts zur Einsicht durch die Beteiligten 893 niederzulegen. Der Verwalter zeigt dem Insolvenzgericht die Summe der Forderungen und den für die Verteilung verfügbaren Betrag aus der Insolvenzmasse an (§ 188 InsO).

c) Berücksichtigung bestrittener Forderungen (§ 189 InsO)

894 Ein Insolvenzgläubiger, dessen Forderung nicht festgestellt ist oder ein vollstreckbarer Titel bzw. Endurteil hierfür nicht vorliegt, muss spätestens innerhalb von zwei Wochen nach öffentlicher Bekanntmachung dem Insolvenzverwalter nachweisen, dass und für welchen Betrag von ihm Klage erhoben worden ist. Ist die Frist eingehalten, wird der auf diese Forderung entfallende Anteil zurückbehalten, bis eine rechtskräftige Entscheidung ergeht. Ist die Frist nicht eingehalten, wird die Forderung bei der Verteilung nicht berücksichtigt (§ 189 Abs. 1 bis 3 InsO).

d) Berücksichtigung absonderungsberechtigter Gläubiger (§ 190 InsO)

895 Ein absonderungsberechtigter Gläubiger muss ebenfalls in einer Frist von zwei Wochen dem Insolvenzverwalter nachweisen, dass und für welchen Betrag er auf die abgesonderte Befriedigung verzichtet hat oder dabei ausgefallen ist. Ist die Frist nicht eingehalten, wird die Forderung bei der Verteilung nicht berücksichtigt. Ist der Insolvenzverwalter zur Verwertung des Gegenstandes, an dem das Absonderungsrecht besteht, berechtigt, gilt die Regelung des § 190 Abs. 1 InsO nicht (§ 190 Abs. 1 und 3 S. 1 InsO).

e) Nachträgliche Berücksichtigung (§ 192 InsO)

896 Ausnahmsweise können Gläubiger, die bei einer Abschlagsverteilung nicht berücksichtigt worden sind, nachträglich berücksichtigt werden (§ 192 InsO).

f) Änderung des Verteilungsverzeichnisses und Einwendungen gegen das Verteilungsverzeichnis (§§ 193, 194 InsO)

897 Sind aufgrund §§ 189 bis 192 InsO Änderungen erforderlich geworden, müssen diese im Verteilungsverzeichnis vom Insolvenzverwalter eingetragen werden (§ 193 InsO). Einwendungen gegen das Verteilungsverzeichnis kann ein Gläubiger beim Insolvenzgericht erheben (§ 194 Abs. 1 InsO).

g) Festsetzung des Bruchteils (§ 195 InsO)

898 Den zu zahlenden Bruchteil im Rahmen einer Abschlagsverteilung bestimmt der Gläubigerausschuss auf Vorschlag des Insolvenzverwalters. Ist kein Gläubigerausschuss bestellt, bestimmt der Insolvenzverwalter den Bruchteil (§ 195 Abs. 1 InsO).

h) Schlussverteilung und Schlusstermin (§§ 196, 197 InsO)

Es folgt die Schlussverteilung. Diese findet grundsätzlich statt, sobald die Verwertung der Insolvenzmasse beendet ist und die Zustimmung des Insolvenzgerichtes hierfür vorliegt (§ 196 Abs. 1 und 2 InsO). Bei der Zustimmung zur Schlussverteilung bestimmt das Insolvenzgericht den Termin für eine abschließende Gläubigerversammlung, der folgenden Zwecken dient (vgl. § 197 Abs. 1 S. 1 und 2 InsO): 899
- Erörterung der Schlussrechnung des Insolvenzverwalters;
- Erhebung von Einwendungen gegen das Schlussverzeichnis;
- Entscheidung der Gläubiger über die nicht verwertbaren Gegenstände der Insolvenzmasse.

i) Überschuss bei der Schlussverteilung (§ 199 InsO)

Für den Fall, dass bei der Schlussverteilung die Forderungen aller Insolvenzgläubiger in voller Höhe beglichen werden können, hat der Insolvenzverwalter den verbleibenden Überschuss an die Schiffsfondsgesellschaft, konkret jeder an der Schiffsfondsgesellschaft beteiligten Person (den Kommanditisten), den Teil des Überschusses herauszugeben, der ihnen bei einer Abwicklung außerhalb des Insolvenzverfahrens zustünde (§ 199 InsO). 900

j) Aufhebung des Insolvenzverfahrens und Recht der Insolvenzgläubiger (§§ 200, 201 InsO)

Sobald die Schlussverteilung vollzogen ist, beschließt das Insolvenzgericht die Aufhebung des Insolvenzverfahrens (§ 200 Abs. 1 InsO). Im Anschluss können die Insolvenzgläubiger ihre restlichen Forderungen gegen die Schiffsfondsgesellschaft unbeschränkt geltend machen. Die Insolvenzgläubiger, deren Forderungen ordnungsgemäß festgestellt worden sind, können aus der Eintragung in die Tabelle wie aus einem vollstreckbaren Urteil die Zwangsvollstreckung gegen die Schiffsfondsgesellschaft betreiben (§ 201 Abs. 1 und 2 InsO). 901

k) Nachtragsverteilung (§ 203 InsO)

Das Insolvenzgericht ordnet eine Nachtragsverteilung an, wenn nach dem Schlusstermin (vgl. § 203 Abs. 1 InsO): 902
- zurückbehaltene Beträge für die Verteilung frei werden;
- Beträge, die aus der Insolvenzmasse gezahlt wurden, zurückfließen;
- Gegenstände der Masse ermittelt werden.

l) Rechtsmittel (§ 204 InsO)

903 Nur ausnahmsweise kann das Insolvenzgericht von einer Nachtragsverteilung absehen und den Betrag oder Gegenstand der Schiffsfondsgesellschaft überlassen, wenn der Betrag oder der Wert des Gegenstands gering ist und die Kosten einer Nachtragsverteilung unverhältnismäßig hoch sind (§ 203 Abs. 3 S. 1 InsO). Gegen diesen gerichtlichen Beschluss über die Ablehnung der Nachtragsverteilung ist das Rechtsmittel der sofortigen Beschwerde eröffnet (§ 204 Abs. 1 S. 2 InsO).

m) Vollzug der Nachtragsverteilung (§ 205 InsO)

904 Findet jedoch eine Nachtragsverteilung statt, muss der Insolvenzverwalter den Betrag oder den Erlös der Verwertung des Gegenstandes aufgrund des Schlussverzeichnisses verteilen und dem Insolvenzgericht Rechnung legen (§ 205 InsO).

n) Ausschluss von Massegläubigern (§ 206 InsO)

905 Massegläubiger, deren Ansprüche dem Insolvenzverwalter bei einer Abschlagsverteilung erst nach Festsetzung des Bruchteils, bei der Schlussverteilung erst nach Beendigung des Schlusstermins oder bei einer Nachtragsverteilung erst nach der öffentlichen Bekanntmachung bekannt werden, können nur aus denjenigen Mitteln befriedigt werden, die nach der Verteilung noch in der Insolvenzmasse verbleiben (§ 206 InsO).

3. Einstellung des Verfahrens (§§ 207–216 InsO)

a) Einstellung mangels Masse (§§ 207–211 InsO)

906 Stellt sich nach der Eröffnung des Insolvenzverfahrens heraus, dass die Insolvenzmasse nicht ausreicht, um die Kosten des Insolvenzverfahrens zu decken, stellt das Insolvenzgericht das Insolvenzverfahren mangels Masse ein. Vor der Einstellung sind die Gläubigerversammlung, der Insolvenzverwalter und die Massegläubiger zu hören. Soweit Barmittel vorhanden sind, hat der Insolvenzverwalter vor der Einstellung die Kosten des Verfahrens zu begleichen. Zur Verwertung von Massegegenständen ist er nicht mehr verpflichtet (§ 207 InsO).

907 Sollten die Kosten des Insolvenzverfahrens zwar gedeckt sein, reicht die Insolvenzmasse jedoch nicht aus, um die sonstigen Masseverbindlichkeiten zu erfüllen, muss der Insolvenzverwalter dem Insolvenzgericht diese Masseunzulänglichkeit anzeigen. Nach dieser Anzeige der Masseunzulänglichkeit besteht jedoch die Pflicht des Vermögensverwalters zur Verwaltung und Verwertung der Masse fort (§ 208 InsO).

908 Die Rangordnung bei der Berichtigung der Masseverbindlichkeiten, bei gleichem Rang nach dem Verhältnis ihrer Beträge, ergibt sich aus § 209 Abs. 1 InsO:

(1) Kosten des Insolvenzverfahrens;
(2) Masseverbindlichkeiten, die nach der Anzeige der Masseunzulänglichkeit begründet worden sind, ohne zu den Kosten des Insolvenzverfahrens zu gehören;
(3) Die Übrigen Masseverbindlichkeiten.
(4) Sobald jedoch die Masseunzulänglichkeit angezeigt wurde, darf wegen übriger Masseverbindlichkeiten nicht mehr vollstreckt werden (vgl. § 210 InsO).

Sobald der Insolvenzverwalter die Insolvenzmasse gemäß § 209 InsO verteilt hat, 909 stellt das Insolvenzgericht das Insolvenzverfahren ein. Die Nachtragsverteilung kann danach dennoch eingeleitet werden (§ 211 Abs. 1 und 3 InsO).

b) Einstellung wegen Wegfalls des Eröffnungsgrundes (§ 212 InsO)

Fällt der Grund für die Eröffnung des Insolvenzverfahrens nachträglich weg, ist das 910 Insolvenzverfahren auf Antrag der Schiffsfondsgesellschaft einzustellen. Dies allerdings nur, wenn gewährleistet ist, dass nach der Einstellung bei der Schiffsfondsgesellschaft weder Zahlungsunfähigkeit noch drohende Zahlungsunfähigkeit noch Überschuldung vorliegt. Erforderlich ist jedoch, dass bei Antragstellung das Fehlen der Eröffnungsgründe ausreichend glaubhaft gemacht[234] wird (§ 212 InsO).

c) Einstellung mit Zustimmung der Gläubiger (§ 213 InsO)

Das Insolvenzverfahren ist auf Antrag der Schiffsfondsgesellschaft einzustellen, 911 wenn diese nach Ablauf der Anmeldefrist die Zustimmung aller Insolvenzgläubiger überreicht, die Forderungen angemeldet haben. Bei Gläubigern, deren Forderungen bestritten werden, und bei absonderungsberechtigten Gläubigern entscheidet das Insolvenzgericht nach freiem Ermessen, inwieweit es einer Zustimmung dieser Gläubiger oder gegebenenfalls der Erbringung einer Sicherheitsleistung ihnen gegenüber bedarf (§ 213 Abs. 1 InsO).

Das Verfahren kann auf Antrag der Schiffsfondsgesellschaft auch vor Ablauf der 912 Anmeldefrist der Forderungen eingestellt werden, wenn außer den Gläubigern, die bereits zugestimmt haben, andere Gläubiger nicht bekannt sind (§ 213 Abs. 2 InsO).

d) Verfahren bei und nach Einstellung (§§ 214–216 InsO)

Der Antrag auf Einstellung mangels Masse und auf Einstellung mit Zustimmung der 913 Gläubiger (§§ 212, 213 InsO) ist öffentlich bekannt zu machen. Binnen einer Woche ab öffentlicher Bekanntmachung können die Insolvenzgläubiger schriftlich Widerspruch gegen den Einstellungsantrag erheben (§ 214 Abs. 1 InsO).

---

234 BGH Beschluss v. 07.10.2010 – Az IX ZB 1/10.

914 Das Insolvenzgericht beschließt über die Einstellung nach vorheriger Anhörung des Antragstellers, des Insolvenzverwalters und (sofern bestellt) des Gläubigerausschusses. Im Falle eines Widerspruchs ist auch der widersprechende Gläubiger anzuhören (§ 214 Abs. 2 InsO).

915 Der Einstellungsbeschluss und der Grund der Einstellung sind öffentlich bekannt zu machen. Mit der Einstellung des Insolvenzverfahrens erhält die Schiffsfondsgesellschaft das Recht zurück, über die Insolvenzmasse frei zu verfügen (§ 215 InsO).

916 Wird das Insolvenzverfahren nach §§ 207, 212 oder 213 InsO eingestellt, steht jedem Insolvenzgläubiger die sofortige Beschwerde zu. Die Schiffsfondsgesellschaft kann sofortige Beschwerde nur erheben, wenn die Einstellung nach § 207 InsO erfolgte (§ 216 Abs. 1 InsO).

917 Wird ein Antrag zur Einstellung nach § 212 oder § 213 InsO abgelehnt, kann die Schiffsfondsgesellschaft die sofortige Beschwerde erheben (§ 216 Abs. 1 InsO).

X. Hinweise für den Anleger für den Fall der Eröffnung des Insolvenzverfahrens

918 Regelmäßig erhält der Anleger von beispielsweise der Treuhand oder dem Emissionshaus schriftliche Nachricht über die Stellung des Antrages auf Eröffnung des Insolvenzverfahrens.

919 Für den Fall der Eröffnung des Insolvenzverfahrens sollte die Anmeldung der Forderung erfolgt grundsätzlich durch Verwendung eines entsprechenden Formulars erfolgen. Bei nachrangigen Forderungen ist zu beachten, dass diese nur anzumelden sind, wenn das Insolvenzgericht hierzu ausdrücklich aufgefordert hat (§ 174 Abs. 3 InsO).

920 In diesem Formular müssen die Hauptforderung sowie die Nebenforderungen (Zinsen, Kosten etc.) genau benannt und berechnet werden. Zum Beweis müssen die dazugehörigen Rechnungen beigefügt werden.

921 Um bei der Forderungsanmeldung sowie den dazugehörigen Berechnungen Fehler zu vermeiden, empfiehlt es sich hier einen kundigen Rechtsanwalt mit der Forderungsanmeldung zu beauftragen.

Beispiel: Formular zur Forderungsanmeldung im Insolvenzverfahren[235] 922

Forderungsanmeldung im Insolvenzverfahren

Anmeldungen sind stets nur an den Insolvenzverwalter (Treuhänder, Sachwalter) zu senden, nicht an das Gericht. Bitte beachten Sie auch das gerichtliche Merkblatt zur Forderungsanmeldung.

Schuldner	
Insolvenzgericht: **Amtsgericht**	**Aktenzeichen**

Gläubiger Genaue Bezeichnung des Gläubigers mit Postanschrift, bei Gesellschaften mit Angabe der gesetzlichen Vertreter	**Gläubigervertreter** Die Beauftragung eines Rechtsanwalts ist freigestellt. Die Vollmacht muss sich ausdrücklich auf Insolvenzsachen erstrecken. □ **Vollmacht** anbei bzw. folgt umgehend
Geschäftszeichen	Geschäftszeichen

Angemeldete Forderungen

Jede selbständige Forderung ist getrennt anzugeben. Reicht der Raum auf diesem Formular nicht aus, so sind die weiteren Forderungen in einer Anlage nach dem folgenden Schema aufzuschlüsseln.

Erste Hauptforderung im Rang des § 38 InsO (notfalls geschätzt)	€
Zinsen, höchstens bis zum Tag vor der Eröffnung des Verfahrens % aus € seit dem	€
Kosten, die vor der Eröffnung des Verfahrens entstanden sind	€
Summe	€

Zweite Hauptforderung im Rang des § 38 InsO (notfalls geschätzt)	€
Zinsen, höchstens bis zum Tag vor der Eröffnung des Verfahrens % aus € seit dem	€
Kosten, die vor der Eröffnung des Verfahrens entstanden sind	€
Summe	€

235 Amtlicher Vordruck.

Nachrangige Forderungen (§ 39 InsO) Diese Forderungen sind nur anzumelden, wenn das Gericht ausdrücklich hierzu aufgefordert hat (§ 174 Abs. 3 InsO). Die gesetzliche Rangstelle ist durch Ankreuzen zu bezeichnen. Ab Nachrang 3 sind Zinsen und Kosten gesondert anzugeben und der jeweiligen Hauptforderung zuzuordnen (vgl. § 39 Abs. 3 InsO).	
1. □ Nachrang des § 39 Abs. 1 Nr. 1	€
2. □ Nachrang des § 39 Abs. 1 Nr. 2	€
3. □ Nachrang des § 39 Abs. 1 Nr. 3	€
4. □ Nachrang des § 39 Abs. 1 Nr. 4	€
5. □ Nachrang des § 39 Abs. 1 Nr. 5	€
6. □ Nachrang des § 39 Abs. 2	€
Zinsen (§ 39 Abs. 3) zu Nachrang 3 – 4 – 5 – 6	€
Kosten (§ 39 Abs. 3) zu Nachrang 3 – 4 – 5 – 6	€
Summe der nachrangigen Forderungen	€

Abgesonderte Befriedigung unter gleichzeitiger Anmeldung des Ausfalls wird beansprucht. □ Ja, Begründung siehe Anlage □ Nein
Forderung aus vorsätzlich begangener unerlaubter Handlung □ Ja, die Tatsachen, aus denen sich ergibt, dass es sich nach der Einschätzung der anmeldenden Gläubigerin oder des anmeldenden Gläubigers um eine Forderung aus einer vorsätzlich begangenen unerlaubten Handlung der Schuldnerin oder des Schuldners handelt, sind in der Anlage genannt □ Nein
Grund und nähere Erläuterung der Forderungen (z.B. Warenlieferung, Miete, Darlehen, Reparaturleistung, Arbeitsentgelt, Wechsel, Schadensersatz)
Als Unterlagen, aus denen sich die Forderungen ergeben, sind beigefügt (möglichst in 2 Exemplaren):

(Ort) (Datum) (Unterschrift und evtl. Firmenstempel)

Bitte reichen Sie diese Anmeldung und alle weiteren Unterlagen immer in zwei Exemplaren ein. Beachten Sie auch die Hinweise im gerichtlichen Merkblatt zur Forderungsanmeldung.

Beispiel: Merkblatt zur Forderungsanmeldung im Insolvenzverfahren[236] 923

Merkblatt
zur Forderungsanmeldung im Insolvenzverfahren (§ 174 InsO)

Nach Eröffnung des Insolvenzverfahrens haben die Insolvenzgläubigerinnen und -gläubiger ihre Forderungen bei der Insolvenzverwalterin oder beim Insolvenzverwalter anzumelden. Fehlerhafte Anmeldungen können das Verfahren verzögern. Gläubigerinnen und Gläubiger sollten deshalb im eigenen Interesse die folgenden Hinweise und die Angaben auf dem Anmeldeformular sorgfältig beachten. Nähere Einzelheiten ergeben sich aus der Insolvenzordnung, insbesondere aus den §§ 38 – 52, 174 – 186 InsO. Rechtsauskünfte zu Einzelfragen darf das Gericht nicht erteilen. Dies ist Sache der Rechtsanwältinnen und Rechtsanwälte, Notarinnen und Notare sowie der zugelassenen Rechtsbeistände.

1. Forderungsanmeldung
Forderungen der Insolvenzgläubigerinnen und -gläubiger sind nicht beim Gericht, sondern bei der Insolvenzverwalterin oder beim Insolvenzverwalter anzumelden. Insolvenzgläubigerinnen und –gläubiger sind Personen, die einen zur Zeit der Eröffnung des Insolvenzverfahrens begründeten Vermögensanspruch gegen die Schuldnerin oder den Schuldner haben (§ 38 InsO).
Ist eine Sachwalterin oder ein Sachwalter bzw. eine Treuhänderin oder ein Treuhänder bestellt (§§ 270, 313 InsO), so ist die Forderungsanmeldung dort vorzunehmen.

2. Inhalt und Anlagen der Anmeldung
Bei der Anmeldung ist der Grund der Forderung anzugeben, damit die Insolvenzverwalterin oder der Insolvenzverwalter sie überprüfen kann (z.B. Warenlieferung, Miete, Darlehen, Reparaturleistung, Arbeitsentgelt, Wechsel, Schadenersatz). Sind die Gläubigerinnen oder die Gläubiger der Ansicht, eine Forderung beruhe auf einer unerlaubten Handlung, so haben sie zu jeder dieser Forderungen, die sich gegen natürliche Personen richten, die Tatsachen anzugeben, aus denen sich diese Einschätzung ergibt.
Alle Forderungen sind in festen Beträgen in inländischer Währung geltend zu machen und abschließend zu einer Gesamtsumme zusammenzufassen.
Zinsen können grundsätzlich nur für die Zeit bis zur Eröffnung des Verfahrens (Datum des Eröffnungsbeschlusses) angemeldet werden. Sie sind unter Angabe von Zinssatz und Zeitraum auszurechnen und mit einem festen Betrag zu benennen.
Forderungen, die nicht auf Geld gerichtet sind oder deren Geldbetrag unbestimmt ist, sind mit ihrem Schätzwert anzumelden.
Forderungen in ausländischer Währung sind in inländische Währung umzurechnen, und zwar nach dem Kurswert zur Zeit der Verfahrenseröffnung (§ 45 InsO).
Der Anmeldung sind die Beweisurkunden und sonstigen Schriftstücke beizufügen, aus denen sich die Forderung ergibt. Bevollmächtigte von Gläubigerinnen und Gläubigern sollen der Anmeldung eine besondere Vollmacht für das Insolvenzverfahren beifügen.

3. Gläubigerinnen und Gläubiger mit Absonderungsrechten
Gläubigerinnen und Gläubiger, die aufgrund eines Pfandrechts oder eines sonstigen Sicherungsrechts abgesonderte Befriedigung an einem Sicherungsgut beanspruchen können, sind Insolvenzgläubigerinnen und -gläubiger, soweit ihnen die Schuldnerin oder der Schuldner auch persönlich haftet. Diese persönliche Forderung können sie anmelden.

236 Amtlicher Vordruck.

4. Nachrangige Insolvenzgläubigerinnen und -gläubiger

Eine Sonderregelung gilt für die sog. nachrangigen Insolvenzgläubigerinnen und -gläubiger (§ 39 InsO).

Nachrangige Forderungen sind u.a. die während der Verfahrenseröffnung laufenden Zinsen, die Kosten der Verfahrensteilnahme, die Geldstrafen, Geldbußen, Ordnungsgelder und Zwangsgelder, die Forderungen auf eine unentgeltliche schuldnerische Leistung oder auf Rückgewähr eines kapitalersetzenden Gesellschafterdarlehens oder gleichgestellter Forderungen.

Solche nachrangigen Forderungen können nur angemeldet werden, wenn das Gericht die Gläubigerinnen und Gläubiger ausdrücklich zur Anmeldung solcher Forderungen aufgefordert hat (§ 174 Abs. 3 InsO). Bei ihrer Anmeldung ist auf den Nachrang hinzuweisen und die von der Gläubigerin oder von dem Gläubiger beanspruchte Rangstelle zu bezeichnen.

5. Nachträgliche Forderungsanmeldung

Forderungen, die erst nach Ablauf der gerichtlich festgelegten Anmeldefrist angemeldet werden, können unter Umständen ein zusätzliches Prüfungsverfahren erforderlich machen. Die Kosten der zusätzlichen Prüfung hat die säumige Gläubigerin oder der säumige Gläubiger zu tragen (§ 177 Abs. 1 Satz 2 InsO).

6. Ansprüche auf Insolvenzgeld

Arbeitnehmerinnen und Arbeitnehmer, Auszubildende oder Heimarbeiterinnen und Heimarbeiter haben bei Insolvenz ihres Arbeitgebers einen Anspruch auf Insolvenzgeld. Voraussetzung ist, dass sie bei Eröffnung des Insolvenzverfahrens oder bei Abweisung des Insolvenzantrags mangels Masse für die letzten dem Insolvenzstichtag vorausgehenden drei Monate des Arbeitsverhältnisses noch Arbeitsentgelt beanspruchen können. Das Insolvenzgeld wird auf Antrag ausgezahlt. Die Höhe richtet sich nach dem rückständigen Nettoarbeitsentgelt. Nähere Informationen sind bei den Arbeitsämtern erhältlich.

Soweit Insolvenzgeld gezahlt wird, geht der Anspruch auf rückständiges Arbeitsentgelt auf die Bundesanstalt für Arbeit über.

7. Prüfung der Forderungen und Wirkung des Bestreitens (Widerspruch)

Die angemeldeten Forderungen werden im Prüfungstermin geprüft. Im Verbraucherinsolvenzverfahren kann die Prüfung auf Anordnung des Gerichts auch im schriftlichen Verfahren stattfinden. Zum Bestreiten einer angemeldeten Forderung sind die Insolvenzverwaltung, Schuldnerin oder Schuldner sowie jede Insolvenzgläubigerin oder jeder Insolvenzgläubiger berechtigt. Die Forderungen können ganz oder teilweise nach ihrem Betrag oder ihrem Rang bestritten werden.

Haben Gläubigerinnen oder Gläubiger vorgetragen, die Forderung stamme aus einer vorsätzlich begangenen unerlaubten Handlung der Schuldnerin oder des Schuldners, so hat die Schuldnerin oder der Schuldner im Widerspruch zusätzlich anzugeben, ob dieser Vortrag bestritten wird.

Das Insolvenzgericht wird im Termin lediglich die abgegebenen Erklärungen beurkunden. Für eine Entscheidung, ob ein Widerspruch begründet ist, ist das Insolvenzgericht nicht zuständig. Die Feststellung einer ganz oder teilweise bestrittenen Forderung ist auf dem Rechtsweg zu betreiben, den die allgemeinen Gesetze hierfür vorsehen (vgl. § 184 InsO).

Wird eine Forderung nicht oder nur von der Schuldnerin oder vom Schuldner bestritten, so gilt sie für das weitere Insolvenzverfahren entsprechend der Anmeldung als festgestellt (§ 178 InsO). Bei angeordneter Eigenverwaltung verhindert auch der Widerspruch der Schuldnerin oder des Schuldners die Feststellung der Forderung (§ 283 Abs. 1 Satz 2 InsO).

Der wirksame Widerspruch gegen eine angemeldete Forderung hat folgende Wirkungen (vgl. §§ 178–185 InsO):

Liegt für die Forderung bereits ein vollstreckbarer Schuldtitel vor (Urteil, notarielles Anerkenntnis, Steuerbescheid u.ä.), so ist es Sache der oder des Bestreitenden, den Widerspruch mit den allgemein zulässigen rechtlichen Mitteln weiterzuverfolgen.

Liegt ein solcher Schuldtitel noch nicht vor, so obliegt es der vermeintlichen Gläubigerin oder dem vermeintlichen Gläubiger, die Feststellung der Forderung auf dem hierfür allgemein vorgesehenen Rechtsweg zu betreiben. Die oder der Bestreitende muss also damit rechnen, dass wegen des Widerspruchs Klage gegen sie/ihn erhoben wird.

8. Teilnahme an Gläubigerversammlungen, Vertretungsnachweis
Jede Gläubigerin oder jeder Gläubiger kann persönlich am Prüfungstermin oder an den sonstigen Gläubigerversammlungen teilnehmen. Gesetzliche Vertreterinnen und Vertreter oder Bevollmächtigte haben ihre Vertretungsberechtigung im Termin nachzuweisen. Als Nachweis kann ein aktueller Handelsregisterauszug oder eine schriftliche Vollmacht vorgelegt werden. Zusätzlich ist der Personalausweis mitzubringen.

9. Information über das Ergebnis der Forderungsprüfung
Eine Pflicht, am Prüfungstermin teilzunehmen oder für eine Vertretung zu sorgen, besteht nicht. Das Gericht informiert allerdings nach der Forderungsprüfung nur diejenigen Gläubigerinnen und Gläubiger, deren Forderungen ganz oder teilweise bestritten worden sind. Ihnen erteilt das Insolvenzgericht von Amts wegen einen Auszug aus der Insolvenztabelle, aus dem das Ergebnis der Prüfung hervorgeht.
Gläubigerinnen und Gläubiger, deren angemeldete Forderungen weder von der Insolvenzverwaltung noch von einer Insolvenzgläubigerin oder einem -gläubiger (noch von der Schuldnerin oder dem Schuldner im Falle der Eigenverwaltung) bestritten worden sind, erhalten keine besondere Nachricht des Gerichts (§ 179 Abs. 3 InsO).

10. Hinweise zur Feststellung streitiger Forderungen
Im Prüfungsverfahren hat das Insolvenzgericht nur die Erklärungen der Beteiligten zu beurkunden. Ist die angemeldete Forderung einer Insolvenzgläubigerin oder eines Insolvenzgläubigers im Insolvenzverfahren nicht (vollständig) festgestellt worden, so ist die Feststellung auf dem Rechtsweg zu betreiben, den die allgemeinen Gesetze hierfür vorsehen (§§ 180, 185 InsO). Das Insolvenzgericht ist insoweit nicht zuständig. Bei Meinungsverschiedenheiten über Rang, Höhe oder Rechtsgrund einer Forderung ist daher das Insolvenzgericht nicht einzuschalten.
Zivilrechtliche Forderungen sind im ordentlichen Verfahren je nach Grund vor den Zivil- oder Arbeitsgerichten geltend zu machen. Örtlich zuständig ist bei den Zivilgerichten ausschließlich dasjenige Gericht, in dessen Bezirk das Insolvenzgericht liegt (§ 180 Abs. 1 InsO).
War zur Zeit der Eröffnung des Insolvenzverfahrens bereits ein Rechtsstreit über die Forderung anhängig, so ist die Feststellung durch Aufnahme dieses Rechtsstreits zu betreiben (§ 180 Abs. 2 InsO; § 240 ZPO).
Obsiegt die Insolvenzgläubigerin oder der Insolvenzgläubiger mit der Klage, so hat diese Person beim Insolvenzgericht unter Vorlage des rechtskräftigen Urteils die Berichtigung der Insolvenztabelle zu beantragen (§ 183 Abs. 2 InsO).
Die weiteren verfahrensrechtlichen Einzelheiten für das Vorgehen zur Feststellung streitiger Forderungen ergeben sich aus den §§ 179–185 InsO.

M. Verfahrens- und Prozessführung bei Schiffsfonds

I. Allgemeines

924 Die Rechtsentwicklung im Finanzdienstleistungsbereich ist von zeitlichen Abschnitten geprägt. Am 3.5.2005 hat die EU-Kommission einen Aktionsplan erarbeitet, der Überlegungen zur weiteren Integration der Europäischen Finanzmärkte bis zum Jahr 2010 enthielt. Diese Regelungen wurden durch Richtlinien ergänzt. Es wurde dann die zweite Wertpapierdienstleistungsrichtlinie – Richtlinie 2004/39/EWG des Rates vom 21.04.2004 über Märkte für Finanzinstrumente (MiFID) entworfen und später konkretisiert.

Nach dem Verständnis der Kommission – so im Grünbuch der Kommission „Finanzdienstleistungen: Wahrung des Verbraucherinteresse" niedergelegt – ist Anlegerschutzrecht ein Teil des Verbraucherschutzrechtes. Dabei sind verbraucherschützende Vorschriften extensiv auszulegen.[237]

II. Der Individualprozess bei Schiffsfonds und Schiffsfondsbeteiligungen

1. Vorüberlegungen

925 Der Anleger steht oftmals vor der Frage, wie er seine Ansprüche bestmöglich verfolgen kann. Hierfür bieten sich verschiedene Möglichkeiten. Dabei geht es auch um das Problem der besten Interessenvertretung. Rechtsanwälte, die im Bank- und Kapitalmarktrecht tätig sind, finden sich insbesondere in der Arbeitsgemeinschaft Bank- und Kapitalmarktrecht im DAV (www.bankundkapitalmarkt.de). Anwaltliche Vertretung von Anlegerseite erfordert eine fundierte und langjährige Kenntnis der Produkte und ihres Vertriebs im Allgemeinen wie im Besonderen.

2. Sachverhaltsermittlung

926 Die Klärung der Akte des Anlegers und das Gespräch mit dem Mandanten sind besonders wichtig. Es geht dabei bei vielen Gesprächen mit Mandanten um das Erinnerungsvermögen zu den komplexen Sachverhalten. Es geht dann weiter um die Informationsbeschaffung zu den Schiffsfonds und ggf. um Akteneinsichtsrechte gemäß § 299 Abs. 2 ZPO.

---

237 EuGH, Urteil vom 10.05.2001, ZIP 01, 1373.

3. Das Anspruchsschreiben

Der Rechtsanwalt in Bank- und Kapitalanlagesachen muss sich dann hinsichtlich eines Anspruchs- schreiben klar werden, was er vom Schädiger seiner Mandanten durch die Kapitalanlage durch ein Anspruchsschreiben erreichen will und in wieweit er seine Taktik bekanntgeben will oder nicht. 927

III. Hemmung der Verjährung durch außergerichtliche Streitschlichtung

In vielen Fällen droht aufgrund des langen Zuwartens hinsichtlich der Schadensersatzansprüche bereits der Eintritt der Verjährung. Sind Ansprüche verjährt, können sie gegenüber der Gegenseite nicht mehr durchgesetzt werden. 928

Die Verjährung wird auch durch die Einleitung eines Streitschlichtungsverfahrens z.B. bei einem Ombudsmann aufgehalten. Die Einschaltung eines Gerichtes ist zur Aufhaltung der Verjährung nicht erforderlich. 929

Beispielhaft seien hier erwähnt: 930

- Ombudsmann der privaten Banken,
- Ombudsmann der öffentlichen Banken,
- Ombudsmann der genossenschaftlichen Bankengruppe,
- Schlichtungsstellen Deutscher Sparkassen- und Giroverband,
- Ombudsleute der Privaten Bausparkassen,
- Schlichtungsstelle Investmentfonds,
- Ombudsstelle Geschlossene Fonds.

Möglich ist auch die Einleitung eines kostengünstigen Güteverfahrens vor einer staatlich anerkannten Gütestelle. Beispielhaft sei hier die Öffentliche Rechtsauskunft- und Vergleichsstelle der Freien und Hansestadt Hamburg (ÖRA) genannt. Entgegen der ersten Vermutung anhand der Benennung der Hansestadt dürfen hier unabhängig vom Ort des Wohnsitzes des Anspruchssteller oder der Niederlassung des Schiffsfonds Verfahren eingeleitet werden. Ein Zusammenhang mit Hamburg ist nicht erforderlich. 931

Mit Einleitung eines der vorgenannten Streitschlichtungsverfahren/Güteverfahren ist die Verjährung des geltend gemachten Anspruchs gemäß § 204 Abs. 1 Nr. 4 BGB gestoppt. 932

Diese Verjährungshemmung endet grundsätzlich sechs Monate nach rechtskräftiger Entscheidung in diesen außergerichtlichen Verfahren oder deren anderweitiger Beendigung (§ 204 Abs. 2 S. 1 BGB). Nach Ablauf dieser sechs Monate läuft der noch verbleibende Rest der Verjährungsfrist wie gewohnt weiter. 933

IV. Die Einreichung einer Klage durch den Anleger bzw. dessen Rechtsanwalt

934 Vor Erhebung einer Klage empfiehlt es sich, gegenüber der Schiffsfondsgesellschaft die Ansprüche vollständig außergerichtlich geltend zu machen. Im Regelfall muss der Anleger zwar davon ausgehen, dass die Schiffsfondsgesellschaft das Begehren zurückweisen wird. Allerdings sollte zumindest einmalig eine Einigung ohne gerichtliche Klage versucht werden.

1. Kostenrisiko der Klage

935 Festzustellen ist, dass **Rechtsschutzversicherungen** immer häufige die Kostendeckungen versagen möchten. Sie beziehen sich insoweit auf einen Ausschlusstatbestand für Kapitalanlagestreitigkeiten in ihren Versicherungsbedingungen. Allerdings entschieden Gericht vielfach zugunsten der Versicherungsnehmer. So stellt z.B. die Geltendmachung von Prospekthaftungsansprüchen keine nach § 3 Abs. 2 lit. c ARB 94 ausgeschlossene Wahrnehmung rechtlicher Interessen aus dem Recht der Handelsgesellschaft dar.[238]

---

936 **Praxishinweis:**
Bei Versagung der Kostendeckung empfiehlt es sich, die Allgemeinen Rechtsschutzbedingungen und die einschlägige Rechtsprechung genau zu studieren. So lässt sich gegebenenfalls doch noch die Deckungszusage erreichen.

---

937 Ist eine Rechtsschutzversicherung nicht vorhanden bzw. das Risiko der Schiffsfondsbeteiligung tatsächlich nicht vom Versicherungsumfang gedeckt, besteht die Möglichkeit der Einschaltung eines **Prozessfinanzierers**. Diese lassen sich bei hinreichenden Erfolgsaussichten die Ansprüche des einzelnen Anlegers abtreten. Im Gegenzug erhält der Anleger eine finanzielle Entschädigung für die Überlassung seines Anspruchs an den Prozessfinanzierer. Es handelt sich daher um einen Forderungskauf. Die Höhe der Entschädigung tritt jedoch deutlich hinter dem Gesamtwert des Schadensersatzanspruches zurück.

938 Zuletzt besteht auch die Möglichkeit der Beantragung von **Prozesskostenhilfe** gemäß §§ 114ff. ZPO. Sie ermöglicht einkommensschwachen Personen finanzielle Unterstützung bei der Durchführung von Gerichtsverfahren. Allerdings ist der Rechtsanwalt, der den Antrag auf Prozesskostenhilfe stellt und damit dem angerufenen Gericht auch die Erfolgsaussichten des Rechtsstreits detailliert verdeutlichen muss, dazu berechtigt, gemäß § 9 RVG einen Vorschuss für seine Tätigkeit vom

---

238 BGH, Urteil vom 03.05.2006 – IV ZR 252/04.

Anleger zu verlangen. Der Vorschuss darf bis zu 100 % der Regelgebühr betragen. Hintergrund ist, dass Prozesskostenhilfe nur dann gewährt wird, wenn der Rechtsstreit hinreichende Erfolgsaussichten zugunsten des Anlegers bietet. Sollte das Gericht diese Erfolgsaussichten gerade verneinen und Prozesskostenhilfe versagen, hätte der Rechtsanwalt voll umfänglich die Anträge gestellt, zu den Erfolgsaussichten vorgetragen und – je nach Sachverhalte – vor Gericht mit der Gegenseite bereits mehrere Schriftwechsel geführt, ohne jedoch nachträglich irgendeine Vergütung zu erhalten. Dies kann mit dem Vorschuss vermieden werden. Wurde der Vorschuss vom Rechtsanwalt vereinnahmt und später bewilligt das Gericht Prozesskostenhilfe, wird der Vorschuss wieder vollständig an den Anleger zurückerstattet.

2. Keine „Sammelklage"

Immer wieder stellen Anleger die Frage, ob man sich einem bereits laufenden Prozess anschließen könne. 939

Nach wie vor sind jedoch „Sammelklagen" in Deutschland nicht zugelassen. 940 Einzig das KapMuG (Kapitalanleger-Musterverfahrensgesetz) führt eine eigene Verfahrensart ein. Allerdings muss auch hier zunächst der Anleger eine individuelle Klage einreichen, die dann zum Gegenstand des Musterprozesses werden kann.

Allenfalls möglich ist die sog. subjektive Klagehäufung (§§ 59ff. ZPO), bei der 941 mehrere Kläger in derselben Klage gleichartige Ansprüche geltend machen können, sofern zwischen ihnen ein innerer Zusammenhang besteht. Durch diese Art der Klagehäufung verlängert sich jedoch die Prozessdauer erheblich und die Prozessführung wird unübersichtlich. Der Bundesgerichtshof bezeichnete dies als wenig zweckmäßig.[239] Die Instanzgerichte tendieren dazu, diese Klagehäufungen in Einzelklagen aufzuteilen (§ 145 ZPO). Jeder Kläger führt dann wieder sein eigenes Verfahren.

3. Das zuständige Gericht

Es ist nicht unüblich, dass sich im Gesellschaftsvertrag Gerichtsstandvereinbarun- 942 gen finden. Hierin kann beispielsweise die örtliche Zuständigkeit eines Gerichts ausdrücklich geregelt sein. Zu beachten ist, dass Gerichtsstandklauseln zum Nachteil von Verbrauchern unzulässig sind.[240]

---

239 BGH, Urteil vom 09.05.2005 – II ZR 287/02.
240 BGH, Beschluss vom 20.05.2008 – X ARZ 98/08.

943 **Praxishinweis:**
Der Gesellschaftsvertrag sollte anwaltlich genau überprüft werden, ob eine Gerichtsstandklausel enthalten ist. Es ist möglich, dass Klagen am Wohnsitz des Anlegers erlaubt sind.

944 Ist eine Gerichtsstandklausel nicht vorhanden, ist das zuständige Gericht nach den allgemeinen Regeln der ZPO zu bestimmen. Grundsätzlich ist danach die Klage am Sitz oder am Ort einer Niederlassung der gegnerischen Partei zu erheben (§ 17 oder § 21 ZPO).

945 Werden Ansprüche z.B. aus Prospekthaftung geltend gemacht, so ist bei Klagen im Zusammenhang mit einer Schiffsfondsgesellschaft zwingend am Sitz der Gegenseite zu klagen (§ 32b ZPO). Hierbei handelt es sich um einen ausschließlichen Gerichtsstand bei falscher, irreführender oder unterlassener, öffentlicher Kapitalmarktinformation.

946 Wurde die Beitrittserklärung im Rahmen eines Haustürgeschäfts abgeschlossen, ist auch eine Klage beim Gericht des Wohnsitzes des Anlegers/Verbrauchers möglich (§ 29c ZPO).

947 Bei Klagen im Zusammenhang mit Ansprüchen aus Delikt ist eine Klage am Gericht des Ortes, wo die unerlaubte Handlung begangen wurde, möglich (§ 32 ZPO).

4. Richtige Beklagte

948 Bei Ansprüchen aus Prospekthaftung kann gegen die Gründungsgesellschaften und die Prospektverantwortlichen geklagt werden. Oftmals ist die Schiffstreuhand laut Gesellschaftsvertrag ebenfalls als Gründungsgesellschaft benannt.

949 Ansprüche aus Falschberatung können im Falle der freien Anlageberatung gegen den Anlageberater, bei Anlageberatung durch eine Bank gegen diese direkt geltend gemacht werden. Zusätzlich kann auch gegen die Verantwortlichen für die Schiffsfondsgesellschaft vorgegangen werden, da diese für die Einschaltung von Anlageberatern gemäß § 278[241] BGB haften.

5. Darlegungs- und Beweislast

950 Die Zivilprozessordnung erfordert es, dass derjenige, der einen Anspruch geltend macht, diesen und die zugrundeliegenden Tatsachen ordnungsgemäß darlegt und beweist. Es gilt der sog. Beibringungsgrundsatz, der sowohl den Tatsachenvortrag als auch die Beweismittel umfasst. Rechtsausführungen sind nach der ZPO nicht erforderlich.

241 OLG Oldenburg – Urteil vom 22.08.2013 – 8 U 66/13.

Der Beibringungsgrundsatz erfordert es, dass alle anspruchsbegründenden Tatsachen vorgetragen und bewiesen werden müssen. Dazu zählen: 951
- das Zustandekommen des Vertrages (Beitritt),
- Pflichtverletzungen der Gegenseite: Beratungs- und Aufklärungsfehler,
- Kausalität,
- Verschulden,
- Schaden: Schadenshöhe, entgangener Gewinn.

Der Anleger muss sich mit seinem Rechtsbeistand über die Klageart und das Ziel des Prozesses verständigen. 952

V. Leistungsklage

Leistungsklagen sind auf Zahlung oder auf eine anderweitige Leistung gerichtet. 953

Bei einer Klage wird hier regelmäßig die Rückzahlung des Zeichnungsbetrages zuzüglich Agio begehrt, Zug um Zug gegen Rückübertragung der vom Anleger gehaltenen Schiffsfondsbeteiligung. Des Weiteren sollte entgangener Gewinn hinsichtlich der fest investierten Zeichnungssumme inklusive Agio gefordert werden. 954

VI. Feststellungsklage

Positive oder negative Feststellungsklagen, dessen Klageziel die Feststellung des Bestehens oder Nichtbestehens eines Rechtsverhältnisses ist, sind grundsätzlich nur dann einzureichen, wenn eine Leistungsklage nicht möglich ist. 955

Die Erhebung einer Feststellungsklage ist dann unzulässig, wenn nur die Wirksamkeit oder Unwirksamkeit eines Vertragsverhältnisses festgestellt werden soll, vorrangig aber beispielsweise Zahlung begehrt werden kann. 956

VII. Besserer Anlegerschutz beim Vertrieb erforderlich

Die bisherige Praxis hat gezeigt, dass in vielen Fällen des Erwerbs einer Schiffsfondsbeteiligung als geschlossene Fondsbeteiligung Anleger sich für diese Art der Kapitalanlage entscheiden, ohne die genaue Funktionsweise und Risiken verstanden zu haben. Daher passte die Zeichnung einer Schiffsfondsbeteiligung oft nicht zu dem vorsichtigen und risikoarmen Anlagezielen des Anlegers. 957

Erster Grund hierfür sind die Emissionsprospekte, die mit häufig mehr als 100 Seiten Umfang dem Anleger keinen geordneten Überblick über die Schiffsfondsbeteiligung bieten. Auf dieser Fülle von Seiten sind derart vielfältige Informationen enthalten, dass der Anleger oft nicht in der Lage ist, die relevanten Eigenschaften und 958

Risiken der Schiffsfondsbeteiligung zu durchdringen. Hintergrund dieser umfangreich formulierten Emissionsprospekte dürfte die hohen Anforderungen an die Aufklärungspflichten der Anlageberater sein. Der Prospektverantwortliche versucht durch diese Überfrachtung das Risiko einer potentiellen, späteren gerichtlichen Inanspruchnahme möglichst gering zu halten. Dies geht jedoch zu Lasten der Verständlichkeit für den durchschnittlichen Anleger.

959 Zweiter Grund für die falsche Anlageentscheidung sind die Beratungsgespräche mit den Anlageberatern bzw. Anlagevermittlern. Durch geschickte Verhandlungstaktiken wird den Anlegern häufig suggeriert, die empfohlene Schiffsfondsbeteiligung sei die perfekt auf die Anlageziele des Anlegers passende Kapitalanlage. Eine ausreichende Risikodarstellung erfolgt jedoch nur selten.

960 Die Rechtsprechung unterscheidet bisher in Anlageberater und Anlagevermittler. Während Anlageberater lediglich die wesentlichen Eigenschaften und Risiken der Schiffsfondsbeteiligung vollständig und korrekt darstellen müssen, haben Anlageberater darüber hinaus auch sicherzustellen, dass die Schiffsfondsbeteiligung tatsächlich den individuellen Anlagezielen, Kenntnissen, Erfahrungen und finanziellen Verhältnissen des Anlegers entspricht. Die Entscheidung, ob der Beitritt zum Schiffsfonds durch die Tätigkeit eines Anlageberaters oder Anlagevermittlers zustande kam, ist anhand des jeweiligen Einzelfalls genau zu beurteilen.

961 Durch die Überfrachtung des Prospektes wird es für den Anleger immer schwieriger, zu beurteilen, ob die avisierte Kapitalanlage tatsächlich zu den eigenen Anlagewünschen passt.

962 Dringend erforderlich ist daher eine stärkere gesetzliche Regulierung des sog. grauen Kapitalmarktes, zu dem auch die Schiffsfondsbeteiligungen gehören. Als grauer Kapitalmarkt wird der unreglementierte Kapitalmarkt bezeichnet, der keinerlei staatlicher Aufsicht durch z.B. die BaFin unterliegt. Ein organisierter Kapitalmarkt wie z.B. der Börsenhandel ist für Schiffsfondsbeteiligungen nicht vorhanden. Mit Wirkung zum 22.07.2013 trat zwar das Kapitalanlagegesetzbuch (KAGB) in Kraft, laut BaFin gilt dieses jedoch, wie bereits festgestellt, nicht für Schiffsfondsbeteiligungen. Der erhoffte rechtliche Rahmen für die Schiffsfondsbeteiligung besteht daher auch heute noch nicht.

VIII. Rückforderung von Ausschüttungen

963 Immer häufiger werden die Anleger bei Schiffsfonds, die sich bereits in erheblicher Schieflage befinden oder bei denen das Insolvenzverfahrens bereits eröffnet worden ist, von den Emissionshäusern, der jeweiligen Treuhand, der Schiffsfondsgesellschaft selbst oder bei Eröffnung des Insolvenzverfahrens durch den Insolvenzverwalter aufgefordert, bereits erhaltene Ausschüttungen an z.B. die Schiffstreuhand zu erstatten.

1. Rechtsprechung des BGH zur Rückforderung von Ausschüttungen

Wie bereits erläutert, ist nicht jeder Anleger verpflichtet, die bereits erhaltenen Ausschüttungen zurückzuzahlen. Nach einer Entscheidung des Bundesgerichtshofes ist die Rückforderung nur zulässig, wenn eine entsprechende Regelung im Gesellschaftsvertrag enthalten ist.[242] 964

Exemplarisch soll auf den Fall des Schiffsfonds MS Wehr Nienstedten Schifffahrtsgesellschaft eingegangen werden: 965

Der Insolvenzverwalter der MS Wehr Nienstedten Schifffahrtsgesellschaft mbH & Co. KG hat die ersten Anleger des Fonds verklagt. Entsprechende Klageschriften wurden den Gesellschaftern zugestellt. Als Klagegrund wird hierbei ein „Darlehensrückzahlungsanspruch und Haftkapitaleinforderung" genannt. Ausweislich der Klageschrift haben die Anleger Ausschüttungen erhalten, bei denen es sich nicht um Gewinne, sondern um ein Darlehen gehandelt habe.

Die Betroffenen müssen überlegen, ob sie die Forderung des Insolvenzverwalters erfüllen oder ob sie sich gegen die Klage verteidigen. E es ist alles andere als unstreitig, dass die gewinnunabhängigen Ausschüttungen von den Anlegern tatsächlich zurückgefordert werden können. 966

Wie der Bundesgerichtshof in seinem Urteil vom 12.03.2013, Az. II ZR 73/11 festgestellt hat, kommt eine Inhaftungnahme der Gesellschafter nur dann in Betracht, wenn der Gesellschaftsvertrag dies ausdrücklich vorsieht. Dies ist zu prüfen. Hinzu kommt, dass dem Insolvenzverwalter beim vorliegen von Schadenersatzansprüchen diese dem Insolvenzverwalter entgegen gehalten werden können. 967

Schadenersatzansprüche ergeben sich aus der Verletzung von Informations- und Aufklärungspflichten. Anlageberatern kommen nach der Rechtsprechung des Bundesgerichtshofes erhebliche Informations- und Aufklärungspflichten zu. Dies bedeutet, dass Berater, die den betroffenen Anlegern die Beteiligung an den jeweiligen Fonds empfohlen haben, ausführlich und verständlich über die für die Anleger bestehenden Risiken aufklären müssen. Kommen sie dieser Pflicht nicht oder nur eingeschränkt nach, machen sie sich grundsätzlich schadensersatzpflichtig. In diesem Fall können die betroffenen Anleger nicht nur die Rückabwicklung ihrer Beteiligung und Auszahlung ihres Investitionsbetrages geltend machen, sondern darüber hinaus die Zinsen für eine ansonsten getätigte Alternativanlage beanspruchen. 968

Ferner kann man auch auf die kick-back Rechtsprechung des Bundesgerichtshofes zurückgreifen. Demnach müssen für Banken, Sparkassen und Volksbanken tätige Anlageberater ihre Kunden grundsätzlich auf den Erhalt von Rückvergütungen, die sie für den Vertrieb der Beteiligungen von den Fondsgesellschaften erhalten, hinweisen. Diese Aufklärungspflicht wurde in der Vergangenheit allerdings in der Regel nur 969

242 BGH, Urteil vom 12.03.2013 – II ZR 73/11; BGH, Urteil vom 12.03.2013 – II ZR 74/11.

selten erfüllt, sodass allein diese Nichtaufklärung für die Geltendmachung von Schadensersatz ausreichen kann.

970 Urteile gegen Banken erstreiten: Aktuellstes Beispiel sind hier zwei Urteile des Landgerichts Itzehoe von Ende Januar 2013, in denen die comdirect bank AG zur Zahlung von Schadensersatz in Höhe von € 50.000,00 an zwei von CLLB Rechtsanwälten vertretene Anlegern verurteilt wurde, weil diese nicht ordnungsgemäß über die weichen Kosten bei einem Schiffsfonds aufgeklärt wurden. In einem weiteren Verfahren hat nun das Schleswig-Holsteinische Oberlandesgericht den Hinweis erteilt, dass die Berufung

2. Muster Klageerwiderung

971 Sollte bereits Klage gegen den Anleger erhoben worden sein, muss eine entsprechende Klageerwiderung verfasst sein. Exemplarisch kann in einem solchen Fall nachfolgendes Muster verwendet werden:

Muster

Klageerwiderung Ausschüttungsrückforderung[243]

An das
Landgericht ...
– Az.: ... –

In Sachen
Rechtsanwältin ... als Insolvenzverwalterin der ... KG
– Klägerin –

gegen

...

– Beklagter –

wegen Forderung

zeigen wir an, den Beklagten zu vertreten.

Wir werden die folgenden Anträge stellen:

I. Die Klage wird abgewiesen
II. Die Klägerin trägt die Kosten des Rechtsstreites.

---

243 Beck'sche Online-Formulare Prozess aus *Mattil,* Mattil & Kollegen, 16. Edition 2013, Stand 01.07.2013, 4.2.6 Klageerwiderung Ausschüttungsrückforderung.

BEGRÜNDUNG

Die ... KG wurde im Jahr ... als Publikumsgesellschaft gegründet, deren Gesellschaftszweck der Erwerb und die Vermietung von Immobilien ist. Der Beklagte wurde über einen freien Berater zu der Gesellschaft als Anleger geworben. Dabei hatte er die Möglichkeit, sich über einen Treuhänder als Treugeberkommanditist zu beteiligen, ohne direkt in das Handelsregister eingetragen zu werden. Von ... bis ... erhielt der Beklagte, dem Prospekt entsprechende, sog Ausschüttungen. Die Fondsgesellschaft hat die Insolvenz angemeldet, die Klägerin macht nun die Rückzahlung dieser Ausschüttungen geltend. Sie behauptet, bei den Ausschüttungen habe es sich um Entnahmen im Sinne des § 172 Abs. 4 HGB gehandelt, die das Kapitalkonto gemindert hätten, weshalb die Haftung gegenüber Gläubigern wieder aufgelebt sei.
Die Treuhänderin habe ihr vorsorglich die Freistellungsansprüche gegenüber den Treugebern abgetreten. Außerdem, darauf beruft sich die Klägerin hilfsweise, sei in dem Gesellschaftsvertrag vorgesehen, dass die Ausschüttungen „auf ein Darlehenskonto gebucht" würden. Die Ausschüttungszahlungen seien daher auch gesellschaftsvertraglich rückforderbar.
Der Beklagte schuldet der Klägerin unter keinem rechtlichen Gesichtspunkt die Rückzahlung der geltend gemachten Beträge.

1.
Der Beklagte ist nicht passiv legitimiert. Die Haftung nach den §§ 171, 172 HGB kann nur gegenüber dem Kommanditisten geltend gemacht werden. Kommanditistin ist allein die Treuhänderin, die XY-GmbH. Der Beklagte als Treugeber soll allenfalls wirtschaftlich einem Kommanditisten gleichgestellt sein. Ein Durchgriff ist nicht möglich (BGH XI ZR 468/07, BGH III ZR 90/08).

2.
Auch aus abgetretenem Recht kann die Klägerin keinen Anspruch herleiten. Die Klägerin behauptet, dass die Treuhänderin die ihr gegen die Treugeber zustehenden Freistellungsansprüche abgetreten habe. Richtig ist zwar, dass die Treuhänderin als einzige Kommanditistin nach dem Treuhandvertrag einen Freistellungsanspruch gegenüber den Treugebern hat. Die Abtretung ist jedoch unwirksam:
Die Freistellungsansprüche dienen dazu, eine bestimmte Person von einer Verbindlichkeit gegenüber dem Gläubiger zu entlasten. Die Abtretung des Freistellungsanspruchs könnte daher nicht ohne Veränderung des Anspruchsinhaltes erfolgen; der Freistellungsanspruch ist höchstpersönlicher Natur, daher nicht abtretbar (§ 399 1. Alt BGB). Der Anspruch auf Schuldbefreiung kann nur an den Gläubiger der zu tilgenden Schuld abgetreten werden und wandelt sich durch die Abtretung in einen Zahlungsanspruch um (BGH NJW 54, 795). Eine Abtretung an Dritte ist erst möglich, wenn aus dem Freihaltungsanspruch ein Schadensersatzanspruch geworden ist (BGH a.a.O.; Palandt § 399 Rn. 4).
Die Abtretung könnte nur an die Gläubiger erfolgen, da der Insolvenzverwalter als gesetzlicher Prozessstandschafter der einzelnen Gläubiger tätig wird. Insofern handelt der Insolvenzverwalter lediglich mit treuhänderischer Einziehungsbefugnis. Materiellrechtlich bleiben die Gläubiger der Fondsgesellschaft Anspruchsinhaber (vgl. BGH II ZR 193/05; Münchner Kommentar 4. Aufl. § 399 Rn. 15).

3.
Der Beklagte bestreitet, dass die Fondsgesellschaft in den Jahren ... bis ..., für die die Klägerin die Ausschüttungen zurückverlangt, steuerliche Verluste erzielt hat und sein Kapitalkonto durch die Ausschüttungen herabgemindert wurde. Die Klage ist insoweit nicht schlüssig, da ihr kein hinreichend substantiierter Sachvortrag zugrunde liegt. Die Klägerin macht zudem eine Rückzahlung angeblicher Entnahmen geltend, ohne vorzutragen, dass die Klägerin Ansprüche von Gesellschaftsgläubigern ausübt. Die Klägerin kann in der Insolvenz Entnahmen nicht ohne Weiteres zurückfordern, vielmehr ist erforderlich, dass eine Gesellschaftsschuld besteht. Die Kommanditistenhaftung ist akzessorisch (Münchner Kommentar § 171 Rn. 17). Der Insolvenzverwalter muss beweisen, dass Forderungen bestehen, für die der Kommanditist haftet (OLG Stuttgart NZG 1999, 113; Münchner Kommentar HGB § 171

Rn. 114). Der Insolvenzverwalter muss den Anspruch nach Rechtsgrund, Entstehung usw. substantiiert darlegen (BGH II ZR 193/05).

4.
Der Beklagte macht vorsorglich Schadensersatzansprüche wegen Verletzung vorvertraglicher Aufklärungspflichten gegen die Treuhänderin geltend (§ 311 Abs. 2, § 280 BGB). Die Aufrechnung gegenüber der Treuhänderin wirkt gegen die Klägerin gem. § 406 BGB.
Der Prospekt ist aus verschiedenen Gründen fehlerhaft. U.a. verschweigt er, dass eine Ausschüttung ohne Bilanzgewinn eine rückzahlbare Entnahme darstellen kann. Wenn eine Gesellschaft Ausschüttungen nicht aus Überschüssen leisten kann, sondern eine rückzahlbare Entnahme darstelle, so ist der beitretende Kommanditist deutlich darüber aufzuklären (OLG Karlsruhe 4 U 9/08). Die Treuhandkommanditistin haftet nach den Grundsätzen der Prospekthaftung im weiteren Sinne, da die Treuhänderin gegenüber dem Anleger aufklärungspflichtig ist und zur Erfüllung der Aufklärungspflicht zumindest auch den Prospekt eingesetzt hat (BGH II ZR 40/00; II ZR 233/01; III ZR 361/04). Der Beklagte hätte sich in Kenntnis der wahren Umstände an der Fondsgesellschaft nicht beteiligt. Der Beklagte macht daher einen Schadensersatzanspruch in Höhe der geleisteten Einlage in Höhe von ... geltend, mit der er die Aufrechnung gegen die Klageforderung erklärt. Der Schaden des Beklagten besteht mindestens in Höhe der geleisteten Einlage, da er mit einer Quote in der Insolvenz nicht rechnen kann.

5.
Die Klägerin macht ihre Forderung hilfsweise mit der folgenden Begründung geltend: In § ... des Gesellschaftsvertrages sei vereinbart, dass Ausschüttungen auf ein Darlehenskonto gebucht werden. Deswegen seien die gewinnunabhängigen Ausschüttungen wie ein Darlehen der Gesellschaft gegenüber dem Ausschüttungsempfänger zu behandeln. Auch aus diesem angeblichen Rechtsgrund steht der Klägerin kein Anspruch zu.
Die Klägerin beruft sich auf § 488 BGB, mithin auf die Vorschriften des Darlehensvertrages. Der Beklagte ist jedoch Verbraucher im Sinne des § 13 BGB, weshalb ergänzend die Vorschriften der §§ 491 ff. BGB Anwendung finden. Gem. § 492 BGB muss der Verbraucherdarlehensvertrag zwingende Erfordernisse erfüllen, wie u.a. die Angabe des Nettodarlehensbetrages, den Gesamtbetrag aller vom Darlehensnehmer zur Tilgung sowie zur Zahlung der Zinsen und sonstigen Kosten zu entrichtenden Teilzahlungen, die Art und Weise der Rückzahlung, den Zinssatz, den effektiven Jahreszins. Ein Darlehensverhältnis kann auch nicht durch eine Klausel in dem Gesellschaftsvertrag begründet werden, wonach die Ausschüttungen „auf das Darlehenskonto gebucht“ werden. Es handelt sich dabei um eine für den Gesellschafter überraschende und mehrdeutige Klausel (§ 305c BGB). Die Gesellschaftsverträge, die für eine Vielzahl von Gesellschaftsbeteiligungen formuliert sind, unterliegen der Inhaltskontrolle ähnlich wie AGB (BGH II ZR, 218/00).
Die Ausschüttungen erfolgten jährlich ohne jeden Vorbehalt. Die Zahlungen waren mit Geschäftsberichten der Fondsgesellschaft begleitet, wonach die Einnahmen prospektgemäß verlaufen seien und die wirtschaftliche Entwicklung der Fondsgesellschaft positiv sei.

Beweis: Geschäftsbericht

Der Fondsgesellschaft war bewusst, dass der Beklagte als Kapitalanleger auf Ausschüttungen zu seinem Lebensunterhalt angewiesen ist. Da die Auszahlungen nicht nur ohne Vorbehalt, sondern sogar bewusst als Rendite dargestellt wurden, hat die Klägerin zugleich einen Verzicht auf die Rückforderbarkeit erklärt. In der Regel liegen die Voraussetzungen des § 151 BGB vor, so dass die Annahme nicht empfangsbedürftig ist. Zur Annahme genügt bloßes Schweigen (Palandt § 397 Rn. 5). Die Rückforderung der Ausschüttungen stellt zugleich ein treuwidriges Verhalten dar, dem der Einwand der unzulässigen Rechtsausübung gem. § 242 BGB entgegensteht.

Die Forderung der Klägerin ist aus einem weiteren Grunde treuwidrig und verstößt gegen die guten Sitten. Die Klägerin bzw. die Zedentin (Fondsgesellschaft) hat es bei Emission der Beteiligung zugelassen, dass der Fondsgesellschaft sog weiche Kosten in Höhe von ... entzogen wurden. Diese Kosten sind zum Teil überflüssig und stark überhöht. Die ... GmbH hat für eine Platzierungsgarantie eine Gebühr in Höhe von ... vereinnahmt, obwohl sie zur Erfüllung mangels eigenen Vermögens nie in der Lage war. Die Vertriebsprovisionen belaufen sich auf ... EUR und sind damit weit überhöht.

Beweis: Sachverständigengutachten

Diese, sich auf ... EUR belaufenden Abflüsse an die Initiatoren stellen diejenigen finanziellen Mittel dar, die der Gesellschaft nun fehlen. Die Fondsgesellschaft hätte darauf hinwirken müssen, dass die verschiedenen Positionen der Kostenbelastung auf ein normales Maß hätten reduziert werden müssen. Die Klägerin ist daher aufzufordern, die Initiatorin ebenfalls auf Rückzahlung der Gebühren in Anspruch zu nehmen. Die alleinige Verpflichtung der Anleger stellt einen Rechtsmissbrauch dar (s Fallgruppen bei Palandt § 242 Rn. 42 ff.; insbesondere die Fallgestaltungen, dass der Gläubiger den Forderungsfall selbst treuwidrig herbeigeführt hat).

6.
Schließlich erhebt der Beklagte den Einwand der Verjährung. Der Zedentin war bereits im Jahr der jeweiligen Ausschüttung bekannt, dass diese – angeblich – rückforderbar ist. Gem. § 195 BGB beträgt die regelmäßige Verjährungsfrist drei Jahre und beginnt gem. § 199 Abs. 1 BGB mit dem Schluss des Jahres, in dem der Anspruch entstanden ist und der Gläubiger von den den Anspruch begründenden Umständen Kenntnis erlangt.

Rechtsanwältin/Rechtsanwalt

IX. Die Rechtsschutzversicherungen

Rechtsschutzversicherungen versuchen häufig, die Kostendeckung durch Verweis auf die jeweiligen Rechtsschutzbedingungen zu umgehen. Eine solche Klausel kann beispielsweise lauten: 972

> „Rechtsschutz besteht nicht für Wahrnehmung rechtlicher Interessen in ursächlichem Zusammenhang mit der Anschaffung, der Inhaberschaft oder der Veräußerung von Effekten (z.B. Anleihen, Aktien, Investmentanteilen).“

Der BGH[244] entschied im Mai 2013, dass eine solche Klausel in den Allgemeinen Rechtsschutzbedingungen unwirksam sei. Er führt hierzu wie folgt aus: 973

> „[Diese Klausel] verstößt gegen das Transparenzgebot des § 307 Abs. 1 Satz 2 BGB. Hiernach ist der Verwender Allgemeiner Versicherungsbedingungen entsprechend den Grundsätzen von Treu und Glauben gehalten, Rechte und Pflichten seines Vertragspartners möglichst klar und durchschaubar darzustellen. Eine Klausel muss nicht nur in ihrer Formulierung für den durchschnittlichen Vertragspartner verständlich sein, sondern darüber hinaus die wirtschaftlichen Nachteile

244 BGH, Urteil vom 08.05.2013 – IV ZR 174/12.

> und Belastungen so weit erkennen lassen, wie dies nach den Umständen gefordert werden kann (Senatsurteile vom 11. Mai 2005 – IV ZR 25/04, VersR 2005, 976 unter II 1 c aa und vom 30. Mai 2008 – IV ZR 241/04, VersR 2008, 816 Rn. 15, jeweils m.w.N.). Bei einer den Versicherungsschutz einschränkenden Ausschlussklausel müssen dem Versicherungsnehmer die damit verbundenen Nachteile und Belastungen, soweit nach den Umständen möglich, so verdeutlicht werden, dass er den danach noch bestehenden Umfang der Versicherung erkennen kann (vgl. Senatsurteil vom 23. Juni 2004 – IV ZR 130/03, BGHZ 159, 360, 369f.). Diesen Erfordernissen entspricht die „Effektenklausel" nicht. Der durchschnittliche Versicherungsnehmer kann ihr nicht hinreichend klar entnehmen, welche Geschäfte von dem Ausschluss erfasst sein sollen.

974 Eine weitere Entscheidung aus Mai 2013[245] erachtet zusätzlich zur Effektenklausel auch eine Klausel zum Ausschluss der Kostendeckung bei Ansprüchen aus Prospekthaftung als unwirksam (Leitsätze):

> 1. Die Klausel in allgemeinen Bedingungen der Rechtsschutzversiche-rung „Rechtsschutz besteht nicht für die Wahrnehmung rechtlicher Interessen in ursächlichem Zusammenhang mit er Anschaffung oder Veräußerung von Effekten (z.B. Anleihen, Aktien, Investmentanteilen) sowie der Beteiligung an Kapitalanlagemodellen, auf welche die Grundsätze der Prospekthaftung anwendbar sind (z.B. Abschreibungsgesellschaften, Immobilienfonds)" ist wegen Verstoßes gegen das Transparenzgebot unwirksam.
> 2. Fachbegriffe, die keine fest umrissenen Begriffe der Rechtssprache sind, scheiden als objektive Verständnisvorgaben für die Auslegung von Versicherungsbedingungen nach dem Verständnis eines durchschnittlichen Versicherungsnehmers aus.

975 Es empfiehlt sich daher, eine ablehnende Entscheidung der Rechtsschutzversicherung nicht unkritisch hinzunehmen und hier einen kundigen Rechtsanwalt mit der Prüfung zu mandatieren.

245 BGH, Urteil vom 08.05.2013 – IV ZR 84/12.

N. Wichtige Rechtsprechung

Nachfolgend werden die Leitsätze relevanter Entscheidungen nebst Fundstellen 976
zitiert (nicht abschließend und vollständig). Es werden die Rechtsprechungen des BGHs vorangestellt, weil diese die größte Auswirkung auf die Gerichte in der Instanz haben. Danach werden Urteile des OLG und LG dargestellt. Dies hat Auswirkungen für die Einreichung der Klage von Anlegern:

I. BGH-Rechtsprechung

1. BGH zur Rückforderung bereits erhaltener Ausschüttungen, Urteil vom 12.03.2013 – II ZR 73/11 (vgl. auch BGH, Urteil vom 12.03.2013 – II ZR 74/11):

1. *Wird an einen Kommanditisten auf der Grundlage einer Ermächtigung im Gesellschaftsvertrag eine Auszahlung geleistet, obwohl sein Kapitalanteil durch Verlust unter den auf die bedungene Einlage geleisteten Betrag herabgemindert ist oder durch die Auszahlung unter diesen Betrag herabgemindert wird, ist der Kommanditist nur dann zur Rückzahlung an die Gesellschaft verpflichtet, wenn der Gesellschaftsvertrag dies vorsieht.* 977
2. *Allein der Bestimmung im Gesellschaftsvertrag einer Publikumspersonengesellschaft, dass eine solche Ausschüttung „auf Darlehenskonto gebucht wird" und bei einem Verzicht des Gesellschafters auf diese Entnahmen „die Bildung einer Darlehensverbindlichkeit" entfällt, lässt sich nicht mit der aus der Sicht eines beitretenden Gesellschafters erforderlichen Klarheit entnehmen, dass die Ausschüttung unter dem Vorbehalt der Rückforderung steht.*

2. BGH zum Auskunftsrecht mittelbarer Anleger von Publikumsgesellschaften über Mitanleger durch Gesellschaftsvertrag oder Treuhandvertrag, Urteil vom 05.02.2013 – II ZR 1324/11:

1. *Ein Anleger, der sich mittelbar über eine Treuhänderin an einer Publikumsgesellschaft (hier: in der Form einer GmbH & Co. KG) beteiligt hat, hat gegen die Gesellschaft und die geschäftsführende Gesellschafterin einen Anspruch darauf, dass ihm die Namen und die Anschriften der (anderen) mittelbar und unmittelbar beteiligten Anleger mitgeteilt werden, wenn er nach den vertraglichen Bestimmungen, insbesondere der Verzahnung des Gesellschafts- und des Treuhandvertrags, im Innenverhältnis der Gesellschafter untereinander und zur Gesellschaft die einem unmittelbaren Gesellschafter entsprechende Rechtsstellung erlangt hat.* 978
2. *Das Auskunftsrecht kann weder durch eine Regelung im Gesellschaftsvertrag noch durch eine Regelung im Treuhandvertrag ausgeschlossen werden.*

3. BGH zur Begrenzung des Auskunftsanspruchs unmittelbarer Gesellschafter von Publikumsgesellschaften über Mitgesellschafter nur durch das Verbot unzulässiger Rechtsausübung und Schikaneverbot, Urteil vom 5.3.2013 – II ZR 136/11:

979 1. *Ein Anleger, der unmittelbar an einer Publikumsgesellschaft (hier: in der Form einer GmbH & Co. KG) beteiligt ist, hat gegen die Gesellschaft und die geschäftsführende Gesellschafterin einen Anspruch darauf, dass ihm neben den Namen und den Anschriften der (anderen) unmittelbar beteiligten Anleger auch die Namen und die Anschriften der mittelbar über einen Treuhänder beteiligten Anleger mitgeteilt werden, wenn die mittelbar beteiligten Anleger nach den vertraglichen Bestimmungen, insbesondere der Verzahnung des Gesellschafts- und des Treuhandvertrags, im Innenverhältnis der Gesellschafter untereinander und zur Gesellschaft die einem unmittelbaren Gesellschafter entsprechende Rechtsstellung erlangt haben.*

2. *Das Auskunftsbegehren des Gesellschafters ist nur durch das Verbot unzulässiger Rechtsausübung (§ BGB § 242 BGB) und das Schikaneverbot gem. § BGB § 226 BGB begrenzt.*

4. BGH zur Prospekthaftung bei Prognosefehlern und der Höhe der Nettodurchschnittsverzinsung, Urteil vom 23.04.2012 – II ZR 75/10:

980 1. *Tritt eine im Prospekt prognostizierte Entwicklung nicht ein (hier: Höhe der Nettodurchschnittsverzinsung), liegt darin nur dann ein haftungsbegründender Prospektfehler, wenn die Prognose nicht durch sorgfältig ermittelte Tatsachen gestützt und – aus Ex ante-Sicht – nicht vertretbar ist. Der Anspruchsteller genügt seiner Darlegungslast nicht, wenn er lediglich vorträgt, dass die Prognose sich nicht erfüllt hat.*

2. *[...]*

5. BGH zur Offenlegungspflicht einer Bank gegenüber dem Kunden und zur Beteiligung des Vermögensverwalters, Urteil vom 19.12.2000 – XI ZR 349/99 – „Kick Back I“:

981 1. *Hat eine Bank mit dem Vermögensverwalter eines Kunden eine Vereinbarung über die Beteiligung des Verwalters an ihren Provisionen und Depotgebühren geschlossen, so ist sie verpflichtet, dies gegenüber dem Kunden offen zu legen.*

2. *Diese Offenlegungspflicht bezweckt eine umfassende Wahrung der Kundeninteressen; wird sie verletzt, so können Schadensersatzansprüche des Kunden nicht unter dem Gesichtspunkt des Schutzzwecks der verletzten Pflicht eingeschränkt werden.*

6. BGH zur Offenlegung von Provisionen bei Empfehlung von Fondsanteilen, Urteil vom 19.12.2006 – XI ZR 56/05; „Kick Back II“:

Wenn eine Bank einen Kunden über Kapitalanlagen berät und Fondsanteile empfiehlt, bei denen sie verdeckte Rückvergütungen aus den Ausgabeaufschlägen und jährlichen Verwaltungsgebühren erhält, muss sie den Kunden über diese Rückvergütungen aufklären, damit der Kunde beurteilen kann, ob die Anlageempfehlung allein im Kundeninteresse nach den Kriterien anleger- und objektgerechter Beratung erfolgt ist oder im Interesse der Bank, möglichst hohe Rückvergütungen zu erhalten. 982

7. BGH zum Beratungsvertrag und zur Pflicht zur Aufklärung über Rückvergütungen, Beschluss vom 20.01.2009 – XI ZR 510/07; „Kick Back III":

Die beratende Bank hat über erhaltene Rückvergütungen bei dem Vertrieb von Medienfonds aufzuklären (kein amtlicher Leitsatz). 983

8. BGH zur unterlassenen Aufklärung über Rückvergütungen und zur Vermutung aufklärungsrichtigen Verhaltens, Urteil vom 12.05.2009 – XI ZR 586/07; „Kick Back IV":

1. *Verletzt ein Wertpapierdienstleistungsunternehmen seine Pflicht, den Kunden über Rückvergütungen aufzuklären, trägt es die Darlegungs- und Beweislast dafür, dass es nicht vorsätzlich gehandelt hat, auch dann, wenn seine Haftung für fahrlässiges Handeln nach § 37a WpHG verjährt ist (Fortführung von BGHZ 170, 226 = NJW 2007, 1876).* 984
2. *Die Vermutung aufklärungsrichtigen Verhaltens gilt auch im Falle unterlassener Aufklärung über Rückvergütungen.*

Auch wenn diese Entscheidung zu einem Wertpapiergeschäft erging, kann sie entsprechend auf Schiffsfonds angewendet werden. 985

9. BGH zum Schadensersatz wegen fehlerhafter Anlageberatung, Urteil vom 27.10.2009 – XI ZR 338/08:

1. *Aus der Fremdkapitalquote eines Immobilienfonds (hier: 50 %) ergibt sich kein strukturelles Risiko, das dem Anleger gegenüber gesondert aufklärungsbedürftig ist.* 986
2. *Aufklärungspflichtige Rückvergütungen liegen nur dann vor, wenn Teile der Ausgabeaufschläge oder Verwaltungsgebühren, die der Kunde über die Bank an die Gesellschaft zahlt, hinter seinem Rücken an die beratende Bank umsatzabhängig zurückfließen, so dass diese ein für den Kunden nicht erkennbares besonderes Interesse hat, gerade diese Beteiligung zu empfehlen.*

Auch wenn diese Entscheidung zu einem Immobilienfonds erging, kann sie entsprechend auf Schiffsfonds angewendet werden. 987

10. BGH zur nicht vorhandenen Verpflichtung zur Aufklärung über Provisionen bei nicht bankmäßig gebundenen, freien Anlageberatern, Urteil vom 15.04.2010 – III ZR 196/09:

988 *Für den nicht bankmäßig gebundenen, freien Anlageberater besteht – soweit nicht § 31d des Wertpapierhandelsgesetzes eingreift – keine Verpflichtung gegenüber seinem Kunden, ungefragt über eine von ihm bei der empfohlenen Anlage erwartete Provision aufzuklären, wenn der Kunde selbst keine Provision zahlt und offen ein Agio oder Kosten für die Eigenkapitalbeschaffung ausgewiesen werden, aus denen ihrerseits die Vertriebsprovisionen aufgebracht werden (Abgrenzung zu BGHZ 170, 226 = NJW 2007, 1876, und BGH, NJW 2009, 1416).*

11. BGH zum vermeidbaren Rechtsirrtum bei unterlassenem Hinweis der Bank auf Rückvergütung nach 1990, Beschluss vom 29.06.2010 – XI ZR 308/09:

989 *Eine Bank, die einen Kunden im Rahmen der Anlageberatung nicht auf an sie zurückgeflossene Rückvergütungen hinweist, kann sich jedenfalls für die Zeit nach 1990 nicht auf einen unvermeidbaren Rechtsirrtum über Bestehen und Umfang einer entsprechenden Aufklärungspflicht berufen.*

12. BGH zur Aufklärungspflicht einer Bank über Rückvergütungen, Hinweisbeschluss vom 09.03.2011 – XI ZR 191/10 (nichtamtliche Leitsätze):

990 1. *Aufklärungspflichtige Rückvergütungen sind – regelmäßig umsatzabhängige – Provisionen, die im Gegensatz zu Innenprovisionen nicht aus dem Anlagevermögen, sondern aus offen ausgewiesenen Provisionen wie zum Beispiel Ausgabeaufschlägen und Verwaltungsvergütungen gezahlt werden, so dass beim Anleger zwar keine Fehlvorstellung über die Werthaltigkeit der Anlage entstehen kann, deren Rückfluss an die beratende Bank aber nicht offenbart wird, sondern hinter dem Rücken des Anlegers erfolgt, so dass der Anleger das besondere Interesse der beratenden Bank an der Empfehlung gerade dieser Anlage nicht erkennen kann.*
2. *Eine ordnungsgemäße Aufklärung des Anlegers über die Rückvergütungen kann auch durch die rechtzeitige Übergabe der Anlageprospekte erfolgen. Dann muss sich aus diesen aber nicht nur ergeben, dass die aufklärungspflichtige Bank die Vertriebsprovisionen (ganz oder teilweise) erhalten soll, sondern auch in welcher Höhe dies der Fall ist.*
3. *Anders als freie Anlageberater (außerhalb des Anwendungsbereichs von § 31d WpHG) hat eine Bank an sie geflossene Vertriebsprovisionen auch ungefragt zu offenbaren. Diese Unterscheidung rechtfertigt sich daraus, dass der Bankkunde in der Regel bei „seiner“ Bank eine Reihe von kostenpflichtigen Vertragsverhältnissen unterhält, insbesondere auf Dauer angelegte Vertragsverhältnisse wie einen Zahlungsdiensterahmenvertrag oder einen Depotvertrag bzw. Banken typischerweise solche Vertragsverhältnisse anstreben. Das ist bei einem freien Anlageberater typischerweise nicht der Fall.*

4. *Die Vermutung aufklärungsrichtigen Verhaltens gilt auch für die Verletzung der Aufklärungspflicht über Rückvergütungen. Sie greift allerdings dann nicht ein, wenn sich der Anleger bei gehöriger Aufklärung in einem Entscheidungskonflikt befunden hätte, wenn es also nicht nur eine bestimmte Möglichkeit aufklärungsrichtigen Verhaltens gab. Davon kann bei verschwiegenen Rückvergütungen aber nicht schon wegen deren Geringfügigkeit im Verhältnis zur Anlagesumme ausgegangen werden. Es muss vielmehr auf Grund konkreter Umstände des Einzelfalls feststehen, dass dem Anleger bei gehöriger Aufklärung mindestens zwei tatsächlich von ihm zu ergreifende Handlungsalternativen zur Verfügung standen.*

13. BGH zu den Aufklärungspflichten einer beratenden Bank über Rückvergütungen, Beschluss vom 19.07.2011 – XI ZR 191/10:

1.-4. [...] 991

5. *Eine als Anlageberaterin tätige Bank muss über ihr zufließende Rückvergütungen aufklären, um Feststellungen des Anlegers über die Neutralität ihrer Beratungsleistungen zu verhindern; unerheblich ist, aus welcher Quelle die Rückvergütungen fließen.*

14. Bundesverfassungsgericht über fehlende Bedenken gegen die BGH-Rechtsprechung zu Rückvergütungen, BVerfG Beschluss vom 08.12.2011 – 1 BvR 2514/11:

1. *Die mit dem Urteil des BGH vom 19. 12. 2006 (BGH 19.12.2006 Aktenzeichen XI* 992 *ZR 56/05, BGHZ 170, 226ff.) begründete Rechtsprechung zur Aufklärungspflicht einer beratenden Bank über an sie verdeckt fließende Rückvergütungen enthält keine Rechtsprechungsänderung, die unter dem Gesichtspunkt rechtsstaatlich gebotenen Vertrauensschutzes (Art. 20 Abs. 3 GG) bedenklich sein könnte (wird ausgeführt).*
2. *Die Rüge, dass der BGH seine Rechtsprechung in der Folge abweichend von seinem Urteil vom 19. 12. 2006 erweitert habe, ist vorliegend unerheblich, weil die beschwerdeführende Bank hinsichtlich der vorliegend verfahrensgegenständlichen Anlageberatung aus den Jahren 2003 und 2004 kein schutzwürdiges Vertrauen auf jenes BGH-Urteil setzen konnte.*
3. *Die angegriffene Entscheidung begründet auch keine unzulässige Ungleichbehandlung (Art. 3 Abs. 1 GG). Die Differenzierung der Fallgruppe verdeckter Rückvergütungen gegenüber Innenprovisionen (vgl. hierzu BGH, 12.02.2004 – III ZR 359/02; BGHZ 158, 110 [118ff.]) ist sachlich gerechtfertigt, da die Aufklärungspflichten insofern unterschiedlichen Zwecken dienen.*
4. *Ebenso wenig bedenklich ist die Ungleichbehandlung der Anlageberatung durch Banken gegenüber jener durch freie Anlageberater (vgl. BGH, 15.04.2010 – III ZR 196/09, BGHZ 185, 185 [188f.]); insofern bestehen bei den Kunden typischerweise unterschiedliche Erwartungshaltungen.*

5. *Auch die Annahme, dass bereits die Verletzung der Aufklärungspflicht zu einer Beweislastumkehr führt, steht nicht in Widerspruch zu Art. 3 Abs. 1 GG. Die von der Beschwerdeführerin herangezogene Entscheidung des Dritten Zivilsenats des BGH (vgl. BGH, 09.02.2006 – III ZR 20/05, WM 2006, 668 [671]) enthält zu der berührten Frage keine tragenden Ausführungen.*

6.-8. [...]

15. BGH zur Pflicht des Anlagevermittlers zur Offenlegung von im Prospekt nicht aufgeführten Innenprovisionen, Urteil vom 22.03.2007 – III ZR 218/06 (nichtamtlicher Leitsatz):

993 1. *[...]*

2. *Wird eine Anlage anhand eines Prospekts vertrieben, muss der Anlagevermittler, um seiner Auskunftspflicht nachzukommen, im Rahmen der geschuldeten Plausibilitätsprüfung den Prospekt jedenfalls darauf überprüfen, ob er ein in sich schlüssiges Gesamtbild über das Beteiligungsobjekt gibt und ob die darin enthaltenen Informationen, soweit er das mit zumutbarem Aufwand zu überprüfen in der Lage ist, sachlich vollständig und richtig sind.*

16. BGH zur Haftung wegen unrichtiger Prospektangaben über eine Publikums-Kommanditgesellschaft, Urteil vom 06.10.1980 – II ZR 60/80:

994 1. *[...]*

2. *Zu den von den Vertrauensträgern zu offenbarenden Tatsachen gehören wesentliche kapitalmäßige und personelle Verflechtungen zwischen einerseits der Komplementär-GmbH, ihren Geschäftsführern und beherrschenden Gesellschaftern und andererseits den Unternehmen sowie deren Geschäftsführern und beherrschenden Gesellschaftern, in deren Hand die Publikums-KG die nach dem Emissionsprospekt durchzuführenden Vorhaben ganz oder wesentlich gelegt hat.*
3. *[...]*

17. BGH zur Aufklärungspflicht über Innenprovisionen, Urteil vom 25.09.2007 – XI ZR 320/06 (nichtamtliche Leitsätze):

995 1. *Innenprovisionen, die als solche keine Gegenleistung für die Schaffung von Sachwerten darstellen und auf eine geringere Werthaltigkeit des Objekts und Rentabilität der Anlage schließen lassen, sind dem Anleger offen zu legen (BGHZ, 158, 110 = NJW 2004, 1732).*

2. *Dafür reicht es aber nach der Rechtsprechung des BGH (BGHZ 158, 110 = NJR 2004, 1732) aus, dass die Innenprovision im Prospekt als „Kosten der Eigenkapitalbeschaffung" bezeichnet wird. Sind die Kosten der Eigenkapitalbeschaffung in den Prospekten eines Immobilienfonds als solche ausgewiesen, ist eine Bank, die die Fondsbeteiligungen vertreibt, nicht verpflichtet, von sich aus ungefragt eine weitere Aufklärung über diese Kosten vorzunehmen.*

18. BGH zur Darlegungs- und Beweislast des Kapitalanlagevermittlers bei pflichtwidrigen Prospektangaben und zur Vermutung aufklärungsrichtigen Verhaltens, Urteil vom 09.02.2006 – III ZR 20/05 (nichtamtliche Leitsätze):

1. *[...]* 996
2. *Wenn „Kauf"-Gegenstand die Beteiligung an einem Immobilienfonds ist, deren Preis die Aufbringung (eines Teils) des für das Bauvorhaben erforderlichen Eigenkapitals darstellt, so kann für die Wertschätzung dieser Geldanlage allein schon der Umstand, in welchem Umfang dem vom Anleger dafür zu zahlenden Preis (Innen-)Provisionen eben für die Vermittlung des Eigenkapitals gegenüberstehen, von maßgeblicher Bedeutung sein.*
3. *Bei Verletzung einer Beratungs- oder Aufklärungspflicht ist ein Vermögensschaden des Anlegers, der sich bei zutreffender Unterrichtung nicht an dem Anlagemodell beteiligt hätte, schon immer dann zu bejahen, wenn die Anlage – aus welchen Gründen auch immer – den gezahlten Preis nicht wert ist, und er nach § 249 BGB so zu stellen ist, wie wenn er sich daran nicht beteiligt hätte.*

19. BGH zum Schadensersatzanspruch des Anlegers, Urteil vom 05.07.1993 – II ZR 194/02:

1. *[...]* 997
2. *Ein Anleger, der mit einem in erheblichen Punkten unrichtigen oder unvollständigen Prospekt geworben worden ist, kann, wenn er die Beteiligung in Kenntnis der ihm verschwiegenen oder unrichtig dargestellten Umstände nicht erworben hätte, im Wege des Schadensersatzes Rückgängigmachung seiner Beteiligung verlangen, auch wenn die im Prospekt unrichtig dargestellten Risiken nicht mit denjenigen identisch sind, die zu dem späteren Wertverfall der Anlage geführt haben.*

20. BGH zur Haftung der Bank für unzureichende Anlageberatung (Bond-Urteil), Urteil vom 06.07.1993 – XI ZR 12/93:

1. *Eine Bank hat bei der Anlageberatung den – gegebenenfalls zu erfragenden –* 998 *Wissensstand des Kunden über Anlagegeschäfte der vorgesehenen Art und dessen Risikobereitschaft zu berücksichtigen („anlegergerechte" Beratung); das von ihr danach empfohlene Anlageobjekt muss diesen Kriterien Rechnung tragen („objektgerechte" Beratung).*
2. *Eine Bank, die ausländische Wertpapiere in ihr Anlageprogramm aufgenommen hat, muss diese Papiere, die sie ihren Kunden als Anlage empfiehlt, einer eigenen Prüfung unterziehen; sie darf sich nicht auf eine Börsenzulassung verlassen und sich damit begnügen, den Inhalt eines Zulassungsprospekts zur Kenntnis zu nehmen.*

21. BGH zur Mindestanforderung an Gutachten zu Sanierungskonzepten BGH WM 1978, S. 248

999 Der BGH hat die Mindestanforderungen an das Gutachten zu einem Sanierungskonzept konkretisiert.

22. BGH zur Prüfung durch externen Wirtschaftsfachmann BGH WM 1979, S. 253, BGH WM 1979, S. 878

1000 In zwei Entscheidungen wurde die Prüfung des Gutachtens durch einen externen Wirtschaftsfachmann thematisiert.

23. BGH zu „Sanieren oder Ausscheiden" BGH ZIP 2009, S. 2289 EWIR 2009, S. 739 mit Anmerkung Armbrüster

1001 Der BGH hat die grundlegende Entscheidung zum Umgang mit Gesellschaftern, die nicht bei der Sanierung mitmachen wollen oder können festgelegt.

24. BGH zu Treuepflichten der Gesellschafter BGH ZIP 2011, S. 768

1002 Die Gesellschafter haben sich aufgrund der Treuepflicht an Sanierungsmaßnahmen zu beteiligen.

25. BGH zur Haftung der Kreditinstitute durch faktische Geschäftsführung BGH WM 2005, S. 1606 und 1706ff.

1003 Für die deliktische Haftung (hier: § 823 Abs. 2 BGB i.V.m. § 266 StGB) einer Person als faktischer Geschäftsführer einer GmbH ist es erforderlich, dass der Betreffende nach dem Gesamterscheinungsbild seines Auftretens die Geschicke der Gesellschaft – über die interne Einwirkung auf die satzungsmäßige Geschäftsführung hinaus – durch eigenes Handeln im Außenverhältnis, das die Tätigkeit des rechtlichen Geschäftsführungsorgans nachhaltig prägt, maßgeblich in die Hand genommen hat (i. Anschl. an Senat, BGHZ 150, 61).

26. BGH zur Haftung des Treuhandkommanditisten – Urteil vom 9.7.2013 – II ZR 9/12

1004 Der BGH hat mit seiner Entscheidung klargestellt, dass Treuhandkommanditisten, die auch eigene Anteile an einer Gesellschaft halten, bei der Verletzung von Aufklärungspflichten gegenüber den Anlegern haften.

27. BGH zur Verjährung wegen fehlerhafter Anlageberatung – Urteil vom 26.2.2013 – XI ZR 498/11

1005 Weiß ein Anleger, dass die ihn beratende Bank für den Vertrieb der empfohlenen Kapitalanlage eine Rückvergütung erhält, deren Höhe ihm die Bank vor seiner Anlageentscheidung nicht mitgeteilt hat, so hängt der Beginn der Verjährungsfrist seines Schadenersatzanspruches wegen verschwiegener Rückvergütung nicht von der Kenntnis der genauen Höhe der Rückvergütung ab.

II. Urteile von Oberlandesgerichten

1. OLG Karlsruhe zur Haftung der Gründerkommanditisten einer Fondsgesellschaft für die arglistige Täuschung von Anlegern durch beauftrage Anlagevermittler, Versäumnisurteil vom 03.07.2009 – 14 U 51/08:

1. *Den Gründungsgesellschaftern einer Publikumsgesellschaft bürgerlichen Rechts obliegt gegenüber neu eintretenden Gesellschaftern die Verpflichtung zur sachlich richtigen und vollständigen Aufklärung über das mit einem Beitritt verbundene Risiko.* 1006
2. *Für die Haftung der Gründergesellschafter gegenüber den neu eintretenden Gesellschaftern gelten die aus den Besonderheiten der Publikumsgesellschaft hergeleiteten Einschränkungen des allgemeinen Grundsatzes der Haftung aus Verschulden bei Vertragsverhandlungen nicht.*
3. *Bei den zur Werbung von Anlegern beauftragten Vermittlern und von diesen eingesetzten Untervermittlern handelt es sich um Erfüllungsgehilfen der Gründungsgesellschafter und nicht um Dritte i. S. des § 123 Abs. 2 BGB.*

2. OLG Celle zum Mitverschulden des Anlegers bei Nichtlektüre des Emissionsprospektes, Urteil vom 21.10.2009 – 3 U 94/09:

1. *Den Anleger trifft unter dem Gesichtspunkt der Schadensminderung keine Verpflichtung, den Emissionsprospekt nach Zeichnung der Kapitalanlage auf Widersprüche zu den Angaben des Anlageberaters zu untersuchen und seine auf den Fondsbeitritt gerichtete Willenserklärung innerhalb der Widerrufsfrist zu widerrufen. Er darf vielmehr darauf vertrauen, vom dem Berater zutreffend informiert worden zu sein.* 1007
2. *Vom Anleger nicht beeinflussbare Schwierigkeiten bei der Rückabwicklung der Fondsbeteiligung fallen in den Risikobereich der zum Schadensersatz verpflichteten Bank. Dies gilt namentlich, wenn die Übertragung der Gesellschaftsanteile von der Zustimmung Dritter abhängig ist.*

3. OLG München, Verfahren um angeblich fehlerhafte Kapitalanlageberatung im Zusammenhang mit der Beteiligung an einem Schiffsfonds – 29 U 4693/11 vom 19.4.2012 – Vorinstanz LG München I, Urteil vom 7.11.2011 – 35 O 26391/10

Das OLG München hat der Klage stattgegeben. Sie hat festgestellt, dass ein Anla- 1008
geberatungsvertrag vorlag. Die Beklagte hat die Pflichten aus dem Anlageberatungsvertrag verletzt und ist zum Schadenersatz verurteilt worden.

5. OLG Köln zur Tauglichkeit von Sanierungskonzepten OLG Köln GmbHR 2010, S. 251

1009 Die Regeln über eigenkapitalersetzende Darlehen sind auf die von einem Dritten gewährten Darlehen auch wenn diese runter dem beherrschenden Einfluss eines Gesellschafters steht, nicht anwendbar, wenn dieser Dritte eine Aktiengesellschaft ist, da bei dieser gem. § 76 Abs. 1 AktG der Vorstand die Geschäfte in eigener Verantwortung fährt.

6. OLG Hamburg zur Fortführungsprognose OLG Hamburg, ZIP 2010, S. 2448

1010 Die Sanierungsbemühungen des Geschäftsführers einer insolventen Gesellschaft müssen in der Regel innerhalb von drei Wochen nach Eintritt der Insolvenz abgeschlossen sein. Besondere Umstände des Einzelfalls können es jedoch rechtfertigen, diese Frist maßvoll zu verlängern.

7. Hanseatisches OLG- Hamburg – Az.: 13 U 15/11 vom 4.10.2013 – Die Wirtschaftskrise erfordert einen Prospektnachtrag

1011 Ein Urteil mit grundsätzlicher Bedeutung hat das Hanseatische Oberlandesgericht gefällt. Es kann auf zahlreiche Schiffsfonds angewandt werden, die nach Beginn der Finanz- und Wirtschaftskrise vertrieben wurden. Wegen fehlerhafter Angaben im Prospekt hat das Gericht das Emissionshaus zu Schadenersatz verurteilt. Das Gericht ist der Auffassung, dass der Verkaufsprospekt aus Mai 2008 das Marktumfeld zu positiv darstellt und zwar für Schiffsbeteiligungen allgemein und für Mehrzweckfrachter im Besonderen. Zur Begründung verwies das Prospekt auf eine Marktanalyse des Sachverständigen N. Die eigens eingeholte Markteinschätzung vom 1.2.2008 basiert auf Zahlenmaterial aus dem Jahre 2007. Zum Zeitpunkt des Vertriebs der Fondsbeteiligung, spätestens im Herbst 2008, hatte sich das Marktumfeld gravierend verschlechtert. Die Klägerin warf der Gesellschaft vor, sie nicht über den massiven Verfall der Charterraten ab August/September 2008 hingewiesen worden ist. Zum Beitrittszeitpunkt im Januar 2009 hätte ihr deutlich gemacht werden müssen, dass der Schiffsmarkt keineswegs als äußerst positiv eingeschätzt werden konnte.

III. Urteile von Landgerichten

1. LG Essen zu Schiffsfonds als Altersvorsorge, Urteil vom 14.09.2011 – 11 O 298/10 (Zitat aus den Entscheidungsgründen):

1012 *Risikoreiche Anlagen, bei denen das realistische Risiko eines Totalverlustes besteht, sind für eine der Altersvorsorge und Alterssicherung dienende Kapitalanlage und einen entsprechenden Vermögensaufbau grundsätzlich ungeeignet.*

2. **LG München I zur Aufklärungspflicht hinsichtlich steuerlicher Risiken, Teilurteil vom 15.01.2008 – A O 1908/07 (nichtamtlicher Leitsatz):**
Die Bank verletzt ihre vorvertraglichen Aufklärungspflichten, wenn sie nicht darauf 1013
hinweist, dass eine im Prospekt der Fondsgesellschaft vorgesehene steuerliche Verlustzuweisung wegen der tatsächlich realisierten Zahlungs- und Geldflüsse als unsicher erscheint.

3. **LG Trier zu Schiffsfonds wegen Verletzung von Aufklärungspflichten – 11 O 135/10 vom 7. 12. 2010**
Der Anlagevermittler hat die Anleger pflichtwidrig nicht darüber aufgeklärt, dass 1014
er Provisionen bekommen hat. Aus dem Prospekt ergibt sich nicht, wie viel Provision der Anlageberater bekommt bzw. ob an den Berater ein Teil des 5 %igen Agios zurückfließt.[246]

4. **LG Kleve zu Schiffsfonds wegen Verletzung der Aufklärungspflicht – 4 O 103/12 vom 4.6.2013**
Der Anlagevermittler hat die Anleger pflichtwidrig nicht darüber aufgeklärt, dass 1015
er Provisionen bekommen hat. Aus dem Prospekt ergibt sich nicht, wie viel Provision der Anlageberater bekommt bzw. ob an den Berater ein Teil des 5 %igen Agios zurückfließt. Auch der Zinsschaden wurde dem Anleger ersetzt.[247]

5. **LG Frankfurt/M. zur Kausalität unterlassener Aufklärung über Rückvergütungen und zu Prognoseaussagen des Beraters – Urteil vom 18.4.2013 – 2-05 O 254/12**
Die Nichtaufklärung über erhaltene Rückvergütungen ist nicht kausal für die 1016
Anlageentscheidung, wenn der Kunde mit dem Anfall von Vergütungen gerechnet hat. Zur anleger- und anlagegerechten Aufklärung bei risikogeneigten Kunden. Bei der Äußerung, eine Anlage werde sich auf jeden Fall positiv entwickeln, handelt es sich um eine bloße persönliche Einschätzung des Beraters.[248]

6. **LG Stuttgart zu Fehlern bei der Anlageberatung beim Schiffsfonds – Urteil vom 19.6.2013 – 21 O 442/12**
Das Landgericht Stuttgart hat die Commerzbank zu Schadenersatz wegen fehler- 1017
hafter Anlageberatung verurteilt.[249]

7. **LG Wuppertal zur Verletzung der Aufklärungspflicht über Provisionen der Bank**
– Urteil vom 13.6.2012 – 3 O 12/12
Das Landgericht Wuppertal hat die Bank zu Schadenersatz wegen fehlerhafter 1018
Anlageberatung verurteilt.

246 Zitiert nach Internetseite Rechtsanwälte Sommerberg LLP – Kanzlei für Kapitalanleger.
247 Zitiert nach Internetseite Rechtsanwälte Sommerberg LLP – Kanzlei für Kapitalanleger.
248 Mitgeteilt von Rechtsanwalt Dr. Stefan Werner, Frankfurt/M.
249 Quelle: Website www.schiffsfonds-recht.de der Rechtsanwälte mzs.

8. LG München – LG München verurteilt Kreissparkasse zum Schadensersatz – Az.: unbekannt

1019 Das Landgericht München hatte in einer Angelegenheit eines Anlegers des Schiffsfonds HCI Euroliner zu entscheiden. Der Anleger hatte die Beteiligung an dem Schiffsfonds HCI Euroliner durch seine Kreissparkasse vermittelt bekommen. Im Zuge des Verfahrens beanstandete der geschädigte Anleger u.a., dass er nicht hinreichend auf Rückvergütungen hingewiesen wurde. Rückvergütungen sind Provisionen, die die vermittelnde Bank von der Fondsgesellschaft erhält. Das Landgericht München hat festgestellt, dass eine Bank auf Rückvergütungen von gewisser Größenordnung hinzuweisen hat. Denn die Höhe dieser sogenannten Kick-Back-Zahlungen kann einen nicht unerheblichen Einfluss auf die Anlageentscheidung des Bankkunden haben. Das Landgericht München hat die Kreissparkasse zum Schadensersatz verurteilt. Die Kreisparkasse hat dem geschädigten Kunden seine finanziellen Nachteile zu ersetzen. Demgegenüber hat der Kunde die Beteiligung der Kreissparkasse zurück zu übertragen.[250]

9. LG Aurich – Urteil vom 8.10.2012 – Az.: 6 O 350/12 .

1020 Das LG Aurich nahm mehrfach die Haftung der Embdena Partnership GmbH als Gründungskommanditistin der Beteiligungsgesellschaft aus dem Gesichtspunkt der Inanspruchnahme besonderen persönlichen Vertrauens bei der Einwerbung von Anlegern an. Die Embdena war nicht nur Gründungskommanditistin des Schiffsfonds sondern auch Prospektherausgeberin, Emissionsgesellschaft und Treuhänderin. Es wurde zudem ein Kursabsicherungsgeschäft verschwiegen.

10. LG Duisburg – Urteil vom 29.6.2012 – Az.: 10 O 224/11

1021 Das Landgericht Duisburg hat mit Urteil vom 29.06.2012 (Az. 10 O 224/11) einem Anleger der Kommanditgesellschaften „MS Santa Laetitia und Santa Liana“ Schadenersatz wegen fehlerhafter Anlageberatung gegen die Bank zugesprochen, weil der Berater der Bank den Anleger nicht über die an die Bank geflossenen Rückvergütungen aufgeklärt hatte. Das Urteil hat Bedeutung über den Einzelfall hinaus, da dem Kläger im Beratungsgespräch – wie vielen Bank-Kunden auch – eine gesonderte „Erklärung zum Verkaufsgespräch“ zur Unterschrift vorgelegt wurde. In den AGBs wurde darauf hingewiesen, dass die Bank „nur als Vermittlerin Geschlossener Fonds tätig ist und dafür eine Provision erhält“. Das Landgericht sah darin – zu Recht – keine hinreichende Aufklärung darüber, dass die volle Höhe des Agios an die Bank als Vertriebsvergütung zurückfloss. Aus diesem Grunde konnte die Kenntnisnahme des Schriftstücks ebenso wenig die kenntnisabhängige Verjährungsfrist von 3 Jahren in Gang setzen. Die Bank hat davon abgesehen Berufung gegen das Urteil einzulegen. Die Entscheidung ist rechtskräftig.

11. LG Dortmund – 19. Zivilkammer – ohne Aktenzeichen

250 Quelle: Website von Rechtsanwalt Ralf Renner, Berlin: www.kanzlei-renner.de.

Das LG Dortmund hat einem Anleger des DS-Rendite-Fonds Nr. 126 DS Ability und DS Accuracy GmbH & Co. Containerschiff KG Schadenersatz wegen eines Fehlers im Prospekt zugesprochen.[251] Auch in einem zweiten Verfahren wurde so geurteilt. 1022

IV. Gesamtüberblicke über das Kapitalmarktrecht und die jeweiligen bankrechtlichen und gesellschaftsrechtlichen Fragen

Weiter erhalten Interessierte jeweils eine Zusammenstellung des gesamten Kapitalmarktrechtes in den jeweiligen Jahren in der NJW. 1023

Dort stellt Rechtsanwalt Professor Dr. Martin Weber einen Bericht zusammen. So erscheinen 1024
NJW 2011, 273 ff. zum Kapitalmarktrecht 2010
NJW 2012, 274 ff. zum Kapitalmarktrecht 2011
NJW 2013, S. 275 ff. zum Kapitalmarktrecht 2012
NJW 2013, 2324 ff. zum Kapitalmarktrecht im ersten Halbjahr 2013.

Zu den typischen bankrechtlichen und gesellschaftsrechtlichen Fragen jeweils Hirte in der NJW, z.B. NJW 2013, S. 1204 ff. 1025

In der NZG stellten Loritz/Wagner die Prospektdarstellung von „weichen“ Kosten und Anlageberatungspflichten in der Rechtsprechung des BGH vor dem 1.7.2005 und danach.[252]

V. Vergleiche bei Schiffsfonds

Für zahlreiche Anleger, die in Schiffsfonds ihr Geld investiert haben sollte immer geprüft werden, ob wirtschaftlich sinnvolle und sachverhaltsorientierte Vergleiche mit den verantwortlichen Kreditinstituten, Emissionshäusern sowie Finanzvermittlern geschlossen werden können. 1026

251 Mitgeteilt von Rechtsanwalt Dr. Tomas Meschede auf http://www.mzs-recht.de.
252 NZG 2013, S. 367–373.

O. Zweitmarkt für Schiffsbeteiligungen

I. Allgemeines

1027 Der junge Zweitmarkt für geschlossene Fonds hat die Anlageklasse fungibel gemacht. Der Zweitmarkt wurde etabliert, damit die Anleger Anteile vor dem Laufzeitende verkaufen können oder aber in bereits laufende Beteiligungen einsteigen können. Damit ist aus einem an sich langfristig konzipierten Investment eine flexible Anlageklasse geworden. Wer aussteigen möchte, kann heute über verschiedene Handelsplattformen seine Anlageentscheidung umsetzen.

Der Zweitmarkt für geschlossene Fonds ist mit seinen rund zehn Jahren ein relativ junger Markt.

II. Der Markt für Schiffsbeteiligungen

1028 Schiffsfonds haben in Deutschland eine lange Tradition. Sie bieten Privatanlegern ein Investment, welches aufgrund der Tonnagesteuer weitgehend steuerfrei ist. In der Vergangenheit hatten viele Schiffsfonds höhere Durchschnittsrenditen als Aktien und Anleihen.

1. Umfeld

1029 Rund 34 Milliarden Euro Anlegergeld flossen seit Anfang der 90er Jahre über in Deutschland aufgelegte geschlossene Schiffsfonds in Schiffe aller Art. Deutschland gehört zu den führenden Schifffahrtsnationen. Deutschen Eignern gehören rund 10 % der weltweiten Handelsschiffsflotte von rund 35.000 Schiffen.

2. Akteure

1030 In den vergangenen Jahren haben Emissionshäuser, Treuhänder, Börsen und Brokerplattformen eine Vielzahl von hausinternen und initiatorenübergreifenden Zweitmarktinitiativen ins Leben gerufen. Eine der ersten Handelsplattformen war die Fondsbörse Deutschland, die von den Börsen Hamburg, Hannover und München betrieben wird. Sie ermöglicht es Anteile von rund 4000 Fonds zu handeln.

Die Akteure am Zweitmarkt mit Schiffsfonds sind Handelsplattformen und Kaufgesellschaften. Es sind folgende Akteure tätig:

Handelsplattformen:	
Deutscher Sekundärmarkt (Nordcapital Gruppe)	dsm.de
DZAG Deutsche Zweitmarkt AG (Salomon Invest Gruppe, Warburg Verbund)	deutsche-zweitmarkt.de
Fondsbörse Deutschland (BÖAG Börsen AG – Börse Hamburg, Hannover, München)	zweitmarkt.de
Kaufgesellschaften:	
Hesse Newmann Zweitmarkt AG	hesse-newmann.de
HTB	htb-zweitmarkt.de
Maritim Invest	maritim-invest.de
Meridian 10	meridian-10.com
Nordcapital	nordcapital.com
TradeON (Lloyd Fonds Gruppe)	tradeon-ag.de

3. Umsätze

Im Gesamtjahr 2007 hat das Umsatzvolumen am Zweitmarkt erstmals die Milliarden-Euro-Marke überschritten und zweistellige Wachstumsraten erreicht. Der plötzliche Einbruch des Welthandels bedeutete für den Zweitmarkt eine erhebliche Zäsur. Mit 871 Mio. Euro ist das Plazierungsvolumen 2009 bei den Schiffsfonds zum ersten Mal seit 1994 unter die Milliardengrenze gefallen. 1031

III. Motive für den Handel am Zweitmarkt

Der vorzeitige Ausstieg aus der Beteiligung war für bestimmte Bereiche der Anleger 1032 interessant. Diese Ausstiegsmöglichkeit machte die Assetklasse für viele zögerlichen Anleger interessanter. Andere Anleger ließen sich zum Kauf eines Schiffsfonds überzeugen, weil der vorzeitige Ausstieg gesichert ist durch die Zweitmarktbörse. Für die Vertriebe und Initiatoren war der alleinige Verweis auf ein konkretes Angebot erfolgsversprechend. Sie konnten auf einen funktionierenden Zweitmarkt verweisen.

Auf der anderen Seite bot sich nun Käufern über den Zeitmarkt die Chance, sich 1033 an einem Fonds zu beteiligen, der bereits vor geraumer Zeit geschlossen wurde.

In den vergangenen Jahren nutzten vor allem Verkäufer den Zweitmarkt für Schiffsfonds. Die Gründe für den Verkauf waren vielfältig. Von Veräußerungen im Rahmen von persönlichen Notsituationen wie Scheidung, Erbsache oder Fehlanlagen in andere Anlageklassen bis hin zur Umsetzung von Portfoliooptimierungen. Aber auch der Käufermarkt hat sich entwickelt.

An der Fondsbörse Deutschland sind mittlerweise rund ein Drittel aller Käufer 1034 Privatanlager, die ihr Portfolio durch geschlossene Fonds aus dem Zweitmarkt ergänzen. Der Vorteil der Anleger liegt darin, dass bei gebrauchten Schiffsfonds der Fonds bereits eine Geschichte hat. Damit kann der Erfolg oder Misserfolg des Fonds leichter abgeschätzt werden. Der Kapitalanlager muss sich nicht auf die Versprechen und Anpreisungen im Prospekt verlassen. Anhand von Geschäftsberichten und Leistungsbilanzen kann sich der Anleger ein genaues Bild von dem bisherigen Geschäftsverlaufs des Schiffes machen.

Besonders für sicherheitsorientierte Anleger ist dies ein ausschlaggebender Grund, am Zweitmarkt einzukaufen.

1035 Bei den Schiffsbeteiligungen ist aufgrund der Situation derzeit zu differenzieren. Der Schiffsmarkt ist direkt an den Welthandel gekoppelt. Der Wirtschaftsboom der vergangenen Jahre hat für ständige Auslastung von Containerschiffen und Tankern gesorgt. Aktuell liegen viele Schiffe ohne Beschäftigung da, teilweise gibt es Insolvenzen von Schiffen. Mit dem Rückgang der Nachfrage sind automatisch auch die Charterraten erheblich gesunken. Es kommt jetzt also darauf an, Schiffe zu finden, die noch langfristig verchartert sind oder deren Einnahmen durch einen Pool gesichert sind. Aber genau diese Beteiligungen bringen beim Verkauf immer noch gute Kurse.

1036 Die Käuferstruktur 2009 nach Nominalkapital sah wie folgt aus[253]:

Zweitmarkt-Emissionshäuser	59,9 %
Reedereien	1,7 %
Private Käufer	32,1 %
Sonstige Institutionelle	5,8
Vorkaufsrechte	0,5

IV. Ankaufsgesellschaften/Zweitmarktfonds

1. Ankaufsgesellschaften

1037 Ankaufsgesellschaften erwerben Schiffsfondsbeteiligungen, um diese wieder in Schiffsfondsbeteiligungen als Zweitmarktfonds anzubieten. Bei dem Ankauf von Schiffsfondsbeteiligungen wird für den Kapitalanleger der Aspekt der Risikostreuung herausgestellt.[254]

253 *Drießen, Marc/Komatsu, Guido*, Der Zweitmarkt für Schiffsbeteiligungen, in: Alfred F. Schirmacher (Hrsg.), Geschlossene Fonds 2011, Wiesbaden 2010.

254 *Volk, Markus*, Schiffsbeteiligungen unter Aspekten der Renditeoreintierung, Hamburg 2006.

2. Zweitmarktfonds

Die Zweitmarktfonds haben eine Laufzeit von zwölf Jahren und eine prognostizierte Rendite von 7 % bis 9 % p.a. Die kürzere Laufzeit eines Zweitmarktfonds begründet sich darin, dass Anteile verwendet werden, die zum Einstiegszeitpunkt bereits einen mehr oder weniger großen Teil der Laufzeit hinter sich haben. Der Sicherheitsaspekt durch die Streuung auf eine Vielzahl von Schiffen wird stets betont. Fonds haben ca. 60 bis 80 Schiffsbeteiligungen an sechs und mehr Emissionshäusern (Emissionshäuser CONTI und Nordcapital). Auch die Zweitmarktfonds sind in der Form einer GmbH & Co. KG gehalten. 1038

V. Transparenz von Schiffsfondsbeteiligungen

Warum wird überhaupt in Schiffsfonds investiert? Bei vielen Anlageprodukten 1039
wissen die Anleger oft nicht, in was sie genau investieren. Oder aber sie verstehen das Produkt nicht. Ein geschlossener Schiffsfonds ist jedoch für den Anleger bei einem Schiff oder mehreren Schiffen sehr transparent. Die Anlage ist einfach zu verstehen. Investiert ein Anleger in einen Schiffsfonds, kann er genau nachvollziehen, ob er in ein Containerschiff oder Bulker investiert hat.

All diese Angaben sind im Emissionsprospekt des jeweiligen Schiffsfonds genau 1040
ausgewiesen. Genau diese Transparenz macht gegenüber den anderen Anlageklassen den Unterschied aus. Trotzdem sollte der Anleger wissen, dass der Schiffsfonds ein sehr komplexes Produkt ist, das aufgrund seiner langen Laufzeit gut durchleuchtet werden sollte, bevor es gezeichnet wird.

Der Handel von gebrauchten Beteiligungen am Zweitmarkt hat sich in den letzten 1041
Jahren entwickelt. Über Handelsplattformen bietet sich für Anleger zwar ein Markt. Doch anders als bei Aktienmärkten agiert nur eine überschaubare Anzahl von potentiellen Käufern und Verkäufern.

Auf der Verkäuferseite sind fast ausschließlich Privatleute tätig, die ihre Fonds 1042
zum Handel anbieten. Die Fonds werden dann von institutionellen Anlegern gekauft. Dabei sind die meisten privaten Anleger aufgrund der komplexen Anforderungen nicht in der Lage, den realen Wert ihres Anteils zu bestimmen. Es liegen zudem meistens nur vergangenheitsorientierte Werte vor.

VI. Bewertung von Schiffsfondsbeteiligungen

1043 Die Schiffsfondsbeteiligungen werden nach dem Deutschen Zweitmarktindex DZX bewertet.[255] Der Deutsche Zweitmarktindex stellt die Wertentwicklung des Zweitmarktes für geschlossene Schiffsfonds anhand der 50 meistgehandelten Fonds in einem Jahr dar. Grundlage für die Berechnung sind die Kurse aller öffentlich einsehbaren Transaktionen. Er wird als Performance-Index berechnet. Dahinter verbirgt sich, dass die Wertsteigerungen durch jährliche Auszahlungen mit berücksichtigt werden und somit der gesamte Anlageerfolg abgebildet wird.

Das DZAG Kursbuch dokumentiert alle Handelsabschlüsse am Zweitmarkt.[256]

1044 Der SFI Schiffsindex des Analysehauses TKL Fonds Gesellschaft für Fondsconception und -analyse, der von der Fondsbörse Deutschland publiziert wird, ermöglicht einen direkten Vergleich von Investitionen in geschlossene Schiffsfonds, offene Schiffsfonds und Schifffahrts-AGs mit den klassischen Anlageformen wie Aktie und Anleihen.[257]

1045 Die Bewertung eine Schiffsfondsbeteiligung ist ausschlaggebend für einen Renditeerfolg am Zweitmarkt. Wie wird jedoch ein Fondsanteil bewertet? Für eine marktgerechte Preisfindung ist eine gute Analyse unabdingbar. Entscheidungsgrundlage für die Bewertung des Schiffsfondsanteils ist der Unternehmenswert. Das ist der Wert des Schiffsfonds zum Zeitpunkt des Anteilserwerbs. Die im Zweitmarkt für Schiffsbeteiligungen gängige Bewertungsmethode zur Ermittlung des Unternehmenswerts ist das sogenannte Discounted-Cash-Flow-Verfahren (DSF-Methode).

1046 Da es sich bei der DCF-Methode um eine finanzmathematische Berechnung handelt, die nicht allgemein als bekannt vorausgesetzt wird – wird hier die Methode kurz dargestellt.

1047 Bei der DCF-Methode wird der Kapitalwert des Unternehmens ermittelt, indem die zukünftigen Zahlungsüberschüsse (also die erwarteten jährlichen Auszahlungen des Schiffsfonds) mit einem gewählten Diskontfaktor (Renditeerwartung des Anlegers) abgezinst werden. Um die zukünftigen Zahlungsüberschüsse zu ermitteln, werden für jedes Prognosejahr die Einnahmen und Ausgaben des Schiffsfonds über dessen Laufzeit errechnet.

1048 Im Falle einer einzelnen Investition sollte sich für die Durchführung der Investition entscheiden werden, wenn der Kapitalwert positiv ist. Für den Fall, dass der Kapitalwert den Wert Null annimmt, herrscht Entscheidungsindifferenz bezüglich der Investitionsdurchführung.

---

255 Vgl. Deutscher Zweitmarktindex DZX.

256 Weitere Informationen dazu bei *Drießen, Marc/Komatsu, Guido*, Der Zweitmarkt für Schiffsbeteiligungen, in: Alfred F. Schirmacher (Hrsg.), Geschlossene Fonds 2011, Wiesbaden, 2010.

257 *Drießen, Marc/Komatsu, Guido*, Der Zweitmarkt für Schiffsbeteiligungen, in: Alfred F. Schirmacher (Hrsg.), Geschlossene Fonds 2011, Wiesbaden, 2010.

Beispiel: Die Reederei X plant die Anschaffung eines neuen Containerschiffes, dessen Kaufpreis 20.000.000 Euro beträgt. 1049
Nach einer 10-jährigen Nutzungsdauer soll das Containerschiff voraussichtlich für 4.000.000 Euro v erkauft werden. Der anzusetzende Kalkulationszinsfuß beträgt 10 %.
Unternehmensintern wurden folgende Zahlungsfolge aufgestellt:
t = 1 = 2.200.000 Euro
t = 2 = 2.200.000 Euro
t = 3 = 2.200.000 Euro
t = 4 = 2.200.000 Euro
t = 5 = 2.200.000 Euro
t = 6 = 1.650.000 Euro
t = 7 = 1.650.000 Euro
t = 8 = 1.650.000 Euro
t = 9 = 1.650.000 Euro
t = 10 = 1.650.000 Euro
Kapitalwert = Co = 19.250.000 Euro
Co = −20.000.000 Euro + 2.000.000 x 1,10 + 2.000.000 x 1,10 + 2.000.000 x 1,10 + 2.000.000 x 1,10 2.000.000 x 1,10 + 1.500.000 x 1,10 + 1.500.000 x 1,10 + 1.500.000 x 1,10 + 1.500.000 x 1.10 + 1.500.000 x 1.10 = 19.250.000 Euro
Der Kapitalwert der Investition beträgt 19.250.000 Euro. Somit ist die Investition nicht vorteilhaft, da der Kapitalwert negativ ist. (20.000.000 minus 19.250.000 Euro).

Prämissen der Kapitalwertmethode[258]: 1050
- Soll- und Habenzinsfuß sind identisch und über den gesamten Planungshorizont konstant
- Kalkulationszinsfuß ist mit dem Soll- und Habenzinsfuß identisch und über den gesamten Planungshorizont konstant
- Relevante Größen sind eindeutig und berechenbar
- Es herrscht vollkommene Markttransparenz aller Markteilnehmer
- Keinerlei Mengenbeschränkung bezüglich der Kreditaufnahme und der Geldanlage
- Keine Zinsunterschiede bei unterschiedlichen Kreditlaufzeiten oder in der Abhängigkeit der Kapitalausstattung.

Die Summe der Einnahmen ergibt sich aus der Bruttocharterrate in US-Dollar pro Tag 1051
oder aus der Poolrate – falls das Schiff in einem Pool fährt – multipliziert mit den Einsatztage sowie den Verschrottungs- oder Verkaufserlösen des Schiffsfonds zum Ende der Fondslaufzeit.

Von den jährlichen Einnahmen werden die jährlichen Ausgaben abgezogen. 1052
Diese setzen sich zusammen aus den Betriebskosten, den vereinbarten Verwaltungskosten und den Gebühren für Befrachtung und Bereederei sowie den Aufwendungen

258 *Ballensiefen, Benjamin/Küpper, Keino*, INVESTITIONSRECHNUNG – eine praktische Einführung, 1. Auflage, Münster 2001.

für den Kapitaldienst bei der finanzierenden Schiffsbank. Auf diese Weise wird die Liquidität zum Jahresende eines jeden Prognosejahres hergeleitet. Hier wird auf die für eine Bewertung wesentlichen Parameter eingegangen:

Einnahmen:
- Nutzungsdauer Schiff: Je nach Bewertungsansatz und Schiffstyp wird zumeist eine Nutzungsdauer von bis zu 25 Jahren zugrunde gelegt.
- Charter: Für die Dauer des aktuellen Zeitchartervertrages wird die vertragsgemäße Charterrate zugrunde gelegt. Nach Ablauf der Charter dann eine Prognose-Charterrate. Diese wird aus historischen Werten abgeleitet. Befindet sich das Schiff in einem Pool, ist eine Pool-Prognose zu erstellen, in der idealerweise alle Charterverträge Berücksichtigung finden.
- Einsatztage. Bei den Einsatztagen sind entsprechende Dockungen zu berücksichtigen
- Verschrottungserlöse: Der Schrottwert richtet sich nach dem spezifischen Leergewicht des Schiffes (Ist-Wert) und dem Stahlpreis zum Zeitpunkt der Verschrottung (Prognose)
- Der Verkaufspreis richtet sich nach einer Prognose des Verkaufspreises für gebrauchte Schiffe. Hier sind Schiffsmakler zu Rate zu ziehen.

Ausgaben:
- Schiffsbetriebskosten (SBK): u.a. Schmierstoffe, Personalkosten usw.
- Verwaltungskosten: z.B. Treuhandgebühren, Vergütungen für die Geschäftsführung, Gebühren des Vertragsreeders für die Bereederung
- Befrachterkommission: Ergibt sich aus dem Chartervertrag
- Verkaufsprovisionen: Häufig mit Vertragsreedern, Treuhandgesellschaft oder Emissionshaus vertraglich vereinbart.
- Steuern: Nach der Rechtsprechung des BFH unterliegt die Auflösung des Unterschiedsbetrag in voller Höhe der Gewerbesteuer
- Zinsaufwand: Die Zinsen für eine stille Beteiligung des Reeders o.ä. oder für die Fremdfinanzierung sind vertraglich festgelegt. Quelle: Emissionsprospekt. Nach eventuellem Ablauf der Zinsbindung müssen die Basiszinssätze prognostiziert werden und eine Bankenmarge festgelegt werden
- Tilgung: Die Bestimmungen für die Tilgung sind im Emissionsprospekt bzw. in den Geschäftsberichten abgedruckt.
- Verwendung von Liquidität: Bei Liquiditätsüberschuss muss über die Verwendung eine Regelung mit den Gesellschafter herbeigeführt werden. Die wirtschaftliche Situation des Schiffs ist dabei der Maßstab.

1053 Prognosen und Preisfindung:

Bei fast allen Einnahmen- und Ausgabenpositionen handelt es sich um Prognosewerte. Entscheidend für die Prognosewerte ist die Herleitung der Werte. Damit steht und fällt die Bewertung. Die Prognosen haben notwendigerweise Unschärfen und Unsicherheiten. Daher muss die Prognose und die Basis dafür regelmäßig geprüft werden.

Für die Preisfindung ist zudem wichtig, welcher Diskontierungsfaktor gewähnt wird. Damit wird die Rendite vorgegeben. In den Diskontierungsfaktor wird das Gesamtrisiko der Investition mit abgebildet. Je riskanter oder unsicherer der Käufer bestimmte Parameter einschätzt, umso höher wird sein Diskontfaktor. Damit wird der Preis für den Schiffsfondsanteil niedriger ausfallen. 1054

Erklärbar wird somit das Phänomen unterschiedlicher Preise für denselben Schiffsfonds. Dieser Umstand erstaunt oft Verkäufer, die sich an mehrere Kaufinteressenten wenden. Weiter können unterschiedliche Zukunftserwartungen bezogen auf die Charter und die US-Dollar-Entwicklung zu erheblichen Abweichungen bei den Preisen führen. 1055

Schließlich ist auch die Inflation bei langjähriger Laufzeit ein nicht unerheblicher Faktor. Wichtig ist deshalb für den Verkäufer die Marktübersicht über die Preise. 1056

VII. Anlageklasse Zweitmarkt

Wer über den Zweitmarkt in Schiffsfonds einsteigen will, hat grundsätzlich zwei Möglichkeiten: Den Erwerb eines Anteils an einem professionell gemanagten Zweimarktfonds oder den Direktkauf einzelner oder auch zu einem Portfolio individuell zusammengestellten Beteiligungen über eine der öffentlichen Zweitmarkt-Plattformen. 1057

Im Einkauf liegt der Gewinn – oder die Auswahl geeigneter Fondsanteile mit guter wirtschaftlicher Perspektive zu einem fairen Preis ist dabei in beiden Fällen der Schlüssel zum langfristeigen Erfolg. Bei den Zweitmarktfonds wird die Aufgabe der Auswahl von erfahrenen Analysten übernommen. Bei Privatkauf muss sich der Anleger selbst die Informationen verschaffen, auf die es für seine Auswahl ankommt. 1058

Die Preis- und Renditeberechnung ist am Zweitmarkt komplex und erfordert Expertenwissen und umfassende Informationen. Der Anleger muss sich diese selbst beschaffen. Dazu würde der Zugang zu regelmäßig aktualisierten Datenbanken und Auswertungstools gehören. 1059

Alternativ bietet sich der Einstieg über Zweitmarktfonds an. Diese Zweitmarktfonds haben den Vorteil, dass das Investitionsrisiko breit gestreut ist. Es erfolgt eine Streuung in eine Vielzahl unterschiedlicher Einzelschiffe. Diese Diversifikation kombiniert mit einem erfahrenen Fondsmanagement sollte ein Maximum an Sicherheit im Markt der Schiffsbeteiligungen. 1060

VIII. Trends am Zweitmarkt

1061 Aktuell wird der noch sehr junge Markt mitten in seiner Blütezeit gebremst. Die allgemeine Finanzkrise ist am Zweitmarkt angekommen und sorgt für Unruhe. Besonders in der hier wichtigen Schiffsbranche und deren Folgen für Schiffsbeteiligungen macht sich die Unruhe bemerkbar.

1062 Bis vor kurzer Zeit war noch folgendes Szenario selbstverständlich: Käufer – vor allem Institutionelle – zahlten für Schiffsbeteiligungen Höchstpreise von teils über 200 Prozent der Nominalbeteiligung.

Ab September 2008 gingen die Kurse zurück. Am Zweitmarkt für Schiffsfonds stellte sich ein Ungleichgewicht ein. Es wollten vielmehr Anleger verkaufen als Interessenten kaufen wollten. Investoren kauften nur noch Fonds mit Perspektiven. Es waren nur noch Schiffsfonds mit langfristigen Charterverträgen interessant.

1063 Für den Zweitmarkt war das Jahr 2012 ein schwaches Jahr. Es wurde im zurückliegenden Jahr insgesamt 1327 Handel mit einem Nominalvolumen von rund 40,6 Mio. Euro registriert. Im Jahr 2011 waren es noch 103 Mio. Euro.

1064 Die Untersuchung der Deutsche Fondsresearch GmbH zeigt, dass die Anzahl der Verkäufe sich auf Containerschiffe, Tanker und Bulker gut verteilte.

1065 Allgemein kann man trotzdem sagen, der Zweitmarkt hat sich am Markt der Schiffsbeteiligungen etabliert.

1066 Mittelfristig gehen Marktbeobachter davon aus, dass die Liquidität am Zweitmarkt weiter steigen wird. Es wird immer Anleger geben, die sich aus unterschiedlichen Gründen vorzeitig von ihrer Kapitalanlage trennen wollen oder müssen. Der Markt wird durch die Professionalisierung der Käufer einerseits und dem steigenden Bekanntheitsgrad auf der Verkäuferseite andererseits stetig an Transparenz zunehmen.

1067 Die höchsten Umsätze wurden in 2012 bei folgenden Emissionshäusern getätigt[259]:

1. MPC	1.789.571
2. HCI	1.170.032
3. Nordcapital	906.355
4. Commerz Fonds	561.987
5. GHF	511.292

259 Quelle: Deutsche Fondsresearch GmbH.

P. Informationsquellen bezüglich Schiffsfonds

I. Beratungsunternehmen

Diese Beratungsunternehmen für den Bereich Kapitalmarkt und Maritimes Wirtschaftsrecht und Transport führt die Focus-Liste Deutschlands Top-Anwälte November/Dezember 2013:[260] **1068**

1. Kapitalmarkt

Hengeler Mueller, www.hengeler.com **1069**
Freshfields Bruckhaus Deringer, www.freshfields.com
Linklaters, www.linklaters.com
Sullivan & Cromwell, www.sullcrom.com
Allen & Overy, www.allenovery.com
Clifford Chance, www.cliffordchance.com
Clery Gottlieb, www.cgsh.com
Latham & Watkins, www.lw.com
Gleis Lutz, www.gleisslutz.com
Noerr, www.noerr.com
SJ Berwin, www.sjberwin.de
Dr. Greger und Collegen, www.dr-greger.de und
Schirp Schmidt-Morsbach Neusel, www.ssma.de.

Diese Großkanzleien treten meistens für die Schiffsfondsseite auf.

2. Maritimes Wirtschaftsrecht[261]

Schackow, www.schackow.de **1070**
CMS Hasche Sigle, www.cms-hs.com
Dabelstein & Passehl, www.da-pa.com
Fleet Hamburg, www.fleet-hamburg.com
Lebuhn & Puchta, www.lebuhn.de
Ahlers & Vogel, www.ahlers-vogel.de
Ehlermann Rindfleisch Gadow, www.erg-legal.com

---

260 Focus-Spezial, Ausgabe November/Dezember 2013.
261 Die Liste erhebt keinen Anspruch auf Vollständigkeit.

Freshfields Bruckhaus Deringer, www.freshfields.com
Segelken & Suchopar, www.sesu.de
Arnecke Siebold, www.arneckesiebold.de
Watson, Farley & Williams, www.wfw.com
Susock & Schlicher, www.susock-schlicher.de und
Ince & Co Germany, www.incelaw.com.

II. Rechtsanwälte

1071 Rechtsanwälte, die im Bank- und Kapitalmarkt tätig sind, finden sich insbesondere in der

- Bankenrechtlichen Vereinigung – Wissenschaftliche Gesellschaft für Bankrecht e.V. (www.bankrechtliche-vereinigung.info)
- Arbeitsgemeinschaft Bank- und Kapitalmarktrecht im DAV (www.bankundkapi talmarkt.de)
- Eine Auswahl von Kanzleien, die vor allem auf der Anbieterseite der Schiffsfonds stehen, findet sich im Juve Handbuch Wirtschaftskanzleien 2012/2013, Kapitalanlagerecht
- auch eine Auswahl von Kanzleien, die vor allem auf der Anlegerseite der Schiffsfonds stehen, findet sich im Juve Handbuch Wirtschaftskanzleien 2012/2013 Kapitalanlagerecht
- weitere Anwälte finden sich in dem Focus Spezial Deutschlands Top-Anwälte 2013 und dem Stichwort Kapitalmarkt s. Rn. 1069 f.
- schließlich auch im Focus Spezial Deutschland Top Anwälte 2013 unter Maritimes Wirtschaftsrecht und Transport.

1072 Das Beratungsunternehmen FondsMedia hat im November 2013 einen Praxistest von Anlegerschutzanwälten zu Schiffsfonds durchgeführt. Es wurden acht regionale und überregionale Anwaltskanzleien angeschrieben. Der Praxistest Anleger-Schutzanwalt Schiffsfonds von FondsMedia basiert auf einen simulierten individuellen Fall mit individuellen Bedürfnissen eines Anlegers. Es soll keine der getesteten Anwälte bzw. Kanzleien auf die spezifisch formulierten Bedürfnisse eingegangen sein. Der Mittelpunkt der Herangehensweise der Anwälte war eine Fallanalyse per Fragebogen. Die Fragebögen weisen von der Informationstiefe und Informationsdichte her gesehen signifikante Qualitätsunterschiede auf. FondsMedia kommt u.a. zu dem Ergebnis, dass Anlegerschutzanwälte Einzelbeispiele nutzten, um möglichst viele Kapitalanleger zeitgleich bei als negativ wahrgenommen Investment – also schlechten Ergebnisse der Schiffsfonds – Klagen aufzudrängen.

III. Internetangebote

Rechtsanwälte, die im Bank- und Kapitalrecht im Bereich Schiffsfonds tätig sind 1073
finden sie auf den Seiten von
- anwalt24.de,
- anwalt.de.

Bei Insolvenzen sind die Insolvenzdatenbanken der Gerichte und der e-Bundesanzeiger heranzuziehen.

IV. Datenbanken

In allgemeinen juristischen Datenbanken findet man Hinweise auf Urteile bei juris, 1074
beck-online usw.

Die Wirtschaftspresse wie Focus, Stern, DIE WELT, FAZ, Süddeutsche berichten über Schiffsfondsthemen. Diese können aus der Datenbank abgefragt werden.

V. Verbände

Die Schiffsfonds sind unter anderen im Verband Sachwertanlage e.V. zusammenge- 1075
schlossen. Hier sind Emissionshäuser organisiert.

Anleger sind organisiert bei: 1076
- Aktionsbund Aktiver Anlegerschutz (AAA) in Berlin
- BSZ e.V. (www.bsz-e.v.@t-online.de)
- Deutsche Anleger Stiftung in München
- Schutzgemeinschaft für geschädigte Kapitalanleger (SGK) in Berlin
- Mensch und Kapital in Berlin
- Deutscher Verbraucherschutzring (DVS) in Erfurt.

Es gibt noch eine Vielzahl von weiteren Organisationen. Zum Gesamtkomplex auch 1077
die Studie „Anlegerschutz zwischen Dichtung und Wahrheit“.[262]

VI. Verbraucherschutzverbände

Hier sind allgemein die Verbraucherzentralen zu nennen und die Zeitschrift Finanz- 1078
test der Stiftung Warentest.

262 *Siepe, Werner*, Anlegerschutz zwischen Dichtung und Wahrheit, Stand Juni 2010.

VII. Newsletter

1079 In folgenden Newslettern kann man zu Schiffsfonds Informationen finden:
- DFR SHIPPING RESEARCH der DEUTSCHE FONDSRESEARCH
- HSH Bank
- BaFin
- Cash-online.

VIII. Veranstaltungen

1080 Es gibt hin und wieder Veranstaltungen von Rechtsanwaltskanzleien und Weiterbildungsseminare der Rechtsanwaltsberufsverbände. Dazu gehören:
- WM Seminare in Frankfurt,
- RWS Verlag Kommunikationsforum GmbH in Köln,
- DAI Seminare in Berlin,
- Euroforum Seminare,
- Bucerius Law School Hamburg,
- Rechtsanwaltskammern Berlin und Stuttgart und
- HANSA Forum in Hamburg.

Q. Checklisten

I. Allgemeines

Im Folgenden sind einige Checklisten aufgeführt,[263] die beim Erwerb von Schiffs- **1081**
fondsanteilen der Erfassung und Überprüfung wichtiger Punkte dienen sollen. Dabei ist zu beachten, dass die aufgeführten Checklisten nur eine Orientierungshilfe darstellen und nicht alle für die unterschiedlichsten Anlageformen relevanten Gegebenheiten berücksichtigen können.

Eine Haftung für die Nutzung im Einsatz bei Beratungssituationen wird nicht übernommen.

II. Checkliste Beratungsprotokoll **1082**

1. Auflistung der Gesprächsteilnehmer (möglichst mit anwesenden Zeugen)
2. Ort, Datum und Uhrzeit des Gespräches
3. Angaben zur wirtschaftlichen Situation des Anlegers ausreichend und detailliert?
4. Angaben zur persönlichen Situation des Anlegers zufriedenstellend? Alle Assets erfasst?
5. Anlageziel und Risikobereitschaft des Anlegers richtig erfasst? Was ist geplant? Wie alt sind die Anleger?
6. Bisheriges Anlageverhalten des Anlegers richtig erfasst?
7. Berater stellt die jeweilige Geldanlageform und den bisherigen Geschäftsverlauf plausibel dar? Nachweise?
8. Werden Kosten (einschließlich einmaliger und laufenden Nebenkosten) der Geldanlage genau dargestellt?
9. Angaben des Beraters zu Risiken der Geldanlage; besteht die Möglichkeit eines Totalverlustes?
10. Ausgehändigte Unterlagen sind verständlich und umfassend?
11. Ort, Datum und Unterschriften der Gesprächsteilnehmer wurden nicht vergessen?

---

263 Es wurden Checklisten von Rechtsanwalt Dr. Walter Späth bzgl. Schrottimmobilien für Schiffsfonds angepasst.

III. Checkliste Vorbereitung des Beratungstermins

1083 1. Eigenes Anlageziel und die Risikobereitschaft bestimmt? Verteilung der Risiken auf mehrere Assets?
2. Höhe der Kosten errechnet, die unproblematisch und über einen längeren Zeitraum in eine Kapitalanlage investiert werden können? Eigene Vermögensverhältnisse realistisch erfasst?
3. Ggf. Themenkatalog bzw. Fragenkatalog für das Gespräch erstellt? Ggf. auch vorgefertigten Entwurf für ein Beratungsprotokoll zum Ausfüllen während des Gespräches angefertigt?
4. Ggf. eigene Recherchen bezüglich von Kapitalanlagevarianten durchgeführt?
5. Zeugen für das Beratungsgespräch organisiert?
6. Schriftliches Protokoll möglich? Unterschrift durch Berater?

IV. Checkliste Anlageberater/Anlagevermittler, Beratungsgespräch

1084 1. Erstkontakt telefonisch/an der Haustür?
2. Versprechen hoher Renditen ohne Risiko?
3. Schnelle Vertragsunterzeichnung vom Anlageberater/Anlagevermittler gefordert?
4. Aussagekräftige schriftliche Unterlagen bezüglich der empfohlenen Geldanlageform vor Vertragsunterzeichner erhalten?
5. Erfolgte eine persönliche Anlageempfehlung unter Beachtung der Einkommensverhältnisse, persönlichen Verhältnisse, des Anlageziels und der Risikobereitschaft?
6. Umfassende Beratung über die Kosten der Geldanlage (Aufschlag, Kreditkosten, Prospektkosten, Verwaltung, Werbung, Provision) erfolgt?
7. Gespräch über Provisionen und Kick-Backs des Beraters geführt und dokumentiert?
8. Risikoaufklärung umfassend und nachvollziehbar?
9. Empfohlene Anlage passt zur Anlagestrategie?
10. Über Vergleichsangebote informiert worden?
11. Unterlagen über das Unternehmen (Geschäftsberichte, Gewinn- und Verlustrechnungen) bzw. einen Verkaufsprospekt erhalten?
12. Name und Anschrift des Unternehmens sind in den erhaltenen Unterlagen genannt?

V. Checkliste Nachbereitung des Beratungstermins

1. Beratungsprotokoll erstellt? 1085
2. Ausgehändigte Unterlagen gesichtet und verstanden? (Bei Unklarheiten oder inhaltlichen Widersprüchen zum Beratungsgespräch ggf. schriftlich um eine Stellungnahme bitten)
3. Überprüfung sämtlicher relevanter Angaben (z.B. angebliche steuerliche Vorteile relevant, Seriosität der angebotenen Kapitalanlageform bzw. des Anbieters) durchgeführt? (siehe hierzu die folgenden Checklisten)

VI. Checkliste Anlageangebot/Anlageprospekt

1. Seriöser Vertrieb? Institutshintergrund? 1086
2. Anlageprospekt ist übersichtlich gegliedert, verständlich und enthält Hinweise zu Risiken und Kosten der Geldanlage?
3. Liegt der Firmensitz des Unternehmens wirklich im Inland?
4. Kontrolle der Verwendung der Einlage durch einen unabhängigen Treuhänder?
5. Informationen über das Anlageangebot eingeholt? Internet, bei Verbraucherschutzorganisationen oder Anlegerschutzgemeinschaften?
6. Warnliste der Stiftung Warentest (Finanztest) zu unseriösen Kapitalanlageangeboten geprüft?
7. Anlageprodukt von einer unabhängigen Institution (z.B. Rating-Agentur) überprüft?
8. Produktvergleich durchgeführt?
9. Steuervorteil für den Anleger relevant?
10. Garantien und Sicherheiten des Angebotes?
11. Totalverlust der Einlage möglich?
12. Schriftliche detaillierte Aufstellung der Kosten der Geldanlage (Aufschlag, Kreditkosten, Prospektkosten, Verwaltung, Werbung, Provision) erhalten?
13. Möglichkeiten einer vorzeitigen Vertragsauflösung überprüft und die Konditionen hierfür verstanden?

VII. Checkliste Schiffsankauf durch Schiffsfonds

Bitte beachten: 1087
Dies sind zusätzliche Kriterien zu den in den vorhergehenden Checklisten genannten Punkten.

---

1. Schiff/Schiffe variable einsetzbar?
2. Informationen eingeholt, um die Angemessenheit des Kaufpreises zu kalkulierten Charterraten zu prüfen und zu vergleichen?
3. Nettoerträge über 4 % – 5 %, aber nicht utopisch hoch?
4. Schiffsregistereinsicht vorgenommen?
5. Besichtigung durchgeführt?
6. Zustand des Schiffs in Ordnung?
7. Im Zweifelsfall: Fachmann (Makler) beiziehen?
8. Über Reeder informiert?
9. Charterer des Schiffs haben in den letzten Jahren ihre Charterraten bezahlt?
10. Solvente Garantien?
11. Dauer der Garantien?

VIII. Checkliste geschlossene Schiffsfonds

1088 **Bitte beachten:**
Dies sind zusätzliche Kriterien zu den in den vorhergehenden Checklisten genannten Punkten.

1. Laufzeit der Beteiligung überschaubar?
2. Beteiligung entspricht Anlageprofil/Anlageziel?
3. Rechtsform des Schiffsfonds, Gefahr von Nachschüssen?
4. Ist die Haftung für den Anleger begrenzt?
5. Analyse von Rating-Agenturen vorhanden und überprüft?
6. Externe Mittelverwendungskontrolle vorhanden?
7. Sind Interessenvertretungen (Gesellschafterversammlungen oder Beiräte) vorhanden, die es ermöglichen, wesentliche Investitionsentscheidungen mit zu beeinflussen oder zu kontrollieren?
8. Anzahl der Objekte der Beteiligung bei Dachfonds oder Flottenfonds (Risikostreuung)?
9. Vercharterung Erfolg versprechend?
10. Erwartete Chartereinnahmen realistisch?
11. Laufzeit von Charterverträgen, langfristige Charterverträge mit bonitätsstarken Vertragspartnern ?
12. Höhe der tatsächlichen Kosten des Schiffs/der Schiffe und Höhe der tatsächlich zu erzielenden Rendite überprüft? Plausibilität?
13. Besitzt der Initiator des Schiffsfonds Erfahrungen mit geschlossenen Schiffsfonds vergleichbarer Größe und Gattung?
14. Positive Leistungsbilanzen bisheriger Schiffsfonds des Fondsinitiators liegen vor?
15. Erfüllt der Anlageprospekt den IDW S 4-Standard?
16. Prüfbericht der Bundesanstalt für Finanzdienstleistungsaufsicht (BaFin) liegt vor?

Anlage I – Gesetze

Gesetzestexte zum Anlegerschutz

I. Bürgerliches Gesetzbuch (BGB) auszugsweise

Ausfertigungsdatum: 18.08.1896 1089

„Bürgerliches Gesetzbuch in der Fassung der Bekanntmachung vom 2. Januar 2002 (BGBl. I S. 42, 2909; 2003 I S. 738), das durch Artikel 4 Absatz 5 des Gesetzes vom 1. Oktober 2013 (BGBl. I S. 3719) geändert worden ist“

§ 214 Wirkung der Verjährung

(1) Nach Eintritt der Verjährung ist der Schuldner berechtigt, die Leistung zu verweigern.

(2) Das zur Befriedigung eines verjährten Anspruchs Geleistete kann nicht zurückgefordert werden, auch wenn in Unkenntnis der Verjährung geleistet worden ist. Das Gleiche gilt von einem vertragsmäßigen Anerkenntnis sowie einer Sicherheitsleistung des Schuldners.

§ 215 Aufrechnung und Zurückbehaltungsrecht nach Eintritt der Verjährung

Die Verjährung schließt die Aufrechnung und die Geltendmachung eines Zurückbehaltungsrechts nicht aus, wenn der Anspruch in dem Zeitpunkt noch nicht verjährt war, in dem erstmals aufgerechnet oder die Leistung verweigert werden konnte.

§ 216 Wirkung der Verjährung bei gesicherten Ansprüchen

(1) Die Verjährung eines Anspruchs, für den eine Hypothek, eine Schiffshypothek oder ein Pfandrecht besteht, hindert den Gläubiger nicht, seine Befriedigung aus dem belasteten Gegenstand zu suchen.

(2) Ist zur Sicherung eines Anspruchs ein Recht verschafft worden, so kann die Rückübertragung nicht auf Grund der Verjährung des Anspruchs gefordert werden. Ist das Eigentum vorbehalten, so kann der Rücktritt vom Vertrag auch erfolgen, wenn der gesicherte Anspruch verjährt ist.

(3) Die Absätze 1 und 2 finden keine Anwendung auf die Verjährung von Ansprüchen auf Zinsen und andere wiederkehrende Leistungen.

§ 217 Verjährung von Nebenleistungen

Mit dem Hauptanspruch verjährt der Anspruch auf die von ihm abhängenden Nebenleistungen, auch wenn die für diesen Anspruch geltende besondere Verjährung noch nicht eingetreten ist.

§ 218 Unwirksamkeit des Rücktritts

(1) Der Rücktritt wegen nicht oder nicht vertragsgemäß erbrachter Leistung ist unwirksam, wenn der Anspruch auf die Leistung oder der Nacherfüllungsanspruch verjährt ist und der Schuldner sich hierauf beruft. Dies gilt auch, wenn der Schuldner nach § 275 Abs. 1 bis 3, § 439 Abs. 3 oder § 635 Abs. 3 nicht zu leisten braucht und der Anspruch auf die Leistung oder der Nacherfüllungsanspruch verjährt wäre. § 216 Abs. 2 Satz 2 bleibt unberührt.

(2) § 214 Abs. 2 findet entsprechende Anwendung.

§ 241 Pflichten aus dem Schuldverhältnis

(1) Kraft des Schuldverhältnisses ist der Gläubiger berechtigt, von dem Schuldner eine Leistung zu fordern. Die Leistung kann auch in einem Unterlassen bestehen.

(2) Das Schuldverhältnis kann nach seinem Inhalt jeden Teil zur Rücksicht auf die Rechte, Rechtsgüter und Interessen des anderen Teils verpflichten.

§ 252 Entgangener Gewinn

Der zu ersetzende Schaden umfasst auch den entgangenen Gewinn. Als entgangen gilt der Gewinn, welcher nach dem gewöhnlichen Lauf der Dinge oder nach den besonderen Umständen, insbesondere nach den getroffenen Anstalten und Vorkehrungen, mit Wahrscheinlichkeit erwartet werden konnte.

§ 254 Mitverschulden

(1) Hat bei der Entstehung des Schadens ein Verschulden des Beschädigten mitgewirkt, so hängt die Verpflichtung zum Ersatz sowie der Umfang des zu leistenden Ersatzes von den Umständen, insbesondere davon ab, inwieweit der Schaden vorwiegend von dem einen oder dem anderen Teil verursacht worden ist.

(2) Dies gilt auch dann, wenn sich das Verschulden des Beschädigten darauf beschränkt, dass er unterlassen hat, den Schuldner auf die Gefahr eines ungewöhnlich hohen Schadens aufmerksam zu machen, die der Schuldner weder kannte noch kennen musste, oder dass er unterlassen hat, den Schaden abzuwenden oder zu mindern. Die Vorschrift des § 278 findet entsprechende Anwendung.

§ 276 Verantwortlichkeit des Schuldners

(1) Der Schuldner hat Vorsatz und Fahrlässigkeit zu vertreten, wenn eine strengere oder mildere Haftung weder bestimmt noch aus dem sonstigen Inhalt des Schuldverhältnisses, insbesondere aus der Übernahme einer Garantie oder eines Beschaffungsrisikos zu entnehmen ist. Die Vorschriften der §§ 827 und 828 finden entsprechende Anwendung.

(2) Fahrlässig handelt, wer die im Verkehr erforderliche Sorgfalt außer Acht lässt.

(3) Die Haftung wegen Vorsatzes kann dem Schuldner nicht im Voraus erlassen werden.

§ 280 Schadensersatz wegen Pflichtverletzung

(1) Verletzt der Schuldner eine Pflicht aus dem Schuldverhältnis, so kann der Gläubiger Ersatz des hierdurch entstehenden Schadens verlangen. Dies gilt nicht, wenn der Schuldner die Pflichtverletzung nicht zu vertreten hat.

(2) Schadensersatz wegen Verzögerung der Leistung kann der Gläubiger nur unter der zusätzlichen Voraussetzung des § 286 verlangen.

(3) Schadensersatz statt der Leistung kann der Gläubiger nur unter den zusätzlichen Voraussetzungen des § 281, des § 282 oder des § 283 verlangen.

§ 281 Schadensersatz statt der Leistung wegen nicht oder nicht wie geschuldet erbrachter Leistung

(1) Soweit der Schuldner die fällige Leistung nicht oder nicht wie geschuldet erbringt, kann der Gläubiger unter den Voraussetzungen des § 280 Abs. 1 Schadensersatz statt der Leistung verlangen, wenn er dem Schuldner erfolglos eine angemessene Frist zur Leistung oder Nacherfüllung bestimmt hat. Hat der Schuldner eine Teilleistung bewirkt, so kann der Gläubiger Schadensersatz statt der ganzen Leistung nur verlangen, wenn er an der Teilleistung kein Interesse hat. Hat der Schuldner die Leistung nicht wie geschuldet bewirkt, so kann der Gläubiger Schadensersatz statt der ganzen Leistung nicht verlangen, wenn die Pflichtverletzung unerheblich ist.

(2) Die Fristsetzung ist entbehrlich, wenn der Schuldner die Leistung ernsthaft und endgültig verweigert oder wenn besondere Umstände vorliegen, die unter Abwägung der beiderseitigen Interessen die sofortige Geltendmachung des Schadensersatzanspruchs rechtfertigen.
(3) Kommt nach der Art der Pflichtverletzung eine Fristsetzung nicht in Betracht, so tritt an deren Stelle eine Abmahnung.
(4) Der Anspruch auf die Leistung ist ausgeschlossen, sobald der Gläubiger statt der Leistung Schadensersatz verlangt hat.
(5) Verlangt der Gläubiger Schadensersatz statt der ganzen Leistung, so ist der Schuldner zur Rückforderung des Geleisteten nach den §§ 346 bis 348 berechtigt.

§ 282 Schadensersatz statt der Leistung wegen Verletzung einer Pflicht nach § 241 Abs. 2
Verletzt der Schuldner eine Pflicht nach § 241 Abs. 2, kann der Gläubiger unter den Voraussetzungen des § 280 Abs. 1 Schadensersatz statt der Leistung verlangen, wenn ihm die Leistung durch den Schuldner nicht mehr zuzumuten ist.

§ 283 Schadensersatz statt der Leistung bei Ausschluss der Leistungspflicht
Braucht der Schuldner nach § 275 Abs. 1 bis 3 nicht zu leisten, kann der Gläubiger unter den Voraussetzungen des § 280 Abs. 1 Schadensersatz statt der Leistung verlangen. § 281 Abs. 1 Satz 2 und 3 und Abs. 5 findet entsprechende Anwendung.

§ 284 Ersatz vergeblicher Aufwendungen
Anstelle des Schadensersatzes statt der Leistung kann der Gläubiger Ersatz der Aufwendungen verlangen, die er im Vertrauen auf den Erhalt der Leistung gemacht hat und billigerweise machen durfte, es sei denn, deren Zweck wäre auch ohne die Pflichtverletzung des Schuldners nicht erreicht worden.

§ 285 Herausgabe des Ersatzes
(1) Erlangt der Schuldner infolge des Umstands, auf Grund dessen er die Leistung nach § 275 Abs. 1 bis 3 nicht zu erbringen braucht, für den geschuldeten Gegenstand einen Ersatz oder einen Ersatzanspruch, so kann der Gläubiger Herausgabe des als Ersatz Empfangenen oder Abtretung des Ersatzanspruchs verlangen.
(2) Kann der Gläubiger statt der Leistung Schadensersatz verlangen, so mindert sich dieser, wenn er von dem in Absatz 1 bestimmten Recht Gebrauch macht, um den Wert des erlangten Ersatzes oder Ersatzanspruchs.

§ 286 Verzug des Schuldners
(1) Leistet der Schuldner auf eine Mahnung des Gläubigers nicht, die nach dem Eintritt der Fälligkeit erfolgt, so kommt er durch die Mahnung in Verzug. Der Mahnung stehen die Erhebung der Klage auf die Leistung sowie die Zustellung eines Mahnbescheids im Mahnverfahren gleich.
(2) Der Mahnung bedarf es nicht, wenn
1. für die Leistung eine Zeit nach dem Kalender bestimmt ist,
2. der Leistung ein Ereignis vorauszugehen hat und eine angemessene Zeit für die Leistung in der Weise bestimmt ist, dass sie sich von dem Ereignis an nach dem Kalender berechnen lässt,
3. der Schuldner die Leistung ernsthaft und endgültig verweigert,
4. aus besonderen Gründen unter Abwägung der beiderseitigen Interessen der sofortige Eintritt des Verzugs gerechtfertigt ist.

(3) Der Schuldner einer Entgeltforderung kommt spätestens in Verzug, wenn er nicht innerhalb von 30 Tagen nach Fälligkeit und Zugang einer Rechnung oder gleichwertigen Zahlungsaufstellung leistet; dies gilt gegenüber einem Schuldner, der Verbraucher ist, nur, wenn auf diese

Folgen in der Rechnung oder Zahlungsaufstellung besonders hingewiesen worden ist. Wenn der Zeitpunkt des Zugangs der Rechnung oder Zahlungsaufstellung unsicher ist, kommt der Schuldner, der nicht Verbraucher ist, spätestens 30 Tage nach Fälligkeit und Empfang der Gegenleistung in Verzug.
(4) Der Schuldner kommt nicht in Verzug, solange die Leistung infolge eines Umstands unterbleibt, den er nicht zu vertreten hat.

§ 311 Rechtsgeschäftliche und rechtsgeschäftsähnliche Schuldverhältnisse
(1) Zur Begründung eines Schuldverhältnisses durch Rechtsgeschäft sowie zur Änderung des Inhalts eines Schuldverhältnisses ist ein Vertrag zwischen den Beteiligten erforderlich, soweit nicht das Gesetz ein anderes vorschreibt.
(2) Ein Schuldverhältnis mit Pflichten nach § 241 Abs. 2 entsteht auch durch
1. die Aufnahme von Vertragsverhandlungen,
2. die Anbahnung eines Vertrags, bei welcher der eine Teil im Hinblick auf eine etwaige rechtsgeschäftliche Beziehung dem anderen Teil die Möglichkeit zur Einwirkung auf seine Rechte, Rechtsgüter und Interessen gewährt oder ihm diese anvertraut, oder
3. ähnliche geschäftliche Kontakte.
(3) Ein Schuldverhältnis mit Pflichten nach § 241 Abs. 2 kann auch zu Personen entstehen, die nicht selbst Vertragspartei werden sollen. Ein solches Schuldverhältnis entsteht insbesondere, wenn der Dritte in besonderem Maße Vertrauen für sich in Anspruch nimmt und dadurch die Vertragsverhandlungen oder den Vertragsschluss erheblich beeinflusst.

§ 312 Widerrufsrecht bei Haustürgeschäften
(1) Bei einem Vertrag zwischen einem Unternehmer und einem Verbraucher, der eine entgeltliche Leistung zum Gegenstand hat und zu dessen Abschluss der Verbraucher
1. durch mündliche Verhandlungen an seinem Arbeitsplatz oder im Bereich einer Privatwohnung,
2. anlässlich einer vom Unternehmer oder von einem Dritten zumindest auch im Interesse des Unternehmers durchgeführten Freizeitveranstaltung oder
3. im Anschluss an ein überraschendes Ansprechen in Verkehrsmitteln oder im Bereich öffentlich zugänglicher Verkehrsflächen bestimmt worden ist (Haustürgeschäft), steht dem Verbraucher ein Widerrufsrecht gemäß § 355 zu. Dem Verbraucher kann anstelle des Widerrufsrechts ein Rückgaberecht nach § 356 eingeräumt werden, wenn zwischen dem Verbraucher und dem Unternehmer im Zusammenhang mit diesem oder einem späteren Geschäft auch eine ständige Verbindung aufrechterhalten werden soll.
(2) Der Unternehmer ist verpflichtet, den Verbraucher gemäß § 360 über sein Widerrufs- oder Rückgaberecht zu belehren. Die Belehrung muss auf die Rechtsfolgen des § 357 Abs. 1 und 3 hinweisen. Der Hinweis ist nicht erforderlich, soweit diese Rechtsfolgen tatsächlich nicht eintreten können.
(3) Das Widerrufs- oder Rückgaberecht besteht unbeschadet anderer Vorschriften nicht bei Versicherungsverträgen oder wenn
1. im Falle von Absatz 1 Nr. 1 die mündlichen Verhandlungen, auf denen der Abschluss des Vertrags beruht, auf vorhergehende Bestellung des Verbrauchers geführt worden sind oder
2. die Leistung bei Abschluss der Verhandlungen sofort erbracht und bezahlt wird und das Entgelt 40 Euro nicht übersteigt oder
3. die Willenserklärung des Verbrauchers von einem Notar beurkundet worden ist.

§ 355 Widerrufsrecht bei Verbraucherverträgen

(1) Wird einem Verbraucher durch Gesetz ein Widerrufsrecht nach dieser Vorschrift eingeräumt, so ist er an seine auf den Abschluss des Vertrags gerichtete Willenserklärung nicht mehr gebunden, wenn er sie fristgerecht widerrufen hat. Der Widerruf muss keine Begründung enthalten und ist in Textform oder durch Rücksendung der Sache innerhalb der Widerrufsfrist gegenüber dem Unternehmer zu erklären; zur Fristwahrung genügt die rechtzeitige Absendung.

(2) Die Widerrufsfrist beträgt 14 Tage, wenn dem Verbraucher spätestens bei Vertragsschluss eine den Anforderungen des § 360 Abs. 1 entsprechende Widerrufsbelehrung in Textform mitgeteilt wird. Bei Fernabsatzverträgen steht eine unverzüglich nach Vertragsschluss in Textform mitgeteilte Widerrufsbelehrung einer solchen bei Vertragsschluss gleich, wenn der Unternehmer den Verbraucher gemäß Artikel 246 § 1 Abs. 1 Nr. 10 des Einführungsgesetzes zum Bürgerlichen Gesetzbuche unterrichtet hat. Wird die Widerrufsbelehrung dem Verbraucher nach dem gemäß Satz 1 oder Satz 2 maßgeblichen Zeitpunkt mitgeteilt, beträgt die Widerrufsfrist einen Monat. Dies gilt auch dann, wenn der Unternehmer den Verbraucher über das Widerrufsrecht gemäß Artikel 246 § 2 Abs. 1 Satz 1 Nr. 2 des Einführungsgesetzes zum Bürgerlichen Gesetzbuche zu einem späteren als dem in Satz 1 oder Satz 2 genannten Zeitpunkt unterrichten darf.

(3) Die Widerrufsfrist beginnt, wenn dem Verbraucher eine den Anforderungen des § 360 Abs. 1 entsprechende Belehrung über sein Widerrufsrecht in Textform mitgeteilt worden ist. Ist der Vertrag schriftlich abzuschließen, so beginnt die Frist nicht, bevor dem Verbraucher auch eine Vertragsurkunde, der schriftliche Antrag des Verbrauchers oder eine Abschrift der Vertragsurkunde oder des Antrags zur Verfügung gestellt wird. Ist der Fristbeginn streitig, so trifft die Beweislast den Unternehmer.

(4) Das Widerrufsrecht erlischt spätestens sechs Monate nach Vertragsschluss. Diese Frist beginnt bei der Lieferung von Waren nicht vor deren Eingang beim Empfänger. Abweichend von Satz 1 erlischt das Widerrufsrecht nicht, wenn der Verbraucher nicht entsprechend den Anforderungen des § 360 Abs. 1 über sein Widerrufsrecht in Textform belehrt worden ist, bei Fernabsatzverträgen über Finanzdienstleistungen ferner nicht, wenn der Unternehmer seine Mitteilungspflichten gemäß Artikel 246 § 2 Abs. 1 Satz 1 Nr. 1 und Satz 2 Nr. 1 bis 3 des Einführungsgesetzes zum Bürgerlichen Gesetzbuche nicht ordnungsgemäß erfüllt hat.

§ 357 Rechtsfolgen des Widerrufs und der Rückgabe

(1) Auf das Widerrufs- und das Rückgaberecht finden, soweit nicht ein anderes bestimmt ist, die Vorschriften über den gesetzlichen Rücktritt entsprechende Anwendung. § 286 Abs. 3 gilt für die Verpflichtung zur Erstattung von Zahlungen nach dieser Vorschrift entsprechend; die dort bestimmte Frist beginnt mit der Widerrufs- oder Rückgabeerklärung des Verbrauchers. Dabei beginnt die Frist im Hinblick auf eine Erstattungsverpflichtung des Verbrauchers mit Abgabe dieser Erklärung, im Hinblick auf eine Erstattungsverpflichtung des Unternehmers mit deren Zugang.

(2) Der Verbraucher ist bei Ausübung des Widerrufsrechts zur Rücksendung verpflichtet, wenn die Sache durch Paket versandt werden kann. Kosten und Gefahr der Rücksendung trägt bei Widerruf und Rückgabe der Unternehmer. Wenn ein Widerrufsrecht nach § 312d Abs. 1 Satz 1 besteht, dürfen dem Verbraucher die regelmäßigen Kosten der Rücksendung vertraglich auferlegt werden, wenn der Preis der zurückzusendenden Sache einen Betrag von 40 Euro nicht übersteigt oder wenn bei einem höheren Preis der Sache der Verbraucher die Gegenleistung oder eine Teilzahlung zum Zeitpunkt des Widerrufs noch nicht erbracht hat, es sei denn, dass die gelieferte Ware nicht der bestellten entspricht.

(3) Der Verbraucher hat abweichend von § 346 Absatz 2 Satz 1 Nummer 3 Wertersatz für eine Verschlechterung der Sache zu leisten,

1. soweit die Verschlechterung auf einen Umgang mit der Sache zurückzuführen ist, der über die Prüfung der Eigenschaften und der Funktionsweise hinausgeht, und
2. wenn er spätestens bei Vertragsschluss in Textform auf diese Rechtsfolge hingewiesen worden ist.

Bei Fernabsatzverträgen steht ein unverzüglich nach Vertragsschluss in Textform mitgeteilter Hinweis einem solchen bei Vertragsschluss gleich, wenn der Unternehmer den Verbraucher rechtzeitig vor Abgabe von dessen Vertragserklärung in einer dem eingesetzten Fernkommunikationsmittel entsprechenden Weise über die Wertersatzpflicht unterrichtet hat. § 346 Absatz 3 Satz 1 Nummer 3 ist nicht anzuwenden, wenn der Verbraucher über sein Widerrufsrecht ordnungsgemäß belehrt worden ist oder hiervon anderweitig Kenntnis erlangt hat.

§ 358 Verbundene Verträge

(1) Hat der Verbraucher seine auf den Abschluss eines Vertrags über die Lieferung einer Ware oder die Erbringung einer anderen Leistung durch einen Unternehmer gerichtete Willenserklärung wirksam widerrufen, so ist er auch an seine auf den Abschluss eines mit diesem Vertrag verbundenen Darlehensvertrags gerichtete Willenserklärung nicht mehr gebunden.

(2) Hat der Verbraucher seine auf den Abschluss eines Verbraucherdarlehensvertrags gerichtete Willenserklärung auf Grund des § 495 Absatz 1 wirksam widerrufen, so ist er auch an seine auf den Abschluss eines mit diesem Verbraucherdarlehensvertrag verbundenen Vertrags über die Lieferung einer Ware oder die Erbringung einer anderen Leistung gerichtete Willenserklärung nicht mehr gebunden.

(3) Ein Vertrag über die Lieferung einer Ware oder die Erbringung einer anderen Leistung und ein Darlehensvertrag gemäß Absatz 1 oder 2 sind verbunden, wenn das Darlehen ganz oder teilweise der Finanzierung des anderen Vertrags dient und beide Verträge eine wirtschaftliche Einheit bilden. Eine wirtschaftliche Einheit ist insbesondere anzunehmen, wenn der Unternehmer selbst die Gegenleistung des Verbrauchers finanziert, oder im Falle der Finanzierung durch einen Dritten, wenn sich der Darlehensgeber bei der Vorbereitung oder dem Abschluss des Darlehensvertrags der Mitwirkung des Unternehmers bedient.

Bei einem finanzierten Erwerb eines Grundstücks oder eines grundstücksgleichen Rechts ist eine wirtschaftliche Einheit nur anzunehmen, wenn der Darlehensgeber selbst das Grundstück oder das grundstücksgleiche Recht verschafft oder wenn er über die Zurverfügungstellung von Darlehen hinaus den Erwerb des Grundstücks oder grundstücksgleichen Rechts durch Zusammenwirken mit dem Unternehmer fördert, indem er sich dessen Veräußerungsinteressen ganz oder teilweise zu Eigen macht, bei der Planung, Werbung oder Durchführung des Projekts Funktionen des Veräußerers übernimmt oder den Veräußerer einseitig begünstigt.

(4) § 357 gilt für den verbundenen Vertrag entsprechend; § 312e gilt entsprechend, wenn für den verbundenen Vertrag ein Widerrufsrecht gemäß § 312d besteht oder bestand. Im Falle des Absatzes 1 sind jedoch Ansprüche auf Zahlung von Zinsen und Kosten aus der Rückabwicklung des Darlehensvertrags gegen den Verbraucher ausgeschlossen. Der Darlehensgeber tritt im Verhältnis zum Verbraucher hinsichtlich der Rechtsfolgen des Widerrufs oder der Rückgabe in die Rechte und Pflichten des Unternehmers aus dem verbundenen Vertrag ein, wenn das Darlehen dem Unternehmer bei Wirksamwerden des Widerrufs oder der Rückgabe bereits zugeflossen ist.

(5) Die erforderliche Belehrung über das Widerrufs- oder Rückgaberecht muss auf die Rechtsfolgen nach den Absätzen 1 und 2 hinweisen.

§ 823 Schadensersatzpflicht

(1) Wer vorsätzlich oder fahrlässig das Leben, den Körper, die Gesundheit, die Freiheit, das Eigentum oder ein sonstiges Recht eines anderen widerrechtlich verletzt, ist dem anderen zum Ersatz des daraus entstehenden Schadens verpflichtet.

(2) Die gleiche Verpflichtung trifft denjenigen, welcher gegen ein den Schutz eines anderen bezweckendes Gesetz verstößt. Ist nach dem Inhalt des Gesetzes ein Verstoß gegen dieses auch ohne Verschulden möglich, so tritt die Ersatzpflicht nur im Falle des Verschuldens ein.

§ 826 Sittenwidrige vorsätzliche Schädigung
Wer in einer gegen die guten Sitten verstoßenden Weise einem anderen vorsätzlich Schaden zufügt, ist dem anderen zum Ersatz des Schadens verpflichtet.

II. Gesetz über Vermögensanlagen (Vermögensanlagengesetz – VermAnlG)

Ausfertigungsdatum: 06.12.2011 1090
„Vermögensanlagengesetz vom 6. Dezember 2011 (BGBl. I S. 2481), das durch Artikel 3 Absatz 2 des Gesetzes vom 4. Oktober 2013 (BGBl. I S. 3746) geändert worden ist"
Das Gesetz wurde als Artikel 1 d. G v. 6.12.2011 I 2481 vom Bundestag beschlossen. Es ist gem. Art. 26 Abs. 3 dieses G am 1.6.2012 in Kraft getreten. § 7 Abs. 3, § 13 Abs. 6 und § 27 Abs. 2 sind gem. Art. 26 Abs. 1 am 13.12.2011 in Kraft getreten.

Abschnitt 1
Allgemeine Bestimmungen

§ 1 Anwendungsbereich und Begriffsbestimmungen
(1) Dieses Gesetz ist auf Vermögensanlagen anzuwenden, die im Inland öffentlich angeboten werden.
(2) Vermögensanlagen im Sinne dieses Gesetzes sind nicht in Wertpapieren im Sinne des Wertpapierprospektgesetzes verbriefte und nicht als Anteile an Investmentvermögen im Sinne des § 1 Absatz 1 des Kapitalanlagegesetzbuchs ausgestaltete
1. Anteile, die eine Beteiligung am Ergebnis eines Unternehmens gewähren,
2. Anteile an einem Vermögen, das der Emittent oder ein Dritter in eigenem Namen für fremde Rechnung hält oder verwaltet (Treuhandvermögen),
3. (weggefallen)
4. Genussrechte und
5. Namensschuldverschreibungen.

(3) Emittent der Vermögensanlagen im Sinne dieses Gesetzes ist die Person oder die Gesellschaft, deren Anteile im Sinne des Absatzes 2 Nummer 1 bis 3 oder deren Genussrechte oder von ihr ausgegebene Namensschuldverschreibungen als Vermögensanlagen im Inland öffentlich angeboten werden.

§ 2 Ausnahmen für einzelne Arten von Vermögensanlagen
Die §§ 6 bis 26 dieses Gesetzes sind nicht anzuwenden auf
1. Anteile an einer Genossenschaft im Sinne des § 1 des Genossenschaftsgesetzes,
2. Vermögensanlagen, die von Versicherungsunternehmen oder Pensionsfonds im Sinne der §§ 1 und 112 des Versicherungsaufsichtsgesetzes emittiert werden,
3. Angebote, bei denen
a) von derselben Vermögensanlage nicht mehr als 20 Anteile angeboten werden,
b) der Verkaufspreis der im Zeitraum von zwölf Monaten angebotenen Anteile insgesamt 100.000 Euro nicht übersteigt oder

c) der Preis jedes angebotenen Anteils mindestens 200 000 Euro je Anleger beträgt,
4. Angebote, die sich nur an Personen richten, die beruflich oder gewerblich für eigene oder fremde Rechnung Wertpapiere oder Vermögensanlagen erwerben oder veräußern,
5. Vermögensanlagen, die Teil eines Angebots sind, für das bereits im Inland ein Verkaufsprospekt veröffentlicht worden ist,
6. Vermögensanlagen, die einem begrenzten Personenkreis oder nur den Arbeitnehmern von ihrem Arbeitgeber oder von einem mit dessen Unternehmen verbundenen Unternehmen angeboten werden,
7. Vermögensanlagen, die ausgegeben werden
a) von einem Mitgliedstaat der Europäischen Union, einem anderen Vertragsstaat des Abkommens über den Europäischen Wirtschaftsraum, einem Vollmitgliedstaat der Organisation für wirtschaftliche Zusammenarbeit und Entwicklung, sofern dieser nicht innerhalb der letzten fünf Jahre seine Auslandsschulden umgeschuldet oder vor vergleichbaren Zahlungsschwierigkeiten gestanden hat, oder einem Staat, der mit dem Internationalen Währungsfonds besondere Kreditabkommen im Zusammenhang mit dessen Allgemeinen Kreditvereinbarungen getroffen hat,
b) von einer Gebietskörperschaft der in Buchstabe a genannten Staaten,
c) von einer internationalen Organisation des öffentlichen Rechts, der mindestens ein Mitgliedstaat der Europäischen Union oder ein anderer Vertragsstaat des Abkommens über den Europäischen Wirtschaftsraum angehört,
d) von einem Kreditinstitut im Sinne des § 1 Absatz 1 des Kreditwesengesetzes, von einem Finanzdienstleistungsinstitut, das Finanzdienstleistungen im Sinne des § 1 Absatz 1a Satz 2 Nummer 1 bis 4 des Kreditwesengesetzes erbringt, von der Kreditanstalt für Wiederaufbau oder von einem nach § 53b Absatz 1 Satz 1 oder Absatz 7 des Kreditwesengesetzes tätigen Unternehmen, das regelmäßig seinen Jahresabschluss offenlegt, sofern die Ausgabe außer im Falle der Ausgabe von Namensschuldverschreibungen dauerhaft oder wiederholt erfolgt; eine wiederholte Ausgabe liegt vor, wenn in den zwölf Kalendermonaten vor dem öffentlichen Angebot mindestens eine Emission innerhalb der Europäischen Union oder innerhalb eines anderen Vertragsstaates des Abkommens über den Europäischen Wirtschaftsraum ausgegeben worden ist, oder
e) von einer Gesellschaft oder juristischen Person mit Sitz in einem Mitgliedstaat der Europäischen Union oder in einem anderen Vertragsstaat des Abkommens über den Europäischen Wirtschaftsraum, die ihre Tätigkeit unter einem Staatsmonopol ausübt und die durch ein besonderes Gesetz oder auf Grund eines besonderen Gesetzes geschaffen worden ist oder geregelt wird oder für deren Vermögensanlagen ein Mitgliedstaat der Europäischen Union oder eines seiner Bundesländer oder ein anderer Vertragsstaat des Abkommens über den Europäischen Wirtschaftsraum oder eines seiner Bundesländer die unbedingte und unwiderrufliche Gewährleistung für ihre Verzinsung und Rückzahlung übernommen hat,
8. Vermögensanlagen, die bei einer Umwandlung von Unternehmen nach den Vorschriften des Umwandlungsgesetzes angeboten werden oder die als Gegenleistung im Rahmen eines Angebots nach dem Wertpapiererwerbs- und Übernahmegesetz angeboten werden, und
9. Vermögensanlagen, die vor dem 1. Juli 2005 erstmals veräußert worden sind und nach dem 1. Juli 2005 öffentlich auf einem Markt angeboten werden, der regelmäßig stattfindet, geregelte Funktions- und Zugangsbedingungen hat, für das Publikum unmittelbar oder mittelbar zugänglich ist und unter der Verantwortung seines Betreibers steht.

§ 3 Aufsicht, Anordnungsbefugnis
Die Bundesanstalt für Finanzdienstleistungsaufsicht (Bundesanstalt) übt die Aufsicht über das Angebot von Vermögensanlagen nach den Vorschriften dieses Gesetzes aus. Die Bundesanstalt ist befugt, im Rahmen der Aufsicht alle Anordnungen zu treffen, die erforderlich und geeignet

sind, um das Angebot von Vermögensanlagen mit diesem Gesetz und den auf Grund dieses Gesetzes erlassenen Bestimmungen im Einklang zu erhalten.

§ 4 Verschwiegenheitspflicht

(1) Die bei der Bundesanstalt Beschäftigten und die nach § 4 Absatz 3 des Finanzdienstleistungsaufsichtsgesetzes beauftragten Personen dürfen die ihnen bei ihrer Tätigkeit bekannt gewordenen Tatsachen, deren Geheimhaltung im Interesse eines nach diesem Gesetz Verpflichteten oder eines Dritten liegt, insbesondere Geschäfts- und Betriebsgeheimnisse sowie personenbezogene Daten, nicht unbefugt offenbaren oder verwerten, auch wenn sie nicht mehr im Dienst sind oder ihre Tätigkeit beendet ist. Dies gilt auch für andere Personen, die durch dienstliche Berichterstattung Kenntnis von den in Satz 1 bezeichneten Tatsachen erhalten. Ein unbefugtes Offenbaren oder Verwerten im Sinne des Satzes 1 liegt insbesondere nicht vor, wenn Tatsachen weitergegeben werden an

1. Strafverfolgungsbehörden oder für Straf- und Bußgeldsachen zuständige Gerichte,
2. kraft Gesetzes oder im öffentlichen Auftrag mit der Überwachung von Börsen oder anderen Märkten, an denen Finanzinstrumente gehandelt werden, des Handels mit Finanzinstrumenten oder Devisen, von Kreditinstituten, Finanzdienstleistungsinstituten, Investmentgesellschaften, Finanzunternehmen, Finanzanlagenvermittlern oder Versicherungsunternehmen betraute Stellen sowie von diesen beauftragte Personen,

soweit diese Stellen die Informationen zur Erfüllung ihrer Aufgaben benötigen.

Für die bei diesen Stellen beschäftigten Personen gilt die Verschwiegenheitspflicht nach Satz 1 entsprechend. An eine Stelle eines anderen Staates dürfen die Tatsachen nur weitergegeben werden, wenn diese Stelle und die von ihr beauftragten Personen einer dem Satz 1 entsprechenden Verschwiegenheitspflicht unterliegen.

(2) Die §§ 93, 97 und 105 Absatz 1, § 111 Absatz 5 in Verbindung mit § 105 Absatz 1 sowie § 116 Absatz 1 der Abgabenordnung gelten nicht für die in Absatz 1 Satz 1 und 2 genannten Personen, soweit sie zur Durchführung dieses Gesetzes tätig werden. Die in Satz 1 genannten Vorschriften sind jedoch anzuwenden, soweit die Finanzbehörden die Kenntnisse für die Durchführung eines Verfahrens wegen einer Steuerstraftat sowie eines damit zusammenhängenden Besteuerungsverfahrens benötigen, an deren Verfolgung ein zwingendes öffentliches Interesse besteht, und nicht Tatsachen betroffen sind, die den in Absatz 1 Satz 1 oder 2 bezeichneten Personen durch eine Stelle eines anderen Staates im Sinne des Absatzes 1 Satz 3 Nummer 2 oder durch von dieser Stelle beauftragte Personen mitgeteilt worden sind.

§ 5 Bekanntgabe und Zustellung

(1) Verfügungen, die gegenüber einer Person mit Wohnsitz im Ausland oder einem Unternehmen mit Sitz im Ausland ergehen, hat die Bundesanstalt derjenigen Person bekannt zu geben, die als Bevollmächtigte benannt wurde. Ist keine bevollmächtigte Person mit Sitz im Inland benannt, erfolgt die Bekanntgabe durch öffentliche Bekanntmachung im Bundesanzeiger.

(2) Ist die Verfügung zuzustellen, erfolgt die Zustellung bei Personen mit Wohnsitz im Ausland oder Unternehmen mit Sitz im Ausland an diejenige Person, die als Bevollmächtigte benannt wurde. Ist keine bevollmächtigte Person mit Sitz im Inland benannt, erfolgt die Zustellung durch öffentliche Bekanntmachung im Bundesanzeiger.

(3) Ein Emittent von Vermögensanlagen mit Sitz im Ausland hat der Bundesanstalt eine bevollmächtigte Person mit Sitz im Inland zu benennen, an die Bekanntgaben nach Absatz 1 und Zustellungen nach Absatz 2 erfolgen können. Die Benennung hat gleichzeitig mit der Einreichung des Verkaufsprospekts zur Billigung nach § 8 zu erfolgen.

Abschnitt 2
Verkaufsprospekt, Vermögensanlagen-Informationsblatt und Information der Anleger

Unterabschnitt 1
Pflichten des Anbieters

§ 6 Pflicht zur Veröffentlichung eines Verkaufsprospekts

Ein Anbieter, der im Inland Vermögensanlagen öffentlich anbietet, muss einen Verkaufsprospekt nach diesem Gesetz veröffentlichen, sofern nicht bereits nach anderen Vorschriften eine Prospektpflicht besteht oder ein Verkaufsprospekt nach den Vorschriften dieses Gesetzes bereits veröffentlicht worden ist.

§ 7 Inhalt des Verkaufsprospekts

(1) Der Verkaufsprospekt muss alle tatsächlichen und rechtlichen Angaben enthalten, die notwendig sind, um dem Publikum eine zutreffende Beurteilung des Emittenten der Vermögensanlagen und der Vermögensanlagen selbst zu ermöglichen. Bestehen die Vermögensanlagen aus Anteilen an einem Treuhandvermögen und besteht dieses ganz oder teilweise aus einem Anteil an einer Gesellschaft, so muss der Verkaufsprospekt auch die entsprechenden Angaben zu dieser Gesellschaft enthalten.

(2) Der Verkaufsprospekt hat mit einem Deckblatt zu beginnen, das einen deutlichen Hinweis darauf enthalten muss, dass die inhaltliche Richtigkeit der Angaben im Verkaufsprospekt nicht Gegenstand der Prüfung des Verkaufsprospekts durch die Bundesanstalt ist. Ferner ist an hervorgehobener Stelle im Verkaufsprospekt ein ausdrücklicher Hinweis darauf aufzunehmen, dass bei fehlerhaftem Verkaufsprospekt Haftungsansprüche nur dann bestehen können, wenn die Vermögensanlage während der Dauer des öffentlichen Angebots, spätestens jedoch innerhalb von zwei Jahren nach dem ersten öffentlichen Angebot der Vermögensanlagen im Inland, erworben wird.

(3) Das Bundesministerium der Finanzen wird ermächtigt, durch Rechtsverordnung, die nicht der Zustimmung des Bundesrates bedarf, im Einvernehmen mit dem Bundesministerium für Ernährung, Landwirtschaft und Verbraucherschutz die zum Schutz des Publikums erforderlichen Vorschriften über die Sprache, den Inhalt und den Aufbau des Verkaufsprospekts zu erlassen, insbesondere über

1. die erforderlichen Angaben zu den Personen oder Gesellschaften, die die Verantwortung für den Inhalt des Verkaufsprospekts insgesamt oder für bestimmte Angaben übernehmen,
2. die Beschreibung der angebotenen Vermögensanlagen und ihre Hauptmerkmale sowie die verfolgten Anlageziele der Vermögensanlage einschließlich der finanziellen Ziele und der Anlagepolitik,
3. die erforderlichen Angaben über die Gesellschaft im Sinne des Absatzes 1 Satz 2,
4. die erforderlichen Angaben zu dem Emittenten der Vermögensanlagen, zu seinem Kapital und seiner Geschäftstätigkeit, seiner Vermögens-, Finanz- und Ertragslage, einschließlich des Jahresabschlusses und des Lageberichts sowie deren Offenlegung,
5. die erforderlichen Angaben zu den Geschäftsaussichten des Emittenten der Vermögensanlagen und über seine Geschäftsführungs- und Aufsichtsorgane und
6. die beizufügenden Unterlagen.

In der Rechtsverordnung nach Satz 1 können auch Ausnahmen bestimmt werden, in denen von der Aufnahme einzelner Angaben in den Verkaufsprospekt abgesehen werden kann,

1. wenn beim Emittenten der Vermögensanlagen, bei den angebotenen Vermögensanlagen oder bei dem Kreis der mit dem Angebot angesprochenen Anleger besondere Umstände vor-

liegen und den Interessen des Publikums durch eine anderweitige Unterrichtung ausreichend Rechnung getragen ist oder
2. wenn diese Angaben von geringer Bedeutung sind oder durch ihre Aufnahme in den Verkaufsprospekt ein erheblicher Schaden beim Emittenten der Vermögensanlagen zu befürchten wäre.

§ 8 Billigung des Verkaufsprospekts
(1) Ein Verkaufsprospekt darf vor seiner Billigung nicht veröffentlicht werden. Die Bundesanstalt entscheidet über die Billigung nach Abschluss einer Vollständigkeitsprüfung des Verkaufsprospekts einschließlich einer Prüfung der Kohärenz und Verständlichkeit seines Inhalts.
(2) Die Bundesanstalt teilt dem Anbieter innerhalb von 20 Werktagen nach Eingang des Verkaufsprospekts ihre Entscheidung mit.
(3) Hat die Bundesanstalt Anhaltspunkte dafür, dass der Verkaufsprospekt unvollständig ist oder es ergänzender Informationen bedarf, gilt die in Absatz 2 genannte Frist erst ab dem Zeitpunkt, zu dem diese Informationen eingehen. Die Bundesanstalt soll den Anbieter über die nach ihrer Auffassung vorliegende Unvollständigkeit des Verkaufsprospekts oder über die Notwendigkeit ergänzender Informationen innerhalb von zehn Werktagen ab Eingang des Verkaufsprospekts informieren.

§ 9 Frist und Form der Veröffentlichung
(1) Der Verkaufsprospekt muss mindestens einen Werktag vor dem öffentlichen Angebot nach Maßgabe des Absatzes 2 Satz 1 und 2 veröffentlicht werden.
(2) Der Verkaufsprospekt ist in der Form zu veröffentlichen, dass er
1. im Bundesanzeiger veröffentlicht wird oder
2. bei den im Verkaufsprospekt benannten Zahlstellen zur kostenlosen Ausgabe bereitgehalten wird; dies ist im Bundesanzeiger bekannt zu machen.
Werden Vermögensanlagen über ein elektronisches Informationsverbreitungssystem angeboten, ist der Verkaufsprospekt auch in diesem zu veröffentlichen; in dem Angebot ist auf die Fundstelle im elektronischen Informationsverbreitungssystem hinzuweisen. Der Anbieter hat der Bundesanstalt Datum und Ort der Veröffentlichung unverzüglich schriftlich mitzuteilen.

§ 10 Veröffentlichung eines unvollständigen Verkaufsprospekts
Werden einzelne Angebotsbedingungen erst kurz vor dem öffentlichen Angebot festgesetzt, darf der Verkaufsprospekt ohne diese Angaben nur veröffentlicht werden, sofern er Auskunft darüber gibt, wie diese Angaben nachgetragen werden. Die nachzutragenden Angaben sind spätestens am Tag des öffentlichen Angebots entsprechend § 9 Absatz 2 Satz 1 und 2 zu veröffentlichen. Die nachzutragenden Angaben sind der Bundesanstalt spätestens am Tag ihrer Veröffentlichung zu übermitteln.

§ 11 Veröffentlichung ergänzender Angaben
(1) Jeder wichtige neue Umstand oder jede wesentliche Unrichtigkeit in Bezug auf die im Verkaufsprospekt enthaltenen Angaben, die die Beurteilung der Vermögensanlagen oder des Emittenten beeinflussen könnten und die nach der Billigung des Prospekts und während der Dauer des öffentlichen Angebots auftreten oder festgestellt werden, ist in einem Nachtrag zum Verkaufsprospekt zu veröffentlichen.
Der Anbieter hat den Nachtrag vor seiner Veröffentlichung bei der Bundesanstalt zur Billigung einzureichen. Die Bundesanstalt hat den Nachtrag nach Eingang binnen einer Frist von zehn Werktagen entsprechend § 8 Absatz 1 Satz 2 und Absatz 3 zu billigen. Die Veröffentlichung muss

nach der Billigung unverzüglich in entsprechender Anwendung des § 9 Absatz 2 Satz 1 und 2 vorgenommen werden.
(2) Anleger, die vor der Veröffentlichung des Nachtrags eine auf den Erwerb oder die Zeichnung der Vermögensanlagen gerichtete Willenserklärung abgegeben haben, können diese innerhalb einer Frist von zwei Werktagen nach Veröffentlichung des Nachtrags widerrufen, sofern noch keine Erfüllung eingetreten ist. Der Widerruf muss keine Begründung enthalten und ist in Textform gegenüber der im Nachtrag als Empfänger des Widerrufs bezeichneten Person zu erklären; zur Fristwahrung genügt die rechtzeitige Absendung. Auf die Rechtsfolgen des Widerrufs ist § 357 des Bürgerlichen Gesetzbuchs entsprechend anzuwenden. Der Nachtrag muss an hervorgehobener Stelle eine Belehrung über das Widerrufsrecht enthalten.

§ 12 Hinweis auf den Verkaufsprospekt
Der Anbieter ist verpflichtet, in Veröffentlichungen, in denen das öffentliche Angebot von Vermögensanlagen angekündigt und auf die wesentlichen Merkmale der Vermögensanlagen hingewiesen wird, einen Hinweis auf den Verkaufsprospekt und dessen Veröffentlichung aufzunehmen.

§ 13 Vermögensanlagen-Informationsblatt
(1) Ein Anbieter, der im Inland Vermögensanlagen öffentlich anbietet, muss vor dem Beginn des öffentlichen Angebots neben dem Verkaufsprospekt auch ein Vermögensanlagen-Informationsblatt erstellen.
(2) Das Vermögensanlagen-Informationsblatt darf nicht mehr als drei DIN-A4-Seiten umfassen. Es muss die wesentlichen Informationen über die Vermögensanlagen in übersichtlicher und leicht verständlicher Weise so enthalten, dass das Publikum insbesondere
1. die Art der Vermögensanlage,
2. die Anlagestrategie, Anlagepolitik und Anlageobjekte,
3. die mit der Vermögensanlage verbundenen Risiken,
4. die Aussichten für die Kapitalrückzahlung und Erträge unter verschiedenen Marktbedingungen und
5. die mit der Vermögensanlage verbundenen Kosten und Provisionen einschätzen und mit den Merkmalen anderer Finanzinstrumente bestmöglich vergleichen kann.
(3) Das Vermögensanlagen-Informationsblatt muss zudem enthalten:
1. Angaben über die Identität des Anbieters,
2. einen Hinweis darauf, dass das Vermögensanlagen-Informationsblatt nicht der Prüfung durch die Bundesanstalt unterliegt,
3. einen Hinweis auf den Verkaufsprospekt und darauf, wo und wie dieser erhältlich ist und dass er kostenlos angefordert werden kann,
4. einen Hinweis darauf, dass der Anleger eine etwaige Anlageentscheidung bezüglich der betroffenen Vermögensanlagen auf die Prüfung des gesamten Verkaufsprospekts stützen sollte, und
5. einen Hinweis darauf, dass Ansprüche auf der Grundlage einer in dem Vermögensanlagen-Informationsblatt enthaltenen Angabe nur dann bestehen können, wenn die Angabe irreführend, unrichtig oder nicht mit den einschlägigen Teilen des Verkaufsprospekts vereinbar ist und wenn die Vermögensanlage während der Dauer des öffentlichen Angebots, spätestens jedoch innerhalb von zwei Jahren nach dem ersten öffentlichen Angebot der Vermögensanlagen im Inland, erworben wird.
(4) Der Anleger muss die in Absatz 2 bezeichneten Informationen verstehen können, ohne hierfür zusätzliche Dokumente heranziehen zu müssen. Die Angaben in dem Vermögensanlagen-Informationsblatt sind kurz zu halten und in allgemein verständlicher Sprache abzufassen. Sie

müssen redlich und eindeutig und dürfen nicht irreführend sein und müssen mit den einschlägigen Teilen des Verkaufsprospekts übereinstimmen. Das Vermögensanlagen-Informationsblatt darf sich jeweils nur auf eine bestimmte Vermögensanlage beziehen und keine werbenden oder sonstigen Informationen enthalten, die nicht dem genannten Zweck dienen.

(5) Die in dem Vermögensanlagen-Informationsblatt enthaltenen Angaben sind während der Dauer des öffentlichen Angebots zu aktualisieren, wenn sie unrichtig oder unvereinbar mit den Angaben im Verkaufsprospekt sind oder wenn ergänzende Angaben in einem Nachtrag zum Verkaufsprospekt nach § 11 veröffentlicht werden. Eine aktualisierte Fassung des Vermögensanlagen-Informationsblatts muss in diesem Zeitraum stets auf der Internetseite des Anbieters zugänglich sein und bei den im Verkaufsprospekt angegebenen Stellen bereitgehalten werden.

(6) Das Bundesministerium der Finanzen kann durch Rechtsverordnung, die nicht der Zustimmung des Bundesrates bedarf, im Einvernehmen mit dem Bundesministerium für Ernährung, Landwirtschaft und Verbraucherschutz nähere Bestimmungen zu Inhalt und Aufbau der Informationsblätter erlassen. Das Bundesministerium der Finanzen kann diese Ermächtigung durch Rechtsverordnung auf die Bundesanstalt übertragen.

§ 14 Hinterlegung des Verkaufsprospekts und des Vermögensanlagen-Informationsblatts

(1) Der Anbieter muss den für die Vermögensanlagen zu erstellenden Verkaufsprospekt vor dessen Veröffentlichung der Bundesanstalt als Hinterlegungsstelle übermitteln. Zeitgleich mit der Hinterlegung nach Satz 1 hat der Anbieter zudem das nach § 13 erstellte Vermögensanlagen-Informationsblatt bei der Bundesanstalt zu hinterlegen.

(2) Die Bundesanstalt bestätigt dem Anbieter den Tag des Eingangs des Verkaufsprospekts und des Vermögensanlagen-Informationsblatts. Der hinterlegte Verkaufsprospekt und das hinterlegte Vermögensanlagen-Informationsblatt werden von der Bundesanstalt zehn Jahre aufbewahrt. Die Aufbewahrungsfrist beginnt mit dem Schluss des Kalenderjahres, in dem der Verkaufsprospekt und das Vermögensanlagen-Informationsblatt hinterlegt worden sind.

(3) Der Anbieter hat der Bundesanstalt im Falle einer Veröffentlichung ergänzender Angaben nach § 11 den Nachtrag zum Verkaufsprospekt zum Zweck der Hinterlegung zu übermitteln. Im Falle einer Aktualisierung des Vermögensanlagen-Informationsblatts nach § 13 Absatz 5 hat der Anbieter der Bundesanstalt eine aktualisierte Fassung des Vermögensanlagen-Informationsblatts zum Zweck der Hinterlegung zu übermitteln.

§ 15 Anlegerinformation

(1) Der Anbieter hat einem Anleger oder einem am Erwerb einer Vermögensanlage Interessierten auf dessen Verlangen während der Dauer des öffentlichen Angebots nach § 11 Satz 1 jederzeit den Verkaufsprospekt und eine aktuelle Fassung des Vermögensanlagen-Informationsblatts in Textform, auf Verlangen in Papierform zu übermitteln. Der Emittent hat einem Anleger oder einem am Erwerb einer Vermögensanlage Interessierten auf dessen Verlangen jederzeit den letzten veröffentlichten Jahresabschluss und Lagebericht in Textform, auf Verlangen in Papierform, zu übermitteln. Auf Antrag einer Person, die in Bezug auf Vermögensanlagen Anlageberatung, Anlage- oder Abschlussvermittlung erbringt oder Vermögensanlagen verkauft, hat der Anbieter dieser Person das Vermögensanlagen-Informationsblatt in Textform zu übermitteln.

(2) Im Falle des Eigenvertriebs hat der Anbieter rechtzeitig vor Vertragsschluss dem am Erwerb einer Vermögensanlage Interessierten das Vermögensanlagen-Informationsblatt in der jeweils aktuellen Fassung und auf Verlangen den Verkaufsprospekt zur Verfügung zu stellen. Der am Erwerb einer Vermögensanlage Interessierte ist darauf hinzuweisen, wo im Geltungsbereich des Gesetzes und auf welche Weise er die Unterlagen nach Satz 1 erhalten kann.

Unterabschnitt 2
Befugnisse der Bundesanstalt

§ 16 Untersagung von Werbung

(1) Die Bundesanstalt kann die Werbung mit Angaben untersagen, die geeignet sind, über den Umfang der Prüfung nach § 8 Absatz 1 irrezuführen.

(2) Vor allgemeinen Maßnahmen nach Absatz 1 sind die Spitzenverbände der betroffenen Wirtschaftskreise und des Verbraucherschutzes zu hören.

§ 17 Untersagung der Veröffentlichung des Verkaufsprospekts

(1) Die Bundesanstalt untersagt die Veröffentlichung des Verkaufsprospekts, wenn er nicht die Angaben enthält, die nach § 7 Absatz 1 und 2, auch in Verbindung mit der nach § 7 Absatz 3 zu erlassenden Rechtsverordnung, erforderlich sind, oder wenn diese Angaben nicht kohärent oder nicht verständlich sind. § 10 bleibt unberührt.

(2) Die Bundesanstalt untersagt die Veröffentlichung des Verkaufsprospekts, wenn sie Anhaltspunkte dafür hat, dass der Anbieter entgegen § 14 Absatz 1 Satz 2 kein Vermögensanlagen-Informationsblatt bei der Bundesanstalt hinterlegt hat.

(3) Widerspruch und Anfechtungsklage gegen Maßnahmen nach Absatz 1 oder Absatz 2 haben keine aufschiebende Wirkung.

§ 18 Untersagung des öffentlichen Angebots

(1) Die Bundesanstalt untersagt das öffentliche Angebot von Vermögensanlagen, wenn sie Anhaltspunkte dafür hat, dass der Anbieter entgegen § 6 keinen Verkaufsprospekt veröffentlicht hat, der Verkaufsprospekt nicht die Angaben enthält, die nach § 7 Absatz 1 und 2, auch in Verbindung mit der nach § 7 Absatz 3 zu erlassenden Rechtsverordnung, erforderlich sind, oder der Anbieter entgegen § 8 einen Verkaufsprospekt vor dessen Billigung veröffentlicht.

(2) Widerspruch und Anfechtungsklage gegen Maßnahmen nach Absatz 1 haben keine aufschiebende Wirkung.

§ 19 Auskünfte des Anbieters

(1) Der Anbieter hat auf Verlangen der Bundesanstalt Auskünfte zu erteilen und Unterlagen vorzulegen, die die Bundesanstalt benötigt, um

1. die Einhaltung der Pflichten nach den §§ 6 und 8 Absatz 1 Satz 1, den §§ 9 bis 13 und 14 Absatz 1 zu überwachen oder

2. zu prüfen, ob der Verkaufsprospekt die Angaben enthält, die nach § 7 Absatz 1 und 2, auch in Verbindung mit einer auf Grund des § 7 Absatz 3 erlassenen Rechtsverordnung, erforderlich sind, oder ob diese Angaben kohärent und verständlich sind.

(2) Die Bundesanstalt kann die Erteilung von Auskünften und die Vorlage von Unterlagen auch von demjenigen verlangen, bei dem Tatsachen die Annahme rechtfertigen, dass er Anbieter im Sinne dieses Gesetzes ist.

(3) Der zur Erteilung einer Auskunft Verpflichtete kann die Auskunft auf solche Fragen verweigern, deren Beantwortung ihn selbst oder einen der in § 52 Absatz 1 der Strafprozessordnung bezeichneten Angehörigen der Gefahr strafrechtlicher Verfolgung oder eines Verfahrens nach dem Gesetz über Ordnungswidrigkeiten aussetzen würde. Der Verpflichtete ist über sein Recht zu belehren, die Auskunft zu verweigern.

(4) Widerspruch und Anfechtungsklage gegen Maßnahmen nach den Absätzen 1 und 2 haben keine aufschiebende Wirkung.

Unterabschnitt 3
Haftung

§ 20 Haftung bei fehlerhaftem Verkaufsprospekt

(1) Sind für die Beurteilung der Vermögensanlagen wesentliche Angaben in einem Verkaufsprospekt unrichtig oder unvollständig, kann der Erwerber der Vermögensanlagen von denjenigen, die für den Verkaufsprospekt die Verantwortung übernommen haben, und denjenigen, von denen der Erlass des Verkaufsprospekts ausgeht, als Gesamtschuldnern die Übernahme der Vermögensanlagen gegen Erstattung des Erwerbspreises, soweit dieser den ersten Erwerbspreis der Vermögensanlagen nicht überschreitet, und der mit dem Erwerb verbundenen üblichen Kosten verlangen, sofern das Erwerbsgeschäft nach Veröffentlichung des Verkaufsprospekts und während der Dauer des öffentlichen Angebots nach § 11, spätestens jedoch innerhalb von zwei Jahren nach dem ersten öffentlichen Angebot der Vermögensanlagen im Inland, abgeschlossen wurde. Auf den Erwerb von Vermögensanlagen desselben Emittenten, die von den in Satz 1 genannten Vermögensanlagen nicht nach Ausstattungsmerkmalen oder in sonstiger Weise unterschieden werden können, ist Satz 1 entsprechend anzuwenden.

(2) Ist der Erwerber nicht mehr Inhaber der Vermögensanlagen, so kann er die Zahlung des Unterschiedsbetrags zwischen dem Erwerbspreis, soweit dieser den ersten Erwerbspreis nicht überschreitet, und dem Veräußerungspreis der Vermögensanlagen sowie der mit dem Erwerb und der Veräußerung verbundenen üblichen Kosten verlangen. Absatz 1 Satz 2 ist anzuwenden.

(3) Nach Absatz 1 oder Absatz 2 kann nicht in Anspruch genommen werden, wer nachweist, dass er die Unrichtigkeit oder Unvollständigkeit der Angaben des Verkaufsprospekts nicht gekannt hat und dass die Unkenntnis nicht auf grober Fahrlässigkeit beruht.

(4) Der Anspruch nach Absatz 1 oder Absatz 2 besteht nicht, sofern

1. die Vermögensanlagen nicht auf Grund des Verkaufsprospekts erworben wurden,
2. der Sachverhalt, über den unrichtige oder unvollständige Angaben im Verkaufsprospekt enthalten sind, nicht zu einer Minderung des Erwerbspreises der Vermögensanlagen beigetragen hat oder
3. der Erwerber die Unrichtigkeit oder Unvollständigkeit der Angaben des Verkaufsprospekts beim Erwerb kannte.

(5) Werden Vermögensanlangen eines Emittenten mit Sitz im Ausland auch im Ausland öffentlich angeboten, besteht der Anspruch nach Absatz 1 oder Absatz 2 nur, sofern die Vermögensanlagen auf Grund eines im Inland abgeschlossenen Geschäfts oder einer ganz oder teilweise im Inland erbrachten Wertpapierdienstleistung erworben wurden.

(6) Eine Vereinbarung, durch die der Anspruch nach Absatz 1 oder Absatz 2 im Voraus ermäßigt oder erlassen wird, ist unwirksam. Weiter gehende Ansprüche, die nach den Vorschriften des bürgerlichen Rechts auf Grund von Verträgen oder unerlaubten Handlungen erhoben werden können, bleiben unberührt.

§ 21 Haftung bei fehlendem Verkaufsprospekt

(1) Der Erwerber von Vermögensanlagen kann, wenn ein Verkaufsprospekt entgegen § 6 nicht veröffentlicht wurde, von dem Emittenten der Vermögensanlagen und dem Anbieter als Gesamtschuldnern die Übernahme der Vermögensanlagen gegen Erstattung des Erwerbspreises, soweit dieser den ersten Erwerbspreis nicht überschreitet, und der mit dem Erwerb verbundenen üblichen Kosten verlangen, sofern das Erwerbsgeschäft vor Veröffentlichung eines Verkaufsprospekts und innerhalb von zwei Jahren nach dem ersten öffentlichen Angebot der Vermögensanlagen im Inland abgeschlossen wurde. Auf den Erwerb von Vermögensanlagen desselben Emittenten, die von den in Satz 1 genannten Vermögensanlagen nicht nach Ausstattungsmerk-

malen oder in sonstiger Weise unterschieden werden können, ist Satz 1 entsprechend anzuwenden.

(2) Ist der Erwerber nicht mehr Inhaber der Vermögensanlagen, kann er die Zahlung des Unterschiedsbetrags zwischen dem Erwerbspreis und dem Veräußerungspreis der Vermögensanlagen sowie der mit dem Erwerb und der Veräußerung verbundenen üblichen Kosten verlangen. Absatz 1 Satz 1 gilt entsprechend.

(3) Werden Vermögensanlagen eines Emittenten von Vermögensanlagen mit Sitz im Ausland auch im Ausland öffentlich angeboten, besteht ein Anspruch nach Absatz 1 oder Absatz 2 nur, sofern die Vermögensanlagen auf Grund eines im Inland abgeschlossenen Geschäfts oder einer ganz oder teilweise im Inland erbrachten Wertpapierdienstleistung erworben wurden.

(4) Der Anspruch nach den Absätzen 1 bis 3 besteht nicht, sofern der Erwerber die Pflicht, einen Verkaufsprospekt zu veröffentlichen, beim Erwerb kannte.

(5) Eine Vereinbarung, durch die ein Anspruch nach den Absätzen 1 bis 3 im Voraus ermäßigt oder erlassen wird, ist unwirksam. Weiter gehende Ansprüche, die nach den Vorschriften des bürgerlichen Rechts auf Grund von Verträgen oder unerlaubten Handlungen erhoben werden können, bleiben unberührt.

§ 22 Haftung bei unrichtigem Vermögensanlagen-Informationsblatt

(1) Wer Vermögensanlagen auf Grund von Angaben in einem Vermögensanlagen-Informationsblatt erworben hat, kann von dem Anbieter die Übernahme der Vermögensanlagen gegen Erstattung des Erwerbspreises, soweit dieser den ersten Erwerbspreis der Vermögensanlagen nicht überschreitet, und der mit dem Erwerb verbundenen üblichen Kosten verlangen, wenn

1. die in dem Vermögensanlagen-Informationsblatt enthaltenen Angaben irreführend, unrichtig oder nicht mit den einschlägigen Teilen des Verkaufsprospekts vereinbar sind und
2. das Erwerbsgeschäft nach Veröffentlichung des Verkaufsprospekts und während der Dauer des öffentlichen Angebots nach § 11, spätestens jedoch innerhalb von zwei Jahren nach dem ersten öffentlichen Angebot der Vermögensanlagen im Inland abgeschlossen wurde.

(2) Ist der Erwerber nicht mehr Inhaber der Vermögensanlagen, kann er die Zahlung des Unterschiedsbetrags zwischen dem Erwerbspreis, soweit dieser den ersten Erwerbspreis nicht überschreitet, und dem Veräußerungspreis der Vermögensanlagen sowie der mit dem Erwerb und der Veräußerung verbundenen üblichen Kosten verlangen.

(3) Nach Absatz 1 oder Absatz 2 kann nicht in Anspruch genommen werden, wer nachweist, dass er die Unrichtigkeit des Vermögensanlagen-Informationsblatts nicht gekannt hat und dass die Unkenntnis nicht auf grober Fahrlässigkeit beruht.

(4) Der Anspruch nach Absatz 1 oder Absatz 2 besteht nicht, sofern

1. der Erwerber die Unrichtigkeit der Angaben des Vermögensanlagen-Informationsblatts beim Erwerb kannte oder
2. der Sachverhalt, über den unrichtige Angaben im Vermögensanlagen-Informationsblatt enthalten sind, nicht zu einer Minderung des Erwerbspreises der Vermögensanlagen beigetragen hat.

(5) Werden Vermögensanlagen eines Emittenten mit Sitz im Ausland auch im Ausland öffentlich angeboten, besteht der Anspruch nach Absatz 1 oder Absatz 2 nur, sofern die Vermögensanlagen auf Grund eines im Inland abgeschlossenen Geschäfts oder einer ganz oder teilweise im Inland erbrachten Wertpapierdienstleistung erworben wurden.

(6) Eine Vereinbarung, durch die der Anspruch nach Absatz 1 oder Absatz 2 im Voraus ermäßigt oder erlassen wird, ist unwirksam. Weiter gehende Ansprüche, die nach den Vorschriften des bürgerlichen Rechts auf Grund von Verträgen oder unerlaubten Handlungen erhoben werden können, bleiben unberührt.

Abschnitt 3
Rechnungslegung und Prüfung

§ 23 Erstellung und Bekanntmachung von Jahresberichten

(1) Ein Emittent von Vermögensanlagen, der nicht verpflichtet ist, nach den Vorschriften des Handelsgesetzbuchs einen Jahresabschluss offenzulegen, hat für den Schluss eines jeden Geschäftsjahres einen Jahresbericht zu erstellen und spätestens sechs Monate nach Ablauf des Geschäftsjahres beim Betreiber des Bundesanzeigers elektronisch einzureichen sowie den Anlegern auf Anforderung zur Verfügung zu stellen. Ist die Feststellung des Jahresabschlusses oder dessen Prüfung oder die Prüfung des Lageberichts binnen dieser Frist nicht möglich, ist § 328 Absatz 1 Nummer 1 Satz 2 und Nummer 2 des Handelsgesetzbuchs entsprechend anzuwenden; die fehlenden Angaben zur Feststellung oder der Bestätigungsvermerk oder der Vermerk über dessen Versagung sind spätestens neun Monate nach Ablauf des Geschäftsjahres nachzureichen und nach Absatz 3 bekannt machen zu lassen.

(2) Der Jahresbericht besteht mindestens aus

1. dem nach Maßgabe des § 24 aufgestellten und von einem Abschlussprüfer geprüften Jahresabschluss,
2. dem nach Maßgabe des § 24 aufgestellten und von einem Abschlussprüfer geprüften Lagebericht,
3. einer den Vorgaben des § 264 Absatz 2 Satz 3 beziehungsweise des § 289 Absatz 1 Satz 5 des Handelsgesetzbuchs entsprechenden Erklärung der gesetzlichen Vertreter des Emittenten der Vermögensanlagen sowie
4. den Bestätigungen des Abschlussprüfers nach § 25.

(3) Der Emittent der Vermögensanlagen hat den Jahresbericht unverzüglich nach der elektronischen Einreichung im Bundesanzeiger bekannt machen zu lassen. § 325 Absatz 1 Satz 7, Absatz 2 bis 2b, 5 und 6 sowie die §§ 328 und 329 Absatz 1, 2 und 4 des Handelsgesetzbuchs gelten entsprechend.

(4) Die Bekanntmachung ist über die Internetseite des Unternehmensregisters zugänglich zu machen; die Unterlagen sind in entsprechender Anwendung des § 8b Absatz 3 Satz 1 Nummer 1 des Handelsgesetzbuchs vom Betreiber des Bundesanzeigers zu übermitteln.

§ 24 Inhalt von Jahresabschlüssen und Lageberichten

(1) Alle Emittenten von Vermögensanlagen mit Sitz im Inland haben für den Jahresabschluss die Bestimmungen des Ersten Unterabschnitts des Zweiten Abschnitts des Dritten Buches des Handelsgesetzbuchs und für den Lagebericht die Bestimmungen des § 289 des Handelsgesetzbuchs einzuhalten. § 264 Absatz 1 Satz 4 Halbsatz 1, Absatz 3, 4 und § 264b des Handelsgesetzbuchs sind nicht anzuwenden. Der Lagebericht hat zusätzlich die folgenden Angaben zu enthalten:

1. die Gesamtsumme der im abgelaufenen Geschäftsjahr gezahlten Vergütungen, aufgeteilt in feste und variable vom Emittenten von Vermögensanlagen gezahlte Vergütungen, die Zahl der Begünstigten und gegebenenfalls die vom Emittenten der Vermögensanlagen gezahlten besonderen Gewinnbeteiligungen sowie
2. die Gesamtsumme der im abgelaufenen Geschäftsjahr gezahlten Vergütungen, aufgeteilt nach Führungskräften und Mitarbeitern, deren berufliche Tätigkeit sich wesentlich auf das Risikoprofil des Emittenten von Vermögensanlagen auswirkt.

Für den letzten Jahresabschluss und Lagebericht des Emittenten von Vermögensanlagen vor dem öffentlichen Angebot von Vermögensanlagen sind die Sätze 1 bis 3 und § 23 entsprechend anzuwenden. Wurde der Emittent weniger als 18 Monate vor der Einreichung eines Verkaufsprospekts zur Billigung nach § 8 gegründet und hat er noch keinen Jahresabschluss und keinen Lagericht erstellt, sind in den Verkaufsprospekt aktuelle und zukünftige Finanzinformationen nach Maßgabe der nach § 7 Absatz 3 erlassene Rechtsverordnung aufzunehmen.

(2) Handelt es sich bei dem Emittenten der Vermögensanlagen um eine Personenhandelsgesellschaft oder das Unternehmen eines Einzelkaufmanns, dürfen das sonstige Vermögen der Gesellschafter oder des Einzelkaufmanns (Privatvermögen) nicht in die Bilanz und die auf das Privatvermögen entfallenden Aufwendungen und Erträge nicht in die Gewinn- und Verlustrechnung aufgenommen werden.

(3) Emittenten von Vermögensanlagen mit Sitz in einem anderen Mitgliedstaat der Europäischen Union oder in einem anderen Vertragsstaat des Abkommens über den Europäischen Wirtschaftsraum haben für den Jahresabschluss die gleichwertigen, dort jeweils für Kapitalgesellschaften geltenden Rechnungslegungsvorschriften anzuwenden. Hat der Emittent nach den dortigen Vorschriften einen Lagebericht zu erstellen, sind auch insoweit die dort jeweils für Kapitalgesellschaften geltenden Vorschriften anzuwenden. Der Lagebericht muss zusätzlich die in Absatz 1 Satz 3 genannten Angaben enthalten. Sieht das dortige Recht keine Erstellung eines Lageberichts vor, können die Angaben nach Absatz 1 Satz 3 auch in den Jahresabschluss aufgenommen oder in einer gesonderten Erklärung beigefügt werden. Absatz 1 Satz 4 und 5 ist entsprechend anzuwenden. Ist der Jahresabschluss oder der Lagebericht, den ein Emittent gemäß den nach Satz 1 bis 4 anwendbaren Vorschriften zu erstellen hat, nicht in deutscher Sprache verfasst, ist eine Übersetzung in die deutsche Sprache beizufügen.

(4) Emittenten von Vermögensanlagen mit Sitz außerhalb der Mitgliedstaaten der Europäischen Union und der anderen Vertragsstaaten des Abkommens über den Europäischen Wirtschaftsraum haben einen Jahresabschluss und einen Lagebericht nach den in Deutschland geltenden, auf Kapitalgesellschaften anzuwendenden Rechnungslegungsvorschriften in deutscher Sprache zu erstellen. Die Absätze 1 und 2 sind entsprechend anzuwenden.

§ 25 Prüfung und Bestätigung des Abschlussprüfers

(1) Der Jahresabschluss und der Lagebericht des inländischen Emittenten von Vermögensanlagen und des Emittenten von Vermögensanlagen mit Sitz außerhalb der Mitgliedstaaten der Europäischen Union und der anderen Vertragsstaaten des Abkommens über den Europäischen Wirtschaftsraum sind durch einen Abschlussprüfer nach Maßgabe der Bestimmungen des Dritten Unterabschnitts des Zweiten Abschnitts des Dritten Buches des Handelsgesetzbuchs zu prüfen. Der Jahresabschluss und der Lagebericht müssen mit dem Bestätigungsvermerk oder einem Vermerk über die Versagung der Bestätigung versehen sein. Der Jahresabschluss und der Lagebericht von Emittenten von Vermögensanlagen mit Sitz in einem anderen Mitgliedstaat der Europäischen Union oder in einem anderen Vertragsstaat des Abkommens über den Europäischen Wirtschaftsraum sind durch einen Abschlussprüfer nach den gleichwertigen dort jeweils für Kapitalgesellschaften geltenden Prüfungsvorschriften zu prüfen.

(2) Der Abschlussprüfer hat bei seiner Prüfung auch festzustellen, ob der Emittent der Vermögensanlagen die Bestimmungen eines den Vermögensanlagen zugrunde liegenden Gesellschaftsvertrags oder eines Treuhandverhältnisses beachtet hat.

(3) Bei Vermögensanlagen im Sinne des § 1 Absatz 2 Nummer 1 bis 3 ist die Zuweisung von Gewinnen, Verlusten, Einnahmen und Entnahmen zu den einzelnen Kapitalkonten vom Abschlussprüfer zu prüfen und deren Ordnungsmäßigkeit zu bestätigen. Dies gilt auch für den Fall, dass die Vermögensanlage für den Anleger durch einen Treuhänder gehalten wird.

(4) Hat der Emittent der Vermögensanlagen seinen Sitz in einem anderen Mitgliedstaat der Europäischen Union oder einem anderen Vertragsstaat des Abkommens über den Europäischen Wirtschaftsraum, hat dieser dem Jahresbericht eine zusätzliche Bestätigung des Abschlussprüfers in deutscher Sprache beizufügen (§ 23 Absatz 2 Nummer 4), wonach

1. es sich bei den Unterlagen nach § 23 Absatz 2 Nummer 1 und 2 um einen für Kapitalgesellschaften geltenden, nach dem nationalen Recht des Sitzstaates aufgestellten und von einem Abschlussprüfer geprüften Jahresabschluss und Lagebericht handelt,
2. die Anforderungen des § 24 Absatz 3 Satz 3 in Verbindung mit Absatz 1 Satz 3 oder die Anforderungen des § 24 Absatz 3 Satz 4 erfüllt sind und
3. die Unterlagen gemäß § 23 Absatz 2 insgesamt vollständig sind.

§ 26 Verkürzung der handelsrechtlichen Offenlegungsfrist

(1) Ist der Emittent der Vermögensanlagen nach den Vorschriften des Handelsgesetzbuchs zur Offenlegung des Jahresabschlusses verpflichtet, tritt an die Stelle des Ablaufs des zwölften Monats des dem Abschlussstichtag nachfolgenden Geschäftsjahres im Sinne des § 325 Absatz 1 Satz 2 des Handelsgesetzbuchs der Ablauf des neunten Monats.
(2) § 326 des Handelsgesetzbuchs über die größenabhängigen Erleichterungen für kleine Kapitalgesellschaften ist nicht anzuwenden.

Abschnitt 4
Gebühren, Straf-, Bußgeld- und Ordnungsgeldbestimmungen sowie Übergangsvorschriften

§ 27 Gebühren und Auslagen

(1) Für individuell zurechenbare öffentliche Leistungen nach diesem Gesetz und nach den auf Grundlage dieses Gesetzes erlassenen Rechtsverordnungen kann die Bundesanstalt Gebühren und Auslagen erheben.
(2) Das Bundesministerium der Finanzen wird ermächtigt, durch Rechtsverordnung, die nicht der Zustimmung des Bundesrates bedarf, die gebührenpflichtigen Tatbestände und die Gebührensätze näher zu bestimmen und dabei feste Sätze und Rahmensätze vorzusehen. Das Bundesministerium der Finanzen kann die Ermächtigung durch Rechtsverordnung auf die Bundesanstalt für Finanzdienstleistungsaufsicht übertragen.

§ 28 Strafvorschriften

Mit Freiheitsstrafe bis zu drei Jahren oder mit Geldstrafe wird bestraft, wer
1. entgegen § 24 Absatz 1 Satz 1 in Verbindung mit § 264 Absatz 2 Satz 3 des Handelsgesetzbuchs oder
2. entgegen § 24 Absatz 1 Satz 1 in Verbindung mit § 289 Absatz 1 Satz 5 des Handelsgesetzbuchs

eine Versicherung nicht richtig abgibt.

§ 29 Allgemeine Bußgeldvorschriften

(1) Ordnungswidrig handelt, wer vorsätzlich oder leichtfertig
1. entgegen § 6 in Verbindung mit einer Rechtsverordnung nach § 7 Absatz 3 Satz 1 einen Verkaufsprospekt nicht, nicht richtig oder nicht vollständig veröffentlicht,
2. entgegen § 8 Absatz 1 Satz 1 einen Verkaufsprospekt veröffentlicht,
3. entgegen § 9 Absatz 1, § 10 Satz 2 oder § 11 Absatz 1 Satz 1 und 4 einen Verkaufsprospekt, eine nachzutragende Angabe, einen neuen Umstand oder eine Unrichtigkeit nicht, nicht richtig, nicht vollständig, nicht in der vorgeschriebenen Weise oder nicht rechtzeitig veröffentlicht,
4. entgegen § 9 Absatz 2 Satz 3 eine Mitteilung nicht, nicht richtig, nicht vollständig, nicht in der vorgeschriebenen Weise oder nicht rechtzeitig macht,
5. entgegen § 12 einen Hinweis nicht, nicht richtig, nicht vollständig oder nicht rechtzeitig aufnimmt,

6. entgegen § 13 Absatz 1 in Verbindung mit einer Rechtsverordnung nach § 13 Absatz 6 Satz 1 ein Vermögensanlagen-Informationsblatt nicht, nicht richtig, nicht vollständig oder nicht rechtzeitig erstellt,
7. entgegen § 13 Absatz 5 Satz 1 eine dort gemachte Angabe nicht, nicht richtig, nicht vollständig oder nicht rechtzeitig aktualisiert,
8. entgegen § 14 Absatz 1 Satz 1 oder § 14 Absatz 3 einen Verkaufsprospekt, einen Nachtrag oder eine aktualisierte Fassung des Vermögensanlagen-Informationsblatts nicht oder nicht rechtzeitig übermittelt,
9. entgegen § 14 Absatz 1 Satz 2 ein Vermögensanlagen-Informationsblatt nicht oder nicht rechtzeitig hinterlegt oder
10. einer vollziehbaren Anordnung nach § 17 Absatz 1 Satz 1 oder § 18 Absatz 1 oder Absatz 2 zuwiderhandelt.

(2) Ordnungswidrig handelt, wer vorsätzlich oder fahrlässig
1. einer vollziehbaren Anordnung nach § 16 Absatz 1 zuwiderhandelt oder
2. entgegen § 19 Absatz 1 eine Auskunft nicht, nicht richtig, nicht vollständig oder nicht rechtzeitig erteilt oder eine Unterlage nicht, nicht richtig, nicht vollständig oder nicht rechtzeitig vorlegt.

(3) Die Ordnungswidrigkeit kann in den Fällen des Absatzes 1 Nummer 1, 2, 6 und 10 mit einer Geldbuße bis zu fünfhunderttausend Euro, in den Fällen des Absatzes 1 Nummer 3 und 5 mit einer Geldbuße bis zu hunderttausend Euro und in den übrigen Fällen mit einer Geldbuße bis zu fünfzigtausend Euro geahndet werden.

(4) Verwaltungsbehörde im Sinne des § 36 Absatz 1 Nummer 1 des Gesetzes über Ordnungswidrigkeiten ist die Bundesanstalt.

§ 30 Bußgeldvorschriften zur Rechnungslegung

(1) Ordnungswidrig handelt, wer einer Vorschrift des § 24 Absatz 1 Satz 1 in Verbindung mit
1. § 264 Absatz 2 Satz 1 oder Satz 2, § 265 Absatz 2 bis 4 oder Absatz 6, § 266, § 268 Absatz 2 bis 6 oder Absatz 7, § 272, § 274, § 275, § 277, § 284 oder § 285 des Handelsgesetzbuchs über den Jahresabschluss oder
2. § 289 Absatz 1 Satz 1, 2 oder Satz 3 des Handelsgesetzbuchs über den Lagebericht

zuwiderhandelt.

(2) Die Ordnungswidrigkeit kann mit einer Geldbuße bis zu fünfzigtausend Euro geahndet werden.

(3) Verwaltungsbehörde im Sinne des § 36 Absatz 1 Nummer 1 des Gesetzes über Ordnungswidrigkeiten ist das Bundesamt für Justiz.

§ 31 Ordnungsgeldvorschriften

(1) Die Ordnungsgeldvorschriften der §§ 335 bis 335b des Handelsgesetzbuchs sind auch auf die Verletzung von Pflichten des vertretungsberechtigten Organs des Emittenten von Vermögensanlagen sowie auch auf den Emittenten von Vermögensanlagen selbst entsprechend anzuwenden, und zwar auch dann, wenn es sich bei diesem nicht um eine Kapitalgesellschaft oder eine Gesellschaft im Sinne des § 264a des Handelsgesetzbuchs handelt. An die Stelle der Pflichten nach § 335 Absatz 1 Satz 1 Nummer 1 und 2 des Handelsgesetzbuchs treten im Falle der Erstellung eines Jahresberichts die Pflichten nach § 23 Absatz 1 und 3 dieses Gesetzes. Offenlegung im Sinne des § 325 Absatz 1 Satz 1 des Handelsgesetzbuchs sind die Einreichung und Bekanntmachung des Jahresberichts gemäß § 23 Absatz 1 und 3 dieses Gesetzes.

(2) Die Bundesanstalt übermittelt dem Betreiber des Bundesanzeigers mindestens einmal pro Kalenderjahr Name und Anschrift der ihr bekannt werdenden Emittenten von Vermögensanlagen sowie den Bevollmächtigten im Sinne des § 5 Absatz 3.

(3) Das Bundesamt für Justiz teilt der Bundesanstalt diejenigen Emittenten von Vermögensanlagen mit einem Sitz außerhalb des Geltungsbereichs dieses Gesetzes mit, die entgegen § 23 ihrer Pflicht zur Einreichung eines Jahresberichts nicht nachgekommen sind und gegen die aus diesem Grund unanfechtbare Ordnungsgelder nach den Absätzen 1 und 2 verhängt worden sind.
(4) Die Bundesanstalt kann die der Verhängung eines unanfechtbaren Ordnungsgeldes nach den Absätzen 1 und 2 gegen einen Emittenten von Vermögensanlagen im Sinne des Satzes 1 zugrunde liegenden Tatsachen im Bundesanzeiger öffentlich bekannt machen, soweit dies zur Beseitigung oder Verhinderung von Missständen geboten ist.

§ 32 Übergangsvorschriften
(1) Auf Verkaufsprospekte, die vor dem 1. Juni 2012 bei der Bundesanstalt zur Gestattung ihrer Veröffentlichung nach § 8i Absatz 2 Satz 1 des Verkaufsprospektgesetzes in der Fassung der Bekanntmachung vom 9. September 1998 (BGBl. I S. 2701), das zuletzt durch Artikel 8 des Gesetzes vom 16. Juli 2007 (BGBl. I S. 1330) geändert worden ist, eingereicht wurden, ist das Verkaufsprospektgesetz in der bis zum 31. Mai 2012 geltenden Fassung weiterhin anzuwenden.
(2) Für Ansprüche wegen fehlerhafter Verkaufsprospekte, die vor dem 1. Juni 2012 im Inland veröffentlicht worden sind, sind das Verkaufsprospektgesetz und die §§ 44 bis 47 des Börsengesetzes jeweils in der bis zum 31. Mai 2012 geltenden Fassung weiterhin anzuwenden. Wurden Verkaufsprospekte entgegen § 8f Absatz 1 Satz 1 des Verkaufsprospektgesetzes in der bis zum 31. Mai 2012 geltenden Fassung nicht veröffentlicht, ist für die daraus resultierenden Ansprüche, die bis zum 31. Mai 2012 entstanden sind, das Verkaufsprospektgesetz in der bis zum 31. Mai 2012 geltenden Fassung weiterhin anzuwenden.
(3) Die §§ 23 bis 26 gelten für sämtliche Emittenten von Vermögensanlagen, deren Vermögensanlagen nach dem 1. Juni 2012 im Inland öffentlich angeboten werden, und sind erstmals auf Jahresabschlüsse und Lageberichte für das nach dem 31. Dezember 2013 beginnende Geschäftsjahr anzuwenden.
(4) Veröffentlichungen und Bekanntmachungen nach § 9 Absatz 2 Satz 1 Nummer 1 und 2 sind bis zum 31. Dezember 2014 zusätzlich zu der Veröffentlichung oder Bekanntmachung im Bundesanzeiger auch in einem überregionalen Börsenpflichtblatt vorzunehmen.
(5) Auf Vermögensanlagen, die durch die Änderung des § 1 Absatz 2 und das Inkrafttreten des Kapitalanlagegesetzbuchs als Anteile an Investmentvermögen im Sinne des § 1 Absatz 1 des Kapitalanlagegesetzbuchs gelten und die die Voraussetzungen von § 353 Absatz 1 oder 2 des Kapitalanlagegesetzbuchs erfüllen, ist dieses Gesetz in der bis zum 21. Juli 2013 geltenden Fassung weiterhin anzuwenden.
(6) Auf Vermögensanlagen, die durch die Änderung des § 1 Absatz 2 und das Inkrafttreten des Kapitalanlagegesetzbuchs als Anteile an Investmentvermögen im Sinne des § 1 Absatz 1 des Kapitalanlagegesetzbuchs gelten und die die Voraussetzungen von § 353 Absatz 3 des Kapitalanlagegesetzbuchs erfüllen, ist dieses Gesetz in der bis zum 21. Juli 2013 geltenden Fassung mit Ausnahme von Abschnitt 3 weiterhin anzuwenden.
(7) Auf Vermögensanlagen, die durch die Änderung des § 1 Absatz 2 und das Inkrafttreten des Kapitalanlagegesetzbuchs als Anteile an Investmentvermögen im Sinne des § 1 Absatz 1 des Kapitalanlagegesetzbuchs gelten und die die Voraussetzungen von § 353 Absatz 4 oder 5 des Kapitalanlagegesetzbuchs erfüllen, ist dieses Gesetz in der bis zum 21. Juli 2013 geltenden Fassung bis zur Stellung des Erlaubnisantrags gemäß § 22 oder des Registrierungsantrags gemäß § 44 des Kapitalanlagegesetzbuchs bei der Bundesanstalt weiterhin anzuwenden. Ab Eingang des Erlaubnisantrags nach § 22 oder des Registrierungsantrags gemäß § 44 des Kapitalanlagegesetzbuchs ist für Vermögensanlagen im Sinne des Satzes 1 dieses Gesetz in der bis zum 21. Juli 2013 geltenden Fassung neben den in § 353 Absatz 4 oder 5 des Kapitalanlagegesetzbuchs genannten Vorschriften weiterhin anzuwenden.

(8) Auf Vermögensanlagen, die vor dem 22. Juli 2013 von mindestens einem Anleger gezeichnet wurden und die durch die Änderung des § 1 Absatz 2 und das Inkrafttreten des Kapitalanlagegesetzbuchs als Anteile an Investmentvermögen im Sinne des § 1 Absatz 1 des Kapitalanlagegesetzbuchs gelten und die nicht die Voraussetzungen von § 353 Absatz 1, 2, 3, 4 oder 5 des Kapitalanlagegesetzbuchs erfüllen, ist dieses Gesetz in der bis zum 21. Juli 2013 geltenden Fassung bis zum Ende des Vertriebsrechts für den gemäß § 353 Absatz 6 in Verbindung mit den § 351 Absatz 3 und 4 und § 345 Absatz 6 und 7 oder den § 351 Absatz 6 und § 345 Absatz 8 des Kapitalanlagegesetzbuchs genannten Zeitraum weiterhin mit der Maßgabe anzuwenden, dass eine Billigung des Verkaufsprospekts nach § 8 nach dem 21. Juli 2013 nicht mehr erfolgen kann. Zeichnung im Sinne dieser Übergangsvorschrift ist der unbedingte und unbefristete Abschluss des schuldrechtlichen Verpflichtungsgeschäfts, das darauf gerichtet ist, Gesellschafter an einer Publikumsgesellschaft zu werden.
(9) Anträge, die auf eine Billigung des Verkaufsprospekts von Vermögensanlagen, die durch die Änderung des § 1 Absatz 2 und das Inkrafttreten des Kapitalanlagegesetzbuchs als Anteile an Investmentvermögen im Sinne des § 1 Absatz 1 des Kapitalanlagegesetzbuchs gelten, durch die Bundesanstalt gerichtet und am 21. Juli 2013 noch nicht beschieden waren, erlöschen gebührenfrei mit Ablauf des 21. Juli 2013. Die Bundesanstalt weist den Antragsteller auf diesen Umstand und auf die Geltung des Kapitalanlagegesetzbuchs hin. Die vor dem 22. Juli 2013 erteilte Billigung des Verkaufsprospekts von Vermögensanlagen im Sinne von Satz 1 erlischt am 22. Juli 2013, wenn die Vermögensanlage vor dem 22. Juli 2013 noch nicht von mindestens einem Anleger gezeichnet ist. Absatz 8 Satz 3 gilt entsprechend.

III. Verordnung über Vermögensanlagen-Verkaufsprospekte (Vermögensanlagen-Verkaufsprospektverordnung – VermVerkProspV)

1091 Ausfertigungsdatum: 16.12.2004
„Vermögensanlagen-Verkaufsprospektverordnung vom 16. Dezember 2004 (BGBl. I S. 3464), die zuletzt durch Artikel 1 der Verordnung vom 15. Mai 2013 (BGBl. I S. 1376) geändert worden ist"

Eingangsformel

Auf Grund des § 8g Abs. 2 und 3 des Verkaufsprospektgesetzes, der durch Artikel 2 Nr. 1 des Gesetzes vom 28. Oktober 2004 (BGBl. I S. 2630) eingefügt worden ist, verordnet die Bundesregierung:

§ 1 Anwendungsbereich

Diese Verordnung ist auf den Verkaufsprospekt für Vermögensanlagen im Sinne des § 1 Absatz 2 des Vermögensanlagengesetzes anzuwenden.

§ 2 Allgemeine Grundsätze

(1) Der Verkaufsprospekt muss über die tatsächlichen und rechtlichen Verhältnisse, die für die Beurteilung der angebotenen Vermögensanlagen notwendig sind, Auskunft geben und richtig und vollständig sein. Er muss mindestens die nach dieser Verordnung vorgeschriebenen Angaben enthalten. Er ist in deutscher Sprache und in einer Form abzufassen, die sein Verständnis und seine Auswertung erleichtert. Die Bundesanstalt für Finanzdienstleistungsaufsicht (Bundesanstalt) kann gestatten, dass der Verkaufsprospekt von Emittenten mit Sitz im Ausland ganz oder zum Teil in einer anderen in internationalen Finanzkreisen gebräuchlichen Sprache abgefasst wird. In diesem Fall ist dem Prospekt eine deutsche Zusammenfassung voranzustel-

len, die Teil des Prospekts ist und die wesentlichen tatsächlichen und rechtlichen Angaben zu dem Emittenten, der Vermögensanlage und dem Anlageobjekt enthält.
(2) Das Deckblatt darf neben dem deutlichen Hinweis gemäß §7 Absatz 2 Satz 1 des Vermögensanlagengesetzes keine weiteren Informationen enthalten, die diesen Hinweis abschwächen. Der Verkaufsprospekt muss ein Inhaltsverzeichnis haben. Ferner ist an hervorgehobener Stelle im Verkaufsprospekt ein ausdrücklicher Hinweis darauf aufzunehmen, dass bei fehlerhaftem Verkaufsprospekt Haftungsansprüche nur dann bestehen können, wenn die Vermögensanlage während der Dauer des öffentlichen Angebots, spätestens jedoch innerhalb von zwei Jahren nach dem ersten öffentlichen Angebot der Vermögensanlagen im Inland, erworben wird. Die wesentlichen tatsächlichen und rechtlichen Risiken im Zusammenhang mit der Vermögensanlage sind in einem gesonderten Abschnitt darzustellen, der nur diese Angaben enthält. Es ist insbesondere auf Liquiditätsrisiken, auf Risiken, die mit einem Einsatz von Fremdkapital einhergehen, sowie auf Risiken einer möglichen Fremdfinanzierung des Anteils durch den Anleger einzugehen. Dabei ist das den Anleger treffende maximale Risiko an hervorgehobener Stelle im Verkaufsprospekt in seiner Größenordnung zu beschreiben. Nach dieser Verordnung geforderte und darüber hinausgehende in den Prospekt aufgenommene Angaben, die eine Prognose beinhalten, sind deutlich als Prognosen kenntlich zu machen.
(3) Der Verkaufsprospekt soll die nach dieser Verordnung erforderlichen Mindestangaben in der Reihenfolge ihrer Nennung in der Verordnung enthalten. Stimmt die Reihenfolge der Angaben in dem Prospekt nicht mit der dieser Verordnung überein, kann die Hinterlegungsstelle vor Gestattung der Veröffentlichung des Verkaufsprospekts von dem Anbieter eine Aufstellung verlangen, aus der hervorgeht, an welcher Stelle des Prospekts sich die verlangten Mindestangaben befinden.
(4) Der Verkaufsprospekt ist mit dem Datum seiner Aufstellung zu versehen und vom Anbieter zu unterzeichnen.
(5) (weggefallen)

§ 3 Angaben über Personen oder Gesellschaften, die für den Inhalt des Verkaufsprospekts die Verantwortung übernehmen

Der Verkaufsprospekt muss Namen, Geschäftsanschrift und Funktionen, bei juristischen Personen oder Gesellschaften die Firma und den Sitz der Personen oder Gesellschaften angeben, die für seinen Inhalt insgesamt oder für bestimmte Angaben die Verantwortung übernehmen; er muss eine Erklärung dieser Personen oder Gesellschaften enthalten, dass ihres Wissens die Angaben richtig und keine wesentlichen Umstände ausgelassen sind.

§ 4 Angaben über die Vermögensanlagen

Der Verkaufsprospekt muss über die Vermögensanlagen angeben:
1. Art, Anzahl und Gesamtbetrag der angebotenen Vermögensanlagen. Steht die Anzahl oder der Gesamtbetrag bei Hinterlegung des Verkaufsprospekts noch nicht fest, ist ein hervorgehobener Hinweis aufzunehmen, der eine Mindestanzahl und einen Mindestbetrag angibt;
1a. die Hauptmerkmale der Anteile der Anleger sowie abweichende Rechte der Gesellschafter des Emittenten zum Zeitpunkt der Prospektaufstellung; sofern ehemaligen Gesellschaftern Ansprüche aus ihrer Beteiligung beim Emittenten zustehen, sind diese zu beschreiben;
2. die wesentlichen Grundlagen der steuerlichen Konzeption der Vermögensanlage. Übernimmt der Emittent oder eine andere Person die Zahlung von Steuern für den Anleger, ist dies anzugeben;
3. wie die Vermögensanlagen übertragen werden können und in welcher Weise ihre freie Handelbarkeit eingeschränkt ist;

4. die Zahlstellen oder andere Stellen, die bestimmungsgemäß Zahlungen an den Anleger ausführen und an denen der Verkaufsprospekt, das Vermögensanlagen-Informationsblatt, der letzte veröffentlichte Jahresabschluss und der Lagebericht zur kostenlosen Ausgabe bereitgehalten werden;
5. die Einzelheiten der Zahlung des Zeichnungs- oder Erwerbspreises, insbesondere die Kontoverbindung;
6. die Stellen, die Zeichnungen oder auf den Erwerb von Anteilen oder Beteiligungen gerichtete Willenserklärungen des Publikums entgegennehmen;
7. eine für die Zeichnung oder den Erwerb der Vermögensanlagen vorgesehene Frist und die Möglichkeiten, diese vorzeitig zu schließen oder Zeichnungen, Anteile oder Beteiligungen zu kürzen;
8. die einzelnen Teilbeträge, falls das Angebot gleichzeitig in verschiedenen Staaten mit bestimmten Teilbeträgen erfolgt. Sind die Teilbeträge zum Zeitpunkt der Veröffentlichung des Prospekts noch nicht bekannt, ist anzugeben, in welchen Staaten das Angebot erfolgt;
9. den Erwerbspreis für die Vermögensanlagen oder, sofern er noch nicht bekannt ist, die Einzelheiten und den Zeitplan für seine Festsetzung;
10. an einer hervorgehobenen Stelle im Verkaufsprospekt die für den Anleger entstehenden weiteren Kosten, insbesondere solche Kosten, die mit dem Erwerb, der Verwaltung und der Veräußerung der Vermögensanlage verbunden sind;
11. an einer hervorgehobenen Stelle im Verkaufsprospekt, unter welchen Umständen der Erwerber der Vermögensanlagen verpflichtet ist, weitere Leistungen zu erbringen, insbesondere unter welchen Umständen er haftet und inwieweit er Nachschüsse zu leisten hat, und
12. an einer hervorgehobenen Stelle im Verkaufsprospekt, in welcher Gesamthöhe Provisionen geleistet werden, insbesondere Vermittlungsprovisionen oder vergleichbare Vergütungen; dabei ist die Provision als absoluter Betrag anzugeben sowie als Prozentangabe in Bezug auf den Gesamtbetrag der angebotenen Vermögensanlagen.

Unbeschadet der Angaben zu den rechtlichen Verhältnissen sind bei Beteiligungen am Ergebnis eines Unternehmens im Sinne des § 1 Absatz 2 Nummer 1 des Vermögensanlagengesetzes der Gesellschaftsvertrag, die Satzung, der Beteiligungsvertrag oder der sonstige für das Anlageverhältnis maßgebliche Vertrag beizufügen; bei Treuhandvermögen im Sinne des § 1 Absatz 2 Nummer 2 des Vermögensanlagengesetzes ist der Treuhandvertrag als Teil des Prospekts beizufügen. Ebenso ist der Vertrag über die Mittelverwendungskontrolle beizufügen.

§ 5 Angaben über den Emittenten

Der Verkaufsprospekt muss über den Emittenten angeben:
1. die Firma, den Sitz und die Geschäftsanschrift;
2. das Datum der Gründung und, wenn er für eine bestimmte Zeit gegründet ist, die Gesamtdauer seines Bestehens;
3. die für den Emittenten maßgebliche Rechtsordnung und die Rechtsform; soweit der Emittent eine Kommanditgesellschaft oder eine Kommanditgesellschaft auf Aktien ist, sind zusätzlich Angaben über die Struktur des persönlich haftenden Gesellschafters, insbesondere zur Firma, zur Haftung, zum gezeichneten Kapital, zu den Gesellschaftern sowie zu den Mitgliedern der Geschäftsführung, aufzunehmen;
4. den in der Satzung oder im Gesellschaftsvertrag bestimmten Gegenstand des Unternehmens;
5. das für den Emittenten zuständige Registergericht und die Nummer, unter der er in das Register eingetragen ist;
6. eine kurze Beschreibung des Konzerns und der Einordnung des Emittenten in ihn, falls der Emittent ein Konzernunternehmen ist.

§ 6 Angaben über das Kapital des Emittenten

Der Verkaufsprospekt muss über das Kapital des Emittenten angeben:

1. die Höhe des gezeichneten Kapitals oder der Kapitalanteile und die Art der Anteile, in die das Kapital zerlegt ist; dabei sind die Höhe der ausstehenden Einlagen auf das Kapital und die Hauptmerkmale der Anteile anzugeben;
2. eine Übersicht der bisher ausgegebenen Wertpapiere oder Vermögensanlagen im Sinne des § 1 Absatz 2 des Vermögensanlagengesetzes.

Ist der Emittent eine Aktiengesellschaft oder Kommanditgesellschaft auf Aktien, muss der Verkaufsprospekt über das Kapital des Emittenten zusätzlich den Nennbetrag der umlaufenden Wertpapiere, die den Gläubigern ein Umtausch- oder Bezugsrecht auf Aktien einräumen, angeben. Daneben muss er die Bedingungen und das Verfahren für den Umtausch oder den Bezug nennen.

§ 7 Angaben über Gründungsgesellschafter des Emittenten und über die Gesellschafter des Emittenten zum Zeitpunkt der Aufstellung des Verkaufsprospekts

(1) Der Verkaufsprospekt muss über die Gründungsgesellschafter und die Gesellschafter zum Zeitpunkt der Prospektaufstellung des Emittenten angeben:

1. Namen und Geschäftsanschrift, bei juristischen Personen Firma und Sitz;
2. Art und Gesamtbetrag der von den Gründungsgesellschaftern und den Gesellschaftern zum Zeitpunkt der Prospektaufstellung insgesamt gezeichneten und der eingezahlten Einlagen;
3. Gewinnbeteiligungen, Entnahmerechte und den Jahresbetrag der sonstigen Gesamtbezüge, insbesondere der Gehälter, Gewinnbeteiligungen, Aufwandsentschädigungen, Versicherungsentgelte, Provisionen und Nebenleistungen jeder Art, die den Gründungsgesellschaftern und den Gesellschaftern zum Zeitpunkt der Prospektaufstellung insgesamt zustehen;
4. die Eintragungen, die in Bezug auf Verurteilungen wegen einer Straftat nach

a) den §§ 263 bis 283d des Strafgesetzbuchs,

b) § 54 des Kreditwesengesetzes,

c) § 38 des Wertpapierhandelsgesetzes oder

d) § 369 der Abgabenordnung

in einem Führungszeugnis enthalten sind; das Führungszeugnis darf zum Zeitpunkt der Prospektaufstellung nicht älter als sechs Monate sein;

5. jede ausländische Verurteilung wegen einer Straftat, die mit den in Nummer 4 genannten Straftaten vergleichbar ist, unter Angabe der Art und Höhe der Strafe, wenn zum Zeitpunkt der Prospektaufstellung der Gründungsgesellschafter oder der Gesellschafter zum Zeitpunkt der Prospektaufstellung nicht Deutscher war; dies gilt jedoch nur, wenn der Zeitraum zwischen dem Eintritt der Rechtskraft der Verurteilung und der Prospektaufstellung weniger als fünf Jahre beträgt;
6. Angaben darüber, ob

a) über das Vermögen eines Gründungsgesellschafters oder eines Gesellschafters zum Zeitpunkt der Prospektaufstellung innerhalb der letzten fünf Jahre ein Insolvenzverfahren eröffnet oder mangels Masse abgewiesen wurde sowie

b) ein Gründungsgesellschafter oder ein Gesellschafter zum Zeitpunkt der Prospektaufstellung innerhalb der letzten fünf Jahre in der Geschäftsführung einer Gesellschaft tätig war, über deren Vermögen ein Insolvenzverfahren eröffnet oder mangels Masse abgewiesen wurde;

7. Angaben über frühere Aufhebungen einer Erlaubnis zum Betreiben von Bankgeschäften oder zur Erbringung von Finanzdienstleistungen durch die Bundesanstalt.

Die Angaben nach Satz 1 in Bezug auf die Gründungsgesellschafter können entfallen, wenn der Emittent mehr als zehn Jahre vor Aufstellung des Verkaufsprospekts gegründet wurde.

(2) Der Verkaufsprospekt muss auch Angaben enthalten über den Umfang der unmittelbaren oder mittelbaren Beteiligungen der Gründungsgesellschafter und der Gesellschafter zum Zeitpunkt der Prospektaufstellung an
1. Unternehmen, die mit dem Vertrieb der emittierten Vermögensanlagen beauftragt sind;
2. Unternehmen, die dem Emittenten Fremdkapital zur Verfügung stellen, sowie
3. Unternehmen, die im Zusammenhang mit der Anschaffung oder Herstellung des Anlageobjekts Lieferungen oder Leistungen erbringen.

(3) Darüber hinaus ist anzugeben, in welcher Art und Weise die Gründungsgesellschafter und die Gesellschafter zum Zeitpunkt der Prospektaufstellung für die in Absatz 2 Nummer 1 bis 3 genannten Unternehmen tätig sind.

(4) Der Verkaufsprospekt muss auch Angaben darüber enthalten, in welcher Art und Weise die Gründungsgesellschafter und die Gesellschafter zum Zeitpunkt der Prospektaufstellung
1. mit dem Vertrieb der emittierten Vermögensanlagen beauftragt sind;
2. dem Emittenten Fremdkapital zur Verfügung stellen oder vermitteln;
3. Lieferungen oder Leistungen im Zusammenhang mit der Anschaffung oder Herstellung des Anlageobjekts erbringen.

§ 8 Angaben über die Geschäftstätigkeit des Emittenten

(1) Der Verkaufsprospekt muss über die Geschäftstätigkeit des Emittenten folgende Angaben enthalten:
1. die wichtigsten Tätigkeitsbereiche;
2. Angaben über die Abhängigkeit des Emittenten von Patenten, Lizenzen, Verträgen oder neuen Herstellungsverfahren, wenn sie von wesentlicher Bedeutung für die Geschäftstätigkeit oder Ertragslage des Emittenten sind;
3. Gerichts-, Schieds- und Verwaltungsverfahren, die einen Einfluss auf die wirtschaftliche Lage des Emittenten und die Vermögensanlage haben können;
4. Angaben über die laufenden Investitionen.

(2) Ist die Tätigkeit des Emittenten durch außergewöhnliche Ereignisse beeinflusst worden, so ist darauf hinzuweisen.

§ 9 Angaben über die Anlageziele und Anlagepolitik der Vermögensanlagen

(1) Der Verkaufsprospekt muss über die Anlagestrategie und Anlagepolitik der Vermögensanlagen angeben,
1. für welche konkreten Projekte die Nettoeinnahmen aus dem Angebot genutzt werden sollen,
2. welchen Realisierungsgrad diese Projekte bereits erreicht haben,
3. ob die Nettoeinnahmen hierfür allein ausreichen und
4. für welche sonstigen Zwecke die Nettoeinnahmen genutzt werden.

Weiterhin sind die Möglichkeiten einer Änderung der Anlagestrategie oder Anlagepolitik sowie die dazu notwendigen Verfahren darzustellen und der Einsatz von Derivaten und Termingeschäften zu beschreiben.

(2) Der Verkaufsprospekt muss über Anteile, die eine Beteiligung am Ergebnis eines Unternehmens gewähren, über Anteile an einem Treuhandvermögen und über Anteile an einem sonstigen geschlossenen Fonds zusätzlich über die Anlageziele und Anlagepolitik angeben:
1. eine Beschreibung des Anlageobjekts. Anlageobjekt sind die Gegenstände, zu deren voller oder teilweiser Finanzierung die von den Erwerbern der Vermögensanlagen aufzubringenden Mittel bestimmt sind.

Bei einem Treuhandvermögen, das ganz oder teilweise aus einem Anteil besteht, der eine Beteiligung am Ergebnis eines Unternehmens gewährt, treten an die Stelle dieses Anteils die Vermö-

gensgegenstände des Unternehmens. Besteht das Anlageobjekt ganz oder teilweise aus einem Anteil an einer Gesellschaft, so gelten auch diejenigen Gegenstände als Anlageobjekt, die diese Gesellschaft erwirbt;
2. ob den nach den §§ 3, 7 oder 12 zu nennenden Personen das Eigentum am Anlageobjekt oder wesentlichen Teilen desselben zustand oder zusteht oder diesen Personen aus anderen Gründen eine dingliche Berechtigung am Anlageobjekt zusteht;
3. nicht nur unerhebliche dingliche Belastungen des Anlageobjekts;
4. rechtliche oder tatsächliche Beschränkungen der Verwendungsmöglichkeiten des Anlageobjekts, insbesondere im Hinblick auf das Anlageziel;
5. ob behördliche Genehmigungen erforderlich sind und inwieweit diese vorliegen;
6. welche Verträge der Emittent über die Anschaffung oder Herstellung des Anlageobjekts oder wesentlicher Teile davon geschlossen hat;
7. den Namen der Person oder Gesellschaft, die ein Bewertungsgutachten für das Anlageobjekt erstellt hat, das Datum des Bewertungsgutachtens und dessen Ergebnis;
8. in welchem Umfang Lieferungen und Leistungen durch Personen erbracht werden, die nach den §§ 3, 7 oder 12 zu nennen sind;
9. die voraussichtlichen Gesamtkosten des Anlageobjekts in einer Aufgliederung, die insbesondere Anschaffungs- und Herstellungskosten sowie sonstige Kosten ausweist und die geplante Finanzierung in einer Gliederung, die Eigen- und Fremdmittel, untergliedert nach Zwischenfinanzierungs- und Endfinanzierungsmitteln, gesondert ausweist. Zu den Eigen- und Fremdmitteln sind die Konditionen und Fälligkeiten anzugeben und in welchem Umfang und von wem diese bereits verbindlich zugesagt sind. Darüber hinaus ist die angestrebte Fremdkapitalquote anzugeben und wie sich die Hebeleffekte auswirken.

§ 10 Angaben über die Vermögens-, Finanz- und Ertragslage des Emittenten
(1) Der Verkaufsprospekt muss über die Vermögens-, Finanz- und Ertragslage des Emittenten enthalten:
1. den letzten nach den §§ 24 und 25 des Vermögensanlagengesetzes aufgestellten und geprüften Jahresabschluss und Lagebericht und,
2. eine Zwischenübersicht, deren Stichtag höchstens zwei Monate vor der Aufstellung des Verkaufsprospekts liegen darf.
3. (weggefallen)
Der Stichtag des in Satz 1 Nummer 1 genannten Abschlusses darf höchstens 18 Monate vor der Aufstellung des Verkaufsprospekts liegen.
(2) Ist der Emittent nur zur Aufstellung eines Konzernabschlusses verpflichtet, so ist dieser in den Verkaufsprospekt aufzunehmen; ist er auch zur Aufstellung eines Jahresabschlusses verpflichtet, so sind beide Arten von Abschlüssen aufzunehmen. Die Aufnahme nur des Abschlusses der einen Art ist ausreichend, wenn der Abschluss der anderen Art keine wesentlichen zusätzlichen Aussagen enthält. Ein Konzernabschluss kann auch im Wege eines Verweises in den Verkaufsprospekt aufgenommen werden, wenn der Konzernabschluss auf Grund anderweitiger gesetzlicher Bestimmungen veröffentlicht worden ist. Der Verweis muss angeben, wo der Konzernabschluss veröffentlicht ist. In diesem Fall muss der bei der Bundesanstalt hinterlegte Prospekt auch ein gedrucktes Exemplar des Konzernabschlusses enthalten.
(3) Jede wesentliche Änderung der Angaben nach Absatz 1 Nr. 1 oder der Zwischenübersicht, die nach dem Stichtag eingetreten ist, muss im Verkaufsprospekt erläutert werden.

§ 11 Angaben über die Prüfung des Jahresabschlusses des Emittenten
Der Verkaufsprospekt muss den Namen, die Anschrift und die Berufsbezeichnung des Abschlussprüfers, der den Jahresabschluss des Emittenten nach Maßgabe der gesetzlichen Vorschriften

geprüft hat, enthalten. Ferner ist der Bestätigungsvermerk einschließlich zusätzlicher Bemerkungen aufzunehmen; wurde die Bestätigung des Jahresabschlusses eingeschränkt oder versagt, so müssen der volle Wortlaut der Einschränkungen oder der Versagung und deren Begründung wiedergegeben werden.

§ 12 Angaben über Mitglieder der Geschäftsführung oder des Vorstands, Aufsichtsgremien und Beiräte des Emittenten, den Treuhänder und sonstige Personen

(1) Der Verkaufsprospekt muss über die Mitglieder der Geschäftsführung oder des Vorstands, Aufsichtsgremien und Beiräte des Emittenten angeben:

1. den Namen und die Geschäftsanschrift der Mitglieder und ihre Funktion beim Emittenten;
2. Gewinnbeteiligungen, Entnahmerechte sowie den Jahresbetrag der sonstigen Gesamtbezüge, insbesondere der Gehälter, Aufwandsentschädigungen, Versicherungsentgelte, Provisionen und Nebenleistungen jeder Art, die den Mitgliedern insgesamt zustehen, getrennt nach Geschäftsführung oder Vorstand, Aufsichtsgremien und Beiräten;
3. die Eintragungen, die in Bezug auf Verurteilungen wegen einer Straftat nach

a) den §§ 263 bis 283d des Strafgesetzbuchs,

b) § 54 des Kreditwesengesetzes,

c) § 38 des Wertpapierhandelsgesetzes oder

d) § 369 der Abgabenordnung

in einem Führungszeugnis enthalten sind; das Führungszeugnis darf zum Zeitpunkt der Prospektaufstellung nicht älter als sechs Monate sein;

4. jede ausländische Verurteilung wegen einer Straftat, die mit den in Nummer 3 genannten Straftaten vergleichbar ist, unter Angabe der Art und Höhe der Strafe, wenn zum Zeitpunkt der Prospektaufstellung das Mitglied der Geschäftsführung oder des Vorstands, eines Aufsichtsgremiums oder eines Beirats nicht Deutscher war; dies gilt jedoch nur, wenn der Zeitraum zwischen dem Eintritt der Rechtskraft der Verurteilung und der Prospektaufstellung weniger als fünf Jahre beträgt;
5. Angaben darüber, ob

a) über das Vermögen eines Mitglieds der Geschäftsführung oder des Vorstands, eines Aufsichtsgremiums oder eines Beirats innerhalb der letzten fünf Jahre ein Insolvenzverfahren eröffnet oder mangels Masse abgewiesen wurde sowie

b) ein Mitglied der Geschäftsführung oder des Vorstands, eines Aufsichtsgremiums oder eines Beirats innerhalb der letzten fünf Jahre in der Geschäftsführung einer Gesellschaft tätig war, über deren Vermögen ein Insolvenzverfahren eröffnet oder mangels Masse abgewiesen wurde;

6. Angaben über frühere Aufhebungen einer Erlaubnis zum Betreiben von Bankgeschäften oder zur Erbringung von Finanzdienstleistungen durch die Bundesanstalt.

(2) Der Verkaufsprospekt muss angeben, in welcher Art und Weise die Mitglieder der Geschäftsführung oder des Vorstands, der Aufsichtsgremien und der Beiräte des Emittenten auch tätig sind für

1. Unternehmen, die mit dem Vertrieb der angebotenen Vermögensanlagen betraut sind;
2. Unternehmen, die dem Emittenten Fremdkapital geben;
3. Unternehmen, die Lieferungen oder Leistungen im Zusammenhang mit der Anschaffung oder Herstellung des Anlageobjekts erbringen.

(3) Darüber hinaus ist anzugeben, inwieweit die Mitglieder der Geschäftsführung oder des Vorstands, der Aufsichtsgremien und der Beiräte des Emittenten auch an den in Absatz 2 Nummer 1 bis 3 genannten Unternehmen in wesentlichem Umfang unmittelbar oder mittelbar beteiligt sind.

(4) Der Verkaufsprospekt muss auch Angaben darüber enthalten, in welcher Art und Weise die Mitglieder der Geschäftsführung oder des Vorstands, der Aufsichtsgremien und Beiräte des Emittenten zum Zeitpunkt der Prospektaufstellung
1. mit dem Vertrieb der emittierten Vermögensanlagen beauftragt sind;
2. dem Emittenten Fremdkapital zur Verfügung stellen oder vermitteln sowie
3. im Zusammenhang mit der Anschaffung oder Herstellung des Anlageobjekts Lieferungen oder Leistungen erbringen.

(5) Der Verkaufsprospekt muss über den Treuhänder angeben:
1. Name und Anschrift, bei juristischen Personen Firma und Sitz;
2. Aufgaben und Rechtsgrundlage der Tätigkeit;
3. seine wesentlichen Rechte und Pflichten;
4. den Gesamtbetrag der für die Wahrnehmung der Aufgaben vereinbarten Vergütung;
5. Umstände oder Beziehungen, die Interessenkonflikte begründen können.

(6) Der Verkaufsprospekt muss die Angaben nach den Absätzen 1 bis 4 auch für die Anbieter, die Prospektverantwortlichen, die Treuhänder und solche Personen enthalten, die nicht in den Kreis der nach dieser Verordnung angabepflichtigen Personen fallen, die jedoch die Herausgabe oder den Inhalt des Verkaufsprospekts oder die Abgabe oder den Inhalt des Angebots der Vermögensanlage wesentlich beeinflusst haben.

§ 13 Angaben über den jüngsten Geschäftsgang und die Geschäftsaussichten des Emittenten

Der Verkaufsprospekt muss allgemeine Ausführungen über die Geschäftsentwicklung des Emittenten nach dem Schluss des Geschäftsjahres, auf das sich der letzte offen gelegte Jahresabschluss bezieht, sowie Angaben über die Geschäftsaussichten des Emittenten mindestens für das laufende Geschäftsjahr enthalten.

§ 14 Gewährleistete Vermögensanlagen

Für das Angebot von Vermögensanlagen, für deren Verzinsung oder Rückzahlung eine juristische Person oder Gesellschaft die Gewährleistung übernommen hat, sind die Angaben nach den §§ 5 bis 13 auch über die Person oder Gesellschaft, welche die Gewährleistung übernommen hat, aufzunehmen.

§ 15 Verringerte Prospektanforderungen

(1) Für den Fall, dass der Emittent vor weniger als 18 Monaten gegründet worden ist und noch keinen Jahresabschluss und Lagebericht nach § 24 des Vermögensanlagengesetzes erstellt hat, muss der Verkaufsprospekt abweichend von den Anforderungen nach den §§ 10, 11 und 13 folgende Angaben enthalten:
1. die Eröffnungsbilanz;
2. eine Zwischenübersicht, deren Stichtag höchstens zwei Monate vor der Aufstellung des Verkaufsprospekts liegen darf;
3. die voraussichtliche Vermögens-, Finanz- und Ertragslage mindestens für das laufende und die folgenden drei Geschäftsjahre;
4. Planzahlen des Emittenten, insbesondere zu Investitionen, Produktion, Umsatz und Ergebnis, mindestens für das laufende und die folgenden drei Geschäftsjahre.

Zu den Angaben nach den Nummern 3 und 4 sind die zugrunde liegenden wesentlichen Annahmen und Wirkungszusammenhänge in geeigneter Form zu erläutern.

(2) Von der Aufnahme einzelner Angaben in den Verkaufsprospekt kann abgesehen werden, wenn

1. diese Angaben nur von geringer Bedeutung und nicht geeignet sind, die Beurteilung der Vermögens-, Finanz- und Ertragslage und der Entwicklungsaussichten des Emittenten zu beeinflussen, oder
2. die Verbreitung dieser Angaben dem Emittenten erheblichen Schaden zufügt, sofern die Nichtveröffentlichung das Publikum nicht über die für die Beurteilung der Vermögensanlagen wesentlichen Tatsachen und Umstände täuscht.

§ 15a Übergangsvorschrift zur Rechnungslegung und Prüfung des im Verkaufsprospekt enthaltenen Jahresabschlusses und Lageberichts
Für Geschäftsjahre, die vor dem 1. Januar 2014 beginnen, ist § 10 in der bis zum 31. Mai 2012 geltende Fassung in Verbindung mit § 8h des Verkaufsprospektgesetzes in der bis zum 31. Mai 2012 geltenden Fassung anzuwenden.

§ 16 Inkrafttreten
Diese Verordnung tritt am 1. Juli 2005 in Kraft.

IV. Insolvenzordnung

1092 Auszugsweise §§ 1 bis 285 InsO
Ausfertigungsdatum: 05.10.1994
„Insolvenzordnung vom 5. Oktober 1994 (BGBl. I S. 2866), die durch Artikel 6 des Gesetzes vom 31. August 2013 (BGBl. I S. 3533) geändert worden ist“
Das Gesetz ist nach seinem § 335 i.V.m. Art. 110 Abs. 1 nach Maßgabe d. Abs. 2 EGInsO 311-14-1 am 1.1.1999 in Kraft getreten.

Erster Teil
Allgemeine Vorschriften

§ 1 Ziele des Insolvenzverfahrens
Das Insolvenzverfahren dient dazu, die Gläubiger eines Schuldners gemeinschaftlich zu befriedigen, indem das Vermögen des Schuldners verwertet und der Erlös verteilt oder in einem Insolvenzplan eine abweichende Regelung insbesondere zum Erhalt des Unternehmens getroffen wird. Dem redlichen Schuldner wird Gelegenheit gegeben, sich von seinen restlichen Verbindlichkeiten zu befreien.

§ 2 Amtsgericht als Insolvenzgericht
(1) Für das Insolvenzverfahren ist das Amtsgericht, in dessen Bezirk ein Landgericht seinen Sitz hat, als Insolvenzgericht für den Bezirk dieses Landgerichts ausschließlich zuständig.
(2) Die Landesregierungen werden ermächtigt, zur sachdienlichen Förderung oder schnelleren Erledigung der Verfahren durch Rechtsverordnung andere oder zusätzliche Amtsgerichte zu Insolvenzgerichten zu bestimmen und die Bezirke der Insolvenzgerichte abweichend festzulegen. Die Landesregierungen können die Ermächtigung auf die Landesjustizverwaltungen übertragen.

§ 3 Örtliche Zuständigkeit
(1) Örtlich zuständig ist ausschließlich das Insolvenzgericht, in dessen Bezirk der Schuldner seinen allgemeinen Gerichtsstand hat. Liegt der Mittelpunkt einer selbständigen wirtschaftli-

chen Tätigkeit des Schuldners an einem anderen Ort, so ist ausschließlich das Insolvenzgericht zuständig, in dessen Bezirk dieser Ort liegt.
(2) Sind mehrere Gerichte zuständig, so schließt das Gericht, bei dem zuerst die Eröffnung des Insolvenzverfahrens beantragt worden ist, die übrigen aus.

§ 4 Anwendbarkeit der Zivilprozessordnung
Für das Insolvenzverfahren gelten, soweit dieses Gesetz nichts anderes bestimmt, die Vorschriften der Zivilprozessordnung entsprechend.

§ 4a Stundung der Kosten des Insolvenzverfahrens
(1) Ist der Schuldner eine natürliche Person und hat er einen Antrag auf Restschuldbefreiung gestellt, so werden ihm auf Antrag die Kosten des Insolvenzverfahrens bis zur Erteilung der Restschuldbefreiung gestundet, soweit sein Vermögen voraussichtlich nicht ausreichen wird, um diese Kosten zu decken. Die Stundung nach Satz 1 umfasst auch die Kosten des Verfahrens über den Schuldenbereinigungsplan und des Verfahrens zur Restschuldbefreiung. Der Schuldner hat dem Antrag eine Erklärung beizufügen, ob einer der Versagungsgründe des § 290 Abs. 1 Nr. 1 und 3 vorliegt. Liegt ein solcher Grund vor, ist eine Stundung ausgeschlossen.
(2) Werden dem Schuldner die Verfahrenskosten gestundet, so wird ihm auf Antrag ein zur Vertretung bereiter Rechtsanwalt seiner Wahl beigeordnet, wenn die Vertretung durch einen Rechtsanwalt trotz der dem Gericht obliegenden Fürsorge erforderlich erscheint. § 121 Abs. 3 bis 5 der Zivilprozessordnung gilt entsprechend.
(3) Die Stundung bewirkt, dass
1. die Bundes- oder Landeskasse
a) die rückständigen und die entstehenden Gerichtskosten,
b) die auf sie übergegangenen Ansprüche des beigeordneten Rechtsanwalts nur nach den Bestimmungen, die das Gericht trifft, gegen den Schuldner geltend machen kann;
2. der beigeordnete Rechtsanwalt Ansprüche auf Vergütung gegen den Schuldner nicht geltend machen kann.
Die Stundung erfolgt für jeden Verfahrensabschnitt besonders. Bis zur Entscheidung über die Stundung treten die in Satz 1 genannten Wirkungen einstweilig ein. § 4b Abs. 2 gilt entsprechend.

§ 4b Rückzahlung und Anpassung der gestundeten Beträge
(1) Ist der Schuldner nach Erteilung der Restschuldbefreiung nicht in der Lage, den gestundeten Betrag aus seinem Einkommen und seinem Vermögen zu zahlen, so kann das Gericht die Stundung verlängern und die zu zahlenden Monatsraten festsetzen. § 115 Abs. 1 und 2 sowie § 120 Abs. 2 der Zivilprozessordnung gelten entsprechend.
(2) Das Gericht kann die Entscheidung über die Stundung und die Monatsraten jederzeit ändern, soweit sich die für sie maßgebenden persönlichen oder wirtschaftlichen Verhältnisse wesentlich geändert haben. Der Schuldner ist verpflichtet, dem Gericht eine wesentliche Änderung dieser Verhältnisse unverzüglich anzuzeigen. § 120 Abs. 4 Satz 1 und 2 der Zivilprozessordnung gilt entsprechend. Eine Änderung zum Nachteil des Schuldners ist ausgeschlossen, wenn seit der Beendigung des Verfahrens vier Jahre vergangen sind.

§ 4c Aufhebung der Stundung
Das Gericht kann die Stundung aufheben, wenn
1. der Schuldner vorsätzlich oder grob fahrlässig unrichtige Angaben über Umstände gemacht hat, die für die Eröffnung des Insolvenzverfahrens oder die Stundung maßgebend sind, oder eine vom Gericht verlangte Erklärung über seine Verhältnisse nicht abgegeben hat;

2. die persönlichen oder wirtschaftlichen Voraussetzungen für die Stundung nicht vorgelegen haben; in diesem Fall ist die Aufhebung ausgeschlossen, wenn seit der Beendigung des Verfahrens vier Jahre vergangen sind;
3. der Schuldner länger als drei Monate mit der Zahlung einer Monatsrate oder mit der Zahlung eines sonstigen Betrages schuldhaft in Rückstand ist;
4. der Schuldner keine angemessene Erwerbstätigkeit ausübt und, wenn er ohne Beschäftigung ist, sich nicht um eine solche bemüht oder eine zumutbare Tätigkeit ablehnt; § 296 Abs. 2 Satz 2 und 3 gilt entsprechend;
5. die Restschuldbefreiung versagt oder widerrufen wird.

§ 4d Rechtsmittel

(1) Gegen die Ablehnung der Stundung oder deren Aufhebung sowie gegen die Ablehnung der Beiordnung eines Rechtsanwalts steht dem Schuldner die sofortige Beschwerde zu.
(2) Wird die Stundung bewilligt, so steht der Staatskasse die sofortige Beschwerde zu. Diese kann nur darauf gestützt werden, dass nach den persönlichen oder wirtschaftlichen Verhältnissen des Schuldners die Stundung hätte abgelehnt werden müssen.

§ 5 Verfahrensgrundsätze

(1) Das Insolvenzgericht hat von Amts wegen alle Umstände zu ermitteln, die für das Insolvenzverfahren von Bedeutung sind. Es kann zu diesem Zweck insbesondere Zeugen und Sachverständige vernehmen.
(2) Sind die Vermögensverhältnisse des Schuldners überschaubar und die Zahl der Gläubiger oder die Höhe der Verbindlichkeiten gering, kann das Insolvenzgericht anordnen, dass das Verfahren oder einzelne seiner Teile schriftlich durchgeführt werden. Es kann diese Anordnung jederzeit aufheben oder abändern. Die Anordnung, ihre Aufhebung oder Abänderung sind öffentlich bekannt zu machen.
(3) Die Entscheidungen des Gerichts können ohne mündliche Verhandlung ergehen. Findet eine mündliche Verhandlung statt, so ist § 227 Abs. 3 Satz 1 der Zivilprozessordnung nicht anzuwenden.
(4) Tabellen und Verzeichnisse können maschinell hergestellt und bearbeitet werden. Die Landesregierungen werden ermächtigt, durch Rechtsverordnung nähere Bestimmungen über die Führung der Tabellen und Verzeichnisse, ihre elektronische Einreichung sowie die elektronische Einreichung der dazugehörigen Dokumente und deren Aufbewahrung zu treffen. Dabei können sie auch Vorgaben für die Datenformate der elektronischen Einreichung machen. Die Landesregierungen können die Ermächtigung auf die Landesjustizverwaltungen übertragen.

§ 6 Sofortige Beschwerde

(1) Die Entscheidungen des Insolvenzgerichts unterliegen nur in den Fällen einem Rechtsmittel, in denen dieses Gesetz die sofortige Beschwerde vorsieht. Die sofortige Beschwerde ist bei dem Insolvenzgericht einzulegen.
(2) Die Beschwerdefrist beginnt mit der Verkündung der Entscheidung oder, wenn diese nicht verkündet wird, mit deren Zustellung.
(3) Die Entscheidung über die Beschwerde wird erst mit der Rechtskraft wirksam. Das Beschwerdegericht kann jedoch die sofortige Wirksamkeit der Entscheidung anordnen.

§ 7 (weggefallen)

§ 8 Zustellungen

(1) Die Zustellungen erfolgen von Amts wegen, ohne dass es einer Beglaubigung des zuzustellenden Schriftstücks bedarf. Sie können dadurch bewirkt werden, dass das Schriftstück unter der Anschrift des Zustellungsadressaten zur Post gegeben wird; § 184 Abs. 2 Satz 1, 2 und 4 der Zivilprozessordnung gilt entsprechend. Soll die Zustellung im Inland bewirkt werden, gilt das Schriftstück drei Tage nach Aufgabe zur Post als zugestellt.

(2) An Personen, deren Aufenthalt unbekannt ist, wird nicht zugestellt. Haben sie einen zur Entgegennahme von Zustellungen berechtigten Vertreter, so wird dem Vertreter zugestellt.

(3) Das Insolvenzgericht kann den Insolvenzverwalter beauftragen, die Zustellungen nach Absatz 1 durchzuführen. Zur Durchführung der Zustellung und zur Erfassung in den Akten kann er sich Dritter, insbesondere auch eigenen Personals, bedienen. Der Insolvenzverwalter hat die von ihm nach § 184 Abs. 2 Satz 4 der Zivilprozessordnung angefertigten Vermerken unverzüglich zu den Gerichtsakten zu reichen.

§ 9 Öffentliche Bekanntmachung

(1) Die öffentliche Bekanntmachung erfolgt durch eine zentrale und länderübergreifende Veröffentlichung im Internet *); diese kann auszugsweise geschehen. Dabei ist der Schuldner genau zu bezeichnen, insbesondere sind seine Anschrift und sein Geschäftszweig anzugeben. Die Bekanntmachung gilt als bewirkt, sobald nach dem Tag der Veröffentlichung zwei weitere Tage verstrichen sind.

(2) Das Insolvenzgericht kann weitere Veröffentlichungen veranlassen, soweit dies landesrechtlich bestimmt ist. Das Bundesministerium der Justiz wird ermächtigt, durch Rechtsverordnung mit Zustimmung des Bundesrates die Einzelheiten der zentralen und länderübergreifenden Veröffentlichung im Internet zu regeln. Dabei sind insbesondere Löschungsfristen vorzusehen sowie Vorschriften, die sicherstellen, dass die Veröffentlichungen

1. unversehrt, vollständig und aktuell bleiben,
2. jederzeit ihrem Ursprung nach zugeordnet werden können.

(3) Die öffentliche Bekanntmachung genügt zum Nachweis der Zustellung an alle Beteiligten, auch wenn dieses Gesetz neben ihr eine besondere Zustellung vorschreibt.

§ 10 Anhörung des Schuldners

(1) Soweit in diesem Gesetz eine Anhörung des Schuldners vorgeschrieben ist, kann sie unterbleiben, wenn sich der Schuldner im Ausland aufhält und die Anhörung das Verfahren übermäßig verzögern würde oder wenn der Aufenthalt des Schuldners unbekannt ist. In diesem Fall soll ein Vertreter oder Angehöriger des Schuldners gehört werden.

(2) Ist der Schuldner keine natürliche Person, so gilt Absatz 1 entsprechend für die Anhörung von Personen, die zur Vertretung des Schuldners berechtigt oder an ihm beteiligt sind. Ist der Schuldner eine juristische Person und hat diese keinen organschaftlichen Vertreter (Führungslosigkeit), so können die an ihm beteiligten Personen gehört werden; Absatz 1 Satz 1 gilt entsprechend.

Zweiter Teil
Eröffnung des Insolvenzverfahrens. Erfasstes Vermögen und Verfahrensbeteiligte
Erster Abschnitt
Eröffnungsvoraussetzungen und Eröffnungsverfahren

§ 11 Zulässigkeit des Insolvenzverfahrens

(1) Ein Insolvenzverfahren kann über das Vermögen jeder natürlichen und jeder juristischen Person eröffnet werden. Der nicht rechtsfähige Verein steht insoweit einer juristischen Person gleich.

(2) Ein Insolvenzverfahren kann ferner eröffnet werden:

1. über das Vermögen einer Gesellschaft ohne Rechtspersönlichkeit (offene Handelsgesellschaft, Kommanditgesellschaft, Partnerschaftsgesellschaft, Gesellschaft des Bürgerlichen Rechts, Partenreederei, Europäische wirtschaftliche Interessenvereinigung);
2. nach Maßgabe der §§ 315 bis 334 über einen Nachlass, über das Gesamtgut einer fortgesetzten Gütergemeinschaft oder über das Gesamtgut einer Gütergemeinschaft, das von den Ehegatten gemeinschaftlich verwaltet wird.

(3) Nach Auflösung einer juristischen Person oder einer Gesellschaft ohne Rechtspersönlichkeit ist die Eröffnung des Insolvenzverfahrens zulässig, solange die Verteilung des Vermögens nicht vollzogen ist.

§ 12 Juristische Personen des öffentlichen Rechts

(1) Unzulässig ist das Insolvenzverfahren über das Vermögen

1. des Bundes oder eines Landes;
2. einer juristischen Person des öffentlichen Rechts, die der Aufsicht eines Landes untersteht, wenn das Landesrecht dies bestimmt.

(2) Hat ein Land nach Absatz 1 Nr. 2 das Insolvenzverfahren über das Vermögen einer juristischen Person für unzulässig erklärt, so können im Falle der Zahlungsunfähigkeit oder der Überschuldung dieser juristischen Person deren Arbeitnehmer von dem Land die Leistungen verlangen, die sie im Falle der Eröffnung eines Insolvenzverfahrens nach den Vorschriften des Dritten Buches Sozialgesetzbuch über das Insolvenzgeld von der Agentur für Arbeit und nach den Vorschriften des Gesetzes zur Verbesserung der betrieblichen Altersversorgung vom Träger der Insolvenzsicherung beanspruchen könnten.

§ 13 Eröffnungsantrag

(1) Das Insolvenzverfahren wird nur auf schriftlichen Antrag eröffnet. Antragsberechtigt sind die Gläubiger und der Schuldner. Dem Antrag des Schuldners ist ein Verzeichnis der Gläubiger und ihrer Forderungen beizufügen. Wenn der Schuldner einen Geschäftsbetrieb hat, der nicht eingestellt ist, sollen in dem Verzeichnis besonders kenntlich gemacht werden

1. die höchsten Forderungen,
2. die höchsten gesicherten Forderungen,
3. die Forderungen der Finanzverwaltung,
4. die Forderungen der Sozialversicherungsträger sowie
5. die Forderungen aus betrieblicher Altersversorgung.

Der Schuldner hat in diesem Fall auch Angaben zur Bilanzsumme, zu den Umsatzerlösen und zur durchschnittlichen Zahl der Arbeitnehmer des vorangegangenen Geschäftsjahres zu machen. Die Angaben nach Satz 4 sind verpflichtend, wenn

1. der Schuldner Eigenverwaltung beantragt,
2. der Schuldner die Merkmale des § 22a Absatz 1 erfüllt oder

3. die Einsetzung eines vorläufigen Gläubigerausschusses beantragt wurde.

Dem Verzeichnis nach Satz 3 und den Angaben nach den Sätzen 4 und 5 ist die Erklärung beizufügen, dass die enthaltenen Angaben richtig und vollständig sind.

(2) Der Antrag kann zurückgenommen werden, bis das Insolvenzverfahren eröffnet oder der Antrag rechtskräftig abgewiesen ist.

(3) Das Bundesministerium der Justiz wird ermächtigt, durch Rechtsverordnung mit Zustimmung des Bundesrates für die Antragstellung durch den Schuldner ein Formular einzuführen. Soweit nach Satz 1 ein Formular eingeführt ist, muss der Schuldner dieses benutzen. Für Verfahren, die von den Gerichten maschinell bearbeitet, und für solche, die nicht maschinell bearbeitet werden, können unterschiedliche Formulare eingeführt werden.

§ 14 Antrag eines Gläubigers

(1) Der Antrag eines Gläubigers ist zulässig, wenn der Gläubiger ein rechtliches Interesse an der Eröffnung des Insolvenzverfahrens hat und seine Forderung und den Eröffnungsgrund glaubhaft macht. War in einem Zeitraum von zwei Jahren vor der Antragstellung bereits ein Antrag auf Eröffnung eines Insolvenzverfahrens über das Vermögen des Schuldners gestellt worden, so wird der Antrag nicht allein dadurch unzulässig, dass die Forderung erfüllt wird. In diesem Fall hat der Gläubiger auch die vorherige Antragstellung glaubhaft zu machen.

(2) Ist der Antrag zulässig, so hat das Insolvenzgericht den Schuldner zu hören.

(3) Wird die Forderung des Gläubigers nach Antragstellung erfüllt, so hat der Schuldner die Kosten des Verfahrens zu tragen, wenn der Antrag als unbegründet abgewiesen wird.

§ 15 Antragsrecht bei juristischen Personen und Gesellschaften ohne Rechtspersönlichkeit

(1) Zum Antrag auf Eröffnung eines Insolvenzverfahrens über das Vermögen einer juristischen Person oder einer Gesellschaft ohne Rechtspersönlichkeit ist außer den Gläubigern jedes Mitglied des Vertretungsorgans, bei einer Gesellschaft ohne Rechtspersönlichkeit oder bei einer Kommanditgesellschaft auf Aktien jeder persönlich haftende Gesellschafter, sowie jeder Abwickler berechtigt. Bei einer juristischen Person ist im Fall der Führungslosigkeit auch jeder Gesellschafter, bei einer Aktiengesellschaft oder einer Genossenschaft zudem auch jedes Mitglied des Aufsichtsrats zur Antragstellung berechtigt.

(2) Wird der Antrag nicht von allen Mitgliedern des Vertretungsorgans, allen persönlich haftenden Gesellschaftern, allen Gesellschaftern der juristischen Person, allen Mitgliedern des Aufsichtsrats oder allen Abwicklern gestellt, so ist er zulässig, wenn der Eröffnungsgrund glaubhaft gemacht wird. Zusätzlich ist bei Antragstellung durch Gesellschafter einer juristischen Person oder Mitglieder des Aufsichtsrats auch die Führungslosigkeit glaubhaft zu machen. Das Insolvenzgericht hat die übrigen Mitglieder des Vertretungsorgans, persönlich haftenden Gesellschafter, Gesellschafter der juristischen Person, Mitglieder des Aufsichtsrats oder Abwickler zu hören.

(3) Ist bei einer Gesellschaft ohne Rechtspersönlichkeit kein persönlich haftender Gesellschafter eine natürliche Person, so gelten die Absätze 1 und 2 entsprechend für die organschaftlichen Vertreter und die Abwickler der zur Vertretung der Gesellschaft ermächtigten Gesellschafter. Entsprechendes gilt, wenn sich die Verbindung von Gesellschaften in dieser Art fortsetzt.

§ 15a Antragspflicht bei juristischen Personen und Gesellschaften ohne Rechtspersönlichkeit

(1) Wird eine juristische Person zahlungsunfähig oder überschuldet, haben die Mitglieder des Vertretungsorgans oder die Abwickler ohne schuldhaftes Zögern, spätestens aber drei Wochen nach Eintritt der Zahlungsunfähigkeit oder Überschuldung, einen Eröffnungsantrag zu stellen. Das Gleiche gilt für die organschaftlichen Vertreter der zur Vertretung der Gesellschaft ermäch-

tigten Gesellschafter oder die Abwickler bei einer Gesellschaft ohne Rechtspersönlichkeit, bei der kein persönlich haftender Gesellschafter eine natürliche Person ist; dies gilt nicht, wenn zu den persönlich haftenden Gesellschaftern eine andere Gesellschaft gehört, bei der ein persönlich haftender Gesellschafter eine natürliche Person ist.

(2) Bei einer Gesellschaft im Sinne des Absatzes 1 Satz 2 gilt Absatz 1 sinngemäß, wenn die organschaftlichen Vertreter der zur Vertretung der Gesellschaft ermächtigten Gesellschafter ihrerseits Gesellschaften sind, bei denen kein persönlich haftender Gesellschafter eine natürliche Person ist, oder sich die Verbindung von Gesellschaften in dieser Art fortsetzt.

(3) Im Fall der Führungslosigkeit einer Gesellschaft mit beschränkter Haftung ist auch jeder Gesellschafter, im Fall der Führungslosigkeit einer Aktiengesellschaft oder einer Genossenschaft ist auch jedes Mitglied des Aufsichtsrats zur Stellung des Antrags verpflichtet, es sei denn, diese Person hat von der Zahlungsunfähigkeit und der Überschuldung oder der Führungslosigkeit keine Kenntnis.

(4) Mit Freiheitsstrafe bis zu drei Jahren oder mit Geldstrafe wird bestraft, wer entgegen Absatz 1 Satz 1, auch in Verbindung mit Satz 2 oder Absatz 2 oder Absatz 3, einen Eröffnungsantrag nicht, nicht richtig oder nicht rechtzeitig stellt.

(5) Handelt der Täter in den Fällen des Absatzes 4 fahrlässig, ist die Strafe Freiheitsstrafe bis zu einem Jahr oder Geldstrafe.

§ 16 Eröffnungsgrund

Die Eröffnung des Insolvenzverfahrens setzt voraus, dass ein Eröffnungsgrund gegeben ist.

§ 17 Zahlungsunfähigkeit

(1) Allgemeiner Eröffnungsgrund ist die Zahlungsunfähigkeit.

(2) Der Schuldner ist zahlungsunfähig, wenn er nicht in der Lage ist, die fälligen Zahlungspflichten zu erfüllen. Zahlungsunfähigkeit ist in der Regel anzunehmen, wenn der Schuldner seine Zahlungen eingestellt hat.

§ 18 Drohende Zahlungsunfähigkeit

(1) Beantragt der Schuldner die Eröffnung des Insolvenzverfahrens, so ist auch die drohende Zahlungsunfähigkeit Eröffnungsgrund.

(2) Der Schuldner droht zahlungsunfähig zu werden, wenn er voraussichtlich nicht in der Lage sein wird, die bestehenden Zahlungspflichten im Zeitpunkt der Fälligkeit zu erfüllen.

(3) Wird bei einer juristischen Person oder einer Gesellschaft ohne Rechtspersönlichkeit der Antrag nicht von allen Mitgliedern des Vertretungsorgans, allen persönlich haftenden Gesellschaftern oder allen Abwicklern gestellt, so ist Absatz 1 nur anzuwenden, wenn der oder die Antragsteller zur Vertretung der juristischen Person oder der Gesellschaft berechtigt sind.

§ 19 Überschuldung

(1) Bei einer juristischen Person ist auch die Überschuldung Eröffnungsgrund.

(2) Überschuldung liegt vor, wenn das Vermögen des Schuldners die bestehenden Verbindlichkeiten nicht mehr deckt, es sei denn, die Fortführung des Unternehmens ist nach den Umständen überwiegend wahrscheinlich. Forderungen auf Rückgewähr von Gesellschafterdarlehen oder aus Rechtshandlungen, die einem solchen Darlehen wirtschaftlich entsprechen, für die gemäß § 39 Abs. 2 zwischen Gläubiger und Schuldner der Nachrang im Insolvenzverfahren hinter den in § 39 Abs. 1 Nr. 1 bis 5 bezeichneten Forderungen vereinbart worden ist, sind nicht bei den Verbindlichkeiten nach Satz 1 zu berücksichtigen.

(3) Ist bei einer Gesellschaft ohne Rechtspersönlichkeit kein persönlich haftender Gesellschafter eine natürliche Person, so gelten die Absätze 1 und 2 entsprechend. Dies gilt nicht, wenn zu

den persönlich haftenden Gesellschaftern eine andere Gesellschaft gehört, bei der ein persönlich haftender Gesellschafter eine natürliche Person ist.

§ 20 Auskunfts- und Mitwirkungspflicht im Eröffnungsverfahren. Hinweis auf Restschuldbefreiung

(1) Ist der Antrag zulässig, so hat der Schuldner dem Insolvenzgericht die Auskünfte zu erteilen, die zur Entscheidung über den Antrag erforderlich sind, und es auch sonst bei der Erfüllung seiner Aufgaben zu unterstützen. Die §§ 97, 98, 101 Abs. 1 Satz 1, 2, Abs. 2 gelten entsprechend.

(2) Ist der Schuldner eine natürliche Person, so soll er darauf hingewiesen werden, dass er nach Maßgabe der §§ 286 bis 303 Restschuldbefreiung erlangen kann.

§ 21 Anordnung vorläufiger Maßnahmen

(1) Das Insolvenzgericht hat alle Maßnahmen zu treffen, die erforderlich erscheinen, um bis zur Entscheidung über den Antrag eine den Gläubigern nachteilige Veränderung in der Vermögenslage des Schuldners zu verhüten. Gegen die Anordnung der Maßnahme steht dem Schuldner die sofortige Beschwerde zu.

(2) Das Gericht kann insbesondere

1. einen vorläufigen Insolvenzverwalter bestellen, für den § 8 Abs. 3 und die §§ 56, 56a, 58 bis 66 entsprechend gelten;

1a. einen vorläufigen Gläubigerausschuss einsetzen, für den § 67 Absatz 2 und die §§ 69 bis 73 entsprechend gelten; zu Mitgliedern des Gläubigerausschusses können auch Personen bestellt werden, die erst mit Eröffnung des Verfahrens Gläubiger werden;

2. dem Schuldner ein allgemeines Verfügungsverbot auferlegen oder anordnen, dass Verfügungen des Schuldners nur mit Zustimmung des vorläufigen Insolvenzverwalters wirksam sind;

3. Maßnahmen der Zwangsvollstreckung gegen den Schuldner untersagen oder einstweilen einstellen, soweit nicht unbewegliche Gegenstände betroffen sind;

4. eine vorläufige Postsperre anordnen, für die die §§ 99, 101 Abs. 1 Satz 1 entsprechend gelten;

5. anordnen, dass Gegenstände, die im Falle der Eröffnung des Verfahrens von § 166 erfasst würden oder deren Aussonderung verlangt werden könnte, vom Gläubiger nicht verwertet oder eingezogen werden dürfen und dass solche Gegenstände zur Fortführung des Unternehmens des Schuldners eingesetzt werden können, soweit sie hierfür von erheblicher Bedeutung sind; § 169 Satz 2 und 3 gilt entsprechend; ein durch die Nutzung eingetretener Wertverlust ist durch laufende Zahlungen an den Gläubiger auszugleichen. Die Verpflichtung zu Ausgleichszahlungen besteht nur, soweit der durch die Nutzung entstehende Wertverlust die Sicherung des absonderungsberechtigten Gläubigers beeinträchtigt. Zieht der vorläufige Insolvenzverwalter eine zur Sicherung eines Anspruchs abgetretene Forderung anstelle des Gläubigers ein, so gelten die §§ 170, 171 entsprechend.

Die Anordnung von Sicherungsmaßnahmen berührt nicht die Wirksamkeit von Verfügungen über Finanzsicherheiten nach § 1 Abs. 17 des Kreditwesengesetzes und die Wirksamkeit der Verrechnung von Ansprüchen und Leistungen aus Zahlungsaufträgen, Aufträgen zwischen Zahlungsdienstleistern oder zwischengeschalteten Stellen oder Aufträgen zur Übertragung von Wertpapieren, die in Systeme nach § 1 Abs. 16 des Kreditwesengesetzes eingebracht wurden. Dies gilt auch dann, wenn ein solches Rechtsgeschäft des Schuldners am Tag der Anordnung getätigt und verrechnet oder eine Finanzsicherheit bestellt wird und der andere Teil nachweist, dass er die Anordnung weder kannte noch hätte kennen müssen; ist der andere Teil ein Systembetreiber oder Teilnehmer in dem System, bestimmt sich der Tag der Anordnung nach dem Geschäftstag im Sinne des § 1 Absatz 16b des Kreditwesengesetzes.

(3) Reichen andere Maßnahmen nicht aus, so kann das Gericht den Schuldner zwangsweise vorführen und nach Anhörung in Haft nehmen lassen. Ist der Schuldner keine natürliche Person,

so gilt entsprechendes für seine organschaftlichen Vertreter. Für die Anordnung von Haft gilt § 98 Abs. 3 entsprechend.

§ 22 Rechtsstellung des vorläufigen Insolvenzverwalters

(1) Wird ein vorläufiger Insolvenzverwalter bestellt und dem Schuldner ein allgemeines Verfügungsverbot auferlegt, so geht die Verwaltungs- und Verfügungsbefugnis über das Vermögen des Schuldners auf den vorläufigen Insolvenzverwalter über. In diesem Fall hat der vorläufige Insolvenzverwalter:

1. das Vermögen des Schuldners zu sichern und zu erhalten;
2. ein Unternehmen, das der Schuldner betreibt, bis zur Entscheidung über die Eröffnung des Insolvenzverfahrens fortzuführen, soweit nicht das Insolvenzgericht einer Stilllegung zustimmt, um eine erhebliche Verminderung des Vermögens zu vermeiden;
3. zu prüfen, ob das Vermögen des Schuldners die Kosten des Verfahrens decken wird; das Gericht kann ihn zusätzlich beauftragen, als Sachverständiger zu prüfen, ob ein Eröffnungsgrund vorliegt und welche Aussichten für eine Fortführung des Unternehmens des Schuldners bestehen.

(2) Wird ein vorläufiger Insolvenzverwalter bestellt, ohne dass dem Schuldner ein allgemeines Verfügungsverbot auferlegt wird, so bestimmt das Gericht die Pflichten des vorläufigen Insolvenzverwalters. Sie dürfen nicht über die Pflichten nach Absatz 1 Satz 2 hinausgehen.

(3) Der vorläufige Insolvenzverwalter ist berechtigt, die Geschäftsräume des Schuldners zu betreten und dort Nachforschungen anzustellen. Der Schuldner hat dem vorläufigen Insolvenzverwalter Einsicht in seine Bücher und Geschäftspapiere zu gestatten. Er hat ihm alle erforderlichen Auskünfte zu erteilen und ihn bei der Erfüllung seiner Aufgaben zu unterstützen; die §§ 97, 98, 101 Abs. 1 Satz 1, 2, Abs. 2 gelten entsprechend.

§ 22a Bestellung eines vorläufigen Gläubigerausschusses

(1) Das Insolvenzgericht hat einen vorläufigen Gläubigerausschuss nach § 21 Absatz 2 Nummer 1a einzusetzen, wenn der Schuldner im vorangegangenen Geschäftsjahr mindestens zwei der drei nachstehenden Merkmale erfüllt hat:

1. mindestens 4.840.000 Euro Bilanzsumme nach Abzug eines auf der Aktivseite ausgewiesenen Fehlbetrags im Sinne des § 268 Absatz 3 des Handelsgesetzbuchs;
2. mindestens 9.680.000 Euro Umsatzerlöse in den zwölf Monaten vor dem Abschlussstichtag;
3. im Jahresdurchschnitt mindestens fünfzig Arbeitnehmer.

(2) Das Gericht soll auf Antrag des Schuldners, des vorläufigen Insolvenzverwalters oder eines Gläubigers einen vorläufigen Gläubigerausschuss nach § 21 Absatz 2 Nummer 1a einsetzen, wenn Personen benannt werden, die als Mitglieder des vorläufigen Gläubigerausschusses in Betracht kommen und dem Antrag Einverständniserklärungen der benannten Personen beigefügt werden.

(3) Ein vorläufiger Gläubigerausschuss ist nicht einzusetzen, wenn der Geschäftsbetrieb des Schuldners eingestellt ist, die Einsetzung des vorläufigen Gläubigerausschusses im Hinblick auf die zu erwartende Insolvenzmasse unverhältnismäßig ist oder die mit der Einsetzung verbundene Verzögerung zu einer nachteiligen Veränderung der Vermögenslage des Schuldners führt.

(4) Auf Aufforderung des Gerichts hat der Schuldner oder der vorläufige Insolvenzverwalter Personen zu benennen, die als Mitglieder des vorläufigen Gläubigerausschusses in Betracht kommen.

§ 23 Bekanntmachung der Verfügungsbeschränkungen

(1) Der Beschluss, durch den eine der in § 21 Abs. 2 Nr. 2 vorgesehenen Verfügungsbeschränkungen angeordnet und ein vorläufiger Insolvenzverwalter bestellt wird, ist öffentlich bekannt-

zumachen. Er ist dem Schuldner, den Personen, die Verpflichtungen gegenüber dem Schuldner haben, und dem vorläufigen Insolvenzverwalter besonders zuzustellen. Die Schuldner des Schuldners sind zugleich aufzufordern, nur noch unter Beachtung des Beschlusses zu leisten.
(2) Ist der Schuldner im Handels-, Genossenschafts-, Partnerschafts- oder Vereinsregister eingetragen, so hat die Geschäftsstelle des Insolvenzgerichts dem Registergericht eine Ausfertigung des Beschlusses zu übermitteln.
(3) Für die Eintragung der Verfügungsbeschränkung im Grundbuch, im Schiffsregister, im Schiffsbauregister und im Register über Pfandrechte an Luftfahrzeugen gelten die §§ 32, 33 entsprechend.

§ 24 Wirkungen der Verfügungsbeschränkungen
(1) Bei einem Verstoß gegen eine der in § 21 Abs. 2 Nr. 2 vorgesehenen Verfügungsbeschränkungen gelten die §§ 81, 82 entsprechend.
(2) Ist die Verfügungsbefugnis über das Vermögen des Schuldners auf einen vorläufigen Insolvenzverwalter übergegangen, so gelten für die Aufnahme anhängiger Rechtsstreitigkeiten § 85 Abs. 1 Satz 1 und § 86 entsprechend.

§ 25 Aufhebung der Sicherungsmaßnahmen
(1) Werden die Sicherungsmaßnahmen aufgehoben, so gilt für die Bekanntmachung der Aufhebung einer Verfügungsbeschränkung § 23 entsprechend.
(2) Ist die Verfügungsbefugnis über das Vermögen des Schuldners auf einen vorläufigen Insolvenzverwalter übergegangen, so hat dieser vor der Aufhebung seiner Bestellung aus dem von ihm verwalteten Vermögen die entstandenen Kosten zu berichtigen und die von ihm begründeten Verbindlichkeiten zu erfüllen. Gleiches gilt für die Verbindlichkeiten aus einem Dauerschuldverhältnis, soweit der vorläufige Insolvenzverwalter für das von ihm verwaltete Vermögen die Gegenleistung in Anspruch genommen hat.

§ 26 Abweisung mangels Masse
(1) Das Insolvenzgericht weist den Antrag auf Eröffnung des Insolvenzverfahrens ab, wenn das Vermögen des Schuldners voraussichtlich nicht ausreichen wird, um die Kosten des Verfahrens zu decken. Die Abweisung unterbleibt, wenn ein ausreichender Geldbetrag vorgeschossen wird oder die Kosten nach § 4a gestundet werden. Der Beschluss ist unverzüglich öffentlich bekannt zu machen.
(2) Das Gericht ordnet die Eintragung des Schuldners, bei dem der Eröffnungsantrag mangels Masse abgewiesen worden ist, in das Schuldnerverzeichnis nach § 882b der Zivilprozessordnung an und übermittelt die Anordnung unverzüglich elektronisch dem zentralen Vollstreckungsgericht nach § 882h Abs. 1 der Zivilprozessordnung. § 882c Abs. 3 der Zivilprozessordnung gilt entsprechend.
(3) Wer nach Absatz 1 Satz 2 einen Vorschuss geleistet hat, kann die Erstattung des vorgeschossenen Betrages von jeder Person verlangen, die entgegen den Vorschriften des Insolvenz- oder Gesellschaftsrechts den Antrag auf Eröffnung des Insolvenzverfahrens pflichtwidrig und schuldhaft nicht gestellt hat. Ist streitig, ob die Person pflichtwidrig und schuldhaft gehandelt hat, so trifft sie die Beweislast.
(4) Zur Leistung eines Vorschusses nach Absatz 1 Satz 2 ist jede Person verpflichtet, die entgegen den Vorschriften des Insolvenz- oder Gesellschaftsrechts pflichtwidrig und schuldhaft keinen Antrag auf Eröffnung des Insolvenzverfahrens gestellt hat. Ist streitig, ob die Person pflichtwidrig und schuldhaft gehandelt hat, so trifft sie die Beweislast. Die Zahlung des Vorschusses kann der vorläufige Insolvenzverwalter sowie jede Person verlangen, die einen begründeten Vermögensanspruch gegen den Schuldner hat.

§ 26a Vergütung des vorläufigen Insolvenzverwalters

(1) Wird das Insolvenzverfahren nicht eröffnet, setzt das Insolvenzgericht die Vergütung und die zu erstattenden Auslagen des vorläufigen Insolvenzverwalters gegen den Schuldner durch Beschluss fest. Der Beschluss ist dem vorläufigen Verwalter und dem Schuldner besonders zuzustellen.

(2) Gegen den Beschluss steht dem vorläufigen Verwalter und dem Schuldner die sofortige Beschwerde zu. § 567 Absatz 2 der Zivilprozessordnung gilt entsprechend.

§ 27 Eröffnungsbeschluss

(1) Wird das Insolvenzverfahren eröffnet, so ernennt das Insolvenzgericht einen Insolvenzverwalter. Die §§ 270, 313 Abs. 1 bleiben unberührt.

(2) Der Eröffnungsbeschluss enthält:

1. Firma oder Namen und Vornamen, Geburtsjahr, Registergericht und Registernummer, unter der der Schuldner in das Handelsregister eingetragen ist, Geschäftszweig oder Beschäftigung, gewerbliche Niederlassung oder Wohnung des Schuldners;
2. Namen und Anschrift des Insolvenzverwalters;
3. die Stunde der Eröffnung;
4. einen Hinweis, ob der Schuldner einen Antrag auf Restschuldbefreiung gestellt hat;
5. die Gründe, aus denen das Gericht von einem einstimmigen Vorschlag des vorläufigen Gläubigerausschusses zur Person des Verwalters abgewichen ist; dabei ist der Name der vorgeschlagenen Person nicht zu nennen.

(3) Ist die Stunde der Eröffnung nicht angegeben, so gilt als Zeitpunkt der Eröffnung die Mittagsstunde des Tages, an dem der Beschluss erlassen worden ist.

§ 28 Aufforderungen an die Gläubiger und die Schuldner

(1) Im Eröffnungsbeschluss sind die Gläubiger aufzufordern, ihre Forderungen innerhalb einer bestimmten Frist unter Beachtung des § 174 beim Insolvenzverwalter anzumelden. Die Frist ist auf einen Zeitraum von mindestens zwei Wochen und höchstens drei Monaten festzusetzen.

(2) Im Eröffnungsbeschluss sind die Gläubiger aufzufordern, dem Verwalter unverzüglich mitzuteilen, welche Sicherungsrechte sie an beweglichen Sachen oder an Rechten des Schuldners in Anspruch nehmen. Der Gegenstand, an dem das Sicherungsrecht beansprucht wird, die Art und der Entstehungsgrund des Sicherungsrechts sowie die gesicherte Forderung sind zu bezeichnen. Wer die Mitteilung schuldhaft unterlässt oder verzögert, haftet für den daraus entstehenden Schaden.

(3) Im Eröffnungsbeschluss sind die Personen, die Verpflichtungen gegenüber dem Schuldner haben, aufzufordern, nicht mehr an den Schuldner zu leisten, sondern an den Verwalter.

§ 29 Terminbestimmungen

(1) Im Eröffnungsbeschluss bestimmt das Insolvenzgericht Termine für:

1. eine Gläubigerversammlung, in der auf der Grundlage eines Berichts des Insolvenzverwalters über den Fortgang des Insolvenzverfahrens beschlossen wird (Berichtstermin); der Termin soll nicht über sechs Wochen und darf nicht über drei Monate hinaus angesetzt werden;
2. eine Gläubigerversammlung, in der die angemeldeten Forderungen geprüft werden (Prüfungstermin); der Zeitraum zwischen dem Ablauf der Anmeldefrist und dem Prüfungstermin soll mindestens eine Woche und höchstens zwei Monate betragen.

(2) Die Termine können verbunden werden.

§ 30 Bekanntmachung des Eröffnungsbeschlusses

(1) Die Geschäftsstelle des Insolvenzgerichts hat den Eröffnungsbeschluss sofort öffentlich bekanntzumachen. Hat der Schuldner einen Antrag nach § 287 gestellt, ist dies ebenfalls öffentlich bekannt zu machen, sofern kein Hinweis nach § 27 Abs. 2 Nr. 4 erfolgt ist.

(2) Den Gläubigern und Schuldnern des Schuldners und dem Schuldner selbst ist der Beschluss besonders zuzustellen.

(3) (aufgehoben)

§ 31 Handels-, Genossenschafts-, Partnerschafts- und Vereinsregister

Ist der Schuldner im Handels-, Genossenschafts-, Partnerschafts- oder Vereinsregister eingetragen, so hat die Geschäftsstelle des Insolvenzgerichts dem Registergericht zu übermitteln:

1. im Falle der Eröffnung des Insolvenzverfahrens eine Ausfertigung des Eröffnungsbeschlusses;
2. im Falle der Abweisung des Eröffnungsantrags mangels Masse eine Ausfertigung des abweisenden Beschlusses, wenn der Schuldner eine juristische Person oder eine Gesellschaft ohne Rechtspersönlichkeit ist, die durch die Abweisung mangels Masse aufgelöst wird.

§ 32 Grundbuch

(1) Die Eröffnung des Insolvenzverfahrens ist in das Grundbuch einzutragen:

1. bei Grundstücken, als deren Eigentümer der Schuldner eingetragen ist;
2. bei den für den Schuldner eingetragenen Rechten an Grundstücken und an eingetragenen Rechten, wenn nach der Art des Rechts und den Umständen zu befürchten ist, dass ohne die Eintragung die Insolvenzgläubiger benachteiligt würden.

(2) Soweit dem Insolvenzgericht solche Grundstücke oder Rechte bekannt sind, hat es das Grundbuchamt von Amts wegen um die Eintragung zu ersuchen. Die Eintragung kann auch vom Insolvenzverwalter beim Grundbuchamt beantragt werden.

(3) Werden ein Grundstück oder ein Recht, bei denen die Eröffnung des Verfahrens eingetragen worden ist, vom Verwalter freigegeben oder veräußert, so hat das Insolvenzgericht auf Antrag das Grundbuchamt um Löschung der Eintragung zu ersuchen. Die Löschung kann auch vom Verwalter beim Grundbuchamt beantragt werden.

§ 33 Register für Schiffe und Luftfahrzeuge

Für die Eintragung der Eröffnung des Insolvenzverfahrens in das Schiffsregister, das Schiffsbauregister und das Register für Pfandrechte an Luftfahrzeugen gilt § 32 entsprechend. Dabei treten an die Stelle der Grundstücke die in diese Register eingetragenen Schiffe, Schiffsbauwerke und Luftfahrzeuge, an die Stelle des Grundbuchamts das Registergericht.

§ 34 Rechtsmittel

(1) Wird die Eröffnung des Insolvenzverfahrens abgelehnt, so steht dem Antragsteller und, wenn die Abweisung des Antrags nach § 26 erfolgt, dem Schuldner die sofortige Beschwerde zu.

(2) Wird das Insolvenzverfahren eröffnet, so steht dem Schuldner die sofortige Beschwerde zu.

(3) Sobald eine Entscheidung, die den Eröffnungsbeschluss aufhebt, Rechtskraft erlangt hat, ist die Aufhebung des Verfahrens öffentlich bekanntzumachen. § 200 Abs. 2 Satz 2 gilt entsprechend. Die Wirkungen der Rechtshandlungen, die vom Insolvenzverwalter oder ihm gegenüber vorgenommen worden sind, werden durch die Aufhebung nicht berührt.

Zweiter Abschnitt
Insolvenzmasse. Einteilung der Gläubiger

§ 35 Begriff der Insolvenzmasse

(1) Das Insolvenzverfahren erfasst das gesamte Vermögen, das dem Schuldner zur Zeit der Eröffnung des Verfahrens gehört und das er während des Verfahrens erlangt (Insolvenzmasse).

(2) Übt der Schuldner eine selbstständige Tätigkeit aus oder beabsichtigt er, demnächst eine solche Tätigkeit auszuüben, hat der Insolvenzverwalter ihm gegenüber zu erklären, ob Vermögen aus der selbstständigen Tätigkeit zur Insolvenzmasse gehört und ob Ansprüche aus dieser Tätigkeit im Insolvenzverfahren geltend gemacht werden können. § 295 Abs. 2 gilt entsprechend. Auf Antrag des Gläubigerausschusses oder, wenn ein solcher nicht bestellt ist, der Gläubigerversammlung ordnet das Insolvenzgericht die Unwirksamkeit der Erklärung an.

(3) Die Erklärung des Insolvenzverwalters ist dem Gericht gegenüber anzuzeigen. Das Gericht hat die Erklärung und den Beschluss über ihre Unwirksamkeit öffentlich bekannt zu machen.

§ 36 Unpfändbare Gegenstände

(1) Gegenstände, die nicht der Zwangsvollstreckung unterliegen, gehören nicht zur Insolvenzmasse. Die §§ 850, 850a, 850c, 850e, 850f Abs. 1, §§ 850g bis 850k, 851c und 851d der Zivilprozessordnung gelten entsprechend.

(2) Zur Insolvenzmasse gehören jedoch

1. die Geschäftsbücher des Schuldners; gesetzliche Pflichten zur Aufbewahrung von Unterlagen bleiben unberührt;
2. die Sachen, die nach § 811 Abs. 1 Nr. 4 und 9 der Zivilprozessordnung nicht der Zwangsvollstreckung unterliegen.

(3) Sachen, die zum gewöhnlichen Hausrat gehören und im Haushalt des Schuldners gebraucht werden, gehören nicht zur Insolvenzmasse, wenn ohne weiteres ersichtlich ist, dass durch ihre Verwertung nur ein Erlös erzielt werden würde, der zu dem Wert außer allem Verhältnis steht.

(4) Für Entscheidungen, ob einem Gegenstand nach den in Absatz 1 Satz 2 genannten Vorschriften der Zwangsvollstreckung unterliegt, ist das Insolvenzgericht zuständig. Anstelle eines Gläubigers ist der Insolvenzverwalter antragsberechtigt. Für das Eröffnungsverfahren gelten die Sätze 1 und 2 entsprechend.

§ 37 Gesamtgut bei Gütergemeinschaft

(1) Wird bei dem Güterstand der Gütergemeinschaft das Gesamtgut von einem Ehegatten allein verwaltet und über das Vermögen dieses Ehegatten das Insolvenzverfahren eröffnet, so gehört das Gesamtgut zur Insolvenzmasse. Eine Auseinandersetzung des Gesamtguts findet nicht statt. Durch das Insolvenzverfahren über das Vermögen des anderen Ehegatten wird das Gesamtgut nicht berührt.

(2) Verwalten die Ehegatten das Gesamtgut gemeinschaftlich, so wird das Gesamtgut durch das Insolvenzverfahren über das Vermögen eines Ehegatten nicht berührt.

(3) Absatz 1 ist bei der fortgesetzten Gütergemeinschaft mit der Maßgabe anzuwenden, dass an die Stelle des Ehegatten, der das Gesamtgut allein verwaltet, der überlebende Ehegatte, an die Stelle des anderen Ehegatten die Abkömmlinge treten.

§ 38 Begriff der Insolvenzgläubiger

Die Insolvenzmasse dient zur Befriedigung der persönlichen Gläubiger, die einen zur Zeit der Eröffnung des Insolvenzverfahrens begründeten Vermögensanspruch gegen den Schuldner haben (Insolvenzgläubiger).

§ 39 Nachrangige Insolvenzgläubiger

(1) Im Rang nach den übrigen Forderungen der Insolvenzgläubiger werden in folgender Rangfolge, bei gleichem Rang nach dem Verhältnis ihrer Beträge, berichtigt:

1. die seit der Eröffnung des Insolvenzverfahrens laufenden Zinsen und Säumniszuschläge auf Forderungen der Insolvenzgläubiger;
2. die Kosten, die den einzelnen Insolvenzgläubigern durch ihre Teilnahme am Verfahren erwachsen;
3. Geldstrafen, Geldbußen, Ordnungsgelder und Zwangsgelder sowie solche Nebenfolgen einer Straftat oder Ordnungswidrigkeit, die zu einer Geldzahlung verpflichten;
4. Forderungen auf eine unentgeltliche Leistung des Schuldners;
5. nach Maßgabe der Absätze 4 und 5 Forderungen auf Rückgewähr eines Gesellschafterdarlehens oder Forderungen aus Rechtshandlungen, die einem solchen Darlehen wirtschaftlich entsprechen.

(2) Forderungen, für die zwischen Gläubiger und Schuldner der Nachrang im Insolvenzverfahren vereinbart worden ist, werden im Zweifel nach den in Absatz 1 bezeichneten Forderungen berichtigt.

(3) Die Zinsen der Forderungen nachrangiger Insolvenzgläubiger und die Kosten, die diesen Gläubigern durch ihre Teilnahme am Verfahren entstehen, haben den gleichen Rang wie die Forderungen dieser Gläubiger.

(4) Absatz 1 Nr. 5 gilt für Gesellschaften, die weder eine natürliche Person noch eine Gesellschaft als persönlich haftenden Gesellschafter haben, bei der ein persönlich haftender Gesellschafter eine natürliche Person ist. Erwirbt ein Gläubiger bei drohender oder eingetretener Zahlungsunfähigkeit der Gesellschaft oder bei Überschuldung Anteile zum Zweck ihrer Sanierung, führt dies bis zur nachhaltigen Sanierung nicht zur Anwendung von Absatz 1 Nr. 5 auf seine Forderungen aus bestehenden oder neu gewährten Darlehen oder auf Forderungen aus Rechtshandlungen, die einem solchen Darlehen wirtschaftlich entsprechen.

(5) Absatz 1 Nr. 5 gilt nicht für den nicht geschäftsführenden Gesellschafter einer Gesellschaft im Sinne des Absatzes 4 Satz 1, der mit 10 Prozent oder weniger am Haftkapital beteiligt ist.

§ 40 Unterhaltsansprüche

Familienrechtliche Unterhaltsansprüche gegen den Schuldner können im Insolvenzverfahren für die Zeit nach der Eröffnung nur geltend gemacht werden, soweit der Schuldner als Erbe des Verpflichteten haftet. § 100 bleibt unberührt.

§ 41 Nicht fällige Forderungen

(1) Nicht fällige Forderungen gelten als fällig.

(2) Sind sie unverzinslich, so sind sie mit dem gesetzlichen Zinssatz abzuzinsen. Sie vermindern sich dadurch auf den Betrag, der bei Hinzurechnung der gesetzlichen Zinsen für die Zeit von der Eröffnung des Insolvenzverfahrens bis zur Fälligkeit dem vollen Betrag der Forderung entspricht.

§ 42 Auflösend bedingte Forderungen

Auflösend bedingte Forderungen werden, solange die Bedingung nicht eingetreten ist, im Insolvenzverfahren wie unbedingte Forderungen berücksichtigt.

§ 43 Haftung mehrerer Personen

Ein Gläubiger, dem mehrere Personen für dieselbe Leistung auf das Ganze haften, kann im Insolvenzverfahren gegen jeden Schuldner bis zu seiner vollen Befriedigung den ganzen Betrag geltend machen, den er zur Zeit der Eröffnung des Verfahrens zu fordern hatte.

§ 44 Rechte der Gesamtschuldner und Bürgen
Der Gesamtschuldner und der Bürge können die Forderung, die sie durch eine Befriedigung des Gläubigers künftig gegen den Schuldner erwerben könnten, im Insolvenzverfahren nur dann geltend machen, wenn der Gläubiger seine Forderung nicht geltend macht.

§ 44a Gesicherte Darlehen
In dem Insolvenzverfahren über das Vermögen einer Gesellschaft kann ein Gläubiger nach Maßgabe des § 39 Abs. 1 Nr. 5 für eine Forderung auf Rückgewähr eines Darlehens oder für eine gleichgestellte Forderung, für die ein Gesellschafter eine Sicherheit bestellt oder für die er sich verbürgt hat, nur anteilsmäßige Befriedigung aus der Insolvenzmasse verlangen, soweit er bei der Inanspruchnahme der Sicherheit oder des Bürgen ausgefallen ist.

§ 45 Umrechnung von Forderungen
Forderungen, die nicht auf Geld gerichtet sind oder deren Geldbetrag unbestimmt ist, sind mit dem Wert geltend zu machen, der für die Zeit der Eröffnung des Insolvenzverfahrens geschätzt werden kann. Forderungen, die in ausländischer Währung oder in einer Rechnungseinheit ausgedrückt sind, sind nach dem Kurswert, der zur Zeit der Verfahrenseröffnung für den Zahlungsort maßgeblich ist, in inländische Währung umzurechnen.

§ 46 Wiederkehrende Leistungen
Forderungen auf wiederkehrende Leistungen, deren Betrag und Dauer bestimmt sind, sind mit dem Betrag geltend zu machen, der sich ergibt, wenn die noch ausstehenden Leistungen unter Abzug des in § 41 bezeichneten Zwischenzinses zusammengerechnet werden. Ist die Dauer der Leistungen unbestimmt, so gilt § 45 Satz 1 entsprechend.

§ 47 Aussonderung
Wer auf Grund eines dinglichen oder persönlichen Rechts geltend machen kann, dass ein Gegenstand nicht zur Insolvenzmasse gehört, ist kein Insolvenzgläubiger. Sein Anspruch auf Aussonderung des Gegenstands bestimmt sich nach den Gesetzen, die außerhalb des Insolvenzverfahrens gelten.

§ 48 Ersatzaussonderung
Ist ein Gegenstand, dessen Aussonderung hätte verlangt werden können, vor der Eröffnung des Insolvenzverfahrens vom Schuldner oder nach der Eröffnung vom Insolvenzverwalter unberechtigt veräußert worden, so kann der Aussonderungsberechtigte die Abtretung des Rechts auf die Gegenleistung verlangen, soweit diese noch aussteht. Er kann die Gegenleistung aus der Insolvenzmasse verlangen, soweit sie in der Masse unterscheidbar vorhanden ist.

§ 49 Abgesonderte Befriedigung aus unbeweglichen Gegenständen
Gläubiger, denen ein Recht auf Befriedigung aus Gegenständen zusteht, die der Zwangsvollstreckung in das unbewegliche Vermögen unterliegen (unbewegliche Gegenstände), sind nach Maßgabe des Gesetzes über die Zwangsversteigerung und die Zwangsverwaltung zur abgesonderten Befriedigung berechtigt.

§ 50 Abgesonderte Befriedigung der Pfandgläubiger
(1) Gläubiger, die an einem Gegenstand der Insolvenzmasse ein rechtsgeschäftliches Pfandrecht, ein durch Pfändung erlangtes Pfandrecht oder ein gesetzliches Pfandrecht haben, sind nach Maßgabe der §§ 166 bis 173 für Hauptforderung, Zinsen und Kosten zur abgesonderten Befriedigung aus dem Pfandgegenstand berechtigt.

(2) Das gesetzliche Pfandrecht des Vermieters oder Verpächters kann im Insolvenzverfahren wegen der Miete oder Pacht für eine frühere Zeit als die letzten zwölf Monate vor der Eröffnung des Verfahrens sowie wegen der Entschädigung, die infolge einer Kündigung des Insolvenzverwalters zu zahlen ist, nicht geltend gemacht werden. Das Pfandrecht des Verpächters eines landwirtschaftlichen Grundstücks unterliegt wegen der Pacht nicht dieser Beschränkung.

§ 51 Sonstige Absonderungsberechtigte
Den in § 50 genannten Gläubigern stehen gleich:
1. Gläubiger, denen der Schuldner zur Sicherung eines Anspruchs eine bewegliche Sache übereignet oder ein Recht übertragen hat;
2. Gläubiger, denen ein Zurückbehaltungsrecht an einer Sache zusteht, weil sie etwas zum Nutzen der Sache verwendet haben, soweit ihre Forderung aus der Verwendung den noch vorhandenen Vorteil nicht übersteigt;
3. Gläubiger, denen nach dem Handelsgesetzbuch ein Zurückbehaltungsrecht zusteht;
4. Bund, Länder, Gemeinden und Gemeindeverbände, soweit ihnen zoll- und steuerpflichtige Sachen nach gesetzlichen Vorschriften als Sicherheit für öffentliche Abgaben dienen.

§ 52 Ausfall der Absonderungsberechtigten
Gläubiger, die abgesonderte Befriedigung beanspruchen können, sind Insolvenzgläubiger, soweit ihnen der Schuldner auch persönlich haftet. Sie sind zur anteilsmäßigen Befriedigung aus der Insolvenzmasse jedoch nur berechtigt, soweit sie auf eine abgesonderte Befriedigung verzichten oder bei ihr ausgefallen sind.

§ 53 Massegläubiger
Aus der Insolvenzmasse sind die Kosten des Insolvenzverfahrens und die sonstigen Masseverbindlichkeiten vorweg zu berichtigen.

§ 54 Kosten des Insolvenzverfahrens
Kosten des Insolvenzverfahrens sind:
1. die Gerichtskosten für das Insolvenzverfahren;
2. die Vergütungen und die Auslagen des vorläufigen Insolvenzverwalters, des Insolvenzverwalters und der Mitglieder des Gläubigerausschusses.

§ 55 Sonstige Masseverbindlichkeiten
(1) Masseverbindlichkeiten sind weiter die Verbindlichkeiten:
1. die durch Handlungen des Insolvenzverwalters oder in anderer Weise durch die Verwaltung, Verwertung und Verteilung der Insolvenzmasse begründet werden, ohne zu den Kosten des Insolvenzverfahrens zu gehören;
2. aus gegenseitigen Verträgen, soweit deren Erfüllung zur Insolvenzmasse verlangt wird oder für die Zeit nach der Eröffnung des Insolvenzverfahrens erfolgen muss;
3. aus einer ungerechtfertigten Bereicherung der Masse.

(2) Verbindlichkeiten, die von einem vorläufigen Insolvenzverwalter begründet worden sind, auf den die Verfügungsbefugnis über das Vermögen des Schuldners übergegangen ist, gelten nach der Eröffnung des Verfahrens als Masseverbindlichkeiten. Gleiches gilt für Verbindlichkeiten aus einem Dauerschuldverhältnis, soweit der vorläufige Insolvenzverwalter für das von ihm verwaltete Vermögen die Gegenleistung in Anspruch genommen hat.

(3) Gehen nach Absatz 2 begründete Ansprüche auf Arbeitsentgelt nach § 169 des Dritten Buches Sozialgesetzbuch auf die Bundesagentur für Arbeit über, so kann die Bundesagentur diese nur als Insolvenzgläubiger geltend machen. Satz 1 gilt entsprechend für die in § 175 Absatz

1 des Dritten Buches Sozialgesetzbuch bezeichneten Ansprüchen, soweit diese gegenüber dem Schuldner bestehen bleiben.
(4) Verbindlichkeiten des Insolvenzschuldners aus dem Steuerschuldverhältnis, die von einem vorläufigen Insolvenzverwalter oder vom Schuldner mit Zustimmung eines vorläufigen Insolvenzverwalters begründet worden sind, gelten nach Eröffnung des Insolvenzverfahrens als Masseverbindlichkeit.

Dritter Abschnitt
Insolvenzverwalter. Organe der Gläubiger

§ 56 Bestellung des Insolvenzverwalters

(1) Zum Insolvenzverwalter ist eine für den jeweiligen Einzelfall geeignete, insbesondere geschäftskundige und von den Gläubigern und dem Schuldner unabhängige natürliche Person zu bestellen, die aus dem Kreis aller zur Übernahme von Insolvenzverwaltungen bereiten Personen auszuwählen ist. Die Bereitschaft zur Übernahme von Insolvenzverwaltungen kann auf bestimmte Verfahren beschränkt werden. Die erforderliche Unabhängigkeit wird nicht schon dadurch ausgeschlossen, dass die Person
1. vom Schuldner oder von einem Gläubiger vorgeschlagen worden ist oder
2. den Schuldner vor dem Eröffnungsantrag in allgemeiner Form über den Ablauf eines Insolvenzverfahrens und dessen Folgen beraten hat.

(2) Der Verwalter erhält eine Urkunde über seine Bestellung. Bei Beendigung seines Amtes hat er die Urkunde dem Insolvenzgericht zurückzugeben.

§ 56a Gläubigerbeteiligung bei der Verwalterbestellung

(1) Vor der Bestellung des Verwalters ist dem vorläufigen Gläubigerausschuss Gelegenheit zu geben, sich zu den Anforderungen, die an den Verwalter zu stellen sind, und zur Person des Verwalters zu äußern, soweit dies nicht offensichtlich zu einer nachteiligen Veränderung der Vermögenslage des Schuldners führt.
(2) Das Gericht darf von einem einstimmigen Vorschlag des vorläufigen Gläubigerausschusses zur Person des Verwalters nur abweichen, wenn die vorgeschlagene Person für die Übernahme des Amtes nicht geeignet ist. Das Gericht hat bei der Auswahl des Verwalters die vom vorläufigen Gläubigerausschuss beschlossenen Anforderungen an die Person des Verwalters zugrunde zu legen.
(3) Hat das Gericht mit Rücksicht auf eine nachteilige Veränderung der Vermögenslage des Schuldners von einer Anhörung nach Absatz 1 abgesehen, so kann der vorläufige Gläubigerausschuss in seiner ersten Sitzung einstimmig eine andere Person als die bestellte zum Insolvenzverwalter wählen.

§ 57 Wahl eines anderen Insolvenzverwalters

In der ersten Gläubigerversammlung, die auf die Bestellung des Insolvenzverwalters folgt, können die Gläubiger an dessen Stelle eine andere Person wählen. Die andere Person ist gewählt, wenn neben der in § 76 Abs. 2 genannten Mehrheit auch die Mehrheit der abstimmenden Gläubiger für sie gestimmt hat. Das Gericht kann die Bestellung des Gewählten nur versagen, wenn dieser für die Übernahme des Amtes nicht geeignet ist. Gegen die Versagung steht jedem Insolvenzgläubiger die sofortige Beschwerde zu.

§ 58 Aufsicht des Insolvenzgerichts

(1) Der Insolvenzverwalter steht unter der Aufsicht des Insolvenzgerichts. Das Gericht kann jederzeit einzelne Auskünfte oder einen Bericht über den Sachstand und die Geschäftsführung von ihm verlangen.

(2) Erfüllt der Verwalter seine Pflichten nicht, so kann das Gericht nach vorheriger Androhung Zwangsgeld gegen ihn festsetzen. Das einzelne Zwangsgeld darf den Betrag von fünfundzwanzigtausend Euro nicht übersteigen. Gegen den Beschluss steht dem Verwalter die sofortige Beschwerde zu.

(3) Absatz 2 gilt entsprechend für die Durchsetzung der Herausgabepflichten eines entlassenen Verwalters.

§ 59 Entlassung des Insolvenzverwalters

(1) Das Insolvenzgericht kann den Insolvenzverwalter aus wichtigem Grund aus dem Amt entlassen. Die Entlassung kann von Amts wegen oder auf Antrag des Verwalters, des Gläubigerausschusses oder der Gläubigerversammlung erfolgen. Vor der Entscheidung des Gerichts ist der Verwalter zu hören.

(2) Gegen die Entlassung steht dem Verwalter die sofortige Beschwerde zu. Gegen die Ablehnung des Antrags steht dem Verwalter, dem Gläubigerausschuss oder, wenn die Gläubigerversammlung den Antrag gestellt hat, jedem Insolvenzgläubiger die sofortige Beschwerde zu.

§ 60 Haftung des Insolvenzverwalters

(1) Der Insolvenzverwalter ist allen Beteiligten zum Schadenersatz verpflichtet, wenn er schuldhaft die Pflichten verletzt, die ihm nach diesem Gesetz obliegen. Er hat für die Sorgfalt eines ordentlichen und gewissenhaften Insolvenzverwalters einzustehen.

(2) Soweit er zur Erfüllung der ihm als Verwalter obliegenden Pflichten Angestellte des Schuldners im Rahmen ihrer bisherigen Tätigkeit einsetzen muss und diese Angestellten nicht offensichtlich ungeeignet sind, hat der Verwalter ein Verschulden dieser Personen nicht gemäß § 278 des Bürgerlichen Gesetzbuchs zu vertreten, sondern ist nur für deren Überwachung und für Entscheidungen von besonderer Bedeutung verantwortlich.

§ 61 Nichterfüllung von Masseverbindlichkeiten

Kann eine Masseverbindlichkeit, die durch eine Rechtshandlung des Insolvenzverwalters begründet worden ist, aus der Insolvenzmasse nicht voll erfüllt werden, so ist der Verwalter dem Massegläubiger zum Schadenersatz verpflichtet. Dies gilt nicht, wenn der Verwalter bei der Begründung der Verbindlichkeit nicht erkennen konnte, dass die Masse voraussichtlich zur Erfüllung nicht ausreichen würde.

§ 62 Verjährung

Die Verjährung des Anspruchs auf Ersatz des Schadens, der aus einer Pflichtverletzung des Insolvenzverwalters entstanden ist, richtet sich nach den Regelungen über die regelmäßige Verjährung nach dem Bürgerlichen Gesetzbuch. Der Anspruch verjährt spätestens in drei Jahren von der Aufhebung oder der Rechtskraft der Einstellung des Insolvenzverfahrens an. Für Pflichtverletzungen, die im Rahmen einer Nachtragsverteilung (§ 203) oder einer Überwachung der Planerfüllung (§ 260) begangen worden sind, gilt Satz 2 mit der Maßgabe, dass an die Stelle der Aufhebung des Insolvenzverfahrens der Vollzug der Nachtragsverteilung oder die Beendigung der Überwachung tritt.

§ 63 Vergütung des Insolvenzverwalters

(1) Der Insolvenzverwalter hat Anspruch auf Vergütung für seine Geschäftsführung und auf Erstattung angemessener Auslagen. Der Regelsatz der Vergütung wird nach dem Wert der Insolvenzmasse zur Zeit der Beendigung des Insolvenzverfahrens berechnet. Dem Umfang und der Schwierigkeit der Geschäftsführung des Verwalters wird durch Abweichungen vom Regelsatz Rechnung getragen.

(2) Sind die Kosten des Verfahrens nach § 4a gestundet, steht dem Insolvenzverwalter für seine Vergütung und seine Auslagen ein Anspruch gegen die Staatskasse zu, soweit die Insolvenzmasse dafür nicht ausreicht.

(3) Die Tätigkeit des vorläufigen Insolvenzverwalters wird gesondert vergütet. Er erhält in der Regel 25 Prozent der Vergütung des Insolvenzverwalters bezogen auf das Vermögen, auf das sich seine Tätigkeit während des Eröffnungsverfahrens erstreckt. Maßgebend für die Wertermittlung ist der Zeitpunkt der Beendigung der vorläufigen Verwaltung oder der Zeitpunkt, ab dem der Gegenstand nicht mehr der vorläufigen Verwaltung unterliegt. Beträgt die Differenz des tatsächlichen Werts der Berechnungsgrundlage der Vergütung zu dem der Vergütung zugrunde gelegten Wert mehr als 20 Prozent, so kann das Gericht den Beschluss über die Vergütung des vorläufigen Insolvenzverwalters bis zur Rechtskraft der Entscheidung über die Vergütung des Insolvenzverwalters ändern.

§ 64 Festsetzung durch das Gericht

(1) Das Insolvenzgericht setzt die Vergütung und die zu erstattenden Auslagen des Insolvenzverwalters durch Beschluss fest.

(2) Der Beschluss ist öffentlich bekanntzumachen und dem Verwalter, dem Schuldner und, wenn ein Gläubigerausschuss bestellt ist, den Mitgliedern des Ausschusses besonders zuzustellen. Die festgesetzten Beträge sind nicht zu veröffentlichen; in der öffentlichen Bekanntmachung ist darauf hinzuweisen, dass der vollständige Beschluss in der Geschäftsstelle eingesehen werden kann.

(3) Gegen den Beschluss steht dem Verwalter, dem Schuldner und jedem Insolvenzgläubiger die sofortige Beschwerde zu. § 567 Abs. 2 der Zivilprozessordnung gilt entsprechend.

§ 65 Verordnungsermächtigung

Das Bundesministerium der Justiz wird ermächtigt, die Vergütung und die Erstattung der Auslagen des Insolvenzverwalters durch Rechtsverordnung näher zu regeln.

§ 66 Rechnungslegung

(1) Der Insolvenzverwalter hat bei der Beendigung seines Amtes einer Gläubigerversammlung Rechnung zu legen. Der Insolvenzplan kann eine abweichende Regelung treffen.

(2) Vor der Gläubigerversammlung prüft das Insolvenzgericht die Schlussrechnung des Verwalters. Es legt die Schlussrechnung mit den Belegen, mit einem Vermerk über die Prüfung und, wenn ein Gläubigerausschuss bestellt ist, mit dessen Bemerkungen zur Einsicht der Beteiligten aus; es kann dem Gläubigerausschuss für dessen Stellungnahme eine Frist setzen. Der Zeitraum zwischen der Auslegung der Unterlagen und dem Termin der Gläubigerversammlung soll mindestens eine Woche betragen.

(3) Die Gläubigerversammlung kann dem Verwalter aufgeben, zu bestimmten Zeitpunkten während des Verfahrens Zwischenrechnung zu legen. Die Absätze 1 und 2 gelten entsprechend.

§ 67 Einsetzung des Gläubigerausschusses

(1) Vor der ersten Gläubigerversammlung kann das Insolvenzgericht einen Gläubigerausschuss einsetzen.

(2) Im Gläubigerausschuss sollen die absonderungsberechtigten Gläubiger, die Insolvenzgläubiger mit den höchsten Forderungen und die Kleingläubiger vertreten sein. Dem Ausschuss soll ein Vertreter der Arbeitnehmer angehören.
(3) Zu Mitgliedern des Gläubigerausschusses können auch Personen bestellt werden, die keine Gläubiger sind.

§ 68 Wahl anderer Mitglieder
(1) Die Gläubigerversammlung beschließt, ob ein Gläubigerausschuss eingesetzt werden soll. Hat das Insolvenzgericht bereits einen Gläubigerausschuss eingesetzt, so beschließt sie, ob dieser beibehalten werden soll.
(2) Sie kann vom Insolvenzgericht bestellte Mitglieder abwählen und andere oder zusätzliche Mitglieder des Gläubigerausschusses wählen.

§ 69 Aufgaben des Gläubigerausschusses
Die Mitglieder des Gläubigerausschusses haben den Insolvenzverwalter bei seiner Geschäftsführung zu unterstützen und zu überwachen. Sie haben sich über den Gang der Geschäfte zu unterrichten sowie die Bücher und Geschäftspapiere einsehen und den Geldverkehr und -bestand prüfen zu lassen.

§ 70 Entlassung
Das Insolvenzgericht kann ein Mitglied des Gläubigerausschusses aus wichtigem Grund aus dem Amt entlassen. Die Entlassung kann von Amts wegen, auf Antrag des Mitglieds des Gläubigerausschusses oder auf Antrag der Gläubigerversammlung erfolgen. Vor der Entscheidung des Gerichts ist das Mitglied des Gläubigerausschusses zu hören; gegen die Entscheidung steht ihm die sofortige Beschwerde zu.

§ 71 Haftung der Mitglieder des Gläubigerausschusses
Die Mitglieder des Gläubigerausschusses sind den absonderungsberechtigten Gläubigern und den Insolvenzgläubigern zum Schadenersatz verpflichtet, wenn sie schuldhaft die Pflichten verletzen, die ihnen nach diesem Gesetz obliegen. § 62 gilt entsprechend.

§ 72 Beschlüsse des Gläubigerausschusses
Ein Beschluss des Gläubigerausschusses ist gültig, wenn die Mehrheit der Mitglieder an der Beschlussfassung teilgenommen hat und der Beschluss mit der Mehrheit der abgegebenen Stimmen gefasst worden ist.

§ 73 Vergütung der Mitglieder des Gläubigerausschusses
(1) Die Mitglieder des Gläubigerausschusses haben Anspruch auf Vergütung für ihre Tätigkeit und auf Erstattung angemessener Auslagen. Dabei ist dem Zeitaufwand und dem Umfang der Tätigkeit Rechnung zu tragen.
(2) § 63 Abs. 2 sowie die §§ 64 und 65 gelten entsprechend.

§ 74 Einberufung der Gläubigerversammlung
(1) Die Gläubigerversammlung wird vom Insolvenzgericht einberufen. Zur Teilnahme an der Versammlung sind alle absonderungsberechtigten Gläubiger, alle Insolvenzgläubiger, der Insolvenzverwalter, die Mitglieder des Gläubigerausschusses und der Schuldner berechtigt.
(2) Die Zeit, der Ort und die Tagesordnung der Gläubigerversammlung sind öffentlich bekanntzumachen. Die öffentliche Bekanntmachung kann unterbleiben, wenn in einer Gläubigerversammlung die Verhandlung vertagt wird.

§ 75 Antrag auf Einberufung

(1) Die Gläubigerversammlung ist einzuberufen, wenn dies beantragt wird:
1. vom Insolvenzverwalter;
2. vom Gläubigerausschuss;
3. von mindestens fünf absonderungsberechtigten Gläubigern oder nicht nachrangigen Insolvenzgläubigern, deren Absonderungsrechte und Forderungen nach der Schätzung des Insolvenzgerichts zusammen ein Fünftel der Summe erreichen, die sich aus dem Wert aller Absonderungsrechte und den Forderungsbeträgen aller nicht nachrangigen Insolvenzgläubiger ergibt;
4. von einem oder mehreren absonderungsberechtigten Gläubigern oder nicht nachrangigen Insolvenzgläubigern, deren Absonderungsrechte und Forderungen nach der Schätzung des Gerichts zwei Fünftel der in Nummer 3 bezeichneten Summe erreichen.

(2) Der Zeitraum zwischen dem Eingang des Antrags und dem Termin der Gläubigerversammlung soll höchstens drei Wochen betragen.

(3) Wird die Einberufung abgelehnt, so steht dem Antragsteller die sofortige Beschwerde zu.

§ 76 Beschlüsse der Gläubigerversammlung

(1) Die Gläubigerversammlung wird vom Insolvenzgericht geleitet.

(2) Ein Beschluss der Gläubigerversammlung kommt zustande, wenn die Summe der Forderungsbeträge der zustimmenden Gläubiger mehr als die Hälfte der Summe der Forderungsbeträge der abstimmenden Gläubiger beträgt; bei absonderungsberechtigten Gläubigern, denen der Schuldner nicht persönlich haftet, tritt der Wert des Absonderungsrechts an die Stelle des Forderungsbetrags.

§ 77 Feststellung des Stimmrechts

(1) Ein Stimmrecht gewähren die Forderungen, die angemeldet und weder vom Insolvenzverwalter noch von einem stimmberechtigten Gläubiger bestritten worden sind. Nachrangige Gläubiger sind nicht stimmberechtigt.

(2) Die Gläubiger, deren Forderungen bestritten werden, sind stimmberechtigt, soweit sich in der Gläubigerversammlung der Verwalter und die erschienenen stimmberechtigten Gläubiger über das Stimmrecht geeinigt haben. Kommt es nicht zu einer Einigung, so entscheidet das Insolvenzgericht. Es kann seine Entscheidung auf den Antrag des Verwalters oder eines in der Gläubigerversammlung erschienenen Gläubigers ändern.

(3) Absatz 2 gilt entsprechend
1. für die Gläubiger aufschiebend bedingter Forderungen;
2. für die absonderungsberechtigten Gläubiger.

§ 78 Aufhebung eines Beschlusses der Gläubigerversammlung

(1) Widerspricht ein Beschluss der Gläubigerversammlung dem gemeinsamen Interesse der Insolvenzgläubiger, so hat das Insolvenzgericht den Beschluss aufzuheben, wenn ein absonderungsberechtigter Gläubiger, ein nicht nachrangiger Insolvenzgläubiger oder der Insolvenzverwalter dies in der Gläubigerversammlung beantragt.

(2) Die Aufhebung des Beschlusses ist öffentlich bekanntzumachen. Gegen die Aufhebung steht jedem absonderungsberechtigten Gläubiger und jedem nicht nachrangigen Insolvenzgläubiger die sofortige Beschwerde zu. Gegen die Ablehnung des Antrags auf Aufhebung steht dem Antragsteller die sofortige Beschwerde zu.

§ 79 Unterrichtung der Gläubigerversammlung

Die Gläubigerversammlung ist berechtigt, vom Insolvenzverwalter einzelne Auskünfte und einen Bericht über den Sachstand und die Geschäftsführung zu verlangen. Ist ein Gläubigerausschuss nicht bestellt, so kann die Gläubigerversammlung den Geldverkehr und -bestand des Verwalters prüfen lassen.

Dritter Teil
Wirkungen der Eröffnung des Insolvenzverfahrens
Erster Abschnitt
Allgemeine Wirkungen

§ 80 Übergang des Verwaltungs- und Verfügungsrechts

(1) Durch die Eröffnung des Insolvenzverfahrens geht das Recht des Schuldners, das zur Insolvenzmasse gehörende Vermögen zu verwalten und über es zu verfügen, auf den Insolvenzverwalter über.

(2) Ein gegen den Schuldner bestehendes Veräußerungsverbot, das nur den Schutz bestimmter Personen bezweckt (§§ 135, 136 des Bürgerlichen Gesetzbuchs), hat im Verfahren keine Wirkung. Die Vorschriften über die Wirkungen einer Pfändung oder einer Beschlagnahme im Wege der Zwangsvollstreckung bleiben unberührt.

§ 81 Verfügungen des Schuldners

(1) Hat der Schuldner nach der Eröffnung des Insolvenzverfahrens über einen Gegenstand der Insolvenzmasse verfügt, so ist diese Verfügung unwirksam. Unberührt bleiben die §§ 892, 893 des Bürgerlichen Gesetzbuchs, §§ 16, 17 des Gesetzes über Rechte an eingetragenen Schiffen und Schiffsbauwerken und §§ 16, 17 des Gesetzes über Rechte an Luftfahrzeugen. Dem anderen Teil ist die Gegenleistung aus der Insolvenzmasse zurückzugewähren, soweit die Masse durch sie bereichert ist.

(2) Für eine Verfügung über künftige Forderungen auf Bezüge aus einem Dienstverhältnis des Schuldners oder an deren Stelle tretende laufende Bezüge gilt Absatz 1 auch insoweit, als die Bezüge für die Zeit nach der Beendigung des Insolvenzverfahrens betroffen sind. Das Recht des Schuldners zur Abtretung dieser Bezüge an einen Treuhänder mit dem Ziel der gemeinschaftlichen Befriedigung der Insolvenzgläubiger bleibt unberührt.

(3) Hat der Schuldner am Tag der Eröffnung des Verfahrens verfügt, so wird vermutet, dass er nach der Eröffnung verfügt hat. Eine Verfügung des Schuldners über Finanzsicherheiten im Sinne des § 1 Abs. 17 des Kreditwesengesetzes nach der Eröffnung ist, unbeschadet der §§ 129 bis 147, wirksam, wenn sie am Tag der Eröffnung erfolgt und der andere Teil nachweist, dass er die Eröffnung des Verfahrens weder kannte noch kennen musste.

§ 82 Leistungen an den Schuldner

Ist nach der Eröffnung des Insolvenzverfahrens zur Erfüllung einer Verbindlichkeit an den Schuldner geleistet worden, obwohl die Verbindlichkeit zur Insolvenzmasse zu erfüllen war, so wird der Leistende befreit, wenn er zur Zeit der Leistung die Eröffnung des Verfahrens nicht kannte. Hat er vor der öffentlichen Bekanntmachung der Eröffnung geleistet, so wird vermutet, dass er die Eröffnung nicht kannte.

§ 83 Erbschaft. Fortgesetzte Gütergemeinschaft

(1) Ist dem Schuldner vor der Eröffnung des Insolvenzverfahrens eine Erbschaft oder ein Vermächtnis angefallen oder geschieht dies während des Verfahrens, so steht die Annahme oder Ausschlagung nur dem Schuldner zu. Gleiches gilt von der Ablehnung der fortgesetzten Gütergemeinschaft.

(2) Ist der Schuldner Vorerbe, so darf der Insolvenzverwalter über die Gegenstände der Erbschaft nicht verfügen, wenn die Verfügung im Falle des Eintritts der Nacherbfolge nach § 2115 des Bürgerlichen Gesetzbuchs dem Nacherben gegenüber unwirksam ist.

§ 84 Auseinandersetzung einer Gesellschaft oder Gemeinschaft

(1) Besteht zwischen dem Schuldner und Dritten eine Gemeinschaft nach Bruchteilen, eine andere Gemeinschaft oder eine Gesellschaft ohne Rechtspersönlichkeit, so erfolgt die Teilung oder sonstige Auseinandersetzung außerhalb des Insolvenzverfahrens. Aus dem dabei ermittelten Anteil des Schuldners kann für Ansprüche aus dem Rechtsverhältnis abgesonderte Befriedigung verlangt werden.

(2) Eine Vereinbarung, durch die bei einer Gemeinschaft nach Bruchteilen das Recht, die Aufhebung der Gemeinschaft zu verlangen, für immer oder auf Zeit ausgeschlossen oder eine Kündigungsfrist bestimmt worden ist, hat im Verfahren keine Wirkung. Gleiches gilt für eine Anordnung dieses Inhalts, die ein Erblasser für die Gemeinschaft seiner Erben getroffen hat, und für eine entsprechende Vereinbarung der Miterben.

§ 85 Aufnahme von Aktivprozessen

(1) Rechtsstreitigkeiten über das zur Insolvenzmasse gehörende Vermögen, die zur Zeit der Eröffnung des Insolvenzverfahrens für den Schuldner anhängig sind, können in der Lage, in der sie sich befinden, vom Insolvenzverwalter aufgenommen werden. Wird die Aufnahme verzögert, so gilt § 239 Abs. 2 bis 4 der Zivilprozessordnung entsprechend.

(2) Lehnt der Verwalter die Aufnahme des Rechtsstreits ab, so können sowohl der Schuldner als auch der Gegner den Rechtsstreit aufnehmen.

§ 86 Aufnahme bestimmter Passivprozesse

(1) Rechtsstreitigkeiten, die zur Zeit der Eröffnung des Insolvenzverfahrens gegen den Schuldner anhängig sind, können sowohl vom Insolvenzverwalter als auch vom Gegner aufgenommen werden, wenn sie betreffen:

1. die Aussonderung eines Gegenstands aus der Insolvenzmasse,
2. die abgesonderte Befriedigung oder
3. eine Masseverbindlichkeit.

(2) Erkennt der Verwalter den Anspruch sofort an, so kann der Gegner einen Anspruch auf Erstattung der Kosten des Rechtsstreits nur als Insolvenzgläubiger geltend machen.

§ 87 Forderungen der Insolvenzgläubiger

Die Insolvenzgläubiger können ihre Forderungen nur nach den Vorschriften über das Insolvenzverfahren verfolgen.

§ 88 Vollstreckung vor Verfahrenseröffnung

Hat ein Insolvenzgläubiger im letzten Monat vor dem Antrag auf Eröffnung des Insolvenzverfahrens oder nach diesem Antrag durch Zwangsvollstreckung eine Sicherung an dem zur Insolvenzmasse gehörenden Vermögen des Schuldners erlangt, so wird diese Sicherung mit der Eröffnung des Verfahrens unwirksam.

§ 89 Vollstreckungsverbot

(1) Zwangsvollstreckungen für einzelne Insolvenzgläubiger sind während der Dauer des Insolvenzverfahrens weder in die Insolvenzmasse noch in das sonstige Vermögen des Schuldners zulässig.

(2) Zwangsvollstreckungen in künftige Forderungen auf Bezüge aus einem Dienstverhältnis des Schuldners oder an deren Stelle tretende laufende Bezüge sind während der Dauer des Verfahrens auch für Gläubiger unzulässig, die keine Insolvenzgläubiger sind. Dies gilt nicht für die Zwangsvollstreckung wegen eines Unterhaltsanspruchs oder einer Forderung aus einer vorsätzlichen unerlaubten Handlung in den Teil der Bezüge, der für andere Gläubiger nicht pfändbar ist.
(3) Über Einwendungen, die auf Grund des Absatzes 1 oder 2 gegen die Zulässigkeit einer Zwangsvollstreckung erhoben werden, entscheidet das Insolvenzgericht. Das Gericht kann vor der Entscheidung eine einstweilige Anordnung erlassen; es kann insbesondere anordnen, dass die Zwangsvollstreckung gegen oder ohne Sicherheitsleistung einstweilen einzustellen oder nur gegen Sicherheitsleistung fortzusetzen sei.

§ 90 Vollstreckungsverbot bei Masseverbindlichkeiten
(1) Zwangsvollstreckungen wegen Masseverbindlichkeiten, die nicht durch eine Rechtshandlung des Insolvenzverwalters begründet worden sind, sind für die Dauer von sechs Monaten seit der Eröffnung des Insolvenzverfahrens unzulässig.
(2) Nicht als derartige Masseverbindlichkeiten gelten die Verbindlichkeiten:
1. aus einem gegenseitigen Vertrag, dessen Erfüllung der Verwalter gewählt hat;
2. aus einem Dauerschuldverhältnis für die Zeit nach dem ersten Termin, zu dem der Verwalter kündigen konnte;
3. aus einem Dauerschuldverhältnis, soweit der Verwalter für die Insolvenzmasse die Gegenleistung in Anspruch nimmt.

§ 91 Ausschluss sonstigen Rechtserwerbs
(1) Rechte an den Gegenständen der Insolvenzmasse können nach der Eröffnung des Insolvenzverfahrens nicht wirksam erworben werden, auch wenn keine Verfügung des Schuldners und keine Zwangsvollstreckung für einen Insolvenzgläubiger zugrunde liegt.
(2) Unberührt bleiben die §§ 878, 892, 893 des Bürgerlichen Gesetzbuchs, § 3 Abs. 3, §§ 16, 17 des Gesetzes über Rechte an eingetragenen Schiffen und Schiffsbauwerken, § 5 Abs. 3, §§ 16, 17 des Gesetzes über Rechte an Luftfahrzeugen und § 20 Abs. 3 der Schifffahrtsrechtlichen Verteilungsordnung.

§ 92 Gesamtschaden
Ansprüche der Insolvenzgläubiger auf Ersatz eines Schadens, den diese Gläubiger gemeinschaftlich durch eine Verminderung des zur Insolvenzmasse gehörenden Vermögens vor oder nach der Eröffnung des Insolvenzverfahrens erlitten haben (Gesamtschaden), können während der Dauer des Insolvenzverfahrens nur vom Insolvenzverwalter geltend gemacht werden. Richten sich die Ansprüche gegen den Verwalter, so können sie nur von einem neu bestellten Insolvenzverwalter geltend gemacht werden.

§ 93 Persönliche Haftung der Gesellschafter
Ist das Insolvenzverfahren über das Vermögen einer Gesellschaft ohne Rechtspersönlichkeit oder einer Kommanditgesellschaft auf Aktien eröffnet, so kann die persönliche Haftung eines Gesellschafters für die Verbindlichkeiten der Gesellschaft während der Dauer des Insolvenzverfahrens nur vom Insolvenzverwalter geltend gemacht werden.

§ 94 Erhaltung einer Aufrechnungslage

Ist ein Insolvenzgläubiger zur Zeit der Eröffnung des Insolvenzverfahrens kraft Gesetzes oder auf Grund einer Vereinbarung zur Aufrechnung berechtigt, so wird dieses Recht durch das Verfahren nicht berührt.

§ 95 Eintritt der Aufrechnungslage im Verfahren

(1) Sind zur Zeit der Eröffnung des Insolvenzverfahrens die aufzurechnenden Forderungen oder eine von ihnen noch aufschiebend bedingt oder nicht fällig oder die Forderungen noch nicht auf gleichartige Leistungen gerichtet, so kann die Aufrechnung erst erfolgen, wenn ihre Voraussetzungen eingetreten sind. Die §§ 41, 45 sind nicht anzuwenden. Die Aufrechnung ist ausgeschlossen, wenn die Forderung, gegen die aufgerechnet werden soll, unbedingt und fällig wird, bevor die Aufrechnung erfolgen kann.

(2) Die Aufrechnung wird nicht dadurch ausgeschlossen, dass die Forderungen auf unterschiedliche Währungen oder Rechnungseinheiten lauten, wenn diese Währungen oder Rechnungseinheiten am Zahlungsort der Forderung, gegen die aufgerechnet wird, frei getauscht werden können. Die Umrechnung erfolgt nach dem Kurswert, der für diesen Ort zur Zeit des Zugangs der Aufrechnungserklärung maßgeblich ist.

§ 96 Unzulässigkeit der Aufrechnung

(1) Die Aufrechnung ist unzulässig,

1. wenn ein Insolvenzgläubiger erst nach der Eröffnung des Insolvenzverfahrens etwas zur Insolvenzmasse schuldig geworden ist,
2. wenn ein Insolvenzgläubiger seine Forderung erst nach der Eröffnung des Verfahrens von einem anderen Gläubiger erworben hat,
3. wenn ein Insolvenzgläubiger die Möglichkeit der Aufrechnung durch eine anfechtbare Rechtshandlung erlangt hat,
4. wenn ein Gläubiger, dessen Forderung aus dem freien Vermögen des Schuldners zu erfüllen ist, etwas zur Insolvenzmasse schuldet.

(2) Absatz 1 sowie § 95 Abs. 1 Satz 3 stehen nicht der Verfügung über Finanzsicherheiten im Sinne des § 1 Abs. 17 des Kreditwesengesetzes oder der Verrechnung von Ansprüchen und Leistungen aus Zahlungsaufträgen, Aufträgen zwischen Zahlungsdienstleistern oder zwischengeschalteten Stellen oder Aufträgen zur Übertragung von Wertpapieren entgegen, die in Systeme im Sinne des § 1 Abs. 16 des Kreditwesengesetzes eingebracht wurden, das der Ausführung solcher Verträge dient, sofern die Verrechnung spätestens am Tage der Eröffnung des Insolvenzverfahrens erfolgt; ist der andere Teil ein Systembetreiber oder Teilnehmer in dem System, bestimmt sich der Tag der Eröffnung nach dem Geschäftstag im Sinne des § 1 Absatz 16b des Kreditwesengesetzes.

§ 97 Auskunfts- und Mitwirkungspflichten des Schuldners

(1) Der Schuldner ist verpflichtet, dem Insolvenzgericht, dem Insolvenzverwalter, dem Gläubigerausschuss und auf Anordnung des Gerichts der Gläubigerversammlung über alle das Verfahren betreffenden Verhältnisse Auskunft zu geben. Er hat auch Tatsachen zu offenbaren, die geeignet sind, eine Verfolgung wegen einer Straftat oder einer Ordnungswidrigkeit herbeizuführen. Jedoch darf eine Auskunft, die der Schuldner gemäß seiner Verpflichtung nach Satz 1 erteilt, in einem Strafverfahren oder in einem Verfahren nach dem Gesetz über Ordnungswidrigkeiten gegen den Schuldner oder einen in § 52 Abs. 1 der Strafprozessordnung bezeichneten Angehörigen des Schuldners nur mit Zustimmung des Schuldners verwendet werden.

(2) Der Schuldner hat den Verwalter bei der Erfüllung von dessen Aufgaben zu unterstützen.

(3) Der Schuldner ist verpflichtet, sich auf Anordnung des Gerichts jederzeit zur Verfügung zu stellen, um seine Auskunfts- und Mitwirkungspflichten zu erfüllen. Er hat alle Handlungen zu unterlassen, die der Erfüllung dieser Pflichten zuwiderlaufen.

§ 98 Durchsetzung der Pflichten des Schuldners

(1) Wenn es zur Herbeiführung wahrheitsgemäßer Aussagen erforderlich erscheint, ordnet das Insolvenzgericht an, dass der Schuldner zu Protokoll an Eides Statt versichert, er habe die von ihm verlangte Auskunft nach bestem Wissen und Gewissen richtig und vollständig erteilt. Die §§ 478 bis 480, 483 der Zivilprozessordnung gelten entsprechend.

(2) Das Gericht kann den Schuldner zwangsweise vorführen und nach Anhörung in Haft nehmen lassen,

1. wenn der Schuldner eine Auskunft oder die eidesstattliche Versicherung oder die Mitwirkung bei der Erfüllung der Aufgaben des Insolvenzverwalters verweigert;
2. wenn der Schuldner sich der Erfüllung seiner Auskunfts- und Mitwirkungspflichten entziehen will, insbesondere Anstalten zur Flucht trifft, oder
3. wenn dies zur Vermeidung von Handlungen des Schuldners, die der Erfüllung seiner Auskunfts- und Mitwirkungspflichten zuwiderlaufen, insbesondere zur Sicherung der Insolvenzmasse, erforderlich ist.

(3) Für die Anordnung von Haft gelten die § 802g Abs. 2, §§ 802h und 802j Abs. 1 der Zivilprozessordnung entsprechend. Der Haftbefehl ist von Amts wegen aufzuheben, sobald die Voraussetzungen für die Anordnung von Haft nicht mehr vorliegen. Gegen die Anordnung der Haft und gegen die Abweisung eines Antrags auf Aufhebung des Haftbefehls wegen Wegfalls seiner Voraussetzungen findet die sofortige Beschwerde statt.

§ 99 Postsperre

(1) Soweit dies erforderlich erscheint, um für die Gläubiger nachteilige Rechtshandlungen des Schuldners aufzuklären oder zu verhindern, ordnet das Insolvenzgericht auf Antrag des Insolvenzverwalters oder von Amts wegen durch begründeten Beschluss an, dass die in dem Beschluss bezeichneten Unternehmen bestimmte oder alle Postsendungen für den Schuldner dem Verwalter zuzuleiten haben. Die Anordnung ergeht nach Anhörung des Schuldners, sofern dadurch nicht wegen besonderer Umstände des Einzelfalls der Zweck der Anordnung gefährdet wird. Unterbleibt die vorherige Anhörung des Schuldners, so ist dies in dem Beschluss gesondert zu begründen und die Anhörung unverzüglich nachzuholen.

(2) Der Verwalter ist berechtigt, die ihm zugeleiteten Sendungen zu öffnen. Sendungen, deren Inhalt nicht die Insolvenzmasse betrifft, sind dem Schuldner unverzüglich zuzuleiten. Die übrigen Sendungen kann der Schuldner einsehen.

(3) Gegen die Anordnung der Postsperre steht dem Schuldner die sofortige Beschwerde zu. Das Gericht hat die Anordnung nach Anhörung des Verwalters aufzuheben, soweit ihre Voraussetzungen fortfallen.

§ 100 Unterhalt aus der Insolvenzmasse

(1) Die Gläubigerversammlung beschließt, ob und in welchem Umfang dem Schuldner und seiner Familie Unterhalt aus der Insolvenzmasse gewährt werden soll.

(2) Bis zur Entscheidung der Gläubigerversammlung kann der Insolvenzverwalter mit Zustimmung des Gläubigerausschusses, wenn ein solcher bestellt ist, dem Schuldner den notwendigen Unterhalt gewähren. In gleicher Weise kann den minderjährigen unverheirateten Kindern des Schuldners, seinem Ehegatten, seinem früheren Ehegatten, seinem Lebenspartner, seinem früheren Lebenspartner und dem anderen Elternteil seines Kindes hinsichtlich des Anspruchs nach den §§ 1615l, 1615n des Bürgerlichen Gesetzbuchs Unterhalt gewährt werden.

§ 101 Organschaftliche Vertreter. Angestellte

(1) Ist der Schuldner keine natürliche Person, so gelten die §§ 97 bis 99 entsprechend für die Mitglieder des Vertretungs- oder Aufsichtsorgans und die vertretungsberechtigten persönlich haftenden Gesellschafter des Schuldners. § 97 Abs. 1 und § 98 gelten außerdem entsprechend für Personen, die nicht früher als zwei Jahre vor dem Antrag auf Eröffnung des Insolvenzverfahrens aus einer in Satz 1 genannten Stellung ausgeschieden sind; verfügt der Schuldner über keinen Vertreter, gilt dies auch für die Personen, die an ihm beteiligt sind. § 100 gilt entsprechend für die vertretungsberechtigten persönlich haftenden Gesellschafter des Schuldners.

(2) § 97 Abs. 1 Satz 1 gilt entsprechend für Angestellte und frühere Angestellte des Schuldners, sofern diese nicht früher als zwei Jahre vor dem Eröffnungsantrag ausgeschieden sind.

(3) Kommen die in den Absätzen 1 und 2 genannten Personen ihrer Auskunfts- und Mitwirkungspflicht nicht nach, können ihnen im Fall der Abweisung des Antrags auf Eröffnung des Insolvenzverfahrens die Kosten des Verfahrens auferlegt werden.

§ 102 Einschränkung eines Grundrechts

Durch § 21 Abs. 2 Nr. 4 und die §§ 99, 101 Abs. 1 Satz 1 wird das Grundrecht des Briefgeheimnisses sowie des Post- und Fernmeldegeheimnisses (Artikel 10 Grundgesetz) eingeschränkt.

Zweiter Abschnitt
Erfüllung der Rechtsgeschäfte. Mitwirkung des Betriebsrats

§ 103 Wahlrecht des Insolvenzverwalters

(1) Ist ein gegenseitiger Vertrag zur Zeit der Eröffnung des Insolvenzverfahrens vom Schuldner und vom anderen Teil nicht oder nicht vollständig erfüllt, so kann der Insolvenzverwalter anstelle des Schuldners den Vertrag erfüllen und die Erfüllung vom anderen Teil verlangen.

(2) Lehnt der Verwalter die Erfüllung ab, so kann der andere Teil eine Forderung wegen der Nichterfüllung nur als Insolvenzgläubiger geltend machen. Fordert der andere Teil den Verwalter zur Ausübung seines Wahlrechts auf, so hat der Verwalter unverzüglich zu erklären, ob er die Erfüllung verlangen will. Unterlässt er dies, so kann er auf der Erfüllung nicht bestehen.

§ 104 Fixgeschäfte. Finanzleistungen

(1) War die Lieferung von Waren, die einen Markt- oder Börsenpreis haben, genau zu einer festbestimmten Zeit oder innerhalb einer festbestimmten Frist vereinbart und tritt die Zeit oder der Ablauf der Frist erst nach der Eröffnung des Insolvenzverfahrens ein, so kann nicht die Erfüllung verlangt, sondern nur eine Forderung wegen der Nichterfüllung geltend gemacht werden.

(2) War für Finanzleistungen, die einen Markt- oder Börsenpreis haben, eine bestimmte Zeit oder eine bestimmte Frist vereinbart und tritt die Zeit oder der Ablauf der Frist erst nach der Eröffnung des Verfahrens ein, so kann nicht die Erfüllung verlangt, sondern nur eine Forderung wegen der Nichterfüllung geltend gemacht werden. Als Finanzleistungen gelten insbesondere

1. die Lieferung von Edelmetallen,
2. die Lieferung von Wertpapieren oder vergleichbaren Rechten, soweit nicht der Erwerb einer Beteiligung an einem Unternehmen zur Herstellung einer dauernden Verbindung zu diesem Unternehmen beabsichtigt ist,
3. Geldleistungen, die in ausländischer Währung oder in einer Rechnungseinheit zu erbringen sind,
4. Geldleistungen, deren Höhe unmittelbar oder mittelbar durch den Kurs einer ausländischen Währung oder einer Rechnungseinheit, durch den Zinssatz von Forderungen oder durch den Preis anderer Güter oder Leistungen bestimmt wird,

5. Optionen und andere Rechte auf Lieferungen oder Geldleistungen im Sinne der Nummern 1 bis 4,
6. Finanzsicherheiten im Sinne des § 1 Abs. 17 des Kreditwesengesetzes.

Sind Geschäfte über Finanzleistungen in einem Rahmenvertrag zusammengefasst, für den vereinbart ist, dass er bei Vorliegen eines Insolvenzgrundes nur einheitlich beendet werden kann, so gilt die Gesamtheit dieser Geschäfte als ein gegenseitiger Vertrag im Sinne der §§ 103, 104.

(3) Die Forderung wegen der Nichterfüllung richtet sich auf den Unterschied zwischen dem vereinbarten Preis und dem Markt- oder Börsenpreis, der zu einem von den Parteien vereinbarten Zeitpunkt, spätestens jedoch am fünften Werktag nach der Eröffnung des Verfahrens am Erfüllungsort für einen Vertrag mit der vereinbarten Erfüllungszeit maßgeblich ist. Treffen die Parteien keine Vereinbarung, ist der zweite Werktag nach der Eröffnung des Verfahrens maßgebend. Der andere Teil kann eine solche Forderung nur als Insolvenzgläubiger geltend machen.

§ 105 Teilbare Leistungen

Sind die geschuldeten Leistungen teilbar und hat der andere Teil die ihm obliegende Leistung zur Zeit der Eröffnung des Insolvenzverfahrens bereits teilweise erbracht, so ist er mit dem der Teilleistung entsprechenden Betrag seines Anspruchs auf die Gegenleistung Insolvenzgläubiger, auch wenn der Insolvenzverwalter wegen der noch ausstehenden Leistung Erfüllung verlangt. Der andere Teil ist nicht berechtigt, wegen der Nichterfüllung seines Anspruchs auf die Gegenleistung die Rückgabe einer vor der Eröffnung des Verfahrens in das Vermögen des Schuldners übergegangenen Teilleistung aus der Insolvenzmasse zu verlangen.

§ 106 Vormerkung

(1) Ist zur Sicherung eines Anspruchs auf Einräumung oder Aufhebung eines Rechts an einem Grundstück des Schuldners oder an einem für den Schuldner eingetragenen Recht oder zur Sicherung eines Anspruchs auf Änderung des Inhalts oder des Ranges eines solchen Rechts eine Vormerkung im Grundbuch eingetragen, so kann der Gläubiger für seinen Anspruch Befriedigung aus der Insolvenzmasse verlangen. Dies gilt auch, wenn der Schuldner dem Gläubiger gegenüber weitere Verpflichtungen übernommen hat und diese nicht oder nicht vollständig erfüllt sind.

(2) Für eine Vormerkung, die im Schiffsregister, Schiffsbauregister oder Register für Pfandrechte an Luftfahrzeugen eingetragen ist, gilt Absatz 1 entsprechend.

§ 107 Eigentumsvorbehalt

(1) Hat vor der Eröffnung des Insolvenzverfahrens der Schuldner eine bewegliche Sache unter Eigentumsvorbehalt verkauft und dem Käufer den Besitz an der Sache übertragen, so kann der Käufer die Erfüllung des Kaufvertrages verlangen. Dies gilt auch, wenn der Schuldner dem Käufer gegenüber weitere Verpflichtungen übernommen hat und diese nicht oder nicht vollständig erfüllt sind.

(2) Hat vor der Eröffnung des Insolvenzverfahrens der Schuldner eine bewegliche Sache unter Eigentumsvorbehalt gekauft und vom Verkäufer den Besitz an der Sache erlangt, so braucht der Insolvenzverwalter, den der Verkäufer zur Ausübung des Wahlrechts aufgefordert hat, die Erklärung nach § 103 Abs. 2 Satz 2 erst unverzüglich nach dem Berichtstermin abzugeben. Dies gilt nicht, wenn in der Zeit bis zum Berichtstermin eine erhebliche Verminderung des Wertes der Sache zu erwarten ist und der Gläubiger den Verwalter auf diesen Umstand hingewiesen hat.

§ 108 Fortbestehen bestimmter Schuldverhältnisse

(1) Miet- und Pachtverhältnisse des Schuldners über unbewegliche Gegenstände oder Räume sowie Dienstverhältnisse des Schuldners bestehen mit Wirkung für die Insolvenzmasse fort. Dies

gilt auch für Miet- und Pachtverhältnisse, die der Schuldner als Vermieter oder Verpächter eingegangen war und die sonstige Gegenstände betreffen, die einem Dritten, der ihre Anschaffung oder Herstellung finanziert hat, zur Sicherheit übertragen wurden.
(2) Ein vom Schuldner als Darlehensgeber eingegangenes Darlehensverhältnis besteht mit Wirkung für die Masse fort, soweit dem Darlehensnehmer der geschuldete Gegenstand zur Verfügung gestellt wurde.
(3) Ansprüche für die Zeit vor der Eröffnung des Insolvenzverfahrens kann der andere Teil nur als Insolvenzgläubiger geltend machen.

§ 109 Schuldner als Mieter oder Pächter

(1) Ein Miet- oder Pachtverhältnis über einen unbeweglichen Gegenstand oder über Räume, das der Schuldner als Mieter oder Pächter eingegangen war, kann der Insolvenzverwalter ohne Rücksicht auf die vereinbarte Vertragsdauer oder einen vereinbarten Ausschluss des Rechts zur ordentlichen Kündigung kündigen; die Kündigungsfrist beträgt drei Monate zum Monatsende, wenn nicht eine kürzere Frist maßgeblich ist. Ist Gegenstand des Mietverhältnisses die Wohnung des Schuldners, so tritt an die Stelle der Kündigung das Recht des Insolvenzverwalters zu erklären, dass Ansprüche, die nach Ablauf der in Satz 1 genannten Frist fällig werden, nicht im Insolvenzverfahren geltend gemacht werden können. Kündigt der Verwalter nach Satz 1 oder gibt er die Erklärung nach Satz 2 ab, so kann der andere Teil wegen der vorzeitigen Beendigung des Vertragsverhältnisses oder wegen der Folgen der Erklärung als Insolvenzgläubiger Schadenersatz verlangen.
(2) Waren dem Schuldner der unbewegliche Gegenstand oder die Räume zur Zeit der Eröffnung des Verfahrens noch nicht überlassen, so kann sowohl der Verwalter als auch der andere Teil vom Vertrag zurücktreten. Tritt der Verwalter zurück, so kann der andere Teil wegen der vorzeitigen Beendigung des Vertragsverhältnisses als Insolvenzgläubiger Schadenersatz verlangen. Jeder Teil hat dem anderen auf dessen Verlangen binnen zwei Wochen zu erklären, ob er vom Vertrag zurücktreten will; unterlässt er dies, so verliert er das Rücktrittsrecht.

§ 110 Schuldner als Vermieter oder Verpächter

(1) Hatte der Schuldner als Vermieter oder Verpächter eines unbeweglichen Gegenstands oder von Räumen vor der Eröffnung des Insolvenzverfahrens über die Miet- oder Pachtforderung für die spätere Zeit verfügt, so ist diese Verfügung nur wirksam, soweit sie sich auf die Miete oder Pacht für den zur Zeit der Eröffnung des Verfahrens laufenden Kalendermonat bezieht. Ist die Eröffnung nach dem fünfzehnten Tag des Monats erfolgt, so ist die Verfügung auch für den folgenden Kalendermonat wirksam.
(2) Eine Verfügung im Sinne des Absatzes 1 ist insbesondere die Einziehung der Miete oder Pacht. Einer rechtsgeschäftlichen Verfügung steht eine Verfügung gleich, die im Wege der Zwangsvollstreckung erfolgt.
(3) Der Mieter oder der Pächter kann gegen die Miet- oder Pachtforderung für den in Absatz 1 bezeichneten Zeitraum eine Forderung aufrechnen, die ihm gegen den Schuldner zusteht. Die §§ 95 und 96 Nr. 2 bis 4 bleiben unberührt.

§ 111 Veräußerung des Miet- oder Pachtobjekts

Veräußert der Insolvenzverwalter einen unbeweglichen Gegenstand oder Räume, die der Schuldner vermietet oder verpachtet hatte, und tritt der Erwerber anstelle des Schuldners in das Miet- oder Pachtverhältnis ein, so kann der Erwerber das Miet- oder Pachtverhältnis unter Einhaltung der gesetzlichen Frist kündigen. Die Kündigung kann nur für den ersten Termin erfolgen, für den sie zulässig ist. § 111: Früherer Satz 3 aufgeh. durch Art. 13 G v. 22.12.2006 I 3416 mWv 31.12.2006

§ 112 Kündigungssperre

Ein Miet- oder Pachtverhältnis, das der Schuldner als Mieter oder Pächter eingegangen war, kann der andere Teil nach dem Antrag auf Eröffnung des Insolvenzverfahrens nicht kündigen:

1. wegen eines Verzugs mit der Entrichtung der Miete oder Pacht, der in der Zeit vor dem Eröffnungsantrag eingetreten ist;
2. wegen einer Verschlechterung der Vermögensverhältnisse des Schuldners.

§ 113 Kündigung eines Dienstverhältnisses

Ein Dienstverhältnis, bei dem der Schuldner der Dienstberechtigte ist, kann vom Insolvenzverwalter und vom anderen Teil ohne Rücksicht auf eine vereinbarte Vertragsdauer oder einen vereinbarten Ausschluss des Rechts zur ordentlichen Kündigung gekündigt werden. Die Kündigungsfrist beträgt drei Monate zum Monatsende, wenn nicht eine kürzere Frist maßgeblich ist. Kündigt der Verwalter, so kann der andere Teil wegen der vorzeitigen Beendigung des Dienstverhältnisses als Insolvenzgläubiger Schadenersatz verlangen.

§ 114 Bezüge aus einem Dienstverhältnis

(1) Hat der Schuldner vor der Eröffnung des Insolvenzverfahrens eine Forderung für die spätere Zeit auf Bezüge aus einem Dienstverhältnis oder an deren Stelle tretende laufende Bezüge abgetreten oder verpfändet, so ist diese Verfügung nur wirksam, soweit sie sich auf die Bezüge für die Zeit vor Ablauf von zwei Jahren nach dem Ende des zur Zeit der Eröffnung des Verfahrens laufenden Kalendermonats bezieht.

(2) Gegen die Forderung auf die Bezüge für den in Absatz 1 bezeichneten Zeitraum kann der Verpflichtete eine Forderung aufrechnen, die ihm gegen den Schuldner zusteht. Die §§ 95 und 96 Nr. 2 bis 4 bleiben unberührt.

(3) Ist vor der Eröffnung des Verfahrens im Wege der Zwangsvollstreckung über die Bezüge für die spätere Zeit verfügt worden, so ist diese Verfügung nur wirksam, soweit sie sich auf die Bezüge für den zur Zeit der Eröffnung des Verfahrens laufenden Kalendermonat bezieht. Ist die Eröffnung nach dem fünfzehnten Tag des Monats erfolgt, so ist die Verfügung auch für den folgenden Kalendermonat wirksam. § 88 bleibt unberührt; § 89 Abs. 2 Satz 2 gilt entsprechend.

§ 115 Erlöschen von Aufträgen

(1) Ein vom Schuldner erteilter Auftrag, der sich auf das zur Insolvenzmasse gehörende Vermögen bezieht, erlischt durch die Eröffnung des Insolvenzverfahrens.

(2) Der Beauftragte hat, wenn mit dem Aufschub Gefahr verbunden ist, die Besorgung des übertragenen Geschäfts fortzusetzen, bis der Insolvenzverwalter anderweitig Fürsorge treffen kann. Der Auftrag gilt insoweit als fortbestehend. Mit seinen Ersatzansprüchen aus dieser Fortsetzung ist der Beauftragte Massegläubiger.

(3) Solange der Beauftragte die Eröffnung des Verfahrens ohne Verschulden nicht kennt, gilt der Auftrag zu seinen Gunsten als fortbestehend. Mit den Ersatzansprüchen aus dieser Fortsetzung ist der Beauftragte Insolvenzgläubiger.

§ 116 Erlöschen von Geschäftsbesorgungsverträgen

Hat sich jemand durch einen Dienst- oder Werkvertrag mit dem Schuldner verpflichtet, ein Geschäft für diesen zu besorgen, so gilt § 115 entsprechend. Dabei gelten die Vorschriften für die Ersatzansprüche aus der Fortsetzung der Geschäftsbesorgung auch für die Vergütungsansprüche. Satz 1 findet keine Anwendung auf Zahlungsaufträge sowie auf Aufträge zwischen Zahlungsdienstleistern oder zwischengeschalteten Stellen und Aufträge zur Übertragung von Wertpapieren; diese bestehen mit Wirkung für die Masse fort.

§ 117 Erlöschen von Vollmachten

(1) Eine vom Schuldner erteilte Vollmacht, die sich auf das zur Insolvenzmasse gehörende Vermögen bezieht, erlischt durch die Eröffnung des Insolvenzverfahrens.

(2) Soweit ein Auftrag oder ein Geschäftsbesorgungsvertrag nach § 115 Abs. 2 fortbesteht, gilt auch die Vollmacht als fortbestehend.

(3) Solange der Bevollmächtigte die Eröffnung des Verfahrens ohne Verschulden nicht kennt, haftet er nicht nach § 179 des Bürgerlichen Gesetzbuchs.

§ 118 Auflösung von Gesellschaften

Wird eine Gesellschaft ohne Rechtspersönlichkeit oder eine Kommanditgesellschaft auf Aktien durch die Eröffnung des Insolvenzverfahrens über das Vermögen eines Gesellschafters aufgelöst, so ist der geschäftsführende Gesellschafter mit den Ansprüchen, die ihm aus der einstweiligen Fortführung eilbedürftiger Geschäfte zustehen, Massegläubiger. Mit den Ansprüchen aus der Fortführung der Geschäfte während der Zeit, in der er die Eröffnung des Insolvenzverfahrens ohne sein Verschulden nicht kannte, ist er Insolvenzgläubiger; § 84 Abs. 1 bleibt unberührt.

§ 119 Unwirksamkeit abweichender Vereinbarungen

Vereinbarungen, durch die im Voraus die Anwendung der §§ 103 bis 118 ausgeschlossen oder beschränkt wird, sind unwirksam.

§ 120 Kündigung von Betriebsvereinbarungen

(1) Sind in Betriebsvereinbarungen Leistungen vorgesehen, welche die Insolvenzmasse belasten, so sollen Insolvenzverwalter und Betriebsrat über eine einvernehmliche Herabsetzung der Leistungen beraten. Diese Betriebsvereinbarungen können auch dann mit einer Frist von drei Monaten gekündigt werden, wenn eine längere Frist vereinbart ist.

(2) Unberührt bleibt das Recht, eine Betriebsvereinbarung aus wichtigem Grund ohne Einhaltung einer Kündigungsfrist zu kündigen.

§ 121 Betriebsänderungen und Vermittlungsverfahren

Im Insolvenzverfahren über das Vermögen des Unternehmers gilt § 112 Abs. 2 Satz 1 des Betriebsverfassungsgesetzes mit der Maßgabe, dass dem Verfahren vor der Einigungsstelle nur dann ein Vermittlungsversuch vorangeht, wenn der Insolvenzverwalter und der Betriebsrat gemeinsam um eine solche Vermittlung ersuchen.

§ 122 Gerichtliche Zustimmung zur Durchführung einer Betriebsänderung

(1) Ist eine Betriebsänderung geplant und kommt zwischen Insolvenzverwalter und Betriebsrat der Interessenausgleich nach § 112 des Betriebsverfassungsgesetzes nicht innerhalb von drei Wochen nach Verhandlungsbeginn oder schriftlicher Aufforderung zur Aufnahme von Verhandlungen zustande, obwohl der Verwalter den Betriebsrat rechtzeitig und umfassend unterrichtet hat, so kann der Verwalter die Zustimmung des Arbeitsgerichts dazu beantragen, dass die Betriebsänderung durchgeführt wird, ohne dass das Verfahren nach § 112 Abs. 2 des Betriebsverfassungsgesetzes vorangegangen ist. § 113 Abs. 3 des Betriebsverfassungsgesetzes ist insoweit nicht anzuwenden. Unberührt bleibt das Recht des Verwalters, einen Interessenausgleich nach § 125 zustande zu bringen oder einen Feststellungsantrag nach § 126 zu stellen.

(2) Das Gericht erteilt die Zustimmung, wenn die wirtschaftliche Lage des Unternehmens auch unter Berücksichtigung der sozialen Belange der Arbeitnehmer erfordert, dass die Betriebsänderung ohne vorheriges Verfahren nach § 112 Abs. 2 des Betriebsverfassungsgesetzes durchgeführt wird. Die Vorschriften des Arbeitsgerichtsgesetzes über das Beschlussverfahren gelten entsprechend; Beteiligte sind der Insolvenzverwalter und der Betriebsrat. Der Antrag ist nach Maßgabe des § 61a Abs. 3 bis 6 des Arbeitsgerichtsgesetzes vorrangig zu erledigen.

(3) Gegen den Beschluss des Gerichts findet die Beschwerde an das Landesarbeitsgericht nicht statt. Die Rechtsbeschwerde an das Bundesarbeitsgericht findet statt, wenn sie in dem Beschluss des Arbeitsgerichts zugelassen wird; § 72 Abs. 2 und 3 des Arbeitsgerichtsgesetzes gilt entsprechend. Die Rechtsbeschwerde ist innerhalb eines Monats nach Zustellung der in vollständiger Form abgefassten Entscheidung des Arbeitsgerichts beim Bundesarbeitsgericht einzulegen und zu begründen.

§ 123 Umfang des Sozialplans

(1) In einem Sozialplan, der nach der Eröffnung des Insolvenzverfahrens aufgestellt wird, kann für den Ausgleich oder die Milderung der wirtschaftlichen Nachteile, die den Arbeitnehmern infolge der geplanten Betriebsänderung entstehen, ein Gesamtbetrag von bis zu zweieinhalb Monatsverdiensten (§ 10 Abs. 3 des Kündigungsschutzgesetzes) der von einer Entlassung betroffenen Arbeitnehmer vorgesehen werden.

(2) Die Verbindlichkeiten aus einem solchen Sozialplan sind Masseverbindlichkeiten. Jedoch darf, wenn nicht ein Insolvenzplan zustande kommt, für die Berichtigung von Sozialplanforderungen nicht mehr als ein Drittel der Masse verwendet werden, die ohne einen Sozialplan für die Verteilung an die Insolvenzgläubiger zur Verfügung stünde. Übersteigt der Gesamtbetrag aller Sozialplanforderungen diese Grenze, so sind die einzelnen Forderungen anteilig zu kürzen.

(3) Sooft hinreichende Barmittel in der Masse vorhanden sind, soll der Insolvenzverwalter mit Zustimmung des Insolvenzgerichts Abschlagszahlungen auf die Sozialplanforderungen leisten. Eine Zwangsvollstreckung in die Masse wegen einer Sozialplanforderung ist unzulässig.

§ 124 Sozialplan vor Verfahrenseröffnung

(1) Ein Sozialplan, der vor der Eröffnung des Insolvenzverfahrens, jedoch nicht früher als drei Monate vor dem Eröffnungsantrag aufgestellt worden ist, kann sowohl vom Insolvenzverwalter als auch vom Betriebsrat widerrufen werden.

(2) Wird der Sozialplan widerrufen, so können die Arbeitnehmer, denen Forderungen aus dem Sozialplan zustanden, bei der Aufstellung eines Sozialplans im Insolvenzverfahren berücksichtigt werden.

(3) Leistungen, die ein Arbeitnehmer vor der Eröffnung des Verfahrens auf seine Forderung aus dem widerrufenen Sozialplan erhalten hat, können nicht wegen des Widerrufs zurückgefordert werden. Bei der Aufstellung eines neuen Sozialplans sind derartige Leistungen an einen von einer Entlassung betroffenen Arbeitnehmer bei der Berechnung des Gesamtbetrags der Sozialplanforderungen nach § 123 Abs. 1 bis zur Höhe von zweieinhalb Monatsverdiensten abzusetzen.

§ 125 Interessenausgleich und Kündigungsschutz

(1) Ist eine Betriebsänderung (§ 111 des Betriebsverfassungsgesetzes) geplant und kommt zwischen Insolvenzverwalter und Betriebsrat ein Interessenausgleich zustande, in dem die Arbeitnehmer, denen gekündigt werden soll, namentlich bezeichnet sind, so ist § 1 des Kündigungsschutzgesetzes mit folgenden Maßgaben anzuwenden:

1. es wird vermutet, dass die Kündigung der Arbeitsverhältnisse der bezeichneten Arbeitnehmer durch dringende betriebliche Erfordernisse, die einer Weiterbeschäftigung in diesem Betrieb oder einer Weiterbeschäftigung zu unveränderten Arbeitsbedingungen entgegenstehen, bedingt ist;
2. die soziale Auswahl der Arbeitnehmer kann nur im Hinblick auf die Dauer der Betriebszugehörigkeit, das Lebensalter und die Unterhaltspflichten und auch insoweit nur auf grobe Fehlerhaftigkeit nachgeprüft werden; sie ist nicht als grob fehlerhaft anzusehen, wenn eine ausgewogene Personalstruktur erhalten oder geschaffen wird.

Satz 1 gilt nicht, soweit sich die Sachlage nach Zustandekommen des Interessenausgleichs wesentlich geändert hat.
(2) Der Interessenausgleich nach Absatz 1 ersetzt die Stellungnahme des Betriebsrats nach § 17 Abs. 3 Satz 2 des Kündigungsschutzgesetzes.

§ 126 Beschlussverfahren zum Kündigungsschutz
(1) Hat der Betrieb keinen Betriebsrat oder kommt aus anderen Gründen innerhalb von drei Wochen nach Verhandlungsbeginn oder schriftlicher Aufforderung zur Aufnahme von Verhandlungen ein Interessenausgleich nach § 125 Abs. 1 nicht zustande, obwohl der Verwalter den Betriebsrat rechtzeitig und umfassend unterrichtet hat, so kann der Insolvenzverwalter beim Arbeitsgericht beantragen festzustellen, dass die Kündigung der Arbeitsverhältnisse bestimmter, im Antrag bezeichneter Arbeitnehmer durch dringende betriebliche Erfordernisse bedingt und sozial gerechtfertigt ist. Die soziale Auswahl der Arbeitnehmer kann nur im Hinblick auf die Dauer der Betriebszugehörigkeit, das Lebensalter und die Unterhaltspflichten nachgeprüft werden.
(2) Die Vorschriften des Arbeitsgerichtsgesetzes über das Beschlussverfahren gelten entsprechend; Beteiligte sind der Insolvenzverwalter, der Betriebsrat und die bezeichneten Arbeitnehmer, soweit sie nicht mit der Beendigung der Arbeitsverhältnisse oder mit den geänderten Arbeitsbedingungen einverstanden sind. § 122 Abs. 2 Satz 3, Abs. 3 gilt entsprechend.
(3) Für die Kosten, die den Beteiligten im Verfahren des ersten Rechtszugs entstehen, gilt § 12a Abs. 1 Satz 1 und 2 des Arbeitsgerichtsgesetzes entsprechend. Im Verfahren vor dem Bundesarbeitsgericht gelten die Vorschriften der Zivilprozessordnung über die Erstattung der Kosten des Rechtsstreits entsprechend.

§ 127 Klage des Arbeitnehmers
(1) Kündigt der Insolvenzverwalter einem Arbeitnehmer, der in dem Antrag nach § 126 Abs. 1 bezeichnet ist, und erhebt der Arbeitnehmer Klage auf Feststellung, dass das Arbeitsverhältnis durch die Kündigung nicht aufgelöst oder die Änderung der Arbeitsbedingungen sozial ungerechtfertigt ist, so ist die rechtskräftige Entscheidung im Verfahren nach § 126 für die Parteien bindend. Dies gilt nicht, soweit sich die Sachlage nach dem Schluss der letzten mündlichen Verhandlung wesentlich geändert hat.
(2) Hat der Arbeitnehmer schon vor der Rechtskraft der Entscheidung im Verfahren nach § 126 Klage erhoben, so ist die Verhandlung über die Klage auf Antrag des Verwalters bis zu diesem Zeitpunkt auszusetzen.

§ 128 Betriebsveräußerung
(1) Die Anwendung der §§ 125 bis 127 wird nicht dadurch ausgeschlossen, dass die Betriebsänderung, die dem Interessenausgleich oder dem Feststellungsantrag zugrundeliegt, erst nach einer Betriebsveräußerung durchgeführt werden soll. An dem Verfahren nach § 126 ist der Erwerber des Betriebs beteiligt.
(2) Im Falle eines Betriebsübergangs erstreckt sich die Vermutung nach § 125 Abs. 1 Satz 1 Nr. 1 oder die gerichtliche Feststellung nach § 126 Abs. 1 Satz 1 auch darauf, dass die Kündigung der Arbeitsverhältnisse nicht wegen des Betriebsübergangs erfolgt.

Dritter Abschnitt
Insolvenzanfechtung

§ 129 Grundsatz

(1) Rechtshandlungen, die vor der Eröffnung des Insolvenzverfahrens vorgenommen worden sind und die Insolvenzgläubiger benachteiligen, kann der Insolvenzverwalter nach Maßgabe der §§ 130 bis 146 anfechten.

(2) Eine Unterlassung steht einer Rechtshandlung gleich.

§ 130 Kongruente Deckung

(1) Anfechtbar ist eine Rechtshandlung, die einem Insolvenzgläubiger eine Sicherung oder Befriedigung gewährt oder ermöglicht hat,

1. wenn sie in den letzten drei Monaten vor dem Antrag auf Eröffnung des Insolvenzverfahrens vorgenommen worden ist, wenn zur Zeit der Handlung der Schuldner zahlungsunfähig war und wenn der Gläubiger zu dieser Zeit die Zahlungsunfähigkeit kannte oder
2. wenn sie nach dem Eröffnungsantrag vorgenommen worden ist und wenn der Gläubiger zur Zeit der Handlung die Zahlungsunfähigkeit oder den Eröffnungsantrag kannte.

Dies gilt nicht, soweit die Rechtshandlung auf einer Sicherungsvereinbarung beruht, die die Verpflichtung enthält, eine Finanzsicherheit, eine andere oder eine zusätzliche Finanzsicherheit im Sinne des § 1 Abs. 17 des Kreditwesengesetzes zu bestellen, um das in der Sicherungsvereinbarung festgelegte Verhältnis zwischen dem Wert der gesicherten Verbindlichkeiten und dem Wert der geleisteten Sicherheiten wiederherzustellen (Margensicherheit).

(2) Der Kenntnis der Zahlungsunfähigkeit oder des Eröffnungsantrags steht die Kenntnis von Umständen gleich, die zwingend auf die Zahlungsunfähigkeit oder den Eröffnungsantrag schließen lassen.

(3) Gegenüber einer Person, die dem Schuldner zur Zeit der Handlung nahestand (§ 138), wird vermutet, dass sie die Zahlungsunfähigkeit oder den Eröffnungsantrag kannte.

§ 131 Inkongruente Deckung

(1) Anfechtbar ist eine Rechtshandlung, die einem Insolvenzgläubiger eine Sicherung oder Befriedigung gewährt oder ermöglicht hat, die er nicht oder nicht in der Art oder nicht zu der Zeit zu beanspruchen hatte,

1. wenn die Handlung im letzten Monat vor dem Antrag auf Eröffnung des Insolvenzverfahrens oder nach diesem Antrag vorgenommen worden ist,
2. wenn die Handlung innerhalb des zweiten oder dritten Monats vor dem Eröffnungsantrag vorgenommen worden ist und der Schuldner zur Zeit der Handlung zahlungsunfähig war oder
3. wenn die Handlung innerhalb des zweiten oder dritten Monats vor dem Eröffnungsantrag vorgenommen worden ist und dem Gläubiger zur Zeit der Handlung bekannt war, dass sie die Insolvenzgläubiger benachteiligte.

(2) Für die Anwendung des Absatzes 1 Nr. 3 steht der Kenntnis der Benachteiligung der Insolvenzgläubiger die Kenntnis von Umständen gleich, die zwingend auf die Benachteiligung schließen lassen. Gegenüber einer Person, die dem Schuldner zur Zeit der Handlung nahestand (§ 138), wird vermutet, dass sie die Benachteiligung der Insolvenzgläubiger kannte.

§ 132 Unmittelbar nachteilige Rechtshandlungen

(1) Anfechtbar ist ein Rechtsgeschäft des Schuldners, das die Insolvenzgläubiger unmittelbar benachteiligt,

1. wenn es in den letzten drei Monaten vor dem Antrag auf Eröffnung des Insolvenzverfahrens vorgenommen worden ist, wenn zur Zeit des Rechtsgeschäfts der Schuldner zahlungsunfähig war und wenn der andere Teil zu dieser Zeit die Zahlungsunfähigkeit kannte oder
2. wenn es nach dem Eröffnungsantrag vorgenommen worden ist und wenn der andere Teil zur Zeit des Rechtsgeschäfts die Zahlungsunfähigkeit oder den Eröffnungsantrag kannte.

(2) Einem Rechtsgeschäft, das die Insolvenzgläubiger unmittelbar benachteiligt, steht eine andere Rechtshandlung des Schuldners gleich, durch die der Schuldner ein Recht verliert oder nicht mehr geltend machen kann oder durch die ein vermögensrechtlicher Anspruch gegen ihn erhalten oder durchsetzbar wird.

(3) § 130 Abs. 2 und 3 gilt entsprechend.

§ 133 Vorsätzliche Benachteiligung

(1) Anfechtbar ist eine Rechtshandlung, die der Schuldner in den letzten zehn Jahren vor dem Antrag auf Eröffnung des Insolvenzverfahrens oder nach diesem Antrag mit dem Vorsatz, seine Gläubiger zu benachteiligen, vorgenommen hat, wenn der andere Teil zur Zeit der Handlung den Vorsatz des Schuldners kannte. Diese Kenntnis wird vermutet, wenn der andere Teil wusste, dass die Zahlungsunfähigkeit des Schuldners drohte und dass die Handlung die Gläubiger benachteiligte.

(2) Anfechtbar ist ein vom Schuldner mit einer nahestehenden Person (§ 138) geschlossener entgeltlicher Vertrag, durch den die Insolvenzgläubiger unmittelbar benachteiligt werden. Die Anfechtung ist ausgeschlossen, wenn der Vertrag früher als zwei Jahre vor dem Eröffnungsantrag geschlossen worden ist oder wenn dem anderen Teil zur Zeit des Vertragsschlusses ein Vorsatz des Schuldners, die Gläubiger zu benachteiligen, nicht bekannt war.

§ 134 Unentgeltliche Leistung

(1) Anfechtbar ist eine unentgeltliche Leistung des Schuldners, es sei denn, sie ist früher als vier Jahre vor dem Antrag auf Eröffnung des Insolvenzverfahrens vorgenommen worden.

(2) Richtet sich die Leistung auf ein gebräuchliches Gelegenheitsgeschenk geringen Werts, so ist sie nicht anfechtbar.

§ 135 Gesellschafterdarlehen

(1) Anfechtbar ist eine Rechtshandlung, die für die Forderung eines Gesellschafters auf Rückgewähr eines Darlehens im Sinne des § 39 Abs. 1 Nr. 5 oder für eine gleichgestellte Forderung
1. Sicherung gewährt hat, wenn die Handlung in den letzten zehn Jahren vor dem Antrag auf Eröffnung des Insolvenzverfahrens oder nach diesem Antrag vorgenommen worden ist, oder
2. Befriedigung gewährt hat, wenn die Handlung im letzten Jahr vor dem Eröffnungsantrag oder nach diesem Antrag vorgenommen worden ist.

(2) Anfechtbar ist eine Rechtshandlung, mit der eine Gesellschaft einem Dritten für eine Forderung auf Rückgewähr eines Darlehens innerhalb der in Absatz 1 Nr. 2 genannten Fristen Befriedigung gewährt hat, wenn ein Gesellschafter für die Forderung eine Sicherheit bestellt hatte oder als Bürge haftete; dies gilt sinngemäß für Leistungen auf Forderungen, die einem Darlehen wirtschaftlich entsprechen.

(3) Wurde dem Schuldner von einem Gesellschafter ein Gegenstand zum Gebrauch oder zur Ausübung überlassen, so kann der Aussonderungsanspruch während der Dauer des Insolvenzverfahrens, höchstens aber für eine Zeit von einem Jahr ab der Eröffnung des Insolvenzverfahrens nicht geltend gemacht werden, wenn der Gegenstand für die Fortführung des Unternehmens des Schuldners von erheblicher Bedeutung ist. Für den Gebrauch oder die Ausübung des Gegenstandes gebührt dem Gesellschafter ein Ausgleich; bei der Berechnung ist der Durch-

schnitt der im letzten Jahr vor Verfahrenseröffnung geleisteten Vergütung in Ansatz zu bringen, bei kürzerer Dauer der Überlassung ist der Durchschnitt während dieses Zeitraums maßgebend.
(4) § 39 Abs. 4 und 5 gilt entsprechend.

§ 136 Stille Gesellschaft
(1) Anfechtbar ist eine Rechtshandlung, durch die einem stillen Gesellschafter die Einlage ganz oder teilweise zurückgewährt oder sein Anteil an dem entstandenen Verlust ganz oder teilweise erlassen wird, wenn die zugrundeliegende Vereinbarung im letzten Jahr vor dem Antrag auf Eröffnung des Insolvenzverfahrens über das Vermögen des Inhabers des Handelsgeschäfts oder nach diesem Antrag getroffen worden ist. Dies gilt auch dann, wenn im Zusammenhang mit der Vereinbarung die stille Gesellschaft aufgelöst worden ist.
(2) Die Anfechtung ist ausgeschlossen, wenn ein Eröffnungsgrund erst nach der Vereinbarung eingetreten ist.

§ 137 Wechsel- und Scheckzahlungen
(1) Wechselzahlungen des Schuldners können nicht auf Grund des § 130 vom Empfänger zurückgefordert werden, wenn nach Wechselrecht der Empfänger bei einer Verweigerung der Annahme der Zahlung den Wechselanspruch gegen andere Wechselverpflichtete verloren hätte.
(2) Die gezahlte Wechselsumme ist jedoch vom letzten Rückgriffsverpflichteten oder, wenn dieser den Wechsel für Rechnung eines Dritten begeben hatte, von dem Dritten zu erstatten, wenn der letzte Rückgriffsverpflichtete oder der Dritte zu der Zeit, als er den Wechsel begab oder begeben ließ, die Zahlungsunfähigkeit des Schuldners oder den Eröffnungsantrag kannte. § 130 Abs. 2 und 3 gilt entsprechend.
(3) Die Absätze 1 und 2 gelten entsprechend für Scheckzahlungen des Schuldners.

§ 138 Nahestehende Personen
(1) Ist der Schuldner eine natürliche Person, so sind nahestehende Personen:
1. der Ehegatte des Schuldners, auch wenn die Ehe erst nach der Rechtshandlung geschlossen oder im letzten Jahr vor der Handlung aufgelöst worden ist;
1a. der Lebenspartner des Schuldners, auch wenn die Lebenspartnerschaft erst nach der Rechtshandlung eingegangen oder im letzten Jahr vor der Handlung aufgelöst worden ist;
2. Verwandte des Schuldners oder des in Nummer 1 bezeichneten Ehegatten oder des in Nummer 1a bezeichneten Lebenspartners in auf- und absteigender Linie und voll- und halbbürtige Geschwister des Schuldners oder des in Nummer 1 bezeichneten Ehegatten oder des in Nummer 1a bezeichneten Lebenspartners sowie die Ehegatten oder Lebenspartner dieser Personen;
3. Personen, die in häuslicher Gemeinschaft mit dem Schuldner leben oder im letzten Jahr vor der Handlung in häuslicher Gemeinschaft mit dem Schuldner gelebt haben sowie Personen, die sich auf Grund einer dienstvertraglichen Verbindung zum Schuldner über dessen wirtschaftliche Verhältnisse unterrichten können;
4. eine juristische Person oder eine Gesellschaft ohne Rechtspersönlichkeit, wenn der Schuldner oder eine der in den Nummern 1 bis 3 genannten Personen Mitglied des Vertretungs- oder Aufsichtsorgans, persönlich haftender Gesellschafter oder zu mehr als einem Viertel an deren Kapital beteiligt ist oder auf Grund einer vergleichbaren gesellschaftsrechtlichen oder dienstvertraglichen Verbindung die Möglichkeit hat, sich über die wirtschaftlichen Verhältnisse des Schuldners zu unterrichten.
(2) Ist der Schuldner eine juristische Person oder eine Gesellschaft ohne Rechtspersönlichkeit, so sind nahestehende Personen:

1. die Mitglieder des Vertretungs- oder Aufsichtsorgans und persönlich haftende Gesellschafter des Schuldners sowie Personen, die zu mehr als einem Viertel am Kapital des Schuldners beteiligt sind;
2. eine Person oder eine Gesellschaft, die auf Grund einer vergleichbaren gesellschaftsrechtlichen oder dienstvertraglichen Verbindung zum Schuldner die Möglichkeit haben, sich über dessen wirtschaftliche Verhältnisse zu unterrichten;
3. eine Person, die zu einer der in Nummer 1 oder 2 bezeichneten Personen in einer in Absatz 1 bezeichneten persönlichen Verbindung steht; dies gilt nicht, soweit die in Nummer 1 oder 2 bezeichneten Personen kraft Gesetzes in den Angelegenheiten des Schuldners zur Verschwiegenheit verpflichtet sind.

§ 139 Berechnung der Fristen vor dem Eröffnungsantrag
(1) Die in den §§ 88, 130 bis 136 bestimmten Fristen beginnen mit dem Anfang des Tages, der durch seine Zahl dem Tag entspricht, an dem der Antrag auf Eröffnung des Insolvenzverfahrens beim Insolvenzgericht eingegangen ist. Fehlt ein solcher Tag, so beginnt die Frist mit dem Anfang des folgenden Tages.
(2) Sind mehrere Eröffnungsanträge gestellt worden, so ist der erste zulässige und begründete Antrag maßgeblich, auch wenn das Verfahren auf Grund eines späteren Antrags eröffnet worden ist. Ein rechtskräftig abgewiesener Antrag wird nur berücksichtigt, wenn er mangels Masse abgewiesen worden ist.

§ 140 Zeitpunkt der Vornahme einer Rechtshandlung
(1) Eine Rechtshandlung gilt als in dem Zeitpunkt vorgenommen, in dem ihre rechtlichen Wirkungen eintreten.
(2) Ist für das Wirksamwerden eines Rechtsgeschäfts eine Eintragung im Grundbuch, im Schiffsregister, im Schiffsbauregister oder im Register für Pfandrechte an Luftfahrzeugen erforderlich, so gilt das Rechtsgeschäft als vorgenommen, sobald die übrigen Voraussetzungen für das Wirksamwerden erfüllt sind, die Willenserklärung des Schuldners für ihn bindend geworden ist und der andere Teil den Antrag auf Eintragung der Rechtsänderung gestellt hat. Ist der Antrag auf Eintragung einer Vormerkung zur Sicherung des Anspruchs auf die Rechtsänderung gestellt worden, so gilt Satz 1 mit der Maßgabe, dass dieser Antrag an die Stelle des Antrags auf Eintragung der Rechtsänderung tritt.
(3) Bei einer bedingten oder befristeten Rechtshandlung bleibt der Eintritt der Bedingung oder des Termins außer Betracht.

§ 141 Vollstreckbarer Titel
Die Anfechtung wird nicht dadurch ausgeschlossen, dass für die Rechtshandlung ein vollstreckbarer Schuldtitel erlangt oder dass die Handlung durch Zwangsvollstreckung erwirkt worden ist.

§ 142 Bargeschäft
Eine Leistung des Schuldners, für die unmittelbar eine gleichwertige Gegenleistung in sein Vermögen gelangt, ist nur anfechtbar, wenn die Voraussetzungen des § 133 Abs. 1 gegeben sind.

§ 143 Rechtsfolgen
(1) Was durch die anfechtbare Handlung aus dem Vermögen des Schuldners veräußert, weggegeben oder aufgegeben ist, muss zur Insolvenzmasse zurückgewährt werden. Die Vorschriften über die Rechtsfolgen einer ungerechtfertigten Bereicherung, bei der dem Empfänger der Mangel des rechtlichen Grundes bekannt ist, gelten entsprechend.

(2) Der Empfänger einer unentgeltlichen Leistung hat diese nur zurückzugewähren, soweit er durch sie bereichert ist. Dies gilt nicht, sobald er weiß oder den Umständen nach wissen muss, dass die unentgeltliche Leistung die Gläubiger benachteiligt.
(3) Im Fall der Anfechtung nach § 135 Abs. 2 hat der Gesellschafter, der die Sicherheit bestellt hatte oder als Bürge haftete, die dem Dritten gewährte Leistung zur Insolvenzmasse zu erstatten. Die Verpflichtung besteht nur bis zur Höhe des Betrags, mit dem der Gesellschafter als Bürge haftete oder der dem Wert der von ihm bestellten Sicherheit im Zeitpunkt der Rückgewähr des Darlehens oder der Leistung auf die gleichgestellte Forderung entspricht. Der Gesellschafter wird von der Verpflichtung frei, wenn er die Gegenstände, die dem Gläubiger als Sicherheit gedient hatten, der Insolvenzmasse zur Verfügung stellt.

§ 144 Ansprüche des Anfechtungsgegners
(1) Gewährt der Empfänger einer anfechtbaren Leistung das Erlangte zurück, so lebt seine Forderung wieder auf.
(2) Eine Gegenleistung ist aus der Insolvenzmasse zu erstatten, soweit sie in dieser noch unterscheidbar vorhanden ist oder soweit die Masse um ihren Wert bereichert ist. Darüber hinaus kann der Empfänger der anfechtbaren Leistung die Forderung auf Rückgewähr der Gegenleistung nur als Insolvenzgläubiger geltend machen.

§ 145 Anfechtung gegen Rechtsnachfolger
(1) Die Anfechtbarkeit kann gegen den Erben oder einen anderen Gesamtrechtsnachfolger des Anfechtungsgegners geltend gemacht werden.
(2) Gegen einen sonstigen Rechtsnachfolger kann die Anfechtbarkeit geltend gemacht werden:
1. wenn dem Rechtsnachfolger zur Zeit seines Erwerbs die Umstände bekannt waren, welche die Anfechtbarkeit des Erwerbs seines Rechtsvorgängers begründen;
2. wenn der Rechtsnachfolger zur Zeit seines Erwerbs zu den Personen gehörte, die dem Schuldner nahestehen (§ 138), es sei denn, dass ihm zu dieser Zeit die Umstände unbekannt waren, welche die Anfechtbarkeit des Erwerbs seines Rechtsvorgängers begründen;
3. wenn dem Rechtsnachfolger das Erlangte unentgeltlich zugewendet worden ist.

§ 146 Verjährung des Anfechtungsanspruchs
(1) Die Verjährung des Anfechtungsanspruchs richtet sich nach den Regelungen über die regelmäßige Verjährung nach dem Bürgerlichen Gesetzbuch.
(2) Auch wenn der Anfechtungsanspruch verjährt ist, kann der Insolvenzverwalter die Erfüllung einer Leistungspflicht verweigern, die auf einer anfechtbaren Handlung beruht.

§ 147 Rechtshandlungen nach Verfahrenseröffnung
Eine Rechtshandlung, die nach der Eröffnung des Insolvenzverfahrens vorgenommen worden ist und die nach § 81 Abs. 3 Satz 2, §§ 892, 893 des Bürgerlichen Gesetzbuchs, §§ 16, 17 des Gesetzes über Rechte an eingetragenen Schiffen und Schiffsbauwerken und §§ 16, 17 des Gesetzes über Rechte an Luftfahrzeugen wirksam ist, kann nach den Vorschriften angefochten werden, die für die Anfechtung einer vor der Verfahrenseröffnung vorgenommenen Rechtshandlung gelten. Satz 1 findet auf die den in § 96 Abs. 2 genannten Ansprüchen und Leistungen zugrunde liegenden Rechtshandlungen mit der Maßgabe Anwendung, dass durch die Anfechtung nicht die Verrechnung einschließlich des Saldenausgleichs rückgängig gemacht wird oder die betreffenden Zahlungsaufträge, Aufträge zwischen Zahlungsdienstleistern oder zwischengeschalteten Stellen oder Aufträge zur Übertragung von Wertpapieren unwirksam werden.

Vierter Teil
Verwaltung und Verwertung der Insolvenzmasse
Erster Abschnitt
Sicherung der Insolvenzmasse

§ 148 Übernahme der Insolvenzmasse

(1) Nach der Eröffnung des Insolvenzverfahrens hat der Insolvenzverwalter das gesamte zur Insolvenzmasse gehörende Vermögen sofort in Besitz und Verwaltung zu nehmen.
(2) Der Verwalter kann auf Grund einer vollstreckbaren Ausfertigung des Eröffnungsbeschlusses die Herausgabe der Sachen, die sich im Gewahrsam des Schuldners befinden, im Wege der Zwangsvollstreckung durchsetzen. § 766 der Zivilprozessordnung gilt mit der Maßgabe, dass an die Stelle des Vollstreckungsgerichts das Insolvenzgericht tritt.

§ 149 Wertgegenstände

(1) Der Gläubigerausschuss kann bestimmen, bei welcher Stelle und zu welchen Bedingungen Geld, Wertpapiere und Kostbarkeiten hinterlegt oder angelegt werden sollen. Ist kein Gläubigerausschuss bestellt oder hat der Gläubigerausschuss noch keinen Beschluss gefasst, so kann das Insolvenzgericht entsprechendes anordnen.
(2) Die Gläubigerversammlung kann abweichende Regelungen beschließen.

§ 150 Siegelung

Der Insolvenzverwalter kann zur Sicherung der Sachen, die zur Insolvenzmasse gehören, durch den Gerichtsvollzieher oder eine andere dazu gesetzlich ermächtigte Person Siegel anbringen lassen. Das Protokoll über eine Siegelung oder Entsiegelung hat der Verwalter auf der Geschäftsstelle zur Einsicht der Beteiligten niederzulegen.

§ 151 Verzeichnis der Massegegenstände

(1) Der Insolvenzverwalter hat ein Verzeichnis der einzelnen Gegenstände der Insolvenzmasse aufzustellen. Der Schuldner ist hinzuzuziehen, wenn dies ohne eine nachteilige Verzögerung möglich ist.
(2) Bei jedem Gegenstand ist dessen Wert anzugeben. Hängt der Wert davon ab, ob das Unternehmen fortgeführt oder stillgelegt wird, sind beide Werte anzugeben. Besonders schwierige Bewertungen können einem Sachverständigen übertragen werden.
(3) Auf Antrag des Verwalters kann das Insolvenzgericht gestatten, dass die Aufstellung des Verzeichnisses unterbleibt; der Antrag ist zu begründen. Ist ein Gläubigerausschuss bestellt, so kann der Verwalter den Antrag nur mit Zustimmung des Gläubigerausschusses stellen.

§ 152 Gläubigerverzeichnis

(1) Der Insolvenzverwalter hat ein Verzeichnis aller Gläubiger des Schuldners aufzustellen, die ihm aus den Büchern und Geschäftspapieren des Schuldners, durch sonstige Angaben des Schuldners, durch die Anmeldung ihrer Forderungen oder auf andere Weise bekannt geworden sind.
(2) In dem Verzeichnis sind die absonderungsberechtigten Gläubiger und die einzelnen Rangklassen der nachrangigen Insolvenzgläubiger gesondert aufzuführen. Bei jedem Gläubiger sind die Anschrift sowie der Grund und der Betrag seiner Forderung anzugeben. Bei den absonderungsberechtigten Gläubigern sind zusätzlich der Gegenstand, an dem das Absonderungsrecht besteht, und die Höhe des mutmaßlichen Ausfalls zu bezeichnen; § 151 Abs. 2 Satz 2 gilt entsprechend.

(3) Weiter ist anzugeben, welche Möglichkeiten der Aufrechnung bestehen. Die Höhe der Masseverbindlichkeiten im Falle einer zügigen Verwertung des Vermögens des Schuldners ist zu schätzen.

§ 153 Vermögensübersicht

(1) Der Insolvenzverwalter hat auf den Zeitpunkt der Eröffnung des Insolvenzverfahrens eine geordnete Übersicht aufzustellen, in der die Gegenstände der Insolvenzmasse und die Verbindlichkeiten des Schuldners aufgeführt und einander gegenübergestellt werden. Für die Bewertung der Gegenstände gilt § 151 Abs. 2 entsprechend, für die Gliederung der Verbindlichkeiten § 152 Abs. 2 Satz 1.

(2) Nach der Aufstellung der Vermögensübersicht kann das Insolvenzgericht auf Antrag des Verwalters oder eines Gläubigers dem Schuldner aufgeben, die Vollständigkeit der Vermögensübersicht eidesstattlich zu versichern. Die §§ 98, 101 Abs. 1 Satz 1, 2 gelten entsprechend.

§ 154 Niederlegung in der Geschäftsstelle

Das Verzeichnis der Massegegenstände, das Gläubigerverzeichnis und die Vermögensübersicht sind spätestens eine Woche vor dem Berichtstermin in der Geschäftsstelle zur Einsicht der Beteiligten niederzulegen.

§ 155 Handels- und steuerrechtliche Rechnungslegung

(1) Handels- und steuerrechtliche Pflichten des Schuldners zur Buchführung und zur Rechnungslegung bleiben unberührt. In Bezug auf die Insolvenzmasse hat der Insolvenzverwalter diese Pflichten zu erfüllen.

(2) Mit der Eröffnung des Insolvenzverfahrens beginnt ein neues Geschäftsjahr. Jedoch wird die Zeit bis zum Berichtstermin in gesetzliche Fristen für die Aufstellung oder die Offenlegung eines Jahresabschlusses nicht eingerechnet.

(3) Für die Bestellung des Abschlussprüfers im Insolvenzverfahren gilt § 318 des Handelsgesetzbuchs mit der Maßgabe, dass die Bestellung ausschließlich durch das Registergericht auf Antrag des Verwalters erfolgt. Ist für das Geschäftsjahr vor der Eröffnung des Verfahrens bereits ein Abschlussprüfer bestellt, so wird die Wirksamkeit dieser Bestellung durch die Eröffnung nicht berührt.

Zweiter Abschnitt
Entscheidung über die Verwertung

§ 156 Berichtstermin

(1) Im Berichtstermin hat der Insolvenzverwalter über die wirtschaftliche Lage des Schuldners und ihre Ursachen zu berichten. Er hat darzulegen, ob Aussichten bestehen, das Unternehmen des Schuldners im ganzen oder in Teilen zu erhalten, welche Möglichkeiten für einen Insolvenzplan bestehen und welche Auswirkungen jeweils für die Befriedigung der Gläubiger eintreten würden.

(2) Dem Schuldner, dem Gläubigerausschuss, dem Betriebsrat und dem Sprecherausschuss der leitenden Angestellten ist im Berichtstermin Gelegenheit zu geben, zu dem Bericht des Verwalters Stellung zu nehmen. Ist der Schuldner Handels- oder Gewerbetreibender oder Landwirt, so kann auch der zuständigen amtlichen Berufsvertretung der Industrie, des Handels, des Handwerks oder der Landwirtschaft im Termin Gelegenheit zur Äußerung gegeben werden.

§ 157 Entscheidung über den Fortgang des Verfahrens
Die Gläubigerversammlung beschließt im Berichtstermin, ob das Unternehmen des Schuldners stillgelegt oder vorläufig fortgeführt werden soll. Sie kann den Verwalter beauftragen, einen Insolvenzplan auszuarbeiten, und ihm das Ziel des Plans vorgeben. Sie kann ihre Entscheidungen in späteren Terminen ändern.

§ 158 Maßnahmen vor der Entscheidung
(1) Will der Insolvenzverwalter vor dem Berichtstermin das Unternehmen des Schuldners Stilllegen oder veräußern, so hat er die Zustimmung des Gläubigerausschusses einzuholen, wenn ein solcher bestellt ist.
(2) Vor der Beschlussfassung des Gläubigerausschusses oder, wenn ein solcher nicht bestellt ist, vor der Stilllegung oder Veräußerung des Unternehmens hat der Verwalter den Schuldner zu unterrichten. Das Insolvenzgericht untersagt auf Antrag des Schuldners und nach Anhörung des Verwalters die Stilllegung oder Veräußerung, wenn diese ohne eine erhebliche Verminderung der Insolvenzmasse bis zum Berichtstermin aufgeschoben werden kann.

§ 159 Verwertung der Insolvenzmasse
Nach dem Berichtstermin hat der Insolvenzverwalter unverzüglich das zur Insolvenzmasse gehörende Vermögen zu verwerten, soweit die Beschlüsse der Gläubigerversammlung nicht entgegenstehen.

§ 160 Besonders bedeutsame Rechtshandlungen
(1) Der Insolvenzverwalter hat die Zustimmung des Gläubigerausschusses einzuholen, wenn er Rechtshandlungen vornehmen will, die für das Insolvenzverfahren von besonderer Bedeutung sind. Ist ein Gläubigerausschuss nicht bestellt, so ist die Zustimmung der Gläubigerversammlung einzuholen. Ist die einberufene Gläubigerversammlung beschlussunfähig, gilt die Zustimmung als erteilt; auf diese Folgen sind die Gläubiger bei der Einladung zur Gläubigerversammlung hinzuweisen.
(2) Die Zustimmung nach Absatz 1 ist insbesondere erforderlich,
1. wenn das Unternehmen oder ein Betrieb, das Warenlager im ganzen, ein unbeweglicher Gegenstand aus freier Hand, die Beteiligung des Schuldners an einem anderen Unternehmen, die der Herstellung einer dauernden Verbindung zu diesem Unternehmen dienen soll, oder das Recht auf den Bezug wiederkehrender Einkünfte veräußert werden soll;
2. wenn ein Darlehen aufgenommen werden soll, dass die Insolvenzmasse erheblich belasten würde;
3. wenn ein Rechtsstreit mit erheblichem Streitwert anhängig gemacht oder aufgenommen, die Aufnahme eines solchen Rechtsstreits abgelehnt oder zur Beilegung oder zur Vermeidung eines solchen Rechtsstreits ein Vergleich oder ein Schiedsvertrag geschlossen werden soll.

§ 161 Vorläufige Untersagung der Rechtshandlung
In den Fällen des § 160 hat der Insolvenzverwalter vor der Beschlussfassung des Gläubigerausschusses oder der Gläubigerversammlung den Schuldner zu unterrichten, wenn dies ohne nachteilige Verzögerung möglich ist. Sofern nicht die Gläubigerversammlung ihre Zustimmung erteilt hat, kann das Insolvenzgericht auf Antrag des Schuldners oder einer in § 75 Abs. 1 Nr. 3 bezeichneten Mehrzahl von Gläubigern und nach Anhörung des Verwalters die Vornahme der Rechtshandlung vorläufig untersagen und eine Gläubigerversammlung einberufen, die über die Vornahme beschließt.

§ 162 Betriebsveräußerung an besonders Interessierte

(1) Die Veräußerung des Unternehmens oder eines Betriebs ist nur mit Zustimmung der Gläubigerversammlung zulässig, wenn der Erwerber oder eine Person, die an seinem Kapital zu mindestens einem Fünftel beteiligt ist,

1. zu den Personen gehört, die dem Schuldner nahestehen (§ 138),
2. ein absonderungsberechtigter Gläubiger oder ein nicht nachrangiger Insolvenzgläubiger ist, dessen Absonderungsrechte und Forderungen nach der Schätzung des Insolvenzgerichts zusammen ein Fünftel der Summe erreichen, die sich aus dem Wert aller Absonderungsrechte und den Forderungsbeträgen aller nicht nachrangigen Insolvenzgläubiger ergibt.

(2) Eine Person ist auch insoweit im Sinne des Absatzes 1 am Erwerber beteiligt, als ein von der Person abhängiges Unternehmen oder ein Dritter für Rechnung der Person oder des abhängigen Unternehmens am Erwerber beteiligt ist.

§ 163 Betriebsveräußerung unter Wert

(1) Auf Antrag des Schuldners oder einer in § 75 Abs. 1 Nr. 3 bezeichneten Mehrzahl von Gläubigern und nach Anhörung des Insolvenzverwalters kann das Insolvenzgericht anordnen, dass die geplante Veräußerung des Unternehmens oder eines Betriebs nur mit Zustimmung der Gläubigerversammlung zulässig ist, wenn der Antragsteller glaubhaft macht, dass eine Veräußerung an einen anderen Erwerber für die Insolvenzmasse günstiger wäre.

(2) Sind dem Antragsteller durch den Antrag Kosten entstanden, so ist er berechtigt, die Erstattung dieser Kosten aus der Insolvenzmasse zu verlangen, sobald die Anordnung des Gerichts ergangen ist.

§ 164 Wirksamkeit der Handlung

Durch einen Verstoß gegen die §§ 160 bis 163 wird die Wirksamkeit der Handlung des Insolvenzverwalters nicht berührt.

Dritter Abschnitt
Gegenstände mit Absonderungsrechten

§ 165 Verwertung unbeweglicher Gegenstände

Der Insolvenzverwalter kann beim zuständigen Gericht die Zwangsversteigerung oder die Zwangsverwaltung eines unbeweglichen Gegenstands der Insolvenzmasse betreiben, auch wenn an dem Gegenstand ein Absonderungsrecht besteht.

§ 166 Verwertung beweglicher Gegenstände

(1) Der Insolvenzverwalter darf eine bewegliche Sache, an der ein Absonderungsrecht besteht, freihändig verwerten, wenn er die Sache in seinem Besitz hat.

(2) Der Verwalter darf eine Forderung, die der Schuldner zur Sicherung eines Anspruchs abgetreten hat, einziehen oder in anderer Weise verwerten.

(3) Die Absätze 1 und 2 finden keine Anwendung

1. auf Gegenstände, an denen eine Sicherheit zu Gunsten des Betreibers oder des Teilnehmers eines Systems nach § 1 Abs. 16 des Kreditwesengesetzes zur Sicherung seiner Ansprüche aus dem System besteht,
2. auf Gegenstände, an denen eine Sicherheit zu Gunsten der Zentralbank eines Mitgliedstaats der Europäischen Union oder Vertragsstaats des Europäischen Wirtschaftsraums oder zu Gunsten der Europäischen Zentralbank besteht, und
3. auf eine Finanzsicherheit im Sinne des § 1 Abs. 17 des Kreditwesengesetzes.

§ 167 Unterrichtung des Gläubigers

(1) Ist der Insolvenzverwalter nach § 166 Abs. 1 zur Verwertung einer beweglichen Sache berechtigt, so hat er dem absonderungsberechtigten Gläubiger auf dessen Verlangen Auskunft über den Zustand der Sache zu erteilen. Anstelle der Auskunft kann er dem Gläubiger gestatten, die Sache zu besichtigen.

(2) Ist der Verwalter nach § 166 Abs. 2 zur Einziehung einer Forderung berechtigt, so hat er dem absonderungsberechtigten Gläubiger auf dessen Verlangen Auskunft über die Forderung zu erteilen. Anstelle der Auskunft kann er dem Gläubiger gestatten, Einsicht in die Bücher und Geschäftspapiere des Schuldners zu nehmen.

§ 168 Mitteilung der Veräußerungsabsicht

(1) Bevor der Insolvenzverwalter einen Gegenstand, zu dessen Verwertung er nach § 166 berechtigt ist, an einen Dritten veräußert, hat er dem absonderungsberechtigten Gläubiger mitzuteilen, auf welche Weise der Gegenstand veräußert werden soll. Er hat dem Gläubiger Gelegenheit zu geben, binnen einer Woche auf eine andere, für den Gläubiger günstigere Möglichkeit der Verwertung des Gegenstands hinzuweisen.

(2) Erfolgt ein solcher Hinweis innerhalb der Wochenfrist oder rechtzeitig vor der Veräußerung, so hat der Verwalter die vom Gläubiger genannte Verwertungsmöglichkeit wahrzunehmen oder den Gläubiger so zu stellen, wie wenn er sie wahrgenommen hätte.

(3) Die andere Verwertungsmöglichkeit kann auch darin bestehen, dass der Gläubiger den Gegenstand selbst übernimmt. Günstiger ist eine Verwertungsmöglichkeit auch dann, wenn Kosten eingespart werden.

§ 169 Schutz des Gläubigers vor einer Verzögerung der Verwertung

Solange ein Gegenstand, zu dessen Verwertung der Insolvenzverwalter nach § 166 berechtigt ist, nicht verwertet wird, sind dem Gläubiger vom Berichtstermin an laufend die geschuldeten Zinsen aus der Insolvenzmasse zu zahlen. Ist der Gläubiger schon vor der Eröffnung des Insolvenzverfahrens auf Grund einer Anordnung nach § 21 an der Verwertung des Gegenstands gehindert worden, so sind die geschuldeten Zinsen spätestens von dem Zeitpunkt an zu zahlen, der drei Monate nach dieser Anordnung liegt. Die Sätze 1 und 2 gelten nicht, soweit nach der Höhe der Forderung sowie dem Wert und der sonstigen Belastung des Gegenstands nicht mit einer Befriedigung des Gläubigers aus dem Verwertungserlös zu rechnen ist.

§ 170 Verteilung des Erlöses

(1) Nach der Verwertung einer beweglichen Sache oder einer Forderung durch den Insolvenzverwalter sind aus dem Verwertungserlös die Kosten der Feststellung und der Verwertung des Gegenstands vorweg für die Insolvenzmasse zu entnehmen. Aus dem verbleibenden Betrag ist unverzüglich der absonderungsberechtigte Gläubiger zu befriedigen.

(2) Überlässt der Insolvenzverwalter einen Gegenstand, zu dessen Verwertung er nach § 166 berechtigt ist, dem Gläubiger zur Verwertung, so hat dieser aus dem von ihm erzielten Verwertungserlös einen Betrag in Höhe der Kosten der Feststellung sowie des Umsatzsteuerbetrages (§ 171 Abs. 2 Satz 3) vorweg an die Masse abzuführen.

§ 171 Berechnung des Kostenbeitrags

(1) Die Kosten der Feststellung umfassen die Kosten der tatsächlichen Feststellung des Gegenstands und der Feststellung der Rechte an diesem. Sie sind pauschal mit vier vom Hundert des Verwertungserlöses anzusetzen.

(2) Als Kosten der Verwertung sind pauschal fünf vom Hundert des Verwertungserlöses anzusetzen. Lagen die tatsächlich entstandenen, für die Verwertung erforderlichen Kosten erheblich

niedriger oder erheblich höher, so sind diese Kosten anzusetzen. Führt die Verwertung zu einer Belastung der Masse mit Umsatzsteuer, so ist der Umsatzsteuerbetrag zusätzlich zu der Pauschale nach Satz 1 oder den tatsächlich entstandenen Kosten nach Satz 2 anzusetzen.

§ 172 Sonstige Verwendung beweglicher Sachen

(1) Der Insolvenzverwalter darf eine bewegliche Sache, zu deren Verwertung er berechtigt ist, für die Insolvenzmasse benutzen, wenn er den dadurch entstehenden Wertverlust von der Eröffnung des Insolvenzverfahrens an durch laufende Zahlungen an den Gläubiger ausgleicht. Die Verpflichtung zu Ausgleichszahlungen besteht nur, soweit der durch die Nutzung entstehende Wertverlust die Sicherung des absonderungsberechtigten Gläubigers beeinträchtigt.

(2) Der Verwalter darf eine solche Sache verbinden, vermischen und verarbeiten, soweit dadurch die Sicherung des absonderungsberechtigten Gläubigers nicht beeinträchtigt wird. Setzt sich das Recht des Gläubigers an einer anderen Sache fort, so hat der Gläubiger die neue Sicherheit insoweit freizugeben, als sie den Wert der bisherigen Sicherheit übersteigt.

§ 173 Verwertung durch den Gläubiger

(1) Soweit der Insolvenzverwalter nicht zur Verwertung einer beweglichen Sache oder einer Forderung berechtigt ist, an denen ein Absonderungsrecht besteht, bleibt das Recht des Gläubigers zur Verwertung unberührt.

(2) Auf Antrag des Verwalters und nach Anhörung des Gläubigers kann das Insolvenzgericht eine Frist bestimmen, innerhalb welcher der Gläubiger den Gegenstand zu verwerten hat. Nach Ablauf der Frist ist der Verwalter zur Verwertung berechtigt.

Fünfter Teil
Befriedigung der Insolvenzgläubiger. Einstellung des Verfahrens
Erster Abschnitt
Feststellung der Forderungen

§ 174 Anmeldung der Forderungen

(1) Die Insolvenzgläubiger haben ihre Forderungen schriftlich beim Insolvenzverwalter anzumelden. Der Anmeldung sollen die Urkunden, aus denen sich die Forderung ergibt, in Abdruck beigefügt werden. Zur Vertretung des Gläubigers im Verfahren nach diesem Abschnitt sind auch Personen befugt, die Inkassodienstleistungen erbringen (registrierte Personen nach § 10 Abs. 1 Satz 1 Nr. 1 des Rechtsdienstleistungsgesetzes).

(2) Bei der Anmeldung sind der Grund und der Betrag der Forderung anzugeben sowie die Tatsachen, aus denen sich nach Einschätzung des Gläubigers ergibt, dass ihr eine vorsätzlich begangene unerlaubte Handlung des Schuldners zugrunde liegt.

(3) Die Forderungen nachrangiger Gläubiger sind nur anzumelden, soweit das Insolvenzgericht besonders zur Anmeldung dieser Forderungen auffordert. Bei der Anmeldung solcher Forderungen ist auf den Nachrang hinzuweisen und die dem Gläubiger zustehende Rangstelle zu bezeichnen.

(4) Die Anmeldung kann durch Übermittlung eines elektronischen Dokuments erfolgen, wenn der Insolvenzverwalter der Übermittlung elektronischer Dokumente ausdrücklich zugestimmt hat. In diesem Fall sollen die Urkunden, aus denen sich die Forderung ergibt, unverzüglich nachgereicht werden.

§ 175 Tabelle

(1) Der Insolvenzverwalter hat jede angemeldete Forderung mit den in § 174 Abs. 2 und 3 genannten Angaben in eine Tabelle einzutragen. Die Tabelle ist mit den Anmeldungen sowie

den beigefügten Urkunden innerhalb des ersten Drittels des Zeitraums, der zwischen dem Ablauf der Anmeldefrist und dem Prüfungstermin liegt, in der Geschäftsstelle des Insolvenzgerichts zur Einsicht der Beteiligten niederzulegen.
(2) Hat ein Gläubiger eine Forderung aus einer vorsätzlich begangenen unerlaubten Handlung angemeldet, so hat das Insolvenzgericht den Schuldner auf die Rechtsfolgen des § 302 und auf die Möglichkeit des Widerspruchs hinzuweisen.

§ 176 Verlauf des Prüfungstermins
Im Prüfungstermin werden die angemeldeten Forderungen ihrem Betrag und ihrem Rang nach geprüft. Die Forderungen, die vom Insolvenzverwalter, vom Schuldner oder von einem Insolvenzgläubiger bestritten werden, sind einzeln zu erörtern.

§ 177 Nachträgliche Anmeldungen
(1) Im Prüfungstermin sind auch die Forderungen zu prüfen, die nach dem Ablauf der Anmeldefrist angemeldet worden sind. Widerspricht jedoch der Insolvenzverwalter oder ein Insolvenzgläubiger dieser Prüfung oder wird eine Forderung erst nach dem Prüfungstermin angemeldet, so hat das Insolvenzgericht auf Kosten des Säumigen entweder einen besonderen Prüfungstermin zu bestimmen oder die Prüfung im schriftlichen Verfahren anzuordnen. Für nachträgliche Änderungen der Anmeldung gelten die Sätze 1 und 2 entsprechend.
(2) Hat das Gericht nachrangige Gläubiger nach § 174 Abs. 3 zur Anmeldung ihrer Forderungen aufgefordert und läuft die für diese Anmeldung gesetzte Frist später als eine Woche vor dem Prüfungstermin ab, so ist auf Kosten der Insolvenzmasse entweder ein besonderer Prüfungstermin zu bestimmen oder die Prüfung im schriftlichen Verfahren anzuordnen.
(3) Der besondere Prüfungstermin ist öffentlich bekanntzumachen. Zu dem Termin sind die Insolvenzgläubiger, die eine Forderung angemeldet haben, der Verwalter und der Schuldner besonders zu laden. § 74 Abs. 2 Satz 2 gilt entsprechend.

§ 178 Voraussetzungen und Wirkungen der Feststellung
(1) Eine Forderung gilt als festgestellt, soweit gegen sie im Prüfungstermin oder im schriftlichen Verfahren (§ 177) ein Widerspruch weder vom Insolvenzverwalter noch von einem Insolvenzgläubiger erhoben wird oder soweit ein erhobener Widerspruch beseitigt ist. Ein Widerspruch des Schuldners steht der Feststellung der Forderung nicht entgegen.
(2) Das Insolvenzgericht trägt für jede angemeldete Forderung in die Tabelle ein, inwieweit die Forderung ihrem Betrag und ihrem Rang nach festgestellt ist oder wer der Feststellung widersprochen hat. Auch ein Widerspruch des Schuldners ist einzutragen. Auf Wechseln und sonstigen Schuldurkunden ist vom Urkundsbeamten der Geschäftsstelle die Feststellung zu vermerken.
(3) Die Eintragung in die Tabelle wirkt für die festgestellten Forderungen ihrem Betrag und ihrem Rang nach wie ein rechtskräftiges Urteil gegenüber dem Insolvenzverwalter und allen Insolvenzgläubigern.

§ 179 Streitige Forderungen
(1) Ist eine Forderung vom Insolvenzverwalter oder von einem Insolvenzgläubiger bestritten worden, so bleibt es dem Gläubiger überlassen, die Feststellung gegen den Bestreitenden zu betreiben.
(2) Liegt für eine solche Forderung ein vollstreckbarer Schuldtitel oder ein Endurteil vor, so obliegt es dem Bestreitenden, den Widerspruch zu verfolgen.
(3) Das Insolvenzgericht erteilt dem Gläubiger, dessen Forderung bestritten worden ist, einen beglaubigten Auszug aus der Tabelle. Im Falle des Absatzes 2 erhält auch der Bestreitende

einen solchen Auszug. Die Gläubiger, deren Forderungen festgestellt worden sind, werden nicht benachrichtigt; hierauf sollen die Gläubiger vor dem Prüfungstermin hingewiesen werden.

§ 180 Zuständigkeit für die Feststellung

(1) Auf die Feststellung ist im ordentlichen Verfahren Klage zu erheben. Für die Klage ist das Amtsgericht ausschließlich zuständig, bei dem das Insolvenzverfahren anhängig ist oder anhängig war. Gehört der Streitgegenstand nicht zur Zuständigkeit der Amtsgerichte, so ist das Landgericht ausschließlich zuständig, zu dessen Bezirk das Insolvenzgericht gehört.
(2) War zur Zeit der Eröffnung des Insolvenzverfahrens ein Rechtsstreit über die Forderung anhängig, so ist die Feststellung durch Aufnahme des Rechtsstreits zu betreiben.

§ 181 Umfang der Feststellung

Die Feststellung kann nach Grund, Betrag und Rang der Forderung nur in der Weise begehrt werden, wie die Forderung in der Anmeldung oder im Prüfungstermin bezeichnet worden ist.

§ 182 Streitwert

Der Wert des Streitgegenstands einer Klage auf Feststellung einer Forderung, deren Bestand vom Insolvenzverwalter oder von einem Insolvenzgläubiger bestritten worden ist, bestimmt sich nach dem Betrag, der bei der Verteilung der Insolvenzmasse für die Forderung zu erwarten ist.

§ 183 Wirkung der Entscheidung

(1) Eine rechtskräftige Entscheidung, durch die eine Forderung festgestellt oder ein Widerspruch für begründet erklärt wird, wirkt gegenüber dem Insolvenzverwalter und allen Insolvenzgläubigern.
(2) Der obsiegenden Partei obliegt es, beim Insolvenzgericht die Berichtigung der Tabelle zu beantragen.
(3) Haben nur einzelne Gläubiger, nicht der Verwalter, den Rechtsstreit geführt, so können diese Gläubiger die Erstattung ihrer Kosten aus der Insolvenzmasse insoweit verlangen, als der Masse durch die Entscheidung ein Vorteil erwachsen ist.

§ 184 Klage gegen einen Widerspruch des Schuldners

(1) Hat der Schuldner im Prüfungstermin oder im schriftlichen Verfahren (§ 177) eine Forderung bestritten, so kann der Gläubiger Klage auf Feststellung der Forderung gegen den Schuldner erheben. War zur Zeit der Eröffnung des Insolvenzverfahrens ein Rechtsstreit über die Forderung anhängig, so kann der Gläubiger diesen Rechtsstreit gegen den Schuldner aufnehmen.
(2) Liegt für eine solche Forderung ein vollstreckbarer Schuldtitel oder ein Endurteil vor, so obliegt es dem Schuldner binnen einer Frist von einem Monat, die mit dem Prüfungstermin oder im schriftlichen Verfahren mit dem Bestreiten der Forderung beginnt, den Widerspruch zu verfolgen. Nach fruchtlosem Ablauf dieser Frist gilt ein Widerspruch als nicht erhoben. Das Insolvenzgericht erteilt dem Schuldner und dem Gläubiger, dessen Forderung bestritten worden ist, einen beglaubigten Auszug aus der Tabelle und weist den Schuldner auf die Folgen einer Fristversäumung hin. Der Schuldner hat dem Gericht die Verfolgung des Anspruchs nachzuweisen.

§ 185 Besondere Zuständigkeiten

Ist für die Feststellung einer Forderung der Rechtsweg zum ordentlichen Gericht nicht gegeben, so ist die Feststellung bei dem zuständigen anderen Gericht zu betreiben oder von der zuständigen Verwaltungsbehörde vorzunehmen. § 180 Abs. 2 und die §§ 181, 183 und 184 gelten entsprechend. Ist die Feststellung bei einem anderen Gericht zu betreiben, so gilt auch § 182 entsprechend.

§ 186 Wiedereinsetzung in den vorigen Stand

(1) Hat der Schuldner den Prüfungstermin versäumt, so hat ihm das Insolvenzgericht auf Antrag die Wiedereinsetzung in den vorigen Stand zu gewähren. § 51 Abs. 2, § 85 Abs. 2, §§ 233 bis 236 der Zivilprozessordnung gelten entsprechend.

(2) Die den Antrag auf Wiedereinsetzung betreffenden Schriftsätze sind dem Gläubiger zuzustellen, dessen Forderung nachträglich bestritten werden soll. Das Bestreiten in diesen Schriftsätzen steht, wenn die Wiedereinsetzung erteilt wird, dem Bestreiten im Prüfungstermin gleich.

Zweiter Abschnitt
Verteilung

§ 187 Befriedigung der Insolvenzgläubiger

(1) Mit der Befriedigung der Insolvenzgläubiger kann erst nach dem allgemeinen Prüfungstermin begonnen werden.

(2) Verteilungen an die Insolvenzgläubiger können stattfinden, sooft hinreichende Barmittel in der Insolvenzmasse vorhanden sind. Nachrangige Insolvenzgläubiger sollen bei Abschlagsverteilungen nicht berücksichtigt werden.

(3) Die Verteilungen werden vom Insolvenzverwalter vorgenommen. Vor jeder Verteilung hat er die Zustimmung des Gläubigerausschusses einzuholen, wenn ein solcher bestellt ist.

§ 188 Verteilungsverzeichnis

Vor einer Verteilung hat der Insolvenzverwalter ein Verzeichnis der Forderungen aufzustellen, die bei der Verteilung zu berücksichtigen sind. Das Verzeichnis ist auf der Geschäftsstelle zur Einsicht der Beteiligten niederzulegen. Der Verwalter zeigt dem Gericht die Summe der Forderungen und den für die Verteilung verfügbaren Betrag aus der Insolvenzmasse an; das Gericht hat die angezeigte Summe der Forderungen und den für die Verteilung verfügbaren Betrag öffentlich bekannt zu machen.

§ 189 Berücksichtigung bestrittener Forderungen

(1) Ein Insolvenzgläubiger, dessen Forderung nicht festgestellt ist und für dessen Forderung ein vollstreckbarer Titel oder ein Endurteil nicht vorliegt, hat spätestens innerhalb einer Ausschlussfrist von zwei Wochen nach der öffentlichen Bekanntmachung dem Insolvenzverwalter nachzuweisen, dass und für welchen Betrag die Feststellungsklage erhoben oder das Verfahren in dem früher anhängigen Rechtsstreit aufgenommen ist.

(2) Wird der Nachweis rechtzeitig geführt, so wird der auf die Forderung entfallende Anteil bei der Verteilung zurückbehalten, solange der Rechtsstreit anhängig ist.

(3) Wird der Nachweis nicht rechtzeitig geführt, so wird die Forderung bei der Verteilung nicht berücksichtigt.

§ 190 Berücksichtigung absonderungsberechtigter Gläubiger

(1) Ein Gläubiger, der zur abgesonderten Befriedigung berechtigt ist, hat spätestens innerhalb der in § 189 Abs. 1 vorgesehenen Ausschlussfrist dem Insolvenzverwalter nachzuweisen, dass und für welchen Betrag er auf abgesonderte Befriedigung verzichtet hat oder bei ihr ausgefallen ist. Wird der Nachweis nicht rechtzeitig geführt, so wird die Forderung bei der Verteilung nicht berücksichtigt.

(2) Zur Berücksichtigung bei einer Abschlagsverteilung genügt es, wenn der Gläubiger spätestens innerhalb der Ausschlussfrist dem Verwalter nachweist, dass die Verwertung des Gegenstands betrieben wird, an dem das Absonderungsrecht besteht, und den Betrag des mutmaßlichen Ausfalls glaubhaft macht. In diesem Fall wird der auf die Forderung entfallende Anteil bei

der Verteilung zurückbehalten. Sind die Voraussetzungen des Absatzes 1 bei der Schlussverteilung nicht erfüllt, so wird der zurückbehaltene Anteil für die Schlussverteilung frei.
(3) Ist nur der Verwalter zur Verwertung des Gegenstands berechtigt, an dem das Absonderungsrecht besteht, so sind die Absätze 1 und 2 nicht anzuwenden. Bei einer Abschlagsverteilung hat der Verwalter, wenn er den Gegenstand noch nicht verwertet hat, den Ausfall des Gläubigers zu schätzen und den auf die Forderung entfallenden Anteil zurückzubehalten.

§ 191 Berücksichtigung aufschiebend bedingter Forderungen
(1) Eine aufschiebend bedingte Forderung wird bei einer Abschlagsverteilung mit ihrem vollen Betrag berücksichtigt. Der auf die Forderung entfallende Anteil wird bei der Verteilung zurückbehalten.
(2) Bei der Schlussverteilung wird eine aufschiebend bedingte Forderung nicht berücksichtigt, wenn die Möglichkeit des Eintritts der Bedingung so fernliegt, dass die Forderung zur Zeit der Verteilung keinen Vermögenswert hat. In diesem Fall wird ein gemäß Absatz 1 Satz 2 zurückbehaltener Anteil für die Schlussverteilung frei.

§ 192 Nachträgliche Berücksichtigung
Gläubiger, die bei einer Abschlagsverteilung nicht berücksichtigt worden sind und die Voraussetzungen der §§ 189, 190 nachträglich erfüllen, erhalten bei der folgenden Verteilung aus der restlichen Insolvenzmasse vorab einen Betrag, der sie mit den übrigen Gläubigern gleichstellt.

§ 193 Änderung des Verteilungsverzeichnisses
Der Insolvenzverwalter hat die Änderungen des Verzeichnisses, die auf Grund der §§ 189 bis 192 erforderlich werden, binnen drei Tagen nach Ablauf der in § 189 Abs. 1 vorgesehenen Ausschlussfrist vorzunehmen.

§ 194 Einwendungen gegen das Verteilungsverzeichnis
(1) Bei einer Abschlagsverteilung sind Einwendungen eines Gläubigers gegen das Verzeichnis bis zum Ablauf einer Woche nach dem Ende der in § 189 Abs. 1 vorgesehenen Ausschlussfrist bei dem Insolvenzgericht zu erheben.
(2) Eine Entscheidung des Gerichts, durch die Einwendungen zurückgewiesen werden, ist dem Gläubiger und dem Insolvenzverwalter zuzustellen. Dem Gläubiger steht gegen den Beschluss die sofortige Beschwerde zu.
(3) Eine Entscheidung des Gerichts, durch die eine Berichtigung des Verzeichnisses angeordnet wird, ist dem Gläubiger und dem Verwalter zuzustellen und in der Geschäftsstelle zur Einsicht der Beteiligten niederzulegen. Dem Verwalter und den Insolvenzgläubigern steht gegen den Beschluss die sofortige Beschwerde zu. Die Beschwerdefrist beginnt mit dem Tag, an dem die Entscheidung niedergelegt worden ist.

§ 195 Festsetzung des Bruchteils
(1) Für eine Abschlagsverteilung bestimmt der Gläubigerausschuss auf Vorschlag des Insolvenzverwalters den zu zahlenden Bruchteil. Ist kein Gläubigerausschuss bestellt, so bestimmt der Verwalter den Bruchteil.
(2) Der Verwalter hat den Bruchteil den berücksichtigten Gläubigern mitzuteilen.

§ 196 Schlussverteilung
(1) Die Schlussverteilung erfolgt, sobald die Verwertung der Insolvenzmasse mit Ausnahme eines laufenden Einkommens beendet ist.

(2) Die Schlussverteilung darf nur mit Zustimmung des Insolvenzgerichts vorgenommen werden.

§ 197 Schlusstermin

(1) Bei der Zustimmung zur Schlussverteilung bestimmt das Insolvenzgericht den Termin für eine abschließende Gläubigerversammlung. Dieser Termin dient

1. zur Erörterung der Schlussrechnung des Insolvenzverwalters,
2. zur Erhebung von Einwendungen gegen das Schlussverzeichnis und
3. zur Entscheidung der Gläubiger über die nicht verwertbaren Gegenstände der Insolvenzmasse.

(2) Zwischen der öffentlichen Bekanntmachung des Termins und dem Termin soll eine Frist von mindestens einem Monat und höchstens zwei Monaten liegen.

(3) Für die Entscheidung des Gerichts über Einwendungen eines Gläubigers gilt § 194 Abs. 2 und 3 entsprechend.

§ 198 Hinterlegung zurückbehaltener Beträge

Beträge, die bei der Schlussverteilung zurückzubehalten sind, hat der Insolvenzverwalter für Rechnung der Beteiligten bei einer geeigneten Stelle zu hinterlegen.

§ 199 Überschuss bei der Schlussverteilung

Können bei der Schlussverteilung die Forderungen aller Insolvenzgläubiger in voller Höhe berichtigt werden, so hat der Insolvenzverwalter einen verbleibenden Überschuss dem Schuldner herauszugeben. Ist der Schuldner keine natürliche Person, so hat der Verwalter jeder am Schuldner beteiligten Person den Teil des Überschusses herauszugeben, der ihr bei einer Abwicklung außerhalb des Insolvenzverfahrens zustünde.

§ 200 Aufhebung des Insolvenzverfahrens

(1) Sobald die Schlussverteilung vollzogen ist, beschließt das Insolvenzgericht die Aufhebung des Insolvenzverfahrens.

(2) Der Beschluss und der Grund der Aufhebung sind öffentlich bekanntzumachen. Die §§ 31 bis 33 gelten entsprechend.

§ 201 Rechte der Insolvenzgläubiger nach Verfahrensaufhebung

(1) Die Insolvenzgläubiger können nach der Aufhebung des Insolvenzverfahrens ihre restlichen Forderungen gegen den Schuldner unbeschränkt geltend machen.

(2) Die Insolvenzgläubiger, deren Forderungen festgestellt und nicht vom Schuldner im Prüfungstermin bestritten worden sind, können aus der Eintragung in die Tabelle wie aus einem vollstreckbaren Urteil die Zwangsvollstreckung gegen den Schuldner betreiben. Einer nicht bestrittenen Forderung steht eine Forderung gleich, bei der ein erhobener Widerspruch beseitigt ist. Der Antrag auf Erteilung einer vollstreckbaren Ausfertigung aus der Tabelle kann erst nach Aufhebung des Insolvenzverfahrens gestellt werden.

(3) Die Vorschriften über die Restschuldbefreiung bleiben unberührt.

§ 202 Zuständigkeit bei der Vollstreckung

(1) Im Falle des § 201 ist das Amtsgericht, bei dem das Insolvenzverfahren anhängig ist oder anhängig war, ausschließlich zuständig für Klagen:

1. auf Erteilung der Vollstreckungsklausel;
2. durch die nach der Erteilung der Vollstreckungsklausel bestritten wird, dass die Voraussetzungen für die Erteilung eingetreten waren;

3. durch die Einwendungen geltend gemacht werden, die den Anspruch selbst betreffen.
(2) Gehört der Streitgegenstand nicht zur Zuständigkeit der Amtsgerichte, so ist das Landgericht ausschließlich zuständig, zu dessen Bezirk das Insolvenzgericht gehört.

§ 203 Anordnung der Nachtragsverteilung
(1) Auf Antrag des Insolvenzverwalters oder eines Insolvenzgläubigers oder von Amts wegen ordnet das Insolvenzgericht eine Nachtragsverteilung an, wenn nach dem Schlusstermin
1. zurückbehaltene Beträge für die Verteilung frei werden,
2. Beträge, die aus der Insolvenzmasse gezahlt sind, zurückfließen oder
3. Gegenstände der Masse ermittelt werden.
(2) Die Aufhebung des Verfahrens steht der Anordnung einer Nachtragsverteilung nicht entgegen.
(3) Das Gericht kann von der Anordnung absehen und den zur Verfügung stehenden Betrag oder den ermittelten Gegenstand dem Schuldner überlassen, wenn dies mit Rücksicht auf die Geringfügigkeit des Betrags oder den geringen Wert des Gegenstands und die Kosten einer Nachtragsverteilung angemessen erscheint. Es kann die Anordnung davon abhängig machen, dass ein Geldbetrag vorgeschossen wird, der die Kosten der Nachtragsverteilung deckt.

§ 204 Rechtsmittel
(1) Der Beschluss, durch den der Antrag auf Nachtragsverteilung abgelehnt wird, ist dem Antragsteller zuzustellen. Gegen den Beschluss steht dem Antragsteller die sofortige Beschwerde zu.
(2) Der Beschluss, durch den eine Nachtragsverteilung angeordnet wird, ist der Insolvenzverwalter, dem Schuldner und, wenn ein Gläubiger die Verteilung beantragt hatte, diesem Gläubiger zuzustellen. Gegen den Beschluss steht dem Schuldner die sofortige Beschwerde zu.

§ 205 Vollzug der Nachtragsverteilung
Nach der Anordnung der Nachtragsverteilung hat der Insolvenzverwalter den zur Verfügung stehenden Betrag oder den Erlös aus der Verwertung des ermittelten Gegenstands auf Grund des Schlussverzeichnisses zu verteilen. Er hat dem Insolvenzgericht Rechnung zu legen.

§ 206 Ausschluss von Massegläubigern
Massegläubiger, deren Ansprüche dem Insolvenzverwalter
1. bei einer Abschlagsverteilung erst nach der Festsetzung des Bruchteils,
2. bei der Schlussverteilung erst nach der Beendigung des Schlusstermins oder
3. bei einer Nachtragsverteilung erst nach der öffentlichen Bekanntmachung

bekanntgeworden sind, können Befriedigung nur aus den Mitteln verlangen, die nach der Verteilung in der Insolvenzmasse verbleiben.

Dritter Abschnitt
Einstellung des Verfahrens

§ 207 Einstellung mangels Masse
(1) Stellt sich nach der Eröffnung des Insolvenzverfahrens heraus, dass die Insolvenzmasse nicht ausreicht, um die Kosten des Verfahrens zu decken, so stellt das Insolvenzgericht das Verfahren ein. Die Einstellung unterbleibt, wenn ein ausreichender Geldbetrag vorgeschossen wird oder die Kosten nach § 4a gestundet werden; § 26 Abs. 3 gilt entsprechend.
(2) Vor der Einstellung sind die Gläubigerversammlung, der Insolvenzverwalter und die Massegläubiger zu hören.

(3) Soweit Barmittel in der Masse vorhanden sind, hat der Verwalter vor der Einstellung die Kosten des Verfahrens, von diesen zuerst die Auslagen, nach dem Verhältnis ihrer Beträge zu berichtigen. Zur Verwertung von Massegegenständen ist er nicht mehr verpflichtet.

§ 208 Anzeige der Masseunzulänglichkeit

(1) Sind die Kosten des Insolvenzverfahrens gedeckt, reicht die Insolvenzmasse jedoch nicht aus, um die fälligen sonstigen Masseverbindlichkeiten zu erfüllen, so hat der Insolvenzverwalter dem Insolvenzgericht anzuzeigen, dass Masseunzulänglichkeit vorliegt. Gleiches gilt, wenn die Masse voraussichtlich nicht ausreichen wird, um die bestehenden sonstigen Masseverbindlichkeiten im Zeitpunkt der Fälligkeit zu erfüllen.

(2) Das Gericht hat die Anzeige der Masseunzulänglichkeit öffentlich bekanntzumachen. Den Massegläubigern ist sie besonders zuzustellen.

(3) Die Pflicht des Verwalters zur Verwaltung und zur Verwertung der Masse besteht auch nach der Anzeige der Masseunzulänglichkeit fort.

§ 209 Befriedigung der Massegläubiger

(1) Der Insolvenzverwalter hat die Masseverbindlichkeiten nach folgender Rangordnung zu berichtigen, bei gleichem Rang nach dem Verhältnis ihrer Beträge:

1. die Kosten des Insolvenzverfahrens;
2. die Masseverbindlichkeiten, die nach der Anzeige der Masseunzulänglichkeit begründet worden sind, ohne zu den Kosten des Verfahrens zu gehören;
3. die übrigen Masseverbindlichkeiten, unter diesen zuletzt der nach den §§ 100, 101 Abs. 1 Satz 3 bewilligte Unterhalt.

(2) Als Masseverbindlichkeiten im Sinne des Absatzes 1 Nr. 2 gelten auch die Verbindlichkeiten

1. aus einem gegenseitigen Vertrag, dessen Erfüllung der Verwalter gewählt hat, nachdem er die Masseunzulänglichkeit angezeigt hatte;
2. aus einem Dauerschuldverhältnis für die Zeit nach dem ersten Termin, zu dem der Verwalter nach der Anzeige der Masseunzulänglichkeit kündigen konnte;
3. aus einem Dauerschuldverhältnis, soweit der Verwalter nach der Anzeige der Masseunzulänglichkeit für die Insolvenzmasse die Gegenleistung in Anspruch genommen hat.

§ 210 Vollstreckungsverbot

Sobald der Insolvenzverwalter die Masseunzulänglichkeit angezeigt hat, ist die Vollstreckung wegen einer Masseverbindlichkeit im Sinne des § 209 Abs. 1 Nr. 3 unzulässig.

§ 210a Insolvenzplan bei Masseunzulänglichkeit

Bei Anzeige der Masseunzulänglichkeit gelten die Vorschriften über den Insolvenzplan mit der Maßgabe, dass

1. an die Stelle der nicht nachrangigen Insolvenzgläubiger die Massegläubiger mit dem Rang des § 209 Absatz 1 Nummer 3 treten und
2. für die nicht nachrangigen Insolvenzgläubiger § 246 Nummer 2 entsprechend gilt.

§ 211 Einstellung nach Anzeige der Masseunzulänglichkeit

(1) Sobald der Insolvenzverwalter die Insolvenzmasse nach Maßgabe des § 209 verteilt hat, stellt das Insolvenzgericht das Insolvenzverfahren ein.

(2) Der Verwalter hat für seine Tätigkeit nach der Anzeige der Masseunzulänglichkeit gesondert Rechnung zu legen.

(3) Werden nach der Einstellung des Verfahrens Gegenstände der Insolvenzmasse ermittelt, so ordnet das Gericht auf Antrag des Verwalters oder eines Massegläubigers oder von Amts wegen eine Nachtragsverteilung an. § 203 Abs. 3 und die §§ 204 und 205 gelten entsprechend.

§ 212 Einstellung wegen Wegfalls des Eröffnungsgrunds
Das Insolvenzverfahren ist auf Antrag des Schuldners einzustellen, wenn gewährleistet ist, dass nach der Einstellung beim Schuldner weder Zahlungsunfähigkeit noch drohende Zahlungsunfähigkeit noch, soweit die Überschuldung Grund für die Eröffnung des Insolvenzverfahrens ist, Überschuldung vorliegt. Der Antrag ist nur zulässig, wenn das Fehlen der Eröffnungsgründe glaubhaft gemacht wird.

§ 213 Einstellung mit Zustimmung der Gläubiger
(1) Das Insolvenzverfahren ist auf Antrag des Schuldners einzustellen, wenn er nach Ablauf der Anmeldefrist die Zustimmung aller Insolvenzgläubiger beibringt, die Forderungen angemeldet haben. Bei Gläubigern, deren Forderungen vom Schuldner oder vom Insolvenzverwalter bestritten werden, und bei absonderungsberechtigten Gläubigern entscheidet das Insolvenzgericht nach freiem Ermessen, inwieweit es einer Zustimmung dieser Gläubiger oder einer Sicherheitsleistung gegenüber ihnen bedarf.
(2) Das Verfahren kann auf Antrag des Schuldners vor dem Ablauf der Anmeldefrist eingestellt werden, wenn außer den Gläubigern, deren Zustimmung der Schuldner beibringt, andere Gläubiger nicht bekannt sind.

§ 214 Verfahren bei der Einstellung
(1) Der Antrag auf Einstellung des Insolvenzverfahrens nach § 212 oder § 213 ist öffentlich bekanntzumachen. Er ist in der Geschäftsstelle zur Einsicht der Beteiligten niederzulegen; im Falle des § 213 sind die zustimmenden Erklärungen der Gläubiger beizufügen. Die Insolvenzgläubiger können binnen einer Woche nach der öffentlichen Bekanntmachung schriftlich Widerspruch gegen den Antrag erheben.
(2) Das Insolvenzgericht beschließt über die Einstellung nach Anhörung des Antragstellers, des Insolvenzverwalters und des Gläubigerausschusses, wenn ein solcher bestellt ist. Im Falle eines Widerspruchs ist auch der widersprechende Gläubiger zu hören.
(3) Vor der Einstellung hat der Verwalter die unstreitigen Masseansprüche zu berichtigen und für die streitige Sicherheit zu leisten.

§ 215 Bekanntmachung und Wirkungen der Einstellung
(1) Der Beschluss, durch den das Insolvenzverfahren nach § 207, 211, 212 oder 213 eingestellt wird, und der Grund der Einstellung sind öffentlich bekanntzumachen. Der Schuldner, der Insolvenzverwalter und die Mitglieder des Gläubigerausschusses sind vorab über den Zeitpunkt des Wirksamwerdens der Einstellung (§ 9 Abs. 1 Satz 3) zu unterrichten. § 200 Abs. 2 Satz 2 gilt entsprechend.
(2) Mit der Einstellung des Insolvenzverfahrens erhält der Schuldner das Recht zurück, über die Insolvenzmasse frei zu verfügen. Die §§ 201, 202 gelten entsprechend.

§ 216 Rechtsmittel
(1) Wird das Insolvenzverfahren nach § 207, 212 oder 213 eingestellt, so steht jedem Insolvenzgläubiger und, wenn die Einstellung nach § 207 erfolgt, dem Schuldner die sofortige Beschwerde zu.
(2) Wird ein Antrag nach § 212 oder § 213 abgelehnt, so steht dem Schuldner die sofortige Beschwerde zu.

Sechster Teil
Insolvenzplan
Erster Abschnitt
Aufstellung des Plans

§ 217 Grundsatz
Die Befriedigung der absonderungsberechtigten Gläubiger und der Insolvenzgläubiger, die Verwertung der Insolvenzmasse und deren Verteilung an die Beteiligten sowie die Verfahrensabwicklung und die Haftung des Schuldners nach der Beendigung des Insolvenzverfahrens können in einem Insolvenzplan abweichend von den Vorschriften dieses Gesetzes geregelt werden. Ist der Schuldner keine natürliche Person, so können auch die Anteils- oder Mitgliedschaftsrechte der am Schuldner beteiligten Personen in den Plan einbezogen werden.

§ 218 Vorlage des Insolvenzplans
(1) Zur Vorlage eines Insolvenzplans an das Insolvenzgericht sind der Insolvenzverwalter und der Schuldner berechtigt. Die Vorlage durch den Schuldner kann mit dem Antrag auf Eröffnung des Insolvenzverfahrens verbunden werden. Ein Plan, der erst nach dem Schlusstermin beim Gericht eingeht, wird nicht berücksichtigt.
(2) Hat die Gläubigerversammlung den Verwalter beauftragt, einen Insolvenzplan auszuarbeiten, so hat der Verwalter den Plan binnen angemessener Frist dem Gericht vorzulegen.
(3) Bei der Aufstellung des Plans durch den Verwalter wirken der Gläubigerausschuss, wenn ein solcher bestellt ist, der Betriebsrat, der Sprecherausschuss der leitenden Angestellten und der Schuldner beratend mit.

§ 219 Gliederung des Plans
Der Insolvenzplan besteht aus dem darstellenden Teil und dem gestaltenden Teil. Ihm sind die in den §§ 229 und 230 genannten Anlagen beizufügen.

§ 220 Darstellender Teil
(1) Im darstellenden Teil des Insolvenzplans wird beschrieben, welche Maßnahmen nach der Eröffnung des Insolvenzverfahrens getroffen worden sind oder noch getroffen werden sollen, um die Grundlagen für die geplante Gestaltung der Rechte der Beteiligten zu schaffen.
(2) Der darstellende Teil soll alle sonstigen Angaben zu den Grundlagen und den Auswirkungen des Plans enthalten, die für die Entscheidung der Beteiligten über die Zustimmung zum Plan und für dessen gerichtliche Bestätigung erheblich sind.

§ 221 Gestaltender Teil
Im gestaltenden Teil des Insolvenzplans wird festgelegt, wie die Rechtsstellung der Beteiligten durch den Plan geändert werden soll. Der Insolvenzverwalter kann durch den Plan bevollmächtigt werden, die zur Umsetzung notwendigen Maßnahmen zu ergreifen und offensichtliche Fehler des Plans zu berichtigen.

§ 222 Bildung von Gruppen
(1) Bei der Festlegung der Rechte der Beteiligten im Insolvenzplan sind Gruppen zu bilden, soweit Beteiligte mit unterschiedlicher Rechtsstellung betroffen sind. Es ist zu unterscheiden zwischen
1. den absonderungsberechtigten Gläubigern, wenn durch den Plan in deren Rechte eingegriffen wird;
2. den nicht nachrangigen Insolvenzgläubigern;

3. den einzelnen Rangklassen der nachrangigen Insolvenzgläubiger, soweit deren Forderungen nicht nach § 225 als erlassen gelten sollen;
4. den am Schuldner beteiligten Personen, wenn deren Anteils- oder Mitgliedschaftsrechte in den Plan einbezogen werden.
(2) Aus den Beteiligten mit gleicher Rechtsstellung können Gruppen gebildet werden, in denen Beteiligte mit gleichartigen wirtschaftlichen Interessen zusammengefasst werden. Die Gruppen müssen sachgerecht voneinander abgegrenzt werden. Die Kriterien für die Abgrenzung sind im Plan anzugeben.
(3) Die Arbeitnehmer sollen eine besondere Gruppe bilden, wenn sie als Insolvenzgläubiger mit nicht unerheblichen Forderungen beteiligt sind. Für Kleingläubiger und geringfügig beteiligte Anteilsinhaber mit einer Beteiligung am Haftkapital von weniger als 1 Prozent oder weniger als 1 000 Euro können besondere Gruppen gebildet werden.

§ 223 Rechte der Absonderungsberechtigten
(1) Ist im Insolvenzplan nichts anderes bestimmt, so wird das Recht der absonderungsberechtigten Gläubiger zur Befriedigung aus den Gegenständen, an denen Absonderungsrechte bestehen, vom Plan nicht berührt. Eine abweichende Bestimmung ist hinsichtlich der Finanzsicherheiten im Sinne von § 1 Abs. 17 des Kreditwesengesetzes sowie der Sicherheiten ausgeschlossen, die
1. dem Betreiber oder dem Teilnehmer eines Systems nach § 1 Abs. 16 des Kreditwesengesetzes zur Sicherung seiner Ansprüche aus dem System oder
2. der Zentralbank eines Mitgliedstaats der Europäischen Union oder der Europäischen Zentralbank
gestellt wurden.
(2) Soweit im Plan eine abweichende Regelung getroffen wird, ist im gestaltenden Teil für die absonderungsberechtigten Gläubiger anzugeben, um welchen Bruchteil die Rechte gekürzt, für welchen Zeitraum sie gestundet oder welchen sonstigen Regelungen sie unterworfen werden sollen.

§ 224 Rechte der Insolvenzgläubiger
Für die nicht nachrangigen Gläubiger ist im gestaltenden Teil des Insolvenzplans anzugeben, um welchen Bruchteil die Forderungen gekürzt, für welchen Zeitraum sie gestundet, wie sie gesichert oder welchen sonstigen Regelungen sie unterworfen werden sollen.

§ 225 Rechte der nachrangigen Insolvenzgläubiger
(1) Die Forderungen nachrangiger Insolvenzgläubiger gelten, wenn im Insolvenzplan nichts anderes bestimmt ist, als erlassen.
(2) Soweit im Plan eine abweichende Regelung getroffen wird, sind im gestaltenden Teil für jede Gruppe der nachrangigen Gläubiger die in § 224 vorgeschriebenen Angaben zu machen.
(3) Die Haftung des Schuldners nach der Beendigung des Insolvenzverfahrens für Geldstrafen und die diesen in § 39 Abs. 1 Nr. 3 gleichgestellten Verbindlichkeiten kann durch einen Plan weder ausgeschlossen noch eingeschränkt werden.

§ 225a Rechte der Anteilsinhaber
(1) Die Anteils- oder Mitgliedschaftsrechte der am Schuldner beteiligten Personen bleiben vom Insolvenzplan unberührt, es sei denn, dass der Plan etwas anderes bestimmt.
(2) Im gestaltenden Teil des Plans kann vorgesehen werden, dass Forderungen von Gläubigern in Anteils- oder Mitgliedschaftsrechte am Schuldner umgewandelt werden. Eine Umwandlung gegen den Willen der betroffenen Gläubiger ist ausgeschlossen. Insbesondere kann der Plan

eine Kapitalherabsetzung oder -erhöhung, die Leistung von Sacheinlagen, den Ausschluss von Bezugsrechten oder die Zahlung von Abfindungen an ausscheidende Anteilsinhaber vorsehen.
(3) Im Plan kann jede Regelung getroffen werden, die gesellschaftsrechtlich zulässig ist, insbesondere die Fortsetzung einer aufgelösten Gesellschaft oder die Übertragung von Anteils- oder Mitgliedschaftsrechten.
(4) Maßnahmen nach Absatz 2 oder 3 berechtigen nicht zum Rücktritt oder zur Kündigung von Verträgen, an denen der Schuldner beteiligt ist. Sie führen auch nicht zu einer anderweitigen Beendigung der Verträge. Entgegenstehende vertragliche Vereinbarungen sind unwirksam. Von den Sätzen 1 und 2 bleiben Vereinbarungen unberührt, welche an eine Pflichtverletzung des Schuldners anknüpfen, sofern sich diese nicht darin erschöpft, dass eine Maßnahme nach Absatz 2 oder 3 in Aussicht genommen oder durchgeführt wird.
(5) Stellt eine Maßnahme nach Absatz 2 oder 3 für eine am Schuldner beteiligte Person einen wichtigen Grund zum Austritt aus der juristischen Person oder Gesellschaft ohne Rechtspersönlichkeit dar und wird von diesem Austrittsrecht Gebrauch gemacht, so ist für die Bestimmung der Höhe eines etwaigen Abfindungsanspruches die Vermögenslage maßgeblich, die sich bei einer Abwicklung des Schuldners eingestellt hätte. Die Auszahlung des Abfindungsanspruches kann zur Vermeidung einer unangemessenen Belastung der Finanzlage des Schuldners über einen Zeitraum von bis zu drei Jahren gestundet werden. Nicht ausgezahlte Abfindungsguthaben sind zu verzinsen.

§ 226 Gleichbehandlung der Beteiligten
(1) Innerhalb jeder Gruppe sind allen Beteiligten gleiche Rechte anzubieten.
(2) Eine unterschiedliche Behandlung der Beteiligten einer Gruppe ist nur mit Zustimmung aller betroffenen Beteiligten zulässig. In diesem Fall ist dem Insolvenzplan die zustimmende Erklärung eines jeden betroffenen Beteiligten beizufügen.
(3) Jedes Abkommen des Insolvenzverwalters, des Schuldners oder anderer Personen mit einzelnen Beteiligten, durch das diesen für ihr Verhalten bei Abstimmungen oder sonst im Zusammenhang mit dem Insolvenzverfahren ein nicht im Plan vorgesehener Vorteil gewährt wird, ist nichtig.

§ 227 Haftung des Schuldners
(1) Ist im Insolvenzplan nichts anderes bestimmt, so wird der Schuldner mit der im gestaltenden Teil vorgesehenen Befriedigung der Insolvenzgläubiger von seinen restlichen Verbindlichkeiten gegenüber diesen Gläubigern befreit.
(2) Ist der Schuldner eine Gesellschaft ohne Rechtspersönlichkeit oder eine Kommanditgesellschaft auf Aktien, so gilt Absatz 1 entsprechend für die persönliche Haftung der Gesellschafter.

§ 228 Änderung sachenrechtlicher Verhältnisse
Sollen Rechte an Gegenständen begründet, geändert, übertragen oder aufgehoben werden, so können die erforderlichen Willenserklärungen der Beteiligten in den gestaltenden Teil des Insolvenzplans aufgenommen werden. Sind im Grundbuch eingetragene Rechte an einem Grundstück oder an eingetragenen Rechten betroffen, so sind diese Rechte unter Beachtung des § 28 der Grundbuchordnung genau zu bezeichnen. Für Rechte, die im Schiffsregister, im Schiffsbauregister oder im Register für Pfandrechte an Luftfahrzeugen eingetragen sind, gilt Satz 2 entsprechend.

§ 229 Vermögensübersicht. Ergebnis- und Finanzplan
Sollen die Gläubiger aus den Erträgen des vom Schuldner oder von einem Dritten fortgeführten Unternehmens befriedigt werden, so ist dem Insolvenzplan eine Vermögensübersicht beizufü-

gen, in der die Vermögensgegenstände und die Verbindlichkeiten, die sich bei einem Wirksamwerden des Plans gegenüberstünden, mit ihren Werten aufgeführt werden.
Ergänzend ist darzustellen, welche Aufwendungen und Erträge für den Zeitraum, während dessen die Gläubiger befriedigt werden sollen, zu erwarten sind und durch welche Abfolge von Einnahmen und Ausgaben die Zahlungsfähigkeit des Unternehmens während dieses Zeitraums gewährleistet werden soll. Dabei sind auch die Gläubiger zu berücksichtigen, die zwar ihre Forderungen nicht angemeldet haben, jedoch bei der Ausarbeitung des Plans bekannt sind.

§ 230 Weitere Anlagen
(1) Ist im Insolvenzplan vorgesehen, dass der Schuldner sein Unternehmen fortführt, und ist der Schuldner eine natürliche Person, so ist dem Plan die Erklärung des Schuldners beizufügen, dass er zur Fortführung des Unternehmens auf der Grundlage des Plans bereit ist. Ist der Schuldner eine Gesellschaft ohne Rechtspersönlichkeit oder eine Kommanditgesellschaft auf Aktien, so ist dem Plan eine entsprechende Erklärung der Personen beizufügen, die nach dem Plan persönlich haftende Gesellschafter des Unternehmens sein sollen. Die Erklärung des Schuldners nach Satz 1 ist nicht erforderlich, wenn dieser selbst den Plan vorlegt.
(2) Sollen Gläubiger Anteils- oder Mitgliedschaftsrechte oder Beteiligungen an einer juristischen Person, einem nicht rechtsfähigen Verein oder einer Gesellschaft ohne Rechtspersönlichkeit übernehmen, so ist dem Plan die zustimmende Erklärung eines jeden dieser Gläubiger beizufügen.
(3) Hat ein Dritter für den Fall der Bestätigung des Plans Verpflichtungen gegenüber den Gläubigern übernommen, so ist dem Plan die Erklärung des Dritten beizufügen.

§ 231 Zurückweisung des Plans
(1) Das Insolvenzgericht weist den Insolvenzplan von Amts wegen zurück,
1. wenn die Vorschriften über das Recht zur Vorlage und den Inhalt des Plans, insbesondere zur Bildung von Gruppen, nicht beachtet sind und der Vorlegende den Mangel nicht beheben kann oder innerhalb einer angemessenen, vom Gericht gesetzten Frist nicht behebt,
2. wenn ein vom Schuldner vorgelegter Plan offensichtlich keine Aussicht auf Annahme durch die Beteiligten oder auf Bestätigung durch das Gericht hat oder
3. wenn die Ansprüche, die den Beteiligten nach dem gestaltenden Teil eines vom Schuldner vorgelegten Plans zustehen, offensichtlich nicht erfüllt werden können.

Die Entscheidung des Gerichts soll innerhalb von zwei Wochen nach Vorlage des Plans erfolgen.
(2) Hatte der Schuldner in dem Insolvenzverfahren bereits einen Plan vorgelegt, der von den Beteiligten abgelehnt, vom Gericht nicht bestätigt oder vom Schuldner nach der öffentlichen Bekanntmachung des Erörterungstermins zurückgezogen worden ist, so hat das Gericht einen neuen Plan des Schuldners zurückzuweisen, wenn der Insolvenzverwalter mit Zustimmung des Gläubigerausschusses, wenn ein solcher bestellt ist, die Zurückweisung beantragt.
(3) Gegen den Beschluss, durch den der Plan zurückgewiesen wird, steht dem Vorlegenden die sofortige Beschwerde zu.

§ 232 Stellungnahmen zum Plan
(1) Wird der Insolvenzplan nicht zurückgewiesen, so leitet das Insolvenzgericht ihn zur Stellungnahme zu:
1. dem Gläubigerausschuss, wenn ein solcher bestellt ist, dem Betriebsrat und dem Sprecherausschuss der leitenden Angestellten;
2. dem Schuldner, wenn der Insolvenzverwalter den Plan vorgelegt hat;
3. dem Verwalter, wenn der Schuldner den Plan vorgelegt hat.

(2) Das Gericht kann auch der für den Schuldner zuständigen amtlichen Berufsvertretung der Industrie, des Handels, des Handwerks oder der Landwirtschaft oder anderen sachkundigen Stellen Gelegenheit zur Äußerung geben.
(3) Das Gericht bestimmt eine Frist für die Abgabe der Stellungnahmen. Die Frist soll zwei Wochen nicht überschreiten.

§ 233 Aussetzung von Verwertung und Verteilung
Soweit die Durchführung eines vorgelegten Insolvenzplans durch die Fortsetzung der Verwertung und Verteilung der Insolvenzmasse gefährdet würde, ordnet das Insolvenzgericht auf Antrag des Schuldners oder des Insolvenzverwalters die Aussetzung der Verwertung und Verteilung an. Das Gericht sieht von der Aussetzung ab oder hebt sie auf, soweit mit ihr die Gefahr erheblicher Nachteile für die Masse verbunden ist oder soweit der Verwalter mit Zustimmung des Gläubigerausschusses oder der Gläubigerversammlung die Fortsetzung der Verwertung und Verteilung beantragt.

§ 234 Niederlegung des Plans
Der Insolvenzplan ist mit seinen Anlagen und den eingegangenen Stellungnahmen in der Geschäftsstelle zur Einsicht der Beteiligten niederzulegen.

Zweiter Abschnitt
Annahme und Bestätigung des Plans

§ 235 Erörterungs- und Abstimmungstermin
(1) Das Insolvenzgericht bestimmt einen Termin, in dem der Insolvenzplan und das Stimmrecht der Beteiligten erörtert werden und anschließend über den Plan abgestimmt wird (Erörterungs- und Abstimmungstermin). Der Termin soll nicht über einen Monat hinaus angesetzt werden. Er kann gleichzeitig mit der Einholung der Stellungnahmen nach § 232 anberaumt werden.
(2) Der Erörterungs- und Abstimmungstermin ist öffentlich bekanntzumachen. Dabei ist darauf hinzuweisen, dass der Plan und die eingegangenen Stellungnahmen in der Geschäftsstelle eingesehen werden können. § 74 Abs. 2 Satz 2 gilt entsprechend.
(3) Die Insolvenzgläubiger, die Forderungen angemeldet haben, die absonderungsberechtigten Gläubiger, der Insolvenzverwalter, der Schuldner, der Betriebsrat und der Sprecherausschuss der leitenden Angestellten sind besonders zu laden. Mit der Ladung ist ein Abdruck des Plans oder eine Zusammenfassung seines wesentlichen Inhalts, die der Vorlegende auf Aufforderung einzureichen hat, zu übersenden. Sind die Anteils- oder Mitgliedschaftsrechte der am Schuldner beteiligten Personen in den Plan einbezogen, so sind auch diese Personen gemäß den Sätzen 1 und 2 zu laden; dies gilt nicht für Aktionäre oder Kommanditaktionäre. Für börsennotierte Gesellschaften findet § 121 Absatz 4a des Aktiengesetzes entsprechende Anwendung; sie haben eine Zusammenfassung des wesentlichen Inhalts des Plans über ihre Internetseite zugänglich zu machen.

§ 236 Verbindung mit dem Prüfungstermin
Der Erörterungs- und Abstimmungstermin darf nicht vor dem Prüfungstermin stattfinden. Beide Termine können jedoch verbunden werden.

§ 237 Stimmrecht der Insolvenzgläubiger
(1) Für das Stimmrecht der Insolvenzgläubiger bei der Abstimmung über den Insolvenzplan gilt § 77 Abs. 1 Satz 1, Abs. 2 und 3 Nr. 1 entsprechend. Absonderungsberechtigte Gläubiger sind nur insoweit zur Abstimmung als Insolvenzgläubiger berechtigt, als ihnen der Schuldner auch

persönlich haftet und sie auf die abgesonderte Befriedigung verzichten oder bei ihr ausfallen; solange der Ausfall nicht feststeht, sind sie mit dem mutmaßlichen Ausfall zu berücksichtigen.
(2) Gläubiger, deren Forderungen durch den Plan nicht beeinträchtigt werden, haben kein Stimmrecht.

§ 238 Stimmrecht der absonderungsberechtigten Gläubiger
(1) Soweit im Insolvenzplan auch die Rechtsstellung absonderungsberechtigter Gläubiger geregelt wird, sind im Termin die Rechte dieser Gläubiger einzeln zu erörtern. Ein Stimmrecht gewähren die Absonderungsrechte, die weder vom Insolvenzverwalter noch von einem absonderungsberechtigten Gläubiger noch von einem Insolvenzgläubiger bestritten werden. Für das Stimmrecht bei streitigen, aufschiebend bedingten oder nicht fälligen Rechten gelten die §§ 41, 77 Abs. 2, 3 Nr. 1 entsprechend.
(2) § 237 Abs. 2 gilt entsprechend.

§ 238a Stimmrecht der Anteilsinhaber
(1) Das Stimmrecht der Anteilsinhaber des Schuldners bestimmt sich allein nach deren Beteiligung am gezeichneten Kapital oder Vermögen des Schuldners. Stimmrechtsbeschränkungen, Sonder- oder Mehrstimmrechte bleiben außer Betracht.
(2) § 237 Absatz 2 gilt entsprechend.

§ 239 Stimmliste
Der Urkundsbeamte der Geschäftsstelle hält in einem Verzeichnis fest, welche Stimmrechte den Beteiligten nach dem Ergebnis der Erörterung im Termin zustehen.

§ 240 Änderung des Plans
Der Vorlegende ist berechtigt, einzelne Regelungen des Insolvenzplans auf Grund der Erörterung im Termin inhaltlich zu ändern. Über den geänderten Plan kann noch in demselben Termin abgestimmt werden.

§ 241 Gesonderter Abstimmungstermin
(1) Das Insolvenzgericht kann einen gesonderten Termin zur Abstimmung über den Insolvenzplan bestimmen. In diesem Fall soll der Zeitraum zwischen dem Erörterungstermin und dem Abstimmungstermin nicht mehr als einen Monat betragen.
(2) Zum Abstimmungstermin sind die stimmberechtigten Beteiligten und der Schuldner zu laden. Dies gilt nicht für Aktionäre oder Kommanditaktionäre. Für diese reicht es aus, den Termin öffentlich bekannt zu machen. Für börsennotierte Gesellschaften findet § 121 Absatz 4a des Aktiengesetzes entsprechende Anwendung. Im Fall einer Änderung des Plans ist auf die Änderung besonders hinzuweisen.

§ 242 Schriftliche Abstimmung
(1) Ist ein gesonderter Abstimmungstermin bestimmt, so kann das Stimmrecht schriftlich ausgeübt werden.
(2) Das Insolvenzgericht übersendet den stimmberechtigten Beteiligten nach dem Erörterungstermin den Stimmzettel und teilt ihnen dabei ihr Stimmrecht mit. Die schriftliche Stimmabgabe wird nur berücksichtigt, wenn sie dem Gericht spätestens am Tag vor dem Abstimmungstermin zugegangen ist; darauf ist bei der Übersendung des Stimmzettels hinzuweisen.

§ 243 Abstimmung in Gruppen
Jede Gruppe der stimmberechtigten Beteiligten stimmt gesondert über den Insolvenzplan ab.

§ 244 Erforderliche Mehrheiten

(1) Zur Annahme des Insolvenzplans durch die Gläubiger ist erforderlich, dass in jeder Gruppe
1. die Mehrheit der abstimmenden Gläubiger dem Plan zustimmt und
2. die Summe der Ansprüche der zustimmenden Gläubiger mehr als die Hälfte der Summe der Ansprüche der abstimmenden Gläubiger beträgt.

(2) Gläubiger, denen ein Recht gemeinschaftlich zusteht oder deren Rechte bis zum Eintritt des Eröffnungsgrunds ein einheitliches Recht gebildet haben, werden bei der Abstimmung als ein Gläubiger gerechnet. Entsprechendes gilt, wenn an einem Recht ein Pfandrecht oder ein Nießbrauch besteht.

(3) Für die am Schuldner beteiligten Personen gilt Absatz 1 Nummer 2 entsprechend mit der Maßgabe, dass an die Stelle der Summe der Ansprüche die Summe der Beteiligungen tritt.

§ 245 Obstruktionsverbot

(1) Auch wenn die erforderlichen Mehrheiten nicht erreicht worden sind, gilt die Zustimmung einer Abstimmungsgruppe als erteilt, wenn
1. die Angehörigen dieser Gruppe durch den Insolvenzplan voraussichtlich nicht schlechter gestellt werden, als sie ohne einen Plan stünden,
2. die Angehörigen dieser Gruppe angemessen an dem wirtschaftlichen Wert beteiligt werden, der auf der Grundlage des Plans den Beteiligten zufließen soll, und
3. die Mehrheit der abstimmenden Gruppen dem Plan mit den erforderlichen Mehrheiten zugestimmt hat.

(2) Für eine Gruppe der Gläubiger liegt eine angemessene Beteiligung im Sinne des Absatzes 1 Nummer 2 vor, wenn nach dem Plan
1. kein anderer Gläubiger wirtschaftliche Werte erhält, die den vollen Betrag seines Anspruchs übersteigen,
2. weder ein Gläubiger, der ohne einen Plan mit Nachrang gegenüber den Gläubigern der Gruppe zu befriedigen wäre, noch der Schuldner oder eine an ihm beteiligte Person einen wirtschaftlichen Wert erhält und
3. kein Gläubiger, der ohne einen Plan gleichrangig mit den Gläubigern der Gruppe zu befriedigen wäre, bessergestellt wird als diese Gläubiger.

(3) Für eine Gruppe der Anteilsinhaber liegt eine angemessene Beteiligung im Sinne des Absatzes 1 Nummer 2 vor, wenn nach dem Plan
1. kein Gläubiger wirtschaftliche Werte erhält, die den vollen Betrag seines Anspruchs übersteigen, und
2. kein Anteilsinhaber, der ohne einen Plan den Anteilsinhabern der Gruppe gleichgestellt wäre, bessergestellt wird als diese.

§ 246 Zustimmung nachrangiger Insolvenzgläubiger

Für die Annahme des Insolvenzplans durch die nachrangigen Insolvenzgläubiger gelten ergänzend folgende Bestimmungen:
1. Die Zustimmung der Gruppen mit einem Rang hinter § 39 Abs. 1 Nr. 3 gilt als erteilt, wenn kein Insolvenzgläubiger durch den Plan besser gestellt wird als die Gläubiger dieser Gruppen.
2. Beteiligt sich kein Gläubiger einer Gruppe an der Abstimmung, so gilt die Zustimmung der Gruppe als erteilt.

§ 246a Zustimmung der Anteilsinhaber

Beteiligt sich keines der Mitglieder einer Gruppe der Anteilsinhaber an der Abstimmung, so gilt die Zustimmung der Gruppe als erteilt.

§ 247 Zustimmung des Schuldners

(1) Die Zustimmung des Schuldners zum Plan gilt als erteilt, wenn der Schuldner dem Plan nicht spätestens im Abstimmungstermin schriftlich widerspricht.

(2) Ein Widerspruch ist im Rahmen des Absatzes 1 unbeachtlich, wenn

1. der Schuldner durch den Plan voraussichtlich nicht schlechter gestellt wird, als er ohne einen Plan stünde, und
2. kein Gläubiger einen wirtschaftlichen Wert erhält, der den vollen Betrag seines Anspruchs übersteigt.

§ 248 Gerichtliche Bestätigung

(1) Nach der Annahme des Insolvenzplans durch die Beteiligten (§§ 244 bis 246a) und der Zustimmung des Schuldners bedarf der Plan der Bestätigung durch das Insolvenzgericht.

(2) Das Gericht soll vor der Entscheidung über die Bestätigung den Insolvenzverwalter, den Gläubigerausschuss, wenn ein solcher bestellt ist, und den Schuldner hören.

§ 248a Gerichtliche Bestätigung einer Planberichtigung

(1) Eine Berichtigung des Insolvenzplans durch den Insolvenzverwalter nach § 221 Satz 2 bedarf der Bestätigung durch das Insolvenzgericht.

(2) Das Gericht soll vor der Entscheidung über die Bestätigung den Insolvenzverwalter, den Gläubigerausschuss, wenn ein solcher bestellt ist, die Gläubiger und die Anteilsinhaber, sofern ihre Rechte betroffen sind, sowie den Schuldner hören.

(3) Die Bestätigung ist auf Antrag zu versagen, wenn ein Beteiligter durch die mit der Berichtigung einhergehende Planänderung voraussichtlich schlechter gestellt wird, als er nach den mit dem Plan beabsichtigten Wirkungen stünde.

(4) Gegen den Beschluss, durch den die Berichtigung bestätigt oder versagt wird, steht den in Absatz 2 genannten Gläubigern und Anteilsinhabern sowie dem Verwalter die sofortige Beschwerde zu. § 253 Absatz 4 gilt entsprechend.

§ 249 Bedingter Plan

Ist im Insolvenzplan vorgesehen, dass vor der Bestätigung bestimmte Leistungen erbracht oder andere Maßnahmen verwirklicht werden sollen, so darf der Plan nur bestätigt werden, wenn diese Voraussetzungen erfüllt sind. Die Bestätigung ist von Amts wegen zu versagen, wenn die Voraussetzungen auch nach Ablauf einer angemessenen, vom Insolvenzgericht gesetzten Frist nicht erfüllt sind.

§ 250 Verstoß gegen Verfahrensvorschriften

Die Bestätigung ist von Amts wegen zu versagen,

1. wenn die Vorschriften über den Inhalt und die verfahrensmäßige Behandlung des Insolvenzplans sowie über die Annahme durch die Beteiligten und die Zustimmung des Schuldners in einem wesentlichen Punkt nicht beachtet worden sind und der Mangel nicht behoben werden kann oder
2. wenn die Annahme des Plans unlauter, insbesondere durch Begünstigung eines Beteiligten, herbeigeführt worden ist.

§ 251 Minderheitenschutz

(1) Auf Antrag eines Gläubigers oder, wenn der Schuldner keine natürliche Person ist, einer am Schuldner beteiligten Person ist die Bestätigung des Insolvenzplans zu versagen, wenn

1. der Antragsteller dem Plan spätestens im Abstimmungstermin schriftlich oder zu Protokoll widersprochen hat und

2. der Antragsteller durch den Plan voraussichtlich schlechter gestellt wird, als er ohne einen Plan stünde.

(2) Der Antrag ist nur zulässig, wenn der Antragsteller spätestens im Abstimmungstermin glaubhaft macht, dass er durch den Plan voraussichtlich schlechter gestellt wird.

(3) Der Antrag ist abzuweisen, wenn im gestaltenden Teil des Plans Mittel für den Fall bereitgestellt werden, dass ein Beteiligter eine Schlechterstellung nachweist. Ob der Beteiligte einen Ausgleich aus diesen Mitteln erhält, ist außerhalb des Insolvenzverfahrens zu klären.

§ 252 Bekanntgabe der Entscheidung

(1) Der Beschluss, durch den der Insolvenzplan bestätigt oder seine Bestätigung versagt wird, ist im Abstimmungstermin oder in einem alsbald zu bestimmenden besonderen Termin zu verkünden. § 74 Abs. 2 Satz 2 gilt entsprechend.

(2) Wird der Plan bestätigt, so ist den Insolvenzgläubigern, die Forderungen angemeldet haben, und den absonderungsberechtigten Gläubigern unter Hinweis auf die Bestätigung ein Abdruck des Plans oder eine Zusammenfassung seines wesentlichen Inhalts zu übersenden. Sind die Anteils- oder Mitgliedschaftsrechte der am Schuldner beteiligten Personen in den Plan einbezogen, so sind auch diesen die Unterlagen zu übersenden; dies gilt nicht für Aktionäre oder Kommanditaktionäre. Börsennotierte Gesellschaften haben eine Zusammenfassung des wesentlichen Inhalts des Plans über ihre Internetseite zugänglich zu machen.

§ 253 Rechtsmittel

(1) Gegen den Beschluss, durch den der Insolvenzplan bestätigt oder durch den die Bestätigung versagt wird, steht den Gläubigern, dem Schuldner und, wenn dieser keine natürliche Person ist, den am Schuldner beteiligten Personen die sofortige Beschwerde zu.

(2) Die sofortige Beschwerde gegen die Bestätigung ist nur zulässig, wenn der Beschwerdeführer

1. dem Plan spätestens im Abstimmungstermin schriftlich oder zu Protokoll widersprochen hat,

2. gegen den Plan gestimmt hat und

3. glaubhaft macht, dass er durch den Plan wesentlich schlechter gestellt wird, als er ohne einen Plan stünde, und dass dieser Nachteil nicht durch eine Zahlung aus den in § 251 Absatz 3 genannten Mitteln ausgeglichen werden kann.

(3) Absatz 2 Nummern 1 und 2 gilt nur, wenn in der öffentlichen Bekanntmachung des Termins (§ 235 Absatz 2) und in den Ladungen zum Termin (§ 235 Absatz 3) auf die Notwendigkeit des Widerspruchs und der Ablehnung des Plans besonders hingewiesen wurde.

(4) Auf Antrag des Insolvenzverwalters weist das Landgericht die Beschwerde unverzüglich zurück, wenn das alsbaldige Wirksamwerden des Insolvenzplans vorrangig erscheint, weil die Nachteile einer Verzögerung des Planvollzugs nach freier Überzeugung des Gerichts die Nachteile für den Beschwerdeführer überwiegen; ein Abhilfeverfahren nach § 572 Absatz 1 Satz 1 der Zivilprozessordnung findet nicht statt. Dies gilt nicht, wenn ein besonders schwerer Rechtsverstoß vorliegt. Weist das Gericht die Beschwerde nach Satz 1 zurück, ist dem Beschwerdeführer aus der Masse der Schaden zu ersetzen, der ihm durch den Planvollzug entsteht; die Rückgängigmachung der Wirkungen des Insolvenzplans kann nicht als Schadensersatz verlangt werden. Für Klagen, mit denen Schadensersatzansprüche nach Satz 3 geltend gemacht werden, ist das Landgericht ausschließlich zuständig, das die sofortige Beschwerde zurückgewiesen hat.

Dritter Abschnitt
Wirkungen des bestätigten Plans. Überwachung der Planerfüllung

§ 254 Allgemeine Wirkungen des Plans

(1) Mit der Rechtskraft der Bestätigung des Insolvenzplans treten die im gestaltenden Teil festgelegten Wirkungen für und gegen alle Beteiligten ein.

(2) Die Rechte der Insolvenzgläubiger gegen Mitschuldner und Bürgen des Schuldners sowie die Rechte dieser Gläubiger an Gegenständen, die nicht zur Insolvenzmasse gehören, oder aus einer Vormerkung, die sich auf solche Gegenstände bezieht, werden durch den Plan nicht berührt. Der Schuldner wird jedoch durch den Plan gegenüber dem Mitschuldner, dem Bürgen oder anderen Rückgriffsberechtigten in gleicher Weise befreit wie gegenüber dem Gläubiger.

(3) Ist ein Gläubiger weitergehend befriedigt worden, als er nach dem Plan zu beanspruchen hat, so begründet dies keine Pflicht zur Rückgewähr des Erlangten.

(4) Werden Forderungen von Gläubigern in Anteils- oder Mitgliedschaftsrechte am Schuldner umgewandelt, kann der Schuldner nach der gerichtlichen Bestätigung keine Ansprüche wegen einer Überbewertung der Forderungen im Plan gegen die bisherigen Gläubiger geltend machen.

§ 254a Rechte an Gegenständen. Sonstige Wirkungen des Plans

(1) Wenn Rechte an Gegenständen begründet, geändert, übertragen oder aufgehoben oder Geschäftsanteile an einer Gesellschaft mit beschränkter Haftung abgetreten werden sollen, gelten die in den Insolvenzplan aufgenommenen Willenserklärungen der Beteiligten als in der vorgeschriebenen Form abgegeben.

(2) Wenn die Anteils- oder Mitgliedschaftsrechte der am Schuldner beteiligten Personen in den Plan einbezogen sind (§ 225a), gelten die in den Plan aufgenommenen Beschlüsse der Anteilsinhaber oder sonstigen Willenserklärungen der Beteiligten als in der vorgeschriebenen Form abgegeben. Gesellschaftsrechtlich erforderliche Ladungen, Bekanntmachungen und sonstige Maßnahmen zur Vorbereitung von Beschlüssen der Anteilsinhaber gelten als in der vorgeschriebenen Form bewirkt. Der Insolvenzverwalter ist berechtigt, die erforderlichen Anmeldungen beim jeweiligen Registergericht vorzunehmen.

(3) Entsprechendes gilt für die in den Plan aufgenommenen Verpflichtungserklärungen, die einer Maßnahme nach Absatz 1 oder 2 zugrunde liegen.

§ 254b Wirkung für alle Beteiligten

Die §§ 254 und 254a gelten auch für Insolvenzgläubiger, die ihre Forderungen nicht angemeldet haben, und für Beteiligte, die dem Insolvenzplan widersprochen haben.

§ 255 Wiederauflebensklausel

(1) Sind auf Grund des gestaltenden Teils des Insolvenzplans Forderungen von Insolvenzgläubigern gestundet oder teilweise erlassen worden, so wird die Stundung oder der Erlass für den Gläubiger hinfällig, gegenüber dem der Schuldner mit der Erfüllung des Plans erheblich in Rückstand gerät. Ein erheblicher Rückstand ist erst anzunehmen, wenn der Schuldner eine fällige Verbindlichkeit nicht bezahlt hat, obwohl der Gläubiger ihn schriftlich gemahnt und ihm dabei eine mindestens zweiwöchige Nachfrist gesetzt hat.

(2) Wird vor vollständiger Erfüllung des Plans über das Vermögen des Schuldners ein neues Insolvenzverfahren eröffnet, so ist die Stundung oder der Erlass für alle Insolvenzgläubiger hinfällig.

(3) Im Plan kann etwas anderes vorgesehen werden. Jedoch kann von Absatz 1 nicht zum Nachteil des Schuldners abgewichen werden.

§ 256 Streitige Forderungen. Ausfallforderungen

(1) Ist eine Forderung im Prüfungstermin bestritten worden oder steht die Höhe der Ausfallforderung eines absonderungsberechtigten Gläubigers noch nicht fest, so ist ein Rückstand mit der Erfüllung des Insolvenzplans im Sinne des § 255 Abs. 1 nicht anzunehmen, wenn der Schuldner die Forderung bis zur endgültigen Feststellung ihrer Höhe in dem Ausmaß berücksichtigt, das der Entscheidung des Insolvenzgerichts über das Stimmrecht des Gläubigers bei der Abstimmung über den Plan entspricht. Ist keine Entscheidung über das Stimmrecht getroffen worden, so hat das Gericht auf Antrag des Schuldners oder den Gläubiger nachträglich festzustellen, in welchem Ausmaß der Schuldner vorläufig die Forderung zu berücksichtigen hat.
(2) Ergibt die endgültige Feststellung, dass der Schuldner zu wenig gezahlt hat, so hat er das Fehlende nachzuzahlen. Ein erheblicher Rückstand mit der Erfüllung des Plans ist erst anzunehmen, wenn der Schuldner das Fehlende nicht nachzahlt, obwohl der Gläubiger ihn schriftlich gemahnt und ihm dabei eine mindestens zweiwöchige Nachfrist gesetzt hat.
(3) Ergibt die endgültige Feststellung, dass der Schuldner zu viel gezahlt hat, so kann er den Mehrbetrag nur insoweit zurückfordern, als dieser auch den nicht fälligen Teil der Forderung übersteigt, die dem Gläubiger nach dem Insolvenzplan zusteht.

§ 257 Vollstreckung aus dem Plan

(1) Aus dem rechtskräftig bestätigten Insolvenzplan in Verbindung mit der Eintragung in die Tabelle können die Insolvenzgläubiger, deren Forderungen festgestellt und nicht vom Schuldner im Prüfungstermin bestritten worden sind, wie aus einem vollstreckbaren Urteil die Zwangsvollstreckung gegen den Schuldner betreiben. Einer nicht bestrittenen Forderung steht eine Forderung gleich, bei der ein erhobener Widerspruch beseitigt ist. § 202 gilt entsprechend.
(2) Gleiches gilt für die Zwangsvollstreckung gegen einen Dritten, der durch eine dem Insolvenzgericht eingereichte schriftliche Erklärung für die Erfüllung des Plans neben dem Schuldner ohne Vorbehalt der Einrede der Vorausklage Verpflichtungen übernommen hat.
(3) Macht ein Gläubiger die Rechte geltend, die ihm im Falle eines erheblichen Rückstands des Schuldners mit der Erfüllung des Plans zustehen, so hat er zur Erteilung der Vollstreckungsklausel für diese Rechte und zur Durchführung der Vollstreckung die Mahnung und den Ablauf der Nachfrist glaubhaft zu machen, jedoch keinen weiteren Beweis für den Rückstand des Schuldners zu führen.

§ 258 Aufhebung des Insolvenzverfahrens

(1) Sobald die Bestätigung des Insolvenzplans rechtskräftig ist und der Insolvenzplan nicht etwas anderes vorsieht, beschließt das Insolvenzgericht die Aufhebung des Insolvenzverfahrens.
(2) Vor der Aufhebung hat der Verwalter die unstreitigen fälligen Masseansprüche zu berichtigen und für die streitige oder nicht fällige Sicherheit zu leisten. Für die nicht fälligen Masseansprüche kann auch ein Finanzplan vorgelegt werden, aus dem sich ergibt, dass ihre Erfüllung gewährleistet ist.
(3) Der Beschluss und der Grund der Aufhebung sind öffentlich bekanntzumachen. Der Schuldner, der Insolvenzverwalter und die Mitglieder des Gläubigerausschusses sind vorab über den Zeitpunkt des Wirksamwerdens der Aufhebung (§ 9 Abs. 1 Satz 3) zu unterrichten. § 200 Abs. 2 Satz 2 gilt entsprechend.

§ 259 Wirkungen der Aufhebung

(1) Mit der Aufhebung des Insolvenzverfahrens erlöschen die Ämter des Insolvenzverwalters und der Mitglieder des Gläubigerausschusses. Der Schuldner erhält das Recht zurück, über die Insolvenzmasse frei zu verfügen.
(2) Die Vorschriften über die Überwachung der Planerfüllung bleiben unberührt.

(3) Einen anhängigen Rechtsstreit, der die Insolvenzanfechtung zum Gegenstand hat, kann der Verwalter auch nach der Aufhebung des Verfahrens fortführen, wenn dies im gestaltenden Teil des Plans vorgesehen ist. In diesem Fall wird der Rechtsstreit für Rechnung des Schuldners geführt, wenn im Plan keine abweichende Regelung getroffen wird.

§ 259a Vollstreckungsschutz

(1) Gefährden nach der Aufhebung des Verfahrens Zwangsvollstreckungen einzelner Insolvenzgläubiger, die ihre Forderungen bis zum Abstimmungstermin nicht angemeldet haben, die Durchführung des Insolvenzplans, kann das Insolvenzgericht auf Antrag des Schuldners eine Maßnahme der Zwangsvollstreckung ganz oder teilweise aufheben oder längstens für drei Jahre untersagen. Der Antrag ist nur zulässig, wenn der Schuldner die tatsächlichen Behauptungen, die die Gefährdung begründen, glaubhaft macht.

(2) Ist die Gefährdung glaubhaft gemacht, kann das Gericht die Zwangsvollstreckung auch einstweilen einstellen.

(3) Das Gericht hebt seinen Beschluss auf Antrag auf oder ändert ihn ab, wenn dies mit Rücksicht auf eine Änderung der Sachlage geboten ist.

§ 259b Besondere Verjährungsfrist

(1) Die Forderung eines Insolvenzgläubigers, die nicht bis zum Abstimmungstermin angemeldet worden ist, verjährt in einem Jahr.

(2) Die Verjährungsfrist beginnt, wenn die Forderung fällig und der Beschluss rechtskräftig ist, durch den der Insolvenzplan bestätigt wurde.

(3) Die Absätze 1 und 2 sind nur anzuwenden, wenn dadurch die Verjährung einer Forderung früher vollendet wird als bei Anwendung der ansonsten geltenden Verjährungsvorschriften.

(4) Die Verjährung einer Forderung eines Insolvenzgläubigers ist gehemmt, solange wegen Vollstreckungsschutzes nach § 259a nicht vollstreckt werden darf. Die Hemmung endet drei Monate nach Beendigung des Vollstreckungsschutzes.

§ 260 Überwachung der Planerfüllung

(1) Im gestaltenden Teil des Insolvenzplans kann vorgesehen werden, dass die Erfüllung des Plans überwacht wird.

(2) Im Falle des Absatzes 1 wird nach der Aufhebung des Insolvenzverfahrens überwacht, ob die Ansprüche erfüllt werden, die den Gläubigern nach dem gestaltenden Teil gegen den Schuldner zustehen.

(3) Wenn dies im gestaltenden Teil vorgesehen ist, erstreckt sich die Überwachung auf die Erfüllung der Ansprüche, die den Gläubigern nach dem gestaltenden Teil gegen eine juristische Person oder Gesellschaft ohne Rechtspersönlichkeit zustehen, die nach der Eröffnung des Insolvenzverfahrens gegründet worden ist, um das Unternehmen oder einen Betrieb des Schuldners zu übernehmen und weiterzuführen (Übernahmegesellschaft).

§ 261 Aufgaben und Befugnisse des Insolvenzverwalters

(1) Die Überwachung ist Aufgabe des Insolvenzverwalters. Die Ämter des Verwalters und der Mitglieder des Gläubigerausschusses und die Aufsicht des Insolvenzgerichts bestehen insoweit fort. § 22 Abs. 3 gilt entsprechend.

(2) Während der Zeit der Überwachung hat der Verwalter dem Gläubigerausschuss, wenn ein solcher bestellt ist, und dem Gericht jährlich über den jeweiligen Stand und die weiteren Aussichten der Erfüllung des Insolvenzplans zu berichten. Unberührt bleibt das Recht des Gläubigerausschusses und des Gerichts, jederzeit einzelne Auskünfte oder einen Zwischenbericht zu verlangen.

§ 262 Anzeigepflicht des Insolvenzverwalters

Stellt der Insolvenzverwalter fest, dass Ansprüche, deren Erfüllung überwacht wird, nicht erfüllt werden oder nicht erfüllt werden können, so hat er dies unverzüglich dem Gläubigerausschuss und dem Insolvenzgericht anzuzeigen. Ist ein Gläubigerausschuss nicht bestellt, so hat der Verwalter an dessen Stelle alle Gläubiger zu unterrichten, denen nach dem gestaltenden Teil des Insolvenzplans Ansprüche gegen den Schuldner oder die Übernahmegesellschaft zustehen.

§ 263 Zustimmungsbedürftige Geschäfte

Im gestaltenden Teil des Insolvenzplans kann vorgesehen werden, dass bestimmte Rechtsgeschäfte des Schuldners oder der Übernahmegesellschaft während der Zeit der Überwachung nur wirksam sind, wenn der Insolvenzverwalter ihnen zustimmt. § 81 Abs. 1 und § 82 gelten entsprechend.

§ 264 Kreditrahmen

(1) Im gestaltenden Teil des Insolvenzplans kann vorgesehen werden, dass die Insolvenzgläubiger nachrangig sind gegenüber Gläubigern mit Forderungen aus Darlehen und sonstigen Krediten, die der Schuldner oder die Übernahmegesellschaft während der Zeit der Überwachung aufnimmt oder die ein Massegläubiger in die Zeit der Überwachung hinein stehen lässt. In diesem Fall ist zugleich ein Gesamtbetrag für derartige Kredite festzulegen (Kreditrahmen). Dieser darf den Wert der Vermögensgegenstände nicht übersteigen, die in der Vermögensübersicht des Plans (§ 229 Satz 1) aufgeführt sind.

(2) Der Nachrang der Insolvenzgläubiger gemäß Absatz 1 besteht nur gegenüber Gläubigern, mit denen vereinbart wird, dass und in welcher Höhe der von ihnen gewährte Kredit nach Hauptforderung, Zinsen und Kosten innerhalb des Kreditrahmens liegt, und gegenüber denen der Insolvenzverwalter diese Vereinbarung schriftlich bestätigt.

(3) § 39 Abs. 1 Nr. 5 bleibt unberührt.

§ 265 Nachrang von Neugläubigern

Gegenüber den Gläubigern mit Forderungen aus Krediten, die nach Maßgabe des § 264 aufgenommen oder stehen gelassen werden, sind nachrangig auch die Gläubiger mit sonstigen vertraglichen Ansprüchen, die während der Zeit der Überwachung begründet werden. Als solche Ansprüche gelten auch die Ansprüche aus einem vor der Überwachung vertraglich begründeten Dauerschuldverhältnis für die Zeit nach dem ersten Termin, zu dem der Gläubiger nach Beginn der Überwachung kündigen konnte.

§ 266 Berücksichtigung des Nachrangs

(1) Der Nachrang der Insolvenzgläubiger und der in § 265 bezeichneten Gläubiger wird nur in einem Insolvenzverfahren berücksichtigt, das vor der Aufhebung der Überwachung eröffnet wird.

(2) In diesem neuen Insolvenzverfahren gehen diese Gläubiger den übrigen nachrangigen Gläubigern im Range vor.

§ 267 Bekanntmachung der Überwachung

(1) Wird die Erfüllung des Insolvenzplans überwacht, so ist dies zusammen mit dem Beschluss über die Aufhebung des Insolvenzverfahrens öffentlich bekanntzumachen.

(2) Ebenso ist bekanntzumachen:

1. im Falle des § 260 Abs. 3 die Erstreckung der Überwachung auf die Übernahmegesellschaft;
2. im Falle des § 263, welche Rechtsgeschäfte an die Zustimmung des Insolvenzverwalters gebunden werden;

3. im Falle des § 264, in welcher Höhe ein Kreditrahmen vorgesehen ist.
(3) § 31 gilt entsprechend. Soweit im Falle des § 263 das Recht zur Verfügung über ein Grundstück, ein eingetragenes Schiff, Schiffsbauwerk oder Luftfahrzeug, ein Recht an einem solchen Gegenstand oder ein Recht an einem solchen Recht beschränkt wird, gelten die §§ 32 und 33 entsprechend.

§ 268 Aufhebung der Überwachung
(1) Das Insolvenzgericht beschließt die Aufhebung der Überwachung,
1. wenn die Ansprüche, deren Erfüllung überwacht wird, erfüllt sind oder die Erfüllung dieser Ansprüche gewährleistet ist oder
2. wenn seit der Aufhebung des Insolvenzverfahrens drei Jahre verstrichen sind und kein Antrag auf Eröffnung eines neuen Insolvenzverfahrens vorliegt.
(2) Der Beschluss ist öffentlich bekanntzumachen. § 267 Abs. 3 gilt entsprechend.

§ 269 Kosten der Überwachung
Die Kosten der Überwachung trägt der Schuldner. Im Falle des § 260 Abs. 3 trägt die Übernahmegesellschaft die durch ihre Überwachung entstehenden Kosten.

Siebter Teil
Eigenverwaltung

§ 270 Voraussetzungen
(1) Der Schuldner ist berechtigt, unter der Aufsicht eines Sachwalters die Insolvenzmasse zu verwalten und über sie zu verfügen, wenn das Insolvenzgericht in dem Beschluss über die Eröffnung des Insolvenzverfahrens die Eigenverwaltung anordnet. Für das Verfahren gelten die allgemeinen Vorschriften, soweit in diesem Teil nichts anderes bestimmt ist.
(2) Die Anordnung setzt voraus,
1. dass sie vom Schuldner beantragt worden ist und
2. dass keine Umstände bekannt sind, die erwarten lassen, dass die Anordnung zu Nachteilen für die Gläubiger führen wird.
(3) Vor der Entscheidung über den Antrag ist dem vorläufigen Gläubigerausschuss Gelegenheit zur Äußerung zu geben, wenn dies nicht offensichtlich zu einer nachteiligen Veränderung in der Vermögenslage des Schuldners führt. Wird der Antrag von einem einstimmigen Beschluss des vorläufigen Gläubigerausschusses unterstützt, so gilt die Anordnung nicht als nachteilig für die Gläubiger.
(4) Wird der Antrag abgelehnt, so ist die Ablehnung schriftlich zu begründen; § 27 Absatz 2 Nummer 5 gilt entsprechend.

§ 270a Eröffnungsverfahren
(1) Ist der Antrag des Schuldners auf Eigenverwaltung nicht offensichtlich aussichtslos, so soll das Gericht im Eröffnungsverfahren davon absehen,
1. dem Schuldner ein allgemeines Verfügungsverbot aufzuerlegen oder
2. anzuordnen, dass alle Verfügungen des Schuldners nur mit Zustimmung eines vorläufigen Insolvenzverwalters wirksam sind.
Anstelle des vorläufigen Insolvenzverwalters wird in diesem Fall ein vorläufiger Sachwalter bestellt, auf den die §§ 274 und 275 entsprechend anzuwenden sind.
(2) Hat der Schuldner den Eröffnungsantrag bei drohender Zahlungsunfähigkeit gestellt und die Eigenverwaltung beantragt, sieht das Gericht jedoch die Voraussetzungen der Eigenverwaltung als nicht gegeben an, so hat es seine Bedenken dem Schuldner mitzuteilen und diesem

Gelegenheit zu geben, den Eröffnungsantrag vor der Entscheidung über die Eröffnung zurückzunehmen.

§ 270b Vorbereitung einer Sanierung

(1) Hat der Schuldner den Eröffnungsantrag bei drohender Zahlungsunfähigkeit oder Überschuldung gestellt und die Eigenverwaltung beantragt und ist die angestrebte Sanierung nicht offensichtlich aussichtslos, so bestimmt das Insolvenzgericht auf Antrag des Schuldners eine Frist zur Vorlage eines Insolvenzplans. Die Frist darf höchstens drei Monate betragen. Der Schuldner hat mit dem Antrag eine mit Gründen versehene Bescheinigung eines in Insolvenzsachen erfahrenen Steuerberaters, Wirtschaftsprüfers oder Rechtsanwalts oder einer Person mit vergleichbarer Qualifikation vorzulegen, aus der sich ergibt, dass drohende Zahlungsunfähigkeit oder Überschuldung, aber keine Zahlungsunfähigkeit vorliegt und die angestrebte Sanierung nicht offensichtlich aussichtslos ist.

(2) In dem Beschluss nach Absatz 1 bestellt das Gericht einen vorläufigen Sachwalter nach § 270a Absatz 1, der personenverschieden von dem Aussteller der Bescheinigung nach Absatz 1 zu sein hat. Das Gericht kann von dem Vorschlag des Schuldners nur abweichen, wenn die vorgeschlagene Person offensichtlich für die Übernahme des Amtes nicht geeignet ist; dies ist vom Gericht zu begründen. Das Gericht kann vorläufige Maßnahmen nach § 21 Absatz 1 und 2 Nummer 1a, 3 bis 5 anordnen; es hat Maßnahmen nach § 21 Absatz 2 Nummer 3 anzuordnen, wenn der Schuldner dies beantragt.

(3) Auf Antrag des Schuldners hat das Gericht anzuordnen, dass der Schuldner Masseverbindlichkeiten begründet. § 55 Absatz 2 gilt entsprechend.

(4) Das Gericht hebt die Anordnung nach Absatz 1 vor Ablauf der Frist auf, wenn

1. die angestrebte Sanierung aussichtslos geworden ist;
2. der vorläufige Gläubigerausschuss die Aufhebung beantragt oder
3. ein absonderungsberechtigter Gläubiger oder ein Insolvenzgläubiger die Aufhebung beantragt und Umstände bekannt werden, die erwarten lassen, dass die Anordnung zu Nachteilen für die Gläubiger führen wird; der Antrag ist nur zulässig, wenn kein vorläufiger Gläubigerausschuss bestellt ist und die Umstände vom Antragsteller glaubhaft gemacht werden.

Der Schuldner oder der vorläufige Sachwalter haben dem Gericht den Eintritt der Zahlungsunfähigkeit unverzüglich anzuzeigen. Nach Aufhebung der Anordnung oder nach Ablauf der Frist entscheidet das Gericht über die Eröffnung des Insolvenzverfahrens.

§ 270c Bestellung des Sachwalters

Bei Anordnung der Eigenverwaltung wird anstelle des Insolvenzverwalters ein Sachwalter bestellt. Die Forderungen der Insolvenzgläubiger sind beim Sachwalter anzumelden. Die §§ 32 und 33 sind nicht anzuwenden.

§ 271 Nachträgliche Anordnung

Beantragt die Gläubigerversammlung mit der in § 76 Absatz 2 genannten Mehrheit und der Mehrheit der abstimmenden Gläubiger die Eigenverwaltung, so ordnet das Gericht diese an, sofern der Schuldner zustimmt. Zum Sachwalter kann der bisherige Insolvenzverwalter bestellt werden.

§ 272 Aufhebung der Anordnung

(1) Das Insolvenzgericht hebt die Anordnung der Eigenverwaltung auf,

1. wenn dies von der Gläubigerversammlung mit der in § 76 Absatz 2 genannten Mehrheit und der Mehrheit der abstimmenden Gläubiger beantragt wird;

2. wenn dies von einem absonderungsberechtigten Gläubiger oder von einem Insolvenzgläubiger beantragt wird, die Voraussetzung des § 270 Absatz 2 Nummer 2 weggefallen ist und dem Antragsteller durch die Eigenverwaltung erhebliche Nachteile drohen;
3. wenn dies vom Schuldner beantragt wird.
(2) Der Antrag eines Gläubigers ist nur zulässig, wenn die in Absatz 1 Nummer 2 genannten Voraussetzungen glaubhaft gemacht werden. Vor der Entscheidung über den Antrag ist der Schuldner zu hören. Gegen die Entscheidung steht dem Gläubiger und dem Schuldner die sofortige Beschwerde zu.
(3) Zum Insolvenzverwalter kann der bisherige Sachwalter bestellt werden.

§ 273 Öffentliche Bekanntmachung
Der Beschluss des Insolvenzgerichts, durch den nach der Eröffnung des Insolvenzverfahrens die Eigenverwaltung angeordnet oder die Anordnung aufgehoben wird, ist öffentlich bekanntzumachen.

§ 274 Rechtsstellung des Sachwalters
(1) Für die Bestellung des Sachwalters, für die Aufsicht des Insolvenzgerichts sowie für die Haftung und die Vergütung des Sachwalters gelten § 27 Absatz 2 Nummer 5, § 54 Nummer 2 und die §§ 56 bis 60, 62 bis 65 entsprechend.
(2) Der Sachwalter hat die wirtschaftliche Lage des Schuldners zu prüfen und die Geschäftsführung sowie die Ausgaben für die Lebensführung zu überwachen. § 22 Abs. 3 gilt entsprechend.
(3) Stellt der Sachwalter Umstände fest, die erwarten lassen, dass die Fortsetzung der Eigenverwaltung zu Nachteilen für die Gläubiger führen wird, so hat er dies unverzüglich dem Gläubigerausschuss und dem Insolvenzgericht anzuzeigen. Ist ein Gläubigerausschuss nicht bestellt, so hat der Sachwalter an dessen Stelle die Insolvenzgläubiger, die Forderungen angemeldet haben, und die absonderungsberechtigten Gläubiger zu unterrichten.

§ 275 Mitwirkung des Sachwalters
(1) Verbindlichkeiten, die nicht zum gewöhnlichen Geschäftsbetrieb gehören, soll der Schuldner nur mit Zustimmung des Sachwalters eingehen. Auch Verbindlichkeiten, die zum gewöhnlichen Geschäftsbetrieb gehören, soll er nicht eingehen, wenn der Sachwalter widerspricht.
(2) Der Sachwalter kann vom Schuldner verlangen, dass alle eingehenden Gelder nur vom Sachwalter entgegengenommen und Zahlungen nur vom Sachwalter geleistet werden.

§ 276 Mitwirkung des Gläubigerausschusses
Der Schuldner hat die Zustimmung des Gläubigerausschusses einzuholen, wenn er Rechtshandlungen vornehmen will, die für das Insolvenzverfahren von besonderer Bedeutung sind. § 160 Abs. 1 Satz 2, Abs. 2, § 161 Satz 2 und § 164 gelten entsprechend.

§ 276a Mitwirkung der Überwachungsorgane
Ist der Schuldner eine juristische Person oder eine Gesellschaft ohne Rechtspersönlichkeit, so haben der Aufsichtsrat, die Gesellschafterversammlung oder entsprechende Organe keinen Einfluss auf die Geschäftsführung des Schuldners. Die Abberufung und Neubestellung von Mitgliedern der Geschäftsleitung ist nur wirksam, wenn der Sachwalter zustimmt. Die Zustimmung ist zu erteilen, wenn die Maßnahme nicht zu Nachteilen für die Gläubiger führt.

§ 277 Anordnung der Zustimmungsbedürftigkeit
(1) Auf Antrag der Gläubigerversammlung ordnet das Insolvenzgericht an, dass bestimmte Rechtsgeschäfte des Schuldners nur wirksam sind, wenn der Sachwalter ihnen zustimmt. § 81

Abs. 1 Satz 2 und 3 und § 82 gelten entsprechend. Stimmt der Sachwalter der Begründung einer Masseverbindlichkeit zu, so gilt § 61 entsprechend.
(2) Die Anordnung kann auch auf den Antrag eines absonderungsberechtigten Gläubigers oder eines Insolvenzgläubigers ergehen, wenn sie unaufschiebbar erforderlich ist, um Nachteile für die Gläubiger zu vermeiden. Der Antrag ist nur zulässig, wenn diese Voraussetzung der Anordnung glaubhaft gemacht wird.
(3) Die Anordnung ist öffentlich bekanntzumachen. § 31 gilt entsprechend. Soweit das Recht zur Verfügung über ein Grundstück, ein eingetragenes Schiff, Schiffsbauwerk oder Luftfahrzeug, ein Recht an einem solchen Gegenstand oder ein Recht an einem solchen Recht beschränkt wird, gelten die §§ 32 und 33 entsprechend.

§ 278 Mittel zur Lebensführung des Schuldners
(1) Der Schuldner ist berechtigt, für sich und die in § 100 Abs. 2 Satz 2 genannten Familienangehörigen aus der Insolvenzmasse die Mittel zu entnehmen, die unter Berücksichtigung der bisherigen Lebensverhältnisse des Schuldners eine bescheidene Lebensführung gestatten.
(2) Ist der Schuldner keine natürliche Person, so gilt Absatz 1 entsprechend für die vertretungsberechtigten persönlich haftendem Gesellschafter des Schuldners.

§ 279 Gegenseitige Verträge
Die Vorschriften über die Erfüllung der Rechtsgeschäfte und die Mitwirkung des Betriebsrats (§§ 103 bis 128) gelten mit der Maßgabe, dass an die Stelle des Insolvenzverwalters der Schuldner tritt. Der Schuldner soll seine Rechte nach diesen Vorschriften im Einvernehmen mit dem Sachwalter ausüben. Die Rechte nach den §§ 120, 122 und 126 kann er wirksam nur mit Zustimmung des Sachwalters ausüben.

§ 280 Haftung. Insolvenzanfechtung
Nur der Sachwalter kann die Haftung nach den §§ 92 und 93 für die Insolvenzmasse geltend machen und Rechtshandlungen nach den §§ 129 bis 147 anfechten.

§ 281 Unterrichtung der Gläubiger
(1) Das Verzeichnis der Massegegenstände, das Gläubigerverzeichnis und die Vermögensübersicht (§§ 151 bis 153) hat der Schuldner zu erstellen. Der Sachwalter hat die Verzeichnisse und die Vermögensübersicht zu prüfen und jeweils schriftlich zu erklären, ob nach dem Ergebnis seiner Prüfung Einwendungen zu erheben sind.
(2) Im Berichtstermin hat der Schuldner den Bericht zu erstatten. Der Sachwalter hat zu dem Bericht Stellung zu nehmen.
(3) Zur Rechnungslegung (§§ 66, 155) ist der Schuldner verpflichtet. Für die Schlussrechnung des Schuldners gilt Absatz 1 Satz 2 entsprechend.

§ 282 Verwertung von Sicherungsgut
(1) Das Recht des Insolvenzverwalters zur Verwertung von Gegenständen, an denen Absonderungsrechte bestehen, steht dem Schuldner zu. Kosten der Feststellung der Gegenstände und der Rechte an diesen werden jedoch nicht erhoben. Als Kosten der Verwertung können nur die tatsächlich entstandenen, für die Verwertung erforderlichen Kosten und der Umsatzsteuerbetrag angesetzt werden.
(2) Der Schuldner soll sein Verwertungsrecht im Einvernehmen mit dem Sachwalter ausüben.

§ 283 Befriedigung der Insolvenzgläubiger

(1) Bei der Prüfung der Forderungen können außer den Insolvenzgläubigern der Schuldner und der Sachwalter angemeldete Forderungen bestreiten. Eine Forderung, die ein Insolvenzgläubiger, der Schuldner oder der Sachwalter bestritten hat, gilt nicht als festgestellt.

(2) Die Verteilungen werden vom Schuldner vorgenommen. Der Sachwalter hat die Verteilungsverzeichnisse zu prüfen und jeweils schriftlich zu erklären, ob nach dem Ergebnis seiner Prüfung Einwendungen zu erheben sind.

§ 284 Insolvenzplan

(1) Ein Auftrag der Gläubigerversammlung zur Ausarbeitung eines Insolvenzplans ist an den Sachwalter oder an den Schuldner zu richten. Wird der Auftrag an den Schuldner gerichtet, so wirkt der Sachwalter beratend mit.

(2) Eine Überwachung der Planerfüllung ist Aufgabe des Sachwalters.

§ 285 Masseunzulänglichkeit

Masseunzulänglichkeit ist vom Sachwalter dem Insolvenzgericht anzuzeigen.

V. Gesetz über die Öffentliche Rechtsauskunft- und Vergleichsstelle (ÖRA-Gesetz) Vom 16. November 2010[264]

Stand: 1093

letzte berücksichtigte Änderung: § 2 geändert durch Artikel 9 des Gesetzes vom 19. April 2011 (HmbGVBl. S. 123)

Der Senat verkündet das nachstehende von der Bürgerschaft beschlossene Gesetz:

§ 1 Aufgaben

(1) Aufgabe der Öffentlichen Rechtsauskunft- und Vergleichsstelle (ÖRA) ist es, im Gebiet der Freien und Hansestadt Hamburg die folgenden Dienstleistungen zu erbringen:

1. Rechtsberatung in allen Rechtsgebieten als öffentliche Rechtsberatung gemäß § 12 Absatz 1 des Beratungshilfegesetzes (BerHG) vom 18. Juni 1980 (BGBl. I S. 689), zuletzt geändert am 17. Dezember 2008 (BGBl. I S. 2586, 2700), in der jeweils geltenden Fassung und, soweit erforderlich, Vertretung außerhalb gerichtlicher Verfahren,
2. außergerichtliche Streitbeilegung als

a) Vergleichsbehörde im strafrechtlichen Sühneverfahren gemäß § 380 der Strafprozessordnung (StPO),

b) anerkannte Gütestelle in zivilrechtlichen Angelegenheiten gemäß § 794 Absatz 1 Nummer 1 der Zivilprozessordnung (ZPO).

(2) Daneben kann die ÖRA die Durchführung von Mediationsverfahren zur Unterstützung von Konfliktparteien bei dem Bemühen um eine den Konflikt beendende einvernehmliche Vereinbarung anbieten.

264 Fundstelle: HmbGVBl. 2010, S. 603

§ 2 Leitung

Der ÖRA steht eine hauptamtliche Leiterin bzw. ein hauptamtlicher Leiter vor. Sie bzw. er wird von der für Soziales zuständigen Behörde im Benehmen mit dem Präses der für Justiz zuständigen Behörde auf unbestimmte Zeit bestellt und abberufen.

§ 3 Ehrenamtliche Mitarbeiterinnen und Mitarbeiter

(1) Die ehrenamtlichen Mitarbeiterinnen und Mitarbeiter leisten Rechtsberatung, außergerichtliche Streitbeilegung und die Verwaltungstätigkeiten in den Bezirksstellen der ÖRA. Die Leitung der ÖRA entscheidet über Beginn, Ende und Einsatzort der ehrenamtlichen Mitarbeiterinnen und Mitarbeiter.

(2) Die Beraterinnen bzw. Berater und Vorsitzenden in Verfahren der außergerichtlichen Streitbeilegung nehmen ihre Aufgaben als Amtspflicht wahr. Sie sind unabhängig in der Anwendung des Rechts.

(3) Die Beraterinnen bzw. Berater und Vorsitzenden in Verfahren der außergerichtlichen Streitbeilegung werden auf Vorschlag der Leitung der ÖRA aus dem Kreis der hamburgischen Richterinnen und Richter, Staatsanwältinnen und Staatsanwälte, Angehörigen des höheren Dienstes der Freien und Hansestadt Hamburg und Rechtsanwältinnen und Rechtsanwälte von dem Präses der für Justiz zuständigen Behörde für jeweils ein Jahr bestellt. Die Beraterinnen bzw. Berater und die Vorsitzenden müssen über die Befähigung zum Richteramt oder eine vergleichbare Ausbildung verfügen. Sie sollen für den vorgesehenen Tätigkeitsbereich in der Regel auf Grund entsprechender beruflicher Praxis besonders qualifiziert sein. Die Bestellung kann aus wichtigem Grund im Sinne von § 86 Satz 2 des Hamburgischen Verwaltungsverfahrensgesetzes (HmbVwVfG) vom 9. November 1977 (HmbGVBl. S. 333, 402), zuletzt geändert am 15. Dezember 2009 (HmbGVBl. S. 444, 449), in der jeweils geltenden Fassung durch den Präses der für Justiz zuständigen Behörde widerrufen werden.

(4) Die ehrenamtlichen Mitarbeiterinnen und Mitarbeiter sind bei der Übernahme ihrer Aufgaben durch die Leitung der ÖRA auf die gewissenhafte und unparteiische Wahrnehmung ihrer Tätigkeit besonders zu verpflichten.

(5) Die ehrenamtlichen Verwaltungskräfte werden von der Leitung der ÖRA ausgewählt. Die Leitung der ÖRA kann eine ehrenamtliche Verwaltungskraft aus wichtigem Grund im Sinne von § 86 Satz 2 HmbVwVfG abberufen.

(6) Die Leitung der ÖRA ist berechtigt, aus wichtigem Grund im Sinne von § 86 Satz 2 HmbVwVfG die ehrenamtlichen Mitarbeiterinnen und Mitarbeiter vorläufig bis zu einer Dauer von drei Monaten von der Amtsausübung zu entbinden. Den Betroffenen ist vorher Gelegenheit zur Stellungnahme zu geben.

§ 4 Anspruch auf Rechtsberatung

(1) Rechtsberatung gemäß § 1 Nummer 1 können ratsuchende Bürgerinnen und Bürger in Anspruch nehmen, wenn

1. sie in der Freien und Hansestadt Hamburg ihren Wohnsitz oder gewöhnlichen Aufenthalt haben, der Gegenstand der Rechtsberatung in Zusammenhang mit einem Aufenthalt in Hamburg steht oder die Ratsuchenden, sofern der Gegenstand der Beratung das Arbeits- oder Ausbildungsverhältnis betrifft, in Hamburg arbeiten oder ausgebildet werden,
2. sie nach ihren Einkommens- und Vermögensverhältnissen die erforderlichen Mittel für eine Beratung durch eine Rechtsanwältin bzw. einen Rechtsanwalt nicht aufbringen können,
3. ihnen keine anderweitige Rechtsberatung zur Verfügung steht, deren Inanspruchnahme den Ratsuchenden zumutbar ist und
4. die Wahrnehmung der Rechte nicht mutwillig ist.

Die Voraussetzung des Absatzes 1 Satz 1 Nummer 2 erfüllen Personen, deren monatliches Einkommen den dreifachen Regelsatz eines Haushaltsvorstands gemäß § 28 des Zwölften Buches Sozialgesetzbuch – Sozialhilfe – (SGB XII) vom 27. Dezember 2003 (BGBl. I S. 3022, 3023), zuletzt geändert am 30. Juli 2009 (BGBl. I S. 2495), in Verbindung mit der Regelsatzverordnung in den jeweils geltenden Fassungen nicht übersteigt und denen ein einzusetzendes Vermögen nicht zur Verfügung steht. Die Einkommens- und Vermögensverhältnisse werden entsprechend §§ 82 und 90 SGB XII und den nach § 96 SGB XII erlassenen Rechtsverordnungen in den jeweils geltenden Fassungen berechnet.

(2) Eine rechtliche Vertretung durch die ÖRA findet nur statt, soweit diese im Einzelfall erforderlich ist, insbesondere, wenn der oder die Ratsuchende nicht in der Lage ist, die Sach- und Rechtslage mündlich und schriftlich in deutscher Sprache ausreichend und verständlich wiederzugeben, und eine rechtliche Vertretung anderweitig von den Anspruchsberechtigten nicht rechtzeitig oder in zumutbarer Weise in Anspruch genommen werden kann. In Angelegenheiten des Strafrechts und des Ordnungswidrigkeitenrechts findet keine Vertretung statt.

§ 5 Rechtsberatung bei Streitigkeiten im grenzüberschreitenden Rechtsverkehr

(1) Bei Streitsachen mit grenzüberschreitendem Bezug nach der Richtlinie 2002/8/EG des Rates vom 27. Januar 2003 zur Verbesserung des Zugangs zum Recht bei Streitsachen mit grenzüberschreitendem Bezug durch Festlegung gemeinsamer Mindestvorschriften für die Prozesskostenhilfe in derartigen Streitsachen (ABl. EG Nr. L 26 S. 41, ABl. EU Nr. L 32 S. 15) wird Rechtsberatung gewährt

1. für die vorprozessuale Rechtsberatung im Hinblick auf außergerichtliche Streitbeilegung,
2. für die Unterstützung bei einem Antrag nach § 1077 ZPO, bis das Ersuchen im Mitgliedstaat des Gerichtsstands eingegangen ist.

(2) Für die Übermittlung von Anträgen auf grenzüberschreitende Beratungshilfe ist die ÖRA in entsprechender Anwendung von § 1077 ZPO zuständig.

(3) Für bei ihr eingehende Ersuchen um grenzüberschreitende Beratungshilfe ist die ÖRA zuständig, soweit der oder die Ratsuchende im Inland keinen allgemeinen Gerichtsstand hat und in Hamburg das Bedürfnis für Beratungshilfe auftritt.

§ 6 Zuständigkeit für außergerichtliche Streitbeilegung

(1) Außergerichtliche Streitbeilegung durch die ÖRA findet auf Antrag statt, wenn die Angelegenheit Bezug zum deutschen Rechtsraum hat.

(2) Für das Sühneverfahren nach § 380 StPO ist die ÖRA lediglich zuständig, wenn die Antragsgegnerin oder der Antragsgegner ihren oder seinen Wohnsitz oder gewöhnlichen Aufenthalt in der Freien und Hansestadt Hamburg hat.

§ 7 Allgemeine Verfahrensgrundsätze

(1) Die ÖRA beachtet bei der Erfüllung ihrer Aufgaben gemäß § 1 die folgenden Grundsätze:

1. das Recht auf ein faires Verfahren und den Anspruch auf rechtliches Gehör,
2. die Neutralität und Unabhängigkeit gegenüber anderen öffentlichen, kirchlichen und privaten Stellen, Interessenverbänden und Wirtschaftsunternehmen,
3. den Vorrang der vermittelnden Konfliktlösung gegenüber dem streitigen Verfahren,
4. die Unparteilichkeit der Beraterinnen und Berater sowie der Vorsitzenden in Güte-, Sühne- und Mediationsverfahren.

(2) Umstände, die Zweifel an der Unparteilichkeit von Beraterinnen und Beratern sowie der Vorsitzenden nach Absatz 1 Nummer 4 begründen können, haben diese gegenüber den Ratsuchenden oder den Konfliktparteien offen zu legen. Die bei der ÖRA tätigen ehrenamtlichen oder hauptamtlichen Mitarbeiterinnen und Mitarbeiter dürfen in Angelegenheiten, in denen sie für

die ÖRA tätig waren oder sind, kein Mandat übernehmen oder für eine der Parteien tätig sein. In begründeten Einzelfällen kann eine Ausnahmegenehmigung durch die Leitung der ÖRA erteilt werden.

§ 8 Verschwiegenheitspflicht

(1) Mitarbeiterinnen und Mitarbeiter der ÖRA haben auch nach Beendigung ihrer Tätigkeit über die ihnen bei ihrer Tätigkeit für die ÖRA bekannt gewordenen Angelegenheiten Verschwiegenheit zu wahren. Dies gilt nicht für Mitteilungen im innerdienstlichen Verkehr, soweit diese zur Erfüllung der Aufgaben der ÖRA oder zur Wahrnehmung der Dienstaufsicht über die ÖRA durch die für Soziales zuständige Behörde notwendig sind, oder für Tatsachen, die offenkundig sind oder ihrer Bedeutung nach keiner Geheimhaltung bedürfen. Beraterinnen und Berater im Sinne des § 12 Absatz 3 BerHG sind in gleicher Weise wie eine beauftragte Rechtsanwältin oder ein beauftragter Rechtsanwalt zur Verschwiegenheit verpflichtet.

(2) Mitarbeiterinnen und Mitarbeiter der ÖRA dürfen ohne Genehmigung über Angelegenheiten, über die sie Verschwiegenheit zu wahren haben, weder vor Gericht noch außergerichtlich aussagen oder Erklärungen abgeben.

(3) Die Genehmigung, als Zeugin bzw. Zeuge auszusagen, darf nur versagt werden, wenn die Aussage dem Wohle des Bundes oder eines Landes Nachteile bereiten oder die Erfüllung der Aufgaben der ÖRA ernstlich gefährden oder erheblich erschweren würde.

(4) Ist eine Mitarbeiterin oder ein Mitarbeiter der ÖRA Beteiligte oder Beteiligter in einem gerichtlichen Verfahren oder soll ihr oder sein Vorbringen der Wahrnehmung ihrer oder seiner berechtigten Interessen dienen, so darf die Genehmigung auch dann, wenn die Voraussetzungen des Absatzes 3 erfüllt sind, nur versagt werden, wenn ein zwingendes öffentliches Interesse dies erfordert. Wird sie versagt, so ist der Mitarbeiterin oder dem Mitarbeiter der Schutz zu gewähren, den die öffentlichen Interessen zulassen.

(5) Die Genehmigung nach den Absätzen 2 bis 4 erteilt die für Soziales zuständige Behörde. Die Befugnis zur Erteilung der Genehmigung kann der Leitung der ÖRA übertragen werden.

§ 9 Akteneinsicht

(1) Akteneinsicht oder Auskunft in Bezug auf die bei der ÖRA geführten Akten wird gewährt, wenn in Fällen der Rechtsberatung die bzw. der Ratsuchende oder in Fällen der außergerichtlichen Streitbeilegung die beteiligten Parteien schriftlich zustimmen und dadurch die Erfüllung der Aufgaben der ÖRA weder ernstlich gefährdet noch erheblich erschwert wird. Soweit die ÖRA als Güte-, Sühne- oder Mediationsstelle tätig wird, wird Akteneinsicht in die in diesem Zusammenhang geführten Akten ohne Zustimmung der Parteien nur gewährt, soweit die ÖRA auf Grund der geltenden rechtlichen Bestimmungen hierzu verpflichtet ist. Die Auskunft, ob und in welchem Zeitraum ein Güte-, Sühne- oder Mediationsverfahren stattgefunden hat, kann auch ohne Zustimmung sämtlicher beteiligter Parteien gegeben werden, soweit dies erforderlich ist, um gemäß § 278 Absatz 2 ZPO einen bereits stattgefundenen Einigungsversuch zu belegen oder einer Partei den Nachweis der die Verjährung hemmenden Wirkung gemäß § 204 Absatz 1 Nummer 4 des Bürgerlichen Gesetzbuches zu ermöglichen.

(2) Die Entscheidung über die Erteilung von Auskünften und Gewährung von Akteneinsicht trifft die Leitung der ÖRA.

§ 10 Verordnungsermächtigung

Der Senat wird ermächtigt, durch Rechtsverordnung die zur Durchführung des Gesetzes erforderlichen weiteren Bestimmungen über den Aufbau der ÖRA, die Aufgaben und Entschädigung ehrenamtlicher Mitarbeiterinnen und Mitarbeiter, zur Aktenführung sowie die Durchführung und Ausgestaltung der Verfahren der außergerichtlichen Streitbeilegung und in Mediationsangelegenheiten zu treffen.

§ 11 Schlussbestimmungen

(1) § 10 tritt am Tage nach der Verkündung in Kraft.

(2) Im Übrigen tritt dieses Gesetz am ersten Tage des zweiten auf die Verkündung folgenden Monats in Kraft. Zum selben Zeitpunkt treten die Verordnung über die Öffentliche Rechtsauskunft- und Vergleichsstelle vom 4. Februar 1946 (Sammlung des bereinigten hamburgischen Landesrechts I 333-a) und die Geschäftsordnung für die Öffentliche Rechtsauskunft- und Vergleichsstelle vom 15. November 1946 (Sammlung des bereinigten hamburgischen Landesrechts I 333-a-1) in ihren geltenden Fassungen außer Kraft.

Ausgefertigt Hamburg, den 16. November 2010.

Der Senat

VI. Verfahrensordnung der Ombudsstelle Geschlossene Fonds (e.V.)

in der Fassung vom 04.02.2013 1094

Präambel

Die Ombudsstelle dient dem Zweck, gerichtliche Auseinandersetzungen zwischen Anlegern von geschlossenen Fondsbeteiligungen und Anbietern geschlossener Fonds zu vermeiden. Verfahrensbeteiligt können nur Mitgliedsunternehmen des Vereins „Ombudsstelle Geschlossene Fonds e.V." und solche Unternehmen sein, die dem Ombudsverfahren angeschlossen sind.

Ziel der Einrichtung der Ombudsstelle ist es, Streitigkeiten mit Individualcharakter zu schlichten. Aufgabe der Ombudsstelle ist es, im Falle von nach dieser Verordnung zulässigen Beschwerden einen möglichst schnellen Interessensausgleich herzustellen. Die Ombudsstelle soll zu jedem Zeitpunkt des Verfahrens auf einen Ausgleich dieser Interessen hinwirken. Erst wenn eine Einigung zwischen den Parteien endgültig gescheitert ist, soll der Schlichtungsspruch ergehen.

Die Ombudsperson genießt richterliche Unabhängigkeit, sie ist insbesondere weder an Weisungen des Vorstandes noch eines Mitgliedsunternehmens noch der Geschäftsstelle gebunden.

Es besteht kein Anspruch auf Durchführung des Schlichtungsverfahrens. Der Schlichtungsspruch gilt nur zwischen den beschwerdebeteiligten Parteien und hat keinerlei Bindungs- oder Indizwirkung für ähnlich gelagerte Fälle. Die Verfahrenssprache ist deutsch. Es kommt ausschließlich die deutsche Rechtsordnung zur Anwendung. Über Sachverhalte fremde Rechtsordnungen betreffend entscheidet die Ombudsperson nicht.

Wird in der Verfahrensordnung von der Geschäftsstelle gesprochen, so ist damit der organisatorische Unterbau der Ombudsstelle selbst und des Vereins Ombudsstelle gemeint. Die Beschwerdestelle ist dagegen die Stelle, die mit der Verwaltung des Schlichtungsverfahrens und dem frühen Einigungsversuchs betraut ist.

§ 1 Bestellung der Ombudsperson

(1) Bestellungsbefugnis und -verfahren

Die Befugnis zur Nominierung und Bestellung geeigneter Ombudspersonen obliegt dem Vorstand. Die Ombudsperson wird vor der Bestellung zunächst durch den Vorstand nominiert. Vorschläge für die Nominierung werden jederzeit entgegengenommen. Der Vorstand informiert die Mitgliedsunternehmen über die getroffene Auswahl und fordert sie zur Stellungnahme auf. Dem Bundesverband der Verbraucherzentralen und Verbraucherverbände – Verbraucherzentrale

Bundesverband e.V. (vzbv) wird der Name und der berufliche Werdegang der als Ombudsperson vorgesehenen Person ebenfalls mitgeteilt. Einwände, die innerhalb eines Monats nach der Bekanntgabe der Nominierung dem Vorstand oder der Geschäftsführung mitgeteilt werden, sind bei der Entscheidung zu berücksichtigen. Die Bestellung erfordert eine Zweidrittelmehrheit im Vorstand.

(2) Amtszeit

Die Amtszeit der Ombudsperson soll 3 Kalenderjahre dauern. Weitere Amtszeiten sind möglich.

(3) Abberufungsverfahren

Eine Ombudsperson kann vor Ablauf ihrer Amtszeit vom Vorstand nur abberufen werden, wenn Tatsachen vorliegen, die eine unabhängige Entscheidung der Schlichtungstätigkeit nicht mehr erwarten lassen, die Ombudsperson – egal aus welchem Grund – nicht nur vorübergehend an der Ausübung des Amtes gehindert ist, oder wenn ein gleich wichtiger sonstiger Grund vorliegt. Ein wichtiger Grund ist insbesondere dann gegeben, wenn die Ombudsperson eine nach § 15 Absatz 2 der Satzung der Ombudsstelle Geschlossene Fonds e.V. untersagte Tätigkeit aufnimmt. Für die Abberufung ist ebenfalls eine Zweidrittelmehrheit im Vorstand erforderlich.

(4) Qualifikation und Unparteilichkeit

Die Ombudsperson muss die für ihre Aufgabe erforderliche Befähigung, Fachkompetenz und Erfahrung haben. Sie muss die Befähigung zum Richteramt besitzen. Sie soll ihren Wohnsitz in Deutschland haben. Die Ombudsperson darf in den letzten fünf Jahren vor Amtsantritt weder beim VGF Verband Geschlossene Fonds e.V. noch bei einem Mitgliedsunternehmen beschäftigt oder Berater für ein solches Unternehmen gewesen sein. Sie darf in den letzten fünf Jahren vor Antritt des Amtes auch nicht als Anlagevermittler bzw. Anlageberater für geschlossene Fonds tätig gewesen sein.

(5) Berufung mehrerer Personen und/oder Stellvertreter

Werden mehrere Ombudspersonen berufen, legt der Vorstand die Geschäftsverteilung im Einvernehmen mit den bestellten Personen vor jedem Geschäftsjahr fest. Eine Änderung der Geschäftsverteilung ist nur aus wichtigem Grund zulässig.

(6) Verfahren bei Befangenheit

Die Ombudsperson darf das Schlichtungsverfahren nicht durchführen, wenn sie selbst in irgendeiner Form an dem Streitfall beteiligt gewesen ist oder der Befangenheitsverdacht aus einem anderen Grund glaubhaft gemacht werden kann. Über die Befangenheit entscheidet der Vorstand. Das Schlichtungsverfahren wird dann gar nicht durchgeführt, wenn es nur eine Ombudsperson gibt. Sind mehrere Ombudspersonen berufen, ist in der Geschäftsverteilung zu regeln, an welche andere Ombudsperson das Verfahren überwiesen wird.

§ 2 Beschwerdestelle

(1) Einrichtung

Zur Organisation und Durchführung der Schlichtungsverfahren wird bei der Ombudsstelle eine Beschwerdestelle eingerichtet.

(2) Aufgaben/Befugnisse

Die Beschwerdestelle hat die Aufgabe, alle Verwaltungsvorgänge rund um das Beschwerdeverfahren durchzuführen und den Beschwerdeführer über den Verfahrensgang zu informieren. Die Beschwerdestelle wirkt auf eine schnelle Beilegung von Streitigkeiten durch einen ersten frühen Einigungsversuch nach Erhalt der Beschwerde hin. In der Beschwerdestelle ist für jedes Verfahren eine Akte anzulegen und mit Sorgfalt zu führen. Die Akten müssen fünf Jahre aufbewahrt werden.

§ 3 Beteiligtenfähigkeit und Einlegung der Beschwerde

(1) Beschwerdeführer

Beschwerdeführer können sein:
1. Private Anleger,
2. Institutionelle Anleger.
(2) Beschwerdegegner
Beschwerdegegner können sein:
1. Mitgliedsunternehmen des Vereins Ombudsstelle e.V.,
2. Anbieter und Emittenten von öffentlich angebotenen geschlossenen Fonds im Sinne des § 8 f Abs. 1 Verkaufsprospektgesetz bzw. im Sinne des § 1 Abs. 2 Nr. 1 bis 3 Vermögensanlagengesetz sowie Treuhandgesellschaften, die mit einem Mitgliedsunternehmen vertraglich oder gesellschaftsrechtlich verbunden sind oder zum Zeitpunkt ihrer Anschlusserklärung gegenüber der Ombudsstelle verbunden waren, soweit die betreffenden Gesellschaften schriftlich gegenüber der Geschäftsstelle erklärt haben, dass sie sich dem Ombudsverfahren anschließen und die Verfahrensordnung als für sich verbindlich anerkennen.
(3) Beschwerdeschrift
Die Beschwerde ist schriftlich einzureichen. Die Beschwerdeschrift muss eine kurze Sachverhaltsschilderung beinhalten. Ihr sind vorhandene Unterlagen und eine Versicherung, dass die Streitigkeit weder bei Gericht noch einer anderen Güte- oder Schlichtungsstelle anhängig ist und auch noch kein anderweitiger außergerichtlicher Vergleich abgeschlossen worden ist, beizufügen.
Außerdem muss der Beschwerdeführer sich damit einverstanden erklären, dass die Ombudsstelle mit dem Beschwerdegegner zum Zwecke der Streitbeilegung in Kontakt tritt und dessen Informationen verwendet. Die Beschwerdestelle bestätigt dem Beschwerdeführer den Eingang der Beschwerde und belehrt ihn über den Gang des weiteren (zweistufigen) Verfahrens. Die Beschwerdestelle prüft, ob der Beschwerdegegner der Schlichtungsstelle angeschlossen ist. Ist dies nicht der Fall, wird die Beschwerde an den Beschwerdeführer mit der Begründung der Unzuständigkeit zurückgeleitet. Soweit eine Zuständigkeit einer anderen bestehenden Ombudsstelle gegeben sein könnte, informiert die Beschwerdestelle den Beschwerdeführer hierüber.

§ 4 Früher Einigungsversuch
Nachdem die Beschwerdestelle die Zuständigkeit der Ombudsstelle aufgrund der Voraussetzungen nach § 3 festgestellt hat, tritt sie zum Zwecke der Streitbeilegung unter Weiterleitung der Beschwerdeschrift mit dem Beschwerdegegner in Kontakt. Dieser kann der Beschwerde durch Anerkennung des Beschwerdeanspruches abhelfen oder einen Einigungsvorschlag machen. Erst wenn dieser frühe Einigungsversuch gescheitert ist, wird die Beschwerde an die Ombudsperson weitergeleitet und das Schlichtungsverfahren beginnt.

§ 5 Zulässigkeit des Verfahrens
(1) Zulässigkeitsvoraussetzungen
Das Verfahren ist zulässig, wenn ein Beschwerdeführer im Sinne des § 3 Abs. 1 seine Beschwerde gegen einen Beschwerdegegner im Sinne des § 3 Abs. 2 richtet, ein zulässiger Verfahrensgegenstand nach Abs. 2 vorliegt und keine Ausschlussgründe nach Abs. 3 oder 4 vorliegen.
(2) Zulässiger Verfahrensgegenstand
Gegenstand des Verfahrens können das durch eine Beteiligung an einem geschlossenen Fonds im Sinne des § 8 f Abs. 1 Verkaufsprospektgesetz bzw. im Sinne des § 1 Abs. 2 Nr. 1 bis 3 Vermögensanlagengesetz begründete rechtliche Verhältnis des Beschwerdeführers zum Beschwerdegegner sein sowie alle mit der Verwaltung der Fondsbeteiligung des Beschwerdeführers im Zusammenhang stehenden Sachverhalte. Nicht zum Gegenstand des Verfahrens können kaufmännische Entscheidungen, insbesondere solche aus der Geschäftsführung des Emittenten, gemacht werden. Auch Gesellschafterbeschlüsse der Emittenten können nicht Gegenstand

des Ombudsverfahrens sein. Im Falle von geltend gemachten Zahlungsansprüchen muss der Beschwerdeführer den gesamten Betrag einfordern. Beschwerden über Teilbeträge sind nicht zulässig.

(3) Ausschlussgründe

Eine Schlichtung durch die Ombudsperson findet nicht statt, wenn

1. der Beschwerdegegenstand bereits vor einem Gericht anhängig ist, in der Vergangenheit anhängig war oder während des Schlichtungsverfahrens anhängig gemacht wird,
2. die Streitigkeit durch außergerichtlichen Vergleich beigelegt wurde,
3. bereits ein Schlichtungsverfahren nach § 14 Unterlassungsklagengesetz stattgefunden hat oder
4. der Anspruch bei Anrufung der Ombudsperson bereits verjährt war und der Beschwerdegegner sich auf Verjährung beruft.

(4) Ausnahmeermessen

Die Ombudsperson muss die Schlichtung ablehnen, wenn die Schlichtung die Klärung einer grundsätzlichen Rechtsfrage zum Gegenstand hat. Die Entscheidung, ob es sich um eine grundsätzliche Rechtsfrage handelt, trifft die Ombudsperson. Die Ombudsperson soll die Schlichtung ablehnen, wenn zu erwarten ist, dass wegen einer Vielzahl gleichgelagerter Fälle in Bezug auf einen Emittenten Beschwerden eingereicht werden (Musterverfahren). Die Entscheidung über grundsätzliche Rechtsfragen und Musterverfahren soll der ordentlichen Gerichtsbarkeit vorbehalten sein.

(5) Prüfung der Zulässigkeit durch die Ombudsperson

Die Ombudsperson prüft die Zulässigkeit des Schlichtungsverfahrens. Im Fall der Zulässigkeit folgt die materielle Prüfung des Sachverhaltes. Bei Unzulässigkeit ergeht ein Bescheid an den Beschwerdeführer, der den Grund der Unzulässigkeit anführt.

§ 6 Verbindung mehrerer Verfahren

Die zuständige Ombudsperson kann mehrere Beschwerdeverfahren zu einem Verfahren verbinden, wenn die einzelnen Beschwerden dieselbe Rechtsfrage beinhalten, gegen denselben Beschwerdegegner gerichtet sind und denselben Emittenten betreffen.

§ 7 Schlichtungsverfahren

(1) Stellungnahmefrist

Scheitert der frühe Einigungsversuch, beträgt die Stellungnahmefrist vier Wochen. Der Beschwerdegegner hat erneut die Möglichkeit, sich mit dem Beschwerdeführer zu einigen und das Verfahren zu beenden. Im Fall der Einigung wird das Schlichtungsverfahren für erledigt erklärt. Eine Wiederaufnahme ist nur dann möglich, wenn eine Partei sich nach Anerkennung oder Einigung nicht absprachegemäß verhält.

(2) Verfahren bei der Ombudsperson

Die Beschwerdestelle legt den Vorgang nach Ablauf der Stellungnahmefrist der Ombudsperson vor, wenn keine Einigung erfolgt ist. Die Ombudsperson nimmt eine sorgfältige materielle Prüfung des Falles vor.

(3) Befugnisse

Die Ombudsperson kann eine ergänzende Stellungnahme der Parteien zur Klärung der Sachlage und des Streitstandes anfordern, wenn ihr dies erforderlich erscheint. Sie kann die Parteien auch mündlich anhören. Eine Beweisaufnahme führt sie nicht durch, es sei denn, der Beweis kann durch die Vorlage von Urkunden angetreten werden.

(4) Entscheidungsfrist

Die Ombudsperson hat nach Eingang der Stellungnahme des Beschwerdegegners unverzüglich über die Beschwerde zu entscheiden. Die Beschwerdestelle hat den Parteien mitzuteilen, wann mit einer Entscheidung zu rechnen ist.

(5) Form und Inhalt des Schlichtungsspruches

Steht die Sachlage aufgrund der vorgelegten Urkunden und Aussagen zu ihrer Überzeugung fest, so erlässt die Ombudsperson einen Schlichtungsspruch. Der Schlichtungsspruch ergeht schriftlich und enthält eine kurze und verständliche Begründung. Die Urkunde ist zu unterschreiben. Die Ombudsperson leitet die Entscheidung beiden Parteien unverzüglich zu. Eine Beschwerdemöglichkeit gegen den Schlichtungsspruch ist ausgeschlossen. Die Ombudsperson sieht mit entsprechendem Hinweis von der Schlichtung ab, wenn sie nach ordentlicher Prüfung zu dem Ergebnis gelangt, dass der Streit nur nach einer weitergehenden Beweisaufnahme in der Sache entschieden werden kann.

§ 8 Wirkung des Schlichtungsspruches

(1) Bindungswirkung

Die dem Ombudsverfahren angeschlossenen Unternehmen sind an den Schlichtungsspruch gebunden, sofern der Beschwerdegegenstand 10.000 Euro nicht übersteigt. Dem Beschwerdeführer steht der Rechtsweg in jedem Fall offen.

(2) Berechnung des Beschwerdegegenstandes

Die Berechnung der Höhe des Beschwerdegegenstandes richtet sich nach der von dem Beschwerdeführer geltend gemachten Forderung. Bei nach § 6 verbundenen Beschwerdeverfahren werden die Streitwerte zusammengerechnet. Eine Kumulierung der Streitgegenstände erfolgt auch, wenn die Verfahren zwar nicht nach § 6 verbunden werden, aber nach Abschluss eines Verfahrens eine Beschwerde gegen denselben Beschwerdegegner in einem ähnlich gelagerten Fall verhandelt wird. Die Kumulierung erfolgt nur für die zukünftigen Beschwerden; die Bindungswirkung eines bereits ergangenen Schlichtungsspruches entfällt nicht rückwirkend.

§ 9 Hemmung der Verjährung

Die Verjährung für die Ansprüche des Beschwerdeführers gilt für die Dauer des Schlichtungsverfahrens (Vorprüfung und Schlichtung) als gehemmt.

§ 10 Kosten des Verfahrens

Die Kosten des Schlichtungsverfahrens trägt die Ombudsstelle. Eine weitere Kostenentscheidung trifft die Ombudsstelle nicht. Die Kosten etwaiger Rechtsberatung hat jede Partei selbst zu tragen.

§ 11 Verschwiegenheitspflicht

Die Ombudsperson und ihre Mitarbeiter sowie die Mitarbeiter der Beschwerdestelle sind zur Verschwiegenheit über alle die Parteien betreffenden Tatsachen und Wertungen verpflichtet, von denen sie im Rahmen des Beschwerdeverfahrens Kenntnis erlangen, soweit sie nicht von dieser Pflicht entbunden werden. Sie haben eine entsprechende Verschwiegenheitserklärung zu unterschreiben. Geschäftsgeheimnisse des Beschwerdegegners dürfen dem Beschwerdeführer gegenüber nicht offenbart werden. Die Ombudsperson berücksichtigt die fehlende Verteidigungsmöglichkeit des Beschwerdegegners im Rahmen seiner Würdigung des Falles.

§ 12 Tätigkeitsbericht

Die Ombudsstelle veröffentlicht am Anfang eines jeden Kalenderjahres einen Bericht über die Aktivitäten der Ombudsstelle, die Anzahl der Beschwerdeverfahren und deren Ausgang.

Berlin, den 22.11.2007

Anlage II – Emissionshäuser mit ihren Schiffsfonds

I. Atlantic

Generell zum Emissionshaus Atlantic unter B. IV. 1.

1. Atlantic MS Jacky Rickmers

1095 Der Schiffsfond MS Jacky Rickmers wurde von Emissionshaus Atlantic 2004 aufgelegt. Am 12.11.2012 erfolgte die Insolvenz. Dabei besteht wenig Hoffnung für die Anleger vollständig ihr Geld zu bekommen. Die Schulden und Hypothekendarlehen des Schiffsfonds werden vorrangig bedient.

Anleger könnten in Form von Schadensersatzansprüchen aufgrund einer falschen Anlageberatung sich von Schiffsfonds lösen. Zu überprüfen wäre dabei, ob die Anlageberatung ordnungsgemäß ablief. Die Berater durften in einem Beratungsgespräch nicht nur über die Vorteile, sondern auch mögliche Risiken aufklären. Wegen einer solchen Pflichtverletzung, könnten Schadenersatzansprüche bestehen.

Die Aussage, dass Atlantic MS Jacky Rickmers eine sichere Kapitalanlage sei, wäre eine falsche Empfehlung. Bei den Schiffsfonds handelt es sich um eine unternehmerische Beteiligung des Anlegers. Dabei kann keine Sicherheit gegeben werden, wie das Insolvenzverfahren zeigt. Weitere Risiken beziehen sich auf das mögliche Verlustrisiko, Betriebsrisiken und auf den nicht geregelten Zweitmarkt. Des Weiteren lassen sich eine mögliche mangelnde Aufklärung über Provisionen des Beraters oder ein fehlerhaftes Emissionsprospekt als Ansatzpunkte für einen Schadenersatz gelten machen.

2. Atlantic MS Aruni Rickmers

1096 Auch der Schiffsfonds Atlantic MS Aruni Rickmers musste Insolvenz anmelden. Das Insolvenzverfahren wurde am 12.11.2012 eröffnet. Wieder werden hier Bankdarlehen und ähnlich Schulden vorrangig vor den Anlegern (Kommanditisten) bedient.

3. Atlantic MS Nina Rickmers und MS Saylemoon Rickmers

1097 Eine Sanierung erfolgte für die beides Schiffsfonds Atlantic MS Nina Rickmers und MS Saylemoon Rickmers im Dezember 2011. Dabei wurden Ausschüttungen zurückgefordert. Doch die Sanierung war nicht erfolgreich. Im November 2013 müssten beide Schiffsfonds Insolvent anmelden.

4. Atlantic MS Jennifer Rickmers

Dem Schiffsfonds Atlantic MS Jennifer Rickmers droht die Insolvenz. Die Anleger sollen zur Rettung des Fonds beitragen. Sie müssen sich zwischen Notverkauf und Nachzahlungen entscheiden. Sowohl ein Notverkauf als auch Nachzahlungen bringen viele Risiken, da der Markt für Transportschifffahrt nach wie vor in der Krise steckt. Durch ein Überangebot der Transportkapazitäten kann eine Abwendung einer Insolvenz nicht unbedingt als Rettung bezeichnet werden. In den letzten Jahren stieg die Anzahl der Tank- und Containerschiffe rasant an, die von Schiffsfonds finanziert sind. Durch die weltweite Krise war die Nachfrage nach Transporten nicht sehr groß, weshalb die Charterraten sanken. 1098

5. Atlantic MS Charlotte

Der Schiffsfonds MS Charlotte, der 2004 aufgelegt wurde, wird von der Insolvenz bedroht. Die Anleger müssen entscheiden, ob sie einem Notverkauf zustimmen oder neues Kapital zur Stabilisierung geben wollen. Bei beiden Alternativen kann es zu Verlusten führen. Der Verkauf der Anteile auf dem Zweitmarkt kann ebenfalls mit Verlusten behaftet sein. 1099

6. Atlantic Flottenfonds

Insolvenz musste auch der Atlantic Flottenfonds am 20.3.2012 anmelden. Das Sanierungskonzept wurde von den Banken nicht unterstützt.[265] Von der Insolvenz sind insgesamt 800 Anleger (Gesellschafter) betroffen, die natürlich mit finanziellen Verlusten rechnen müssen. 1100

Der Schiffsfonds wurde im Jahre 2008 von dem Emissionshaus Atlantic aufgelegt. Die Investitionssumme der Anleger betrug circa € 32 Millionen. Durch die Ermöglichung von nur geringen Erträgen im Jahren 2008 und 2009, kam es schon sehr früh zu wirtschaftlichen Schwierigkeiten. Dies zeigte sich durch den Verzicht der ersten Ausschüttungen. 2012 kam der Schiffsfonds wieder in Schwierigkeiten, weshalb eine Gesellschafterversammlung einberufen wurde. Es gab Andeutungen zu einer möglichen Insolvenz im Vorfeld. Die Banken forderten den Verkauf der vier Flottenschiffe MT Chemtrans Alster, MT Chemtrans Oste, MT Chemtrans Weser und MT Chemtrans Ems. Die Anleger haben dem aber nicht zugestimmt.

265 Manager Magazin am 20.03.2010 (Onlineausgabe)

II. BS Invest

Generell zum Emissionshaus BS Invest unter B. IV. 2.

1. BS Invest Bulker Flottenfonds

1101 Der BS Invest Bulker Flottenfonds investierte 2004 in fünf Massengutfrachter, auch Bulker genannt. Dabei handelt es sich um die Frachter MS Eilhard Schulte, MS Joost Schulte, MS Jürgen Schulte, MS Robert Schulte und MS Simon Schulte, die zwischen 1996 und 1999 erbaut wurden.

2. BS Invest MS Elise Schulte

1102 Die von BS Invest entwickelte Schiffsbeteiligung MS Elise Schulte investierte in einem gleichnamigen Tanker. Der Fonds entwickelte sich seit dem Start 2004 wie erwartet und brachte den Anlegern in den ersten Jahren Ausschüttungen. Doch dann entfielen die Ausschüttungen. Auch dieser Schiffsfonds ist im Großen und Ganzen kein Erfolg. Wenn Anleger Schadenersatzansprüche wegen Falschberatung sollte sie die 10 Jährige Verjährungsdauer oder die kenntnisabhängige Frist von 3 Jahren beachten.

3. BS Invest MS Georg Schulte

1103 Der Schiffsfonds kam März 2008 auf den Markt. Dabei handelt es sich um ein 3.500-TEU-Vollcontainerschiff. Die Laufzeit beträgt 20 Jahre.

4. BS Invest MS Mary Schulte

1104 Das im Jahr 2000 auf der Dalian-Werft in China gebaute Schiff wurde für einen Kaufpreis von USD 23,95 Millionen erworben. Die BS Invest brachte den Schiffsfonds 2004 auf den Markt. Auch dieser Fonds musste den Gang des zuständigen Insolvenzgerichts antreten. Den Anlegern droht nun der Totalverlust ihrer Einlagen.

5. BS Invest Chemikalientanker Flottenfonds

1105 Der Flottenfonds beteiligt sich an den vier Schiffen MS Peter Schulte, MS Franz Schulte, MS Paul Schulte und MS Ruth Schulte. Nach dem Beginn des Schiffsfonds im Jahre 2006 gab es die erwartungsmäßen Ausschüttungen. Allerdings wurde 2011 bereits eine Nachschusszahlung beschlossen und ist von der Insolvenz bedroht.

6. BS Invest MS Angelica Schulte

Das Emissionshaus BS Invest hat im Jahre 2005 den Schiffsfonds MS Angelica Schulte 1106 aufgelegt. Der Fonds investierte einen Rohöltanker. Die ersten Ausschüttungen erfolgten erwartungsgemäß bevor sie dann stagnierten.

7. BS Invest MS Caecilia Schulte

MS Caecilia Schulte ist ein Vollcontainerschiff mit Stellplätzen für 1.162 TEU, eine 1107 Tragfähigkeit von 14.080 tdw und drei 45 Tonnen Ladekränen. Das Schiff wurde in Polen auf der Stettiner Werft Szczecinska gebaut und im Jahr 1995 abgeliefert und emittiert.

8. BS Invest MS Gustav Schulte

Die BS Invest Gesellschaft für Beteiligungsvermittlung mbH brachte den Schiffsfonds 1108 BS Invest MS Gustav Schulte im Jahr 2007 mit einem Investitionsvermögen in Höhe von € 45.657.000 auf dem Markt. Die Anleger haben sich mit einem Eigenkapital von € 17.800.000 beteiligt. Investiert wurde in einen 3.534 TEU Vollcontainer.

Das Amtsgericht Hamburg eröffnete 03. September 2012 das Insolvenzverfahren über das Vermögen der Fondsgesellschaft.

9. BS Invest MS Renate Schulte

Das Emissionsjahr des Schiffsfonds BS Invest MS Renate Schulte war im Jahr 1994. 1109 Investiert wurde in ein Containerschiff mit einer Tragfähigkeit von 20.275 tdw und einer Containerkapazität von 1.354 TEU. Das Investitionsvolumen in der Platzierung betrug rund € 25,6 Millionen.

III. Bluewater Capital

Generell zum Emissionshaus Bluewater Capital unter B. IV. 3.

1. Bluewater Capital MS Amanda

1110 Der Schiffsfonds Bluewater Capital MS Amanda wurde im Jahr 2008 auf dem Markt platziert. Die Beteiligungsgesellschaft investierte in ein Multipurposeschiff, das für den Transport von Schwergutladung ausgerüstet ist. Das Investitionsvolumen betrug in der Platzierung rund € 28.7 Millionen mit einer Eigenkapitalquote von 35 %.

2. Bluewater Capital MS Anita

1111 Das Emissionshaus Bluewater Capital hat im Jahr 2008 den Fonds Bluewater Capital MS Anita aufgelegt. Investiert wurde in ein 142,81 Meter langes Multipurposeschiff. Gebaut wurde das Schiff von der Bauwerft Hudong-Zhonghua Shipbuilding Co. Ltd. Die Anleger beteiligten sich bei der Platzierung mit einem Eigenkapital in Höhe von € 10,3 Millionen.

3. Bluewater Capital MS Beluga Persuasion

1112 Der Schiffsfonds Bluewater Capital MS Beluga Persuasion investierte in den Bau und Betrieb des Mehrzweck-Schwergutfrachters namens MS Beluga Persuasion. 2009 war das Emissions- und Platzierungsjahr des Fonds.

Durch Beschluss des Amtsgerichts Bremen ist das Insolvenzverfahren am 05.07.2012 über das Vermögen der Schiffsgesellschaft eröffnet worden.

4. Bluewater Capital MS Fanfare

1113 Der Schiffsfonds Bluewater Capital MS Fanfare hatte seinen Emissionsstart im Jahr 2007. Rund € 22 Millionen betrug das Investitionsvolumen in der Platzierung mit einer Eigenkapitalquote von 27 %. Investiert wurde in ein Multipurposeschiff.

5. Bluewater Capital MS Finesse

1114 Die Beteiligungsgesellschaft Bluewater Capital MS Finesse war zuvor unter dem Namen MS Beluga Finesse eingetragen. Die Gesellschaft investierte mit Hilfe eines Gesamtinvestitionsvolumens von rund € 22 Millionen in ein Multipurposeschiff. Die Eigenkapitalquote beträgt 28 %. Die Emission des Einzelobjektfonds begann am 29.10.2007.

6. Bluewater Capital MS Foresight

Die Erstemission des Schiffsfonds Bluewater Capital MS Beluga Foresight war im Jahr 2008. Das Investitionsvolumen in der Platzierung belief sich auf rund € 22,4 Millionen. Die Anleger investierten dabei mit einem Eigenkapital von rund € 7,3 Millionen in den Kauf eines Multipurposeschiffs. 1115

7. Bluewater Capital MS Fortitude

Der Einzelobjektfonds Bluewater Capital MS Beluga Fortitude wurde im März 2008 aufgelegt. Mit einem Gesamtinvestitionsvolumen in Höhe von rund € 21,8 Millionen erwarb die Gesellschaft einen Frachter. Die Eigenkapitalquote der Anleger lag im Zeitpunkt der Platzierung bei 32 %. 1116

8. Bluewater Capital MS Beluga Fortune

Der Schiffsfonds Bluewater Capital MS Beluga Fortune emittierte im Jahr 2008 mit einem Investitionsvolumen in Höhe von rund € 22 Millionen in der Platzierung. Die Anleger beteiligten sich mit rund € 6,3 Millionen. Investiert wurde in einem Multipurposefrachter. Das Schiff wurde in der Werft Qinghan Shipyard of China gebaut. 1117

9. Bluewater Capital MS Johann Philipp Specht

Der Emittent Bluewater Capital Johann Philipp Specht Investierte in das Mehrzweckschiff MS Beluga Negotiation. Die Anleger beteiligten sich bei dem Schiffsfonds mit einem Eigenkapital in Höhe von rund € 7,1 Millionen (Eigenkapitalquote circa 35 %). Die Laufzeit endet am 31.12.2024. 1118

10. Bluewater Capital MS Johann von Bremen

Der Initiator platzierte 2008 den Schiffsfonds Bluewater Capital MS Johann von Bremen mit einem Eigenkapitalanteil in Höhe von rund € 6,9 Millionen und Fremdkapital in Höhe von € 13 Millionen. Investiert wurde in ein Multipurposeschiff mit einer Tragfähigkeit von 9.600 tdw. 1119

11. Bluewater Capital MS Sansibar

1120 Der Schiffsfonds Bluewater Capital MS Sansibar zeichnet sich durch niedrige Fondskosten aus. Die Gesellschaft ist Erwerberin des 7.850 tdw-Mehrzweckschiffes MS Sansibar. Der Schiffkaufpreis betrug € 11,7 Millionen. Der Schiffsfonds wurde 2008 auf dem Markt platziert. Die Laufzeit ist auf 16,5 Jahre geplant

IV. Buss Capital

Generell zum Emissionshaus Buss Capital unter B. IV. 4.

1. Buss Global Container Fonds 1

1121 Die Fondsgesellschaft Buss Global Container Fonds 1 hat im Juli 2005 eine Flotte von ca. 193.000 gebrauchten Containern erworben. Bei den Containern handelt es sich zu 95 % um Standardcontainer. Die Gesellschaft hat ein Gesamtinvestitionsvolumen in Höhe von USD 330 Millionen aufgebracht. Die Laufzeit sollte auf sieben Jahre angesetzt sein.

Im Jahr 2011 wurde das Portfolio des Fonds verkauft. Der Fonds erreichte insgesamt Auszahlungen von circa 186 %.

2. Buss Global Container Fonds 2 und 3

1122 Buss Capital hatte die beiden Containerfonds im Jahr 2006 und 2007 aufgelegt. Die Container Fonds 2 und 3 veräußerten 2012 ihr gemeinsames Portfolio. Für USD 460 Millionen wurden rund 275.000 Container an Seaborne Intermodal verkauft. Seaborne Intermodal ist eine US-amerikanische Gesellschaft für Investitionen in internationale Assets. Die circa 6.700 Anleger sollen Rückflüsse von voraussichtlich USD 160 Millionen erhalten.

3. Buss Global Container Fonds 4

1123 Der Buss Global Container Fonds 4 wurde im Jahr 2007 aufgelegt. Die Gesellschaft investierte in den Erwerb von circa 155 000 neue und gebrauchte Containern mit einem Investitionsvolumen in Höhe von rund USD 100 Millionen in der Platzierung. Die Container werden an große Reedereien kurz oder langfristig vermietet. Der Verkauf der Containerflotte ist zum Jahr 2014 geplant.

Die Anleger konnten sich 2011 auf Ausschüttungen von 7,5 % freuen.

4. Buss Global Container Fonds 5

Der Buss Global Container Fonds 5 wurde im Jahr 2008 platziert. Die Anleger investierten in einen Containerfonds mit einem großen Portfolio aus gebrauchten und neuen Containern, die weiter vermietet werden. Das Investitionsvolumen betrug in der Platzierung USD 85 Millionen. Der Fonds bezieht steuerliche Ergebnisse aus Singapur (Betriebssitz). Somit wird das vorteilshafte Doppelbesteuerungsabkommen zwischen Singapur und Deutschland genutzt. Die Laufzeit soll circa 6,5 Jahre betragen. 1124

5. Buss Global Container Fonds 6

2008 wurde der geschlossene Fonds Buss Global Container Fonds 6 auf dem Markt platziert. Die Anleger beteiligten sich mittelbar über den Fonds an der in Singapur ansässigen BCI 2 Partnership. Durch den Ankauf von neuen und gebrauchten Containern soll die BCI 2 Partnership eine große Containerflotte aufbauen und an große Reedereien vermieten. Die Laufzeit beträgt voraussichtlich 6 Jahre. Die Besonderheit dieses Fonds liegt in der Euro-Tranche. Alle Zahlungsströme erfolgen in der Euro-Währung und nicht wie üblich in USD. 1125

6. Buss Global Container Fonds 7 Euro

Der Fonds Buss Global Container Fonds 7 Euro wurde 2009 auf dem Markt platziert. Die Anleger investierten in ein großes Portfolio aus vermieteten Containern mit mehr als 150 Mietern. Bereits zum zweiten Mal innerhalb kurzer Zeit wurde auf Grund der hohen Nachfrage das Investitionsvolumen auf rund 25 Millionen aufgestockt. Die Prognoselaufzeit beträgt 6 Jahre. 1126

7. Buss Global Container Fonds 8 Euro

Buss Global Container Fonds 8 Euro wurde im Jahr 2010 mit einem Emissionskapital von rund € 30 Millionen aufgelegt. Mehr als 1100 Anleger beteiligten sich mit einem Eigenkapital von € 30 Millionen an dieser Containerflotte mit mehr als 200 Mietern. Die Laufzeit des Containerfonds soll circa 5,5 Jahre betragen. 1127

8. Buss Global Container Fonds 9 Euro

1128 Der Buss Global Container Fonds 9 Euro der BUSS Capital wurde im Jahr 2010 erfolgreich platziert. Die Anleger investierten in einen Containerfonds, der in ein großes Portfolio aus vermieteten Containern investierte. Die Laufzeit ist auf 6,5 Jahre geplant.

Prognosegemäß sollen die Anleger rund 130 % Rückfluss nach Steuern erhalten.

9. Buss Global Container Fonds 10

1129 Der Buss Global Container Fonds 10 investierte in eine große Containerflotte aus neuen und gebrauchten Containern verschiedenen Typs. Gemanagt wird die Containerflotte in Singapur von der BCI 4 Partnership. Die Vermietung erfolgt an eine Vielzahl an Mietern mit unterschiedlich langen Mietverträgen. Der Containerfonds verfügt über eine Währungssicherung und notiert in Euro. Geplant ist eine Laufzeit von 6 Jahren (2011–2017).

Ein Gesamtrückfluss von 125 % nach Steuern ist prognostiziert.

10. Buss Global Container Fonds 11

1130 Der Buss Global Containerfonds Fonds 11 investierte in eine große Containerflotte, die in Singapur gemanagt wird. Die BCI 4 Partnership hat Container und entsprechendes Transportequipment in einem Volumen von rund USD 60,4 Millionen erworben und übernommen und weitere fabrikneue Container im Wert von USD 45,8 Millionen eingekauft.

1131 Der Fonds ist in USD notiert. Dadurch werden Kosten für Währungssicherungsgeschäfte gespart. Nach einer Laufzeit von 6 Jahren wird ein Gesamtrückfluss von 135 % nach Steuern prognostiziert.

11. Buss Kreuzfahrtfonds 1

1132 Die Anleger beteiligten sich über die Buss Treuhand an dem Buss Kreuzfahrtfonds 1. Dieser Fonds investierte in die Cruise/Ferry Master Fund I N.V., die wiederum Investitionen in den Kreuzfahrt- und Fährschifffahrtmarkt tätigt, in einem sogenannten Blind Pool. Das Gesamtinvestitionskapital beträgt rund € 30 Millionen. Die Emission startete im Jahr 2007. Die Gesamtlaufzeit beträgt sieben Jahre.

2010 und 2011 sind Auszahlungen an die Anleger von 7 % getätigt worden.

12. Buss Kreuzfahrtfonds 2

Die Anleger beteiligten sich als Treugeber an der Beteiligungsgesellschaft Buss 1133
Kreuzfahrtfonds 2. Die Gesellschaft investierte über einen von der DVB America N.V. gemanagten Zielfonds, die Cruise/Ferry Master I N.V., in den Kreuzfahrt- und Fährschifffahrtmarkt. Der Kreuzfahrtfonds wurde im Jahr 2008 aufgelegt mit einem Emissionskapital in Höhe von € 20 Millionen. Das prospektierte Auflösungsjahr ist 2014.

13. Buss Schiffsfonds 4

Der Buss Schiffsfonds 4 investierte 2011 in ein 1.118 TEU Containerschiff namens „BS 1134
Hamburg“, das bereits 2009 von Buss Capital zu einem Preis von USD 13,18 Millionen erworben wurde. Bis März 2015 ist das Containerschiff an die Mærsk-Linie verchartert. Das Fondsvolumen umfasst rund € 13 Millionen. Die Anleger beteiligten sich mit einem Eigenkapital von € 7,54 Millionen. Die Laufzeit beträgt marktabhängig 5 bis 15 Jahre.

V. CASTOR Kapital

Generell zum Emissionshaus CASTOR Kapital unter B. IV. 5.

1. CASTOR MS Novitas-H

Der Schiffsfonds CASTOR MS Novitas-H wurde im Jahr 2003 von dem Emissionshaus 1135
CASTOR Kapital aufgelegt. Der geschlossene Fonds ist auf 13 Jahre konzipiert worden. Mit einem Investitionsvolumen in Höhe von € 5,2 Millionen wurde ein gebrauchtes Containerschiff mit einer Stellplatzkapazität von 340 TEU. Die Anleger beteiligten sich in der Platzierung mit rund € 1,2 Millionen.

2. CASTOR MS K-Ocean

CASTOR Kapital platzierte 2003 den Schiffsfonds Castor MS K-Ocean auf dem Markt. 1136
Die Anleger beteiligten sich mit einem Eigenkapital von € 4,5 Millionen in der Platzierung. Mit einem Gesamtinvestitionsvolumen von € 11,5 Millionen wurde ein secondhand Containerschiff mit einer Stellplatzkapazität von 700 TEU erworben.

3. CASTOR MS Pisces

1137 Der im Jahr 2003 aufgelegte Schiffsfonds CASTOR MS Pisces wurde mit einem geringen Gesamtvolumen von € 3,4 Millionen realisiert. Bei dem Einzelobjektfonds handelt es sich um ein 1994 gebautes General-Cargo Schiff mit einer Tragfähigkeit von 3.700 tdw. Die Anleger beteiligten sich mit einer Eigenkapitalquote von 28 %.

4. CASTOR MS Westerland

1138 Bei dem Einzelobjektfonds CASTOR MS Westerland handelt es sich um ein Containerschiff mit einer Ladekapazität von 519 TEU. Die Platzierung erfolgte im Jahr 2005. Die Anleger erhielten in de Jahren 2005 und 2006 die vorgesehenen Ausschüttungen. Für die Jahre 2007 und 2008 konnten keine Auszahlungen vorgenommen werden. 2009 ist eine Kapitalerhöhung beschlossen und durchgeführt worden auf Grund der wirtschaftlichen Schifflage, die sich durch die Finanzkrise entwickelte. Die Laufzeit ist auf 16,5 Jahre geplant.

5. CASTOR Twinfonds MS Kampen & MS Keitum

1139 Die unter dem gemeinsamen Namen konzipierte Vermögensanlage CASTOR Twindsfonds beinhaltet zwei unternehmerische Beteiligungen zu jeweils 50 % an den Gesellschaften der MS Kampen GmbH & Co. KG und der MS Keitum GmbH & Co. KG. Der Twinfonds wurde 2006 auf dem Markt aufgelegt. Die Anleger beteiligten sich mit einem Eigenkapital von € 15,2 Millionen. Investiert wurde in zwei im Jahr 2001 fertiggestellten Multipurpose-/Containerfeederschiffe namens MS Kampen und MS Keitum. Die Laufzeit ist auf 18 Jahre geplant.

VI. CFB-Fonds

Generell zum Emissionshaus CFB-Fonds unter B. IV. 6.

1. CFB – Fonds Nr. 172 MS Nedlloyd Juliana

1140 Das MS Nedlloyd Juliana wurde bereits im Oktober 2003 abgeliefert und im November 2007 von der Fondsgesellschaft übernommen. Es handelt sich um ein Sub-Panamax-Vollcontainerschiff mit Anschaffungskosten von USD 41,75 Millionen. Der Emissionsstart war am 28.10.2008. Rund USD 28 Millionen bei einer Mindestbeteiligungssumme von USD 15.000 investierten die Anleger. Die Laufzeit beträgt 20 Jahre.

2. CFB – Fonds Nr. 171 Containerriesen der Zukunft 3

Der Schiffsfonds wurde 2008 aufgelegt. Der Exekutivvertrieb erfolgte durch die Commerzbank. In die beiden Containerschiffe MS CPO Ancona und MS CPO Marseille wurden das von den Anlegern aufgebrachte Kapital von USD 131 Millionen sowie Fremdkapital investiert. Das Fondsvolumen beträgt USD 384,1 Millionen. Die Schiffe MS CPO Anacona und MS CPO Marseille gehören mit einer Containerkapazität von 14.000 TEU und 12.000 TEU zu den Größten Containerschiffen. Die Laufzeit des Fonds beträgt circa 18 Jahre. 1141

3. CFB – Fonds Nr. 169 Containerriesen der Zukunft 2

Mit einer Mindesteinlage von USD 15.000 konnten sich ab Juli 2008 an dem Containerschiff MS CPO Palermo beteiligen. Die geplante Fondslaufzeit beträgt 18 Jahre. Das Eigenkapital beläuft sich auf USD 65,6 Millionen und das Fremdkapital auf USD 127,3 Millionen. 1142

Der Fonds nahm die Hälfte aller Kredite in japanischen Yen auf. Nach der Finanzkrise im Jahr 2008 gerieten viele Schiffsfonds in wirtschaftliche Schwierigkeiten wegen des starken Yen-Kurses gegenüber dem US-Dollar. Die für 2011 prospektierte Ausschüttung konnte dadurch nicht gezahlt werden.

4. CFB – Fonds Nr. 168 Twins 2

Fast € 59 Millionen haben Anleger in den im Jahr 2008 von der zur Commerzbank Gruppe gehörenden CFB vertriebenen CFB – Fonds Nr. 168 Twins 2 investiert. Damit beteiligten sie sich an der MS Nedlloyd Marita und der MS Mærsk Nottingham. Zuvor gehörten die beiden 2.556 TEU Vollcontainerschiffe der Sub-Panamax-Klasse einem anderen CFB-Fonds, von dem die vier Jahre zuvor gebauten Schiffe zu einem Preis von rund 162 % des eigenen Kaufpreises erworben wurde. Diese Schiffe wurden somit überteuert eingekauft, dass möglicherweise bei einer langfristigen Betrachtung schaden könnte. 1143

5. CFB – Fonds Nr. 167 Containerriesen der Zukunft 1

Dieser Schiffsfonds wurde im Jahre 2008 auf den Markt gebracht. Über die Commerzbank erfolgte exklusiv der Vertrieb der Beteiligungen. Anleger haben ein Eigenkapital von USD 129 Millionen in den geschlossenen Fonds investiert. Finanziert wurden dadurch die beiden Containerschiffe MS CPO Venezia und MS CPO Trieste. 1144

1145 Auch dieser Fonds nahm einen Teil seiner Darlehen in Yen auf. Aufgrund eines Höhenflugs des Yen nach der Finanzkrise im Jahr 2008 bekamen Fonds, die Yen-Kredite aufnahmen, in Schwierigkeiten. Ob sich die Yen-Kredite des CFB – Fonds Nr. 167 Containerriesen der Zukunft 1 negativ in der Performance auswirken werden, ist abzuwarten.

6. CFB – Fonds Nr. 166 Twins 1

1146 2008 wurde der Schiffsfonds exklusiv von der Dresdner Bank vertrieben. Dem Fonds gehören die beiden Containerschiffe MS Nedlloyd Adriana und MS Nedlloyd Valentina. Das Eigenkapital der Anleger beträgt circa USD 55 Millionen und das Investitionsvolum rund USD 95 Millionen. Es handelt sich um zwei vollcontainerschiffe der Sub-Panamax-Klasse mit einer Transportkapazität von jeweils 2.556 TEU.

7. CFB – Fonds Nr. 162 MS Gabriel Schulte

1147 Im Jahre 2007 haben Anleger rund USD 47,25 Millionen in den CFB-Fonds Nr. 162 MS Gabriel Schulte investiert. Der Fonds erwarb das 2007 fertiggestellte Vollcontainerschiff MS Gabriel Schulte. Mittlerweile fährt das Containerschiff unter den Namen MS Cap Moreton.

1148 Im Oktober 2012 informierte die Fondsgesellschaft die Anleger darüber, dass der mit der Prospektauflegung geschlossene Chartervertrag mit der Rudolf Oetker KG noch im Oktober 2012 auslaufen würde. Der Fonds würde nur noch USD 7.000 anstatt USD 23.000 Festcharterrate am Tag erhalten. Des Weiteren wurden die Anleger informiert, dass die Schiffsbetriebskosten (Schiffspersonal, Wartung, Reparatur etc.) circa 15 % über den Plan liegen und derzeit keine Ausschüttungen erfolgen. Es bleibt abzuwarten, ob die Charterraten zukünftig steigen, um eine Sanierung oder gar Insolvent abzuwenden.

8. CFB – Fonds Nr. 161 Schiffsflotten-Fonds 3

1149 Die Anleger beteiligen sich gleichzeitig an den in Jahr 2006 und 2007 gebauten Vollcontainerschiffen namens MS Monaco und MS Martinique. Wie sich aus dem Prospekt ergibt, wurden für die beiden baugleichen Schiffe nahezu identische 8-jährige Festcharterverträge beschlossen. In die beiden Schiffe wurden rund USD 109 Millionen investiert, davon rund USD 78 Millionen Eigenkapital der Anleger.

1150 Die Schiffe fahren mittlerweile unter neue Namen. Die MS Monaco wurden in MS CMA CGM Mimosa und die MS Martinique in E.R. Martinique umgetauft. Prognostiziert wurden Ausschüttungen bis 2018 insgesamt in Höhe von 223,20 % des Nominalkapitals p.a. Nach dem Gesellschaftsvertrag ist eine Kündigung erstmals zum 31.12.2031 vorgesehen.

9. CFB – Fonds Nr. 157 TS Julia

Die CFB-Fonds Nr. 157 TS Julia wurde im Jahre 2005 aufgelegt. Das Eigenkapital betrug rund USD 90 Millionen und das Fremdkapital rund USD 170 Millionen. Das Tankschiff TS Julia wurde mittlerweile auf den Namen TS Al Ghariya umgetauft. 1151

10. CFB – Fonds Nr. 156 TS Britta

Der aufgelegte Schiffsfonds CFB-Fonds Nr. 156 TS Britta investierte 2005 in das LNG- 1152
Tankschiff TS Britta. Der Kaufpreis des Schiffes betrug rund USD 258 Millionen. Es wurden davon USD 88,9 Millionen Eigenkapital und USD 170 Millionen Fremdkapital aufgebracht. Das 350 m lange Tankschiff wurde mittlerweile umgetauft auf den Namen TS AI Safliya. Der Festchartervertrag läuft 25 Jahre bis zum 31.10.2032.

11. CFB – Fonds Nr. 155 TS Alexandra

Im Jahr 2005 wurde der Schiffsfonds CBF-Fonds Nr. 155 TS Alexandra aufgelegt. Inves- 1153
tiert wurden USD 89 Millionen als Eigenkapital und USD 170 Millionen als Fremdkapital. Das 2007 fertiggestellte Tankschiff TS Alexandra wurde umgetauft in TS Al Ruwais und transportiert Gas.

12. CFB – Fonds Nr. 152 MS Marlene Star

Der 2005 aufgelegter Schiffsfonds CFB-Fonds Nr. 152 MS Marlene Star investierte in 1154
das Vollcontainerschiff der Post-Panamax-Klasse MS Marlene Star, dessen Stapellauf 2006 war. Das Eigenkapital betrug USD 44,8 Millionen und das Fremdkapital USD 65 Millionen. Gemäß dem Prospekt ist das Ende der Planlaufzeit der 31.12.2022. Umgetauft wurde das Schiff auf den Namen MS Mærsk Seoul.

13. CFB – Fonds Nr. 151 MS Maria Star

Im Jahr 2005 wurde der Fonds auf den Markt gebracht. Die Anleger brachten USD 44 1155
Millionen auf. Das Fremdkapital durch Darlehen betrug US 65 Millionen. Das Vollcontainerschiff wurde 2006 fertiggestellt. Es besteht ein 10-jähriger Festchartervertrag

mit der MSM Chartering GmbH. Die MS Maria Star wurde umbenannt in MS Mærsk Saigon.

VII. ConRendit Containerfonds

Generell zum Emissionshaus ConRendit Containerfonds unter B. IV. 7.

1. ConRendit 2 Containerfonds

1156 2003 wurde der ConRendit 2 exklusiv vom Bankhaus Wölbern in Hamburg mit einem Eigen- und Fremdkapital von € 5 Millionen platziert.

1157 Bei diesem Schiffsfonds kam es zu einer Herabsetzung der prognostizierten Ausschüttungen an die Anleger, dessen wirtschaftlichen Folgen vom Management des Fonds durch eine präzise Ausfallplanung und eine schnelle Übernahme der Transportmittel durch andere Mieter abgefedert werden sollte. Die Anleger wurden bereits mit Nachschussforderungen konfrontiert.

2. ConRendit 4 Containerfonds

1158 Mit einem Eigenkapital von € 10 Millionen erfolgte die Platzierung des ConRendit 4 im Jahre 2004. Der Fonds investierte in ein Portfolio verschiedener Standard- und Tankcontainer.

1159 Die Ausschüttungen des Schiffsfonds entsprachen nicht immer den üppigen Anpreisungen des Prospekts, da natürlich auch der Containermarkt Schwankungen unterworfen ist. Beispielsweise erhielten die Anleger 2012 eine Ausschüttung von 3 %.

3. ConRendit 5 Containerfonds

1160 Im Jahre 2005 bei der Emission des ConRendit 5 Fonds musste die Investitionsphase gegenüber der prospektierten Planung um mehrere Monate verschoben werden. Grund war die negative Entwicklung der Einstandspreise und die Verfügbarkeit von Containern. Das Eigenkapital der 438 Anleger belief sich auf € 20 Millionen.

4. ConRendit 6 Containerfonds

Im Jahr 2006 wurde der geschlossene Containerfonds ConRendit 6 auf den Markt platziert. Über 880 Anleger investierten circa € 18 Millionen.

Der Container musste 2012 notverkauft werden, da der Fonds nach wenigen Jahren des Starts mit der Insolvenz eines Mieters kämpfen musste. Die Folge war reduzierte oder sogar ausgefallene Ausschüttungen für die Anleger. 1161

5. ConRendit 7 Containerfonds

Auf den Markt platziert wurde ConRendit 7 im Jahr 2004. 789 Anleger investierten € 11,2 Millionen Eigenkapital in ein Portfolio verschiedener Standards und Tankcontainer. 1162

Die Anleger mussten sich mit reduzierten oder teilweise völlig ausgefallenen Ausschüttungen begnügen. 1163

6. ConRendit 8 Containerfonds

2007 wurde der Fonds ConRendit 8 aufgelegt. Der Containerfonds investierte in ein Portfolio verschiedener Containertypen mit einem Eigenkapital von € 11 Millionen. 473 Anleger beteiligten sich an diesem Fonds. 1164

Der Fonds musste bereits Notverkäufe von einigen Containern durchführen aufgrund fällig gestellter Kredite der Bank.

7. ConRendit 9 Containerfonds

Im Jahr 2007 erfolgte die Platzierung des ConRendit 9 Containerfonds mit einem Eigenkapital von ebenfalls € 10 Millionen. Es wurde in eine Reihe verschiedener Container sowie in Zugmaschinen und Wechselbrücken investiert. 1165

Es entstanden ungeplante Kosten durch eine Insolvenz eines Mieters, so dass die wirtschaftliche Entwicklung nicht plangemäß verlief. Die Anleger bekamen die Ausschüttung nicht plangemäß. 1166

8. ConRendit 10 Containerfonds

Der ConRendit 10 Containerfonds wurde 2007 aufgelegt. Der Fonds investierte in verschiedene Standard-, Tank- und Kühlcontainerschiffe sowie in Zugmaschinen, Chassis und Wechselbrücken. 1167

Aufgrund der Wirtschaftskrise und der Insolvenz eines Mieters musste der Fonds ungeplante Kosten hinnehmen. Dadurch waren die Auszahlungen der Ausschüttungen an die Anleger nicht nach Prognose möglich. 1168

9. ConRendit 11 Containerfonds

1169 ConRendit 11 wurde 2007 aufgelegt. Der Containerfonds investierte in Container, aber auch in weitere Anlagen wie in Zugmaschinen und Auflieger. Die Ausschüttungen entsprachen wieder nicht den Prognosen.

10. ConRendit 11 Containerfonds

1170 ConRendit legte 2007 den geschlossenen Containerfonds ConRendit 11 auf. Wie der ConRendit 10 investierte der Fonds nicht nur in Container, sondern auch in andere Anlagen.

1171 Dem ConRendit 11 traf die gleiche schlechte wirtschaftliche Lage wie seinen Vorgängern mit reduzierten oder teilweise gar keinen Ausschüttungen.

11. ConRendit 12 Containerfonds

1172 2008 wurde der Containerfonds ConRendit 12 auf den Markt platziert. Die Anleger investierten in einen Portfolio verschiedener Container. In wirtschaftliche Schwierigkeiten gelangte auch dieser Fonds.

12. ConRendit 13 Containerfonds

1173 Aufgelegt wurde der ConRendit 13 Containerfonds 2008. Insgesamt investierten circa 500 Anleger in den Fonds. Die Hauptinvestitionsobjekte bildeten Standard- und Tankcontainer.

1174 Durch die schlechte wirtschaftliche Lage mussten sich die Anleger mit reduzierten oder sogar teilweise ausgefallenen Ausschüttungen begnügen.

13. ConRendit Navigare 1 Containerfonds

1175 ConRendit Navigare 1 wurde im Jahr 2005 emittiert. Zunächst sollten die Anleger einen Eigenkapitalanteil von € 20 Millionen aufbringen. Dies wurde aber auf € 10 Millionen wieder herabgesetzt. Rund 250 Anleger investierten in das Leasinggeschäft mit verschiedenen Standardcontainern. Die wirtschaftliche Entwicklung des Fonds blieb hinter den Prognosen zurück.

VIII. CONTI

Generell zum Emissionshaus CONTI unter B. IV. 8. 1176

Aus dem Hause CONTI stammen die folgenden Fonds:
1. CONTI Beteiligungsfonds I
2. CONTI Beteiligungsfonds II
3. CONTI Beteiligungsfonds III
4. CONTI Beteiligungsfonds IV
5. CONTI Beteiligungsfonds V
6. CONTI Beteiligungsfonds VI
7. CONTI Beteiligungsfonds VII
8. CONTI Beteiligungsfonds VIII
9. CONTI Beteiligungsfonds IX/X
10. CONTI MS CONTI ALEXANDRIT
11. CONTI MS CONTI ALMANDIN
12. CONTI MS CONTI AMAZONIT
13. CONTI MS CONTI CONTI AMETHYST
14. CONTI MS CONTI ANNAPURNA
15. CONTI MS CONTI ARABELLA
16. CONTI MS CONTI ARIADNE
17. CONTI MS CONTI BASEL
18. CONTI MT CONTI BENGUELA
19. CONTI MS CONTI DAPHNE
20. CONTI MT CONTI EQUATOR
21. CONTI MS CONTI EVEREST
22. CONTI MT CONTI GREENLAND
23. CONTI MT CONTI GUINEA
24. CONTI MS CONTI HELSINKI
25. CONTI MT CONTI MADAGASKAR
26. CONTI MS CONTI MADRID
27. CONTI MS CONTI MAKALU
28. CONTI MS CONTI SELENIT
29. CONTI MS CONTI TAIPEH

IX. Doric Asset Finance

Generell zum Emissionshaus Doric Asset Finance unter B. IV. 9.

1177 Die Doric Asset Finance betreibt gemeinsam mit der Lauterjung Reederei das Capesize-Massengutschiff MS Sunrise. Die beiden Schiffsfonds Doric Fonds MS Borneo und Doric Fonds MS Java sind indirekt an diesem Schiff beteiligt.

X. Dr. Peters-Gruppe

Generell zum Emissionshaus Dr. Peters-Gruppe unter B. IV. 10J.

1. DS-Rendite-Fonds Nr. 24 MS Cape Cod GmbH & Co. Kühlschiff KG

1178 132 Kommanditisten brachten zum Kauf des Kühlschiffs MS Cape Cod zum Preis von USD 14,7 Millionen ein Eigenkapital von € 7,0 Millionen ein. Die MS Cape Cod fuhr bis zum Verkauf Anfang 2008 im Seatradepool, einem der größten Kühlschiffpools der Welt. Transportiert wurden hauptsächlich Obst und weitere frische Lebensmittel.

1179 Die Anleger erhielten einen kumulierten Kapitalrückfluss in Höhe von 81 %. Dr Peters begründet dies mit einer jahrelangen Abwärtsentwicklung der Charterraten im Bereich der Kühlschifffahrt.

2. DS-Rendite-Fonds Nr. 25 MS Cape Cavo GmbH & Co. Kühlschiff KG

1180 158 Kommanditisten brachten zum Kauf des Kühlschiffs MS Cape Cavo zum Preis von € 14,7 Millionen ein Eigenkapital von € 7,2 Millionen ein. Die MS Cape Cavo fuhr bis zum Verkauf Anfang 2008 im Seatradepool, einem der größten Kühlschiffpools der Welt. Transportiert wurden hauptsächlich Obst und weitere frische Lebensmittel.

1181 Die Anleger erhielten einen kumulierten Kapitalrückfluss in Höhe von 72 %. Dr Peters begründet dies mit einer jahrelangen Abwärtsentwicklung der Charterraten im Bereich der Kühlschifffahrt.

3. DS-Rendite-Fonds Nr. 27 MS Cape Bonavista GmbH & Co. Containerschiff KG

1182 193 Kommanditisten brachten zum Kauf des Containerschiffs MS Cape Bonavista zum Preis von USD 19,3 Millionen ein Eigenkapital von € 9,9 Millionen ein. Die MS Cape Bonavista wurde 1992 von der südafrikanischen Dorbyl Marine Werft (Pty) Ltd. gebaut. Das weltweit eingesetzte Schiff fuhr bis zu seinem Verkauf 2010 im DS-Containership-Pool.

1183 Die Anleger erhielten einen kumulierten Kapitalrückfluss in Höhe von 92 %. Dr Peters begründet dies mit niedrigen Charterraten. In Folge der BGH-Urteile vom 12. März 2013 die Gesellschaft gezwungen, die bislang zurückgeforderten Ausschüttungen als Verbindlichkeiten gegenüber den Gesellschaftern zu bilanzieren. Da diese Verbindlichkeiten aus dem Fondsvermögen nicht bedient werden konnten, musste am 31. Juli 2013 Insolvenz wegen bilanzieller Überschuldung angemeldet werden. Ein letzter Rettungsversuch der Geschäftsbesorgerin über eine Umwidmung der Verbindlichkeiten in Eigenkapital scheiterte an der mangelnden Zustimmung der Gesellschafter. Das weitere Management sowie die Abwicklung der Gesellschaft erfolgt über den Insolvenzverwalter.

4. DS-Rendite-Fonds Nr. 28 MS Cape Brett GmbH & Co. Containerschiff KG

158 Kommanditisten brachten zum Kauf des Containerschiffs MS Cape Brett zum Preis 1184
von USD 19,3 Millionen ein Eigenkapital von € 8,7 Millionen ein. Die MS Cape Brett verfügte über eine marktgängige Spezifikation mit zwei Kränen. Das Schiff fuhr bis zum Verkauf 2010 im DS-Containership-Pool und wurde hauptsächlich in Asien eingesetzt.

Die Anleger erhielten einen kumulierten Kapitalrückfluss in Höhe von 72%. 1185
Dr Peters begründet dies mit niedrigen Charterraten. In Folge der BGH-Urteile vom 12. März 2013 die Gesellschaft gezwungen, die bislang zurückgeforderten Ausschüttungen als Verbindlichkeiten gegenüber den Gesellschaftern zu bilanzieren. Da diese Verbindlichkeiten aus dem Fondsvermögen nicht bedient werden konnten, musste am 31. Juli 2013 Insolvenz wegen bilanzieller Überschuldung angemeldet werden. Ein letzter Rettungsversuch der Geschäftsbesorgerin über eine Umwidmung der Verbindlichkeiten in Eigenkapital scheiterte an der mangelnden Zustimmung der Gesellschafter. Das weitere Management sowie die Abwicklung der Gesellschaft erfolgt über den Insolvenzverwalter.

5. DS-Rendite-Fonds Nr. 36 MS Cape Byron GmbH & Co. Containerschiff KG

203 Kommanditisten brachten zum Kauf des Containerschiffs MS Cape Byron zum 1186
Preis von USD 19,3 Millionen ein Eigenkapital von € 8,6 Millionen ein. Die MS Cape Byron wurde in den Jahren 1992/93 von der südafrikanischen Dorbyl Marine (Pty) Ltd. gebaut. Das Schiff fuhr bis zum Verkauf im DS-Containership-Pool und wurde hauptsächlich in Asien eingesetzt.

Die Anleger erhielten einen kumulierten Kapitalrückfluss in Höhe von 66%. 1187
Dr Peters begründet dies mit niedrigen Charterraten. In Folge der BGH-Urteile vom 12. März 2013 die Gesellschaft gezwungen, die bislang zurückgeforderten Ausschüttungen als Verbindlichkeiten gegenüber den Gesellschaftern zu bilanzieren. Da diese Verbindlichkeiten aus dem Fondsvermögen nicht bedient werden konnten, musste am 31. Juli 2013 Insolvenz wegen bilanzieller Überschuldung angemeldet werden. Ein letzter Rettungsversuch der Geschäftsbesorgerin über eine Umwidmung der Ver-

bindlichkeiten in Eigenkapital scheiterte an der mangelnden Zustimmung der Gesellschafter. Das weitere Management sowie die Abwicklung der Gesellschaft erfolgt über den Insolvenzverwalter.

6. DS-Rendite-Fonds Nr. 38 MS Cape Hatteras GmbH & Co. Containerschiff KG

1188 248 Kommanditisten brachten zum Kauf des Containerschiffs MS Cape Hatteras zum Preis von USD 19,0 Millionen ein Eigenkapital von € 8,9 Millionen ein. Die MS Cape Hatteras war das erste Second-Hand-Schiff, das die Dr. Peters Group in einen Fonds eingebracht hat. Die Fondsgesellschaft übernahm das Containerschiff 1994. Es wurde weltweit als Feederschiff eingesetzt.

1189 Die Anleger erhielten einen kumulierten Kapitalrückfluss in Höhe von 55 %. Dr Peters begründet dies mit niedrigen Charterraten. In Folge der BGH-Urteile vom 12. März 2013 die Gesellschaft gezwungen, die bislang zurückgeforderten Ausschüttungen als Verbindlichkeiten gegenüber den Gesellschaftern zu bilanzieren. Da diese Verbindlichkeiten aus dem Fondsvermögen nicht bedient werden konnten, musste am 31. Juli 2013 Insolvenz wegen bilanzieller Überschuldung angemeldet werden. Das weitere Management sowie die Abwicklung der Gesellschaft erfolgt über den Insolvenzverwalter.

7. DS-Rendite-Fonds Nr. 39 MS Cape Horn GmbH & Co. Containerschiff KG

1190 202 Kommanditisten brachten zum Kauf des Containerschiffs MS Cape Horn zum Preis von USD 19,0 Millionen ein Eigenkapital von € 9,0 Millionen ein. Die MS Cape Horn wurde 1992 von der Werft Meeres Technik Wismar (MTW) für die Schoeller Holdings Ltd. gebaut. Das Containerschiff wurde weltweit als Feederschiff eingesetzt.

1191 Die Anleger erhielten einen kumulierten Kapitalrückfluss in Höhe von 55 %. Dr Peters begründet dies mit niedrigen Charterraten. In Folge der BGH-Urteile vom 12. März 2013 die Gesellschaft gezwungen, die bislang zurückgeforderten Ausschüttungen als Verbindlichkeiten gegenüber den Gesellschaftern zu bilanzieren. Da diese Verbindlichkeiten aus dem Fondsvermögen nicht bedient werden konnten, musste am 31. Juli 2013 Insolvenz wegen bilanzieller Überschuldung angemeldet werden. Das weitere Management sowie die Abwicklung der Gesellschaft erfolgt über den Insolvenzverwalter.

8. DS-Rendite-Fonds Nr. 41 MS Cape Sable GmbH & Co. Containerschiff KG

236 Kommanditisten brachten zum Kauf des Containerschiffs MS Cape Sable zum Preis von USD 20,7 Millionen ein Eigenkapital von € 9,7 Millionen ein. Die MS Cape Sable wurde 1995 auf der Werft Stocznia Szczecinska in Stettin, Polen, gebaut. Sie zeichnet sich durch einen niedrigen Tiefgang bei hoher Beladung aus und wurde als Feederschiff für Zuliefer- und Verteilerfahrten für große Seeschiffe eingesetzt. 1192

Die Anleger erhielten einen kumulierten Kapitalrückfluss in Höhe von 44 %. Dr Peters begründet dies mit niedrigen Charterraten. In Folge der BGH-Urteile vom 12. März 2013 die Gesellschaft gezwungen, die bislang zurückgeforderten Ausschüttungen als Verbindlichkeiten gegenüber den Gesellschaftern zu bilanzieren. Da diese Verbindlichkeiten aus dem Fondsvermögen nicht bedient werden konnten, musste am 31. Juli 2013 Insolvenz wegen bilanzieller Überschuldung angemeldet werden. Ein letzter Rettungsversuch der Geschäftsbesorgerin über eine Umwidmung der Verbindlichkeiten in Eigenkapital scheiterte an der mangelnden Zustimmung der Gesellschafter. Das weitere Management sowie die Abwicklung der Gesellschaft erfolgt über den Insolvenzverwalter. 1193

9. DS-Rendite-Fonds Nr. 43 MS Cape Natal GmbH & Co. Containerschiff KG

247 Kommanditisten brachten zum Kauf des Containerschiffs MS Cape Natal zum Preis von USD 25,6 Millionen ein Eigenkapital von € 11,9 Millionen ein. Das Feederschiff MS Cape Natal wurde als Zulieferer und Verteiler für große Seeschiffe und Seehäfen in Asien eingesetzt. Es verfügt über 200 Kühlcontaineranschlüsse und hat eine hohe Servicegeschwindigkeit von fast 21 Knoten. 1194

Die Anleger erhielten einen kumulierten Kapitalrückfluss in Höhe von 85 %, die Zeichner des Neukapitals erhielten 6 %. Dr Peters begründet dies im Wesentlichen mit niedrigen Charterraten. In Folge der BGH-Urteile vom 12. März 2013 die Gesellschaft gezwungen, die bislang zurückgeforderten Ausschüttungen als Verbindlichkeiten gegenüber den Gesellschaftern zu bilanzieren. Da diese Verbindlichkeiten aus dem Fondsvermögen nicht bedient werden konnten, musste am 31. Juli 2013 Insolvenz wegen bilanzieller Überschuldung angemeldet werden. Ein letzter Rettungsversuch der Geschäftsbesorgerin über eine Umwidmung der Verbindlichkeiten in Eigenkapital scheiterte an der mangelnden Zustimmung der Gesellschafter. Das weitere Management sowie die Abwicklung der Gesellschaft erfolgt über den Insolvenzverwalter. 1195

10. DS-Rendite-Fonds Nr. 45 MS Cape Race GmbH & Co. Containerschiff KG

1196 429 Kommanditisten brachten zum Kauf des Containerschiffs MS Cape Race zum Preis von USD 38,8 Millionen ein Eigenkapital von € 17,3 Millionen ein. Das Schiff wurde weltweit eingesetzt und 2012 veräußert.

1197 Die Anleger erhielten einen kumulierten Kapitalrückfluss in Höhe von 90 %. Dr Peters begründet dies im Wesentlichen mit niedrigen Charterraten. In Folge der BGH-Urteile vom 12. März 2013 die Gesellschaft gezwungen, die bislang zurückgeforderten Ausschüttungen als Verbindlichkeiten gegenüber den Gesellschaftern zu bilanzieren. Da diese Verbindlichkeiten aus dem Fondsvermögen nicht bedient werden konnten, musste am 31. Juli 2013 Insolvenz wegen bilanzieller Überschuldung angemeldet werden. Ein letzter Rettungsversuch der Geschäftsbesorgerin über eine Umwidmung der Verbindlichkeiten in Eigenkapital scheiterte an der mangelnden Zustimmung der Gesellschafter. Das weitere Management sowie die Abwicklung der Gesellschaft erfolgt über den Insolvenzverwalter.

11. DS-Rendite-Fonds Nr. 46 MS Cape Spencer GmbH & Co. Containerschiff KG

1198 296 Kommanditisten brachten zum Kauf des Containerschiffs MS Cape Spencer zum Preis von USD 20,5 Millionen ein Eigenkapital von € 10,6 Millionen ein. Die MS Cape Spencer wurde 1996 übernommen. Sie zeichnet sich durch ihren geringen Tiefgang bei gleichzeitig hoher Beladung aus und wurde weltweit eingesetzt.

1199 Die Anleger erhielten einen kumulierten Kapitalrückfluss in Höhe von 57 %. Dr Peters begründet dies im Wesentlichen mit niedrigen Charterraten. In Folge der BGH-Urteile vom 12. März 2013 die Gesellschaft gezwungen, die bislang zurückgeforderten Ausschüttungen als Verbindlichkeiten gegenüber den Gesellschaftern zu bilanzieren. Da diese Verbindlichkeiten aus dem Fondsvermögen nicht bedient werden konnten, musste am 31. Juli 2013 Insolvenz wegen bilanzieller Überschuldung angemeldet werden. Ein letzter Rettungsversuch der Geschäftsbesorgerin über eine Umwidmung der Verbindlichkeiten in Eigenkapital scheiterte an der mangelnden Zustimmung der Gesellschafter. Das weitere Management sowie die Abwicklung der Gesellschaft erfolgt über den Insolvenzverwalter.

12. DS-Rendite-Fonds Nr. 47 MS Cape Norman GmbH & Co. Containerschiff KG

1200 290 Kommanditisten brachten zum Kauf des Containerschiffs MS Cape Norman zum Preis von 27,2 Mio. USD ein Eigenkapital von 12,4 Mio. € ein. Die 2012 verkaufte MS Cape Norman kann bei einer hohen Servicegeschwindigkeit von 20,3 Knoten und 200 Kühlcontaineranschlüssen mit 1.180 TEU beladen werden. Das Schiff wurde vornehmlich als Feederschiff in Asien eingesetzt.

Die Anleger erhielten einen kumulierten Kapitalrückfluss in Höhe von 7%. Dr Peters begründet dies im Wesentlichen mit niedrigen Charterraten. In Folge der BGH-Urteile vom 12. März 2013 die Gesellschaft gezwungen, die bislang zurückgeforderten Ausschüttungen als Verbindlichkeiten gegenüber den Gesellschaftern zu bilanzieren. Da diese Verbindlichkeiten aus dem Fondsvermögen nicht bedient werden konnten, musste am 31. Juli 2013 Insolvenz wegen bilanzieller Überschuldung angemeldet werden. Das weitere Management sowie die Abwicklung der Gesellschaft erfolgt über den Insolvenzverwalter. 1201

13. DS-Rendite-Fonds Nr. 49 MS Cape Sorrell GmbH & Co. Containerschiff KG

296 Kommanditisten brachten zum Kauf des Containerschiffs MS Cape Sorrell zum Preis von USD 20,6 Millionen ein Eigenkapital von € 9,6 Millionen ein. Die 2012 verkaufte MS Cape Sorrell hat einen geringen Tiefgang bei gleichzeitig hoher Beladung, sodass sie viele asiatische Häfen, deren Fahrrinnen im Verhältnis flach sind, problemlos ansteuern kann. Daher ist dieser Schiffstyp zur Bedienung von Nischenrouten sehr gefragt. Das 1996 übernommene Schiff wurde im Linienverkehr in Asien eingesetzt. 1202

Die Anleger erhielten einen kumulierten Kapitalrückfluss in Höhe von 57%. Dr Peters begründet dies im Wesentlichen mit niedrigen Charterraten. In Folge der BGH-Urteile vom 12. März 2013 die Gesellschaft gezwungen, die bislang zurückgeforderten Ausschüttungen als Verbindlichkeiten gegenüber den Gesellschaftern zu bilanzieren. Da diese Verbindlichkeiten aus dem Fondsvermögen nicht bedient werden konnten, musste am 31. Juli 2013 Insolvenz wegen bilanzieller Überschuldung angemeldet werden. Ein letzter Rettungsversuch der Geschäftsbesorgerin über eine Umwidmung der Verbindlichkeiten in Eigenkapital scheiterte an der mangelnden Zustimmung der Gesellschafter. Das weitere Management sowie die Abwicklung der Gesellschaft erfolgt über den Insolvenzverwalter. 1203

14. DS-Rendite-Fonds Nr. 50 MT Cape Banks GmbH & Co. Tankschiff KG

359 Kommanditisten brachten zum Kauf des Tankschiffs MT Cape Banks zum Preis von USD 24,9 Millionen ein Eigenkapital von € 12,3 Millionen ein. Die 2013 an einen neuen Eigentümer verkaufte MT Cape Banks ist ein Produkten- und Chemikalientanker. Das Schiff wurde weltweit für den Transport sogenannter „clean products“, beispielsweise Benzin oder Kerosin, eingesetzt. 1204

Die Anleger erhielten einen kumulierten Kapitalrückfluss in Höhe von 47%, das Neukapital aus den Kapitalerhöhungen konnte nicht bedient werden. Dr Peters begründet dies im Wesentlichen mit niedrigen Charterraten. In Folge der BGH-Urteile vom 12. März 2013 die Gesellschaft gezwungen, die bislang zurückgeforderten Aus- 1205 schüttungen als Verbindlichkeiten gegenüber den Gesellschaftern zu bilanzieren. Da diese Verbindlichkeiten aus dem Fondsvermögen nicht bedient werden konnten, musste am 31. Juli 2013 Insolvenz wegen bilanzieller Überschuldung angemeldet werden. Ein letzter Rettungsversuch der Geschäftsbesorgerin über eine Umwidmung der Verbindlichkeiten in Eigenkapital scheiterte an der mangelnden Zustimmung der Gesellschafter. Das weitere Management sowie die Abwicklung der Gesellschaft erfolgt über den Insolvenzverwalter.

15. DS-Rendite-Fonds Nr. 51 MS Cape Scott GmbH & Co. Containerschiff KG

1206 276 Kommanditisten brachten zum Kauf des Containerschiffs MS Cape Scott zum Preis von USD 21,4 Millionen ein Eigenkapital von € 10,3 Millionen ein. Die 2012 an einen neuen Eigentümer verkaufte MS Cape Scott verfügt über eine hohe Reisegeschwindigkeit und zeichnet sich durch einen geringen Tiefgang aus. Das Schiff wurde hauptsächlich in Asien eingesetzt und erhielt seine Einnahmen aus dem DS-Containership-Pool.

1207 Die Anleger erhielten einen kumulierten Kapitalrückfluss in Höhe von 12 %, das Neukapital aus der Kapitalerhöhung konnte nicht bedient werden. Dr Peters begründet dies im Wesentlichen mit niedrigen Charterraten. In Folge der BGH-Urteile vom 12. März 2013 die Gesellschaft gezwungen, die bislang zurückgeforderten Ausschüttungen als Verbindlichkeiten gegenüber den Gesellschaftern zu bilanzieren. Da diese Verbindlichkeiten aus dem Fondsvermögen nicht bedient werden konnten, musste am 31. Juli 2013 Insolvenz wegen bilanzieller Überschuldung angemeldet werden. Das weitere Management sowie die Abwicklung der Gesellschaft erfolgt über den Insolvenzverwalter.

16. DS-Rendite-Fonds Nr. 52 MS Cape Charles GmbH & Co. Containerschiff KG

1208 231 Kommanditisten brachten zum Kauf des Containerschiffs MS Cape Charles zum Preis von USD 17,8 Millionen ein Eigenkapital von € 8,6 Millionen ein. Die 2013 an einen neuen Eigentümer verkaufte MS Cape Charles fuhr im DS-Containership-Pool. Mit einer Servicegeschwindigkeit von 18,5 Knoten wurde das Schiff zuletzt im asiatischen Raum als Feederschiff eingesetzt.

1209 Die Anleger erhielten einen kumulierten Kapitalrückfluss in Höhe von 49 %. Dr Peters begründet dies im Wesentlichen mit niedrigen Charterraten. In Folge der BGH-Urteile vom 12. März 2013 die Gesellschaft gezwungen, die bislang zurückgeforderten Ausschüttungen als Verbindlichkeiten gegenüber den Gesellschaftern zu bilanzieren. Da diese Verbindlichkeiten aus dem Fondsvermögen nicht bedient werden konnten, musste am 31. Juli 2013 Insolvenz wegen bilanzieller Überschuldung angemeldet werden. Das weitere Management sowie die Abwicklung der Gesellschaft erfolgt über den Insolvenzverwalter.

17. DS-Rendite-Fonds Nr. 56 MS Cape Campbell GmbH & Co. Containerschiff KG

248 Kommanditisten brachten zum Kauf des Containerschiffs MS Cape Campbell zum 1210
Preis von USD 17,9 Millionen ein Eigenkapital von € 10,2 Millionen ein. Die MS Cape Campbell fuhr im DS-Containership-Pool und wurde im asiatischen Raum als Feederschiff eingesetzt. Am 15. April 2013 wurde das Schiff zu einem Preis von 3,3 Mio. USD verkauft.

Die Anleger erhielten einen kumulierten Kapitalrückfluss in Höhe von 70 %, 1211
das Neukapital aus den beiden Kapitalerhöhungen konnte nicht bedient werden. Dr Peters begründet dies im Wesentlichen mit niedrigen Charterraten. In Folge der BGH-Urteile vom 12. März 2013 die Gesellschaft gezwungen, die bislang zurückgeforderten Ausschüttungen als Verbindlichkeiten gegenüber den Gesellschaftern zu bilanzieren. Da diese Verbindlichkeiten aus dem Fondsvermögen nicht bedient werden konnten, musste am 31. Juli 2013 Insolvenz wegen bilanzieller Überschuldung angemeldet werden. Das weitere Management sowie die Abwicklung der Gesellschaft erfolgt über den Insolvenzverwalter.

18. DS-Rendite-Fonds Nr. 57 MS Cape Spear GmbH & Co. Containerschiff KG

304 Kommanditisten brachten zum Kauf des Containerschiffs MS Cape Spear zum 1212
Preis von USD 21,4 Millionen ein Eigenkapital von € 12,0 Millionen ein. Die 2013 an einen neuen Eigentümer verkaufte MS Cape Spear verfügt über eine hohe Reisegeschwindigkeit und zeichnet sich durch einen geringen Tiefgang aus. Das Schiff wird hauptsächlich in Südostasien eingesetzt.

Die Anleger erhielten einen kumulierten Kapitalrückfluss in Höhe von 59 %, 1213
das Neukapital aus den beiden Kapitalerhöhungen konnte nicht bedient werden. Dr Peters begründet dies im Wesentlichen mit niedrigen Charterraten. In Folge der BGH-Urteile vom 12. März 2013 die Gesellschaft gezwungen, die bislang zurückgeforderten Ausschüttungen als Verbindlichkeiten gegenüber den Gesellschaftern zu bilanzieren. Da diese Verbindlichkeiten aus dem Fondsvermögen nicht bedient werden konnten, musste am 31. Juli 2013 Insolvenz wegen bilanzieller Überschuldung angemeldet werden. Das weitere Management sowie die Abwicklung der Gesellschaft erfolgt über den Insolvenzverwalter.

19. DS-Rendite-Fonds Nr. 60 MS Wehr Altona GmbH & Co. Containerschiff KG

1214 381 Kommanditisten brachten zum Kauf des Containerschiffs MS Wehr Altona zum Preis von USD 32,5 Millionen ein Eigenkapital von € 15,9 Millionen ein. Die Dr. Peters Group hat die MS Wehr Altona 1997 übernommen. Es ist die erste Schiffsbeteiligung, die mit der Hamburger Reederei Oskar Wehr KG als Bereederungspartner aufgelegt wurde. Gemeinsam mit drei Schwesterschiffen wurde das 2013 an einen neuen Eigentümer verkaufte Schiff seit Anfang 2000 im Starbox-Pool eingesetzt und fuhr hauptsächlich in Fernost und Südamerika.

1215 Die Anleger erhielten einen kumulierten Kapitalrückfluss in Höhe von 82 %. Dr Peters begründet dies im Wesentlichen mit niedrigen Charterraten.

20. DS-Rendite-Fonds Nr. 61 MT Cape Bear GmbH & Co. Tankschiff KG

1216 415 Kommanditisten brachten zum Kauf des Tankschiffs MT Cape Bear zum Preis von € 25,4 Millionen ein Eigenkapital von € 15,7 Millionen ein. Die MT Cape Bear ist ein Produkten- und Chemikalientanker. Das Schiff wird weltweit für den Transport sogenannter „clean products“, beispielsweise Benzin oder Kerosin, eingesetzt.

1217 Die Anleger erhielten einen kumulierten Kapitalrückfluss in Höhe von 50 %, das Neukapital aus den beiden Kapitalerhöhungen konnte nicht bedient werden. Dr Peters begründet dies im Wesentlichen mit niedrigen Charterraten. In Folge der BGH-Urteile vom 12. März 2013 die Gesellschaft gezwungen, die bislang zurückgeforderten Ausschüttungen als Verbindlichkeiten gegenüber den Gesellschaftern zu bilanzieren. Da diese Verbindlichkeiten aus dem Fondsvermögen nicht bedient werden konnten, musste am 31. Juli 2013 Insolvenz wegen bilanzieller Überschuldung angemeldet werden. Das weitere Management sowie die Abwicklung der Gesellschaft erfolgt über den Insolvenzverwalter.

21. DS-Rendite-Fonds Nr. 62 MS Cape Cook GmbH & Co. Containerschiff KG

1218 206 Kommanditisten brachten zum Kauf des Containerschiffs MS Cape Cook zum Preis von USD 15,6 Millionen ein Eigenkapital von € 10,9 Millionen ein. Die 2013 an einen neuen Eigentümer verkaufte MS Cape Cook fuhr im DS-Containership-Pool und wurde im asiatischen Raum als Feederschiff eingesetzt. Das Containerschiff verfügt über eine Servicegeschwindigkeit von 18,5 Knoten.

1219 Die Anleger erhielten einen kumulierten Kapitalrückfluss in Höhe von 69 %, das Neukapital aus den beiden Kapitalerhöhungen konnte nicht bedient werden. Dr Peters begründet dies im Wesentlichen mit niedrigen Charterraten. In Folge der BGH-Urteile vom 12. März 2013 die Gesellschaft gezwungen, die bislang zurückgeforderten Ausschüttungen als Verbindlichkeiten gegenüber den Gesellschaftern zu bilanzieren.

Da diese Verbindlichkeiten aus dem Fondsvermögen nicht bedient werden konnten, musste am 31. Juli 2013 Insolvenz wegen bilanzieller Überschuldung angemeldet werden. Das weitere Management sowie die Abwicklung der Gesellschaft erfolgt über den Insolvenzverwalter.

22. DS-Rendite-Fonds Nr. 63 MS Wehr Mosel GmbH & Co. Containerschiff KG

424 Kommanditisten brachten zum Kauf des Containerschiffs MS Wehr Mosel zum 1220
Preis von USD 32,5 Millionen ein Eigenkapital von € 16,0 Millionen ein. Die 2013 an einen neuen Eigentümer verkaufte MS Wehr Mosel fuhr im Starbox-Pool mit drei Schwesterschiffen, nachdem ihr Festcharter ausgelaufen war. Das Schiff wurde hauptsächlich in Europa sowie in Nord- und Südamerika eingesetzt.

Die Anleger erhielten einen kumulierten Kapitalrückfluss in Höhe von 69 %. Dr 1221
Peters begründet dies im Wesentlichen mit niedrigen Charterraten. In Folge der BGH-Urteile vom 12. März 2013 die Gesellschaft gezwungen, die bislang zurückgeforderten Ausschüttungen als Verbindlichkeiten gegenüber den Gesellschaftern zu bilanzieren. Da diese Verbindlichkeiten aus dem Fondsvermögen nicht bedient werden konnten, musste am 31. Juli 2013 Insolvenz wegen bilanzieller Überschuldung angemeldet werden. Ein letzter Rettungsversuch der Geschäftsbesorgerin über eine Umwidmung der Verbindlichkeiten in Eigenkapital scheiterte an der mangelnden Zustimmung der Gesellschafter. Das weitere Management sowie die Abwicklung der Gesellschaft erfolgt über den Insolvenzverwalter.

23. DS-Rendite-Fonds Nr. 65 MS Cape Henry GmbH & Co. Containerschiff KG

169 Kommanditisten brachten zum Kauf des Containerschiffs MS Cape Henry zum 1222
Preis von USD 13,9 Millionen ein Eigenkapital von € 8,8 Millionen ein. Die 2010 an einen neuen Eigentümer verkaufte MS Cape Henry wurde 1992 von der Werft Meeres Technik Wismar (MTW) gebaut. Das 1998 übernommene Containerschiff wurde im asiatischen Raum als Feederschiff eingesetzt.

Die Anleger erhielten einen kumulierten Kapitalrückfluss in Höhe von 33 %. Dr 1223
Peters begründet dies im Wesentlichen mit niedrigen Charterraten. In Folge der BGH-Urteile vom 12. März 2013 die Gesellschaft gezwungen, die bislang zurückgeforderten Ausschüttungen als Verbindlichkeiten gegenüber den Gesellschaftern zu bilanzieren. Da diese Verbindlichkeiten aus dem Fondsvermögen nicht bedient werden konnten, musste am 31. Juli 2013 Insolvenz wegen bilanzieller Überschuldung angemeldet werden. Das weitere Management sowie die Abwicklung der Gesellschaft erfolgt über den Insolvenzverwalter.

24. DS-Rendite-Fonds Nr. 66 VLCC Bourgogne GmbH & Co. Tankschiff KG

1224 686 Kommanditisten brachten zum Kauf des Tankschiffs VLCC Bourgogne zum Preis von USD 70 Millionen ein Eigenkapital von € 29,3 Millionen ein. Die VLCC Bourgogne ist der erste Doppelhüllen-Supertanker, der von einer deutschen Gesellschaft erworben wurde. Bei diesem Schiff handelt es sich um das „E3"-Projekt, das von fünf führenden europäischen Werften realisiert wurde: „E3" steht für European, Ecological und Economical. Die Bourgogne wurde weltweit eingesetzt und 2005 an den Charterer verkauft.

Die Anleger erhielten einen kumulierten Kapitalrückfluss in Höhe von 130 %.

25. DS-Rendite-Fonds Nr. 67 VLCC Front Century GmbH & Co. Tankschiff KG

1225 808 Kommanditisten brachten zum Kauf des Tankschiffs VLCC Front Century zum Preis von USD 80 Millionen ein Eigenkapital von € 38,0 Millionen ein. Bei der VLCC Front Century handelt es sich um einen fortschrittlichen Doppelhüllen-Rohöltanker. Sie ist ein Schwesterschiff der Front Champion, die aufgrund ihrer technischen Leistungsparameter von einer amerikanischen Fachzeitschrift im Jahr 1998 zum „Ship of the Year" gewählt wurde.

1226 Das Schiff wurde 2005 an den Charterer verkauft. Die Anleger erhielten einen kumulierten Kapitalrückfluss in Höhe von 139 %.

26. DS-Rendite-Fonds Nr. 68 VLCC Front Champion GmbH & Co. Tankschiff KG

1227 838 Kommanditisten brachten zum Kauf des Tankschiffs VLCC Front Champion zum Preis von USD 80 Millionen ein Eigenkapital von € 38,2 Millionen ein. Die VLCC Front Champion ist ein Doppelhüllen-Öltanker, der aufgrund seiner modernen Technik und seiner technischen Leistungsparameter von einer amerikanischen Fachzeitschrift im Jahr 1998 zum „Ship of the Year" gewählt wurde.

1228 Das Schiff wurde 2005 an den Charterer verkauft. Die Anleger erhielten einen kumulierten Kapitalrückfluss in Höhe von 135 %.

27. DS-Rendite-Fonds Nr. 71 VLCC C. Bright GmbH & Co. Tankschiff KG

1229 906 Kommanditisten brachten zum Kauf des Tankschiffs VLCC C. Bright zum Preis von USD 75 Millionen ein Eigenkapital von € 38,3 Millionen ein. Die VLCC C. Bright ist ein moderner Rohöltanker mit 17 Tanks. Zuletzt im Jahr 2012 wurde das Schiff auf den neuesten technischen Stand gebracht. Der Chartervertrag mit Taurus Shipping Ltd. wurde 2012 bis zum Mai 2015 verlängert.

Die Anleger erhielten bislang einen kumulierten Kapitalrückfluss in Höhe von 131 %. 1230

28. DS-Rendite-Fonds Nr. 72 MT Olympia GmbH & Co. Tankschiff KG

450 Kommanditisten brachten zum Kauf des Tankschiffs MT Olympia zum Preis von USD 38 Millionen ein Eigenkapital von € 18,8 Millionen ein. Die 2007 verkaufte MT Olympia zählt zu den Öltankern der Aframax-Klasse. Diese können aufgrund ihres relativ geringen Tiefganges nahezu jeden Ölterminal anlaufen. Das Schiff wurde weltweit eingesetzt. 1231

Die Anleger erhielten einen kumulierten Kapitalrückfluss in Höhe von 150 %. 1232

29. DS-Rendite-Fonds Nr. 73 VLCC Golden Victory GmbH & Co. Tankschiff KG

909 Kommanditisten brachten zum Kauf des Tankschiffs VLCC Golden Victory zum Preis von USD 78 Millionen ein Eigenkapital von € 41,3 Millionen ein. Die VLCC Golden Victory wurde von der Hitachi Zosen Corp. in Japan gebaut. Da die Fahrrinnen der japanischen Häfen oftmals weniger Tiefgang aufweisen als Ölhäfen anderer Länder, wurde das Schiff um 2 m auf 60 m verbreitert und der Tiefgang hierdurch um ca. 90 cm auf 21,30 m reduziert. Das Schiff wurde weltweit eingesetzt und 2005 an den Charterer verkauft. 1233

Die Anleger erhielten einen kumulierten Kapitalrückfluss in Höhe von 137 %. 1234

30. DS-Rendite-Fonds Nr. 74 Front Warrior GmbH & Co. Tankschiff KG

757 Kommanditisten brachten zum Kauf des Tankschiffs MT Front Warrior zum Preis von USD 50 Millionen ein Eigenkapital von € 29,2 Millionen ein. Die MT Front Warrior ist ein moderner Doppelhüllen-Suezmax-Tanker. Sie gehört zu den größten Tankern, die voll beladen noch US-Häfen anlaufen können. Das Ende 1999 übernommene Schiff wird weltweit eingesetzt. 1235

Nach Ende des Chartervertrages im Dezember 2011 unternahm das Schiff 3 Spotmarktreisen und ist seit dem 16. Juli 2012 im Blue Fin Pool von Heidmar beschäftigt.

Die Anleger erhielten bislang einen kumulierten Kapitalrückfluss in Höhe von 124 %. 1236

31. DS-Rendite-Fonds Nr. 75 MT Eupen GmbH & Co. Tankschiff KG

1237 802 Kommanditisten brachten zum Kauf des Tankschiffs MT Eupen zum Preis von USD 55 Millionen ein Eigenkapital von € 38,1 Millionen ein. Die MT Eupen war der erste Gastanker der DS-Flotte. Als hochmodernes Schiff war es für den Transport von LPG (Liquefied Petroleum Gas), Ammoniak und petrochemischen Gasen ausgelegt. Es wurde im Jahr 2000 von der KG übernommen und vorwiegend in der Karibik eingesetzt. Das Schiff wurde 2009 an den Charterer verkauft.

1238 Die Anleger erhielten einen kumulierten Kapitalrückfluss in Höhe von 135 %.

32. DS-Rendite-Fonds Nr. 76 MT Elversele GmbH & Co. Tankschiff KG

1239 815 Kommanditisten brachten zum Kauf des Tankschiffs MT Elversele zum Preis von USD 50 Millionen ein Eigenkapital von € 33,6 Millionen ein. Die MT Elversele ist, wie ihr Schwesterschiff MT Eupen, ein modernes Schiff, das für den Transport von LPG (Liquefied Petroleum Gas), Ammoniak und petrochemischen Gasen ausgelegt ist. Es wurde im Jahr 2000 übernommen und hauptsächlich im Ammoniaktrade eingesetzt.

1240 Das Schiff wurde 2008 an den Charterer verkauft. Die Anleger erhielten einen kumulierten Kapitalrückfluss in Höhe von 129 %.

33. DS-Rendite-Fonds Nr. 77 MT Torm Gudrun GmbH & Co. Tankschiff KG

1241 731 Kommanditisten brachten zum Kauf des Tankschiffs MT Torm Gudrun zum Preis von USD 47,3 Millionen ein Eigenkapital von € 28,5 Millionen ein. Die MT Torm Gudrun ist ein moderner Doppelhüllen-Aframaxtanker. Durch eine hochwertige Epoxydharzbeschichtung der Tanks ist das Schiff auch für den Transport von Clean Products als Produktentanker geeignet. Das Ende 2000 übernommene Schiff wurde weltweit eingesetzt.

1242 Das Schiff wurde 2006 an den Charterer verkauft. Die Anleger erhielten einen kumulierten Kapitalrückfluss in Höhe von 145 %.

34. DS-Rendite-Fonds Nr. 78 MT Torm Kristina GmbH & Co. Tankschiff KG

1243 652 Kommanditisten brachten zum Kauf des Tankschiffs MT Torm Kristina zum Preis von USD 47 Millionen ein Eigenkapital von € 28,4 Millionen ein. Die MT Torm Kristina ist ein moderner Doppelhüllen-Aframaxtanker. Durch eine hochwertige Epoxydharzbeschichtung der Tanks ist das Schiff auch für den Transport von Clean Products als Produktentanker geeignet. Das Ende 2000 übernommene Schiff wurde weltweit eingesetzt.

Das Schiff wurde 2006 an den Charterer verkauft. Die Anleger erhielten einen kumulierten Kapitalrückfluss in Höhe von 152 %. 1244

35. DS-Rendite-Fonds Nr. 79 MV Carl Mesem GmbH & Co. Bulkcarrier KG

347 Kommanditisten brachten zum Kauf des Massegutfrachters MV Carl Mesem zum Preis von USD 25,5 Millionen ein Eigenkapital von € 12,7 Millionen ein. Die MV Carl Mesem war der erste Panamax-Klasse-Massengutfrachter der Dr. Peters Group. Das im Jahr 2000 übernommene Schiff wurde weltweit eingesetzt und transportierte Schüttgüter wie Eisenerz, Kohle und Getreide. 1245

Das Schiff wurde 2009 an den Charterer verkauft. Die Anleger erhielten einen kumulierten Kapitalrückfluss in Höhe von 143 %. 1246

36. DS-Rendite-Fonds Nr. 81 MV Bruno Salamon GmbH & Co. Bulkcarrier KG

262 Kommanditisten brachten zum Kauf des Massegutfrachters MV Bruno Salamon zum Preis von USD 24,8 Millionen ein Eigenkapital von € 12,1 Millionen ein. Die MV Bruno Salamon war der zweite Panamax-Klasse-Massengutfrachter der Dr. Peters Group. Das Schiff wurde weltweit eingesetzt und transportierte Schüttgüter wie Eisenerz, Kohle und Getreide. 1247

Das Schiff wurde 2009 an den Charterer verkauft. Die Anleger erhielten einen kumulierten Kapitalrückfluss in Höhe von 132 %. 1248

37. DS-Rendite-Fonds Nr. 82 MV Willi Salamon GmbH & Co. Bulkcarrier KG

Millionen ein Eigenkapital von € 12,5 Millionen ein. Die MV Willi Salamon ist ein moderner Massengutfrachter der Panamax-Klasse. Das in 2001 übernommene Schiff wurde weltweit eingesetzt und transportierte hauptsächlich Schüttgüter wie Eisenerz, Kohle und Getreide. 1249

Das Schiff wurde 2010 an den Charterer verkauft. Die Anleger erhielten einen kumulierten Kapitalrückfluss in Höhe von 134 %. 1250

38. DS-Rendite-Fonds Nr. 83 MV Ernst Salamon GmbH & Co. Bulkcarrier KG

355 Kommanditisten brachten zum Kauf des Massegutfrachters MV Ernst Salamon zum Preis von USD 26,2 Millionen ein Eigenkapital von € 12,4 Millionen ein. Die MV Ernst Salamon ist ein moderner Massengutfrachter der Panamax-Klasse. Das Schiff 1251

wurde weltweit eingesetzt und transportierte hauptsächlich Schüttgüter wie Eisenerz, Kohle und Getreide.

1252 Das Schiff wurde 2010 an den Charterer verkauft. Die Anleger erhielten einen kumulierten Kapitalrückfluss in Höhe von 133 %.

39. DS-Rendite-Fonds Nr. 84 MV Gertrud Salamon GmbH & Co. Bulkcarrier KG

1253 327 Kommanditisten brachten zum Kauf des Massegutfrachters MV Gertrud Salamon zum Preis von USD 26,7 Millionen ein Eigenkapital von € 12,6 Millionen ein. Die MV Gertrud Salamon war der fünfte Panamax-Klasse-Massengutfrachter der Dr. Peters Group. Das Schiff wurde weltweit eingesetzt und transportierte hauptsächlich Schüttgüter wie Eisenerz, Kohle und Getreide.

1254 Das Schiff wurde 2010 an den Charterer verkauft. Die Anleger erhielten einen kumulierten Kapitalrückfluss in Höhe von 131 %.

40. DS-Rendite-Fonds Nr. 85 MV Maria Salamon GmbH & Co. Bulkcarrier KG

1255 287 Kommanditisten brachten zum Kauf des Massegutfrachters MV Maria Salamon zum Preis von USD 27,2 Millionen ein Eigenkapital von € 13,4 Millionen ein. Die MV Maria Salamon war der sechste Massengutfrachter der Dr. Peters Group. Das in 2001 übernommene Schiff wurde weltweit eingesetzt und transportierte Schüttgüter wie Eisenerz, Kohle und Getreide.

1256 Das Schiff wurde 2010 an den Charterer verkauft. Die Anleger erhielten einen kumulierten Kapitalrückfluss in Höhe von 129 %.

41. DS-Rendite-Fonds Nr. 86 MS Praha GmbH & Co. Containerschiff KG

1257 575 Kommanditisten brachten zum Kauf des Containerschiffs MS Praha zum Preis von USD 44,7 Millionen ein Eigenkapital von € 26,4 Millionen ein. Die MS Praha, ein modernes Schiff der Panamax-Klasse, wurde in Südkorea bei Hanjin Heavy Industries & Construction Co. Ltd. gebaut.

1258 Die Anleger erhielten bislang einen kumulierten Kapitalrückfluss in Höhe von 73 % in der ersten, 69 % in der zweiten Tranche.

42. DS-Rendite-Fonds Nr. 87 MV Anna Salamon GmbH & Co. Bulkcarrier KG

1259 229 Kommanditisten brachten zum Kauf des Massegutfrachters MV Anna Salamon zum Preis von USD 25,2 Millionen ein Eigenkapital von € 10,7 Millionen ein. Als Schiff der Panamax-Klasse transportierte die MV Anna Salamon vor allem Schüttgüter wie Eisenerz, Kohle und Getreide. Der Massengutfrachter wurde im Jahr 2001 übernommen und weltweit eingesetzt.

Das Schiff wurde 2010 an den Charterer verkauft. Die Anleger erhielten einen 1260
kumulierten Kapitalrückfluss in Höhe von 152 % in der ersten, 141 % in der zweiten Tranche.

43. DS-Rendite-Fonds Nr. 88 MS Pennsylvania GmbH & Co. Containerschiff KG

384 Kommanditisten brachten zum Kauf des Containerschiffs MS Pennsylvania zum 1261
Preis von USD 44,7 Millionen ein Eigenkapital von € 26,7 Millionen ein. Die MS Pennsylvania war ein moderner Containerschiff-Neubau der Panamax-Klasse aus einer Serie von drei Schiffen, die die Dr. Peters Group in Südkorea bei Hanjin Heavy Industries & Construction Co. Ltd. bauen ließ. Das Schiff ist im März 2002 übergeben und in Dienst gestellt worden. Bis zum November 2002 entwickelten sich alle wirtschaftlichen Eckdaten der Fondsgesellschaft prospektgemäß. Am 11. November 2002 ist auf dem Schiff nach einer Explosion ein Feuer ausgebrochen. Der Totalverlust des Schiffes wurde am 8. Februar 2003 erklärt. In Folge wurde die Liquidation der Gesellschaft beschlossen und die MS Pennsylvania verkauft.

Die Anleger erhielten einen kumulierten Kapitalrückfluss in Höhe von 112 % in 1262
der ersten, 105 % in der zweiten und vierten, 108 % in der dritten und 105 % in der fünften Tranche.

44. DS-Rendite-Fonds Nr. 89 MS Pretoria GmbH & Co. Containerschiff KG

618 Kommanditisten brachten zum Kauf des Containerschiffs MS Pretoria zum Preis 1263
von USD 44,7 Millionen ein Eigenkapital von € 28,2 Millionen ein. Die MS Pretoria, ein modernes Schiff der Panamax-Klasse, wurde in Südkorea bei Hanjin Heavy Industries & Construction Co. Ltd. gebaut.

Die Anleger erhielten einen kumulierten Kapitalrückfluss in Höhe von 74 % in der 1264
ersten, 65 % in der zweiten und vierten, 67 % in der dritten und 58 % in der fünften Tranche.

45. DS-Rendite-Fonds Nr. 90 VLCC Front Crown GmbH & Co. Tankschiff KG

933 Kommanditisten brachten zum Kauf des Tankschiffs VLCC Front Crown zum Preis 1265
von USD 78,5 Millionen ein Eigenkapital von € 39,7 Millionen ein. Die VLCC Front Crown ist ein moderner Rohöltanker, dessen Doppelhüllen um 50,0 % bzw. 75,0 %

stärker ausgelegt sind, als es die IMO-Regularien verlangen. Das 2001 übernommene Schiff wird weltweit eingesetzt.

1266 Die Anleger erhielten bislang einen kumulierten Kapitalrückfluss in Höhe von 71 % in Tranche 1 und 59 % in Tranche 2. Das Neukapital aus 2012 wurde noch nicht bedient.

46. DS-Rendite-Fonds Nr. 91 VLCC Front Commander GmbH & Co. Tankschiff KG

1267 831 Kommanditisten brachten zum Kauf des Tankschiffs VLCC Front Commander zum Preis von USD 78,5 Millionen ein Eigenkapital von € 39,9 Millionen ein. Die VLCC Front Commander ist ein moderner Rohöltanker. Das 2001 übernommene Schiff wird weltweit eingesetzt.

1268 Die Anleger erhielten bislang einen kumulierten Kapitalrückfluss in Höhe von 71 % in Tranche 1, 62 % in Tranche 2 und 49 % in Tranche 3. Das Neukapital aus 2012 wurde noch nicht bedient.

47. DS-Rendite-Fonds Nr. 92 VLCC Front Chief GmbH & Co. Tankschiff KG

1269 906 Kommanditisten brachten zum Kauf des Tankschiffs VLCC Front Chief zum Preis von USD 78,5 Millionen ein Eigenkapital von € 39,4 Millionen ein. Die VLCC Front Chief ist ein moderner Rohöltanker, dessen Doppelhüllen um 50,0 % bzw. 75,0 % stärker ausgelegt sind, als es die IMO-Regularien verlangen. Das 2001 übernommene Schiff wird weltweit eingesetzt.

1270 Die Anleger erhielten bislang einen kumulierten Kapitalrückfluss in Höhe von 86 % in Tranche 1, 65 % in Tranche 2 und 39 % in Tranche 3. Das Neukapital aus 2012 wurde noch nicht bedient.

48. DS-Rendite-Fonds Nr. 93 VLCC Front Eagle GmbH & Co. Tankschiff KG

1271 822 Kommanditisten brachten zum Kauf des Tankschiffs VLCC Front Eagle zum Preis von USD 75 Millionen ein Eigenkapital von € 36,2 Millionen ein. Die VLCC Front Eagle ist ein moderner Rohöltanker, dessen Doppelboden und Doppelhülle stärker ausgelegt sind, als dies die strengen IMO-Regularien verlangen. Das Ende 2002 übernommene Schiff wurde weltweit eingesetzt.

1272 Das Schiff wurde 2011 an den Charterer verkauft. Die Anleger erhielten einen kumulierten Kapitalrückfluss in Höhe von 129 % in Tranche 1 und 125 % in Tranche 2.

49. DS-Rendite-Fonds Nr. 95 MT Front Melody GmbH & Co. Tankschiff KG

521 Kommanditisten brachten zum Kauf des Tankschiffs VLCC Front Melody zum Preis von USD 54 Millionen ein Eigenkapital von € 22,4 Millionen ein. Die MT Front Melody ist ein moderner Suezmax-Tanker, der von der japanischen Sasebo-Werft gebaut und im August 2001 in Dienst gestellt wurde. Das im Juni 2003 übernommene Schiff wird weltweit eingesetzt. 1273

Die Anleger erhielten bislang einen kumulierten Kapitalrückfluss in Höhe von 67 % in Tranche 1 und 66 % in Tranche 2. 1274

50. DS-Rendite-Fonds Nr. 96 MT Front Symphony GmbH & Co. Tankschiff KG

594 Kommanditisten brachten zum Kauf des Tankschiffs VLCC Front Symphony zum Preis von USD 54,0 Millionen ein Eigenkapital von € 22,9 Millionen ein. Die MT Front Symphony ist ein moderner Suezmax-Rohöltanker, der auf der japanischen Sasebo-Werft gebaut und 2001 in Dienst gestellt wurde. Das 2003 übernommene Schiff wird weltweit eingesetzt. 1275

Die Anleger erhielten bislang einen kumulierten Kapitalrückfluss in Höhe von 66 % in Tranche 1 und 65 % in Tranche 2. 1276

51. DS-Rendite-Fonds Nr. 97 VLCC Front Commodore GmbH & Co. Tankschiff KG

874 Kommanditisten brachten zum Kauf des Tankschiffs VLCC Front Commodore zum Preis von USD 75,0 Millionen ein Eigenkapital von € 37,7 Millionen ein. Die VLCC Front Commodore ist ein moderner Doppelhüllentanker. Sie wurde auf der japanischen Werft Hitachi Zosen Corporation, Ariake, gebaut. Das im September 2003 übernommene Schiff wird weltweit eingesetzt. 1277

Die Anleger erhielten bislang einen kumulierten Kapitalrückfluss in Höhe von 56 % in den Tranchen 1 und 2. 1278

52. DS-Rendite-Fonds Nr. 98 VLCC Front Tina GmbH & Co. Tankschiff KG

957 Kommanditisten brachten zum Kauf des Tankschiffs VLCC Front Tina zum Preis von USD 75 Millionen ein Eigenkapital von € 37,6 Millionen ein. Die VLCC Front Tina ist ein moderner Doppelhüllentanker, der auf der japanischen Kawasaki-Heavy-Industries-Werft in Sakaide gebaut und im Juni 2000 in Dienst gestellt wurde. Das im September 2003 übernommene Schiff wird weltweit eingesetzt. 1279

Die Anleger erhielten bislang einen kumulierten Kapitalrückfluss in Höhe von 56 % in den Tranchen 1 und 2. 1280

53. DS-Rendite-Fonds Nr. 99 CFS GmbH & Co. Produktentanker KG

1281 567 Kommanditisten brachten zum Kauf der Tankschiffe Stolt Fumar, Stolt Cormorant und Stolt Shearwater zum Preis von USD 50 Millionen ein Eigenkapital von € 23,1 Millionen ein. Investitionsobjekte sind die drei modernen Chemikalientanker Stolt Cormorant, Stolt Fulmar und Stolt Shearwater. Die 2003 übernommenen Schiffe werden weltweit eingesetzt.

1282 Die Anleger erhielten bislang einen kumulierten Kapitalrückfluss in Höhe von 64 % in Tranche 1 und 63 % in Tranche 2.

54. DS-Rendite-Fonds Nr. 100 VLCC Sea Fortune GmbH & Co. Tankschiff KG

1283 768 Kommanditisten brachten zum Kauf des Tankschiffs VLCC Sea Fortune zum Preis von USD 68 Millionen ein Eigenkapital von € 30,1 Millionen ein. Die VLCC Sea Fortune ist ein Rohöltanker fortschrittlichster Bauart. Die Doppelhülle ist weiter ausgelegt als es die entsprechenden IMO-Vorschriften als verbindliches Mindestmaß festlegen. Das Schiff wird weltweit eingesetzt.

1284 Die Anleger erhielten bislang einen kumulierten Kapitalrückfluss in Höhe von 73 % in Tranche 1 und 71 % in Tranche 2.

55. DS-Rendite-Fonds Nr. 102 MT Stena Venture GmbH & Co. Tankschiff KG

1285 426 Kommanditisten brachten zum Kauf des Tankschiffs MT Stena Venture zum Preis von USD 35,8 Millionen ein Eigenkapital von € 16,6 Millionen ein. Die MT Stena Venture ist ein moderner Panamax-Tanker neuester Konstruktion mit Doppelboden und Doppelhülle. Das im Dezember 2003 übernommene Schiff wird weltweit eingesetzt.

1286 Die Anleger erhielten bislang einen kumulierten Kapitalrückfluss in Höhe von 50 % in Tranche 1 und 48 % in Tranche 2. Das 2012 aufgenommene Neukapital wurde noch nicht bedient.

56. DS-Rendite-Fonds Nr. 103 MT Sunlight Venture GmbH & Co. Tankschiff KG

1287 542 Kommanditisten brachten zum Kauf des Tankschiffs MT Sunlight Venture zum Preis von USD 36 Millionen ein Eigenkapital von € 16,3 Millionen ein. Die MT Sunlight Venture ist ein moderner Panamax-Tanker neuester Konstruktion mit Doppelboden und Doppelhülle. Das Schiff wird weltweit eingesetzt.

1288 Die Anleger erhielten bislang einen kumulierten Kapitalrückfluss in Höhe von 45 % in Tranche 1 und 43 % in Tranche 2.

57. DS-Rendite-Fonds Nr. 104 Teekay Spirit GmbH & Co. Tankschiff KG

1.332 Kommanditisten brachten zum Kauf der Tankschiffe MT Bahama Spirit, MT Kiowa Spirit und MT Koa Spirit zum Preis von USD 110,9 Millionen ein Eigenkapital von € 49,3 Millionen ein. Die drei Tankschiffe der Aframax-Klasse, die MT Bahamas Spirit, die MT Kiowa Spirit und die MT Koa Spirit, werden hauptsächlich im nord- und mittelamerikanischen Raum eingesetzt. Die Schiffe wurden im Jahr 2003 von der Fondsgesellschaft übernommen. 1289

Die Anleger erhielten bislang einen kumulierten Kapitalrückfluss in Höhe von 61 % in Tranche 1 und 59 % in Tranche 2. 1290

58. DS-Rendite-Fonds Nr. 106 VLCC Titan Glory GmbH & Co. Tankschiff KG

818 Kommanditisten brachten zum Kauf des Tankschiffs VLCC Titan Glory zum Preis von USD 86 Millionen ein Eigenkapital von € 37,5 Millionen ein. Das Rohöltankschiff, die Titan Glory wurde am 26. Juli 2004 von der Fondsgesellschaft übernommen. Der VLCC-Tanker ist mit Doppelboden und Doppelhülle ausgestattet. Es wird in der weltweiten Seeschifffahrt eingesetzt. 1291

Die Anleger erhielten bislang einen kumulierten Kapitalrückfluss in Höhe von 48 % in Tranche 1 und 47 % in Tranche 2, das Garantiekapital erhielt bislang 24 %, das 2012 aufgenommene Neukapital wurde noch nicht bedient. 1292

59. DS-Rendite-Fonds Nr. 108 VLCC Ashna GmbH & Co. Tankschiff KG

876 Kommanditisten brachten zum Kauf des Tankschiffs VLCC Ashna zum Preis von USD 80 Millionen ein Eigenkapital von € 36,9 Millionen ein. Die VLCC Ashna ist ein moderner Rohöltanker und wurde von der renommierten Werft Halla Engineering and Heavy Industries Ltd., Südkorea, gebaut. Das 2004 übernommene Schiff wird weltweit eingesetzt. 1293

Die Anleger erhielten bislang einen kumulierten Kapitalrückfluss in Höhe von 58 % in Tranche 1, 56 % in Tranche 2 und 51 % in Tranche 3. Das Garantiekapital erhielt bislang 42 %. 1294

60. DS-Rendite-Fonds Nr. 109 VLCC Saturn Glory GmbH & Co. Tankschiff KG

1.006 Kommanditisten brachten zum Kauf des Tankschiffs VLCC Saturn Glory zum Preis von USD 88,5 Millionen ein Eigenkapital von € 39,1 Millionen ein. Das Rohöltankschiff, die Saturn Glory wurde am 29. Oktober 2004 von der Fondsgesellschaft 1295 übernommen. Der VLCC-Tanker ist mit Doppelboden und Doppelhülle ausgestattet. Es wird in der weltweiten Seeschifffahrt eingesetzt.

1296 Die Anleger erhielten bislang einen kumulierten Kapitalrückfluss in Höhe von 50 % in Tranche 1, 49 % in Tranche 2 und 43 % in Tranche 3. Das Garantiekapital erhielt bislang 23 %. Das 2012 aufgenommene Neukapital wurde noch nicht bedient.

61. DS-Rendite-Fonds Nr. 110 VLCC Neptune Glory GmbH & Co. Tankschiff KG

1297 894 Kommanditisten brachten zum Kauf des Tankschiffs VLCC Neptune Glory zum Preis von USD 88,5 Millionen ein Eigenkapital von € 38,8 Millionen ein. Das VLCC-Tankschiff, die Neptune Glory wurde am 29. Oktober 2004 von der Fondsgesellschaft übernommen. Das Schiff ist mit Doppelboden und Doppelhülle ausgestattet. Es wird in der weltweiten Seeschifffahrt eingesetzt.

1298 Die Anleger erhielten bislang einen kumulierten Kapitalrückfluss in Höhe von 51 % in Tranche 1, 49 % in Tranche 2 und 43 % in Tranche 3. Das Garantiekapital erhielt bislang 23 %. Das 2012 aufgenommene Neukapital wurde noch nicht bedient.

62. DS-Rendite-Fonds Nr. 111 DS PERFORMER UND DS POWER GmbH & Co. Aframaxtanker KG

1299 1.186 Kommanditisten brachten zum Kauf der Tankschiffe DS Performer und DS Power zum Preis von USD 121,5 Millionen ein Eigenkapital von € 44,7 Millionen ein. Die Fondsgesellschaft hat die beiden Schiffe in 2005 übernommen. Die DS Performer und die DS Power sind moderne Aframaxtanker mit Doppelboden und Doppelhülle.

1300 In der aktuellen Bankenlandschaft konnten oder wollten die Banken die schwache Marktphase aber nicht begleiten. Stattdessen haben sie während der laufenden Gespräche die Darlehen fällig gestellt, weshalb die Insolvenzanmeldung in 2011 nicht mehr verhindert werden konnte.

1301 Die Anleger erhielten bislang einen kumulierten Kapitalrückfluss in Höhe von 36 % in Tranche 1 und 12 % in Tranche 2. Das Garantiekapital erhielt bislang 20 %.

63. DS-Rendite-Fonds Nr. 112 VLCC Mercury Glory GmbH & Co. Tankschiff KG

1302 1.060 Kommanditisten brachten zum Kauf des Tankschiffs VLCC Mecury Glory zum Preis von USD 105 Millionen ein Eigenkapital von € 45,2 Millionen ein. Die VLCC Mercury Glory ist ein moderner Rohöltanker. Er wurde von der renommierten Werft Daewoo Heavy Industries Ltd., Südkorea, gebaut. Das am 21. März 2005 übernommene Schiff wird weltweit eingesetzt.

Die Anleger erhielten bislang einen kumulierten Kapitalrückfluss in Höhe von 41 % in Tranche 1 und 2. Das Garantiekapital erhielt bislang 18 %. Das 2012 aufgenommene Neukapital wurde noch nicht bedient. 1303

64. DS-Rendite-Fonds Nr. 113 VLCC Pluto Glory GmbH & Co. Tankschiff KG

1.063 Kommanditisten brachten zum Kauf des Tankschiffs VLCC Pluto Glory zum 1304
Preis von USD 105 Millionen ein Eigenkapital von € 43,9 Millionen ein. Die VLCC Pluto Glory ist ein moderner Rohöltanker, der von der renommierten Werft Daewoo Heavy Industries Ltd., Südkorea, gebaut wurde. Das am 5. April 2005 übernommene Schiff wird weltweit eingesetzt.

Die Anleger erhielten bislang einen kumulierten Kapitalrückfluss in Höhe von 1305
38 % in Tranche 1 und 2. Das Garantiekapital erhielt bislang 17 %. Das 2012 aufgenommene Neukapital wurde noch nicht bedient.

65. DS-Rendite-Fonds Nr. 114 VLCC Artemis Glory GmbH & Co. Tankschiff KG

1.053 Kommanditisten brachten zum Kauf des Tankschiffs VLCC Artemis Glory zum 1306
Preis von USD 115,3 Millionen ein Eigenkapital von € 40,7 Millionen ein. Als moderner Rohöltanker mit Doppelboden und Doppelhülle wird die VLCC Artemis Glory weltweit eingesetzt. Sie wurde von der renommierten Werft Daewoo Shipbuilding & Marine Engineering Co. Ltd., Südkorea, gebaut und am 27. Juli 2006 von der Fondsgesellschaft übernommen.

Die Anleger erhielten bislang einen kumulierten Kapitalrückfluss in Höhe von 1307
13 % in der Dynamik- und der Garant-Tranche. Das 2012 aufgenommene Neukapital wurde noch nicht bedient.

66. DS-Rendite-Fonds Nr. 115 DS Kingdom GmbH & Co. Containerschiff KG

1.053 Kommanditisten brachten zum Kauf des Containerschiffs DS Kingdom zum 1308
Preis von USD 80 Millionen ein Eigenkapital von € 29,4 Millionen ein. Die DS Kingdom ist ein modernes Containerschiff, das von der renommierten Werft Hyundai Heavy Industries Co. Ltd., Südkorea, gebaut wurde. Das am 19. Januar 2006 übernommene Schiff wird weltweit eingesetzt.

Die Anleger erhielten bislang einen kumulierten Kapitalrückfluss in Höhe von 1309
11 % in der Dynamik- und 16 % in der Garant-Tranche. Das 2012 aufgenommene Neukapital wurde noch nicht bedient.

67. DS-Rendite-Fonds Nr. 116 DS National GmbH & Co. Containerschiff KG

1310 1.406 Kommanditisten brachten zum Kauf des Containerschiffs DS National zum Preis von USD 80 Millionen ein Eigenkapital von € 37 Millionen ein. Die DS National ist ein modernes Containerschiff, das von der renommierten Werft Hyundai Heavy Industries Co. Ltd., Südkorea, gebaut wurde. Das am 9. Januar 2006 übernommene Schiff wird weltweit eingesetzt.

1311 Die Anleger erhielten bislang einen kumulierten Kapitalrückfluss in Höhe von 12 %.

68. DS-Rendite-Fonds Nr. 117 DS Patriot GmbH & Co. Containerschiff KG

1312 1.378 Kommanditisten brachten zum Kauf des Containerschiffs DS Patriot zum Preis von USD 80 Millionen ein Eigenkapital von € 38,1 Millionen ein. Die DS Patriot wurde im Jahr 2001 von der renommierten Werft Hyundai Heavy Industries Co. Ltd., Südkorea, gebaut und am 9. Januar 2006 von der Fondsgesellschaft übernommen. Das Containerschiff wird im globalen Handel eingesetzt.

1313 Die Anleger erhielten bislang einen kumulierten Kapitalrückfluss in Höhe von 13 %.

69. DS-Rendite-Fonds Nr. 118 DS Dominion GmbH & Co. Containerschiff KG

1314 710 Kommanditisten brachten zum Kauf des Containerschiffs DS Dominion zum Preis von USD 80 Millionen ein Eigenkapital von € 29,3 Millionen ein. Die DS Dominion wurde im Jahr 2001 von der renommierten Werft Hyundai Heavy Industries Co. Ltd., Südkorea, gebaut und am 13. Januar 2006 von der Fondsgesellschaft übernommen. Das Containerschiff wird im globalen Handel eingesetzt.

1315 Die Anleger erhielten bislang einen kumulierten Kapitalrückfluss in Höhe von 13 % in der Dynamik-, 15 % in der Garant-Tranche.

70. DS-Rendite-Fonds Nr. 119 DS Republic GmbH & Co. Containerschiff KG

1316 1.895 Kommanditisten brachten zum Kauf des Containerschiffs DS Republic zum Preis von USD 80 Millionen ein Eigenkapital von € 69,7 Millionen ein. Die DS Republic wurde im Jahr 2001 von der renommierten Werft Hyundai Heavy Industries Co. Ltd., Südkorea, gebaut und am 16. Januar 2006 von der Fondsgesellschaft übernommen. Das Containerschiff wird im globalen Handel eingesetzt.

1317 Die Anleger erhielten bislang einen kumulierten Kapitalrückfluss in Höhe von 13 %.

71. DS-Rendite-Fonds Nr. 120 VLCC Leo Glory GmbH & Co. Tankschiff KG

1.918 Kommanditisten brachten zum Kauf des Tankschiffs VLCC Leo Glory zum Preis von USD 129 Millionen ein Eigenkapital von € 69 Millionen ein. Die renommierte Werft Samsung Heavy Industries Co. Ltd., Südkorea, hat die VLCC Leo Glory nach neuesten Konstruktionsmethoden gebaut: Sie ist ein moderner Rohöltanker mit Doppelboden und Doppelhülle. Das am 18. Januar 2007 übernommene Schiff wird weltweit eingesetzt. 1318

Die Anleger erhielten bislang einen kumulierten Kapitalrückfluss in Höhe von 6 % in der Dynamik- und der Garant-Tranche. Das 2012 aufgenommene Neukapital wurde noch nicht bedient. 1319

72. DS-Rendite-Fonds Nr. 123 DS Sapphire GmbH & Co. Tankschiff KG

492 Kommanditisten brachten zum Kauf des Tankschiffs DS Sapphire zum Preis von USD 85 Millionen ein Eigenkapital von € 25,6 Millionen ein. Die DS Sapphire ist ein moderner Rohöltanker, der von der renommierten Werft NKK Corporation, Tsu-Works, Japan, gebaut wurde. Das am 4. September 2007 übernommene Schiff wird weltweit eingesetzt. 1320

Die Anleger erhielten bislang einen kumulierten Kapitalrückfluss in Höhe von 0 % in der Dynamik- und 2 % in der Garant-Tranche. 1321

73. DS-Rendite-Fonds Nr. 125 DS Blue Ocean und DS Blue Wave GmbH & Co. Containerschiffe KG

210 Kommanditisten brachten zum Kauf der Containerschiffe DS Blue Ocean und DS Blue Wave zum Preis von USD 32,6 Millionen ein Eigenkapital von € 15,2 Millionen ein. Die zwei baugleichen Feedermax-Containerschiffe verfügen über die höchste Eisklasse (E3) und 120 Kühlcontaineranschlüsse. Insgesamt kann jedes Schiff 698 TEU nominal und 443 TEU mit durchschnittlich 14 Tonnen Gesamtgewicht befördern. 1322

Die Anleger erhielten bislang keinen Kapitalrückfluss. 1323

74. DS-Rendite-Fonds Nr. 126 DS Ability und DS Accuracy GmbH & Co. Containerschiffe KG

561 Kommanditisten brachten zum Kauf der Containerschiffe DS Ability und DS Accuracy zum Preis von USD 48,8 Millionen ein Eigenkapital von € 19,2 Millionen ein. Die Fondsgesellschaft hat in zwei baugleiche Feedervollcontainerschiffe mit einer Stell- 1324

kapazität von je 1.080 TEU investiert. Die Schiffe wurden 2007 abgeliefert und werden derzeit zwischen Asien und Europa eingesetzt.

1325 Die Anleger der Garant-Tranche erhielten bislang 1 % Kapitalrückfluss. Da Neukapital aus 2010 konnte noch nicht bedient werden.

75. DS-Rendite-Fonds Nr. 127 VLCC Younara Glory GmbH & Co. Tankschiff KG

1326 1.549 Kommanditisten brachten zum Kauf des Tankschiffs VLCC Younara Glory zum Preis von USD 132 Millionen ein Eigenkapital von € 51,4 Millionen ein. Die VLCC Younara Glory ist ein moderner Rohöltanker, der von der renommierten Werft Daewoo Shipbuilding & Marine Engineering Co. Ltd., Südkorea, gebaut wurde. Das am 22. November 2007 übernommene Schiff wird weltweit eingesetzt.

1327 Die Anleger erhielten bislang einen kumulierten Kapitalrückfluss in Höhe von 6 % in der Dynamik- und der Garant-Tranche.

76. DS-Rendite-Fonds Nr. 132 DS Activity und DS Agility GmbH & Co. Containerschiffe KG

1328 532 Kommanditisten brachten zum Kauf der Containerschiffe DS Activity und DS Agility zum Preis von USD 48,1 Millionen ein Eigenkapital von € 21,7 Millionen ein. Die Fondsgesellschaft hat in zwei baugleiche Feedervollcontainerschiffe mit einer Stellkapazität von 1.080 TEU investiert. Die Schiffe wurden 2008 abgeliefert und werden derzeit zwischen Asien und Europa eingesetzt.

1329 Die Anleger der Dynamik-Tranche erhielten bislang 1 % Kapitalrückfluss, die der Garant-Tranche 3 %. Da Neukapital aus 2010 konnte noch nicht bedient werden.

XI. Elbe Emissionshaus

Generell zum Emissionshaus Elbe Emissionshaus unter B. IV. 11.

1. EEH MS Antje

1330 Der Schiffsfonds EEH MS Antje wurde im Jahr 2009 auf dem Markt platziert. Die Fondsgesellschaft investierte in ein Multipurposeschiff mit einer Kapazität von 444 TEU und einer Tragfähigkeit 7.950 tdw. In der Platzierung betrug das Investitionsvolumen € 15,4 Millionen. Die Anleger beteiligten sich mit € 6,5 Millionen. Investiert wurde in ein Multipurposeschiff mit einer Kapazität von 444 TEU und einer Tragfähigkeit von 7.950 tdw. Das Multipurposeschiff MS Antje wurde auf der Dongfang Shipbuilding in China gebaut. Im Oktober 2010 erfolgte die Ablieferung. Durch die hohe Eisklasse kann das Schiff ganzjährig alle Fahrgebiete durchfahren.

2. EEH MS BBC Tahiti

Der Schiffsfonds EEH MS BBC Tahiti wurde im Jahr 2008 auf dem Markt platziert. Das 1331
Investitionsvolumen betrug € 14,3 Millionen in der Platzierung. Die Anleger beteiligten sich mit € 4,4 Millionen. Investiert wurde in ein Multipurposeschiff mit Doppelhülle, einer Containerkapazität von 275 TEU und einer Tragfähigkeit von 8.334 tdw. Das Schiff wurde 2007 auf der China Changjiang National Shipping Group Yichang Shipyard gebaut.

3. EEH MS BBC Togo

Im Jahr 2008 wurde der Fonds EEH MS BBC Togo auf dem Markt platziert. Das Inves- 1332
titionsvolumen betrug in der Platzierung €14,4 Millionen. Die Anleger beteiligten sich mit € 5,5 Millionen. Investiert wurde in ein Mehrzweckschiff mit Doppelhülle, einer Containerkapazität von 275 TEU und einer Tragfähigkeit von 8.344 tdw. Das Schiff verfügt über die finnisch-schwedische Eisklasse 1A.

4. EEH MS Capella

Der Schiffsfonds EEH MS Capella wurde im Jahr 2005 aufgelegt. In der Platzierung 1333
betrug das Investitionsvolumen € 5,9 Millionen. Die Anleger beteiligten sich mit einem Eigenkapital in Höhe von rund € 2 Millionen. Als Investitionsgegenstand dient ein Mehrzweckfrachter mit einer Containerkapazität von 208 TEU und einer Tragfähigkeit von 3.792 tdw.

Die Anleger erhielten im Jahr 2007 eine Auszahlung von 9 %. 1334

5. EEH MS Delfin

2005 wurde der Schiffsfonds EEH MS Delfin auf dem Markt platziert. Das Gesamtin- 1335
vestitionsvolumen lag in der Platzierung bei € 5,8 Millionen. Das Eigenkapital der Anleger betrug € 2,1 Millionen. Investitionsgegenstand ist ein Mehrzweckfrachter mit einer Containerkapazität von 208 TEU und einer Tragfähigkeit von 3.792 tdw.

2006 und 2007 erhielten die Anleger Auszahlungen von jeweils 9 %. 1336

6. EEH MS Elbsailor

1337 Der Schiffsfonds EEH MS Elbsailor wurde im Jahr 2006 aufgelegt. Das Investitionsvolumen betrug in der Platzierung € 10,7 Millionen. Die Anleger beteiligten sich mit einem Eigenkapital in Höhe von € 6,2 Millionen. Als Investitionsgegenstand dient ein Vollcontainerschiff mit einer Containerkapazität von 509 TEU und einer Tragfähigkeit von 5.330 tdw. Gebaut wurde das Schiff von der J. J. Sietas Werft in Hamburg-Neuenfelde.

1338 Die Anleger erhielten 2007 eine Auszahlung von 7 %.

7. EEH MS Fabian (MS Beluga Gratification)

1339 2008 wurde der Schiffsfonds EEH MS Fabian aufgelegt. Als Investitionsobjekt des Fonds dient ein Mehrzweck-Containerschiff mit einer Containerkapazität von 692 TEU und einer Tragfähigkeit von 17.300 tdw. Das Schiff wurde 2008 auf der Hudong-Zhonghua-Werft in Shanghai. In der Platzierung lag das Investitionsvolumen bei € 30,4 Millionen. Das Eigenkapital lag bei € 13,4 Millionen.

8. EEH MS Glory

1340 Im Jahr 2006 wurde der Schiffsfonds EEH MS Glory von dem Elbe Emissionshaus aufgelegt. € 12,6 Millionen betrug das Investitionsvolumen in der Platzierung. Die Anleger beteiligten sich mit einem Eigenkapital von € 4,8 Millionen. Investiert wurde in ein Multipurpose-Containerschiff mit 8.378 tdw.

9. EEH MS Jana

1341 Der Schiffsfonds EEH MS Jana wurde 2008 aufgelegt. Das Investitionsvolumen in der Platzierung betrug € 23,2 Millionen. Das Eigenkapital der Anleger lag bei € 7,7 Millionen. Investiert wurde in ein Containerfeederschiff mit einer Tragfähigkeit von 11.000 tdw und einer Stellplatzkapazität von 974 TEU. Das Schiff wurde auf der Detlef Hegemann Rolandwerft gebaut.

1342 Auszahlungen an die Anleger erfolgten noch nicht.

10. EEH MS Mare

1343 2008 wurde der Schiffsfonds EEH MS Mare vom Elbe Emissionshaus aufgelegt. Das Investitionsvolumen in der Platzierung betrug € 23,5 Millionen. Rund 120 Anleger beteiligten sich 8,2 Millionen. Investiert wurde in ein Contrainerfeederschiff mit einer Containerkapazität von 974 TEU und einer Tragfähigkeit von 11.000 tdw. Der Kaufpreis des Schiffes betrug € 21,5 Millionen.

Der Schiffsfonds hat am 19. April 2012 Insolvenzantrag gestellt. 1344

11. EEH MS MCP Blankenese

Der geschlossene Schiffsfonds EEH MS Blankenese wurde im Jahr 2007 auf dem 1345
Markt platziert. In der Platzierung betrug das Investitionsvolumen € 9,3 Millionen. Die Anleger beteiligten sich mit einem Eigenkapital von € 4,6 Millionen. Investiert wurde in ein Multipurpose-Containerschiff mit einer Containerkapazität von 629 TEU und einer Tragfähigkeit von 8.024 tdw. Gebaut wurde das Schiff auf der chinesischen Werft Shandong Huanghai Shipbuilding.

Im März 2011 wurden Auszahlungen in Höhe von 7 % des Kommanditkapitals 1346
zurückgefordert. Des Weiteren wurde eine Kapitalerhöhung beschlossen.

12. EEH MS Notos

2007 wurde der Schiffsfonds EEH MS Notos vom Elbe Emissionshaus aufgelegt. Das 1347
Investitionsvolumen lag in der Platzierung bei € 12,3 Millionen. Die Anleger beteiligten sich mit einem Eigenkapital in Höhe von € 4,8 Millionen. Investiert wurde in einen Stückgutfrachter mit einer Tragfähigkeit von 8.049 tdw.

13. EEH MS Svenja (MS Beluga Graduation)

Der Schiffsfonds EEH MS Svenja wurde 2007 auf dem Markt platziert. In der Platzie- 1348
rung betrug das Investitionsvolumen € 12,3 Millionen. Rund 500 Anleger beteiligten sich mit einem Eigenkapital in Höhe von € 4,9 Millionen. Der Investitionsgegenstand ist ein Stückgutfrachter mit einer Tragfähigkeit von 8.049 tdw.

14. EEH MS Uranus

Im Jahr 2005 wurde der Schiffsfonds EEH MS Uranus vom Elbe Emissionshaus aufge- 1349
legt. Investiert wurde in ein Containerschiff, das 1992 auf der J. J. Sietas Schiffswerft in Hamburg-Neuenfelde gebaut wurde. Das Schiff hat eine Containerkapazität von 510 TEU und eine Tragfähigkeit von 6.545 tdw. In der Platzierung lag das Investitionsvolumen bei € 9,3 Millionen. Die Anleger beteiligten sich mit einem Eigenkapital von € 1,4 Millionen.

XII. Embdena Partnership GmbH

Generell zum Emissionshaus Embdena Partnership GmbH unter B. IV. 12.

1350 Die Embdena Partnership GmbH hat unter anderem folgende Fonds aufgelegt:
1. Embdena MS Africa Star
2. Embdena MS Asian Cruiser
3. Embdena MS Asian Voyager
4. Embdena MS Atlantic Commander
5. Embdena MS Atlantic Steamer
6. Embdena MS Baltic Sea
7. Embdena MS Barbara
8. Embdena MS Bluestar
9. Embdena MS Christian
10. Embdena MS Deborah
11. Embdena MS Eaststar
12. Embdena MS Europe Star
13. Embdena MS European Island
14. Embdena MS Forester
15. Embdena MS Jamina
16. Embdena MS Jan Mitchell

XIII. Fondshaus Hamburg

Generell zum Emissionshaus Fondshaus Hamburg unter B. IV. 13.

1. FHH Fonds Nr. 1 MS Savonia

1351 Das Fondshaus Hamburg legte den Schiffsfonds FFH Fonds Nr. 1 MS Savonia im Jahr 2002 auf. Investiert wurde in ein Vollcontainerschiff mit einer Tragfähigkeit von 21.614 tdw und einer Stellplatzkapazität von 1.679 TEU. Der Kaufpreis des Schiffes lag bei USD 23,75 Millionen. Das Investitionsvolumen lag in der Platzierung bei € 31,6 Millionen. Die Anleger beteiligten sich mit einem Eigenkapital in Höhe von € 14,8 Millionen.

Auszahlungen an die Anleger sind nicht erfolgt worden.

2. FHH Fonds Nr. 3 MT Lombardia

1352 Der Schiffsfonds FFH Fonds Nr. 3 MT Lombardia wurde im Jahr 2002 auf dem Markt platziert. Die Gesellschaft investierte in einen Produkten-/Chemikalientanker mit einer Tragfähigkeit von 35.841 tdw. Der Tanker der Handymax-Klasse wurde auf der südkoreanischen Werft Daedong Shipbuilding gebaut. Der Kaufpreis lag bei USD 25 Millionen. In der Platzierung betrug das Investitionsvolumen € 31,5 Millionen. Die Anleger beteiligten sich mit einem Eigenkapital in Höhe von € 13,8 Millionen.

3. FHH Fonds Nr. 4 MT Liguria

Das Fondshaus Hamburg legte den Schiffsfonds FFH Fonds Nr. 4 MT Liguria im Jahr 1353 2003 auf. Investiert wurde in ein Produkten-/Chemikalientankermit Doppelhülle der Handymax-Klasse. Die Tragfähigkeit des Schiffes beträgt 35.966 tdw. Das Investitionsvolumen betrug in der Platzierung € 29,1 Millionen. Die Anleger beteiligten sich mit einem Eigenkapital von € 9,5 Millionen.

4. FHH Fonds Nr. 5 MT Lutetia

Der Schiffsfonds FHH Fonds Nr. 5 MT Lutetia wurde im Jahr 2002 aufgelegt. Investiert 1354 wurde in ein Produkten-/Chemikalientanker mit Doppelhülle mit einer Tragfähigkeit von 35.931 tdw. Das Investitionsvolumen betrug in der Platzierung bei € 27,7 Millionen. Die Anleger beteiligten sich mit einem Eigenkapital von € 10,3 Millionen an dem Schiffsfonds. Die Einkünfte der Schiffsgesellschafter unterliegen seit 2007 der Tonnagebesteuerung.

Die letzte Auszahlung an die Anleger erfolgte im Jahr 2007 mit 5 %. 1355

5. FHH Fonds Nr. 7 MT Levantia

Im Jahr 2003 wurde der Schiffsfonds FHH Fonds Nr. 7 MT Levantia aufgelegt. Das 1356 Investitionsvolumen betrug in der Platzierung € 25,8 Millionen. Mit einem Eigenkapital von € 9,8 Millionen beteiligten sich die Anleger. Investiert wurde in einen Produkten-/Chemikalientanker mit Doppelhülle mit einer Tragfähigkeit von 35.931 tdw. Gebaut wurde das Schiff auf der südkoreanischen Werft Daedong Shipbuilding im Jahr 1999. Auszahlungen an die Anleger erfolgten noch nicht.

6. FHH Fonds Nr. 8 MT Latvia

Der Schiffsfonds FHH Fonds Nr. 8 MT Latvia wurde vom Fondshaus Hamburg im Jahr 1357 2003 auf dem Markt platziert. Das Investitionsvolumen in der Platzierung betrug € 29,9 Millionen. Die Anleger beteiligten sich mit einem Eigenkapital von rund € 12 Millionen. Als Investitionsobjekt dient ein Produkten-/Chemikalientanker mit Doppelhülle und einer Tragfähigkeit von 35.770 tdw. Gebaut wurde das Schiff auf der koreanischen Werft Daedong Shipbuilding im Jahr 2001. Der Kaufpreis betrug USD 27,1 Millionen.

1358 Die Anleger erhielten 2012 eine Auszahlung von 5,5 %.

7. FHH Fonds Nr. 9 MS Cimbria

1359 Im Jahr 2003 wurde der Fonds FFH Fonds Nr. 9 MS Cimbria vom Fondshaus Hamburg aufgelegt. Der Schiffsfonds beschäftigt sich mit dem Erwerb und Beerederung des im Jahr 2002 erbauten Vollcontainerschiffes MS Cimbria. Das Schiff besitzt eine Tragfähigkeit von 39.421 tdw und Containerstellplätze von 2.824 TEU. In der Platzierung betrug das Investitionsvolumen € 34,1 Millionen. Die Anleger beteiligten sich mit einem Eigenkapital von € 13,1 Millionen. Die Einkünfte der Schiffsgesellschafter unterliegen seit 2006 der Tonnagebesteuerung.

1360 2007 und 2008 konnten an die Anleger Ausschüttungen ausgezahlt werden, die sogar 2 % über den prospektierten Wert lagen. Weitere Auszahlungen blieben seit dem Jahr 2009 aus.

8. FHH Fonds Nr. 10 MS Carinthia

1361 Der Schiffsfonds FHH Fonds Nr. 10 MS Carinthia wurde im Jahr 2003 auf dem Markt platziert. Das Investitionsvolumen lag in der Platzierung bei rund € 33 Millionen. Die Anleger beteiligten sich mit einem Eigenkapital von € 13 Millionen. Die Gesellschaft investierte in ein Vollcontainerschiff mit einer Tragfähigkeit von 39.421 tdw und Containerstellplätzen von 2.824 TEU.

1362 In den Jahren 2007 und 2008 erhielten die Anleger Auszahlungen von jeweils 12 %.

9. FHH Fonds Nr. 11 MS Cordelia

1363 2003 wurde der Schiffsfonds FHH Fonds Nr. 11 MS Cordelia auf dem Markt aufgelegt. In der Platzierung lag das Investitionsvolumen bei € 34,5 Millionen. Die Anleger beteiligten sich mit einem Eigenkapital von € 12,85 Millionen. Investiert wurde in ein Vollcontainerschiff mit einer Tragfähigkeit von 39.421 tdw und Containerstellplätzen von 2.824 TEU. Gebaut wurde das 222 Meter langes Schiff auf der südkoreanischen Werft Hyundai Mipo Dockyard.

1364 Die Anleger erhielten in den Jahren 2007 und 2008 Auszahlungen von jeweils 12 %.

10. FHH Fonds Nr. 12 MS Cardonia

Der Schiffsfonds FHH Fonds Nr. 12 MS Cardonia wurde vom Fondshaus Hamburg im Jahr 2003 aufgelegt. In der Platzierung lag das Investitionsvolumen bei € 34,2 Millionen. Die Anleger beteiligten sich mit einem Eigenkapital in Höhe von € 12,8 Millionen. Als Investitionsgegenstand dient ein Vollcontainerschiff mit einer Tragfähigkeit von 39.418 tdw und einer Stellplatzkapazität von 2.824 TEU. Der Kaufpreis des Schiffes betrug USD 36,25 Millionen. 1365

Die Anleger erhielten Auszahlungen in den Jahren 2007 und 2008 von jeweils 12 %. 1366

11. FHH Fonds Nr. 14 MS Carpathia

Das Fondshaus Hamburg legte den Schiffsfonds FHH Fonds Nr. 14 MS Carpathia im Jahr 2003 auf. In der Platzierung betrug das Investitionsvolumen € 34,5 Millionen. Die Anleger beteiligten sich mit einem Eigenkapital von rund € 13 Millionen. Investiert wurde in ein Vollcontainerschiff mit einer Tragfähigkeit von 31.418 tdw und Containerstellplätzen von 2.824 TEU. Das Schiff wurde für einen Kaufpreis von € 36,25 Millionen erworben. 1367

Die Anleger erhielten 2007 und 2008 Auszahlungen von Jeweils 12 %. 1368

12. FHH Fonds Nr. 15 MT Oceania

Der Schiffsfonds FHH Fonds Nr. 15 MT Oceania wurde im Jahr 2003 aufgelegt. Das Investitionsvolumen betrug in der Platzierung € 26,3 Millionen. Die Anleger beteiligten sich mit einem Eigenkapital von € 10,5 Millionen an dem Schiffsfonds. Investiert hat die Gesellschaft in einen Öl-/Produktentanker mit Doppelhülle und einer Tragfähigkeit von 43.760 tdw. Das Schiff wurde 1999 auf der chinesischen Werft Dalian Shipyard gebaut. Der Kaufpreis des Schiffes lag bei USD 26,6 Millionen. 1369

Die Anleger erhielten 2006 und 2007 Auszahlungen von jeweils 4,25 %. 1370

13. FHH Fonds Nr. 16 Twinfonds MS Andalusia – MS Anglia

Das Fondshaus Hamburg legte den FFH Fonds Nr. 16 Twinfonds MS Andalusia-MS Anglia im Jahr 2003 auf. Das Investitionsvolumen betrug in der Platzierung € 54,1 Millionen. Die Anleger beteiligten sich mit einem Eigenkapital von € 24,4 Millionen. Als Investitionsgegenstände dienen zweien Vollcontainerschiffe namens MS Andalusia und MS Anglia. MS Andalusia besitzt Containerstellplätze von 2.262 TEU und hat eine 1371

Tragfähigkeit von 30.554 tdw. Das Containerschiff MS Anglia hat Stellplätze von 2.202 TEU und eine Tragfähigkeit von 30.703 tdw.

1372 Die Anleger erhielten 2007 und 2008 Auszahlungen von 10 % und 8 %.

14. FHH Fonds Nr. 17 MS Aquitania

1373 Der Schiffsfonds FHH Fonds Nr. 17 MS Aquitania wurde im Jahr 2003 auf dem Markt platziert. Das Investitionsvolumen in der Platzierung betrug € 28,1 Millionen. Die Anleger beteiligten sich mit einem Eigenkapital in Höhe von € 13,3 Millionen. Die Gesellschaft hat in ein modernes Vollcontainerschiff der Sub-Panamax-Klasse mit einer Tragfähigkeit von 30.703 tdw investiert. Der Kaufpreis des Schiff betrug USD 29,4 Millionen.

1374 In den Jahren 2006, 2007 und 2008 erhielten die Anleger Auszahlungen von jeweils 9 %.

15. FHH Fonds Nr. 18 MS Lobelia

1375 2004 wurde der Schiffsfonds FFH Fonds Nr. 18 MS Lobelia voll platziert. In der Platzierung lag das Investitionsvolumen bei € 26,5 Millionen. Die Anleger beteiligten sich mit einem Eigenkapital von € 11,5 Millionen. Die Schiffsgesellschaft investierte in einen Öl-/Produktentanker mit Doppelhülle der Handysize-Klasse mit einer Tragfähigkeit von 37.338 tdw. Das in Südkorea erbaute Schiff wurde für einen Kaufpreis von USD 27,25 Millionen erworben. 2008 erhielten die Anleger eine Auszahlung von 4,25 %.

16. FHH Fonds Nr. 19 Twinfonds MS Asturia – MS Alicantia

1376 Der Schiffsfonds FFH Fonds Nr. 19 Twinfonds MS Asturia – MS Alicantia wurde im Jahr 2003 vom Fondshaus Hamburg aufgelegt. Das Investitionsvolumen betrug in der Platzierung € 54,5 Millionen. Die Anleger beteiligten sich mit einem Eigenkapital von € 24,4 Millionen. Investiert wurde in zwei Containerschiffe der Sub-Panamax-Klasse. Beide Schiffe wurden in Taiwan für einen Kaufpreis von jeweils USD 29,4 Millionen gebaut.

1377 Die Anleger erhielten 2010 eine Auszahlung von 10 %.

17. FHH Fonds Nr. 20 MT Livadia

Das Fondshaus Hamburg legte im Jahr 2004 den Schiffsfonds FHH Fonds Nr. 20 MT Livadia auf. Investiert hat die Gesellschaft in einen Öl-/Produktentanker mit Doppelhülle und einer Tragfähigkeit von 35.841 tdw. Gebaut wurde das Schiff 1999. Der Kaufpreis betrug rund € 25 Millionen. Das Investitionsvolumen lag in der Platzierung bei € 24,2 Millionen und die Anleger beteiligten sich mit einem Eigenkapital von € 15,3 Millionen. 1378

Die letzte Auszahlung erhielten die Anleger 2007. Sie betrug 7,5 %. 1379

18. FHH Fonds Nr. 22 MS Hamilton Strait

Der Schiffsfonds FHH Fonds Nr. 22 Hamilton Strait wurde 2004 auf dem Markt platziert. Das Investitionsvolumen betrug in der Platzierung € 14,4 Millionen. Die Anleger beteiligten sich mit einem Eigenkapital von € 11,1 Millionen daran. Investiert wurde in ein Vollcontainerschiff mit Containerstellplätzen von 834 TEU und einer Tragfähigkeit von 11.400 tdw. 1380

Von 2005 bis 2008 erhielten die Anleger Auszahlungen von jeweils 8 %.

19. FHH Fonds Nr. 23 MS Coral Bay

Der geschlossene Fonds FHH Fonds Nr. 23 MS Coral Bay wurde im Jahr 2004 aufgelegt. Die Gesellschaft investierte in ein Containerschiff der Sub-Panamax-Klasse mit einer Stellplatzkapazität von 2.490 TEU und einer Tragfähigkeit von 34.200 tdw. Der Kaufpreis des Schiffes betrug USD 43,7 Millionen. Das Investitionsvolumen in der Platzierung lag bei rund € 41 Millionen. Die Anleger beteiligten sich mit einer Summe von € 18,1 Millionen. 1381

Die letzte Auszahlung erhielten die Anleger im Jahr 2007 (8 %). 1382

20. FHH Fonds Nr. 24 MS Hudson Strait

Der Schiffsfonds FHH Fonds Nr. 24 MS Hudson Strait wurde 2004 auf dem Markt platziert. Investiert hat der Schiffsfonds in ein Vollcontainerschiff mit einer Tragfähigkeit von 11.400 tdw und einer Stellplatzkapazität von 834 TEU. Das Schiff wurde auf der chinesischen Werft Mawei Shipyard gebaut. In der Platzierung lag das Investitionsvolumen bei € 14,4 Millionen. Die rund 77 Anleger beteiligten sich mit einem Eigenkapital von € 3,2 Millionen. 1383

Von 2005 bis 2008 erhielten die Anleger Auszahlungen von jeweils 8 %. 1384

21. FHH Fonds Nr. 26 MS Crystal Bay

1385 Der Schiffsfonds FHH Fonds Nr. 26 MS Crystal Bay wurde im Jahr 2005 aufgelegt. Die Gesellschaft investierte in ein Vollcontainerschiff der Sub-Panamax-Klasse mit einer Tragfähigkeit von 34.200 tdw. Gebaut wurde das Schiff auf der Werft HDW Kiel. Der Kaufpreis des Schiffes lag bei USD 43,72 Millionen. Das Investitionsvolumen betrug in der Platzierung € 41,1 millionen. Die Anleger beteiligten sich mit einer Summe von € 23,5 Millionen.

1386 Die Anleger erhielten 2006 eine Auszahlung von 9 % und 2007 8 %.

22. FHH Fonds Nr. 27 Twinfonds MS Silver Bay – MS Sunset Bay

1387 Das Fondshaus Hamburg legte die geschlossene Schiffsfondsbeteiligung FHH Fonds Nr. 27 Twinfonds MS Silver Bay – MS Sunset Bay im Jahr 2004 auf. der Schiffsfonds investierte in zwei 1.504 TEU Vollcontainerschiffe MS Silver Bay und MS Sunset Bay. Das Investitionsvolumen lag in der Platzierung bei € 43,7 Millionen. Die Anleger des Fonds beteiligten sich seinerzeit mit einem Eigenkapital in Höhe von rund € 12 Millionen.

23. FHH Fonds Nr. 29 Twinfonds MS Tampa Bay – MS Turtle Bay

1388 Der Schiffsfonds FHH Fonds Nr. 29 Twinfonds MS Tampa Bay – MS Turtle Bay wurde im Jahr 2005 auf dem Markt platziert. Das Investitionsvolumen betrug in der Platzierung USD 57,7 Millionen. 862 Anleger beteiligten sich mit rund USD 21,7 Millionen. Die Gesellschaft investierte in zwei Vollcontainerschiffe mit einer Tragfähigkeit von jeweils 13.760 tdw.

1389 Durch das Amtsgericht Hamburg (67b IN 239/12) wurde am 28.08.2012 die Zwangsverwaltung angeordnet und ein Insolvenzverwalter bestellt.

24. FHH Fonds Nr. 31 MS Caria

1390 investierte in ein Vollcontainerschiff der Sub-Panamax-Klasse und einer Tragfähigkeit von 39.000 tdw. Der Kaufpreis des Schiffes lag bei USD 44,5 Millionen. In der Platzierung betrug das Investitionsvolumen rund € 39 Millionen. Die Anleger beteiligten sich mit einem Eigenkapital von € 14,3 Millionen.

1391 Am 06.11.2012 eröffnete das Amtsgericht Hamburg das vorläufige Insolvenzverfahren über die Fondsgesellschaft.

25. FHH Fonds Nr. 36 MS Africa – MS Monza

Der Schiffsfonds FHH Fonds Nr. 36 MS Africa – MS Monza wurde im Jahr 2006 aufgelegt. Das Investitionsvolumen lag in der Platzierung bei € 95,6 Millionen. Die Anleger beteiligten sich mit € 37,5 Millionen. Die Gesellschaft investierte in ein Vollcontainerschiff mit einer Tragfähigkeit von 34.700 tdw und in ein Roll on/Roll off Autotransporter mit einer PKW-Kapazität für 4.870 Autos. 1392

26. FHH Fonds Nr. 39 MS Andino – MS Algarrobo

Der geschlossene Fonds FHH Fonds Nr. 39 MS Andino – MS Algarrobo wurde im Jahr 2008 aufgelegt. Investiert hat die Gesellschaft in zwei moderne 2.872 TEU Vollcontainerschiffe der Sub-Panamax-Klasse. Gebaut wurden die Schiffe auf der chinesischen Werft Yangfan. In der Platzierung betrug das Investitionsvolumen € 81,5 Millionen. Die Anleger beteiligten sich mit einem Eigenkapital von € 36,6 Millionen. 1393

Eine Kündigung ist erstmals zum 31.12.2025 möglich. 1394

XIV. GEBAB

Generell zum Emissionshaus GEBAB unter B. IV. 14.

1. GEBAB MS Luna

Der 2003 und 2004 platzierte Schiffsfonds GEBAB MS Luna investierte in das namensgebende Containerschiff MS Luna mit einem Gesamtinvestitionsvolumen von € 30,4 Millionen. Die Anleger beteiligten sich mit einem Eigenkapitalanteil von rund € 10 Millionen. Das Fremdkapital betrug zum Zeitpunkt der Emission € 20,3 Millionen. Seit dem Jahr 2009 mussten die Anleger auf die Ausschüttungen verzichten. Der Schiffsfonds musste am 14.01.2012 Insolvenz anmelden. Ein geplantes Rettungspaket ist gescheitert. 1395

2. GEBAB Ocean Shipping II

2008 legte die GEBAB Unternehmensgruppe den Schiffsfonds GEBAB Ocean Shipping II (GOS II) auf. Der Fonds investierte in zwei Tanker namens MT Baltic Commodore, MT Nordic Solar und in ein Containerschiff mit dem Namen MS Olivia. Zwei Jahre nach der Emission geriet der Schiffsfonds in wirtschaftliche Schwierigkeiten. 1396

Ein Sanierungskonzept wurde umgesetzt, so dass eine Insolvenz abgewendet werden konnte.

3. GEBAB Ocean Shipping I

1397 Der 2008 emittierte Schiffsfonds GEBAB Ocean Shipping I investierte in Containerschiffe und Produktentanker. Zu den Schiffen gehören MS Najade, MS Buxvillage und MS Nordic Saturn. Es handelt sich dabei um einen Dachfonds. 2011 wurde ein Rettungskonzept für den Fonds beschlossen. Zuvor mussten sich die Anleger mit ausgefallenen Ausschüttungen abfinden. Die Laufzeit beträgt noch bis 2026. Es besteht immer noch das Risiko eines Totalverlusts des eingesetzten Kapitals.

XV. Hamburgische Seehandlung

Generell zum Emissionshaus Hamburgische Seehandlung unter B. IV. 15.

1398 Von der Hamburgische Seehandlung stammen folgende Fonds:

1. Flussfahrt 08, Flussfahrt, 2009
2. Flussfahrt 09, Flussfahrt, 2010
3. Flussfahrt ISAR, Flussfahrt, 2012
4. Flussfahrt DONAU, Flussfahrt, 2013
5. Flussfahrt 11, Flussfahrt, 2006/2007
6. MS Mira, Container, 2000
7. Trio 4000, Container, 1992–1994
8. MS Palermo Senator, Container, 1992
9. MS Pontremoli, Container, 2006
10. MS Patmos, Container, 1992
11. MS Pacific, Container, 1992
12. MS Paradip, Container, 1992
13. MS Potsdam, Container, 1996
14. MS Pommern, Container, 1996
15. MS Phönix, Container, 2002
16. MS Philadelphia, Container, 2002
17. MS Premnitz, Bulker, 1994
18. MS Pequot, Bulker, 1997
19. MS Powhatan, Bulker, 1995
20. MS Piro, Bulker, 1997
21. MS Pilsum, Bulker, 1997
22. Hope Bay, Kühlschiff, 1996

XVI. Hannover Leasing

Generell zum Emissionshaus Hannover Leasing unter B. IV. 16.

1. Maritime Werte 1 Fonds Nr. 169

Der Schiffsfonds Maritime Werte 1 wurde 2006 aufgelegt und investiert in das Containerschiff MS Merkur Gulf. Ausschüttungen an die Anleger konnten aufgrund der schwierigen Marktlage ab 2008 nicht mehr vorgenommen werden. Mitte 2012 mussten Tilgungsstundungen mit den Kreditgebern vereinbart werden, da die niedrigen Charterraten die Kosten nicht decken konnten. 1399

2. Maritime Werte 2 Fonds Nr. 171

Aufgelegt wurde der Schiffsfonds Maritime Werte 2 im Jahr 2006. Der Fonds investierte in das Containerschiff MS Augustenburg. 1400

Die Anleger haben zweimal weiteres Kapital zur Verfügung gestellt. 2010 und 2012 benötigte die Fondsgesellschaft aufgrund der Lage an den Container-Schifffahrtsmärkten jeweils eine Kapitalerhöhung.

3. Maritime Werte 3 Fonds Nr. 177

Der Fonds Maritime Werte 3 investierte 2007 in zwei Containerschiffe, MS Lauenburg 1401
und MS Papenburg, die eine Transportkapazität von jeweils 1.740 TEU haben.

2010 und 2012 benötigten die Fondsgesellschaften aufgrund der Lage an den Con- 1402
tainer-Schifffahrtsmärkten jeweils eine Kapitalerhöhung

XVII. Hansa Treuhand

Generell zum Emissionshaus Hansa Treuhand unter B. IV. 17.

1. Hansa Treuhand HT Flottenfonds IV

Der Hansa Treuhand HT Flottenfonds IV investierte in zwei Containerschiffe und ein 1403
Rohöltanker namens HS Onore, HS Oceano und MT HS Alcina.

Die Anleger hatten in der vergangenen Zeit häufig Ausfälle bei den Ausschüttun- 1404
gen zu verzeichnen.

2. Hansa Treuhand HT Flottenfonds III

1405 Der Dachfonds Hansa Treuhand HAT Flottenfonds III wurde 2004 aufgelegt. Dabei wurde in die Schiffe MS HS Beethoven, MS Merkur Bay und MT HS Tosca investiert.

1406 Im Jahr 2012 wurde durch die Schiffsfahrtkrise ein Betriebsfortführungskonzept erforderlich, in dessen Rahmen eine Erhöhung des Kapitals durchgeführt wurde.

3. Hansa Treuhand HT Flottenfonds II

1407 2003 wurde der Dachfonds Hansa Treuhand HT Flottenfonds II auf den Markt platziert. Dieser beteiligte sich an fünf Containerschiffen mit den Namen MS Discoverer, MS Hansa Alesund, MS Hansa Nordburg, MS HS Challenger und MS HS Humboldt.

1408 Bis zum Jahre 2008 bekamen die Anleger die Ausschüttungen wie angekündigt. Nach dieser Zeit musste man auf weitere Ausschüttungen verzichten. 2010 musste ein Sanierungskonzept, das eine Kapitalerhöhung vorsah, beschlossen werden.

4. Hansa Treuhand HT Flottenfonds V

1409 Der 2007 aufgelegten Schiffsfonds Hansa Treuhand HT Flottenfonds V investierte in den Tanker MT HS Elektra und in die zwei Containerschiffe MS HS Berlioz und MS HS Scott.

1410 Die Anleger wurden darüber informiert, dass der Tanker MT HS Elektra verkauft sei.

XVIII. Hanse Capital HC

1411 Der Finanzdienstleister Hanse Capital HC wurde 1987 gegründet. Seit 2003 gehören Schiffsbeteiligungen zum Arbeitsbereich. Seitdem wurden Schiffsfonds im Wert von circa € 500 Millionen auf den Markt platziert.

1412 Auch Hanse Capital kam durch die Schifffahrtskrise in wirtschaftliche Schwierigkeiten. Aufgrund der steigenden Kosten kam der Schiffsfonds HS Container-Flotten-Fonds in die Insolvenz. Am 20.09.2012 meldete der 2007 aufgelegte Schiffsfonds HC US-Euro-Flottenfonds ebenfalls Insolvenz an.

1413 Folgende weitere Fonds stammen von Hanse Capital:

1. HC Krisen-Gewinner II

Geschlossener Schiffsfonds mit mittelbaren Investitionen in den Erwerb, Bau, Betrieb und Verkauf von Schiffen über Beteiligungen. Mit dem geschlossenen Schiffsfonds HC Krisen-Gewinner II investieren die Anleger über Beteiligungen an Gesellschaften in der Rechtsform der GmbH & Co. KG mittelbar in den Erwerb, den Bau, den Betrieb und die Veräußerung von Schiffen. 1414

Der geschlossene Schiffsfonds HC Krisen-Gewinner II tätigt mittelbar über Beteiligungen an Gesellschaften in der Rechtsform der GmbH & Co. KG Investitionen in den Erwerb, den Bau, den Betrieb und den Verkauf von Schiffen. Anleger, die sich an den Investitionen beteiligen und an den erwirtschafteten Erträgen partizipieren wollen, können der Fondsgesellschaft HC „Krisen-Gewinner II" Schiffsbeteiligungs GmbH & Co. KG entweder direkt als Kommanditist oder indirekt als 1415

Treugeber über die Treuhänderin Hanse Capital Finanzservice GmbH & Co. KG beitreten.

Die Fondslaufzeit ist bis mindestens zum 31. Dezember 2020 konzipiert. Die Anleger können die Beteiligung am geschlossenen Schiffsfonds HC Krisen-Gewinner 2 erstmals zum 31. Dezember 2020 kündigen, wobei eine Kündigungsfrist von neun Monaten zum Jahresende zu berücksichtigen ist. 1416

Zum Zeitpunkt der Prospektaufstellung standen noch keine konkreten Investitionsobjekte des geschlossenen Schiffsfonds HC Krisen-Gewinner II feststanden, wurde dieser als Blind-Pool konzipiert. 2010 wurde gemäß dem Prospektnachtrag eine Investition in die „HC Anna-Lena" über die HC Anna-Lena Schifffahrts GmbH & Co. KG getätigt, die zu einem günstigen Kaufpreis von 15,7 Millionen US-Dollar erworben werden. Der moderne Mehrzweckfrachter, der im August 2010 abgeliefert wurde, konnte günstig gekauft werden, da sich die Bauwerft zu diesem Zeitpunkt in Insolvenzverwaltung befand. Im Dezember 2010 wurde die „HC Paulina" über die HC Paulina Schifffahrts GmbH & Co. KG erworben. Der Kaufpreis des RoRo/LoLo Multipurpose Carriers lag bei 12.687.500 US-Dollar. 1417

Gemäß den Investitionskriterien des geschlossenen Schiffsfonds HC Krisen-Gewinner II soll das eingeworbene Kapital für Kommanditbeteiligungen an Schifffahrtsgesellschaften in der Rechtsform einer GmbH & Co. KG eingesetzt werden. Die letzten 5 Prozent des eingeworbenen Kapitals können zudem auch in Anteile von Schiffsgesellschaften auf dem Zweitmarkt investiert werden. Die Investitionsentscheidungen unterliegen generell dem Beschluss eines Investitionsausschusses, der als freiwillige Selbstkontrolle eingesetzt wird, um herausragende Schiffsinvestitionen zu sichern. Insgesamt ist vorgesehen, dass durch Investitionen in unterschiedliche Schiffe eine möglichst breite Risikostreuung erzielt werden soll. 1418

2. HC Krisen-Gewinner

1419 Mit dem geschlossenen Schiffsfonds HC Krisen-Gewinner investieren die Anleger über Beteiligungen an Gesellschaften in der Rechtsform der GmbH & Co. KG mittelbar in den Erwerb, den Bau, den Betrieb und die Veräußerung von Schiffen.

1420 Der geschlossene Schiffsfonds HC Krisen-Gewinner tätigt mittelbar über Beteiligungen an Gesellschaften in der Rechtsform der GmbH & Co. KG Investitionen in den Erwerb, den Bau, den Betrieb und den Verkauf von Schiffen. Anleger, die sich an den Investitionen beteiligen und an den erwirtschafteten Erträgen partizipieren wollen, können der Fondsgesellschaft HC „Krisen-Gewinner „Schiffsbeteiligungs GmbH & Co. KG entweder direkt als Kommanditist oder indirekt als Treugeber über die Treuhänderin Hanse Capital Finanzservice GmbH & Co. KG beitreten.

1421 Die Fondslaufzeit ist langfristig konzipiert.

1422 Zum Zeitpunkt der Prospektaufstellung standen noch keine konkreten Investitionsobjekte des geschlossenen Schiffsfonds HC Krisen-Gewinner feststanden, wurde dieser als Blind-Pool konzipiert.

Gemäß den Investitionskriterien des geschlossenen Schiffsfonds HC Krisen-Gewinner soll das eingeworbene Kapital für Kommanditbeteiligungen an Schifffahrtsgesellschaften in der Rechtsform einer GmbH & Co. KG eingesetzt werden. Die letzten 5 Prozent des eingeworbenen Kapitals können zudem auch in Anteile von Schiffsgesellschaften auf dem Zweitmarkt investiert werden. Die Investitionsentscheidungen unterliegen generell dem Beschluss eines Investitionsausschusses, der als freiwillige Selbstkontrolle eingesetzt wird, um herausragende Schiffsinvestitionen zu sichern. Insgesamt ist vorgesehen, dass durch Investitionen in unterschiedliche Schiffe eine möglichst breite Risikostreuung erzielt werden soll.

3. HC US-Euro-Flottenfonds

1423 Der Hanse Capital Schiffsfonds HC „US/EURO-Flottenfonds“ hat wirtschaftliche Probleme. Die Anleger, die rund 17 Mio. € in die beiden Fondsschiffe „SCL Marie-Jeanne“ und „SCL THUN“ investiert haben, müssen angesichts der Situation auf den Schiffsmärkten um ihre Einlage bangen.

1424 Bereits die Leistungsbilanz der Hanse Capital für 2009 weist erhebliche Verluste aus.

Der Mini-Bulker „SCL Marie-Jeanne“ erzielte 2009 im Döhle-Minibulker-Pool Einnahmen, die weit unter dem für die Deckung der Schiffsbetriebskosten sowie von Zins und Tilgung erforderlichen Betrag von ca. 3.950,- €/Tag lag.

Beim Multipurposecarrier „SCL Thun“ zeigten sich die Auswirkungen der ungünstigen Marktsituation dahingehend, dass der Charterer aufgrund gesunkener Einnahmen die vertraglich vereinbarten Charterraten kürzte.

Die Risiken der Aufnahme eines Teils der Darlehen in Schweizer Franken (CHF) haben sich voll realisiert. Der starke Wertverlust des US-$ im Verhältnis zum CHF hat, in US-$ gerechnet, sowohl eine Erhöhung der Zinsen, als auch des Restdarlehens nach sich gezogen. Hintergrund ist, dass die Einnahmen der Schiffe in US-$ erzielt werden. 1425

4. HC „Euro-Bulker-Flottenfonds"

Emission 2004, € 7,7 Mio. Eigenkapital, Gesamtvolumen € 19,9 Mio. Schiffe im Flottenfonds: 1426
- MS „HC Freya", Mini-Bulker, 3.828 tdw
- MS „HC Gesa", Mini-Bulker, 3.828 tdw
- MS „HC Hanna", Mini-Bulker, 3.828 tdw
- MS „HC Ida", Mini-Bulker, 3.828 tdw.[266]

XIX. HCI CAPITAL

Die 1985 gegründete HCI-Gruppe ist ein Anbieter für geschlossene Beteiligungen. 1427
Die HCI-Gruppe hat 523 Emissionen mit einem Gesamtinvestitionsvolumen von über € 15 Milliarden platziert. Investiert haben mehr als 122.000 Anleger in die Bereiche Schiffe, Energie und Immobilien. Schiffsfonds sind eines der stärksten Segmente des Unternehmens.

Die HCI Gruppe hat rund 300 Mitarbeiter. 1428

HCI ist ein Finanzdienstleistungsunternehmen, welches Schiffsbeteiligungen seit 1429
1985 realisiert. In 22 Jahren seit 1985 wurden 396 Schiffsbeteiligungen aufgelegt und platziert (verkauft). € 10,5 Milliarden wurden in diese Schiffsbeteiligungen investiert. HCI stellt sich als ein Schiffsfonds-Emissionshaus dar, welches Wert auf Partner mit umfangreichen Marktkenntnissen legt. Partner, die schlüssige Geschäftskonzepte für die Schiffsbeteiligungen haben, die HCI auf den Markt bringen möchte. HCI legte bisher Wert darauf, dass die Reeder sich selbst mit einem maßgeblichen Betrag engagieren. Sofern diese Geschäftspolitik von HCI im Bereich Schiffsbeteiligungen weiter verfolgt wird, gibt dies den Reedern natürlich einen ganz besonderen Ansporn sich für den Erfolg der Schiffsbeteiligung einzusetzen. Gemäß den Angaben von HCI hat sich diese Schiffsbeteiligungsphilosophie bewährt. HCI untermauert diese Aussage mit der Bemerkung, dass der wirtschaftliche Erfolg bei HCI Schiffsbeteiligungen durch den Verkauf der Schiffe vollständig realisiert werden konnte.

266 Informationen aus Leistungsbilanz 2009 der Hanse Capital.

1430 2013 brachte die HCI Capital keinen neuen Schiffsfonds auf den Markt. Einige Fonds sollen hier kurz vorgestellt werden.

1. HCI Shipping Select XI

1431 Im Jahr 2005 haben Anleger rund € 43 Millionen in den Fonds HCI Shipping XI investiert. Es wurden für ein Gesamtinvestitionsvolumen von € 100 Millionen zwei Mehrzweckfrachtschiffe und vier Vollcontainerschiffe erworben.

1432 Am 14.01.2012 meldete unter anderem das Schiff MS Pauline Insolvenz an. Die MS HR Magician ist ebenfalls von der Insolvenz betroffen.

2. HCI MS Heinrich Sibum

1433 Der 2007 aufgelegte Schiffsfonds HCI MS Heinrich Sibum meldete am 14.11.2012 Insolvenz an. Restrukturierungskonzepte mit Kapitalerhöhungen in den Jahren 2011 und 2012 konnten dies nicht verhindern.

3. HCI Schiffsfonds VIII

1434 2004 wurde der Fonds HCI Schiffsfonds auf den Markt platziert. Anleger haben rund € 43 Millionen Eigenkapital investiert für den Erwerb von acht Schiffen. Betrieben wurden folgende Schiffe: Zwei Mehrzweckfrachter MS Ile de Batz, MS Ile de Molene, zwei Massengutschiffe MS Lake Erie, MS Lake Ontarion, drei Containerschiffe MS Pandora, MS Pioneer, MS Maria Sibum und ein Produktetanker namens MT Nordamerika.

1435 Bereits im Jahre 2006 blieben sechs der acht Schiffe hinter den prospektierten Erlösen zurück und Sanierungsmaßnahmen mussten durchgeführt werden. Über das Vermögen des Schiffes MS Pandora wurde am 22.10.2012 das Insolvenzverfahren eröffnet. Die Beteiligung des Schiffes stellt etwa 11 % des Investitionsvolumens des Dachfonds dar. Im April 2013 wurde über das Vermögen der MS „Maria Sibum" GmbH & Co. KG ein vorläufiges Insolvenzverfahren eröffnet. Bereits seit dem Jahr 2006 blieben sechs der acht Schiffe hinter den prospektierten Einnahmen zurück.

4. HCI Deutsche Schiffsvorzüge

1436 HCI Deutsche Schiffsvorzüge beteiligt sich über die Beteiligungsgesellschaft an Restrukturierungsmaßnahmen bestehender Schiffsgesellschaften mit Vorzugskapital

(Restrukturierungskapital), um bestehende Liquiditätsengpasse bis zur Erholung zu überbrücken.

Der Schiffsfonds wurde 2010 aufgelegt. 2015 sind die ersten Ausschüttungen geplant.

5. HCI Shipping Select 28

Die Anleger beteiligten sich treugeberisch an sechs Kommanditgesellschaften. Jede dieser sechs Gesellschaften ist eine Einschiffsgesellschaft. Geplant war ein Eigenkapital von € 69,4 Millionen. Die Anleger brachten aber nur € 39 Millionen ein.

Im Jahr 2012 erfolgten zwei Schiffsinsolvenzen und Auszahlungsausfälle bei zwei 1437
weiteren Schiffen. Ausschüttungen an die Anleger fielen aus und Verluste drohen.

6. HCI Exklusiv Multipurpose Quartett

Der Schiffsfonds HCI Exklusiv Multipurpose Quartett wurde 2009 auf den Markt plat- 1438
ziert. Bereits 2009 mussten die Finanzen saniert werden. Folge dessen blieben die Ausschüttungen aus. Investiert wurde in vier Frachter MS Christoph m, MS Joerg N, MS Rene A und MS Tim B.

7. HCI Elbe Schifffahrt

2003 wurde der Dachfonds HCI Elbe Schifffahrt aufgelegt. Investiert wurde in zwei 1439
Containerschiffe namens MS Cremon und MS Steintor. Die Ausschüttungen an die Anleger fielen unterschiedlich aus.

8. HCI Ocean Shipping I

HCI Capital legte 2004 den Dachfonds HCI Ocean Shipping I auf. Durch die Deutsche 1440
Bank erfolgte exklusiv der Vertrieb der Fondsbeteiligungen. Der Fonds investierte in sechs Containerschiffe namens MS Hammonia Bremen, MS Hammonia Jork, MS JPO Cancer, MS JPO Capricornus, MS Letavia und MS Serena P. Die Ausschüttungen erfolgten ebenfalls nicht wie vorgesehen.

9. HCI Shipping Select XXIV

1441 Platziert wurde der Schiffsfond HCI Shipping Select XXIV 2007. Der Fonds investierte in vier Containerschiffe MS Lantau Bay, MS Lantau Beach, MS Lantau Breeze und MS Lantau Bridge.

1442 Ausschüttungen an die Anleger fielen aus.

10. HCI 1100 TEU Schiffsfonds II

1443 HCI 110 TEU Schiffsfonds II wurde 2003 von der HCI CAPITAL aufgelegt. Investiert wurde in drei Containerschiffe MS Stadt Emden, MS Stadt Bremen und MS Stadt Flensburg.

1444 2010 musste ein Sanierungskonzept entwickelt werden, da die Containerschiffe zu geringe Einnahmen aufwiesen. Die Anleger mussten wiederholt auf Ausschüttungen verzichten.

11. HCI Shipping Opportunity

1445 Der Schiffsfonds HCI Shipping Opportunity wurde im Jahr 2009 aufgelegt. Konzipiert ist der Fonds als Blind-Pool-Schiffsfonds. Das Investitionsvolumen in der Platzierung betrug € 22 Millionen. Für die Anleger sind während der ersten Jahre keine Ausschüttungen vorgesehen.

12. HCI Shipping Select 27

1446 Der geschlossene Schiffsfonds HCI Shipping Select 27 wurde im Jahr 2008 auf dem Markt platziert. Die Gesellschaft investierte in zwei Containerschiffe Lantau Bride und Lantau Bee. Das Investitionsvolumen betrug in der Platzierung € 39,4 Millionen. Die Anleger beteiligten sich mit € 14,8 Millionen.

1447 Auszahlungen an die Anleger erfolgten noch nicht.

13. HCI Shipping Select XXIII

1448 Der Schiffsfonds HCI Shipping Select XXIII wurde im Jahr 2007 aufgelegt. Die Gesellschaft investierte in zwei Containerschiffe: MS Anna S. und MS Ellen S. Das Investitionsvolumen betrug in der Platzierung € 58 Millionen. Die Anleger beteiligten sich mit einem Eigenkapital von € 21,8 Millionen.

Die Ausschüttungen an die Anleger wurden zwischen 6 %und 12 % jährlich prognostiziert. Allerdings mussten die Anleger bereits mehrfach auf Auszahlungen verzichten. 1449

14. HCI Shipping Select XXII

2007 wurde der Schiffsfonds HCI Shipping Select XXII auf dem Markt platziert. Investiert hat die Gesellschaft in die Containerschiffe MS Passat Breeze und MS Hammonia Pacificum. In der Platzierung betrug das Investitionsvolumen € 77,2 Millionen. Die Anleger beteiligten sich mit einem Eigenkapital von rund € 27 Millionen. 1450

Die Anleger erhielten anfänglich eine Auszahlung in der erwarteten Höhe. Allerdings mussten die Anleger seit Beginn der Finanzkrise auf weitere Auszahlungen verzichten. 1451

15. HCI Shipping Select XXI

Der Schiffsfonds HCI Shipping Select XXI wurde im Jahr 2006 von der HCI Capital AG aufgelegt. In der Platzierung lag das Investitionsvolumen bei € 135,9 Millionen. Die Anleger beteiligten sich mit einem Eigenkapital von € 46,9 Millionen. Die Gesellschaft investierte in vier Containerschiffen namens 1452

- MS JPO Sagittarius,
- MS JPO Scorpius, M
- MS Constantin S und
- MS Conrad S.

16. HCI Euroliner II

Der Schiffsfonds HCI Euroliner II wurde im Jahr 2006 auf dem Markt platziert. Investitionsobjekte des Fonds sind die beiden Container-Feederschiffe MS Jork Ruler und MS Jork Reliance. Das Investitionsvolumen in der Platzierung lag bei € 36,4 Millionen. Die Anleger beteiligten sich mit einem Eigenkapital von € 11,4 Millionen. 1453

Die Anleger erhielten 2008 eine Auszahlung von 6 %. 1454

XX. HTB Hanseatische Schiffsfonds GmbH & Co. KG

Die HTB Schiffsfonds GmbH & Co. KG mit Sitz in Bremen ist seit ihrer Gründung 2002 auf den Bereich Geschlossene Zweitmarktfonds spezialisiert. 1455

1456 Seit 2002 legt HTB seinen Fokus auf Zweitmarkt-Schiffsfonds. Bisher wurden 15 geschlossene Zweitmarkt-Schiffsfonds aufgelegt. Bei Schiffsbeteiligungen auf dem Zweitmarkt wird in ein umfassendes Portfolio investiert, der Anleger investiert also in mehrere Schiffsbeteiligungen und Schiffstypen, um Schwankungen bei den Erträgen aufzufangen. Das Portfolio der HTB-Beteiligungen umfasst alle gängigen und erfolgreichen Schiffstypen: Bulker, Kühlschiffe, Massengut- und Mehrzweckfrachter, Schwergutschiffe, Tankschiffe oder auch Postpanamax-Containerschiffe.

1457 Der erste geschlossenen Immobilien-Zweitmarktfonds (HTB Hanseatische Immobilienfonds GmbH & Co. KG) wurde Ende 2007 platziert. Mit diesem Immobilienzweitmarktfonds ist HTB Vorreiter in der Branche. Das Emissionshaus erwirbt Fonds an Immobiliengesellschaften (geschlossene Publikumsfonds mit Rechtsform der Kommanditgesellschaft) von Investoren, die diese Beteiligungen im Rahmen einer ursprünglichen Emission bzw. zwischenzeitlich erworben haben. Ziel ist ein möglichst breit diversifiziertes Portfolio an unterschiedlichen Immobilienfondsgesellschaften.

1458 HTB beschäftigt mittlerweile über 30 Mitarbeiter, darunter erfahrene Fondsexperten aus den unterschiedlichsten Bereichen. Geschäftsführer der Gesellschaft sind Thorsten Rösner und Jörg Busboom. Zur Koordination des Vertriebs für die Fonds aus dem Immobilien- und Schiffszweitmarkt wurde Ende des Jahres 2006 die HTB Fondspartner GmbH gegründet.

1459 Aus dem Hause HTB Hanseatische Schiffsfonds GmbH & Co. KG stammen unter anderen folgende Beteiligungen:

1. HTB Schiff Dritte KG
2. HTB Schiff Vierte KG
3. HTB Schiff Fünfte KG
4. HTB Schiff Sechste KG
5. HTB Schiff Siebte KG
6. HTB Schiff Achte KG
7. HTB Schiff Neunte KG
8. HTB Schiff Zehnte KG
9. HTB Schiff Elfte KG
10. HTB Schiff Zwölfte KG

XXI. KGAL GmbH & Co. KG

Generell zum Emissionshaus KGAL GmbH & Co. KG unter B. IV. 20.

1. KGAL SeaClass 6

Im Jahr 2006 wurden zwei Produktentanker Mærsk Riesa und Mærsk Remlin für jeweils umgerechnet € 30,1 Millionen von dem Schiffsfonds KGAL SeaClass 6 erworben. Das Gesamtinvestitionsvolumen beziffert sich circa € 69,7 Millionen. 56 % der Summe stellt das Fremdkapital dar. Eine ordentliche Kündigung der Schiffsbeteiligung ist zum 31.12.2027 vorgesehen. 1460

Ab 2008 haben sich die prognostizierten Ausschüttungen reduziert. Des Weiteren sei die Schiffsbeteiligung im Juli nicht mehr im Stande ihre Verbindlichkeiten zu erfüllen. Die Anleger haben mit erheblichen Verlusten ihrer Kapitaleinsatzes zu rechnen. 1461

2. KGAL BA 210 SeaClass 9

Der Schiffsfonds KGAL BA 210 SeaClass 9 wurde 2011 auf den Markt platziert. Investiert wurde in einem Frachter namens MV Coal Age. 1462

Die Insolvenzanmeldung erfolgte am 11.01.2013. 1463

3. KGAL BA 239 SeaClass 10

Im Jahr 2012 wurde der Schiffsfonds KGAL SeaClass 10 platziert. Der Fonds investierte in einen Frachter namens MV Fearless I. 1464

Schon Anfang des Jahres 2013 meldete der Schiffsfonds Insolvenz an. 1465

4. KGAL BA 187 SeaClass 4

2006 wurde der Schiffsfonds KGAL Beteiligungsangebot (BA) 187 SeaClass 4 aufgelegt. Investiert wurde in zwei Containerschiffe der Panamax-Klasse namens CSAV Lanco und CSCL Qingdao. 1466

Die Ausschüttungen entsprechen nicht den Prognosen, obwohl sich die beiden Schiffe in festen Charterverträgen befinden. Für das Jahr 2010 erhielten die Anleger 4 % statt der geplanten Ausschüttungen von 7 %. 2022 endet die Laufzeit. 1467

5. KGAL BA 188 SeaClass 5

Ebenfalls im Jahr 2006 wurde der Schiffsfonds KGAL BA 188 SeaClass 5 auf den Markt platziert. Erworben wurde das Containerschiff der Panamax-Klasse CSCL Rotterdam. 1468

Die Anleger mussten einen Rückgang der Ausschüttungen in den folgenden Jahren nach der Platzierung verzeichnen. 1469

XXII. König & Cie.

Generell zum Emissionshaus König & Cie. unter B. IV. 21.

1. König & Cie. Renditefonds 56 Produktentanker I

1470 2006 brachte das Emissionshaus König & Cie. den Renditefonds 56 Produktentanker I auf den Markt. Investiert wurde in zwei Tanker namens MT King Ernst und MT King Everest.

1471 2011 erfolgte schon die Sanierung. Die Anleger sollten Ausschüttungen zurückzahlen. Des Weiteren erfolgte eine Kapitalerhöhung.

2. König & Cie. Renditefonds 44 Suezmax-Tanker Flottenfonds I

1472 Der Schiffsfonds wurde 2005 von dem Emissionshaus König & Cie. auf den Markt platziert. In vier Tanker investierte der Fonds.

1473 Im Jahr 2011 konnten zwei Schiffe nur geringe Charterraten erzielen. Die Anleger mussten schon seit 2009 auf Ausschüttungen verzichten, da die erzielten Einnahmen dafür nicht ausreichten.

3. König & Cie. Produktentanker-Fonds V

1474 Der Schiffsfonds wurde zu Beginn der Schifffahrtskrise im Jahr 2008 aufgelegt. Zum Fonds gehören die Schiffsgesellschaften MT King Emerald Tankschiffahrts GmbH & Co. KG und MT King Edgar Tankschifffahrts GmbH & Co. KG. Insgesamt 319 Anleger investierten in diesen Schiffsfonds.

1475 Die zwei Tanker des Schiffsfonds mussten am 06.11.2012 Insolvenz anmelden. Sie konnten nicht mehr allen Tilgungsverpflichtungen nachkommen.

4. König & Cie. Renditefonds 37 Aframax Tanker-Flottenfonds

1476 Die Anleger investierten rund € 49,7 Millionen in den Renditefonds 37 Aframax Tanker-Flottenfonds. Platziert wurde der Fonds 2004 mit einem Gesamtinvestitionsvolumen von € 131,5 Millionen.

1477 Mittlerweile mussten 2013 alle vier Schiffe verkauft werden. Die vier Fondsschiffe MT Cape Ancona, MT Akrotiri, MT Aspro und MT Avila wurden für einen Preis von USD 41,8 Millionen an die Reederei Sinokor in Hongkong verkauft. Schon vor dem Verkauf der Schiffe mussten die Anleger seit 2009 auf Ausschüttungen verzichten.

5. König & Cie. MS Cape Ray

Der im Jahr 2008 aufgelegte Schiffsfonds MS Cape Ray hat ein Investitionsvolumen von € 84,2 Millionen. Die Anleger beteiligten sich mit einem Eigenkapital in Höhe von € 35 Millionen. Die Auflösung der MS Cape Ray Schifffahrts GmbH & Co. KG ist für das Jahr 2024 vorgesehen. 1478

Bis 2013 hätten die Anleger Ausschüttungen in Höhe von € 11,7 Millionen laut Prospekt erhalten sollen. Allerdings erhielten die Anleger bis dato nur knapp € 3 Millionen, also mehr als 74 % unter Plan. 1479

6. König & Cie. Renditefonds 60 Produktentanker II

Der Schiffsfonds König & Cie. Renditefonds 60 Produktentanker II wurde im Jahr 2010. Der Fonds investierte in die beiden Tanker MT King Edward und MT King Eric. Das Investitionsvolumen betrug in der Platzierung € 80,6 Millionen. Die Anleger beteiligten sich mit einem Eigenkapital von € 37,6 Millionen. 1480

Bereits wenige Jahre nach der Emission war eine Sanierung notwendig. Auszahlungen an die Anleger konnten dementsprechend nicht erfolgen. 1481

7. König & Cie. Renditefonds 69 Produktentanker III

Im Jahr 2007 wurde der Schiffsfonds König & Cie. Renditefonds 69 Produktentanker III auf dem Markt platziert. Die Gesellschaft investierte in zwei Rohöl- und Produktentanker mit Doppelhülle und Doppelboden namens MT King Darius und MT King Duncan. Die Schiffe wurden auf der chinesischen Werft New Times Shipbuilding gebaut. Das Investitionsvolumen betrug in der Platzierung € 89,2 Millionen. Die Anleger beteiligten sich mit einem Eigenkapital von € 45,7 Millionen. 1482

Die Anleger erhielten in den Jahren 2008 und 2009 Auszahlungen von jeweils 5,5 %. 1483

8. König & Cie. Renditefonds 73 Produktentanker IV

Der Schiffsfonds König & Cie. Renditefonds 73 Produktentanker IV wurde im Jahr 2008 aufgelegt. In der Platzierung lag das Investitionsvolumen bei € 86,1 Millionen. Die Anleger beteiligten sich mit € 43,2 Millionen. Investiert hat die Gesellschaft in zwei Rohöl-7Produktentanker mit Doppelhülle und Doppelboden. 1484

Die letzte Auszahlung an die Anleger erfolgte im Jahr 2009 mit 5 %. 1485

9. König & Cie. Renditefonds 38 MT Stadt Lübeck

1486 Der Schiffsfonds König & Cie. Renditefonds 38 MT Stadt Lübeck wurde im Jahr 2004 auf dem Markt platziert. Investiert wurde in ein Container-Feederschiff mit einer Containerkapazität von 1.078 TEU und einer Tragfähigkeit von 16.794 tdw. Das Investitionsvolumen betrug in der Platzierung € 19,6 Millionen. Die Anleger beteiligten sich mit einem Eigenkapital von € 7,6 Millionen an dem Schiffsfonds.

1487 Die letzte Ausschüttung erfolgte 2008. Die Anleger erhielten 5 %.

10. König & Cie. Renditefonds 50 MT King Dorian

1488 Der geschlossene Schiffsfonds König & Cie. Renditefonds 50 MT King Dorian wurde im Jahr 2006 aufgelegt. Die Gesellschaft investierte in einen Rohöl- und Produktentanker mit Doppelhülle und einer Tragfähigkeit von 73.000 tdw. Das Investitionsvolumen betrug in der Platzierung rund € 49 Millionen. Die Anleger beteiligten sich mit einem Eigenkapital von € 19,9 Millionen.

1489 2009 erhielten die Anleger eine Auszahlung von 5 %.

11. König & Cie. Renditefonds 63 MS Stadt Köln

1490 Der Schiffsfonds König & Cie. Renditefonds 63 MS Stadt Köln wurde im Jahr 2007 auf dem Markt platziert. Investiert wurde in ein Containerschiff mit einer Tragfähigkeit von 44.133 tdw und Containerstellplätzen von 3.398 TEU. Das Investitionsvolumen lag in der Platzierung bei € 45,6 Millionen. Die Anleger beteiligten sich mit einem Eigenkapital von rund € 17 Millionen.

1491 Die Anleger erhielten in den Jahren 2008 und 2009 Auszahlungen von 8 % und 5 %.

12. König & Cie. Renditefonds 54 Twinfonds I

1492 Der Schiffsfonds König & Cie. Renditefonds 54 Twinfonds I wurde im Jahr 2006 aufgelegt. Die Gesellschaft investierte in zwei Vollcontainerschiffe der Sub-Panamax-Klasse MS King Adrian und MS Stadt Rostock. Das Investitionsvolumen betrug in der Platzierung € 92,2 Millionen. Die Anleger beteiligten sich mit € 39,1 Millionen.

1493 2007 und 2008 erfolgten an die Anleger Auszahlungen von 7 % und 7,5 %.

XXIII. Lloyd Fonds AG

Generell zum Emissionshaus Lloyd Fonds AG unter B. IV. 22.

1. MS Frida Schulte

Der Schiffsfonds Lloyd Fonds LF 41 MS Frida Schulte wurde 2003 emittiert. Investiert 1494
hat man in ein Vollcontainerschiff mit 1.645 TEU.

Die Schiffsbeteiligung musste 2010 mit der finanziellen Hilfe ihrer Anleger saniert 1495
werden. Die Einnahmen sind aber nach wie vor nicht gestiegen. Die Anleger haben zwischenzeitlich den Verkauf des Schiffes beschlossen, der bisher jedoch noch nicht umgesetzt werden konnte.

2. MS San Rafael/MS San Antonio/MS San Vicente

Gemeinsam mit drei weiteren Schwesterschiffen (MS San Pedro, MS San Pablo, MS 1496
Fernando) konnte für diese sechs baugleichen Multi-Purpose-Schiffe eine Umfinanzierung realisiert werden. Hierbei ist es gelungen, maßgeblich mit Hilfe der Deutschen Bank, aber auch mit frischem Kapital der Anleger, die bisherigen Schiffskredite über die HSH Nordbank komplett abzulösen und neu zu strukturieren. Die HSH Nordbank hatte jegliches Entgegenkommen, z.B. Tilgungsstundungen abgelehnt und angedroht, die Kredite fällig zu stellen und damit einen Notverkauf der Schiffe zu erzwingen. Die Anleger der Sechs schiffe haben dem Konzept mit fast 80 %iger Mehrheit zugestimmt.

Mit Hilfe der neuen, deutlich flexibleren Flotten-Finanzierung können die Schiffe 1497
weiterbetrieben werden und es besteht die Chance, von einem verbesserten Marktumfeld in der Zukunft zu profitieren.

3. MT Team Jupiter

Lloyd Fonds platzierte 2003 den Schiffsfonds auf den Markt und erwarb einen Pro- 1498
dukten-Chemikalien-Tanker mit Doppelhülle und Doppelboden MT Team Jupiter. Belastet ist der Lloyd Fonds LF 24 MT Team Jupiter vor allem durch die wechselkursbedingt verteuerte Tilgung des Yen-Kredits. Des Weiteren drohte hier ebenfalls eine Verletzung der 105 %-Klausel.

Bis 2013 konnten keine Ausschüttungen an die Anleger vorgenommen werden. 1499
Gründe dafür waren unter anderen Wechselkursschwankungen, erhöhter Darlehensstand und gestiegene Betriebskosten.

4. MT Team Neptun

1500 Der im Jahr 2003 aufgelegte Lloyd Fonds LF 23 MT Team Neptun erwarb einen Produkten-Chemikalien-Tanker. Es besteht eine Verkaufsoption für das Jahr 2013 von dem Charter des Tankers. Die Auswirkungen allein wegen dieser Möglichkeit der Veräußerung zeigen sich bei den Anlegern durch fehlende Ausschüttungen.

1501 Bei den Tankern MT Team Jupiter und MT Team Neptun wurden im Juni 2013 die noch bestehenden JPY-Verbindlichkeiten wieder in den USD umgetauscht. Hierbei konnte ein geringer Währungsgewinn realisiert werden. Es bestehen damit keine Probleme mehr mit der sog. 105 % -Klausel. Die bei beiden Tankern bestehenden Kaufoptionen des Charterers wurden von diesem nicht ausgeübt.

1502 Derzeit wird bei diesen Schiffen an einer Restrukturierung gearbeitet, da die finanzierende Bank (Commerzbank) eine weitere, längerfristige Begleitung der Schiffe abgelehnt hat.

5. MT Bavarian Sun

1503 Aufgelegt wurde der Fonds 2003. Lloyd Fonds LF 33 MT Bavarian Sun investierte in ein Rohöltankerschiff. Der Tanker wurde mittlerweile verkauft, da die Anleger vor dem Hintergrund der anstehenden, sehr kostenaufwändigen Werftkosten (Zwischenklasse-Dockung 2013 und 15-Jahres-Dockung im Jahr 2015) gegen eine Restrukturierung gestimmt haben.

6. MS Bahamas

1504 Der Schiffsfonds Lloyd Fonds LF 90 MS Bahamas wurde im Jahr 2008 auf dem Markt platziert. Investiert hat die Gesellschaft in eine modernes 4.330 TEU Containerschiff. das Investitionsvolumen betrug in der Platzierung € 46,7 Millionen. Die Anleger beteiligten sich mit einem Eigenkapital von e 19,4 Millionen. Die Anleger erhielten 2010 eine Auszahlung von 4 %.

7. MS Bermuda

1505 Im Jahr 2009 wurde der schiffsfonds Lloyd Fonds LF 92 MS Bermuda aufgelegt. Das Investitionsvolumen betrug in der Platzierung € 51,7 Millionen. Die Anleger beteiligten sich mit einem Eigenkapital von € 23,6 Millionen. Investiert wurde in ein Containerschiff mit Containerstellplätzen von 4.330 TEU und einer Tragfähigkeit von 51.400 tdw. Gebaut wurde das Schiff auf der philippinischen Werft Hanjin Heavy Industries. Die Anleger mussten wiederholt auf Ausschüttungen verzichten.

8. MS Almathea

Der Schiffsfonds Lloyd Fonds LF 75 MS Almathea wurde im Jahr 2006 auf dem Markt platziert. Die Gesellschaft investierte in ein Vollcontainerschiff mit Stellplätzen von 3.091 TEU und einer Tragfähigkeit von 41.850 tdw. Gebaut wurde das Schiff auf der polnischen Werft Stocznia Szczecinska Nowa SP. z. o. in Stettin. Das Investitionsvolumen betrug in der Platzierung € 49,8 Millionen. Die Anleger beteiligten sich mit einem eigenkapital von € 19,5 Millionen. 1506

Die letzte Auszahlung an die Anleger erfolgte im Jahr 2008. Die Anleger erhielten dabei 3,5 %. 1507

9. MS Athens Star

Der Schiffsfonds Lloyd Fonds LF 64 MS Athens Star wurde im Jahr 2005 aufgelegt. Die Gesellschaft investierte in einen Rohöl- und Produktentanker mit einer Tragfähigkeit von 73.400 tdw. Gebaut wurde das Schiff auf der chinesischen Werft New Century Shipbuilding Co. Ltd. in Jingjiang. Das Investitionsvolumen betrug in der Platzierung € 46,1 Millionen. Die Anleger beteiligten sich mit einem Eigenkapital von € 18,3 Millionen. 1508

Die Anleger erhielten 2006 eine Auszahlung von 7 %. 1509

10. MS Virginia

Der Schiffsfonds Lloyd Fonds LF 63 MS Virginia wurde im Jahr 2005 auf dem Markt platziert. Investiert wurde in Vollcontainerschiff mit einer Stellplatzkapazität von 5.039 TEU und einer Tragfähigkeit von 34.622 tdw. Gebaut wurde das Schiff 2004 auf der koreanischen Werft Hyundai Samho Heavy Industries. In der Platzierung betrug das Investitionsvolumen € 59,2 Millionen. Die Anleger beteiligten sich mit einem Eigenkapital von € 23,2 Millionen. 1510

2008 erhielten die Anleger eine Auszahlung von 2,5 %. 1511

11. Flottenfonds III

Der Schiffsfonds Lloyd Fonds LF 47 Flottenfonds III wurde im Jahr 2004 aufgelegt. Der Flottenfonds beteiligt sich an den Zielgesellschaften MS Montemar Europa, MS San Antonia, MS San Vincente, MS San Pedro, MS San Rafael und MT Green Point. Das Investitionsvolumen betrug in der Platzierung € 10,5 Millionen. 1512

Für das Jahr 2010 hatten die Anleger eine Ausschüttung von 2 % erhalten. 1513

12. Flottenfonds XI

1514 Im Jahr 2007 wurde der Schiffsfonds Lloyd Fonds LF 88 Flottenfonds XI auf dem Markt platziert. Die Gesellschaft beteiligt sich an zwei Vollcontainerschiffen namens MS Barbados und MS Bonaire. Das Investitionsvolumen betrug in der Platzierung € 113,2 Millionen. Die Anleger beteiligten sich mit einem Eigenkapital von € 53,5 Millionen.

1515 Ausgefallene Ausschüttungen gehörten zur Regel.

13. Schiffsportfolio

1516 Der Schiffsfonds Lloyd Fonds LF 68 Schiffsportfolio wurde im Jahr 2006 aufgelegt. Der Dachfonds ist beteiligt an den Schiffen MS Vega Fynen, MS Maximilian Schulte, MS Lisa Schulte, MS Maria Schulte, MS Philippa Schulte, MS Nelson und MS Natal. Das Investitionsvolumen betrug in der Platzierung USD 377,3 Millionen. Die Anleger beteiligten sich mit einem Eigenkapital von USD 139,9 Millionen.

1517 2008 erhielten die Anleger noch eine Auszahlung von 7,5 %.

14. MS Tosa Sea

1518 Der Schiffsfonds Lloyd Fonds LF 94 MS Tosa Sea wurde im Jahr 2008 aufgelegt. Investiert wurde in ein Massengutschiff mit einer Tragfähigkeit von 92.500 tdw. Das Investitionsvolumen betrug in der Platzierung € 73,3 Millionen. Die Anleger beteiligten sich mit einem Eigenkapital von € 28,8 Millionen.

1519 Die Anleger mussten wiederholt auf Ausschüttungen verzichten infolge der ungünstigen wirtschaftlichen Entwicklung.

15. Flottenfonds V

1520 Der Schiffsfonds Lloyd Fonds LF 50 Flottenfonds V wurde im Jahr 2004 auf dem Markt platziert. Investiert hat die Gesellschaft in drei Vollcontainerschiffe namens MS Sarah Schulte, MS Julia Schulte und MS Victoria Schulte. Das Investitionsvolumen betrug in der Platzierung € 109,8 Millionen. Die Anleger beteiligten sich mit einem Eigenkapital von € 45,9 Millionen.

1521 Die Anleger erhielten 2006 und 2007 Auszahlungen von jeweils 8 %.

XXIV. MPC Münchmeyer Peter Capital AG

Generell zum Emissionshaus MPC unter B. IV. 23.

1. MPC MS Santa B Schiffe

Der Flottenfonds MPC MS Santa B Schiffe wurde in den Jahren 2006 und 2007 auf den Markt platziert. Am 25.01.2007 wurde der Fonds geschlossen. 7.000 Anleger investierten ein Eigenkapital von über € 177 Millionen. Mitte Januar 2013 wurde den Anleger mitgeteilt, dass auf Wunsch der finanzierenden Banken die 14 Containerschiffe verkauft werden sollen. Damit soll eine Insolvenz des Schiffsfonds abgewendet werden. Fraglich ist dabei, ob der Verkaufserlös der Containerschiffe ausreicht, um die Bankkredite zu tilgen und die Anleger dabei leer ausgehen. Zu dem Fonds sind viele Klagen anhängig bei unterschiedlichen Gerichten. Erste Klagen wurden von unterschiedlichen Gerichten entschieden. 1522

Vertreibende Banken und Sparkassen haben mit Anlegern Vergleiche geschlossen. 1523

2. MPC MS Rio Alster

Der MPC Fonds MS Rio Alster wurde in den Jahren 2004 und 2005 auf den Markt aufgelegt. Die Anleger investierten knapp € 20 Millionen Eigenkapital. Erworben wurde ein Vollcontainerschiff namens Rio Alster. 1524

Der Schiffsfonds musste Insolvenz anmelden. Am 16.11.2012 wurde das Insolvenzverfahren eröffnet. Das Containerschiff erzielte nicht genügend Einnahmen, um die Bankkredite zu tilgen und die Betriebskosten zu decken, die deutlich über die Prospektannahmen lagen. 1525

3. MPC MS Menotti Star

Der 2005 aufgelegte Schiffsfonds MPC MS Menotti Star lagen die Ausschüttungen 2012 um mehr als 72,71 % unter Plan. Das Gesamtinvestitionsvolumen beläuft sich auf rund € 88,8 Millionen. Als Eigenkapital haben die Anleger davon circa € 31 Millionen investiert. Die Anleger erhielten die Ausschüttungen nicht prognosegemäß und mussten teilweise auf diese verzichten. Die Auflösung des Fonds ist für das Jahr 2007 vorgesehen. 1526

4. MPC MS Mendelssohn Star

1527 Die Anleger der 2005 aufgelegten Schiffsbeteiligung MPC MS Mendelssohn Star erhielten bis 2012 nur etwa 25 % der ursprünglich geplanten Ausschüttungen. Dabei wurde in ein 8.466 TEU-Containerschiff investiert. Die damaligen Anschaffungskosten des Vollcontainerschiffes lagen bei USD 76,4 Millionen.

5. MPC MS Santa P Schiffe 2

1528 Der Schiffsfonds MPC MS Santa P Schiffe 2 wurde 2007 auf den Markt platziert. Erworben wurden vier Panamax-Containerschiffe namens

- MS Santa Pamina,
- MS Santa Placida,
- MS Santa Pelagia und
- MS Santa Petrissa.

1529 Kurz nach dem Start der Beteiligung kamen die Ausschüttungen für die Anleger zum Erliegen.

Es gibt eine Reihe von Klagen gegen den Fonds. Es wurden auch Abfindungsvergleiche mit Banken und Sparkassen geschlossen. Anleger sollten sich über die konkrete Lage genau informieren.

6. MPC MT Rio Genoa

1530 Der Schiffsfonds MPC MT Rio Genoa wurde im Jahr 2006 auf dem Markt platziert. Investiert wurde in einen Suezmax-Rohöltanker mit Doppelhülle mit einer Tragfähigkeit von 158.840 tdw. Gebaut wurde das Schiff auf der japanischen Werft Universal Shipbuilding Corporation. Das Investitionsvolumen betrug in der Platzierung € 59,2 Millionen. Die Anleger beteiligten sich mit einem Eigenkapital von € 24,4 Millionen.

1531 2011 erhielten die Anleger eine Auszahlung von 2 %.

7. MPC MS Yangtze River

1532 Der Schiffsfonds MPC MS Yangtze River wurde im Jahr 1998 auf dem Markt platziert. Die Gesellschaft investierte in einen Handymax-Bulkcarrier mit einer Tragfähigkeit von 44.000 tdw. Das Investitionsvolumen betrug in der Platzierung € 22,4 Millionen. Die Anleger beteiligten sich mit einem Eigenkapital von rund € 9 Millionen.

1533 Die Anleger erhielten 2011 eine Auszahlung von 10 %.

8. MPC MS Santa Vanessa

Im Jahr 2004 wurde der schiffsfonds MPC MS Santa Vanessa auf dem Markt platziert. Die Gesellschaft investierte in ein Containerschiff mit Containerstellplätzen von 5.919 TEU und einer Tragfähigkeit von 72.000 tdw. Gebaut wurde das Schiff auf der koreanischen Werft Hyundai Samho Heavy Industries. Das Investitionsvolumen betrug in der Platzierung € 57,9 Millionen. Die Anleger beteiligten sich mit einem Eigenkapital von € 19,6 Millionen. 1534

Die Anleger erhielten 2008 eine Auszahlung von 7 %. 1535

9. MPC MS Santa Leopolda

Der Schiffsfonds MPC MS Santa Leopolda wurde im Jahr 2005 auf dem Markt platziert. Die Gesellschaft investierte in ein Containerschiff mit einer Tragfähigkeit von 100.870 tdw und Containerstellplätze von 8.034 TEU. Das Investitionsvolumen in der Platzierung betrug € 80,2 Millionen. Die Anleger beteiligten sich mit einem Eigenkapital von € 25,5 Millionen. 1536

2008 erhielten die Anleger eine Auszahlung von 6 %. 1537

10. MPC MS Santa Leonarda

Der Schiffsfonds MPC MS Santa Leonarda wurde im Jahr 2005 aufgelegt. Investiert wurde in ein Vollcontainerschiff mit einer Stellplatzkapazität von 8.089 TEU und 550 Kühlcontaineranschlüssen. In der Platzierung lag das Investitionsvolumen bei e 79,1 Millionen. Die Anleger beteiligten sich mit einem Eigenkapital von € 25,3 Millionen. 1538

2008 erhielten die Anleger eine Auszahlung von 4,5 %. 1539

XXV. Nordcapital GmbH

Generell zum Emissionshaus Nordcapital GmbH unter B. IV. 24. 1540
Folgende Schiffsfonds hat Nordcapital unter anderem aufgelegt:

- Nordcapital Bulkerflotte 1,
- Schiffsportfolio Vorzug,
- Offshore Fonds,
- MS Peter Rickmers,
- MS Paul Rickmers,
- MS E.R. Hobart,
- MS Nordcapital,
- MS Dorian,

- MS Rickmer Rickmers,
- MS Elisabeth Rickmers,
- MS Lissy Schulte,
- MS Camilla Rickmers,
- MS Etha Rickmers,
- MS Christa Rickmers,
- MS Deike Rickmers,
- MS Vulkan,
- MS Sofia Russ,
- MS Olivia,
- MS E.R. Albany,
- MS E.R. Brisbane,
- MS E.R. Canberra,
- MS E.R. Darwin,
- MS Madeleine Rickmers,
- MS Ursula Rickmers,
- MS Mabel Rickmers,
- MS Mai Rickmers,
- MS Lara Rickmers,
- MS Nordsea,
- MS Nordstrand,
- MS Nordeagle,
- MS Nordhawk,
- MS Denderah Rickmers,
- MS Anna Rickmers,
- MS E.R. Fremantle,
- MS E.R. Perth,
- MS E.R. Sydney,
- MS E.R. Melbourne,
- MS Helene Rickmers,
- MS Alexandra Rickmers,
- MS Nordcoast,
- MS Andreas Rickmers,
- MS Alice Rickmers,
- MS E.R. Hamburg,
- MS E.R. Santiago,
- MS E.R. Hongkong,
- MS E.R. Shanghai, etc.

1541 Es liegt die letzte veröffentlichte Leistungsbilanz im Internet unter dem Titel „20 Jahre Nordcapital – Leistung mit Bestand" vor. Sie enthält den Bericht zum Geschäftsjahr 2011 und Marktausblick 2012 sowie Leistungsbilanz 2011. Anhand dieser Darstellung ist eine Orientierung möglich. Aktuelle Informationen zu den Schiffsfonds lassen sich nur aus Einzelberichten an die Anleger in Erfahrung bringen.

1. Nordcapital Hanse Twin Feeder

Der 2008 emittierte Schiffsfonds Nordcapital Hanse Twin Feeder ist in wirtschaftlichen Schwierigkeiten. Die Anleger, die ein Eigenkapital von € 14,2 Millionen investierten, erhalten nicht wie prospektiert Ausschüttungen. Sie haben teilweise auf diese verzichten müssen. Eine Kapitalerhöhung auch mit Hilfe der Anleger diente einem Liquiditätssicherungskonzept. Erworben wurden zwei Containerschiffe namens MS Hanse Courage und MS Hanse Confidence. 1542

2. Nordcapital Schiffsportfolio 5

In den Jahren 2008 und 2009 wurde der Nordcapital Schiffsportfolio 5 auf den Markt platziert. Der Nordcapital Schiffsportfolio 5 beteiligte sich an 163 Schiffsfonds. Die Anleger haben insgesamt rund € 31,5 Millionen investiert. 1543

Die Einnahmen des Dachfonds lagen weit unter Plan, daran konnte auch die weite Streuung der Schiffsfonds nichts ändern. 1544

3. Nordcapital Schiffsportfolio 4

Der Dachfonds Nordcapital Schiffsportfolio 4 wurde im Jahr 2008 aufgelegt. Die Fondsgesellschaft hat an 239 anderen Schiffsfonds Beteiligungen erworben. Die Anleger investierten circa € 58 Millionen Eigenkapital. Die Laufzeit des Fonds verläuft noch bis Ende 2018. Die Einnahmen hier liegen ebenfalls unter Plan und die Anleger erhielten die Ausschüttungen nicht prognosegemäß. 1545

4. Nordcapital MS Hanse Spirit

Im Jahr 2007 wurde die MS Hanse Spirit von Nordcapital aufgelegt. Schon 2009 erfolgte eine Sanierung, um den Fonds vor der Insolvenz zu retten. Dank der Kooperation der Kreditbank kann die Tilgung bis Ende 2013 ausgesetzt werden, um die aktuell schwierige wirtschaftliche Lage des Fonds zu überwinden. 2023 ist das Ende der Fondslaufzeit. 1546

5. Nordcapital Schiffsportfolio Global II

1547 Der Dachfonds Nordcapital Schiffsportfolio Global II wurde von Nordcapital im Jahr 2004 emittiert. Investiert wurde in sieben Containerschiffe. Die Anleger leisteten dazu ein Eigenkapital von € 120 Millionen.

1548 Ausschüttungen können seit längerer Zeit nicht mehr an die Anleger gezahlt werden. 2012 lag das Betriebsergebnis weit unter Plan.

6. Nordcapital MS Voge Master

1549 2006 wurde der Schiffsfonds Nordcapital MS Voge Master platziert. Investiert hat der Fonds der Nordkapital in einen Massengutfrachter, auch Bulkcarrier genannt.

1550 Wirtschaftlich steht auch dieser Schiffsfonds nicht gut da. Sanierungskonzepte müssen erfolgen, um eine Insolvenz abzuwenden.

7. Nordcapital MS E.R. Tokyo

1551 Der Schiffsfonds Nordcapital MS E.R. Tokyo wurde im Jahr 2005 aufgelegt. Der Fonds hat ein Gesamtinvestitionsvolumen von € 71,3 Millionen. Die Anleger investierten ein Eigenkapital von € 21,8 Millionen. Die Ausschüttungen für die Anleger liegen bei circa 60 % unter Plan. Die Einkünfte des Fonds werden zu allererst für die Tilgung der Bankkredite benötigt. Das Ende der Laufzeit ist für das Jahr 2021 angesetzt.

XXVI. Norddeutsche Vermögensanlage

1552 Folgende Schiffsbeteiligungen wurden von der Norddeutschen Vermögensanlage platziert:

- 39 MS Ville de Pluton, Containerschiff, Emission/Ablieferung 1987/86
- 40 MS Doria, Containerschiff, Emission/Ablieferung 1987,
- 43 MT ETAGAS, Flüssiggastanker, Emission/Ablieferung 1988
- 44 MS Ville de Venus, Containerschiff, Emission/Ablieferung 1988
- 45 MS Singapur Senator, Containerschiff, Emission/Ablieferung 1989
- 49 MS German Senator, Containerschiff, Emission/Ablieferung 1990
- 51 MT Igloo Bergen, LPG-/Äthylen Gastankschiff, Emission/Ablieferung 1991
- 54 MS Northern Joy, Containerschiff, Emission/Ablieferung 1992
- 55 MS Northern Trust, Containerschiff, Emission/Ablieferung 1992/1993
- 56 MS Northern Bliss, LPG-/Äthylen Gastankschiff, Emission/Ablieferung 1992
- 57 MS Northern Pionier, Containerschiff, Ablieferung 1993/1994

- 59 MS Northern Reliance, Containerschiff, Ablieferung 1993/1994
- 60 MS Northern Faith, Containerschiff, Ablieferung 1993/1994
- 61 MS Northern Happiness, Containerschiff, Ablieferung 1993/1994
- 62 MS Northern Harmony, Containerschiff, Emission/Ablieferung 1993/1994
- 63 MS Northern Pleasure, Containerschiff, Emission/Ablieferung 1994
- 64 MS Northern Delight, Containerschiff, Emission/Ablieferung 1994
- 65 MS Nothern Filicity, Containerschiff, Emission/Ablieferung 1994
- 66 MS Northern Honour, Containerschiff, Emission/Ablieferung 1994/1995
- 67 MS Northern Dignity, Containerschiff, Emission/Ablieferung 1995
- 68 MS Pusan, Containerschiff, Emission/Ablieferung 1995/1997
- 69 MS Atlas, Containerschiff, Emission/Ablieferung 1995/1997
- 70 MS Pudomg, Containerschiff, Emission/Ablieferung 1996/1997
- 71 MS Northern Virtue, Containerschiff, Emission/Ablieferung 1996
- 72 MS Northern Valour, Containerschiff, Emission/Ablieferung 1996
- 73 MS Northern Vitality, Containerschiff, Emission/Ablieferung 1996/1997
- 74 MS Ark, Containerschiff, Emission/Ablieferung 1996/1997
- 75 MS Alpha, Containerschiff, Emission/Ablieferung 1996–97
- 76 MS Northern Victory, Containerschiff, Ablieferung 1997
- 77 MS Punjab, Containerschiff, Emission/Ablieferung 1997
- 78 MS Pugwash, Containerschiff, Emission/Ablieferung 1997
- 79 MS Pohang, Containerschiff, Emission/Ablieferung 1997/1998
- 80 MS Portugal, Containerschiff, Emission/Ablieferung 1997/1998
- 82 MS Northern Grace, Containerschiff, Emission/Ablieferung 2000
- 83 MS Northern Glory, Containerschiff, Emission/Ablieferung 2000
- zweite Trance MS Northern Glory 2000
- 84 MS Northern Glance, Containerschiff, Emission/Ablieferung 2000
  - zweite Tranche – Ablieferung 2000
- 85 Northern Endeavour, Containerschiff, Emission/Ablieferung 2001
- 86 MS Northern Endurance, Containerschiff, Emission/Ablieferung 2001–2002
  - zweite Trance 2002/2001
- 87 MS Northern Enterprise, Containerschiff, 2003/2001
- 88 MS Northern Magnum, Containerschiff, 2002–03/2003
  - zweite Trance 2002/2003
- 89 MS Northern Magnitude, Containerschiff, Emission/Ablieferung 2002–04/2004
  - zweite Trance 2002/2004
- 90 MS Northern Majestic, Containerschiff, Emission/Ablieferung 2002–04/2004
  - zweite Trance 2002/2004
- 91 MS Northern Monument, Containerschiff, Emission/Ablieferung 2003/2004
  - zweite Trance 2003/2004
- 92 MS Northern Julie, Containerschiff, Emission/Ablieferung 2004/2005

- 93 MS Northern Jade, Containerschiff, Emission/Ablieferung 2004/2005
- 94 MS Northern Decency, Containerschiff, Emission/Ablieferung 2003
- 95 MS Northern Delicacy, Containerschiff, Emission/Ablieferung 2003

XXVII. Oltmann Gruppe

Generell zum Emissionshaus Oltmann Gruppe unter B. IV. 26.

1. Oltmann Gruppe Flottenfonds Mellum

1553 Der Schiffsfonds Oltmann Gruppe Flottenfonds Mellum wurde im Jahr 2007 auf dem Markt platziert. Die Gesellschaft investierte in ein gebrauchtes Container-Mehrzweckfrachtschiff MS Fulkum mit einer Tragfähigkeit von 5.500 tdw und in ein Container-Feederschiff MS Wybelsum mit einer Tragfähigkeit von 17.650 tdw. Das Investitionsvolumen lag in der Platzierung bei € 32,4 Millionen. Die Anleger beteiligten sich mit einem Eigenkapital von € 14,65 Millionen.

2. Oltmann Gruppe Tonnagesteuer Renditefonds Schnäppchenfonds III

1554 Der Schiffsfonds Oltmann Gruppe Tonnagesteuer Renditefonds Schnäppchenfonds II wurde im Jahr 2010 auf dem Markt platziert. Die Gesellschaft beteiligt sich an dem Erwerb, Verwaltung und Verkauf von Einschiffsgesellschaften (Zielfonds). Das Investitionsvolumen lag in der Platzierung bei rund € 10 Millionen.

3. Oltmann Gruppe MS Eris J

1555 Im Jahr 2010 wurde der Schiffsfonds Oltmann Gruppe MS Eris J aufgelegt. Die Gesellschaft investierte in ein Schwergutschiff mit einer Kapazität von 958 TEU und einer Tragfähigkeit von 14.300 tdw. Gebaut wurde das Schiff auf der Werdt Sainty Marine Corporation Ltd. Das Investitionsvolumen betrug in der Platzierung € 32,6 Millionen. Die Anleger beteiligten sich mit einem Eigenkapital von € 13,4 Millionen.

4. Oltmann Gruppe MS Bentumersiel

1556 Der Schiffsfonds Oltmann Gruppe MS Bentumersiel wurde im Jahr 2010 auf dem Markt platziert. In der Platzierung betrug das Investitionsvolumen 14,5 Millionen. Die Anleger beteiligten sich mit einem Eigenkapital von € 6,5 Millionen. Investiert hat die Beteiligungsgesellschaft in ein Mehrzweckfrachtschiff mit einer Tragfähigkeit von 8.000 tdw. Gebaut wurde das Schiff auf der chinesischen Werft Dallan Fishing Vessel Company.

5. Oltmann Gruppe Briese MS Blue Star

Der Schiffsfonds Oltmann Gruppe Briese MS Blue Star wurde im Jahr 2009 auf dem 1557 Markt platziert. Investiert wurde in ein Mehrzweckfrachtschiff mit einer Tragfähigkeit von 8.000 tdw und einer Containerkapazität von 410 TEU. Das Schiff besitzt die Eisklasse A1. Das Investitionsvolumen betrug in der Platzierung € 14,2 Millionen. Die Anleger beteiligten sich mit einem Eigenkapital von € 6,2 Millionen.

Die Oltmann Gruppe hat eine Spezialisierung auf kleiner Schiffe. Dies soll dem 1558 Anleger neben einer hohen Liquidität eine Reihe von weiteren Vorteilen bieten. Die kleineren Schiffe wären flexibler einsetzbar und haben immer noch gute Charterraten.

XXVIII. OwnerShip Emissionshaus GmbH

Generell zum Emissionshaus OwnerShip Emissionshaus GmbH unter B. IV. 27.

1. Schiffsfonds OwnerShip I

Der Dachfonds OwnerShip I wurde 2004 auf den Markt platziert. Der Schiffsfonds 1559 beteiligt sich als Dachfonds in andere Schiffsfonds und nicht direkt an ein bestimmtes Schiff. Investiert wurde in die Schiffe MS „CEC Culembourg“, MS „LILIA“, MS „OS Rize“ und „Chemical Supplier“.

Die Einschiffsgesellschaft MS OS Rize wurde vom Amtsgericht Bremen unter vor- 1560 läufige Zwangsverwaltung gestellt.

1561 Die Beteiligungsstruktur stellt sich folgendermaßen dar:

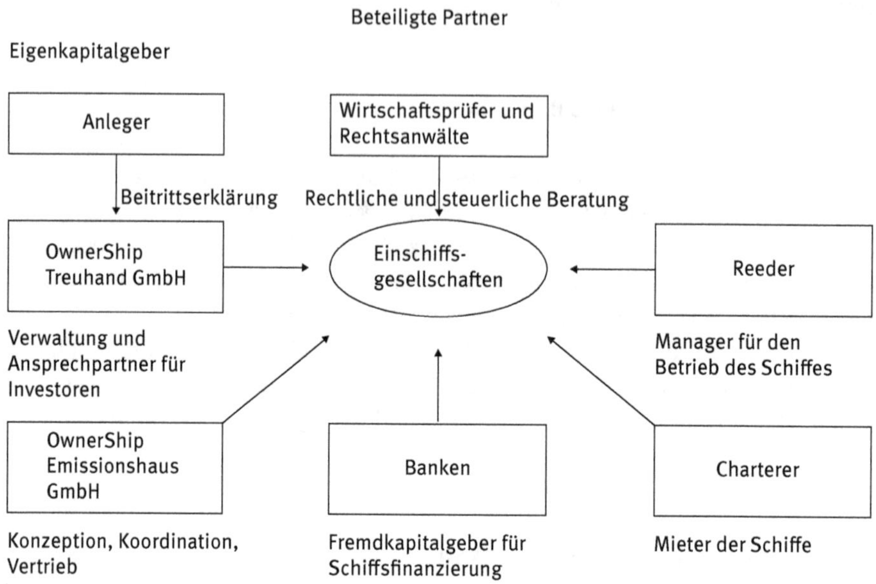

Quelle : Modifiziert, Homepage Ownership

Abbildung 29: Beteiligte Partner, OwnerShip

2. OwnerShip Tonnage I

1562 Das Emissionshaus legte 2004 den Schiffsfonds OwnerShip Tonnage I, der ersten Tonnage-Schiffsfondsserie, auf. Erworben hat der Fonds den Chemikalientanker MS Kasugta. Die wirtschaftlichen Schwierigkeiten des Schiffsfonds sind für die Anleger durch ausfallende Ausschüttungen spürbar geworden.

3. OwnerShip Feeder Quintett

1563 Der Schiffsfonds OwnerShip Feeder Quintett emittierte im Jahr 2006. OwnerShip Feeder Quintett war so aufgesetzt, dass die Anleger sich über einen Dachfonds an fünf Zielfonds beteiligen konnten. Die Zielfonds sind MS O.M. Aestatis GmbH & Co. KG, MS K-Water Schifffahrtsgesellschaft mbH & Co. KG, Hoheriff Container Schifffahrts GmbH & Co. KG, MS Sarah Friederich Schifffahrtsgesellschaft mbH & Co. KG und MS Senta Friederich Schifffahrtsgesellschaft mbH & Co. KG. Die Anleger haben insgesamt € 40 Millionen als Eigenkapital investiert. Unterschritten wurde das geplante Platzierungsvolumen um € 9 Millionen. Durch verschiedene Banken wie die Cortal Consors wurde der Fonds aktiv vertrieben.

Die Einnahmen konnten allerdings nicht prognosegemäß erzielt werden, so dass die Anleger auf Ausschüttungen verzichten mussten. Statt der prospektierten 35 % Ausschüttungen für das Jahr 2012 erfolgten gar keine Ausschüttungen. Nach dem Gesellschaftsvertrag ist eine Kündigung erstmals zum 31.12.2023. 1564

4. OwnerShip MS Pride of Madrid

Im Jahr 2006 und 2007 wurden die Schiffsfonds MS Pride of Madrid und der Schwesternfonds MS Pride of Paris vom Emissionshaus OwnerShip aufgelegt. Die Fonds hießen ehemals MS Beluga Fascination und MS Beluga Flirtation. 1565

In finanzielle Schwierigkeiten gerieten beide Schiffsfonds 2011 aufgrund der Zahlungsunfähigkeit der Bremer Beluga-Reederei. Nach dem Sanierungsplan zur Rettung der Schiffbeteiligungen benötigten beide Fonds jeweils circa € 1,5 Millionen, um ihre Verbindlichkeiten zu erfüllen. Die Anleger stellten jeweils € 700.000 zur Verfügung. Das restliche benötigte Kapital sollte des Weiteren eine zyprische Großreederei mit einer Niederlassung in Deutschland zur Verfügung stellen. Letztendlich entschied sich Ende März 2012 die finanzierende Bank Nord LB gegen eine Sanierung der beiden Schiffe.[267] Es folgte die Insolvenzanmeldung der MS Pride of Madrid und der MS Pride of Paris. 1566

5. OwnerShip Tonnage III

2005 wurde die Schiffsbeteiligung OwnerShip Tonnage III auf den Markt platziert. Es handelt sich hierbei um einen Dachfonds, der sich an fünf Gesellschaften beteiligt. Dabei wurde in fünf Containerschiffe investiert: MS Elbdeich, MS Elbinsel, MS Elbmarsch, MS Elbcarrier und MS Elbfeeder. Die Anleger haben hierfür rund € 38 Millionen Eigenkapital inklusive Agio zur Verfügung gestellt. 1567

Anfang 2012 wurde den Anlegern mitgeteilt, dass eine Kapitalerhöhung erforderlich ist aufgrund der finanziellen Schwierigkeiten. Sie wurde darüber informiert, dass ein zusätzlicher Kapitalbedarf von € 5,8 Millionen nötig sei. Die Anleger wurden gebeten nochmals Kapital zur Verfügung zu stellen und 9,5 % der Ausschüttungen zurückzuzahlen. Im schlimmsten Fall droht den Anlegern eine Insolvenz und sie erleiden einen Totalverlust ihrer Einlage. 1568

6. OwnerShip IV

Der Schiffsfonds OwnerShip IV wurde 2004 auf den Markt platziert. Der Dachfonds besteht aus insgesamt sieben Einschiffsgesellschaften. Das Gesamtinvestitionsvolumen belief sich auf € 102,9 Millionen. Die Anleger beteiligten sich mit einem Eigenka- 1569

267 Manager Magazin vom 27.04.2012 (Onlineausgabe).

pital in Höhe von € 36 Millionen. Erworben wurden die Mehrzweckfrachter MS Linde, MS Martin, MS Jonas, die Containerschiffe MS Ulrike F, MS Hohesand, die Minibulker MS Ile de Elba und MS Ile de Yeu.

1570 Das erste von sieben Schiffen geriet in massive Zahlungsprobleme, da die Einkünfte zu gering waren. Trotz durchgeführter Sanierung musste das Containerschiffe MS Hohesand im Mai 2013 Insolvenz anmelden.

7. OwnerShip Feeder Duo

1571 Die OwnerShip Emissionshaus GmbH legte im Jahr 2007 den Fonds OwnerShip Feeder Duo auf. Die Anleger hatten eine Eigenkapitalsumme von € 16,5 Millionen investiert. Dem Schiffsfonds gehören die Vollcontainerschiffe MS Stadt Hameln und MS Stadt Lauenburg.

1572 Nach der OwnerShip Leistungsbilanz vom Jahr 2009 war der Schiffsfonds mit 25 % Zinszahlungen und 1/3 Tilgung im Rückstand. Dementsprechend forderte man Anfang 2010 die Anleger auf schon erhaltende Ausschüttungen zurückzuzahlen. Trotz des Sanierungsbeitrages der Anleger von € 1,3 Millionen, blieben die Erlöse der Schiffe um 1/3 hinter den prospektierten Einnahmen zurück. Im Juli 2012 wurde über die MS Stadt Hameln das Insolvenzverfahren eröffnet.

1573 Folgende Schiffsfonds sind von der OwnerShip Emissionshaus GmbH zudem emittiert worden:
- OwnerShip Graig I,
- OwnerShip Graig II
- OwnerShip Schiffsfonds II,
- OwnerShip Schiffsfonds III,
- OwnerShip Schiffsfonds V
- OwnerShip Tonnage II,
- OwnerShip Tonnage IV,
- OwnerShip Tonnage V,
- OwnerShip Tonnage VI
- OwnerShip MS Ile de Ischia,
- MS MarCliff,
- MS PIONEER BAY,
- MS Ile de Capri,
- MS K-Wave,
- MS K-BREEZE

XXIX. Premicon AG

1574 Die Premicon AG wurde 1998 als Dienstleister für Kapitalanleger gegründet und hat seitdem 20 Fonds auf dem deutschen Kapitalmarkt aufgelegt, 13 davon im Bereich

Flusskreuzschifffahrt, womit sie Marktführer in diesem Segment ist. Hinzu kommen u.a. zwei Fonds in der Hochseekreuzfahrt sowie eine Hochsee-Reederei-Beteiligung. Mit 22 Flusskreuzfahrtschiffen verfügt sie über die größte Flotte auf dem Fahrtgebiet Rhein, Main, Mosel und Donau.

Die Premicon AG hat ihre Kompetenz zudem auf Assetmanagement sowie Dienst- 1575
leistungen in der Schifffahrt und der Touristik konsequent ausgebaut. Dies beinhaltet die Entwicklung touristischer Projekte, die Planung und Baubegleitung von Flusskreuzfahrtschiffen, den nautisch-technischen Betrieb derselben, das Hotel- und Cateringmanagement an Bord sowie komplette Dienstleistungspakete für Reiseveranstalter. Dieser Zweig wird seit Anfang 2013 intensiv ausgebaut und auf absehbare Zeit das Kerngeschäft darstellen. Neuemissionen im Bereich der Kreuzschifffahrt sind derzeit nicht geplant. Grund für diese Neuausrichtung ist das Negativimage der geschlossenen Fonds im Allgemeinen und der Schiffsbeteiligungen im Besonderen. Obwohl die Zahlen seit Jahren das Wachstum in der Kreuzfahrt belegen, wird dieser Markt von der Fondsbranche aktuell als Teil der krisengebeutelten Frachtschifffahrt wahrgenommen. Die bestehenden Fonds werden in gewohnter Weise und Qualität fortgeführt, die Gesellschafter und Vertriebspartner weiterhin umfassend betreut.

Folgende Kreuzfahrtschiffsfonds platzierte die Premicon AG bisher: 1576

- MS/Astor
- MS/Astor neu
- Beteiligung Danube/Classica
- Viking Sky
- Viking Pride
- Viking Europe
- Viking Spirit
- Kreuzfahrtschiffe 2003
- Kreuzfahrtschiffe 2004
- Kreuzfahrtschiffe 2005
- TwinCruiser
- Fluss-Quartett
- TwinCruiser 2
- Premicon Queen
- Premicon Fluss-Klassik

XXX. PCE Premium Capital Emissionshaus

Generell zum Emissionshaus PCE unter B. IV. 29.

Das PCE Premium Capital Emissionshaus platzierte unter anderem folgende Beteili- 1577
gungen

1. PCE MS Inès

1578 Im Jahr 2004 emittierte der als Private Placement vertriebene Schiffsfonds PCE MS Inès. Das Gesamtinvestitionsvolumen belief sich auf rund € 138 Millionen. Investiert wurde in ein 1.016 TEU-Vollcontainerschiff namens MS Inès. Das in Höhe von € 9.984.000,– aufgenommene Hypothekendarlehen konnte laut der PCE Leistungsbilanz im Jahr 2011 nur um € 2.927.00 getilgt werden statt wie vorgesehen um € 4.897.000,–.

1579 Trotz der beschlossenen Kapitalerhöhungen 2011 und 2012 in Höhe von € 1,2 Millionen und € 458.000 konnte eine Insolvenz nicht verhindern werden. Am 11.12.2012 musste die MS Inès Insolvenz anmelden.

2. PCE MS Blanche

1580 Das Premium Capital Emissionshaus legte im Jahr 2007 die Schiffsbeteiligung MS Blanche Schifffahrtsgesellschaft mbH & Co. KG auf.

1581 Am 23.02.1012 hat die außerordentliche Gesellschafterversammlung eine Nachschusszahlung der Anleger beschlossen. Demnach sollen die 500 Anleger einen Nachschuss von USD 5,25 Millionen leisten. Es seinen Verluste von USD 6,3 Millionen aufgelaufen, obwohl der Ende 2011 ausgelaufene Chartervertrag wie prospektiert erfüllt wurde. Grund für die Verluste ist, dass die Darlehen in Yen-Währung aufgenommen wurden. Die Darlehensmittel waren nicht gegen Wechselkurzschwankungen abgesichert.

Folgende weitere Schiffsbeteiligungen legte das PCE Premium Capital Emissionshaus auf:

- PCE Viking Cruisers, II
- PCE Duoro Cruiser
- PCE MS Irène, MS Marguerite, MS Alice, MS Sara, MS Vilano, MS Pasado
- PCE MS PCE Hamburg, Madeira
- PCE Chancenportfolio Containerschifffahrt

XXXI. Salamon AG

Generell zum Emissionshaus Salamon AG unter B. IV. 30.

1. Salamon 19 MT Cape Tampa

1582 2008 wurde der Schiffsfonds Salamon 19 MT Cape Tampa auf den Markt platziert. Investiert wurde in den Panamax-Tanker MT Cape Tampa.

1583 Auf Grund der niedrigen Charterraten erfolgten im Jahr 2010 und 1011 keine Ausschüttungen an die Anleger.

2. Salamon 17 MT Cape Taft

Der Im Jahr 2008 aufgelegte Schiffsfonds Salamon 17 MT Cape Taft hatte bereits zu Beginn der Laufzeit mit zu geringen Einnahmen zu kämpfen. 2011 und 2012 erhielten die Anleger keine Ausschüttungen auf Grund der krisenbedingten Charterraten. Im Jahr 2011 kam es sogar schon zu einem Tilgungsrückstand gegenüber dem Prospektheft. 1584

Die Anleger beteiligten sich mit einer Mindestbeteiligungssumme von € 15.000 zzgl. 5 % Agio als Direktkommanditisten oder als Treugeber über die Westfälische Sachwert und Treuhand GmbH. 1585

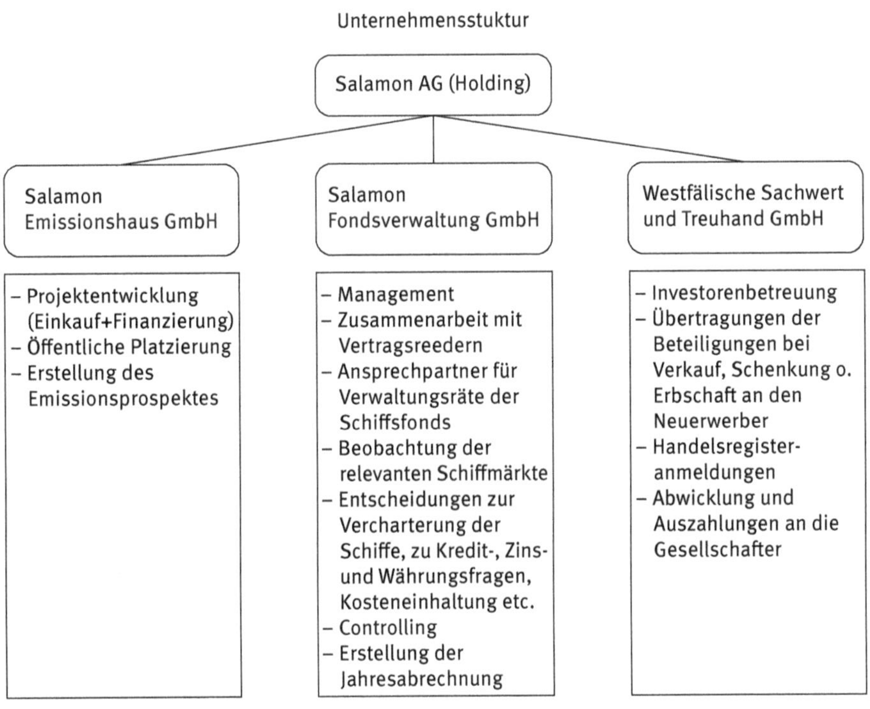

Abbildung 30: Unternehmensstruktur Salamon AG.

3. Salamon 16 SAG Bulk Norway

Ebenfalls im Jahr 2008 wurde die Schiffsbeteiligung Salamon 16 SAG Bulk Norway auf den Markt platziert. Der Schiffsfonds hat einen Schiffswechsel hinter sich. Im Jahr 2010 wurde der nicht rechtzeitig fertiggestellte Frachter MS SAG Bulk India gegen den Frachter MS SAG Bulk Norway ausgetauscht. 1586

1587 Trotz dieser Schwierigkeiten konnte im Jahr 2011 eine Ausschüttung an die Anleger in Höhe von 6,6 % erfolgen.

4. Salamon 15 SAG Bulk Germany

1588 Ursprünglich war der Frachter MS SAG Bulk China als Investitionsobjekt für die 15. Schiffsbeteiligung der Salamon AG geplant. Doch zu Beginn der Laufzeit im Jahr 2008 wurde dieser durch den Frachter MS SAG Bulk Germany ausgetauscht.

1589 Für das Jahr 2011 erhielten die Anleger eine Ausschüttung in Höhe von 6 % dank des noch laufenden Festchartervertrags.

5. Salamon 14 MS SAG Bulk Canada

1590 Der Massengutfrachter SAG Bulk Canada wurde im Jahr 2001 in Dienst gestellt und 2007 von der Schifffahrtsgesellschaft übernommen. Der Kaufpreis des Frachters lag bei USD 34,75 Millionen. An dem Schiffsfonds beteiligten sich 625 Anleger.

1591 Im Jahr 2011 mussten die Anleger auf die Ausschüttungen verzichten. Die erzielten Einnahmen des Frachters wurden für die Kredittilgung benötigt.

6. Salamon 13 MS SAG Bulk Australia

1592 Das Emissionsjahr für den Schiffsfonds Salamon 12 MS SAG Bulk Australia war im Jahr 2007. Insgesamt 365 Anleger beteiligten sich an dem geschlossenen Fonds. Investiert wurde in einen Massengutfrachter mit einem Kaufpreis von USD 34,75 Millionen.

1593 Bereits mehrfach mussten die Ausschüttungen des Schiffsfonds entfallen auf Grund der geringen Einnahmen des Frachters. Die Tilgung der Kredite wird vorrangig behandelt.

7. Salamon 12 Best Ship Select I

1594 Bei dieser Fondsgesellschaft handelt es sich um einen Zweitmarktfonds. Investiert wird in „gebrauchte“ KG-Schiffsbeteiligungen, die bereits der Tonnagebesteuerung unterliegen. Es soll eine Risikostreuung erzielt werden durch den Erwerb verschiedener Schiffe von unterschiedlichen Initiatoren. Die Anleger beteiligen sich an circa 50 Schiffen verschiedener Segmente. Die Laufzeit beträgt 9 Jahre.

1595 Für das Jahr 2011 mussten die Anleger auf die Ausschüttungen verzichten, da die Einnahmen durch die geringen Charterraten zu niedrig ausfielen.

8. Salamon 11 SAG Westfalen

Der Schiffsfonds Salamon 11 SAG Westfalen ist am 16.05.2007 auf den Markt platziert worden. Als Investitionsobjekt diente das Containerschiff „SAG Westfalen" mit einer Stellplatzkapazität von 2.207 TEU. An dem Schiffsfonds beteiligten sich 580 Anleger. 1596

Im Jahr 2010 kam die Schiffsgesellschaft in wirtschaftliche Schwierigkeiten. Das Containerschiff war konnte nicht ununterbrochen im Einsatz sein. Erarbeitet wurde daraufhin ein Rettungskonzept für den Schiffsfonds. Die Sanierung hatte Auswirkungen für die Ausschüttungen. Die Anleger mussten bereits erhaltende Ausschüttungen zurückzahlen und auf die nächsten verzichten. 1597

9. Salamon 10 MS Cape Mollini

Der Schiffsfonds 10 MS Cape Mollini hatte sein Emissionsjahr 2006 woran sich 441 Anleger beteiligten. Erworben wurde ein Containerschiff mit einer Stellplatzkapazität von 2.741 TEU und einem Kaufpreis in Höhe von USD 47,75 Millionen. Das Containerschiff MS Cape Mollini wurde gemeinsam mit 40 bauähnlichen Schiffen im „Hanse 2.400–2.800 TEU-Pool" eingesetzt. 1598

Auf der Gesellschafterversammlung 2010 wurde ein Sanierungskonzept beschlossen und erarbeitet auf Grund der niedrigen Charterraten. Eine Auszahlung der Ausschüttungen konnte im Jahr 2011 nicht erfolgen und bereits ausbezahlte Ausschüttungen mussten zurückgezahlt werden. 1599

10. Salamon 9 MS Cape Mondego

2005 wurde der Schiffsfonds Salamon 9 MS Cape Mondego aufgelegt. An diesem Schiffsfonds beteiligten sich 420 Anleger. Als Investitionsobjekt diente das Containerschiff MS Cape Mondego mit einer Stellplatzkapazität von 2.741 TEU. Der Kaufpreis belief sich auf USD 47,73 Millionen. 1600

2010 war das im Jahr 2006 gebaute Containerschiff beschäftigungslos. Daraufhin entstand ein Sanierungskonzept zur Rettung der Schiffsgesellschaft. 1601

11. Salamon 8 MS Brunhilde Salamon

Im Jahr 2004 wurde die Schiffsbeteiligung auf den Markt platziert. Für einen Kaufpreis von USD 34,7 Millionen wurde in einen Massengutfrachter für Schüttgut namens MS Brunhilde Salamon investiert. Das Schiff ist ein Panamax-Bulker und gehört damit zu der größten Schiffsklasse, die noch den Panama-Kanal befahren können. 440 Anleger beteiligten sich an der Investition. 1602

1603 Für die Anleger entfielen 2011 auf Grund der niedrigen Charterraten die Ausschüttungen. Die Tilgung der Schiffskredite erfolgt allerdings planmäßig.

12. Salamon 7 MT Hellespont Tatina

1604 Die Salamon AG brachte 2004 deren siebten Schiffsfonds MT Hellespont Tatina auf den Markt. Der Schiffsfonds investierte in den namensgebenden Aframax-Tanker MT Hellespont Tatina. Der Kaufpreis des Tankers belief sich auf USD 42,42 Millionen. Seit April 2004 bestand ein 8-jähriger Festchartervertrag mit der griechischen Reederei Hellespont. In den acht Jahren hatte die Reederei Hellespont den Tanker an die japanische Reederei Sanko unterverchartert. Nach dem planmäßigen Ende im März 2012 wurde der MT Hellespont Tatina in den Navig8-Pool eingesetzt.

1605 2011 erfolgten, auf Grund des auslaufenden Festchartervertrags und des bevorstehenden Pool-Eintritts, keine Ausschüttungen an die Anleger.

1606 Des Weiteren legte die Salamon AG folgende Schiffsbeteiligungen auf:
- Salamon 1 Oliver Jacob
- Salamon 2 Iblea
- Salamon 3 Meridian Lion
- Salamon 4 Voyager
- Salamon 5 Astra
- Salamon 6 Fedor

1607 Informationen zu den Fonds ergeben sich aus den Leistungsbilanzen der Emissionshäuser

Anlage III – Informationen über die maritime Wirtschaft im Deutschen Bundestag (Gesetzgebungsmaterial)

Der Deutsche Bundestag hat sich vielfach zu Themen der maritimen Wirtschaft, Schiffsfonds und Regulierung geäußert: **1608**

1. Drucksache 16/4423
– Beschluss des Deutschen Bundestages, die Bundesregierung soll jeweils etwa zwei Monate vor einer Nationalen Maritimen Konferenz dem Deutschen Bundestag über die Entwicklung und Zukunftsperspektiven der maritimen Wirtschaft in Deutschland berichten.
2. Drucksache 16/5437
– Antrag der Fraktion der CDU/CSU und SPD „Maritime Wirtschaft in Deutschland stärken" vom 28. Februar 2007
3. Drucksache 16/11855
– Unterrichtung durch die Bundesregierung
– Erster Bericht der Bundesregierung über die Entwicklung und Zukunftsperspektiven der maritimen Wirtschaft in Deutschland vom
4. Drucksache 17/5572
– Unterrichtung durch die Bundesregierung
– Zweiter Bericht der Bundesregierung über die Entwicklung und Zukunftsperspektiven der maritimen Wirtschaft in Deutschland vom
5. Drucksache 17/12567
– Unterrichtung durch die Bundesregierung
– Dritter Bericht der Bundesregierung über die Entwicklung und Zukunftsperspektiven der maritimen Wirtschaft in Deutschland vom 25.2.2013
6. Drucksache 17/20097
– Antrag von Abgeordneten der SPD und der Fraktion der SPD
– Maritimes Bündnis fortentwickeln – Schifffahrtsstandort Deutschland sichern vom 26.6.2012
7. Drucksache 17/11422
– Krise der Schiffsfinanzierung in Deutschland
– Kleine Anfrage der Fraktion der SPD Vom 7.11.2012
8. Drucksache 17/11778
– Antwort der Bundesregierung auf die Drucksache 17/11422 vom 5.12.2012
9. Drucksache 17/12817
– Antrag von Abgeordneten der FDP und der Fraktion der FDP
– Den Wandel in der maritimen Wirtschaft begleiten und ihre nationale Aufgabe für den Wirtschaftsstandort Deutschland herausstellen vom 19.3.2013.
10. Drucksache 17/12723
– Antrag von Abgeordneten der SPD und der Fraktion der SPD
– Umsteuern in der Krise – Maritime Wirtschaft unterstützen vom 13.3.2013

Nachfolgend auszugsweise einige ausgewählte, besonders zentrale Drucksachen im Detail: **1609**

1610 Deutscher Bundestag Drucksache 17/12817 **17. Wahlperiode** 19. 03. 2013
Antrag
der Abgeordneten Dr. Joachim Pfeiffer, Eckhardt Rehberg, Thomas Bareiß, Veronika Bellmann, Dirk Fischer (Hamburg), Erich G. Fritz, Dr. Michael Fuchs, Michael Grosse-Brömer, Dr. Matthias Heider, Ernst Hinsken, Robert Hochbaum, Dieter Jasper, Andreas Jung (Konstanz), Hans-Werner Kammer, Jürgen Klimke, Andreas G. Lämmel, Ulrich Lange, Matthias Lietz, Stephan Mayer (Altötting), Dr. h. c. Hans Michelbach, Dr. Mathias Middelberg, Stefan Müller (Erlangen), Dr. Georg Nüßlein, Franz Obermeier, Rita Pawelski, Ulrich Petzold, Dr. Heinz Riesenhuber, Albert Rupprecht (Weiden), Anita Schäfer (Saalstadt), Nadine Schön (St. Wendel), Christian Freiherr von Stetten, Lena Strothmann, Andrea Astrid Voßhoff, Kai Wegner, Volker Kauder, Gerda Hasselfeldt und der Fraktion der CDU/CSU sowie der Abgeordneten Dr. Hermann Otto Solms, Dr. Martin Lindner (Berlin), Torsten Staffeldt, Claudia Bögel, Klaus Breil, Birgit Homburger, Manfred Todtenhausen, Sebastian Blumenthal, Rainer Brüderle und der Fraktion der FDP

Den Wandel in der maritimen Wirtschaft begleiten und ihre nationale Aufgabe für den Wirtschaftsstandort Deutschland herausstellen

Der Bundestag wolle beschließen:
I. Der Deutsche Bundestag stellt fest:
Der weltweite Güter-, und Rohstoffaustausch sowie der Personenverkehr wer- den weiter zu nehmen und die ökonomischen Strukturen bestimmen. Die damit einhergehende Bedeutung der Weltmeere rückt mehr und mehr in den Fokus der gesellschaftlichen, wissenschaftlichen und politischen Debatten.
Das Meer ist Wirtschafts- und Lebensraum sowie Nahrungs- und Ressourcenquelle zugleich. Schutz- und Nutzungsansprüche stehen daher in einem Spannungsverhältnis, das es weiterhin für die Politik auszubalancieren gilt. Die Seeschifffahrt rückt in diesem Zusammenhang noch stärker in den Mittelpunkt.
Fast 95 Prozent des interkontinentalen Warenaustauschs und 90 Prozent des europäischen Außenhandels verlaufen über den Seeweg. 60 Prozent der deutschen Exporte werden über den Seeweg transportiert. Zugleich importiert Deutschland einen Großteil seiner Rohstoffe über den Wasserweg. 40 Prozent der europäischen Wirtschaftsleistung wird an den Küsten erwirtschaftet. In den letzten Jahrzehnten ist der Welthandel um das Siebenfache gestiegen.
Das Meer und die maritime Wirtschaft Deutschlands mit nahezu 400 000 Beschäftigten und einem Umsatz von ca. 50 Mrd. Euro sind von großer volkswirtschaftlicher Bedeutung. Deutschland stellt weltweit die drittgrößte Handels- flotte. Bei Containerschiffen liegt Deutschland sogar an erster Stelle. In der verarbeitenden Industrie ist jeder zweite Arbeitsplatz vom Export abhängig und
demzufolge auch von der maritimen Wirtschaft. Zugleich ist die gesamte deutsche Wirtschaft und damit Deutschlands Wohlstand im Allgemeinen auf den Import von Rohstoffen und Gütern über den Seeweg angewiesen.
Da der Wohlstand und die wirtschaftliche Entwicklung Deutschlands in erheblichem Maße von der Sicherheit und freien Nutzung der Seewege abhängig sind, dürfen Aspekte der maritimen Sicherheit nicht außer Acht gelassen werden. Im Zuge der Globalisierung entstehen nicht nur neue Seewege. Die bereits vorhandenen Routen werden in einer bislang ungekannten Intensität genutzt und sind daher für Störungen besonders anfällig. Zu den aktuellen Gefahren im maritimen Umfeld zählen die organisierte Kriminalität, moderne Piraterie und maritimer Terrorismus. Ebenso stellen Folgen regionaler Umwelt- oder Naturkatastrophen Gefahren für den Seehandel dar. Unterbrechungen von Hauptrouten des internationalen Seefrachtverkehrs oder die zeitwei-

lige Schließung von Häfen könnten Folgen dieser Gefährdungen sein. Die Sicherung des maritimen Standortes Deutschland ist deshalb eine nationale Aufgabe.

Das Jahr 2008 markierte einen Wendepunkt für die maritime Wirtschaft. Die weltweite Finanz- und Wirtschaftskrise traf auch die Transport- und Logistikbranche, die unmittelbar abhängig ist von der Entwicklung anderer Wirtschafts- zweige und deren Nachfrage von Transportdienstleistungen. Die Seeschifffahrt musste infolgedessen nach Jahren des beständigen Wachstums und steigender Umsätze erhebliche Rückschläge erleiden. Während die deutsche Wirtschaft mit ihrem ausgeprägten Exportcharakter insgesamt gestärkt aus der Krise hervorging, konnte die deutsche Seeschifffahrt bislang nur einen schwachen zwischen- zeitlichen konjunkturellen Aufschwung konstatieren, da die Branche mit am stärksten von weltweiten Konjunkturschwankungen betroffen ist. In diesem schwierigen globalen Marktumfeld entstanden neue Problemlagen, die einzelne maritime Branchenzweige vor neue Herausforderungen stellten:

Insbesondere die in Deutschland mittelständisch geprägte Schifffahrt – von etwa 400 Reedereien bereedern 280 weniger als zehn Schiffe – befindet sich in einer schwierigen Situation. In den prosperierenden Jahren vor der Krise wurden viele neue Schiffe von Reedereien in Auftrag gegeben, die oftmals das Risiko ausbleibenden Wirtschaftswachstums und konjunktureller Schwächen nicht berücksichtigten. Aufgrund der dadurch entstandenen Überkapazitäten liegen die Charterraten trotz leichter zwischenzeitlicher Verbesserungen nach wie vor auf einem vielfach nicht auskömmlichen Niveau. Eine spürbare Verbesserung der Marktsituation wird frühestens für das Jahr 2014 prognostiziert. In dieser schwierigen Marktsituation stellt der Rückzug einiger schiffsfinanzierender Banken aus diesem Geschäftsfeld für die maritime Wirtschaft eine zusätzliche Herausforderung dar. Hinzu kommen neue regulatorische Anforderungen an die Finanzwirtschaft, die langfristige Finanzierungsmodelle erschweren. Mit vielfältigen politischen Maßnahmen, etwa der Tonnagesteuer, Lohnkostenzuschüssen, dem Lohnsteuereinbehalt und der Ausbildungsplatzförderung, konnten in den letzten Jahren im Bereich der Seeschifffahrt gleich wohl weiter positive Akzente gesetzt werden. Die Tonnagesteuer gilt zu Recht als eine Erfolgsgeschichte für den Schifffahrtsstandort Deutschland. Seit ihrer Einführung konnte die Anzahl der Schiffe deutscher Reedereien von rund 1 800 Schiffen auf aktuell fast 3 600 verdoppelt und die Zahl der Beschäftigten auf See und an Land beträchtlich gesteigert werden. Unternehmerisches Wirken wurde an den Standort Deutschland gekoppelt.

Weitere wichtige Impulse setzen das seit Jahresbeginn 2013 geltende neue Flaggenrechtsgesetz und die Gründung der Stiftung „Schifffahrtsstandort Deutschland“, die aus finanziellen Beiträgen der Reederschaft die Ausbildung von Seeleuten und das Ausfahren der Patente fördern wird. Die Verabschiedung eines umfassenden neuen Seearbeitsgesetzes auf Basis des internationalen Seearbeitsübereinkommens (Maritime Labour Convention, MLC) der Labour Organization (ILO) und die zeitnah angestrebte Ratifizierung des Seearbeitsübereinkommens durch Deutschland sind weitere positive Entwicklungen. In diesem Zusammenhang muss allerdings auch von den Reedern gefordert werden, im Sinne der Zukunftsfähigkeit der Branche ausreichend Ausbildungs- und Praktikumsplätze für angehende Nautiker zur Verfügung zu stellen.

Der Nord-Ostsee-Kanal (NOK) ist als meistbefahrene künstliche Wasserstraße der Welt für den deutschen maritimen Standort von herausragender Bedeutung. Die Bundesregierung hat nach ihrem Amtsantritt unverzüglich Maßnahmen zur Reparatur und Instandhaltung der Schleusen sowie den Bau der fünften Schleuse in Brunsbüttel in Angriff genommen, um den Instandhaltungsstau der Jahre zuvor abzubauen. Die Mängel werden durch die zusätzlichen Mittel des Infrastrukturbeschleunigungsprogrammes schnellstmöglich beseitigt. Der Deutsche Bundestag unterstützt außerdem die Bundesregierung bei der Bereitstellung der weiteren erforderlichen Haushaltsmittel. Ebenso wird durch die Reform der Wasser- und Schifffahrtsverwaltung dafür gesorgt, dass Defizite im Bereich Planung und Vergabe beseitigt werden und die Ressourcenausstattung (Personal und Sachmittel) an Wasserstraßen mit hoher Verkehrsfunktion in erforderlichem Umfang sichergestellt wird.

Der Schiffbau befindet sich trotz steigender Auftragseingänge und verbesserter wirtschaftlicher und politischer Rahmenbedingungen in einer angespannten Situation, die durch einen notwendigen strukturellen Veränderungsdruck hervorgerufen wird. Die Branche steht durch eine verschärfte internationale Konkurrenzsituation und die sich verändernde Marktlage seit einigen Jahren vor der Aufgabe, den Transformationsprozess von standardisierten Produktionsabläufen zu individuellen Fertigungssystemen erfolgreich zu bewältigen. Die Schiffbauindustrie in Deutschland hat zudem mit der ausgeprägten Subventions- und Förderungspolitik anderer Industrienationen, vor allem in Asien, zu kämpfen. Die dadurch weltweit entstandene Kapazitätsausweitung liegt inzwischen rund 50 Prozent über dem tatsächlichen Bedarf.

Der Containerschiffbau in Deutschland ist mittlerweile ein abgeschlossenes Kapitel der traditionsreichen Schiffbaugeschichte. Neue Aufträge erfordern individuelle innovative und anspruchsvolle Konzeptionen. Dieser Strukturwandel der gesamten Branche ist in vielen Fällen erfolgreich verlaufen. So blieb die Zahl der Seeschiffswerften, die im zivilen und militärischen Neubau-, Reparatur- und Umbaugeschäft tätig sind, seit 2008 nahezu unvermindert bei etwas über 40 Werften, die seitdem in die Insolvenz gerieten; diese konnten mit angepassten Kapazitäten und geänderten Geschäftskonzepten häufig weitergeführt werden. Dieser Prozess dauert bis heute an und wird durch die Aktivitäten der Bundesregierung, etwa die Innovationsbeihilfen für den deutschen Schiffbau unterstützt. Die Zahl der Beschäftigten der deutschen Schiffbaubetriebe ist trotz unternehmerischer Umstrukturierungen in vielen Werften stabil, in machen sogar steigend.

Die deutschen Werften verbuchten im Jahr 2012 einen verbesserten Auftragseingang gegenüber dem Vorjahr. Belief sich der Auftragseingang im Jahr 2011 auf knapp 3 Mrd. Euro, konnte im Jahr 2012 ein Auftragsvolumen von 3,3 Mrd. Euro verbucht werden (ohne Marineaufträge). Die Ausrichtung auf den Spezialschiffbau ist ein erfolgreicher Weg, auch wenn die internationale Konkurrenz größer geworden ist.

Der weltweite Nachfrageeinbruch betrifft die gesamte herstellende maritime Industrie. Subventionierung, Protektionismus sowie die wachsende Forderung nach einheimischer Produktion bestimmen den internationalen Wettbewerb. Den Wettbewerbsverzerrungen muss auf allen Ebenen mit entschlossenem Handeln begegnet werden, um die Handlungsfähigkeit der maritimen Industrie zu erhalten. Die erfolgreiche LeaderSHIP-Initiative zeigt, dass durch Schulterschluss zwischen Industrie, Politik und Sozialpartnern die Herausforderungen der Zukunft bewältigt werden können.

Im Zuge der Energiewende stellt der Ausbau der Offshore-Windkraft für die Werften und die Zulieferindustrie einen Zukunftsmarkt mit enormem Entwicklungs- und Wachstumspotential dar. Die mit dieser innovativen Technologie verbundenen Herausforderungen werden zu einem Generationenprojekt. Mit Anreiz- und Gewährleistungsmaßnahmen sowie dem 2011 initiierten Sonderprogramm „Offshore Windenergie" der KfW Bankengruppe mit einem Kreditvolumen von 5 Mrd. Euro hat die Bundesregierung die Investitionsgrundlage deutlich verbessert. Dadurch werden in den kommenden Jahren enorme Wachstumspotentiale in der maritimen Branche freigesetzt und zugleich Forschung und Produktinnovation vorangetrieben. Auch die deutschen Häfen profitieren als Produktions- und Logistikzentren von dieser Entwicklung.

Die deutschen Seehäfen haben die Krise weitestgehend überwunden und setzen ihren Wachstumskurs weiter fort. Nach dem Einbruch des Güterumschlags im Jahr 2009 um rund 18 Prozent stieg der deutsche Seegüterumschlag bereits 2010 wieder um 6 Prozent auf 275 Millionen Tonnen an. Im Jahr 2012 erreichte der Güterumschlag nochmals mit rund 2 Prozent Wachstum einen neuerlichen Rekordwert. Insgesamt wurden in den deutschen Seehäfen 2012 298,1 Mio. Tonnen Güter umgeschlagen, obgleich der Güterverkehr insgesamt in Deutschland rückläufig ist. Damit

tragen die Häfen als logistische Dienstleistungszentren und Industriestandorte nach wie vor zum anhaltenden wirtschaftlichen Er folg Deutschlands in besonderer Weise bei.
In der Meerestechnik eröffnen sich große wirtschaftliche Potentiale für deutsche Unternehmen. Diese resultieren aus der zunehmenden Bedeutung des Meeres unter anderem für die Energie-, Rohstoff- oder Nahrungsmittelversorgung. Die deutsche Meerestechnik profitiert bisher unterproportional von diesen Märkten, besitzt als hochspezialisierte und innovative Zulieferindustrie aber eine hohe fachliche Reputation. Sie kann in diesem Hochtechnologiebereich dazu beitragen, eine nachhaltige und sichere Nutzung des Meeres sicherzustellen. Es ist Zielsetzung der Bundesregierung, die Wachstums- und Beschäftigungspotentiale der Meerestechnik zu erschließen. Mit dem Nationalen Masterplan Maritime Technologien (NMMT) hat die Bundesregierung ein gutes strategisches Instrument hierfür geschaffen.
In der maritimen Branche vollzieht sich derzeit ein Strukturwandel, der, bedingt durch branchenspezifische Eigenheiten, eine anhaltend problematische Marktlage und Veränderungen im Bereich der Schiffsfinanzierung langfristige Herausforderungen mit sich bringt. Die vorhandenen politischen Instrumentarien haben in Teilen dazu beitragen können, dass dieser Strukturwandel positiv vollzogen werden konnte. Es sind in erster Linie die Akteure der Branche selbst, die bei Bedarf eine Konsolidierung einleiten müssen und diesen Prozess in verschiedenen Fällen auch schon vorgenommen haben. Umstrukturierungen und Anpassungen an veränderte Marktbedingungen werden von der Bundesregierung und den Koalitionsfraktionen konstruktiv begleitet.
Die Bundesregierung und die Koalitionsfraktionen haben sich im besonderen Maße für die Belange der maritimen Wirtschaft eingesetzt:

- Das Bündnis für Ausbildung und Beschäftigung in der Seeschifffahrt (Maritimes Bündnis) wurde auf eine neue, zukunftsfähige Grundlage gestellt. Mit dem Flaggenrechtsänderungsgesetz wurde die Voraussetzung dafür geschaffen, dass die Förderung von Ausbildung und Beschäftigung zukünftig deutlich verbessert wird. Erstmalig stehen insgesamt rund 90 Mio. Euro p.a. zur Förderung von Beschäftigung und Ausbildung in der Seeschifffahrt am Standort Deutschland zur Verfügung – rund 60 Mio. Euro werden vom Bund zur Verfügung gestellt, rund 30 Mio. Euro bringt die Reederschaft selbst auf.
- Allein durch das Gesetz zur Umsetzung des Seearbeitsübereinkommens 2006 der Internationalen Arbeitsorganisation wurden zahlreiche bürokratische Hemmnisse abgebaut. Besonders ist dabei hervorzuheben, dass es erstmals gelang, die verwaltungsmäßige Durchführung in der Hand einer Bundesbehörde zu bündeln (BG Verkehr), so dass die Reeder künftig für den Bereich des Seearbeitsrechtes nur noch ein einzige Behörde als Ansprechpartner haben. Im Sinne eines fairen Wettbewerbs wird ferner die weltweite Durchsetzung von Mindeststandards der Arbeits- und Lebensbedingungen der Seeleute an Bord von Handelsschiffen durch das Gesetz gefördert.
- Ein zukunftsfähiges neues Seehandelsrecht wurde geschaffen. Das bisherige Seehandelsrecht galt als veraltet und schwer verständlich. Mit der Novellierung wurde das Seehandelsrecht klarer strukturiert, das Seefrachtrecht behutsam modernisiert und erstmals eine gesetzliche Grundlage für die Verwendung elektronischer Beförderungsdokumente geschaffen. Weitere Schwerpunkte der Seehandelsrechtsreform waren die Schiffsüberlassungsverträge (erstmalige Regelung der Bareboat Charter und der Zeitcharter), die Rechtsstellung des Kapitäns (Streichung der Regelung über die quasivertragliche Haftung gegenüber allen Reiseinteressenten in Anpassung an die Rechtswirklichkeit) sowie die Haftung für Schäden von Passagieren auf See- und Binnenschiffen (Angleichung an EU-Recht).
- Durch die Erweiterung und Verlängerung des Atalanta-Mandats der deutschen Marine sowie verbesserte Maßnahmen der Eigensicherung durch die Reedereien ist die Zahl der Angriffe von Piraten am Horn von Afrika zurückgegangen. Eindeutige Regularien zur Zulassung privater

Bewachungsunternehmen auf Seeschiffen, die den deutschen Reedern bei ihren Selbstschutzmaßnahmen Rechtssicherheit geben, wurden auf den Weg gebracht.

– Mit dem Gesetz zur Änderung des Seesicherheits-Untersuchungs-Gesetzes und zur Änderung sonstiger schifffahrtsrechtlicher Vorschriften wurde nicht nur das Seesicherheits-Untersuchungs-Gesetz an die EU-Vorgaben angepasst und klarer strukturiert, darüber hinaus wurde ein seit Jahren bestehendes Problem im Bereich der Verfolgung von Alkoholmissbrauch durch Schiffsoffiziere in der Seeschifffahrt behoben und entsprechend die Sicherheit im Seeverkehr verbessert.

– Es wurden neue Akzente für mehr Wirtschaftlichkeit in der Verwaltung und zur besseren Einbindung Dritter gesetzt. In diesem Zusammenhang wurde die Prüfung einer gemeinsamen Bereederung der bundeseigenen Schiffe in Auftrag gegeben. Darüber hinaus wurde die Wasser- und Schifffahrtsverwaltung des Bundes (WSV) verpflichtet, insbesondere die private Bereederung von Wasserfahrzeugen zu prüfen und im Falle der Wirtschaftlichkeit auch zu vollziehen. Ferner wurden in der WSV die Verwaltungsstrukturen deutlich gestrafft.

– Die Rahmenbedingungen für den maritimen Kombinierten Verkehr wurden durch die Novellierung der Richtlinie zur Förderung von Umschlaganlagen des Kombinierten Verkehrs nichtbundeseigener Unternehmen verbessert.

– Im Bereich der Verkehrs- und Energieinfrastruktur wurden zahlreiche Verbesserungen erzielt, darunter insbesondere die Verfahrensbeschleunigung für den Bau von Stromtrassen, die Haftungsentlastung für Offshore-Betreiber sowie die Priorität für die Verbesserung der infrastrukturellen Anbindung der Seehäfen und für den Ausbau des NOK.

– Der Beitrag der Schifffahrt zum Umwelt- und Klimaschutz wurde durch die Verbesserung internationaler Vorschriften zum Einsatz von LNG als Schiffskraftstoff und durch eine bessere Förderung der Landstromversorgung sowie den Beitritt Deutschlands zu internationalen Übereinkommen und deren Umsetzung (z.B. Ballastwasserübereinkommen, Anlage VI des MARPOL-Übereinkommens, Übereinkommen von Nairobi über die Beseitigung von Wracks) stärker akzentuiert.

– Durch die Liberalisierung der Führerscheinpflichten und durch Entbürokratisierung der Vorschriften für den Wassersport wurde einerseits diese Branche nachhaltig gestärkt und andererseits der Wassersport für die Menschen attraktiver gemacht.

– Durch die Aufstockung der Mittel für die Innovationsbeihilfen zugunsten der deutschen Werftindustrie und die anhaltenden Bemühungen durch Innovationsförderung wurden die Wettbewerbsbedingungen der deutschen Werften gestärkt.

– Die Förderung von umweltfreundlichen Motoren für Binnenschiffe und zur Modernisierung der deutschen Binnenschiffsflotte wurde im Bundeshaushalt 2013 erhöht.

– Die Erhöhung der Beihilfen zur Ausbildungsförderung in der Binnenschifffahrt trägt dazu bei, dem Fachkräftemangel wirksam zu begegnen.

– Die Initiative der maritimen Sicherheitsforschung im Projekt „F&E und Echtzeitdienste für die Maritime Sicherheit" der Deutschen Zentrums für Luft- und Raumfahrt (DLR) wurde mit einem Gesamtvolumen von 70 Mio. Euro für zehn Jahre befördert und unterstützt.

– Die Bundesmittel für Um-, Aus- und Neubaumaßnahmen der Bundeswasserstraßen wurden im Bundeshaushalt 2013 erhöht und zusätzliche Mittel für den NOK im Rahmen der Infrastrukturbeschleunigungsprogramme I und II bereitgestellt.

II. Der Deutsche Bundestag begrüßt

die laufenden Aktivitäten der Bundesregierung, über das bisher Erreichte den maritimen Standort in Deutschland im Rahmen der verfügbaren Haushaltsmittel weiter zu stärken, insbesondere

– die Aktivitäten der Bundesregierung, die Entbürokratisierung und Optimierung der Vorschriften für die Seeschifffahrt weiter voranzutreiben und weiter zu forcieren, um die Attraktivität der deutschen Flagge zu stärken;
– die Initiative des Maritimen Koordinators zum Nationalen Masterplan für Maritime Technologien als wichtigen Baustein zur Stärkung des maritimen Standorts Deutschland;
– die finanzielle Aufstockung der Bundesmittel im FuE-Förderprogramm „Maritime Technologien der nächsten Generation" des Bundesministeriums für Wirtschaft und Technologie. Damit wird der Meerestechnik und dem Schiffbau ein höherer Stellenwert gegeben;
– die Maßnahmen der Bundesregierung zur Stärkung der Infrastrukturvorhaben als Bestandteil seiner Entwicklungszusammenarbeit, so dass deutsche Werften sich vermehrt um Aufträge im Rahmen dieser Entwicklungszusammenarbeit bemühen konnten;
– die Fortsetzung der steuerlicher Anreize (Tonnagesteuer und Lohnsteuereinbehalt) zur Stärkung des Schifffahrtsstandortes Deutschland;
– die Fortsetzung der Zuweisungen des Bundes an die Bundesländer für Investitionen im Bereich der Seehäfen und die Fortschreibung des Nationalen Hafenkonzeptes.

Deutscher Bundestag Drucksache 17/1**0097 17. Wahlperiode** 26. 06. 2012 1611
Antrag
der Abgeordneten Uwe Beckmeyer, Johannes Kahrs, Dr. Hans-Peter Bartels, Sören Bartol, Martin Burkert, Garrelt Duin, Ingo Egloff, Petra Ernstberger, Karin Evers-Meyer, Iris Gleicke, Ulrike Gottschalck, Michael Groß, Hans-Joachim Hacker, Bettina Hagedorn, Gustav Herzog, Gabriele Hiller-Ohm, Ute Kumpf, Kirsten Lühmann, Thomas Oppermann, Florian Pronold, Sonja Steffen, Franz Thönnes, Dr. Frank-Walter Steinmeier und der Fraktion der SPD

Maritimes Bündnis fortentwickeln – Schifffahrtsstandort Deutschland sichern

Der Bundestag wolle beschließen:
I. Der Deutsche Bundestag stellt fest:
Maritimes Personal ist in vielen Branchen gefragt – nicht nur an Bord von Schiffen, sondern auch an Land in den Reedereien und anderen maritimen Unternehmen und Institutionen. Auch die zunehmend an Bedeutung gewinnende Offshore-Windenergiebranche benötigt maritime Fachkräfte. Schon heute verzeichnet die Seeschifffahrtsbranche deshalb einen erheblichen personellen Engpass.
Bund, Länder und Sozialpartner haben in den vergangenen Jahren auf Initiative der SPD einen Zukunftspakt geschnürt, um den Schifffahrtsstandort zu stärken und für gute Berufschancen an Bord und bei den Landbetrieben der Seeschifffahrt zu sorgen. Die Absprachen im Rahmen des „Maritimen Bündnisses für Ausbildung und Beschäftigung" sollen dazu beitragen, dem Problem der Überalterung entgegenzuwirken, eine weitere Abwanderung von Fachkräften ins Ausland zu verhindern und so seemännisches Know-how für den maritimen Standort Deutschland zu sichern.
Allerdings sind noch längst nicht alle vereinbarten Bündnisziele erreicht. Problematisch ist insbesondere die zunehmende Zahl von Ausflaggungen unter sogenannten Billigflaggen. Es ist an der Bundesregierung, das Maritime Bündnis fortzuentwickeln und neue Perspektiven für die Zukunft zu formulieren.
Vor allem wird es darum gehen, dass die Reedereien ihrer Zusage nachkommen, einer weiteren Ausflaggung deutscher Schiffe entgegenzuwirken – und so einen Verlust von Arbeitsplätzen in Deutschland zu verhindern. Das allein wird allerdings für einen weiteren Zuwachs an Beschäftigung in der Seeschifffahrt nicht ausreichen: Die Bundesregierung muss dafür Sorge tragen, dass

Küstenländer und Unternehmen mehr Ausbildungsplätze und Geld für die Nachwuchsförderung bereitstellen.

Derzeit werden auf Schiffen unter deutscher und EU-Flagge rund 4 500 bis 4 700 deutsche Seeleute und Seeleute mit EU-Nationalität beschäftigt. Diese Seeleute sind in Deutschland in vollem Umfang sozialversicherungspflichtig. Diese Zahl gilt es zu halten und weiter zu erhöhen.

Doch die Bundesregierung hat die Herausforderungen nicht aufgenommen, sondern im Gegenteil einen teilweisen Rückzug aus dem Maritimen Bündnis eingeleitet. Sie will die Übereinkunft nicht in der bisherigen Form weiterführen, sondern setzt auf eine Neuausrichtung der Schifffahrtsförderung. Im Kern bedeutet die von der Bundesregierung angestrebte Lösung nichts anderes als eine Abkehr von dem bisherigen Modell einer Solidargemeinschaft von Bund, Küstenländern, Sozialpartnern und maritimer Wirtschaft.

Nachdem sie die Hilfen für die Seeschifffahrt im Bundeshaushalt 2012 zunächst auf die Hälfte des bisherigen Betrages gekürzt hatte, nahm die Bundesregierung diese Entscheidung aufgrund massiver Proteste gegen die Einsparpläne zwar zurück. Die Unterstützung bleibt aber weit unterhalb der Förderbeträge der vergangenen Haushaltsjahre, und die Regierungskoalition musste inzwischen ein- räumen, dass die Finanzhilfen für Ausbildung und Beschäftigung in der Seeschifffahrt vorerst nicht wieder auf das bisherige Niveau zurückgeführt werden.

Denn in dem Bemühen, die entstandene Finanzlücke durch die Einbindung der Reederschaft und einen Eigenbeitrag der Schifffahrtsunternehmen zu schließen, ist es der Bundesregierung bisher nicht gelungen, einen neuen, verlässlichen Rahmen für die Schifffahrtsförderung zu schaffen.

Die Ausfälle, die sich aus der Kürzung der Finanzmittel im Bundeshaushalt ergeben, sollen nach dem Willen der Bundesregierung künftig von den Schifffahrtsunternehmen ausgeglichen werden. Die deutschen Reeder haben zugesichert, bis Anfang nächsten Jahres 20 Mio. Euro in einen Solidarfonds zu zahlen. Weitere 10 Mio. Euro sollen dadurch eingenommen werden, dass die Gebühren für die Ausflaggung deutscher Schiffe in Billiglohnländer erhöht werden. Dazu ist eine Änderung der Gebührenverordnung für Amtshandlungen des Bundesamtes für Seeschifffahrt und Hydrographie (BSH) erforderlich, die ein am so- genannten Äquivalenzmodell orientiertes Gebührenmodell für die Ausflaggung umsetzt.

Ein aktueller Prüfbericht des Bundesministeriums für Verkehr, Bau und Stadtentwicklung und des Koordinators der Bundesregierung für die maritime Wirtschaft zeigt jedoch, dass die Bundesregierung vor 2013 keine verfassungsfeste Regelung schaffen kann, um die geplante Summe von 30 Mio. Euro einzusammeln – weder über ein Gebührenmodell noch über eine öffentlich-rechtliche Fondslösung. Grund dafür ist nicht zuletzt die unterschiedliche Bewertung der Tragfähigkeit und Verfassungsfestigkeit der Modelle durch die beteiligten Ressorts innerhalb der Bundesregierung. Die offenen Finanzierungsfragen gefährden nicht nur die Arbeitsplätze in der Seeschifffahrt, sondern stellen letztlich die Bündnisziele insgesamt in Frage, was nicht hinnehmbar ist.

Eine dauerhafte Lösung kündigt die Bundesregierung erst für die nächste Nationale Maritime Konferenz im Sommer 2013 an. Die Jahre 2012 und 2013 will sie daher nach eigener Aussage als „Übergangsjahre" gestalten. Diese Planungsunsicherheit belastet die maritime Branche in einer Situation, in der sie ohnehin stark von der Krise der Schiffsfinanzierung getroffen ist.

Wenn die Bundesregierung eine Neustrukturierung der Schifffahrtsförderung vornehmen will, darf dies nicht zu Lasten von Ausbildung und Beschäftigung qualifizierter Seeleute in Deutschland gehen. Sie ist aufgefordert, die Voraussetzungen dafür zu schaffen, dass ein neuer verlässlicher Rahmen geschaffen wird, der im Sinne des „Maritimen Bündnisses" zur Beschäftigungssicherheit und zur Erhöhung der Ausbildungskapazitäten am maritimen Standort Deutschland beiträgt.

II. Der Deutsche Bundestag fordert die Bundesregierung auf,

– zeitnah einen ressortabgestimmten Entwurf zur Änderung der Gebührenverordnung für Amtshandlungen des Bundesamtes für Seeschifffahrt und Hydrographie (BSH-GebV) vorzulegen, um die Voraussetzungen für die Erhebung des von der deutschen Reederschaft zugesagten Eigenbeitrages in Höhe von 10 Mio. Euro im Rahmen der Ausflaggungsgenehmigung nach § 7 des Flaggenrechts zu ermöglichen;

– in Ergänzung des Gebührenmodells und zur Realisierung des weiterhin zugesagten Eigenbetrages der deutschen Reederschaft in Höhe von 20 Mio. Euro rasch ein verfassungsrechtlich tragfähiges Fondsmodell zu entwickeln, um die Kontinuität der Schifffahrtsförderung im Interesse der Ausbildung und Beschäftigung am maritimen Standort zu gewährleisten;

– an der Ausbildungsplatzförderung für Schiffsmechaniker sowie nautische und technische Offiziersassistenten sowie den Zuschüssen zur Senkung der Lohnnebenkosten festzuhalten, um das seemännische Know-how in Deutschland zu sichern;

– gemeinsam mit den Sozialpartnern neue Bündnisziele zu verabreden, um den Anteil von Handelsschiffen unter deutscher Flagge gegenüber Nicht-EU- Flaggen deutlich zu erhöhen und einer weiteren Ausflaggung deutscher Handelsschiffe und damit dem Verlust von Arbeitsplätzen in Deutschland entgegenzuwirken;

– dafür Sorge zu tragen, dass die zugesagten Ausbildungsplatzkapazitäten durch die Küstenländer und Seeschifffahrtsunternehmen zur Verfügung gestellt werden;

– endlich einen Gesetzentwurf vorzulegen, um das internationale Seearbeitsübereinkommen zur Verbesserung der Arbeitsbedingungen von Seeleuten aus dem Jahr 2006 zu ratifizieren.

Berlin, den 26. Juni 2012

Dr. Frank-Walter Steinmeier und Fraktion.

Deutscher Bundestag Drucksache 17/12723 **17. Wahlperiode** 13. 03. 2013 **1612**

Antrag

der Abgeordneten Uwe Beckmeyer, Sören Bartol, Martin Burkert, Petra Ernstberger, Iris Gleicke, Ulrike Gottschalck, Michael Groß, Hans-Joachim Hacker, Gustav Herzog, Johannes Kahrs, Ute Kumpf, Kirsten Lühmann, Florian Pronold, Dr. Hans-Peter Bartels, Ingo Egloff, Karin Evers-Meyer, Bettina Hagedorn, Gabriele Hiller-Ohm, Thomas Oppermann, Holger Ortel, Dr. Ernst Dieter Rossmann, Dr. Carsten Sieling, Sonja Steffen, Franz Thönnes, Dr. Frank-Walter Steinmeier und der Fraktion der SPD

Umsteuern in der Krise – Maritime Wirtschaft unterstützen

Der Bundestag wolle beschließen:

Der Deutsche Bundestag stellt fest:

Die Maritime Wirtschaft in Deutschland steht vor großen Herausforderungen. In der Vergangenheit hat sie sich auf Bereiche konzentriert, die im Branchenvergleich am stärksten im internationalen Wettbewerb standen, und sie hat gerade von dieser Spezialisierung profitiert. Mit der wachsenden globalen Standortkonkurrenz ist dieses Erfolgsmodell unter Druck geraten. Die notwendige Anpassung eröffnet aber auch neue Chancen und Entwicklungspotenziale für die Maritime Wirtschaft, ob es nun um die Offshore-Windenergie oder den Klima- und Umweltschutz geht.

Entscheidend wird es sein, den Prozess der Neuausrichtung der Maritimen Wirtschaft aktiv zu steuern. Doch die Bundesregierung setzt in wichtigen Handlungsfeldern der maritimen Politik auf eine Liberalisierung von Märkten und den Rückzug des Staates – eine Haltung, die dem Maritimen Standort ins- gesamt schadet. Denn eine strategische Industriepolitik für die Maritime Wirtschaft ist ein wichtiger Standortfaktor; sie kann dazu beitragen, Arbeitsplätze, Knowhow

und Wertschöpfung im Inland zu sichern, und den Rahmen für eine nachhaltige Zukunft setzen. Wer sich dem verweigert, gefährdet die Zukunfts- perspektiven der Branche in Deutschland.
Die Bundesregierung muss die 8. Nationale Maritime Konferenz in Kiel nutzen, um hier umzusteuern. Erforderlich ist eine konsequente Innovationsstrategie, um die Maritime Wirtschaft in ihrem Modernisierungsprozess zu unterstützen. Dabei sind vier wesentliche Themenfelder zu benennen: Finanzierung von Entwicklung, zukunftsfähige Arbeit, Innovationsförderung/ Umweltschutz und Stärkung der Infrastruktur. Ziel muss es sein, durch eine Kombination branchenspezifischer Maßnahmen ein innovationsfreundliches Klima zu schaffen, vorhandene Wachstumspotenziale zu nutzen und in dauerhafte Wertschöpfung umzusetzen.
Die SPD steht für eine solche zukunftsorientierte Industriepolitik in Deutschland. Wir setzen uns für eine Strukturanpassung der Maritimen Wirtschaft ein, die den traditionellen Industrien zukunftsträchtige Produktionsbereiche er- schließt und zugleich neue Industrien fördert und damit Arbeitsplätze sichert und neu schafft – im Interesse der maritimen Industrien im Norden und der gesamten deutschen Volkswirtschaft.

I. Instrument
1: Finanzierung maritimer Investitionen
Die Zukunftsfähigkeit der maritimen Branche hängt wesentlich vom technologischen Fortschritt und marktfähigen Innovationen ab. Die Entwicklung der Offshore-Windenergie, neue Systeme im Bereich der Meerestechnik oder die Umrüstung der Schiffsflotte in Deutschland auf moderne, umweltfreundliche Modelle sind Bestandteil eines solchen Zukunftskonzeptes. Dies erfordert je doch hohe Investitionssummen. Angesichts der weiterhin angespannten Lage auf den internationalen Kapitalmärkten und der wachsenden globalen Standortkonkurrenz ist die Finanzierung daher eine der wesentlichen Herausforderungen für den Erfolg maritimer Projekte und eine zentrale Säule der Innovationsstrategie. Doch die Bundesregierung lehnt es bisher ab, ihren Beitrag dazu zu leisten, um einen stabilen Finanzierungsrahmen für die maritime Branche zu schaffen.
Für viele Reedereien gestaltet es sich seit Ausbruch der Finanzmarktkrise zunehmend schwierig, in ausreichendem Umfang Eigen- und Fremdkapital für die Finanzierung neuer Schiffe aufzubringen. Als Auslöser der Krise und zugleich krisenverschärfend wirken neben sinkenden Frachtraten und dem harten Preiskampf zwischen den Schifffahrtsunternehmen insbesondere die hohen Überkapazitäten an Laderaum, die in den vorangegangenen Boomjahren durch exzessive und zum Teil spekulative Bestelltätigkeit im Containerschiffsbereich hervorgerufen wurden. Hinzukommen veränderte Rahmenbedingungen auf dem Bankenmarkt, die sich aus der laufenden Restrukturierung wichtiger Institute und strengeren Eigenkapitalvorschriften für die Banken ergeben. In der Folge hat sich für die Schifffahrtsbranche in Deutschland, die mit mehr als 400 Unternehmen mittelständisch geprägt ist, eine massive Finanzlücke aufgetan, und die traditionellen Finanzierungsmodelle in der Schifffahrt stehen infrage. Die Bundesregierung ist aufgefordert, bestehende Förderinstrumente auf die Möglichkeit der Unterstützung der Bestandsflotte zu überprüfen.
Von dieser Krisenentwicklung sind auch viele deutsche Werften betroffen. Die Krise der Schiffsfinanzierung, verbunden mit einem massiven Rückgang der globalen Nachfrage, hat zu einer wachsenden Unterauslastung der Schiffbaubetriebe in Deutschland geführt, die auch Folgen für die wirtschaftliche Lage der Branche hat. Da aufgrund der Krise Schiffskapazitäten auch auf dem asiatischen Markt nicht ausgelastet sind, droht den deutschen Werften zudem auch ein neuer internationaler Niedrigpreis-Wettbewerb. Die Stärke der Schiffbauindustrie in Deutschland liegt im Bau technisch anspruchsvoller Schiffe wie Kreuzfahrtschiffe, Fähren, aber auch Kabelleger, Schwimmbagger oder Offshore-Spezialschiffe; doch bisher liegt z.B. der Offshore-Anteil an der Werftenauslastung in Deutschland bei unter 10 Prozent. Eine besondere Herausforderung stellt zudem die Neustrukturierung der Bundeswehr dar, die auch im Bereich Marineschiffbau einen

Anpassungsprozess erforderlich macht. Spezielle Förderprogramme und eine bevorzugte Kreditbereitstellung können dazu beitragen, die Potenziale maritimer Zukunftstechnologien verstärkt zu nutzen, um den Strukturwandel der Schiffbaubranche zu unterstützen. Doch die Bundesregierung lehnt dies ab. Der Bund will sich bei der Absicherung von Schiffsauf trägen aus dem Ausland über Hermes-Bürgschaften sogar stärker zurückhalten. Darüber hinaus fehlen bisher Finanzierungsinstrumente für Inlandsbestellungen, wie sie für Auslandsgeschäfte angeboten werden.

Der Verzicht auf staatliche Lenkung durch die Bundesregierung hemmt nicht nur die Neuausrichtung der Werften, sondern gefährdet das Zukunftsfeld Offshore-Windenergie insgesamt. Die komplexe Struktur der Offshore-Windenergieanlagen erfordert eine gründliche Auseinandersetzung mit möglichen Risiken.

Insbesondere die Netzanbindung der Offshore-Windparks stellt derzeit eine wesentliche Hürde bei der Projektfinanzierung dar. Die aktuelle Diskussion um Haftungsfragen und Mehrkosten aufgrund der Verzögerungen beim seeseitigen Netzanschluss bleiben nicht ohne Folgen für die Investitionsbereitschaft von Windparkbetreibern, Banken und privaten Kapitalgebern. Zahlreiche Offshore- Projekte sind in den vergangenen Monaten gestoppt worden. Die Bundesregierung ist aufgefordert, die Rahmenbedingungen für die wirtschaftliche Realisierbarkeit der Offshore-Projekte zu verbessern. Es sollte ein Konzept gesucht wer- den, das die Verbraucherinnen und Verbraucher nicht zusätzlich belastet.

Der Deutsche Bundestag fordert die Bundesregierung auf,

– sich gegenüber der Bundesanstalt für Finanzdienstleistungsaufsicht für eine Prüfung des sog. Long Term Asset Value (LTAV) als alternatives Schiffsbewertungsverfahren einzusetzen;

– gemeinsam mit den schiffsfinanzierenden Banken Modelle zu entwickeln, um die deutschen Reedereien beim Abbau von Schiffskapazitäten zu unter- stützen, z.B. durch sog. Aufliegerprogramme oder durch Herausnahme von Schiffen, die nicht energieeffizient und älter als 15 Jahre alt sind;

– die bestehenden Finanzierungsinstrumente für die mittelständische Wirtschaft zu überprüfen und im Rahmen von Förderzielen neue Perspektiven für die Schiffbaubranche zu eröffnen;

– in einen Dialog mit Banken und maritimen Verbänden einzutreten, um gemeinsam Lösungen zur Überwindung der aktuellen Krise zu entwickeln und dabei insbesondere das Problem der hohen Kosten für die Bauzeitfinanzierung von Schiffsneubauten auf deutschen Werften im zukunftsträchtigen Spezialschiffbau in den Blick zu nehmen;

– die Einführung von Finanzierungsinstrumenten für Inlandsbestellungen zu prüfen;

– den Marineschiffbausektor bei seinen Exportanstrengungen durch die Förderung von Referenzprojekten zu unterstützen und bei Exportaufträgen ins- besondere das Instrument von Government-to-Government-Verträgen zur Unterstützung von Exportvorhaben zu prüfen;

– gemeinsam mit den Küstenländern eine koordinierte Strategie zur Entwicklung der Offshore-Windenergie zu erarbeiten und den Offshore-Ausbau im Rahmen eines Monitoringprozesses zu begleiten;

– mit den anschlussverpflichteten Netzbetreibern eine gemeinsame Netzgesellschaft zu bilden, um den bedarfsgerechten Ausbau der Stromnetze und die Bereitstellung der notwendigen seeseitigen Netzanschlüsse sicherzustellen;

– die derzeitigen Regelungen zur Haftung bei verspäteter Anbindung der Offshore-Windparkanlagen grundlegend zu überarbeiten und insbesondere durch eine formale Risikominimierungsvorgabe Schadensersatzansprüche weitgehend auszuschließen, die Haftungsregelung auf grobe Fahrlässigkeit zu beschränken und auf eine Rückwirkung zu verzichten, so dass eine sach- gerechte Risikoverteilung unter Berücksichtigung aller Akteure beim Bau von Offshore-Windanlagen erfolgt;

– die Förderung im Rahmen des bestehenden Sonderprogramms „Offshore- Windenergie" der KfW Bankengruppe für den Bereich der Hafen- und Schiffskapazitäten zu öffnen und die verfügbaren Mittel bis zu einer Höhe von 10 Prozent des Gesamtvolumens vorrangig für Kreditvergaben in diesem Bereich zu verwenden. Darüber hinaus ist ein gesondertes Kreditprogramm der KfW Bankengruppe zur Finanzierung von Spezialschiffen und Offshore-Strukturen zu prüfen, um den Offshore-Ausbau zu flankieren;
– im Rahmen der zur Verfügung stehenden Mittel die Förderung von Forschung, Entwicklung und Innovation im Offshore-Bereich auszubauen und dabei einen Schwerpunkt der Förderaktivitäten auf die Forschungsthemen Netzintegration der Windenergie und Sicherheit der Offshore-Systeme zu legen.

II. Instrument
2: Zukunftsfähige Arbeit fördern
Der maritime Arbeitsmarkt ist in den vergangenen Jahren stark in Bewegung geraten. Die Entwicklung ist geprägt von dem Wandel maritimer Strukturen, der u.a. in der Neuausrichtung der Werftenbranche und dem Ausbau der Offshore-Windenergie zum Ausdruck kommt. Mit dem Modernisierungsdruck in der Maritimen Wirtschaft nimmt auch die Bedeutung wissensintensiver Arbeitsprozesse zu. Vor diesem Hintergrund sind die Frage der Verfügbarkeit und Qualifizierung von Fachkräften sowie der Stellenwert und die Perspektiven traditioneller Industriearbeit neu zu diskutieren. Die Politik der Bundesregierung, die Sozialpartner in dem notwendigen Anpassungsprozess weitgehend sich selbst zu überlassen, greift zu kurz. Wesentlicher Baustein einer Innovationsstrategie für den maritimen Sektor ist ein neuer Sozialvertrag für Modernisierung, um den industriellen Wandlungsprozess in der maritimen Branche aktiv zu begleiten und durch die Gewährleistung wachstums- und beschäftigungsfördernder Rahmenbedingungen zu unterstützen.
Die Schiffbaubranche steht derzeit unter besonderem Anpassungsdruck. Seit 2008 mussten sieben Seeschiffswerften in Deutschland Insolvenz anmelden; betroffen waren rund 6 000 Beschäftigte. Damit setzt sich der Abwärtstrend auf dem Werften-Arbeitsmarkt fort: Die Beschäftigtenzahl im deutschen Schiffbau ist seit 2008 um mehr als 20 Prozent gesunken, auch die Ausbildungsquote ist auf 6,9 Prozent zurückgegangen. Zugleich führt die Neuausrichtung der Werftunternehmen auf den Bau und die Ausrüstung von Spezialschiffen zu einem Mehrbedarf an Ingenieuren aller schiffbaulichen Fachrichtungen, der derzeit nicht vollständig gedeckt werden kann, sowie zu einem erhöhten Bedarf an qualifizierten Facharbeitern. Gleichzeitig verfügen einige Werftbetriebe seit Jahren über einen hohen Anteil an Leiharbeitskräften und ersetzen offenbar systematisch Teile ihrer Stammbelegschaft. Die Leiharbeitsquote betrug im deutschen Schiffbau 2012 nach Angaben der Bundesregierung 13,9 Prozent. Aufgabe der Bundesregierung wäre es, hier klare Regeln zu setzen und den Umstrukturierungsprozess in der Werftindustrie mit seinen Veränderungen des Arbeitsbedarfes und der Arbeitsinhalte so zu begleiten, dass die Interessen der Betriebe und der Beschäftigten gleichermaßen Berücksichtigung finden.
Der Verzicht der Bundesregierung auf eine aktive staatliche Steuerung ist auch im Bereich der Offshore-Windenergie erkennbar. Im Gegensatz zur Werftindustrie wird die dynamische Entwicklung der Offshore-Windenergie nach Expertenmeinung künftig zu deutlichen Beschäftigungseffekten führen. Innerhalb der kommenden zehn Jahre sind bis zu 18 000 neue Arbeitsplätze zu erwarten. Der junge Technologiebereich, der sich insbesondere in Deutschland noch in einer relativ frühen Phase der Marktentwicklung befindet, bietet eine Vielzahl neuer Betätigungsfelder. Zugleich zeichnet sich die Branche durch außerordentliche technische Anforderungen aus. Ein hohes Qualifikationsniveau der Beschäftigten kann dazu beitragen, die Gefahren insbesondere bei den Arbeiten auf See deutlich zu verringern. Doch die Branche steht hier ganz am Anfang. Noch existieren keine Mindestanforderungen oder Ausbildungsstandards; zudem

bilden viele Unternehmen der Offshore-Windenergiebranche bisher nicht aus – eine Problematik, die durch das Fehlen von Tarifverträgen und eine Interessenvertretung der Beschäftigten verschärft wird. Die Bundesregierung verweist auf die Zuständigkeit der Sozialpartner. Doch gerade die Herausbildung neuer, innovativer Wirtschaftsbereiche wie die Offshore-Windbranche erfordert eine arbeits- marktpolitische Steuerung. Nur so wird es möglich sein, rasch auf die neuen Anforderungen der Arbeitsplatzgestaltung zu reagieren und für die Beschäftigten ein Höchstmaß an Sicherheit und Arbeitsschutz zu garantieren.

Eine Kontinuität des Politikverzichts der schwarz-gelben Bundesregierung zeigt sich im Bereich der Seeschifffahrt. Die Regierungskoalition hat massive Kürzungen bei der Schifffahrtsförderung vorgenommen und damit einen Rückzug des Staates beim „Maritimen Bündnis für Ausbildung und Beschäftigung in der Seeschifffahrt" eingeleitet. Die Mindereinnahmen sollen künftig von den Schiff- fahrtsunternehmen ausgeglichen werden. Dies bedeutet eine Abkehr von dem bisherigen verlässlichen Modell einer Solidargemeinschaft von Bund, Ländern, Sozialpartnern und Maritimer Wirtschaft. Die Neustrukturierung der Schifffahrtsförderung droht zu Lasten von Ausbildung und Beschäftigung qualifizierter Seeleute in Deutschland zu gehen. Denn die Absprachen im Maritimen Bündnis sollten dazu dienen, auf den demographischen Wandel zu reagieren, eine weitere Abwanderung von Fachkräften ins Ausland zu verhindern und so seemännisches Know-how für den maritimen Standort Deutschland zu sichern. Die Bundesregierung ist aufgefordert, das Maritime Bündnis zu erneuern und im Dialog mit den Ländern und den Sozialpartnern zur Beschäftigungssicherung und zur Erhöhung der Ausbildungskapazitäten am maritimen Standort Deutschland beizutragen. Wenn es um sichere Arbeitsbedingungen für die Seeleute an Bord deutscher Handelsschiffe geht, gilt es auch, die Bedrohung auf See durch moderne Piraterie in den Blick zu nehmen. Die Politik der Bundesregierung, den Kampf gegen Piraterie an private Sicherheitskräfte „auszulagern", kann auf Dauer keine Lösung sein. Für die SPD steht außer Frage, dass sich eine Lösung im Kampf gegen die Piratenangriffe nicht auf die militärische Komponente beschränken darf.

Neben Werften und Reedereien, der Offshore-Windindustrie und den Zulieferfirmen sichern vor allem die deutschen Seehäfen die Beschäftigung in der Maritimen Wirtschaft. Zugleich hängen die Wertschöpfung durch die Häfen und ihr Ausbau zu Drehscheiben des Güterverkehrs für die gesamte deutsche Wirtschaft wesentlich von der Ausbildung und Qualifizierung dieser Arbeitskräfte und attraktiven Arbeitsbedingungen in der Hafenwirtschaft ab. Sollten die hafenpolitischen Pläne der Europäischen Kommission umgesetzt werden, den Marktzugang für die Hafenarbeit sowie für Lots- und Schlepperdienste neu zu regeln, ist eine verstärkte Konkurrenz von Dienstleistern aus Nicht-EU-Ländern zu befürchten. Dumpinglöhne und schlechtere Arbeitsbedingungen hätten negative Folgen für die Leistungsfähigkeit der Hafenwirtschaft – zum Schaden der deutschen Seehäfen und des Wirtschaftswachstums in Deutschland.

Der Deutsche Bundestag fordert die Bundesregierung auf,

– gemeinsam mit den Sozialpartnern und der Maritimen Wirtschaft eine neue länderübergreifende Arbeitsgruppe einzurichten, die konkrete Maßnahmen zur Sicherung des Nachwuchses in der Schiffbauindustrie entwickelt, und dabei die Themen Hochschulausbildung, Duales Studium, Sicherung der Facharbeiterausbildung sowie die Frage der Übernahme von Auszubilden- den in den Fokus zu rücken;
– sich gegenüber der deutschen Werftindustrie für eine Erhöhung der Ausbildungsquote einzusetzen, die zwischen 2009 und 2012 von 8,8 Prozent auf 6,9 Prozent gesunken ist;
– eine öffentliche Förderung für die Bereiche Schiffbau, Seeschifffahrt und Offshore-Windenergie stärker als bisher an quantitative und qualitative Ziele hinsichtlich Ausbildung, Übernahme und der Ausgestaltung von Tarifverträgen zu knüpfen;

– sich für Schulungen der Vermittler in den Arbeitsagenturen einzusetzen, um vor dem Hintergrund des sich abzeichnenden veränderten Fachkräftebedarfs im Schiffbau und der Offshore-Windenergiebranche entsprechende Beratung und Orientierung bieten zu können und Arbeitssuchende bedarfsgerecht zu qualifizieren;
– zusammen mit den Bundesländern und den beteiligten Ressorts der Bundesregierung umgehend die Zuständigkeit für die staatliche Daseinsvorsorge im Bereich des Rettungswesens auf Offshore-Windenergieanlagen zu klären und das „Sicherheitskonzept Deutsche Küste" entsprechend weiterzuentwickeln; dabei ist zu prüfen, ob die Koordination der Offshore-Rettung künftig an das Havariekommando als gemeinsame Einrichtung des Bundes und der Küstenländer übertragen werden sollte;
– eine koordinierte Strategie für den Offshore-Bereich vorzulegen, die Bund, Länder, Windparkbetreiber und die weiteren an der Rettung auf See beteiligten Institutionen in Form einer maritimen Sicherheitspartnerschaft einbezieht, und dem Deutschen Bundestag die Prüfergebnisse hinsichtlich des Aufbaus einer Aus- und Fortbildungseinrichtung für das Notfallmanagement und das Rettungswesen für Offshore-Windparks vorzulegen;
– umgehend die angekündigten Standards für die von den Betreiberfirmen der Offshore-Windparkanlagen einzureichenden Schutz- und Sicherheitskonzepte – insbesondere zur Arbeits- und Betriebssicherheit sowie zur Kennzeichnung für Schiff- und Luftfahrt – vorzulegen und dafür zu sorgen, dass diese mit dem Havariekommando und der Deutschen Gesellschaft zur Rettung Schiffbrüchiger abgestimmt werden;
– dafür Sorge zu tragen, dass die Offshore-Windparkbetreiber die vorhandenen Schutz- und Sicherheitskonzepte im engen Austausch mit Herstellern und Zulieferern der Offshore-Branche laufend fortschreiben und auf dieser Basis für eine regelmäßige Schulung ihres Personals sorgen; dabei sind auch die besonderen Bedingungen der Zeitarbeitsbeschäftigten in den Blick zu nehmen. Zudem ist sicherzustellen, dass die für den Arbeitsschutz zuständigen Berufsgenossenschaften im Rahmen der Selbstverwaltung ausreichend Personal für die zusätzlichen Anforderungen im Offshore-Bereich bereitstellen;
– Mindestanforderungen für die Aus- und Fortbildung im Offshore-Bereich festzulegen, und zwar insbesondere in Bezug auf Fachqualifikation und Sicherheitsgrundfertigkeiten, Offshore-Tauglichkeit und Sprachkenntnisse;
– zusammen mit der Maritimen Wirtschaft und den Agenturen für Arbeit Programme für den Aufbau von Aus- und Fortbildungsangeboten für den Offshore-Bereich aufzulegen;
– die Schifffahrtsförderung bedarfsgerecht auszustatten und zu prüfen, inwieweit die „Stiftung Schifffahrtsstandort Deutschland" zu einer neuen Verlässlichkeit bei der Förderung der seefahrtbezogenen Ausbildung in Deutschland beitragen wird. Die Bundesregierung muss sicherstellen, dass es durch die Neuaufteilung der Lasten zwischen Bund und Wirtschaft nicht zu einer Absenkung des Gesamtfördervolumens und damit zu Nachteilen für Auszubildende und Beschäftigte in der Seeschifffahrt kommt;
– an den Instrumenten Tonnagesteuer und Lohnsteuereinbehalt nur dann festzuhalten, wenn die deutschen Reedereien ihre Zusage einhalten, einer weiteren Ausflaggung deutscher Handelsschiffe entgegenzuwirken und ihre Ausbildungsanstrengungen zu verstärken; die bestehenden Vereinbarungen im Maritimen Bündnis sind weiterzuentwickeln. Ziel muss es sein, den Anteil von Handelsschiffen unter deutscher Flagge gegenüber Nicht-EU-Flaggen deutlich zu erhöhen und eine weitere Ausflaggung deutscher Handelsschiffe und damit den Verlust von Arbeitsplätzen in Deutschland zu verhindern;
– sich international dafür einzusetzen, dass die Ursachen der Piraterie politisch gelöst werden;
– dem Deutschen Bundestag einen jährlichen Bericht vorzulegen, um eine kontinuierliche Kontrolle des Einsatzes zertifizierter privater Sicherheitskräfte an Bord von Handelsschiffen

unter deutscher Flagge sicherzustellen; insbesondere ist zu gewährleisten, dass die Kommandokette an Bord beim Einsatz privater Sicherheitskräfte auf der Grundlage der im Seemannsgesetz geregelten Stellung des Kapitäns gewahrt bleibt, und dabei insbesondere den Fall zu berücksichtigen, dass die Notwendigkeit von Maßnahmen durch die Schiffsführung und die eingesetzten Sicherheitskräfte unterschiedlich beurteilt wird. Ziel muss die größtmögliche Sicherheit für die Seeleute an Bord sein;

- sich auf EU-Ebene gegen Regelungen auszusprechen, die einen Abbau von Arbeitnehmerrechten und Arbeitsschutznormen, schlechtere Arbeitsbedingungen und Lohndumping durch die Hintertür bedeuten und Arbeitsplätze in der Hafenwirtschaft gefährden; ein neues „Port Package III" darf es nicht geben;
- sich im Interesse der maritimen Sicherheit dafür einzusetzen, dass auf eine Ausschreibungspflicht für Lotsendienste verzichtet wird und die nationalen Lotsorganisationen bestehen bleiben.

III. Instrument
3: Innovationen fördern, Umwelt schützen

Die Maritime Wirtschaft steht vor der Herausforderung anspruchsvoller Umweltauflagen auf nationaler und internationaler Ebene. Zugleich bietet die Entwicklung von innovativen umweltfreundlichen Produkten und Prozessen aber auch eine Chance für den maritimen Standort Deutschland. Denn die schnelle Markteinführung von innovativen Technologien ist der Motor für wirtschaftlichen Zuwachs und ein wichtiger Standortvorteil im globalen Wettbewerb um Know-how, Flexibilität und Wirtschaftlichkeit. Neue Schiffstechnologien können zudem dazu beitragen, Produktions- und Betriebsprozesse kostengünstiger zu gestalten. Umwelt- und Klimaschutz und die Steigerung der Energieeffizienz durch eine gezielte Technologiepolitik sind insofern ein wesentlicher Bestandteil einer Innovationsstrategie für die maritime Branche.

Die Globalisierung und die zunehmende Arbeitsteilung eröffnen der Seeschifffahrt Wachstumsperspektiven. Sie bedeuten aber auch mehr Verkehr und eine zusätzliche Belastung der (Meeres-)Umwelt. Der Seeverkehr ist daher in der Diskussion über den Beitrag des Verkehrssektors zum Klima- und Umweltschutz zunehmend in den Blickpunkt gerückt. Strengere Grenzwerte für Schwefel im Schiffstreibstoff ab dem Jahr 2015 stellen die Reedereien vor die Herausforderung, den Schiffsbestand zu modernisieren bzw. umzurüsten. Es ist jedoch festzustellen, dass die Anpassung der Bestandsflotte an den neuesten Stand der Technik nur zögerlich erfolgt und stattdessen eine Erfüllung der Umweltauflagen allein durch die Umstellung von Schweröl auf Schiffsdiesel angestrebt wird. Die Förderung des flächendeckenden Einsatzes energieeffizienter Schiffsbetriebskonzepte kann somit einen wichtigen Beitrag für eine beschleunigte Flottenmodernisierung in Deutschland darstellen und verbindet sich vor dem Hintergrund steigender Energiepreise auch für die Reedereien mit Chancen. Die Bundesregierung verzichtet jedoch bislang darauf, den ressourcenschonenden Umbau der maritimen Industrie durch passgenaue Förderprogramme und Anreizsysteme aktiv zu begleiten.

Durch eine technologische Vorreiterrolle bei der Entwicklung umweltfreundlicher Schiffsbetriebskonzepte könnte sich auch für die deutschen Werften ein wichtiger Vorsprung auf dem internationalen Markt ergeben. Für die Schiffbauindustrie bestehen große Potenziale in neuen Zukunftsmärkten, etwa bei der Anpassung der nationalen Schiffsflotte an neue Umweltschutzanforderungen oder der Fertigung von Offshore-Infrastruktur; Marktchancen eröffnet der Bau von Offshore-Windparkanlagen zudem im Hinblick auf Service und Wartung. Zugleich gefährdet die fehlende Verfügbarkeit von geeigneten Spezialschiffen die politischen Ausbaupläne für die Energiewende. Die Politik kann die Neuausrichtung der Schiffbaubranche durch bessere Rahmenbedingungen für Finanzierung und für Forschung, Entwicklung und Innovation unterstützen. Ziel muss es sein, eine maritime Forschungs- und Förderstrategie zu entwickeln, die auch die Potenziale der deutschen Meerestechnik einbezieht und ihre Spitzenposition am Weltmarkt sichern hilft.

Der Deutsche Bundestag fordert die Bundesregierung auf,

– sich im EU-Rahmen dafür einzusetzen, dass in den europäischen Meeresgebieten weitere Schwefelemissions-Überwachungsgebiete für die Schifffahrt (SECA) eingerichtet werden;

– die gemeinsam mit den maritimen Verbänden identifizierten Pilotprojekte zur Ausrüstung von Schiffen mit Abgasentschwefelungsanlagen umgehend umzusetzen, um die beschleunigte Modernisierung der Schiffsflotte zu befördern und damit einen Beitrag zur verstärkten Emissionsminderung und Energieeffizienz zu leisten;

– durch geeignete Maßnahmen sicherzustellen, dass es durch die Einrichtung der SECA in der deutschen Nord- und Ostsee nicht zu weiteren Verkehrsverlagerungen vom See- auf den Landweg und damit zu einer Schwächung der Wettbewerbsposition der Kurzstreckenseeverkehre (Short Sea Shipping) kommt;

– eine systematische Untersuchung zu den Vor- und Nachteilen von Flüssiggas (LPG) und Flüssigerdgas (LNG) als Kraftstoffalternative sowie der Versorgungssicherheit beim Einsatz von gasförmigen Kraftstoffen vorzunehmen und die Frage der Lagerung und Bebunkerung zu untersuchen. Dabei sind die ersten Erfahrungen in deutschen Seehäfen bei der Planung und dem Ausbau der Hafeninfrastruktur sowie die Ergebnisse der Studie der European Maritime Safety Agency zu berücksichtigen;

– die Nutzung von LNG im Rahmen eines Pilotprojektes, etwa im Bereich der Kurzstreckenseeverkehre, zu prüfen und dabei insbesondere die unterschiedlichen Voraussetzungen in Bezug auf technische Lösungen, mengenmäßige Verfügbarkeit und infrastrukturelle Bedingungen für einen Einsatz in der regionalen Schifffahrt und der internationalen Seeschifffahrt zu klären;

– eine Exzellenzstrategie zu entwickeln, um eine stärkere Positionierung der deutschen Werftindustrie im Hightech-Segment zu ermöglichen und dabei v.a. die Chancen im Bereich der Offshore-Windenergie zu nutzen. Der angekündigte „Fortschrittsbericht Offshore-Windenergie – Chancen und Potenziale für Häfen und Schiffe" ist zeitnah vorzulegen;

– sich auf europäischer Ebene für eine bevorzugte Kreditbereitstellung zum Bau technologisch hochwertiger, umweltfreundlicher Schiffe durch die Europäische Investitionsbank einzusetzen und dabei insbesondere für kürzere Fristen für eine Entscheidung einzutreten;

– ihre Bemühungen zu intensivieren, gemeinsam mit der Wirtschaft zeitnah konkrete Pilotprojekte zum Einsatz alternativer Antriebe, Hilfsantriebe und Brennstoffe in der Seeschifffahrt zu identifizieren, um die Emissionsminderungsziele schneller zu erreichen;

– die Förderung von Forschung, Entwicklung und Innovation in der Schiffsstechnologie stärker als bisher zu einem Schwerpunkt der Forschungs- und Förderpolitik des Bundes zu machen und insbesondere die anwendungsbezogene Forschung zu unterstützen;

– die Haushaltstitel „Maritime Technologien der nächsten Generation" sowie „Innovationsbeihilfen zugunsten der deutschen Werftindustrie" des Bundesministeriums für Wirtschaft und Technologie in den kommenden vier Jahren um jeweils 10 Mio. Euro und den Haushaltstitel „Steigerung der Wettbewerbsfähigkeit der maritimen Wirtschaft" im gleichen Zeitraum um jeweils 1 Mio. Euro pro Jahr anzuheben; die maritimen Betriebe sollten das Instrument der Innovationsförderung nutzen, um Produktions- und Prozessmethoden ständig zu verbessern und damit ihre Fähigkeit zu erhöhen, dem Kostendruck des Marktes zu begegnen.

IV. Instrument

4: Stärkung der Infrastruktur

Eine allein auf die Stärkung zukunftsfähiger Produktionsprozesse setzende Politik reicht nicht aus, um den Anpassungsprozess der Maritimen Wirtschaft in Deutschland erfolgreich zu begleiten. Wesentlicher Bestandteil einer Innovationsstrategie für die Maritime Wirtschaft muss vielmehr eine gezielte staatliche Infrastrukturpolitik sein, wird doch die logistische Anbindung in den kommenden Jahren zu einem kritischen Wettbewerbsfaktor für die deutschen Seehafenstandorte werden. Nur eine Politik der zwei Säulen – industrielle Entwicklung und Ausbau der Infrastruktur – wird dazu beitragen, die Wachstumsbasis der maritimen Branche in Deutschland nachhaltig zu sichern.

Der Seegüterumschlag in den deutschen Seehäfen wird in den kommenden Jahren deutlich wachsen. Bereits heute bestehen in den großen deutschen Containerhäfen sowie im Hinterland der Häfen Kapazitätsengpässe, die eine zuverlässige Abwicklung des Hinterlandverkehrs behindern. Das für die kommenden Jahre prognostizierte Wachstum wird sich nur durch den Ausbau und die optimierte Vernetzung aller Verkehrsträger bewältigen lassen. Es gilt daher, das politische Ziel der verstärkten Verkehrsverlagerung auf Schienen- und geeignete Wasserwege zu erneuern und die Wettbewerbsfähigkeit der deutschen Seehäfen durch besondere Schwerpunkte bei der seehafenbezogenen Verkehrsinfrastruktur zu fördern. Dazu gehört auch, sich gemeinsam mit den Küstenländern für den Ausbau einer an den spezifischen Erfordernissen der Offshore-Windindustrie angepassten Hafeninfrastruktur einzusetzen. Doch die Bundesregierung beschränkt sich auf eine Politik der Lippenbekenntnisse und gefährdet damit den maritimen Standort Deutschland.

Die Pläne der Bundesregierung für eine Neuordnung des Bundeswasserstraßennetzes widersprechen dem von ihr selbst postulierten Ziel einer prioritären Realisierung seehafenbezogener Infrastruktur diametral. In dem Bestreben, den Einsatz von Haushaltsmitteln für Investitionen und Personal künftig auf wenige Hauptwasserwege im Land zu beschränken, ignoriert sie nicht nur die volkswirtschaftliche Bedeutung und die Entwicklungspotenziale der Bundeswasserstraßen. Die neue Netzstruktur für die Bundeswasserstraßen auf der Basis des Tonnagevolumens führt auch dazu, dass wichtige zu- und abführende Wasserstraßen der deutschen Seehäfen künftig nachgeordneten Kategorien zugeordnet werden sollen. Eine Beschränkung auf wenige Hauptwasserwege würde aber nicht nur die Effizienz und Wertschöpfung des Gesamtnetzes empfindlich treffen; sie hätte auch eine massive Verlagerung von Gütern auf die Verkehrsträger Straße und Schiene zur Folge. Da beide bereits heute unter erheblichem Entwicklungsdruck stehen, hätte eine solche Politik gegen die Wasserstraßen weitreichende Folgen für die Maritime Wirtschaft.

Der Deutsche Bundestag fordert die Bundesregierung auf,

- die Hinterlandanbindungen und seewärtigen Zufahrten der Seehäfen bedarfsgerecht auszubauen und dabei insbesondere das außerordentliche Wachstum im Hinterlandverkehr gegenüber früheren Prognosen zu berück- sichtigen;
- das Bundesverwaltungsgericht personell so auszustatten, dass das Ziel einer kürzeren Verfahrensdauer auch tatsächlich erreicht werden kann;
- an der bewährten Verteilung der Finanzmittel aus der Lkw-Maut festzuhalten und das Prinzip der verkehrsträgerbezogenen Finanzierungskreisläufe aufzugeben, um eine solide und planbare Finanzierungsgrundlage insbesondere für die Bundeswasserstraßen zu schaffen;
- für eine angemessene finanzielle Ausstattung der Bundeswasserstraßen zu sorgen, insbesondere für verkehrliche Investitionen sowie zur Verbesserung der seewärtigen Zufahrten und Hinterlandanbindungen;
- von den Plänen zur Neuordnung der Bundeswasserstraßen Abstand zu nehmen, die mit der vorgesehenen Einstufung der Seewasserstraßen und wichtigen Hinterlandanbindungen der Seehäfen die Realität der Hafen- und Logistikwirtschaft nur unzureichend abbilden;
- einen umfassenden Netzzustandsbericht vorzulegen, der Auskunft über den Unterhaltungszustand und die Leistungsfähigkeit der Bundeswasserstraßen gibt und die Basis für alle weitergehenden Entscheidungen über das Wasserstraßennetz in Deutschland darstellt; der

Netzzustandsbericht soll darüber hinaus Bezüge zu den nationalen Berichten zur Umsetzung der Europäischen Wasserrahmenrichtlinie und den Flussgebietseinheiten herstellen;

– den Zusagen aus dem Nationalen Hafenkonzept für die See- und Binnenhäfen und dem Aktionsplan Güterverkehr und Logistik – Logistikinitiative für Deutschland sowie den Verabredungen bei den Nationalen Maritimen Konferenzen nachzukommen, um den Anteil der hafenbezogenen Ausbaumaßnahmen inklusive des Nord-Ostsee-Kanals zur Verbesserung der Hinterlandanbindungen zu erhöhen;

– angesichts der heutigen Streckenauslastung einen besonderen Schwerpunkt auf die Beseitigung von Engpässen im Schienenhinterlandverkehr zu legen und bei der Verlängerung der Leistungs- und Finanzierungsvereinbarung zwischen Bund und Deutscher Bahn AG länderspezifische Qualitätskennziffern aufzunehmen, um Aussagen zur Kapazität der Schienenstrecken und insbesondere zu bestehenden Langsamfahrstellen zu erhalten;

– angesichts der aktuellen und für die Zukunft prognostizierten Zuwachsraten des Güterverkehrs aus den Seehäfen ein zusätzliches Lärmschutzprogramm für Schienenwege im Hinterlandverkehr aufzulegen;

– durch den Ausbau des Kombinierten Verkehrs und eine Aufstockung der finanziellen Mittel die Verlagerung von Straßengüterverkehr auf die umweltfreundlichen Verkehrsträger Schienenweg und Wasserstraße zu unterstützen;

– sich für eine einheitliche Strategie zur Entwicklung der Offshore-Infrastruktur in Deutschland einzusetzen und in diesem Zusammenhang zu prüfen, inwieweit eine Weiterentwicklung des „Nationalen Hafenkonzeptes für die See- und Binnenhäfen" erforderlich ist;

– beim Ausbau der Verkehrsinfrastruktur im Hinterland die besonderen Anforderungen beim Transport von großen Offshore-Komponenten zu berücksichtigen und insbesondere schwerlastfähige Verlade- und Umschlagmöglichkeiten zu prüfen, um den schnellen und problemlosen Transport von großen Offshore-Anlagenteilen an Land und zu Wasser zu gewährleisten.

Berlin, den 13. März 2013

Dr. Frank-Walter Steinmeier und Fraktion

1613 **Deutscher Bundestag Drucksache** 17/11422 **17. Wahlperiode** 07. 11. 2012

Kleine Anfrage

der Abgeordneten Uwe Beckmeyer, Dr. Hans-Peter Bartels, Sören Bartol, Martin Burkert, Ingo Egloff, Petra Ernstberger, Karin Evers-Meyer, Iris Gleicke, Ulrike Gottschalck, Michael Groß, Hans-Joachim Hacker, Bettina Hagedorn, Gustav Herzog, Gabriele Hiller-Ohm, Johannes Kahrs, Ute Kumpf, Kirsten Lühmann, Thomas Oppermann, Holger Ortel, Florian Pronold, Dr. Ernst Dieter Rossmann, Dr. Carsten Sieling, Sonja Steffen, Franz Thönnes, Dr. Frank-Walter Steinmeier und der Fraktion der SPD

Krise der Schiffsfinanzierung in Deutschland

Von der Entwicklung an den weltweiten Finanzmärkten ist auch die deutsche Schifffahrt betroffen. Für viele Reedereien wird es seit Ausbruch der Krise zunehmend schwieriger, in ausreichendem Umfang Eigenkapital für die Finanzierung neuer Schiffe bereitzustellen und die erforderlichen Fremdmittel zu beschaffen. Galt die Investition in Schiffe lange Zeit als attraktive Anlageform, stehen die traditionellen Finanzierungsmodelle in der Schifffahrt inzwischen zunehmend infrage. Eine Neubewertung erfährt insbesondere das klassische KG- Modell (KG = Kommanditgesellschaft), über das nach Schätzungen rund 10 Prozent des Gesamtkapitals der heutigen Welthandelsflotte finanziert wurden.

Hinzu kommen sinkende Frachtraten und der harte Preiskampf zwischen den Schifffahrtsunternehmen, die damit von einer doppelten Krisenentwicklung getroffen sind; einer real- und einer finanzwirtschaftlichen.

Diese Situation wird durch fundamentale Neuausrichtungen und Veränderungen bei den schiffsfinanzierenden Banken verschärft, insbesondere bei den Landesbanken. Seit Beginn der Krise haben sich immer mehr Banken aus der Schiffs- und Werftenfinanzierung zurückgezogen; durch Zusammenschlüsse hat sich die Zahl der Marktteilnehmer weiter reduziert. Jüngstes Beispiel ist die Commerzbank, die bisher einer der größten Schiffsfinanzierer in Deutschland war. Wesentliche Gründe sind die laufenden Restrukturierungen wichtiger Institute und die strengeren Eigenkapitalvorschriften für die Banken. Dies verengt den Handlungsspielraum der deutschen Banken und damit auch der maritimen Wirtschaft in Deutschland. Denn die Krise der Schiffsfinanzierung trifft neben den Reedereien auch und vor allem die deutschen Werften.

Vor diesem Hintergrund stellt sich die Frage, wie Lösungsansätze aussehen können, nach denen Schiffsfinanzierungen in der Zukunft gestaltet werden können und welche Schritte die Bundesregierung plant, um die Wettbewerbsfähigkeit der deutschen Schifffahrt, und insbesondere die Zukunft der vielen kleineren und mittelständischen Unternehmen in Deutschland, zu sichern.

Wir fragen die Bundesregierung:

1. Wie hat sich nach Kenntnis der Bundesregierung der Anteil des Transportvolumens der Seeschifffahrt am Gesamtverkehr seit dem Jahr 1990 entwickelt, und wie stellt sich der Marktanteil deutscher Eigner dar (bitte jeweils in absoluten Zahlen und in Prozent angeben)?
2. Wie stellt sich nach Kenntnis der Bundesregierung die Entwicklung im Charterratenmarkt unterschieden nach Schiffstypen in diesem Zeitraum dar?
3. Wie hat sich nach Kenntnis der Bundesregierung der Umfang und die Struktur der deutschen Handelsflotte in diesem Zeitraum entwickelt, und wie hoch war jeweils ihr Durchschnittsalter im Vergleich zur Welthandelsflotte (bitte in absoluten Zahlen und in Prozent angeben)?
4. Wie hat sich nach Kenntnis der Bundesregierung das Bestellvolumen deutscher Reedereien für Neuschiffe seit dem Jahr 2007 entwickelt, und wie stellt sich dieses gegenüber der Zahl der Verschrottung und Schiffsverkäufe dar?
5. Wie hat sich nach Kenntnis der Bundesregierung die Zahl der Schifffahrtsunternehmen in Deutschland seit dem Jahr 1990 entwickelt (bitte in absoluten Zahlen und in Prozent angeben), und wie stellt sich die Struktur deutscher Schifffahrtsunternehmen nach Rechtsform und Unternehmensgröße dar?
6. Welche Formen der Schiffsfinanzierung lassen sich nach Kenntnis der Bundesregierung in Deutschland unterscheiden, und welchen Anteil haben diese Kapitalquellen an der Finanzierung von deutschen Schiffen (bitte in Prozent angeben)?
7. Wie hat sich nach Kenntnis der Bundesregierung der Fremdkapitalanteil an der Finanzierung von deutschen Schiffen seit dem Jahr 2007 entwickelt?
8. Wie hat sich nach Kenntnis der Bundesregierung die Zahl der schiffsfinanzierenden Banken in Deutschland seit dem Jahr 1990 entwickelt (bitte in absoluten Zahlen und als Übersicht auflisten)?
9. Wie hat sich nach Kenntnis der Bundesregierung das Kreditvolumen dieser Banken im Geschäftsfeld Schiffe seit dem Jahr 2007 entwickelt, und wie stellt sich das Verhältnis von Darlehensbestand und Zusagen dar?
10. Welchen Anteil hat nach Kenntnis der Bundesregierung das Schiffskreditportfolio am Gesamtkreditvolumen sowie an der Bilanzsumme der Banken im genannten Zeitraum?
11. Welche Höhe umfasst nach Kenntnis der Bundesregierung die Risikovorsorge in diesem Segment am Gesamtkreditportfolio der Institute, und wie hat sich diese seit dem Jahr 1990 entwickelt?

12. Wie hat sich nach Kenntnis der Bundesregierung die Flottenstruktur der Schiffskreditportfolien je Bank seit dem Jahr 2007 entwickelt?
13. Wie verteilt sich nach Kenntnis der Bundesregierung das Schiffskreditportfolio der jeweiligen Institute auf einzelne Ländergruppen (bitte in Prozent und nach Ländergruppen aufschlüsseln)?
14. Wie stellt sich nach Kenntnis der Bundesregierung die Positionierung deutscher Schiffsfinanzierer nach Kreditvolumen und Umsatz im nationalen und internationalen Vergleich dar?
15. Wie hat sich nach Kenntnis der Bundesregierung die Zahl der Schiffsfonds in Deutschland seit dem Jahr 1990 und deren Rechtsform entwickelt (bitte in Prozent aufschlüsseln)?
16. Wie hat sich nach Kenntnis der Bundesregierung die Zahl der in Schiffsfonds investierenden Kapitalanleger seither entwickelt, und wie teilt sich diese in Privatanleger und institutionellen Anleger auf?
17. Wie hoch ist nach Kenntnis der Bundesregierung der Anteil ausländischer Kapitalanleger?
18. Auf welche Summe beläuft sich nach Kenntnis der Bundesregierung das zur Verfügung stehende Gesamtkommanditkapital?
19. Auf welche Summe beläuft sich nach Kenntnis der Bundesregierung das Gesamtinvestitionsvolumen der Schiffsbeteiligungen, und wie viele Schiffe wurden damit realisiert (bitte in Prozent und nach Schiffstypen aufschlüsseln)?
20. Wie hoch ist nach Kenntnis der Bundesregierung der Anteil der Kreditzusagen bzw. Investments der Banken und Emissionshäuser für noch nicht fertiggestellte Schiffe?
21. Wie hoch ist nach Kenntnis der Bundesregierung der Anteil der sogenannten notleidenden Schiffsbeteiligungen der Banken bzw. Emissionshäuser, und wie hat sich dieser seit dem Jahr 2007 entwickelt?
22. Welchen Umfang hat nach Kenntnis der Bundesregierung das von den Sanierungsfällen betroffene Kommanditkapital im genannten Zeitraum?
23. Wie hoch war nach Kenntnis der Bundesregierung die Zahl der betroffenen Schiffe in diesem Zeitraum, und um welche Schiffstypen handelte es sich dabei?
24. In welchem Umfang erfolgte nach Kenntnis der Bundesregierung die Zuführung von Sanierungskapital durch Erhöhung von Eigen- bzw. Fremdkapital (bitte in Prozent angeben)?
25. Wie viele Insolvenzen von Schiffsfonds waren nach Kenntnis der Bundesregierung im Jahr 2011 zu verzeichnen, und wie hat sich ihre Zahl seit dem Jahr 2007 entwickelt?
26. Welche Konsequenzen wird nach Einschätzung der Bundesregierung die Einführung der Basel-III-Vorgaben und die Anforderungen an die Eigenkapitalausstattung der Banken für die Finanzierung der deutschen Schifffahrt haben?
27. Welche Maßnahmen hat die Bundesregierung bislang ergriffen, um einen Ausweg aus der Krise der Schiffsfinanzierung zu ermöglichen, und wie bewertet sie den bisherigen Erfolg dieser Aktivitäten?
28. Wird die Bundesregierung angesichts der bestehenden Kreditkrise an ihrer Politik festhalten, wonach „in Bezug auf den Bereich Schiffsfinanzierung [...] keine speziellen staatlichen Maßnahmen geplant" sind (vgl. ihre Antwort auf die Kleine Anfrage auf Bundestagsdrucksache 17/6238), und wenn ja, wie begründet sie diese Haltung?
29. Wie bewertet die Bundesregierung vor diesem Hintergrund die Finanzierungshilfen ausländischer Wettbewerber für ihre nationalen Schifffahrtsunternehmen?
30. Welche Maßnahmen sind bei den Treffen des Koordinators der Bundesregierung für die maritime Wirtschaft mit Vertretern schiffsfinanzierender Banken am 5. Juli und 30. August 2012 in Berlin im Einzelnen beraten worden, und welche der dort diskutierten Lösungsansätze sollen weiterverfolgt werden?
31. Wie steht die Bundesregierung zu der Forderung, auf eine Versicherungssteuer für horizontale Kooperationsmodelle zu verzichten, um sogenannte Aufliegerprogramme von Reedereige-

nossenschaften zu ermöglichen und dem Markt auf diese Weise befristet Überkapazitäten zu entziehen?
32. Wie steht die Bundesregierung zu dem Vorschlag, die Besteuerung des sogenannten Unterschiedsbetrages im Falle eines Verkaufs bzw. einer Verschrottung von Schiffen oder aber der Rückkehr von der Tonnagebesteuerung zur normalen Gewinnermittlung zu überprüfen, um die Aussonderung älterer Schiffe zu erleichtern und so das Kapazitätswachstum der deutschen Schiffsflotte zu reduzieren?
33. Wie bewertet die Bundesregierung die vom Verband Deutscher Reeder so- wie der Vereinigung Hamburger Schiffsmakler und Schiffsagenten e.V. gemeinsam mit Wirtschaftsprüfungsgesellschaften und Banken entwickelte alternative Schiffsbewertungsmethode „Long Term Asset Value", die bei der Wertermittlung von Schiffen nicht allein von der aktuellen Marktsituation ausgeht, sondern den Wert auf mittlere Sicht festlegt und damit zu einer langfristigeren Bewertung von Schiffen beitragen will?
34. Wie steht die Bundesregierung zu Vorschlägen, seitens der KfW Bankengruppe unter bestimmten Voraussetzungen Überbrückungskredite für Einschiffsgesellschaften bereitzustellen, die keine Kredite oder Tilgungsstundungen von Geschäftsbanken mehr erhalten?
35. Wie steht die Bundesregierung zu Vorschlägen für ein Sonderprogramm der KfW Bankengruppe zur Finanzierung von Spezialschiffen und Offshore- Strukturen, um die Realisierung der Vorhaben insbesondere auch für mittel- ständische Schifffahrtsunternehmen zu ermöglichen?
36. Wie steht die Bundesregierung zu Vorschlägen für ein Sonderprogramm „Green shipping" der KfW Bankengruppe, um die Einführung innovativer Technologien in der Schifffahrt zu forcieren, die mit höheren unternehmerischen und finanziellen Risiken verbunden sind?
37. Wie steht die Bundesregierung zu Vorschlägen, die Rolle der Europäischen Investitionsbank im Bereich Schiffsfinanzierung zu stärken, und inwieweit wird sie sich für eine entsprechende Änderung der Kreditvergaberichtlinien einsetzen?
Berlin, den 7. November 2012
Dr. Frank-Walter Steinmeier und Fraktion

Deutscher Bundestag Drucksache 17/**11778 17. Wahlperiode** 05. 12. 2012 **1614**

Die Antwort wurde namens der Bundesregierung mit Schreiben des Bundesministeriums für Wirtschaft und Technologie vom 3. Dezember 2012 übermittelt. Die Drucksache enthält zusätzlich – in kleinerer Schrifttype – den Fragetext.
Antwort
der Bundesregierung
auf die Kleine Anfrage der Abgeordneten Uwe Beckmeyer, Dr. Hans-Peter Bartels, Sören Bartol, weiterer Abgeordneter und der Fraktion der SPD – Drucksache 17/11422 –

Krise der Schiffsfinanzierung in Deutschland

Vorbemerkung der Fragesteller
Von der Entwicklung an den weltweiten Finanzmärkten ist auch die deutsche Schifffahrt betroffen. Für viele Reedereien wird es seit Ausbruch der Krise zu- nehmend schwieriger, in ausreichendem Umfang Eigenkapital für die Finanzierung neuer Schiffe bereitzustellen und die erforderlichen Fremdmittel zu beschaffen. Galt die Investition in Schiffe lange Zeit als attraktive Anlageform, stehen die traditionellen Finanzierungsmodelle in der Schifffahrt inzwischen zu- nehmend infrage. Eine Neubewertung erfährt insbesondere das klassische KG-Modell (KG = Kommanditgesellschaft), über das nach Schätzungen rund 10 Prozent des Gesamtkapitals der heutigen Welthandelsflotte finanziert wurden.

Hinzu kommen sinkende Frachtraten und der harte Preiskampf zwischen den Schifffahrtsunternehmen, die damit von einer doppelten Krisenentwicklung getroffen sind; einer real- und einer finanzwirtschaftlichen.
Diese Situation wird durch fundamentale Neuausrichtungen und Veränderungen bei den schiffsfinanzierenden Banken verschärft, insbesondere bei den Landesbanken. Seit Beginn der Krise haben sich immer mehr Banken aus der Schiffs- und Werftenfinanzierung zurückgezogen; durch Zusammenschlüsse hat sich die Zahl der Marktteilnehmer weiter reduziert. Jüngstes Beispiel ist die Commerzbank, die bisher einer der größten Schiffsfinanzierer in Deutschland war. Wesentliche Gründe sind die laufenden Restrukturierungen wichtiger Institute und die strengeren Eigenkapitalvorschriften für die Banken. Dies verengt den Handlungsspielraum der deutschen Banken und damit auch der maritimen Wirtschaft in Deutschland. Denn die Krise der Schiffsfinanzierung trifft neben den Reedereien auch und vor allem die deutschen Werften.
Vor diesem Hintergrund stellt sich die Frage, wie Lösungsansätze aussehen können, nach denen Schiffsfinanzierungen in der Zukunft gestaltet werden können und welche Schritte die Bundesregierung plant, um die Wettbewerbsfähigkeit der deutschen Schifffahrt, und insbesondere die Zukunft der vielen kleineren und mittelständischen Unternehmen in Deutschland, zu sichern.
Vorbemerkung der Bundesregierung
Die Fragen 12, 13, 20 und 21 zielen auf einzelinstitutsspezifische Informationen, deren Bekanntwerden geeignet wäre, die Wettbewerbsposition der betroffenen Kreditinstitute nachteilig zu beeinflussen (vgl. BVerwG, NVwZ 2009, S. 1113f.; BGHSt 41, S. 140, 142). Die Informationen sind als Betriebs- und Geschäftsgeheimnisse der betroffenen Kreditinstitute durch Artikel 12 und 14 des Grundgesetzes besonders geschützt. Die Bundesregierung ist bei der Beantwortung parlamentarischer Anfragen verpflichtet, die Grundrechte der betroffenen Grundrechtsträger zu wahren. Die besondere Bedeutung dieses Geheimnisschutzes hat der Gesetzgeber im Übrigen auch in der Verschwiegenheitspflicht nach § 9 des Kreditwesengesetzes (KWG) zum Ausdruck gebracht. Die betroffenen Informationen können nach sorgfältiger Abwägung mit den Informationsrechten der Abgeordneten des Deutschen Bundestages nicht in der für Kleine Anfragen nach § 104 i.V.m. § 75 Absatz 3 und § 76 Absatz 1 der Geschäftsordnung des Deutschen Bundestages (GO BT) vorgesehenen, zur Veröffentlichung in einer Bundestagsdrucksache bestimmten Weise erfolgen. Die betreffenden Antworten werden deshalb als VS-VERTRAULICH eingestuft in der Geheimschutzstelle des Deutschen Bundestages zur Verfügung gestellt und können dort nach Maßgabe der Geheimschutzordnung des Deutschen Bundestages eingesehen werden.
1. Wie hat sich nach Kenntnis der Bundesregierung der Anteil des Transportvolumens der Seeschifffahrt am Gesamtverkehr seit dem Jahr 1990 entwickelt, und wie stellt sich der Marktanteil deutscher Eigner dar (bitte jeweils in absoluten Zahlen und in Prozent angeben)?
Der Anteil des deutschen über Seehäfen abgewickelten Außenhandels betrug im Jahr 2011 437 Mrd. Euro bzw. 22,2 Prozent des deutschen Außenhandels- wertes. Jedoch werden über 95 Prozent des Ferngüterhandels über den Seeweg abgewickelt. Bei Betrachtung des gesamten internationalen Warenverkehrs liegt der Seeanteil bei ca. 70 Prozent (Quelle: u.a. Flottenkommando, Jahresbericht 2012).
Das Bundesamt für Seeschifffahrt und Hydrographie (BSH) erfasst nur die im deutschen Schiffsregister erfassten Schiffe. Für einen internationalen Vergleich wird daher auf Zahlen von IHS Fairplay bzw. des Verbands Deutscher Reeder (VDR) zurückgegriffen. Danach gehörte die deutsche Handelsflotte, d.h. Schiffe, die sich überwiegend im Eigentum Deutscher befinden, mit 3 878 Schiffen (rd. 90 Mio. Bruttoraumzahl – BRZ) Ende 2011 neben der japanischen (rd. 3 800 Schiffe mit rd. 142 Mio. BRZ) und griechischen (rd. 3 200 Schiffe mit 129 Mio. BRZ) zu den drei führenden Handelsflotten der Welt.

Entwicklung des Marktanteils der deutschen Handelsflotte

jeweils zum 31.12.	Deutsche Flotte		BRZ-Anteil an Welthandelsflotte
	Schiffe	Mio. BRZ	
2000	2069	24,9	4,8 %
2001	2183	28,5	5,3 %
2002	2270	30,4	5,6 %
2003	2432	36,3	6,4 %
2004	2582	42,8	7,2 %
2005	2755	54,3	8,5 %
2006	2926	61,9	9,1 %

Deutscher Bundestag Drucksache 17/**12567 17. Wahlperiode** 25. 12. 2013 **1615**

Unterrichtung durch die Bundesregierung – Dritter Bericht der Bundesregierung über die Entwicklung und Zukunftsperspektiven der maritimen Wirtschaft in Deutschland

Vorbemerkung

Die Bundesregierung ist gemäß Beschluss des Deutschen Bundestages vom 21. Juni 2007 (Bundestagsdrucksache 16/5437) zum Antrag der Fraktionen der CDU/CSU und SPD „Maritime Wirtschaft in Deutschland stärken" vom 28. Februar 2007 (Bundestagsdrucksache 16/4423) aufgefordert, jeweils etwa zwei Monate vor einer Nationalen Maritimen Konferenz dem Deutschen Bundestag über die Entwicklung und Zukunftsperspektiven der maritimen Wirtschaft in Deutschland zu berichten.

Die erste Unterrichtung des Deutschen Bundestages erfolgte vor der Sechsten Nationalen Maritimen Konferenz in Rostock (Bundestagsdrucksache 16/11855). Der zweite Bericht wurde dem Deutschen Bundestag vor der Siebten Nationalen Maritimen Konferenz 2011 in Wilhelmshaven übergeben (Bundestagsdrucksache 17/5572).

Die Bundeskanzlerin der Bundesrepublik Deutschland, Dr. Angela Merkel, hat die Achte Nationale Maritime Konferenz für den 8. und 9. April 2013 nach Kiel (Schleswig-Holstein) einberufen. Gemäß o.g. Beschluss wird dem Deutschen Bundestag hiermit der Dritte Bericht der Bundesregierung über die Entwicklung und die Zukunftsperspektiven der deutschen maritimen Wirtschaft vorgelegt. Der Bericht gibt einen Überblick über die Umsetzung der Ergebnisse und Handlungsempfehlungen der Siebten Nationalen Maritimen Konferenz zur Sicherung der Wettbewerbs- und Zukunftsfähigkeit der maritimen Wirtschaft in Deutschland.

I Deutsche maritime Wirtschaft

Etwa 95 Prozent des interkontinentalen Warenaustausches erfolgen über den Seeweg. Deutschland transportiert etwa 60 Prozent seiner Warenexporte und einen Großteil seiner Rohstoffimporte über den Seeweg. Für ein außenhandelsorientiertes Land wie Deutschland ist eine leistungsstarke, international wettbewerbsfähige, prosperierende maritime Wirtschaft von hoher gesamtwirtschaftlicher Bedeutung. Der maritimen Wirtschaft kommt für die Wettbewerbsfähigkeit des Wirtschaftsstandortes Deutschland und für die Sicherung von Wachstum und Beschäftigung eine Schlüsselrolle zu.

Ziel ist deshalb eine strukturell stark aufgestellte maritime Wirtschaft, die ihre Potenziale im Umfeld geeigneter operativer Rahmenbedingungen ausschöpfen kann. Die Festigung international führender Wettbewerbspositionen der deutschen maritimen Wirtschaft unter marktwirtschaftlichen Bedingungen gehört deshalb zu den wichtigsten Zielen und Handlungsfeldern von Wirtschaft und Politik.

Die maritime Wirtschaft bleibt eine Zukunftsbranche, auch wenn das Wachstum gegenwärtig durch eine gedämpfte globale Wirtschaftsentwicklung und den Auswirkungen der Euro- und Bankenkrise spürbar gebremst wird. Energiewende, Klima- und Umweltschutz, Rohstoffversorgung – zu diesen zentralen Zukunftsfragen kann die maritime Wirtschaft wichtige Antworten geben. Seeschifffahrt, Häfen, Schiffbau und -zulieferindustrie, die Meerestechnik, die Offshore-Windenergie sowie maritime Forschung und Entwicklung gehören deshalb weiterhin zu den Kernbereichen unseres nationalen maritimen Interesses. Durch eine integrative maritime Politik sollen Beschäftigung, Wertschöpfung und Ausbildung gesichert und der maritime Standort Deutschland gestärkt werden.

Lage in den maritimen Bereichen

Die Bereiche der maritimen Wirtschaft und insbesondere der Schiffbau, die Seeschifffahrt und die Hafenwirtschaft sind aufs Engste mit der Weltwirtschaft und der Entwicklung des Weltseehandels verflochten. Die daraus resultierenden Interdependenzen machen sie im Vergleich zu anderen Wirtschaftszweigen aber besonders empfindlich gegenüber weltwirtschaftlichen Veränderungen und Konjunkturschwankungen. Dies spiegelt sich in der Branchenentwicklung in den zurückliegenden Jahren deutlich wider.

Bis Ende 2008 war die maritime Wirtschaft im Zuge der wachsenden Weltwirtschaft und des dynamisch steigenden Welthandels durch einen lang anhaltenden konjunkturellen Aufschwung geprägt. Die Werften verzeichneten einen ausgeprägten Auftragsboom, die Schifffahrt eine überaus rege Schiffsraumnachfrage bei extrem hohen Fracht- und Charterraten und die Häfen erzielten Umschlagrekorde, vor allem im Containerbereich.

2009 kam es im Zuge der weltweiten Finanz- und Wirtschaftskrise zu erheblichen Wachstumseinbrüchen in nahezu allen Bereichen der maritimen Wirtschaft. Die Werften hatten zahlreiche Stornierungen von Aufträgen und erhebliche Auftragsrückgänge zu verkraften. Im internationalen Seeverkehr brachen insbesondere in der Containerschifffahrt die Fracht- und Charterraten um 50 Prozent bis 80 Prozent ein. Zwischenzeitlich waren weltweit etwa 600 Schiffe ohne Beschäftigung. In den deutschen Seehäfen ging der Güterumschlag 2009 um 18 Prozent zurück. Besonders betroffen von den krisenbedingt rückläufigen Handelsaktivitäten war vor allem der Containerumschlag in den Häfen.

Von der unerwartet deutlichen Erholung der Weltwirtschaft und der Zunahme des Welthandels um über 13 Prozent im Jahr 2010 profitierte die deutsche maritime Wirtschaft wiederum merklich. Das steigende Seefrachtaufkommen, die spürbar anziehende Tonnageraumnachfrage und der wieder zunehmende Güterumschlag in den Häfen brachten vor allem die Seeschifffahrt und die Hafenwirtschaft überraschend schnell wieder auf Wachstumskurs. Auch im Schiffbau wurde die konjunkturelle Talsohle im Verlauf des zweiten Halbjahres 2010 durchschritten.

In den Jahren 2011 und 2012 hat sich das Wachstumstempo der Weltwirtschaft aufgrund der mit der Europäischen Staatsschuldenkrise verbundenen Konjunkturschwäche und des geringeren Wirtschaftswachstums in Asien und Amerika deutlich verlangsamt. Der Welthandel hat 2011 um 5 Prozent und 2012 um weniger als 3 Prozent zugenommen und damit deutlich an Schwung verloren. Die Verschlechterung der globalen wirtschaftlichen Rahmenbedingungen stellte die maritime Wirtschaft vor große Herausforderungen, die, wie beispielsweise in der Seeschifffahrt, durch branchenspezifische Einflussfaktoren noch erheblich verschärft wurden.

Die Lage in der Seeschifffahrt wurde 2011 und 2012 maßgeblich durch die Diskrepanzen zwischen Tonnageangebot und der Nachfrage nach Schiffsraum geprägt. Vor allem die hohe Zahl der jetzt zur Ablieferung anstehenden Schiffsneubauten, die in den Boomzeiten in Auftrag gegeben wurden und deren Fertigstellung im Zuge der Finanz- und Wirtschaftskrise 2008/2009

teilweise hinausgezögert wurde, belastet die Annäherung zwischen Angebot und Nachfrage auf den Schifffahrtsmärkten erheblich. Insgesamt umfassen die laufenden Aufträge für Schiffsneubauten ein Volumen von 30 Prozent der aktuell operierenden Welthandelsflotte.
Die weltweite Containerschiffsflotte ist im vergangenen Jahr nochmals um 6 Prozent gewachsen. Im Jahr 2012 wurden 207 Neubauten mit einer Containerstellplatzkapazität von 1,26 Mio. TEU abgeliefert. Allein die Zahl der Schiffe mit mehr als 8 000 Containerstellplätzen (TEU) nahm um 25 Prozent zu.
Zwar wurden etwa 200 kleinere Containerschiffe abgewrackt, dennoch wuchs die in Fahrt befindliche Flotte auf 4961 Vollcontainerschiffe mit einer Transportkapazität von 16,4 Mio. TEU. Neben dem Abwracken und „Slow Steaming" wurde auch verstärkt die Möglichkeit des Auflegens von Tonnage genutzt, um das Schiffsraumangebot temporär zu reduzieren. Bis Ende 2012 wuchs die beschäftigungslose Flotte auf 810 000 TEU.
Deutsche Reeder stellten 2012 nach vorliegenden Angaben 163 neue Schiffe in Dienst, darunter 54 Containerschiffe. Aufgrund erhöhter Verschrottungen und Schiffsverkäufe zur Tonnageverknappung schrumpfte die deutsche Flotte aber insgesamt leicht. Deutschland besitzt dennoch mit 3 750 Handelsschiffen (Stand 30. September 2012) und einem Marktanteil von 9,4 Prozent nicht nur die drittgrößte Handelsflotte weltweit, sondern auch die jüngste und modernste. Im Bereich Containerschifffahrt verfügt Deutschland über ein Drittel der weltweiten Containerschifffahrtskapazitäten (4,8 Mio. TEU) und ist damit weiterhin international führend.
Aufgrund der Überkapazitäten, vor allem bei Containerschiffen, brachen die Fracht- und Charterraten massiv ein und deckten nur noch teilweise die Betriebs- und Finanzierungskosten. Ausgelöst wurde diese Entwicklung durch einen scharfen Verdrängungswettbewerb großer Linienreedereien. Die Absenkung der Frachtraten in wichtigen Containerliniendienstrouten führte auch zum Verfall der Charterraten für Containerschiffe, insbesondere in den Größenbereichen bis 6 500 TEU.
Trotz der Anhebung der Frachtraten im Laufe des Jahres 2012 in mehreren Schritten liegen die Charterraten nach wie vor zum großen Teil sogar unter den Schiffsbetriebskosten. Zudem belasten die um ca. 40 Prozent gestiegenen Durchschnittskosten für Schiffstreibstoffe die Reeder erheblich.
Der Rückzug wichtiger Banken aus der Schiffsfinanzierung und der daraus resultierende Mangel an Fremdkapital hat die Lage insbesondere für kleine und mittlere Charterreedereien in Deutschland zusätzlich verschärft.
Positive Wirkungen für den Schifffahrtsstandort Deutschland gehen von der Schaffung wichtiger wirtschaftlichen Rahmenbedingungen, die für die internationale Wettbewerbsfähigkeit ausschlaggebend sind, aus. Die auf insgesamt rd. 90 Mio. Euro jährlich gestiegene Förderung von Ausbildung und Beschäftigung in der Seeschifffahrt stärkt das Maritime Bündnis und sichert das seemännische Know-how für das gesamte maritime Cluster in Deutschland. Derzeit sind bei deutschen Reedereien lt. Angabe des Verbandes Deutscher Reeder über 73 000 Seeleute an Bord und 23 000 Mitarbeiter an Land beschäftigt.
Für 2013 ist noch mit keiner nachhaltigen Besserung der Lage in der internationalen Seeschifffahrt zu rechnen. Die Fracht- und Charterraten bleiben aufgrund des nur leichten Wachstums der Weltwirtschaft sowie des Welthandels (voraussichtlich 4,5 Prozent) und der Tonnageüberkapazitäten am Markt weiterhin auf niedrigem Niveau. Sinkende Schiffswerte und steigende Betriebskosten dürften den Konsolidierungsdruck insbesondere für kleine und mittlere Charterreedereien weiter erhöhen.
Mittelfristig sind die Aussichten für die Seeschifffahrt dennoch gut. Der steigende Welt- und Weltseehandel und das künftig deutlich abgeschwächte Flottenwachstum dürften zu einer Annäherung von Angebot und Nachfrage nach Schiffsraum und einer sukzessiven Markterholung führen.

Im Zuge des weltwirtschaftlichen Konjunkturabschwungs hat sich auch das Wachstumstempo des Güterumschlags in den deutschen Seehäfen verlangsamt. Nachdem der deutsche Seegüterumschlag 2011 um rund 11 Prozent auf 295 Mio. t Güter stieg, nahm der Gesamtumschlag 2012 um etwa 3,5 Prozent auf 304 Mio. t zu und liegt damit noch um 5 Prozent unter dem Vorkrisenniveau (2008: 318 Mio. t).

Gleichzeitig entwickelte sich der Hinterlandverkehr der deutschen Seehäfen weiter sehr dynamisch. Dabei wurden aber Engpässe in der Schienen- und Straßeninfrastruktur im Hinterlandverkehr erneut deutlich sichtbar.

Langzeitprognosen gehen davon aus, dass sich das Güterverkehrsaufkommen in den deutschen Seehäfen deutlich steigern wird. Das dadurch zu erwartende weitere dynamische Wachstum der Seehafenhinterlandverkehre erfordert vor allem den zügigen Ausbau einer leistungsfähigen, bedarfsgerechten Verkehrsinfrastruktur. Dies ist ein Kernziel des Nationalen Hafenkonzepts für die See- und Binnenhäfen. Der Ausbau der seewärtigen Zufahrten deutscher Seehäfen und leistungsfähiger Hinterlandanbindungen ist einer der investitionspolitischen Schwerpunkte der Bundesregierung. Orientierungsgrundlage bei den Hinterlandanbindungen der Seehäfen ist vor allem die Ahrensburger Liste, die die Verkehrsminister der norddeutschen Küstenländer 2008 verabschiedet haben. Der im März 2012 vorgelegte Investitionsrahmenplan 2011 bis 2015 für die Verkehrsinfrastruktur des Bundes (IRP) setzt dabei klare Prioritäten und richtet die Investitionsplanung an den vorhandenen Finanzierungsmöglichkeiten aus.

Für die deutschen Häfen bietet der Ausbau der Offshore-Windenergie große Zukunftschancen. Zugleich können die Seehäfen mit ihrer maritimen Logistik einen wesentlichen Beitrag zur Nutzung der Offshore-Windenergie leisten. Bereits gegenwärtig stellen acht Nordsee- und vier Ostseehäfen Kapazitäten für die Montage, den Umschlag und den Service von Offshore-Windenergieanlagen bereit. Weitere Häfen planen den Ausbau.

Die Situation im Weltschiffbau blieb auch in den vergangenen Monaten aufgrund des starken Nachfragerückgangs nach Standardtonnage (Tanker, Massengutfrachter, Containerschiffe) und hoher Überkapazitäten vor allem auf den asiatischen Werften schwierig. Der Überhang bei den weltweiten Werftkapazitäten wird derzeit auf ca. 50 Prozent geschätzt.

Die deutschen Werften konnten sich insbesondere durch die Konzentration auf den Spezialschiffbau 2012 dennoch gut im Markt behaupten. Produktion, Aufträge und Beschäftigung auf den Werften entwickelten sich überwiegend positiv. Insgesamt wurden 27 Schiffe (ohne Binnenschiffe) abgeliefert. Der Produktionswert stieg auf über 3 Mrd. Euro nachdem es 2012 nur knapp 2 Mrd. Euro waren. Neben einigen Behörden- und Arbeitsschiffen wurden vorwiegend RoRo-Fähren, Kreuzfahrtschiffe und Yachten abgeliefert. Diese Schiffstypen dominieren inzwischen auch die Auftragsbücher der deutschen Werften. Die Auftragsbestände erhöhten sich aufgrund der Bestellungen von höherwertigen Spezialschiffen insgesamt auf über 9 Mrd. Euro (Stand Mitte 2012).

Auch bei den Beschäftigtenzahlen war ein leichter Zuwachs (plus 500 Beschäftigte) zu verzeichnen. Durch die Orientierung auf innovative Hightech-Produkte und die vermehrte Entwicklung von Prototypen ist der Bedarf an Ingenieuren und Fachkräften deutlich gestiegen.

Die eingeleiteten Umstrukturierungsmaßnahmen im deutschen Schiffbau, weg vom Container- hin zum Spezialschiffbau sind inzwischen in der Mehrzahl der Betriebe erfolgreich umgesetzt. Einige wenige Werften waren den Herausforderungen in der Produktionsumstellung allerdings nicht gewachsen und gerieten in die Insolvenz. Durch neue Investoren ist es bisher aber mehrheitlich gelungen, die Kompetenzen in den Betrieben zu erhalten.

Trotz der Ausrichtung auf Spezialschiffe und eines breiten Typenspektrums ist die Auslastung der Kapazitäten jedoch nicht bei allen Werften gesichert. Weitere Anschlussaufträge werden benötigt, wobei der Wettbewerb auch in den sogenannten Nischenmärkten zunehmend schärfer wird. Insbesondere chinesische Anbieter versuchen ihre Positionen im Markt auszuweiten.

Gute Marktchancen bieten sich den deutschen Werften künftig vor allem auch im Bereich der Offshore-Windenergie-Nutzung. Mehrere Neubauaufträge sowie auch große Reparatur- und Umbauaufträge für Schiffe und Plattformen für die Offshore-Industrie wurden von den Werften bereits hereingenommen. Allein die bis Ende September 2012 akquirierten Aufträge für den Bau von fünf Plattformen hatten ein Auftragsvolumen von nahezu 350 Mio. Euro.

Auch die deutsche Schiffbau- und Offshore-Zulieferindustrie ist weiter im Aufwind und behauptet ihre führende Position auf den internationalen Märkten. Wie schon 2012 dürfte sich die deutsche maritime Zulieferindustrie auch im Jahr 2013 erfolgreich entwickeln. Getragen wird das Branchenwachstum durch Unternehmen, die sich auf Wachstumsmärkte in der Offshore-, Öl- und Gas-Industrie fokussieren. Das sind bereits mehr als die Hälfte aller maritimen Zulieferunternehmen.

Bei Maschinen und Ausrüstungen für die Offshore-Industrie ist auch in den kommenden Jahren mit überdurchschnittlichen Zuwachsraten zu rechnen. Demgegenüber bleibt die Lage für die Schiffbau-Zulieferer schwierig, insbesondere für die Zulieferfirmen mit großer Abhängigkeit vom Standardschiffsneubau. Mit einer umfassenden Belebung des Handelsschiffsneubaumarktes ist frühestens mittelfristig zu rechnen. Ausbaufähige Geschäftsfelder sind derzeit vor allem die Nach- und Umrüstung von Schiffen zur Verbesserung der Energieeffizienz und des Schadstoffausstoßes.

Wachstumsimpulse für die deutsche Schiffbau- und Offshore-Zulieferindustrie mit ihren rund 400 Unternehmen, die 2011 mit gut 70 000 Mitarbeitern einen Umsatz von 11,5 Mrd. Euro erwirtschafteten, kommen auch weiterhin vor allem vom Exportgeschäft. Die Unternehmen setzen dabei verstärkt auf die Erschließung neuer Märkte. Neben den asiatischen Schiffbaunationen wie China, Korea und Japan rücken neue Schiffbauländer wie Indien und Brasilien in den Fokus. Bereits in den Vorjahren lag die Exportquote bei über 70 Prozent.

Zu den maritimen Wachstumsbereichen gehört die Meerestechnik. Sie ist ein dynamischer und innovativer Bereich mit großen Potenzialen vor allem auf den Gebieten der Offshore-Technik zur Öl- und Gasgewinnung und der Offshore-Windenergie. Für weitere Bereiche wie Unterwassertechnik, Umwelt- und Sicherheitstechnik, Aqua- und Marikultur oder Verfahren zur Gewinnung von mineralischen Rohstoffen am Meeresboden bestehen ebenfalls gute Marktaussichten. Deutsche meerestechnische Unternehmen haben bislang insgesamt nur einen geringen Weltmarktanteil, besitzen aber ein erhebliches technisches Know-how und Innovationspotenzial, das aufgrund steigender Anforderungen (z.B. wegen Bohrungen in immer größeren Meerestiefen nach Öl und Gas) immer wichtiger wird.

Am 24. August 2011 hat die Bundesregierung den Nationalen Masterplan Maritime Technologien (NMMT) beschlossen. Das Ziel des NMMT ist es, durch eine stärkere Vernetzung der meerestechnischen Unternehmen und Forschungseinrichtungen eine Erhöhung der Innovations- und Systemfähigkeit und den Ausbau des technologischen Potenzials der deutschen meerestechnischen Wirtschaft zu erreichen und damit die Position der deutschen meerestechnischen Unternehmen auf dem Weltmarkt zu verbessern. Der Masterplan stellt eine gemeinsame Plattform für alle Akteure der maritimen Wirtschaft dar. Ressorts, Verbände und Küstenländer sind in die strategischen Entscheidungen zur Umsetzung und Fortentwicklung des Masterplans eng eingebunden. Eine eigens eingerichtete Koordinierende Stelle unterstützt den NMMT-Prozess. Im Rahmen des NMMT fanden zu mehreren Themen, z.B. zu den Möglichkeiten eines Tiefseebergbaus, Fachveranstaltungen statt.

Kräftige Wachstumsimpulse für die maritime Wirtschaft dürften auch künftig von der verstärkten Offshore-Windenergie-Nutzung ausgehen. Vom ambitionierten Ausbau der Offshore-Windenergie können vor allem der Schiffbau, die Zulieferindustrie, die Hafenwirtschaft, die Küstenstandorte und deutschlandweit der Maschinen- und Anlagenbau profitieren.

Im Zuge der beschlossenen Energiewende gewinnen die erneuerbaren Energien und insbesondere die Offshore-Windenergie eminent an Bedeutung. Bis zum Jahr 2030 sollen Windenergieanlagen mit einer Leistung von bis zu 25 000 Megawatt (MW) in Nord- und Ostsee installiert werden und ans Netz gehen. Mit der Umsetzung dieser Zielvorgaben sind für die Offshore-Windenergiebranche enorme Herausforderungen und zugleich große Chancen für maritime Bereiche verbunden. Die Offshore-Windenergie-Branche benötigt zeitnah geeignete Installations- und Wartungsausrüstungen für Großkomponenten und Seekabel sowie Spezialschiffe für die Installation, den Service und die Wartung der Windenergieanlagen. Darüber hinaus sind kurzfristig geeignete Hafenkapazitäten mit entsprechenden see- und landseitigen Anbindungen erforderlich.

Gegenwärtig befinden sich sechs Windparks in Bau und für 2013 ist der Baubeginn für weitere Windparks avisiert, die alle bis 2015 ans Netz gehen sollen. Die installierte Leistung wird dann Ende 2015 voraussichtlich bei 3 000 MW liegen.

Eine Herausforderung in der Offshore-Entwicklung ist derzeit die Netzanbindung, da der Netzausbau nur schleppend voran geht. Zur besseren Steuerung des Offshore-Ausbaus und zur Lösung ungeklärter Haftungsfragen im Zusammenhang mit der Netzanbindung von Offshore Windparks wurde das Energiewirtschaftsgesetz (EnWG) novelliert, das Ende 2012 in Kraft trat. Zudem werden mit einer Entschädigungsregelung für verzögerte Anbindung oder Störungen einer Netzanbindungsleitung die Planungssicherheit erhöht und Investitionshindernisse abgebaut.

Intensiviert wurde die Vernetzung der Offshore-Windenergie-Branche mit der maritimen Wirtschaft. Die Bundesregierung erarbeitet einen Fortschrittsbericht „Offshore-Windenergie – Bedarf, Chancen und Potenziale für Häfen und Schiffe". Bei dieser Initiative geht es u.a. um eine verstärkte Zusammenarbeit, die Erhöhung der Arbeitsteilung, die Erschließung von Kostensenkungspotenzialen und letztlich die Optimierung der gesamten Wertschöpfungskette.

Die Erstellung des Fortschrittsberichtes wurde als wichtige Maßnahme in den Nationalen Masterplan Maritime Technologien aufgenommen.

Das Thema Klima- und Umweltschutz rückt auch in der Seeschifffahrt immer stärker in den Mittelpunkt Mit der Überarbeitung der Anlage VI des MARPOL-Übereinkommens hat die IMO z.B. wichtige Verbesserungen zur Reduktion von Luftschadstoffemissionen der Seeschifffahrt vorgenommen Gleichzeitig eröffnen sich dem deutschen Schiffbau und der Schiffbauzulieferindustrie und dabei insbesondere den Motorenherstellern große Möglichkeiten, innovative Techniken für mehr Klima- und Umweltschutz voranzutreiben und Marktvorteile zu erringen. Das Spektrum umweltorientierter Innovationen reicht von Lösungen für die Ballastwasserreinigung, über ein optimiertes Design des Schiffsrumpfs, effiziente Antriebssysteme, neuartige Beschichtungen des Unterwasserschiffes bis hin zu Lösungen für ein verbessertes Energiemanagement.

Die Nachfrage nach energiesparenden und umweltfreundlichen Techniken wird weiter zunehmen. Energieeffizienz bleibt ein zentrales Entwicklungsfeld und schafft Anreize zur Entwicklung und Nutzung neuer Technologien.

Nachdem bislang die Reduzierung von Luft- und anderen Schadstoffen durch Seeschiffe primär im Vordergrund stand und weiterhin ein wichtiges Ziel bleibt, gewinnt zunehmend auch der Klimaschutz an Bedeutung. Mit Unterstützung der Bundesregierung ist es der IMO gelungen, mit dem Energieeffizienzindex (EEDI) ein erstes weltweit verpflichtendes technisches Instrument auf den Weg zu bringen, mit dem ab 2013 die CO2-Emissionen neuer Schiffe schrittweise um bis zu 30 Prozent (ab 2025) vermindert werden. Darüber hinaus ist die Bundesregierung an der Entwicklung weiterer Maßnahmen zur Reduktion von Treibhausgasen und anderer klimarelevanter Schadstoffe in der IMO beteiligt. Insbesondere werden die Einführung eines globalen Treibhausgas-Monitoring-Systems für den Seeverkehr sowie technische und operative Maßnahmen für die bestehende Schiffsflotte als Zwischenschritte auf dem Weg zu einer globalen marktbasierten Maßnahme unterstützt.

Verlässliche Rahmenbedingungen für die maritime Wirtschaft

In den zurückliegenden Monaten gestaltete sich die Schiffsfinanzierung zunehmend schwieriger. Die Risiken in der Schiffsfinanzierung sind angesichts der prekären Angebot-Nachfrage-Relation in der internationalen Seeschifffahrt deutlich gestiegen. Die traditionell in der Schiffsfinanzierung engagierten Banken verfolgen eine restriktive Kreditpolitik. Dies führte auch zu einer Verknappung und Verteuerung der von den Werften für die Bauzeit von Schiffen benötigten Finanzierungen. Aufgrund der hohen Investitionsvolumina und längeren Bauzeiten für Schiffsneubauten hat die Branche einen erheblichen Fremdfinanzierungsbedarf.

Das Bundesministerium für Wirtschaft und Technologie hat entsprechend der Empfehlungen der Siebten Nationalen Maritimen Konferenz eine Expertengruppe auf Fachebene eingesetzt, die sich mit Vorschlägen zur Verbesserung und Optimierung der Bauzeit- und Endfinanzierung von Schiffbauaufträgen deutscher Werften befasst.

Der im März 2012 vorgelegte Expertenbericht bestätigt, dass mit den vorliegenden staatlichen Finanzierungsinstrumenten dem deutschen Schiffbau grundsätzlich ein guter und wirkungsvoller Förderrahmen zur Verfügung steht, der allerdings durch den Rückzug der Banken aus der Werften- und Schiffsfinanzierung belastet ist.

Eine wesentliche Forderung der Experten ist, dass Bund und Länder alle vorhandenen Finanzierungsinstrumente beibehalten und die bestehenden Flexibilitäten bei der Anwendung vollständig ausnutzen.

Die Bundesregierung hat ihre Bereitschaft zur Ausnutzung von Flexibilitäten unter Beachtung der rechtlichen Rahmenbedingungen und haushaltspolitischen Grundsätze in vielen Einzelfällen bewiesen.

Darüber hinaus werden einige der Empfehlungen bereits praktiziert oder können grundsätzlich positiv geprüft werden. Im Bereich der Exportkreditgarantien gehört hierzu die Übernahme von Avalgarantien im Einzelfall über das bestehende 80 Mio. Euro-Limit je Werft hinaus. Bei den Landesbürgschaften sind dies die von den Experten gewünschte Einbeziehung von Vertragserfüllungs- und Gewährleistungsgarantien, die Akzeptanz von Kautions-/Kreditversicherern als Bürgschaftsnehmer oder die Erweiterung des Anwendungsbereichs auf bewegliche Offshore-Strukturen und Binnenschiffe.

Die Forderung nach Einführung eines KfW-Sonderprogramms zur Finanzierung von Spezialschiffen oder Offshore-Strukturen für den Offshore-Windenergie-Sektor wird durch die Bundesregierung dagegen nicht unterstützt, da derzeit kein Mangel an Spezialschiffen, die den Bau der Windparks und damit die Umsetzung der Energiewende gefährden würde, erkennbar ist.

In Bezug auf die Schiffsfinanzierung sieht die Bundesregierung keine neuen Finanzierungsinstrumente vor, denn staatliche Finanzierungsprogramme sind zur Überwindung von zyklischen und strukturellen Problemen in der Schifffahrt keine geeignete Lösung und verzögern notwendige Strukturanpassungen. In der gegenwärtigen schwierigen Lage kommt es darauf an, dass Eigenkapitalgeber, Reeder und Banken gemeinsame Lösungen und neue tragfähige Finanzierungskonzepte finden.

Die Bundesregierung flankiert weiterhin Schiffbauaufträge durch das bewährte Förderinstrumentarium wie Exportkreditgarantien und CIRR-Zinsausgleichsgarantien. Die Bundesregierung nutzt dabei bestehende Spielräume im Einklang mit internationalen Vorgaben wie dem OECD-Konsensus und dem EU-Wettbewerbsrecht konsequent.

Seit Einführung des neuen Schiffbau-CIRR-Systems Mitte 2007 wurden Anträge auf Gewährung einer Zinsausgleichgarantie für insgesamt 74 Schiffsneubauten mit einem Auftragsvolumen von rd. 11,3 Mrd. Euro positiv entschieden (Stand Anfang Dezember 2012).

Mit insgesamt 5,8 Mrd. Euro (Vorjahr: 4,8 Mrd. Euro) lag im Jahr 2012 auch das Deckungsvolumen („Hermesdeckungen“) für zivile und militärische Schiffsgeschäfte weiterhin auf einem hohen Niveau. Damit trugen die Hermesdeckungen maßgeblich zur Sicherung von Arbeitsplätzen auf den deutschen Werften bei.

Mit den Innovationshilfen stellt die Bundesregierung zudem ein spezifisches Instrument bereit, um die Verbesserung der Wettbewerbsfähigkeit der Schiffbauindustrie durch Innovationen zu fördern. Seit Einführung des Innovationsprogramms wurden insgesamt 70 Projekte mit insgesamt rund 111,9 Mio. Euro gefördert (Stand Dezember 2012). Damit wurde die Markteinführung schiffbaulicher Innovationen mit einem Volumen von rd. 560 Mio. Euro unterstützt.

In dem neuen, für die Jahre 2012 und 2013 geltenden Rechtsrahmen für Beihilfen für den Schiffbau in der Europäischen Union ist eine Ausweitung der Innovationsförderung auf Binnenschiffe sowie schwimmende und bewegliche Offshore-Strukturen, d.h. Strukturen, die der Exploration, Gewinnung oder Erzeugung von Öl, Gas und erneuerbaren Energien dienen, vorgesehen. Gleichzeitig beschloss der Deutsche Bundestag für 2013 eine Aufstockung der Haushaltmittel um 1 Mio. Euro auf 13 Mio. Euro. Mit der Verlängerung und Ausweitung der Förderichtlinie sind wichtige Handlungsempfehlungen der letzten Nationalen Maritimen Konferenz umgesetzt worden.

Schiffbauliche und maritime Forschungs- und Innovationsförderung wird auch zukünftig dazu beitragen, die Wettbewerbs- und Zukunftsfähigkeit der Branche zu stärken. Die anwendungsorientierte Grundlagenforschung wird künftig mit dem Forschungsprogramm „Maritime Technologien für die nächste Generation“ noch intensiver unterstützt.

Das maritime FuE-Programm ist seit Jahren durch ein Wachstum des in Anspruch genommenen Fördervolumens gekennzeichnet. Von 2011 bis 2015 stellt die Bundesregierung Fördermittel in Höhe von über 150 Mio. Euro bereit. Mit dem Eigenanteil aus der Wirtschaft können damit Forschungs- und Entwicklungsvorhaben von ca. 300 Mio. Euro durchgeführt werden.

Mit der Energiewende hat die Bundesregierung bekräftigt, dass sie den Ausbau erneuerbarer Energien weiter vorantreiben wird. Hierbei wird die Offshore-Windenergie-Nutzung eine Schlüsselposition einnehmen. Die Bundesregierung unterstützt mit einem 5 Mrd. Euro umfassenden KfW-Sonderprogramm die Finanzierung von bis zu zehn Offshore-Windparks. Die Kredite der KfW werden zu Marktbedingungen vergeben und sollen die Bereitstellung des notwendigen Fremdkapitals unterstützen. Antragsberechtigt sind Projektgesellschaften zur Errichtung von Offshore-Windparks in der deutschen Ausschließlichen Wirtschaftszone (AWZ) der Nord- und Ostsee. Die geförderten Projektgesellschaften können die Kredite zur Mitfinanzierung von Investitionen einsetzen.

Die wirtschaftlichen Rahmenbedingungen für die deutschen Schifffahrtsunternehmen werden seit Jahren durch fiskalische und steuerliche Instrumente wie die Tonnagesteuer, den Lohnsteuereinbehalt, Zuschüsse zu den Lohnnebenkosten und die Ausbildungsplatzförderung flankiert.

Für die erfolgreiche Umsetzung des Maritimen Bündnisses hat der Haushaltsauschuss des Deutschen Bundestages im November 2011 die Wiederaufnahme und Verstetigung der direkten Unterstützung von Ausbildung und Beschäftigung durch den Bund auf dem Niveau des Jahres 2010 für erforderlich angesehen. Im Hinblick darauf sind die Finanzbeiträge an die Seeschifffahrt im Jahr 2012 und auch 2013 wieder auf 57,8 Mio. Euro erhöht worden.

Damit setzt die Bundesregierung ein deutliches Zeichen für die Kontinuität und Verlässlichkeit der Schifffahrtsförderpolitik.

Um die Ausbildung und Beschäftigung von Seeleuten unter deutscher Flagge stärker und gezielter zu unterstützen, werden auch die deutschen Reeder zukünftig einen Eigenbeitrag in Höhe von mindestens 30 Mio. Euro jährlich erbringen.

Damit hat die Bundesregierung eine Möglichkeit eröffnet, zusammen mit der Wirtschaft neue Perspektiven für den Erhalt und Ausbau des maritimen Fachwissens in Deutschland zu schaffen.

Die Bundesregierung unterstützt die maritime Wirtschaft weiterhin durch die Förderung von Auslandsmessen, Unternehmerreisen, Kontaktveranstaltungen, Konferenzen u.ä. Dafür kann unter bestimmten Voraussetzungen und im Rahmen der bestehenden Haushaltsansätze auch die Förderinitiative „Steigerung der Wettbewerbsfähigkeit der Maritimen Wirtschaft" des Bundesministeriums für Wirtschaft und Technologie in Anspruch genommen werden.
Auf dem Gebiet der Maritimen Sicherheit hat die Bundesregierung ein wichtiges politisches Vorhaben zur Bekämpfung der Seepiraterie umgesetzt. Ende Februar/Anfang März 2013 wird das Gesetz zur Einführung eines Zulassungsverfahrens für Bewachungsunternehmen auf Seeschiffen in Kraft treten.
In die Gewerbeordnung wird damit ein neues Zulassungsverfahren für Sicherheitsunternehmen eingeführt, die zur Abwehr von Piraterie Bewachungsaufgaben auf Seeschiffen wahrnehmen wollen.
Zulassungen werden vom Bundesamt für Wirtschaft und Ausfuhrkontrolle (BAFA), das auch Anlaufstelle für die Unternehmen sein wird, in Zusammenarbeit mit der Bundespolizei erteilt. Die gesetzliche Verpflichtung zur Zulassung wird am 1. Dezember 2013 in Kraft treten. Derzeit arbeitet die Bundesregierung noch an einer Rechtsverordnung, in der die Einzelheiten des Verfahrens konkretisiert werden.
Die Bundesregierung trägt mit der Einführung eines speziellen Zulassungsverfahrens für Bewachungsunternehmen, die auf Seeschiffen Bewachungsleistungen erbringen wollen, den besonderen Erfordernissen der Seepiraterie Rechnung. Der Einsatz von Bewachungsunternehmen als Schutzmaßnahme gegen Piraterie stellt gegenüber dem herkömmlichen Bewachungsgewerbe eine Sondersituation dar, die einer besonderen Regelung bedurfte. Die Leistungen werden auf der Hohen See erbracht, wo im Notfall – anders als in Deutschland selbst – nicht mit der schnellen Unterstützung durch hoheitliche Kräfte gerechnet werden kann. Ferner muss das Sicherheitspersonal über ausreichende maritime Kenntnisse verfügen.
Die Bewachungsunternehmen müssen daher im Rahmen des Zulassungsverfahrens darlegen, dass sie die in einer Rechtsverordnung konkretisierten Anforderungen an die betriebliche Organisation und Verfahrensabläufe erfüllen und sicherstellen, nur fachlich und persönlich geeignetes sowie zuverlässiges Personal an Bord von Seeschiffen einzusetzen. Darüber hinaus wurde mit dem Gesetz auch eine Änderung des Waffengesetzes vorgenommen. Dazu wurde die Waffenbehörde der Freien Hansestadt Hamburg als zentrale Behörde für die Erteilung der erforderlichen waffenrechtlichen Erlaubnisse an Personen, die zum Schutz von Seeschiffen unter Bundesflagge eingesetzt werden, bestimmt.
Das Zulassungsverfahren orientiert sich an den Interimsleitlinien der Internationalen Seeschifffahrts-Organisation (IMO) über den Einsatz von bewaffnetem privatem Sicherheitspersonal an Bord von Schiffen im Hochrisikogebiet. Mit einem eigenen staatlichen Zulassungsverfahren nimmt die Bundesregierung international eine Vorreiterrolle ein.
Bislang ist kein einziges Schiff, das private Sicherheitsdienste an Bord hatte, erfolgreich von Piraten gekapert worden. So soll es nach dem Willen der Bundesregierung auch bleiben, denn dem Schutz des Lebens und der körperlichen Unversehrtheit aller Seeleute kommt höchste Priorität zu.

Handlungsschwerpunkte der maritimen Politik der Bundesregierung

Die deutsche maritime Wirtschaft hat sich in den zurückliegenden Monaten den internationalen Marktentwicklungen und veränderten Rahmenbedingungen strukturell angepasst. Sie hat damit auch künftig gute Voraussetzungen für das Bestehen im internationalen Wettbewerb. Die maritime Wirtschaft bleibt in ihrer Breite und Vielfalt eine Zukunftsbranche mit hohem Wachstumspotenzial vor allem in meerestechnischen Bereichen und in der Offshore-Windenergie. Aber auch bei den Häfen, Reedereien, Werften und Zulieferern sind die Aussichten positiv.

Um die Wachstumschancen zu nutzen und die internationale Wettbewerbs- und Zukunftsfähigkeit der Unternehmen zu sichern, bedarf es weiterer Strukturanpassungen und Umstrukturierungsmaßnahmen in den maritimen Bereichen sowie wettbewerbsorientierter Rahmenbedingungen.

Die Bundesregierung wird diesen Prozess im Rahmen der vorgegebenen finanziellen und haushalterischen Möglichkeiten unterstützen. Dazu steht das bewährte Förderinstrumentarium weiterhin zur Verfügung und vor allem die Mittel für schiffbauliche und maritime Forschungs- und Innovationsförderung werden zielorientiert ausgebaut. Forschung, Entwicklung und Innovation, Ausbildung, Kompetenz- und Nachwuchssicherung sowie Klima- und Umweltschutz konsequent voranbringen – das ist und bleibt für die maritime Wirtschaft der Schlüssel für die Zukunft.

Die Bundesregierung lässt sich in der maritimen Wirtschaft dabei auch künftig von marktwirtschaftlichen Prinzipien leiten. Sie schafft mit ihrer maritimen Politik günstige Rahmenbedingungen für die Stärkung der Wettbewerbs- und Zukunftsfähigkeit der deutschen maritimen Wirtschaft. Die Entwicklung tragfähiger Zukunftsstrategien und deren Umsetzung ist und bleibt aber Aufgabe der Unternehmen. Dazu ist es notwendig, die Zusammenarbeit und Vernetzung aller maritimen Bereiche weiter voranzutreiben.

Die Herausforderungen und Wege zur Sicherung der Wettbewerbs- und Zukunftsfähigkeit der deutschen maritimen Wirtschaft werden im Fokus der von der Bundeskanzlerin der Bundesrepublik Deutschland einberufenen Achten Nationalen Maritimen Konferenz am 8. und 9. April in der schleswig-holsteinischen Landeshauptstadt Kiel stehen.

Von der Achten Nationalen Maritimen Konferenz werden im Rahmen der vorgesehenen branchenorientierten und branchenübergreifenden Workshops in den Bereichen Schiffbauindustrie, Hafenwirtschaft und Logistik, Seeschifffahrt, Meerestechnik, Offshore-Windenergie, Klima und Umweltschutz im Seeverkehr sowie Maritime Sicherheit Impulse und konkrete Handlungsempfehlungen an die Akteure der maritimen Wirtschaft ausgehen, um die Branche zukunftsfest zu machen.

Die maritime Wirtschaft, Sozialpartner, Bund und Küstenländer müssen sich dabei insbesondere folgenden Aufgaben/Herausforderungen stellen:

– Die eingeleiteten Umstrukturierungen im Handelsschiffbau für mehr Flexibilität und eine zukunftsfähige Produktdiversifizierung müssen fortgesetzt werden. Dieser Prozess der Ausrichtung auf Nischen- und Spezialmärkte erfordert eine marktspezifische wirksame Akquisition, gut ausgebildete Fachkräfte sowie intensive Forschungs- und Entwicklungsarbeit. Die Schiffbauindustrie ist aufgefordert, ihre Investitionen in Forschung, Entwicklung und Innovation sowie ihre Ausbildungsanstrengungen zu erhöhen.

Die Bundesregierung wird diesen Prozess im Rahmen der finanziellen Möglichkeiten begleiten und eine stärkere Koordinierung der Programme zur Förderung schiffbaulicher Forschung, Entwicklung und Innovation fördern, um die Unternehmen bei der Entwicklung durchgängiger Innovationsstrategien zu unterstützen und eine engere Verzahnung der Förderung vorwettbewerblicher FuE-Projekte und industrieller Anwendungen zu erreichen.

Die Bundesregierung wird ihr Engagement für den Abschluss eines OECD-Weltschiffbauabkommens fortsetzen, um weltweite Verzerrungen des Schiffbaumarktes abzubauen. Ebenso ist der konstruktive LeaderSHIP Deutschland-Dialog zwischen den Unternehmen, der IG Metall und der Politik des Bundes und der Küstenländer weiterzuentwickeln.

– Die Meerestechnik als Zukunftsbranche ist im Rahmen des „Nationalen Masterplan Maritime Technologien“ und durch eine weitere gezielte Förderung von Forschung und Entwicklung im Rahmen der verfügbaren Mittel zu stärken.

– Mit Blick auf die mittel- und langfristig zu erwartenden dynamischen Umschlagszuwächse in den Seehäfen sind die Maßnahmen des Nationalen Hafenkonzept für die See- und Binnenhäfen zielgerichtet umzusetzen, um die Wettbewerbsfähigkeit der Häfen durch Beseitigung von Kapazitätsengpässen und den Ausbau der hafenrelevanten Verkehrsinfrastrukturen zu verbessern. Der Ausbau der Zufahrten zu den großen deutschen Seehäfen hat Vorrang vor volkswirtschaftlich weniger bedeutsamen Projekten. Gleichwohl sind die Belange des Umwelt- und Naturschutzes zu berücksichtigen. Bei den Seehafenhinterlandanbindungen geht es vor allem um die Beseitigung von Engpässen und den Ausbau überlasteter Hauptachsen.

Die Offshore-Windenergie ist ein wichtiger Eckpfeiler, um die Energiewende umzusetzen. Gleichzeitig ist sie eine große Chance für die wirtschaftliche Entwicklung der deutschen Häfen. Deshalb kommt es darauf an, unter Einbindung der Küstenländer und gemeinsam mit der Wirtschaft eine koordinierte Strategie zur Entwicklung der Offshore-Hafeninfrastruktur voranzubringen.

– Es gilt, die großen wirtschaftlichen Chancen des weiteren Ausbaus der Offshore-Windenergie für die deutsche maritime Wirtschaft zu nutzen. Bis 2030 sollen geschätzte 100 Mrd. Euro in den Ausbau von Offshore-Windenergie investiert werden. Hemmnisse beim weiteren Ausbau der Offshore-Windenergie wie fehlende Netzanbindungen, Speicherkapazitäten, Hafeninfrastruktur und fehlende internationale Normungen müssen zügig abgebaut werden.

– Das Bündnis für Ausbildung und Beschäftigung in der deutschen Seeschifffahrt („Maritimes Bündnis“) sollte inhaltlich unter stärkerer Fokussierung auf den gesamten maritimen Cluster weiterentwickelt werden.

Die Wettbewerbsfähigkeit des deutschen Schifffahrtsstandortes und die Attraktivität der Handelsschifffahrt auch unter deutscher Flagge bei verlässlichen Rahmenbedingungen sind dabei die wesentlichen Fragen, die im Rahmen der Nationale Maritimen Konferenz zu diskutieren sind. Dabei muss es auch darum gehen, die administrativen Dienstleistungen für die Seeschifffahrt zu verbessern und die Flaggenstaatverwaltung zu modernisieren, um den Schifffahrtsstandort Deutschland attraktiver zu machen.

– Die maritime Konferenz wird dazu beitragen, die Herausforderungen und Chancen, die mit der wachsenden Bedeutung des Klima- und Umweltschutzes im Seeverkehr verbunden sind, deutlich herauszuarbeiten. Im Mittelpunkt wird der Beitrag der Seeschifffahrt zur Reduzierung von Treibhausgasen und Luftschadstoffen stehen.

Die Schifffahrt wird durch den Klimawandel vor große Herausforderungen gestellt, gleichzeitig ergeben sich dadurch neue Chancen z.B. für den Schiffbau, die Schiffbau- und Offshore-Zulieferindustrie und die Seeverkehrswirtschaft. Die Bundesregierung setzt sich in der Internationalen Seeschifffahrts-Organisation (IMO) als der maritimen Fachorganisation der Vereinten Nationen langfristig für die Einführung einer globalen marktbasierten Maßnahme für den Schiffsverkehr ein. Als Zwischenschritte auf dem Weg dorthin werden die Einführung eines Monitoring-Systems für die Treibhausgasemissionen aus dem Seeverkehr sowie technische und operative Maßnahmen für bestehende Schiffe gesehen. Parallel zur IMO-Arbeit laufende Überlegungen zur Einführung regionaler Reduktionsmaßnahmen auf EU-Ebene werden von deutscher Seite kritisch-konstruktiv begleitet. Die EU-Kommission wurde bereits im Jahr 2009 mit deutscher Unterstützung vom EU-Rat aufgefordert und bekräftigte darauf hin Ende 2011 erneut, einen Vorschlag zur Einbeziehung der Emissionen des Seeverkehrs in die Minderungsverpflichtungen der Gemeinschaft vorzulegen, falls die IMO bis Ende 2012 keine hinreichend wirksamen Maßnahmen beschlossen haben sollte.

– Die maritime Sicherheit ist für den Wirtschaftsstandort Deutschland von hoher strategischer Bedeutung. Einen eminent wichtigen Beitrag für die maritime Sicherheit leisten die Deutsche Marine und der deutsche Marineschiffbau.

II Seeschifffahrt

Lage auf den Schifffahrtsmärkten

Die Schifffahrtsmärkte befinden sich nach wie vor in einer schwierigen Lage. Eine Markterholung wird erst 2014 oder sogar 2015 erwartet. Gleichzeitig entwickeln sich insbesondere innerhalb Europas die Bedingungen für Schiffsfinanzierung weiter als herausfordernd, während Asien voraussichtlich zukünftig an Bedeutung im maritimen Sektor sowohl für Eigen- als auch für Fremdkapital gewinnen wird.

Auch die deutsche Seeschifffahrtsbranche befindet sich angesichts der anhaltenden Folgen der Wirtschafts- und Finanzkrise vor großen Herausforderungen. Einem Überangebot an Tonnage steht eine durch die Weltwirtschaftskrise beeinträchtigte Nachfrage nach Transportleistungen gegenüber. Insbesondere die Charterreeder sind davon betroffen, da die zu erzielenden Charterraten kaum auskömmlich sind. Die Linienreedereien können ihre Flottenkapazität der Nachfrage besser anpassen, aber die Frachtraten entsprechen nicht den Erwartungen. Die Fracht- und Charterraten bleiben voraussichtlich weiterhin unter Druck, so dass die wirtschaftliche Situation für die Unternehmen angespannt bleibt. Zur langfristigen Sicherung der Wettbewerbsfähigkeit wird es für die Branche auch darauf ankommen, die Krise zu nutzen, um Strukturen anzupassen und technologische Entwicklungen sowie innovative Neuerungen weiter voran zu treiben.

Deutsche Seeschifffahrtspolitik und Maritimes Bündnis

Die schifffahrtspolitischen Ziele der Bundesregierung sind unverändert:

- Verbesserung der Wettbewerbsfähigkeit des Schifffahrts- und Reedereistandortes Deutschland;
- eine international wettbewerbsfähige, qualitativ hochwertige und leistungsstarke Handelsflotte;
- sichere und zukunftsfähige Arbeits- und Ausbildungsplätze im maritimen Bereich in Deutschland – an Bord und an Land.

Dazu bedarf es verlässlicher Rahmenbedingungen. Die Bundesregierung hat mit ihrer nationalen Seeschifffahrtspolitik im Rahmen des Maritimen Bündnisses positive Wirkungen für die maritime Ausbildung und Beschäftigung in Deutschland erzielt. Dies erfolgt seit etwa zehn Jahren in erster Linie kontinuierlich durch fiskalische und steuerliche Instrumente wie die Tonnagesteuer, den Lohnsteuereinbehalt, Zuschüsse zu den Lohnnebenkosten und der Ausbildungsplatzförderung. Damit konnte der Schifffahrtsstandort Deutschland auf internationales Niveau gebracht und das maritime Fachwissen an Bord und an Land gestärkt werden. Zum 3. Quartal 2012 waren rund 6 900 deutsche Seeleute auf Schiffen unter deutscher Flagge beschäftigt. Damit liegt die Anzahl knapp über dem Stand von 2011.

Die Auswertung der Ausbildungssituation seit der letzten Nationalen Maritimen Konferenz ist weniger zufriedenstellend. Sowohl die Anzahl der anerkannten Ausbildungsreedereien als auch die Zahl der Ausbildungsverhältnisse ist gesunken. Im Jahr 2012 bestanden insgesamt 581 Ausbildungsverhältnisse im Vergleich zu 656 im Jahr 2011 und 739 im Jahr 2010. Diese Entwicklung bietet Anlass zur Sorge und war mitentscheidend für die Neuausrichtung des Maritimen Bündnisses im Jahr 2013.

Ein weiterer Aspekt, der mit Blick auf die europäischen Vorgaben zum Erhalt der Tonnagesteuer in Deutschland kritisch verfolgt werden muss, ist die rückläufige Entwicklung des Anteils der deutschen Flagge an der Handelsflotte unter deutschem Management. Nach Aussagen der Reeder liegt die Entscheidung, ihre Schiffe unter ausländischer Flagge zu fahren, oftmals an den in Deutschland vergleichsweise höheren Kosten sowie größerem Bürokratieaufwand. Neben der bereits genannten finanziellen Unterstützung der Schifffahrt prüft die Bundesregierung Maß-

nahmen zur Verbesserung im Service der Flaggenstaatverwaltung. Erste Ergebnisse sollen auf der Achten Nationalen Maritimen Konferenz in Kiel präsentiert werden.
Für die erfolgreiche Umsetzung des Maritimen Bündnisses hat der Haushaltsauschuss des Deutschen Bundestages im November 2011 die Wiederaufnahme der direkten Unterstützung von Ausbildung und Beschäftigung durch den Bund auf dem Niveau des Jahres 2010 für erforderlich angesehen. Im Hinblick hierauf ist der Ansatz für den Finanzbeitrag an die Seeschifffahrt im Haushaltsjahr 2012 auf 57,8 Mio. Euro erhöht und in 2013 auf demselben Niveau fortgeschrieben worden.
Damit sendet die Bundesregierung ein deutliches politisches Signal für die Kontinuität und Verlässlichkeit der Schifffahrtsförderpolitik an die maritime Wirtschaft.
Um die Ausbildung und Beschäftigung von Seeleuten unter deutscher Flagge stärker und gezielter zu unterstützen, werden die deutschen Reeder zukünftig einen Eigenbeitrag erbringen. Er wird in Höhe von mindestens 30 Mio. Euro jährlich angestrebt. Etwa 10 Mio. Euro Eigenbeitrag pro Jahr werden durch die Erhöhung der Gebühren für Ausflaggungsgenehmigungen erbracht.
Das vom Deutschen Bundestag im November 2012 verabschiedete Gesetz zur „Änderung des Flaggenrechtsgesetzes und der Schiffsregisterordnung" stärkt die maritime Ausbildung. Es geht davon aus, dass eine gesetzlich ermöglichte Ausflaggung dadurch zu einem Nachteil für den maritimen Standort führt, dass Ausbildungsplätze für seefahrtbezogene Berufe der Wirtschaft entzogen werden. Die von der Ausflaggung begünstigten Reeder trifft deshalb die Primärverpflichtung, das ausgeflaggte Schiff als Ausbildungsplatz zu erhalten. Wird diese Verpflichtung nicht oder nicht vollständig erfüllt, ist ein Ablösebeitrag an einen privaten Fonds zu zahlen. Daraus wird seefahrtbezogene Ausbildung gefördert.
Damit hat die Bundesregierung eine Möglichkeit eröffnet, zusammen mit der Wirtschaft neue Perspektiven für den Erhalt und Ausbau des maritimen Fachwissens in Deutschland zu schaffen. Getragen wurde dies von dem Bewusstsein, dass Ausbildung und Beschäftigung wichtige Bindeglieder für den gesamten maritimen Standort Deutschland sind.
Im Hinblick auf die Altersstruktur des Bordpersonals und des demographischen Wandels ist es dringend erforderlich, jungen Menschen eine Perspektive in der maritimen Branche aufzuzeigen. Die Küstenländer tragen ebenfalls dazu bei und haben die Infrastruktur und die technische Ausstattung der Ausbildungsstandorte modernisiert. Sie befinden sich auf einem hervorragenden Niveau.

Piraterie
Sichere Handelswege sind eine grundlegende Voraussetzung für den Warenverkehr. Die konzertierten Maßnahmen gegen die Piraterie am Horn von Afrika zeigen deutliche Erfolge. In 2011 hat sich im Vergleich zu 2010 die Anzahl der nach Somalia entführten Handelsschiffe fast halbiert. Die Zahlen für 2012 sind weiter rückläufig.
Der Erfolg beruht u.a. auf dem militärischen Eingreifen von Kriegsschiffen. An der 2008 ins Leben gerufenen EU-Operation ATALANTA beteiligt sich auch Deutschland mit Fregatten.
Im Hinblick auf das riesige Seegebiet kommt dem Selbstschutz der einzelnen Handelsschiffe eine überragende Bedeutung zu.
Die von der Internationalen Seeschifffahrts-Organisation (IMO) empfohlenen sogenannten Best Management Practices (Best Management Practices for Protection against Somalia Based Piracy (BMP)) sind von der Seeschifffahrt angenommen worden. Als flankierende Maßnahme zu den BMP ist der Einsatz privater bewaffneter Sicherheitsdienste an Bord sinnvoll. Damit nur zuverlässiges und speziell ausgebildetes Sicherheitspersonal zum Einsatz kommt, hat die Bundesregierung ein Gesetz für ein Zulassungsverfahren für private Bewachungsunternehmen auf Seeschiffen erlassen. Die gesetzliche Verpflichtung zur Zulassung wird am 1. Dezember 2013 in Kraft treten (näheres vgl. S. 7).

Seearbeitsübereinkommen
Ein wesentlicher Meilenstein für sichere, attraktive und hoch qualifizierte Arbeitsplätze an Bord ist das Seearbeitsübereinkommen 2006 der Internationalen Arbeitsorganisation.
Das Seearbeitsübereinkommen bildet für etwa 1,2 Millionen Seeleute auf über 65 000 Handelsschiffen die Charta ihrer Arbeitnehmerrechte.
Die Anforderungen des Seearbeitsübereinkommens werden in Deutschland durch das Gesetz zur Umsetzung des Seearbeitsübereinkommens 2006 und die auf seinen Ermächtigungen beruhenden Rechtsverordnungen erfüllt. Der Gesetzentwurf wird derzeit in den parlamentarischen Gremien beraten.
Der Entwurf enthält die notwendigen gesetzlichen Regelungen, damit die Bundesrepublik Deutschland das Seearbeitsübereinkommen 2006 ratifizieren kann. Mit der Ratifikation wird weltweit die Durchsetzung von Mindeststandards der Arbeits- und Lebensbedingungen der Seeleute an Bord von Handelsschiffen unterstützt und gefördert. Insbesondere wird nach erfolgter Ratifikation die im Übereinkommen geregelte Hafenstaatkontrolle international verbindlich geregelt. Der Hafenstaat kann die Einhaltung der Anforderungen auf allen Schiffen überprüfen. Damit trägt das Übereinkommen zu einem fairen Wettbewerb in der globalen Handelsschifffahrt bei.

III Häfen

Zur Entwicklung und den Zukunftsperspektiven der Häfen
Leistungsfähige Häfen und bedarfsgerechte Hinterlandanbindungen sind wesentliche Voraussetzungen für die maritime Logistik.
Die Abhängigkeit der Seehäfen vom Seeverkehr wurde in den vergangenen Jahren der Wirtschafts- und Finanzkrise deutlich. Erfreulicherweise hat sich der Gesamtumschlag positiv entwickelt.
In den ersten sechs Monaten 2012 nahm der Güterumschlag der Seeschifffahrt gegenüber dem Vorjahr um 5,1 Prozent zu. Nach vorläufigen Angaben des Statistischen Bundesamtes wurden 152 Millionen Tonnen Güter in deutschen Seehäfen umgeschlagen. Im Jahr 2011 waren es von Januar bis Juni 145 Millionen Tonnen. Im ersten Halbjahr 2008 – also vor der weltweiten Wirtschafts- und Finanzkrise – hatte der Seegüterumschlag allerdings noch gut 162 Millionen Tonnen betragen. Damit liegt der Seeverkehr 2012 trotz der seit drei Jahren zu verzeichnenden Erholung immer noch mehr als 6 Prozent unter seinem damaligen Höchstwert.
Nicht ganz so positiv wie der Gesamtumschlag entwickelte sich der Containerverkehr. Hier kam es – in TEU (Twenty-foot Equivalent Unit) gemessen – gegenüber dem ersten Halbjahr 2011 zu einer Zunahme um 3,6 Prozent auf jetzt 7,8 Millionen TEU. Relativ am stärksten gewachsen ist dabei mit einem Plus von über 21 Prozent der Containerverkehr mit Schweden, gefolgt von Finnland (+15,0 Prozent) und Mexiko (+13,2 Prozent). Der Containerverkehr mit China, dem für die deutschen Seehäfen weiterhin bedeutendsten Fahrtgebiet, nahm dagegen leicht um 0,3 Prozent ab.

Ausbau seewärtiger Zufahrten und Hinterlandanbindungen deutscher Seehäfen
Den Seehäfen kommt als Verkehrsdrehscheiben eine besondere Bedeutung für unsere Wirtschaft zu. Um Einschränkungen der gesamtwirtschaftlichen Entwicklung zu vermeiden, brauchen sie eine optimale Anbindung an das Verkehrsnetz. Der Ausbau der seewärtigen Zufahrten deutscher Seehäfen und leistungsfähiger Hinterlandanbindungen ist einer der investitionspolitischen Schwerpunkte der Bundesregierung. Bei den Hinterlandanbindungen der Seehäfen ist die „Ahrensburger Liste“, die die Verkehrsminister der norddeutschen Küstenländer 2008 verabschiedet haben, eine wichtige Orientierung.

Am 26. März 2012 hat Bundesverkehrsminister Ramsauer den Investitionsrahmenplan 2011 bis 2015 für die Verkehrsinfrastruktur des Bundes (IRP) vorgelegt. Der neue IRP setzt klare Prioritäten und richtet die Investitionsplanung an den tatsächlich vorhandenen Finanzierungsmöglichkeiten aus. Zunächst werden begonnene Vorhaben zügig fortgeführt. Spielräume für Neubeginne ergeben sich damit nur in einem sehr begrenzten Umfang.
Die Erarbeitung eines neuen Bundesverkehrswegeplans (BVWP) hat begonnen (Fertigstellung bis 2015). In dieser Legislaturperiode wird dafür eine neue Grundkonzeption erarbeitet und eine neue Verkehrsprognose mit dem Prognosejahr 2030 erstellt.
Ein wichtiges Signal für die Verkehrsinfrastruktur in Deutschland und damit auch für Wachstum und Arbeitsplätze sind die vom Haushaltsausschuss des Deutschen Bundestages für die Haushaltsjahre 2013 und 2014 genehmigten weiteren 750 Mio. Euro für Verkehrsinvestitionen (Infrastrukturbeschleunigungsprogramm II), wovon 140 Mio. Euro auf den Bereich der Bundeswasserstraßen entfallen. Damit können bundesweit erhebliche Ersatzinvestitionen vorgenommen und die Attraktivität der Binnenschifffahrt gesteigert werden.
Trotzdem bleibt die Finanzierung von Infrastruktur eine große Herausforderung. Dem Grundsatz von Finanzierungskreisläufen und der Einführung nutzerbezogener Gebühren wird deshalb zukünftig noch mehr Gewicht gegeben werden, mit dem Ziel, zusätzliche Finanzmittel verfügbar zu machen. Diese Überlegungen stehen im Einklang mit dem EU-Weißbuch Verkehr, in dem sich die Ausrichtung der Infrastrukturfinanzierung auf eine Nutzerfinanzierung unter Berücksichtigung des Verursacherprinzips wieder findet.
Um dennoch zumindest auf Wasserstraßen mit hoher verkehrlicher Bedeutung notwendige Infrastrukturverbesserungen in vertretbaren Zeiträumen realisieren zu können, wurde vom BMVBS eine Kategorisierung des Netzes der Bundeswasserstraßen vorgenommen.
Dies wurde zwar z.T. kritisiert, aber grundsätzlich auch von der Wirtschaft als notwendige Maßnahme anerkannt.
Die Bundesregierung setzt sich mit allem Nachdruck für die Vertiefungen von Weser und Elbe ein. Der Planfeststellungsbeschluss für die Fahrrinnenanpassung der Unter- und Außenweser wurde am 15. Juli 2011 erlassen. Gegen den Planfeststellungsbeschluss wurden mehrere Eilanträge auf Wiederherstellung der aufschiebenden Wirkung und Anfechtungsklagen beim Bundesverwaltungsgericht eingereicht. Eine Entscheidung des Bundesverwaltungsgerichtes bleibt abzuwarten. Bis dahin werden die Arbeiten zur Fahrrinnenanpassung auf Wunsch des Gerichtes nicht aufgenommen.
Die Planfeststellungsbehörden des Bundes und Hamburgs haben am 23. April 2012 die Beschlüsse für die Elbvertiefung erlassen, die kraft Gesetzes sofort vollziehbar waren. Um den Baubeginn zu verhindern, haben die Umweltverbände BUND/NABU einen Eilantrag auf Aussetzung der sofortigen Vollziehbarkeit gestellt, dem das BVerwG am 16. Oktober 2012 stattgegeben hat. Damit darf nicht mit den Arbeiten zur Elbvertiefung begonnen werden. Der Gerichtsbeschluss bedeutet keine Vorentscheidung über den Ausgang des Hauptsacheverfahrens. Die durch das gerichtliche Verfahren entstehenden Verzögerungen sind nur schwer abschätzbar.
Im Rahmen des Infrastrukturbeschleunigungsprogramms I ist es gelungen, zusätzliche Mittel in Höhe von insgesamt 300 Millionen Euro für den Bau der 5. Schleusenkammer am Nord-Ostsee-Kanal (NOK) in Brunsbüttel im Haushalt bereitzustellen, so dass am 17. April 2012 der „Erste Spatenstich" gefeiert werden konnte.
Zur Beseitigung von Engpässen in der Anbindung der Seehäfen im Schienengüterverkehr enthält der Bundeshaushalt seit 2008 ein „Programm Seehafenhinterlandverkehr" mit Investitionsmitteln in Höhe von insgesamt 255 Mio. Euro. Zusätzlich werden 50 Mio. Euro Eigenmittel von der DB Netz AG bereitgestellt. Im Bundeshaushalt 2011 wurde die Laufzeit des Sonderprogramms um 2 Jahre (bis einschließlich 2013) unter Beibehaltung des Investitionsvolumens von 255 Mio. Euro verlängert.

Bedeutung der Häfen für den Ausbau der Offshore-Windenergie

In der Wertschöpfungskette der Offshore-Windenergie nehmen Häfen eine zentrale Stellung ein. Für den Bau von Offshore-Windparks sind Häfen der Knotenpunkt, den alle Anlagenteile passieren müssen. Dabei geschieht in den Häfen weit mehr als die Verladung der Einzelteile von LKW, Binnenschiffen oder Zügen auf hochseetaugliche Spezialschlepper. Im Hafen werden viele Anlagenteile produziert, zwischengelagert oder teilmontiert. Zudem sind Offshore-Häfen die Basis für Spezialschiffe, die für den Transport und die Montage der Anlagen auf See benötigt werden. Sie sind Ausgangspunkt für Wartungs- und Reparaturarbeiten.

Zurzeit ist noch offen, welche Logistikkonzepte sich im Zusammenhang mit der Offshore-Windenergie durchsetzen werden. Aus diesem Grund fordert der Ständige Arbeitskreis „Vernetzung der maritimen Wirtschaft mit der Offshore-Windenergie" zu Recht frühzeitige Kooperation zwischen der deutschen Hafenwirtschaft und der Offshore-Windenergiewirtschaft, um partnerschaftliche Strukturen aufzubauen.

Deutsche Offshore-Häfen stehen über die Landesgrenze hinaus im Wettbewerb. An der Nordsee konkurrieren sie mit Häfen, die bereits Erfahrung bei der Errichtung von Offshore-Windparks besitzen und mit der entsprechenden Infrastruktur ausgestattet sind. Acht Nordsee- und vier Ostseehäfen stellen schon heute oder in naher Zukunft Kapazitäten für die Montage und den Umschlag von Offshore-Windenergieanlagen bereit. Zwei weitere Nordseehäfen planen den Ausbau.

Die Stiftung Offshore-Windenergie erarbeitet zurzeit ein Gutachten über Chancen und Herausforderungen für die Hafen- und Werftwirtschaft im Zuge der Offshore-Windenergieentwicklung. Das Gutachten wird in Kürze veröffentlicht.

Danach soll der Fortschrittsbericht Offshore-Windenergie durch die drei zuständigen Bundesministerien (BMU, BMVBS, BMWi) ausgearbeitet werden.

Europäische Hafenpolitik

Die Europäische Kommission hat im Weißbuch Verkehr vom März 2011 eine Überarbeitung der europäischen Hafenpolitik angekündigt, die nicht nur die See-, sondern auch die Binnenhäfen betrifft. Es ist beabsichtigt, im Jahr 2013 ein Bündel von Maßnahmen für den Hafensektor vorzulegen. Diese drehen sich um die Bereiche Hafendienstleistungen, Bürokratieabbau in Häfen, die Verbesserung der Transparenz bei der Finanzierung von Häfen sowie eine Grundstruktur für die Ausbildung der Hafenarbeiter.

Die Bundesregierung beabsichtigt, bei der Gestaltung von Einzelmaßnahmen zur Verwirklichung der KOM-Pläne konstruktiv und kritisch mitzuwirken. Dies geschieht in enger Zusammenarbeit mit den Küstenländern. Es wird darauf zu achten sein, dass aus deutscher Sicht kritische Aspekte des Port Package II im weiteren Verfahren nicht wieder aufgegriffen werden.

BMVBS unterstützt faire und transparente Wettbewerbsbedingungen in und zwischen den europäischen Häfen. Bei allen Maßnahmen ist jedoch darauf zu achten, dass keine Wettbewerbsverzerrungen gegenüber nichteuropäischen Häfen entstehen. Um Innovationen voranzubringen, müssen notwendige nationale Spielräume erhalten werden, damit die Häfen nach standortspezifischen Strategien weiterentwickelt werden können.

Die für die Häfen besonders wichtige Unterscheidung zwischen Konzessionen und Miet- und Pachtverträgen zwischen der öffentlichen Hand und den Umschlagbetrieben wurde in den Richtlinien-Entwurf übernommen.

IV Schiffbau

Wirtschaftliche Lage

Die aktuelle Situation des Weltschiffbaus ist weiterhin geprägt von niedrigen Auftragseingängen und einem wachsenden Überangebot an Schiffbaukapazitäten. Nach der zwischenzeitlichen Erholung der Auftragseingänge im Jahr 2010, war 2011 und 2012 wieder ein Nachlassen der Ordertätigkeit zu verzeichnen.

Die bestehenden Überkapazitäten im Schiffbau wirken sich auch bei den Neubaupreisen aus, die weiter zurück gingen und 2012 auf das Niveau von 2003/2004 sanken.

Da in den Auftragsbüchern immer noch Aufträge aus den Boomzeiten vorhanden sind, hat die weltweite Schiffbauproduktion 2011 mit über 51 Mio. cgt noch annähernd den Rekordwert des Vorjahres erreicht. Auch in den ersten neun Monaten 2012 konnte dieses hohe Niveau mit weltweit 2.865 abgelieferten Schiffen und einem Volumen von knapp 40 Mio. cgt noch gehalten werden. Der Weltschiffbau wird dominiert durch die Werften in China mit einem Markanteil von rd. 40 Prozent, Korea mit rd. 30 Prozent und Japan mit rd. 18 Prozent.

Der weltweite Auftragsbestand geht kontinuierlich zurück. In 2008 erreichte er mit mehr als 190 Mio. cgt seinen Höhepunkt. Ende 2011 sank der weltweite Auftragsbestand um 18 Prozent gegenüber dem Vorjahr auf 111 Mio. cgt. Ende September 2012 lag der Auftragsbestand unter 100 Mio. cgt. Dies entspricht etwa der weltweiten Produktion von zwei Jahren.

Die Nachfragesituation auf dem Weltschiffbaumarkt wird aufgrund der schwierigen Lage auf den Schifffahrtsmärkten, die durch ein hohes Flottenangebot bei niedrigen Charterraten geprägt ist, in den nächsten Monaten angespannt bleiben. Mittelfristig wird jedoch durch die weiter voranschreitende Globalisierung mit einem höheren Schiffsraumbedarf zu rechnen sein.

Auftragseingänge in 1 000 cgt[1]

	2007	2008	2009	2010	2011	2012 (Jan.–Sept.)
China	28.925	13.864	7.113	16.102	8.339	6.585
Japan	10.125	7.820	3.877	5.374	4.118	3.681
Korea	32.969	14.780	3.383	11.915	13.615	5.075
EU	4.968	1.965	446	2.269	1.589	1.020
Welt gesamt	**85.277**	**42.953**	**16.554**	**38.581**	**30.823**	**18.660**

1 Quelle: Material und Jahresbericht 2011 des Verbandes für Schiffbau und Meerestechnik

Situation der deutschen Werften

Bei den deutschen Werften fielen die Umsätze in den ersten neun Monaten 2012 mit 3,8 Mrd. Euro etwas höher aus als im Vorjahr. Damit hat sich die Lage der Werften stabilisiert. 2011 waren die Umsätze der deutschen Werften (ab 50 Beschäftigte) auf 4,6 Mrd. Euro gesunken, gegenüber 7,5 Mrd. Euro in 2010. Etwa 75 Prozent der Umsätze der deutschen Werften werden im Export getätigt.

Der Auftragsbestand reduzierte sich von 71 Schiffen mit einem Auftragswert von 8,4 Mrd. Euro Ende 2011 auf 56 Schiffe mit einem Auftragswert von 7,2 Mrd. Euro Ende September 2012. Darüber hinaus verfügten die Werften Ende September 2012 über fünf Aufträge zum Bau von Plattformen für die Offshore-Windindustrie mit einem Volumen von 350 Mio. Euro. Diese Aufträge sind nicht in der Schiffbaustatistik enthalten, tragen aber zur Sicherung der Beschäftigung auf den Werften bei.

Die Zahl der Direkt-Beschäftigten im deutschen Schiffbau stieg im Laufe des Jahres 2012 erstmals seit Beginn der Krise im Jahr 2008 wieder an. Im September 2012 hatten die Werften nach Angaben der IG Metall Küste 16 852 Direkt-Beschäftigte; 500 bzw. 3,1 Prozent mehr als im Jahr 2011. Nach Angaben der IG-Metall arbeiten neben den 16 852 Stammbeschäftigten rund 6 500 Mitarbeiter mit Werkvertrag und 3 300 Leiharbeiter auf den deutschen Werften.
Die weiterhin angespannte Lage im Schiffbau verdeutlichen auch die Insolvenzen der Sietas Werft und der P+S Werften. Es wird nach Lösungen gesucht, um den Fortbestand der Werften zu sichern. Teilerfolge wurden bereits erzielt.
Die Situation der deutschen Werften ist weiterhin geprägt durch eine verhaltene Neubaunachfrage. Viele Schiffbauunternehmen haben die Herausforderung, in einem schwierigen Marktumfeld strukturelle Anpassungen an die veränderten Marktverhältnisse vorzunehmen, erfolgreich umgesetzt und verfügen über einen guten Auftragsbestand. Bei den Neubauaufträgen handelt es sich ausschließlich um technologisch anspruchsvolle Spezialschiffe. Offshore-Spezialschiffe und Offshore-Strukturen sowohl für die Nutzung der Windenergie als auch im Bereich Öl und Gasförderung haben einen steigenden Anteil am Auftragsbestand der deutschen Werften. 2012 machte dieses Geschäftsfeld annähernd 15 Prozent aller Neubauaufträge aus.
In den Marktsegmenten der hochkomplexen Passagier- und Kreuzfahrtschiffe, Yachten, modernen Fähren oder aller Arten von Spezialschiffen konnten die deutschen Werften durch technologische Führerschaft, ausgeprägte Systemkompetenz und hohe Flexibilität ihre guten Marktpositionen halten.

Entwicklungskennziffern der deutschen Werften[1]

	2006	2007	2008	2009	2010	2011	2012[4]
abgelieferte Seeschiffe[2]? (Anzahl)	70	74	84	54	49	31	23
Schiffbauproduktion[2]? (Mrd. Euro)	2,9	3,1	4,5	2,6	4,7	2,0	2,0
Auftragsbestände[2]? (Mrd. Euro)	13,4	15,4	13,3	9,6	7,4	8,4	7,2
Beschäftigte[3]	19.590	20.180	20.560	17.446	16.760	16.351	16.852

1 Quelle: Jahresberichte des Verbandes für Schiffbau und Meerestechnik
2 nur Handelsschiffsneubau
3 auf Seeschiffswerften, Quelle: IG Metall-Erhebung
4 Januar bis September 2012

Die deutschen Werften intensivieren ihre schiffbauliche Forschung und Entwicklung und Innovation mit dem Ziel ihre Position in den Hightech-Segmenten des Passagier-, RoRo- und Spezialschiffbaus sowie des technologisch anspruchsvollen Standardschiffbaus weiter auszubauen. Damit folgen die deutschen Werften einer wichtigen Handlungsempfehlung der letzten Nationalen Maritimen Konferenz.

Situation der deutschen Schiffbau-Zulieferindustrie

Die weitgehend mittelständische deutsche Schiffbauzulieferindustrie, mit 70 000 Beschäftigten, verzeichnete nach einem Umsatzrückgang in 2010 von 6,5 Prozent eine gute Geschäftsentwicklung in 2011. Die Umsätze stiegen 2011 um etwa 3,5 Prozent auf 11,5 Mrd. Euro an. Die Schiffbauzulieferindustrie hat eine Exportquote von über 70 Prozent. Die wichtigsten ausländischen Absatzmärkte sind das europäische Ausland und Asien. Führende Empfängerländer sind China mit 21 Prozent der Exporte und Korea. In beiden Ländern wächst jedoch der Wettbewerbsdruck auf ausländische Zulieferer, da die Regierungen der beiden Länder den Auf- und Ausbau einer eigenen Schiffbauzulieferindustrie zum strategischen industriepolitischen Ziel erhoben haben. Der weitere Technologietransfer wird zum Teil unter Missachtung des Schutzes geistigen Eigentums forciert.

Ziel der deutschen Zulieferindustrie bleibt es, den technologischen Vorsprung durch Aufwendungen für Forschung, Entwicklung und Innovation weiter zu erhöhen. Marktpotenziale werden in umweltfreundlichen Produkten und Technologien gesehen, die auch dazu beitragen können, Energie effizienter einzusetzen und die Betriebskosten zu mindern.

Neben der Pflege der traditionellen Absatzmärkte setzt die deutsche Schiffbauzulieferindustrie verstärkt auf die Erschließung neuer Absatzmärkte insbesondere in den aufstrebenden Schwellenländern, wie Russland, Indien und Brasilien.

Gleichzeitig konzentriert die Zulieferindustrie ihr Engagement stärker auf wachstumsstarke Marktsegmente wie den Offshore-Markt. Die Aktivitäten der Unternehmen richten sich sowohl auf den Öl- und Gas Bereich, als auch auf den Bereich der Offshore-Windenergie.

Kennziffern der deutschen Schiffbau- und Offshore-Zulieferindustrie[1]

	2006	2007	2008	2009	2010	2011
Umsatz? (Mrd. Euro)	10,5	11,9	12,9	11,9	11,1	11,5
Wachstum (%)	*12,9*	*13,3*	*8,4*	*7,7*	*6,7*	*3,5*
Beschäftigte	72.000	76.000	78.000	72.000	70.000	70.000

1 Quelle: VDMA AG Schiffbau- und Offshore-Zulieferindustrie

Wirtschaftliche Rahmenbedingungen für die Schiffbauindustrie stärken

Der deutsche Schiffbau muss sich in einem starken internationalen Wettbewerbsumfeld behaupten. Hierfür müssen innovative und auf individuelle Kundenwünsche zugeschnittene Produkte zu wettbewerbsfähigen Preisen angeboten werden. Inzwischen ist es dem deutschen Schiffbau gelungen, neben angestammten Märkten wie dem Passagierschiffbau auch neue Bereiche oder Nischen im Spezialschiffbau zu besetzen. Hierzu gehört insbesondere der Bau von Schiffen oder Plattformen für die Offshore-Industrie. Diese Anstrengungen müssen fortgesetzt werden.

Um erfolgreich auf den internationalen Märkten sein zu können, benötigt der Schiffbau in Deutschland gute wirtschaftliche Rahmenbedingungen. Bund und Länder bieten dem Schiffbau mit ihren verschiedenen Förderinstrumenten eine umfassende Unterstützung und tragen damit wesentlich dazu bei, dass die Werften international unter vergleichbaren Wettbewerbsbedingungen konkurrieren können.

Eine zentrale Aufgabe der Schiffbaupolitik und der maritimen Koordinierung der Bundesregierung ist es, im Dialog mit allen Beteiligten ein breites Feld von Themen aufzugreifen und voranzubringen, mit dem Ziel, die maritime Wirtschaft in Deutschland zu stärken. Neben zahlreichen Einzelaktivitäten werden hierfür die Nationale Maritime Konferenz sowie der regelmäßige LeaderSHIP Deutschland-Dialog genutzt. Diese Form des engen Austausches hat sich sehr bewährt.

Finanzierung

Das Thema Finanzierung stellt für den Schiffbau weiterhin eine große Herausforderung dar. Die Siebte Nationale Maritime Konferenz hat daher das BMWi gebeten, eine Expertengruppe

auf Fachebene einzuberufen, die sich mit Vorschlägen zur Verbesserung und Optimierung der Bauzeit- und Endfinanzierung von Schiffbauaufträgen deutscher Werften befassen und ggf. Lösungen erarbeiten soll. Die Expertengruppe hat ihren Bericht im März 2012 vorgelegt. Darin hat sie eine Reihe von Empfehlungen erarbeitet, die im LeaderSHIP-Dialog ausführlich mit den Beteiligten diskutiert wurden.
Der Expertenbericht bestätigt, dass mit den vorliegenden staatlichen Finanzierungsinstrumenten dem deutschen Schiffbau grundsätzlich ein guter und wirkungsvoller Förderrahmen zur Verfügung steht. Die Instrumente stoßen aber immer mehr an ihre Grenzen, wobei das größte Problem der Rückzug der Banken aus der Werften- und Schiffsfinanzierung ist. Dies ist zum einen auf die aktuellen Problemstellungen im Finanzsektor zurückzuführen, zum anderen spielen aber auch die Entwicklung der Schifffahrt und des Schiffbaumarktes eine wichtige Rolle. Hierzu gehören zum Beispiel die im Spezialschiffbau im Vergleich zum Standardschiffbau höheren Risiken, verbunden mit höheren Auftragswerten und längeren Bauzeiten.
Eine wesentliche Forderung der Experten ist, dass Bund und Länder alle vorhandenen Finanzierungsinstrumente beibehalten und die bestehenden Flexibilitäten bei der Anwendung vollständig ausnutzen. Die Bundesregierung hat ihre Bereitschaft zur Ausnutzung von Flexibilitäten in vielen Einzelfällen bewiesen. Hierbei muss sie aber die rechtlichen Rahmenbedingungen wie das EU-Wettbewerbsrecht, den OECD-Konsensus und haushaltspolitische Grundsätze beachten.
Weitere Expertenempfehlungen werden bereits praktiziert oder können grundsätzlich positiv geprüft werden. Hierzu gehört beispielsweise die Übernahme von Avalgarantien im Bereich der Exportkreditgarantien im Einzelfall über das bestehende 80 Mio. Euro-Limit je Werft hinaus. Bei den Landesbürgschaften sind dies die von den Experten gewünschte Einbeziehung von Vertragserfüllungs- und Gewährleistungsgarantien, die Akzeptanz von Kautions-/Kreditversicherern als Bürgschaftsnehmer oder die Erweiterung des Anwendungsbereichs auf bewegliche Offshore-Strukturen und Binnenschiffe.
Ein Vorschlag der Experten ist es, ein KfW-Sonderprogramm zur Finanzierung von Spezialschiffen oder Offshore-Strukturen für den Offshore-Windenergie-Sektor einzuführen. Die Bundesregierung erkennt derzeit keinen Mangel an Spezialschiffen, die den Bau der Windparks und damit die Umsetzung der Energiewende gefährden würde. Im Unterschied hierzu war das 5 Mrd. Euro-Sonderprogramm für die Errichtung von Windparks notwendig, um die Energiewende in Deutschland in Gang zu bringen. Unabhängig davon würde ein KfW-Programm nicht unbedingt den deutschen Werften zu Gute kommen, denn eine Auftragsbindung an deutsche Werften wäre nicht möglich.
Nach Ansicht der Experten sollten Lieferungen in die Ausschließliche Wirtschaftszone (AWZ) mit Exportkreditgarantien des Bundes begleitet werden können. Dies ist aber aufgrund des rechtlichen Rahmens nicht möglich. Der EuGH stuft den wirtschaftlichen Verkehr zwischen dem Festland eines EU-Mitgliedstaates und seiner AWZ als inländischen wirtschaftlichen Verkehr ein. Es handelt sich demnach nicht um Ausfuhren.
Durch eine Verringerung von Verwertungsrisiken durch eine Restwertgarantie könnten nach Ansicht der Experten Finanzierungen erleichtert werden, da damit das Risiko von Anschlussvercharterungen von Spezialschiffen teilweise abgedeckt werden würde. Die Bundesregierung sieht keine Möglichkeit, die von den Experten angeregte Kreditrestwertgarantie einzuführen.
Die Einführung eines Green-Shipping-Programmes wird insbesondere auch wegen nicht vorhandener haushaltspolitischer Spielräume von der Bundesregierung nicht weiter verfolgt.

Schiffs-CIRR (Commercial Interest Reference Rate)

Mit den CIRR-Zinsausgleichsgarantien unterstützt die Bundesregierung die deutschen Werften im globalen Wettbewerb. Sie schafft damit für die deutschen Werften internationale gleiche Wettbewerbsbedingungen, denn andere europäische Staaten nutzen ebenfalls die Möglich-

keit des OECD-Konsensus, günstige CIRR-Festzinssatzfinanzierungen zur Unterstützung ihrer Werften anzubieten.
Seit Einführung des neuen Schiffbau-CIRR-Systems Mitte 2007 wurden 44 Anträge auf Gewährung einer Zinsausgleichgarantie für insgesamt 74 Schiffsneubauten mit einem Auftragsvolumen von rd. 11,3 Mrd. Euro (Kreditvolumen 9,4 Mrd. Euro) positiv entschieden (Stand Anfang Dezember 2012).

Exportförderung und Exportkreditgarantien des Bundes (Hermesdeckungen)
Sowohl für den Schiffbau, als auch für die Schiffbau- und Offshorezulieferindustrie spielen die Auslandsmärkte eine wichtige Rolle. Im Schiffbau kommen über 90 Prozent der Aufträge aus dem Ausland, die Zulieferer haben einen Exportanteil von 70 Prozent. Die Bundesregierung unterstützt die Auslandsaktivitäten und die Erschließung neuer Absatzmärkte durch ihr bewährtes Instrumentarium der Außenhandelsförderung. Dazu gehören beispielsweise die so genannten „Hermesdeckungen", mit denen sich die Exporteure bei der Ausfuhr deutscher Waren insbesondere in Schwellen- und Entwicklungsländer gegen Risiken absichern können. 2012 wurden zivile Schiffbaugeschäfte mit einem Volumen von 1,9 Mrd. Euro durch Exportkreditgarantien des Bundes begleitet. Hinzu kamen Absicherungen im Marineschiffbau über 3,9 Mrd. Euro. Mit insgesamt 5,8 Mrd. Euro (Vorjahr: 4,8 Mrd. Euro) lag das Deckungsvolumen für zivile und militärische Schiffsgeschäfte weiterhin auf einem hohen Niveau.
Die Bundesregierung unterstützt die maritime Wirtschaft auch durch die Förderung von Auslandsmessen, Unternehmerreisen, Kontaktveranstaltungen, Konferenzen u.ä. Dafür kann unter Einhaltung bestehender Haushaltsansätze auch die Förderinitiative „Steigerung der Wettbewerbsfähigkeit der Maritimen Wirtschaft" des Bundesministeriums für Wirtschaft und Technologie in Anspruch genommen werden.

Innovationsförderung
Mit dem im Markt wirkenden Programm „Innovativer Schiffbau sichert wettbewerbsfähige Arbeitsplätze" hat das Bundesministerium für Wirtschaft und Technologie in der bisherigen achtjährigen Programmlaufzeit 70 industrielle Anwendungen innovativer Schiffstypen, neuer schiffbaulicher Komponenten und Verfahren durch die Gewährung von Innovationsbeihilfen in Höhe von rd. 76,5 Mio. Euro gefördert (Stand: 31. Dezember 2012). 43 der geförderten Projekte wurden mit insgesamt 35,4 Mio. Euro von den Küstenländern hälftig kofinanziert, so dass sich eine Gesamtfördersumme von rd. 111,9 Mio. Euro ergibt. Damit wurde die Markteinführung schiffbaulicher Innovationen mit einem Volumen von rd. 560 Mio. Euro unterstützt.
Im Dezember 2011 hatte die EU-Kommission für die Jahre 2012 und 2013 einen neuen Rechtsrahmen für Beihilfen für den Schiffbau in der Europäischen Union beschlossen. Die Bundesregierung hat diese Rahmenbestimmungen der EU in nationales Recht umgesetzt. Im Juli 2012 genehmigte die EU-Kommission das neu gefasste Programm zur Innovationsförderung im Schiffbau, das eine Ausweitung der Innovationsförderung auf Binnenschiffe vorsieht. Bislang galt das Programm nur für seegängige Schiffe. Auch für schwimmende und bewegliche Offshore-Strukturen, d.h. Strukturen, die der Exploration, Gewinnung oder Erzeugung von Öl, Gas und erneuerbaren Energien dienen, können Innovationsbeihilfen gewährt werden.
Innovationen, die zu einer signifikanten Verbesserung des Umweltniveaus führen, können unter bestimmten Bedingungen durch das neue Programm mit einer Quote von bis zu 30 Prozent der förderfähigen Kosten gefördert werden. In den anderen Fällen beträgt die Förderung bis zu 20 Prozent der förderfähigen Kosten.
Für 2013 beschloss der Deutsche Bundestag eine Aufstockung der Haushaltmittel um eine Mio. Euro auf 13 Mio. Euro. Mit der Verlängerung und Ausweitung der Förderichtlinie sind wichtige Handlungsempfehlungen der letzten Nationalen Maritimen Konferenz umgesetzt worden.

Entwicklung der Innovationsbeihilfen des Bundes seit 2009

Innovations-beihilfe	2009	2010	2011	2012	2013 Soll	2014 Finanzplan	2015 Finanzplan	Summe
Mio. Euro	5,5	8,5	9,5	8,6	13,0	12,0	12,0	69,1

FuE-Förderung

Das im vorwettbewerblichen Bereich wirkende FuE-Förderprogramm des Bundesministeriums für Wirtschaft und Technologie „Maritime Technologien der nächsten Generation" leistet einen wichtigen Beitrag zur Erhöhung der Wettbewerbsfähigkeit der deutschen Schiffbauindustrie.

Das allen Bereichen der maritimen Wirtschaft zur Verfügung stehende Programm hat vier Schwerpunkte: Schiffstechnologien, Produktionstechniken, Schifffahrttechniken sowie Meerestechniken. Bei den Produktinnovationen für neue Märkte (Technologiefeld Schiffstechnik) geht es um Zielsetzungen zum Ausbau der Technologieführerschaft im Schiffbau durch die Entwicklung neuartiger Hightech-Schiffe und -komponenten, z.B. mit dem Schwerpunkt „energieeffizientes Schiff".

Bei den Methoden zur Prozessoptimierung mit Kostensenkung und Produktivitätssteigerung (Technologiefeld Produktion) geht es in der Zielsetzung um den Abbau von Wettbewerbsnachteilen im Schiffbau vor allem gegenüber Anbietern aus Fernost, z.B. durch „flexible Serienfertigung" und die Entwicklung neuer Fertigungstechniken.

Das maritime FuE-Programm ist seit Jahren durch ein Wachstum des in Anspruch genommenen Fördervolumens gekennzeichnet. Für die nächsten Jahre sind konstante Programmmittel vorgesehen (vgl. Tabelle unten). Für den Bereich Schiffbau wurden in 2012 rund 10,4 Mio. Euro für 22 Projekte bewilligt.

Entwicklung der FuE-Förderung des Bundes 2009 bis 2014

FuE-Förderung	2009	2010	2011	2012	2013 Soll	2014 Finanzplan	Summe
Mio. Euro	22,1,	29,4	27,7	27,0	32,3	32,3	170,8

Erreichung fairer Wettbewerbsbedingungen auf den weltweiten Schiffbaumärkten

Der europäische Anteil am Weltschiffbau ist nach der Wirtschafts- und Finanzkrise weiter auf 5,2 Prozent in 2012 (Januar bis September 2012 gemessen in cgt) gesunken. Der Weltmarkt wird heute sehr stark von den drei asiatischen Ländern China, Korea und Japan bestimmt. Insbesondere China und Korea haben ihre Kapazitäten in den vergangenen Jahren noch weiter erhöht, aber auch neue Anbieterländer sind hinzugekommen. Aufgrund des im Vergleich zur Boomphase geringen Auftragseingangs gibt es daher erhebliche Überkapazitäten insbesondere im Bereich des Baus von Standardschiffen, die sich stark auf die Schiffbaupreise auswirken. Die Situation führt dazu, dass sich asiatische Werften ebenfalls stärker im Spezialschiffbau engagieren.

Fragen des Schiffbaus werden in der Arbeitsgruppe Nr. 6 Schiffbau (WP 6) in der OECD international diskutiert. Eine Wiederaufnahme von Verhandlungen zu einem Weltschiffbauabkommen ist im Dezember 2010 gescheitert, da Korea nicht dazu bereit war, das Thema Preisbildung in mögliche Verhandlungen aufzunehmen. Gleichwohl werden in der Arbeitsgruppe die Themen Marktverzerrungen und mögliche Maßnahmen, diese zu verhindern, behandelt.

Das Mandat der OECD-Arbeitsgruppe gilt noch bis 2013. Die OECD Arbeitsgruppe Schiffbau ist das einzige Forum, in dem fast alle wichtigen Schiffbaunationen vertreten sind. Deutschland als führendes Schiffbauland in der EU hat Interesse, den Dialog fortzusetzen und spricht sich daher für ein neues Mandat für die Folgejahre aus.

Nachwuchssicherung, Aus- und Weiterbildung qualifizierter Fachkräfte

Maßnahmen zur Aus- und Weiterbildung sowie zur Nachwuchssicherung qualifizierter Fachkräfte und Ingenieure waren ein zentrales Thema auf der letzten Nationalen Maritimen Konferenz.

Die Ausrichtung des deutschen Schiffbaus auf technologisch anspruchsvolle Spezialschiffe erfordert eine hohe Fachkompetenz der Mitarbeiter. Gleichzeitig steigt der Bedarf an Ingenieuren und Fachkräften durch die Umstellung von Serienproduktion auf Einzel- und Kleinstserienproduktion.

Die Ausbildungsquote der deutschen Werften ist trotz sinkender Tendenz weiterhin recht hoch. Sie sank lt. Werftenumfrage der IG-Metall 2012 auf 6,9 Prozent und lag damit 2012 erstmals seit 2007 unter 7 Prozent. Ursächlich hierfür ist aber nicht eine mangelnde Ausbildungsbereitschaft der Werften, sondern die leicht steigende Zahl der Beschäftigten bei gleichzeitig stagnierender Zahl der Auszubildenden.

Der Verband für Schiffbau und Meerestechnik (VSM) stellte im Rahmen des LeaderSHIP Deutschland – Dialogs ein Positionspapier zu einem Bundesförderprogramm zum Dualen Studiums vor. Das Duale Studium ist in der Schiffbaubranche sehr anerkannt, aber für die einzelnen Unternehmen mit hohen Kosten verbunden. Deshalb fordert der VSM die Einführung einer Förderung des Bundes zugunsten der Schiffbauindustrie und schiffstechnischer Hochschulen, die sich im Bereich des Dualen Studiums engagieren. Damit könnte die höchst erfolgreiche Ausbildungsform mit einem hohen Praxisbezug ausgeweitet werden und dazu beitragen, den erhöhten Fachkräftebedarf für den Schiffbau zu decken.

Eine Förderung schloss das Bundesministerium für Wirtschaft und Technologie aus, da es sich hier um eine Gestaltung im Bereich der Bildungspolitik handelt, für die im Wesentlichen die Bundesländer zuständig sind.

Die deutsche Schiffbauindustrie führt weiterhin Maßnahmen zur Nachwuchsförderung durch, dazu gehören Imagekampagnen, Berufsinformationen und der Austausch mit allgemeinbildenden Schulen und Berufsschulen.

„LeaderSHIP Deutschland“ – konstruktiver Dialog und Zukunftskonzept

In Würdigung der guten Erfahrungen der Vorjahre und in Umsetzung einer entsprechenden Handlungsempfehlung der letzten Maritimen Konferenz hat die Bundesregierung den konstruktiven Dialog zwischen Unternehmen, Gewerkschaft und Politik für Wettbewerbsfähigkeit und Beschäftigung fortgesetzt.

Im September 2012 fand die 10. Sitzung des „LeaderSHIP Deutschland“-Dialogs statt. Im Mittelpunkt der Diskussionen standen die Schwierigkeiten der Schiffbaufinanzierung, die Wiederaufnahme der Verhandlungen zum OECD-Schiffbauabkommen, der aktuelle Stand der Umsetzung des Nationalen Masterplan Maritime Technologien (NMMT), die Innovationsförderung und das Thema Aus- und Fortbildung. Der Dialog wird fortgesetzt. Die Grundlage dieses Dialogs ist weiterhin das gemeinsame Verständnis, dass es zu den unternehmerischen Kernaufgaben der deutschen Werften und Schiffbauzulieferer gehört, sich international wettbewerbsfähig aufzustellen. Die Bundesregierung und die Küstenbundesländer stimmen mit den Unternehmen der Schiffbauindustrie und dem Sozialpartner IG Metall überein, dass es dabei politischer Rahmenbedingungen bedarf, die diese Zielsetzung flankieren.

V Maritime Technologien

Bedeutung der Maritimen Technologien

Maritime Technologien finden heute in zahlreichen Bereichen Anwendung. Sie bieten technologisch hochanspruchsvolle Lösungen, die beispielsweise für die Versorgung mit Energie und Rohstoffen dringend erforderlich sind, denn die Förderung von Öl und Gas findet zunehmend in größeren Meerestiefen statt. Allein für die Förderung aus der Tiefsee werden sich die jährlichen Investitionen bis 2016 auf 67 Mrd. US-Dollar verdoppeln. Für den Ausbau der Offshore-Windenergie spielt der Einsatz effizienter maritimer Technologien eine Rolle. Daher geht heute die Bedeutung der Meere längst über ihre traditionellen Funktionen, wie beispielsweise des Transports von Gütern, der für Deutschland als Exportnation von zentraler Bedeutung ist, hinaus.
Die Europäische Kommission beschreibt daher in ihrer aktuellen Mitteilung zum „Blauen Wachstum" (Chancen für nachhaltiges marines und maritimes Wachstum) [COM(2012) 494 final] die Wichtigkeit des Meeres und der Küste als Impulsgeber für langfristiges Wachstum und für Beschäftigung. Um das Potenzial ausschöpfen zu können, sieht die EU-Kommission die Notwendigkeit der Förderung von Meeresforschung und Innovation, der Unterstützung innovativer KMU, der Deckung des Qualifikationsbedarfs und der Förderung innovativer Produkte und Lösungen. Dies wird auch dazu beitragen, die Umwelt zu schützen und die Biodiversität der Meere zu erhalten.
Die EU-Kommission nennt fünf Hauptbereiche für ein blaues Wachstum: Meeres-, Küsten- und Kreuzfahrttourismus, blaue Energie, mineralische Rohstoffe aus dem Meer, Aquakultur und blaue Biotechnologie. Die EU-Kommission hat für diese Bereiche weitere Initiativen angekündigt.
Die nachhaltige Nutzung sowie der Schutz des sensiblen Ökosystems der Meere haben einen herausragenden Stellenwert, der auch in der integrierten Meerespolitik der EU zum Ausdruck kommt. Die Bundesregierung hat am 28. Juli2011 den „Entwicklungsplan Meer" vorgelegt (Bundestagsdrucksache: 17/6775). Dieser zielt auf eine ganzheitliche Betrachtungsweise und fordert integratives Handeln und Interaktion aller Beteiligten, um die wirtschaftlichen und technologischen Chancen sicher zu nutzen sowie – bei gleichzeitiger Wahrung der Ziele des Meeresschutzes – Wertschöpfung und Beschäftigung zu stärken.

Nationaler Masterplan Maritime Technologien

Mit dem Nationalen Masterplan Maritime Technologien (NMMT), der am 24. August 2011 vom Bundeskabinett beschlossen wurde (Bundestagsdrucksache: 17/6926), hat die Bundesregierung ein wichtiges Instrument geschaffen, um das Wachstumspotenzial der maritimen Technologien besser ausschöpfen zu können. Der Schwerpunkt des Masterplans liegt auf den verschiedenen Bereichen der Meerestechnik, er besitzt aber wichtige Schnittstellen zu den klassischen maritimen Technologien, wie dem Schiffbau. Damit fügt sich der Nationale Masterplan hervorragend in die Strategie der EU-Kommission für ein blaues Wachstum ein.
In Deutschland gibt es ca. 500 Unternehmen und fast 200 wissenschaftliche Institute, die sich mit Meerestechnik befassen. Der umsatzstärkste Bereich ist Offshore Öl und Gas, gefolgt von der Offshore Windenergie. Weitere Felder sind die Unterwassertechnik einschließlich Seekabel, Küsteningenieurwesen/maritimer Wasserbau, maritime Mess- und Umwelttechnik, maritime Verkehrsleit- und Sicherheitstechnik, Marikultur, Eis- und Polartechnik, Meeresenergien und marine mineralische Rohstoffe.
Der deutsche Weltmarktanteil der Meerestechnik ist insgesamt noch sehr gering und wird je nach Quelle auf zwischen drei und sechs Prozent geschätzt. Deutsche Unternehmen haben jedoch mit ihrem hohen technologischen Know-how gute Voraussetzungen, diesen Anteil mittelfristig zu erhöhen. Der Bereich Offshore-Windenergie ragt hierbei aufgrund des wachsenden nationalen

Markts heraus. Es gibt eine Reihe von Unternehmen, die sich als Weltmarktführer einstufen. Insgesamt sind die deutschen Unternehmen in diesem neu entstehenden Markt gut positioniert und haben einen hohen Marktanteil.

Der Masterplan stellt eine gemeinsame Plattform für alle Akteure der maritimen Wirtschaft dar. Mit dem Lenkungsausschuss, in dem Ressorts, Verbände und Küstenländer regelmäßig zusammentreffen, ist eine breite Einbindung der Akteure bei strategischen Entscheidungen hinsichtlich der Umsetzung und Fortentwicklung des Masterplans sichergestellt.

Die Akteure erhalten damit die Möglichkeit, eine strategisch zielgerichtete und koordinierte Politik für die maritimen Technologien mitzugestalten. Die Vision hierbei ist, Deutschland als Hochtechnologiestandort für maritime Technologien zur nachhaltigen Nutzung der Meere weiterzuentwickeln. Damit wird der NMMT dazu beitragen, die nationalen Kräfte von Unternehmen und Forschung zu bündeln und die Sichtbarkeit der Meerestechnik als Zukunftsbranche weiter zu erhöhen. Zentrale Handlungsfelder sind die Stärkung von Forschung und Entwicklung, die Exportförderung und Erschließung von Märkten, die Verbesserung der Vernetzung der Branche, die Gewinnung von Fachkräften sowie Aus- und Weiterbildung, die Verbesserung der Rahmenbedingungen und Maßnahmen zur Verbesserung der öffentlichen Wahrnehmung der Meerestechnik.

Die Bundesregierung hat im Februar 2012 eine Koordinierende Stelle zur Unterstützung bei der Umsetzung des NMMT eingerichtet. Eine ihrer Aufgaben ist es, den Akteuren der Meerestechnik als Ansprechpartner zur Verfügung zu stehen. Hierbei soll sie die Weiterentwicklung von Maßnahmen koordinieren und dazu beitragen, neue Maßnahmen anzustoßen. Zur Unterstützung des NMMT-Gestaltungsprozesses hat die Koordinierende Stelle eine Internetseite eingerichtet, die eine Plattform für alle Interessierte und Akteure bietet und aktuelle Informationen und Dokumente zur Verfügung stellt.

Der NMMT wird auch durch verschiedene Fachveranstaltungen begleitet. Am 7. November 2012 fand in Berlin die erste Statustagung statt. Rund 200 Teilnehmer aus Wirtschaft, Politik und Wissenschaft diskutierten darüber, wie die großen Wachstumspotenziale in der technologieintensiven Meerestechnik nachhaltig genutzt werden können. Auch die EU-Kommission nahm daran teil und stellte die aktuelle EU-Kommissionsmitteilung zum Blauen Wachstum vor.

Eines der wichtigen Themen des NMMT sind marine mineralische Rohstoffe. Ziel ist es, die Möglichkeiten der Durchführung eines „(Pre) Pilot Mining Tests“ zu prüfen. Ein solcher Test ist erforderlich, um die Wirtschaftlichkeits- und die Umweltverträglichkeitsstudie, die der IMB vor Beginn einer kommerziellen Förderung von Manganknollen vorgelegt werden müssen, erstellen zu können.

Die Bundesregierung steht hierfür zusammen mit der BGR in einem Dialog mit deutschen interessierten Unternehmen, um die Möglichkeiten eines zukünftigen Meeresbergbaus zu diskutieren. Unmittelbar vor der 18. IMB-Jahrestagung im Sommer 2012 hat das Bundesministerium für Wirtschaft und Technologie in diesem Rahmen etwa die Fachtagung „Tiefseebergbau – Technologische und rohstoffpolitische Potenziale für die deutsche Wirtschaft“ ausgerichtet, an der auch der IMB-Generalsekretär Nii Allotey Odunton teilgenommen hat. Der Generalsekretär hat deutlich gemacht, dass er Deutschland ganz vorne sieht, technologisch einen umweltverträglichen Abbau von Rohstoffen in der Tiefsee darzustellen.

Aus Sicht der Bundesregierung bietet der Tiefseebergbau mittel- und langfristig eine Möglichkeit, die Rohstoffversorgung der deutschen Industrie weiter zu diversifizieren und so einen höheren Grad von Versorgungssicherheit zu erlangen. Neben diesen rohstoffpolitischen Potenzialen stehen technologiepolitische: Der Tiefseebergbau eröffnet deutschen Unternehmen die Chance, sich in einem neuen Feld der Meerestechnik als international führende Anbieter von Abbau- und Fördersystemtechnologien zu etablieren.

Forschung und Entwicklung

Nach wie vor ist es wichtig, in Forschung und Entwicklung zu investieren, denn nur so können die Herausforderungen der Meerestechnik bewältigt und die Zukunftspotenziale genutzt werden. Im Vergleich zu anderen volkswirtschaftlichen Schlüsselsektoren erhält die Meerestechnik verhältnismäßig knappe Fördermittel. Umso wichtiger ist es, dass diese Mittel ganz gezielt eingesetzt werden. Das schließt auch ein, die vorhandenen Förderprogramme besser zu koordinieren, speziell ressortübergreifend.

Die Erweiterung des Wissens- und Erfahrungspotenzials der deutschen meerestechnischen Industrie und Wissenschaft wird weiterhin von der Bundesregierung wirksame Unterstützung erhalten. Ziel ist dabei der Ausbau Deutschlands zu einem schiffs- und meerestechnischen Hightech-Standort. Nur so wird die Maritime Wirtschaft ihren Beitrag zur Lösung der drängenden nationalen Herausforderungen in den Bereichen Rohstoff- und Energieversorgung, Klima- und Umweltschutz, Sicherheit und Erfüllung der Transportaufgaben einer stark handelsabhängigen Volkswirtschaft liefern können. Gemäß der Industriestruktur und den zu erwartenden Herausforderungen weist das Forschungsprogramm „Maritime Technologien der nächsten Generation" die folgenden vier Forschungs- und Entwicklungsschwerpunkte aus: Schiffstechnik, Produktion, Schifffahrt und Meerestechnik.

Schiffstechnik

Die Schifftechnik steht zukünftig vor der Herausforderung, der Sicherheit und Zuverlässigkeit des Schiffsbetriebs unter Berücksichtigung zunehmender Umweltauflagen gerecht zu werden. Dabei dürfen die Aspekte der Wirtschaftlichkeit und Konkurrenzfähigkeit der Produkte nicht außer Acht gelassen werden.

In der Schiffstechnik werden Vorhaben zu folgenden Forschungsfeldern gefördert:

Sicherheit als Entwurfskriterium wird den gesamten schiffbaulichen Prozess künftig gravierender bestimmen als bisher. Ziel des Forschungsprogramms ist eine Verbesserung der Sicherheit und Zuverlässigkeit der Schiffe auf See um den Faktor 10 bis zum Jahr 2025.

Die Internationale Maritime Organisation (IMO) prognostiziert für den Schifffahrtssektor eine Zunahme der Emissionen um bis zu 72 Prozent bis zum Jahr 2020. Die signifikante Reduzierung der Emissionen gehört deshalb zu den Schwerpunkten der Forschungsförderung. Schadstoffärmere und effizientere Antriebstechnologien müssen weiter entwickelt werden. Mit einer effektiven Forschung und Entwicklung kann Deutschland in diesem Bereich weltweit hohe Standards setzen.

Um der Konkurrenz dauerhaft technologisch einen Schritt voraus zu sein, muss die deutsche Schifffahrt ihre Innovationszyklen drastisch verkürzen. Nur wenn der Weg von der Idee zum marktfähigen Produkt deutlich reduziert wird, kann der technologische Vorsprung zu Wettbewerbern aufrechterhalten werden.

Um Kosten zu sparen, muss der Schiffsbetrieb weiter optimiert werden. Insbesondere bei der Wartung von Schiffskörpern und Maschinen sowie bei der Auswahl von Komponenten nach deren Lebenszykluskosten existieren große Potenziale. *Erhöhung der Sicherheit und Zuverlässigkeit der Schiffe Senkung der Emissionen mit der langfristigen Vision ? für ein Nullemissionsschiff Verkürzung des Innovationszyklus Reduzierung der Lebenszykluskosten*

Produktion

Durch Steigerung der Produktivität entlang der Wertschöpfungskette soll es gelingen, die Kosten weiter zu senken. Gleichzeitig gilt es, technisch überlegene Produkte in immer kürzeren Innovationszyklen auf traditionellen und neuen Märkten zu platzieren.

Eine verbesserte und neuartige Produktionstechnik für eine flexible Fertigung, der Fokus auf Organisation und Vernetzung entlang der Wertschöpfungskette, der Einsatz neuer Materialien sowie die konsequente Einbeziehung der gesamten Lebenszykluskosten für maritime Produkte bilden künftige Schlüsselbereiche.

Bei der Produktion maritimer Systeme werden Vorhaben zu folgenden Forschungsfeldern gefördert:

Steigerung der Produktivität bei der Herstellung von Schiffen und anderen maritimen Produkten

Durch gezielte Forschung und Entwicklung kann es der maritimen Industrie nach Expertenschätzung bis zum Jahr 2015 gelingen, die Herstellungskosten unter Berücksichtigung der gesamten Wertschöpfungskette um 30 Prozent für Schiffe mit einem geringen Ausrüstungsgrad, um 50 Prozent für Schiffe mit hoher Komplexität sowie um bis zu 75 Prozent für neue meerestechnische Großstrukturen zu reduzieren.

Die technisch mögliche Durchlaufzeit von der Anfrage bis zur Ablieferung hochkomplexer Spezialschiffe wird sich in diesem Zeitraum voraussichtlich um 30 Prozent verkürzen. Für große Kreuzfahrtschiffe werden beispielsweise zwei Jahre als technologisch realisierbar angesehen. Neue vernetzte Entwurfs- und Fertigungsverfahren tragen dazu bei, die Zeit bis zur Markteinführung innovativer und umweltfreundlicher Lösungen entscheidend zu reduzieren. Die maritime Industrie wird damit in die Lage versetzt, optimal auf Kundenwünsche ausgerichtete Spezialschiffe und andere maritime Produkte in deutlich kürzerer Zeit umzusetzen als der globale Markt.

Die Kosten für Wartung, Reparatur und Umbau komplexer Schiffe erreichen in einer Lebensdauer von rund 30 Jahren in etwa die Größenordnung der Neubaukosten. Diese Kosten sind damit entscheidend für die Wettbewerbsfähigkeit der Betreiber. Sie sind ein bestimmender Faktor bei der Entscheidung, ob komplexe Schiffe überhaupt auf umweltfreundliche Technologien umgerüstet werden. Ziel von Forschung und Entwicklung muss es deshalb sein, diese Kosten zu senken. Einsparpotenziale zwischen 30 Prozent bei Standardschiffen (geringer Ausrüstungsgrad) und 50 Prozent bei Spezialschiffen (hoher Ausrüstungsgrad) liegen neben der geeigneten konstruktiven Gestaltung u.a. in einer innovativen Arbeitsorganisation für Wartung, Reparatur und Umbau sowie in einer engeren Vernetzung zwischen den beteiligten Akteuren.

Ein weiteres strategisches Ziel des Forschungsprogramms ist die Reduzierung des ökologischen Fußabdruckes bei der Herstellung, Nutzung und beim Recycling maritimer Produkte. Durch den Einsatz wiederverwendbarer und wiederverwertbarer Materialien soll sich die Umweltbilanz von Schiffen und anderen maritimen Produkten aus Deutschland drastisch verbessern. Hierauf ist auch bei der Entwicklung und Verwendung neuer Materialien und Materialkombinationen für innovative maritime Produkte großer Wert zu legen. *Verkürzung der Durchlaufzeit Senkung der Kosten für Wartung, Reparatur und Umbau im gesamten Lebenszyklus Reduzierung des ökologischen Fußabdruckes*

Schifffahrt

Durch die Globalisierung der Märkte steigt der internationale Güteraustausch kontinuierlich. Deutschland wickelt den ganz überwiegenden Teil seiner Ex- und Importe über den Seeweg ab. Die Entwicklung innovativer Verfahren und Technologien für einen sicheren und effizienten Schiffsbetrieb ist für Deutschland von enormer Bedeutung.

Strategisch werden Forschungsfelder unterstützt, die die deutsche Schifffahrt auch zukünftig stärken und Arbeitsplätze in Deutschland schaffen und erhalten. Forschungs- und Entwicklungsvorhaben, die eine Verbesserung der Schiffssicherheit, die Reduktion von Emissionen sowie einen effizienteren Betrieb unter Ausnutzung der Betriebskennziffern im Visier haben, gehören zu den Themenfeldern, die im Fokus der Forschungsförderung stehen.

In der Schifffahrt werden Vorhaben zu folgenden Forschungsfeldern werden gefördert:

Das dynamische Wachstum der Containerverkehre erfordert intelligente Konzepte, die alle beteiligten Verkehrsträger der Transportkette in einer multimodalen Infrastrukturoptimal miteinander vernetzen. Ziel des Forschungsprogramms ist es, bis 2015 die Transporteffizienz um 20 Prozent zu steigern, um den gewachsenen Bedarf für den weltweiten Güteraustausch zu realisieren.

Neben verbesserten Antriebssystemen und einer modernisierten Flotte trägt eine ausgefeilte Logistik dazu bei, den Kohlendioxid-Ausstoß zu verringern und damit die Umwelt zu schonen. Bedarf besteht beispielsweise für Betreiberkonzepte mit einem ganzheitlichen Ansatz. Auch durch eine verbesserte Navigation sowie effizientes Routen und Manövrieren kann die Schifffahrt einen erheblichen Beitrag zum Umweltschutz leisten.

Dieser Punkt spricht in der Schifffahrt besonders das Vermeiden von Unfällen und die Sicherheit des menschlichen Lebens auf See an. Die IMO fordert eine kooperative Schiffsführung zwischen Bordpersonal und Verkehrslenkung. Ziel von Forschung und Entwicklung muss es sein, den Informationsfluss zwischen Schiffs- und Landsystemen zu gestalten. Ein abgestimmtes Zusammenwirken macht die Schifffahrt sicherer und effizienter.

Die Bundesregierung setzt sich für eine stärkere Einbindung der Binnen- und Küstenschifffahrt in die Transportkette ein, um das Verkehrsaufkommen auf den Straßen zu reduzieren und gleichzeitig eine Absenkung der Kohlendioxid-Emissionen zu erreichen. Benötigt werden effizientere Binnenschiffe und entsprechende Informationsleitsysteme. Von besonderer Bedeutung ist gerade hier, die Koordinierung flankierender Forschungsprogramme aus Logistik und Technik. *Steigerung der Transporteffizienz Reduktion des CO2-Ausstoßes Erhöhung von Sicherheit und Effizienz Verbesserte Integration des Binnenschiffes ? in die Gesamttransportkette*

Meerestechnik

Die Meerestechnik steht in den nächsten Jahren vor enormen Herausforderungen. Die Entwicklung intelligenter Systeme für den Offshore-Einsatz, die Förderung von Öl, Gas und Offshore-Windenergie oder auch die Gewinnung von marinen mineralischen Rohstoffen werden zunehmend an Bedeutung gewinnen. Die besondere Kompetenz der Unternehmen und Forschungseinrichtungen bei der Entwicklung innovativer Komponenten und Technologien für die maritime Umwelttechnik, für die Sicherheits- und Polartechnik sowie für die Bekämpfung der Auswirkungen von Schadstoffunfällen sind jedoch gute Voraussetzungen, die gesteckten Ziele zu erreichen, die Präsenz der Unternehmen am Markt zu erhöhen und neue, internationale Märkte zu erschließen.

Maritime Produkte und Dienstleistungen gelten als viel versprechende Zukunftsmärkte mit enormen Wachstumspotenzialen. Ziel der Bundesregierung ist es, Deutschland zu einem meerestechnischen Hightech-Standort auszubauen. Die Meerestechnik integriert Techniken, die sowohl für den Schutz als auch für die Nutzung der Meere eingesetzt werden.

In der Meerestechnik werden Vorhaben zu folgenden Forschungsfeldern gefördert:

Ein entscheidender Marktfaktor ist der Nachweis eines weitgehend störungs- und wartungsfreien Betriebs von Unterwasseranlagen. Ziel der deutschen meerestechnischen Wirtschaft ist es daher, durch intensive Vernetzung sowohl mit anderen Unternehmen als auch mit wissenschaftlichen Einrichtungen, in den nächsten 15 bis 20 Jahren die Zuverlässigkeit und Robustheit der Systeme erheblich zu erhöhen. Damit könnten Wartungszyklen entsprechend reduziert werden, was bereits zu der beabsichtigten Verbesserung der Wirtschaftlichkeit um das 15-fache beiträgt. Zurzeit hat die exportorientierte meerestechnische Industrie in Deutschland einen Weltmarktanteil von rund. drei Prozent und ist damit – gemessen am Potenzial – deutlich ausbaufähig. Um im internationalen Wettbewerb eine Schlüsselposition einzunehmen und den anvisierten Marktanteil zu erreichen, müssen Wirtschaft und Wissenschaft künftig noch enger zusammenarbeiten und verstärkt Systemlösungen anbieten. *Reduzierung der Ausfallwahrscheinlichkeit meerestechnischer Systeme Deutliche Erhöhung des Weltmarktanteils bei meerestechnischen Produkten und Systemen*

Technologien für Inspektionen und Monitoring im Meer (TIMM)

Der Ende 2011 gestartete Forschungsschwerpunkt TIMM (Technologien und Innovationen für Monitoring im Meer) konnte wie geplant auf den Weg gebracht werden. Im Fokus des Förderschwerpunktes TIMM stehen Technologien für das effiziente Monitoring in der Meerestechnik. Hierzu zählen die systematische Überwachung, Inspektion und Protokollierung von technischen Komponenten, Systemen und Prozessen sowie relevanten Umweltparametern auch über lange Zeiträume. Daraus ergeben sich vielfältige technologische Herausforderungen und Marktpotenziale für die deutsche meerestechnische Forschung und Industrie.

Die Programmschwerpunkte reichen von Technologien zur Munitionsdetektion in Nord- und Ostsee bis hin zu zerstörungsfreien Schweißnahtprüfverfahren an Unterwasserstrukturen. Es ist mit einigen Projekten gelungen, die Aufmerksamkeit in der Offshore-Wind-Branche zu erlangen. Damit erhöhen sich die Aussichten, dass sich das meerestechnische Know-how der maritimen Branche auch im Zuge der Energiewende positiv entfalten kann. Hier stehen wir allerdings erst am Anfang. Die Möglichkeiten, die Sicherheit zu verbessern, die Kosten zu reduzieren sowie ganzheitliche Wartungskonzepte anzubieten, sind bei weitem noch nicht ausgeschöpft. Hierzu ist es notwendig, den FuE-Dialog zwischen beiden Branchen weiter voranzutreiben.

MARTEC

Ziel des ERA-NET(European Research Area, ERA) Instruments ist die Förderung einer verstärkten Koordinierung nationaler und regionaler Forschungsförderprogramme in strategisch wichtigen, thematischen Bereichen europäischer Forschung. Forschungsförderorganisationen und Programmverwalter aus EU-Mitgliedsländern und Assoziierten Staaten bündeln hierzu finanzielle und personelle Ressourcen für die Entwicklung gemeinsamer Aktivitäten.

ERA-Net MARTEC II, koordiniert durch den Projektträger Jülich, zielt darauf ab, ein langfristig angelegtes Netzwerk für Partnerschaften und Kooperationsmaßnahmen zwischen unterschiedlichen nationalen Forschungsprogrammen aufzubauen, mit deren Hilfe Forschungsaktivitäten gebündelt und das Forschungsmanagement im Bereich der Schifffahrt und der Meerestechnik verbessert werden sollen. Hierfür soll eine an den Bedürfnissen der maritimen Industrie ausgerichtete Strategie erarbeitet werden, die die Entwicklung transnationaler Programme begünstigen und sich nachhaltig auf die Forschungsförderungsprozesse auswirken soll. Das mit Mitteln des 7. Forschungsrahmenprogramms unterstützte ERA Net MARTEC II veröffentlicht jährlich transnationale Ausschreibungen, an denen das BMWi beteiligt ist, für gemeinsame Forschungsprojekte im Bereich der Maritimen Technologien.

Bei den ERA-NET MARTEC II Ausschreibungen in den Jahren 2011 und 2012 konnten Interessenten aus den Mitgliedsländern Dänemark, Deutschland, Finnland, Frankreich, Island, Norwegen, Polen, Rumänien, Spanien, Türkei, Vereinigtes Königreich, Weißrussland teilnehmen. Es wurden Verbundprojekte mit einem Fördervolumen von ca. 15,8 Mio. Euro beantragt. Der deutsche Anteil betrug ca. 5,1 Mio. Euro.

VI Offshore-Windenergie

Allgemein

Der Bundestag beschloss im Juni 2011 die Energiewende. Diese Richtungsentscheidung wird zu einem völligen Umbau der Energieversorgung führen. Der Anteil der erneuerbaren Energien liegt derzeit bei rund 25 Prozent des gesamten deutschen Stromverbrauches. Im Jahr 2050 sollen es mindestens 80 Prozent sein. Das ist ein ambitioniertes Ziel, bei dem die Offshore-Windenergie aufgrund der konstanten und verlässlich hohen Windgeschwindigkeiten auf dem Meer eine zentrale Rolle einnimmt.

Im Jahr 2011 wurden erste Ergebnisse aus dem Pilotprojekt alpha ventus veröffentlicht. Die dort installierten zwölf Windenergieanlagen, die aus einer ersten Prototypenserie stammen, konnten in ihrem ersten kompletten Betriebsjahr 2011 rund 268 GWh Strom in das Netz einspeisen. Die erzeugte Strommenge lag damit etwa 15 Prozent über dem ursprünglich erwarteten Jahreswert.
Derzeit werden in der deutschen Nord- und Ostsee Windenergieanlagen mit einer installierten Leistung von etwa 260 Megawatt betrieben. Insgesamt befinden sich sechs Windparks im Bau. Weitere Investoren beabsichtigen noch in 2013 mit dem Bau von Windparks zu beginnen. Es ist davon auszugehen, dass diese Windparks spätestens im Jahr 2015 vollständig an das Netz angeschlossen sein werden. Die dann installierte Leistung wird nach heutiger Einschätzung Ende 2015 bei etwa 3 000 MW liegen.
Eine Herausforderung in der Offshore-Entwicklung ist derzeit die Netzanbindung. Der Netzausbau geht schleppend voran. Zur besseren Steuerung des Offshore-Ausbaus und zur Lösung ungeklärter Haftungsfragen im Zusammenhang mit der Netzanbindung von Offshore-Windparks wurde das Energiewirtschaftsgesetz (EnWG) novelliert, das Ende 2012 in Kraft trat. Mit Einführung eines Offshore-Netzentwicklungsplans, der Größe und Ort der zukünftigen Netzanschlüsse für Offshore-Windparks verbindlich regelt, wird der Ausbau eines Offshore-Netzes in ein geordnetes Verfahren überführt. Zudem werden mit einer Entschädigungsregelung für die verzögerte Anbindung oder Störungen einer Netzanbindungsleitung die Planbarkeit verbessert und Investitionshindernisse abgebaut.
Die maritime Wirtschaft spielt für den Ausbau der Offshore-Windenergie eine herausragende Rolle. Auch vor diesem Hintergrund wurde der Bereich Offshore-Windenergie im Nationalen Masterplan Maritime Technologien verankert.

Umsetzung Energiekonzept und beschleunigte Energiewende
Die Teilnehmer des Workshops haben die Bundesregierung gebeten, die im Energiekonzept angekündigten Maßnahmen, die Investitionsentscheidungen in Offshore-Windparks beschleunigen sollen, noch im ersten Halbjahr 2011 zu beschließen.
Der Gesetzgeber hat im Rahmen der EEG-Novelle im Jahr 2011 ein optionales Vergütungsmodells eingeführt, das so genannte Stauchungsmodell. Die Novelle ist am 1. Januar 2012 in Kraft getreten. Der Betreiber hat nunmehr die Option, eine Vergütung in Höhe von 19 Cent/kWh über einen Zeitraum von acht Jahren zu wählen. Danach fällt der Vergütungssatz auf 3,5 Cent/kWh. Das Modell kann in Anspruch genommen werden, wenn die Inbetriebnahme spätestens bis zum 31. Dezember 2017 erfolgt ist. Alternativ steht dem Betreiber das konventionelle Modell zur Verfügung, das eine Vergütung in Höhe von 15 Cent/kWh über einen Zeitraum von mindestens zwölf Jahren vorsieht. Ab dem 1. Januar 2018 kann der Betreiber nur noch das konventionelle Vergütungsmodell wählen. Zudem greift ab dem 1. Januar 2018 eine jährliche Degression in Höhe von 7 Prozent. Der Gesetzgeber hat damit einen deutlichen Anreiz zur beschleunigten Umsetzung von Offshore-Windparks gegeben.
Weiterhin sind im Juli 2011 unter anderem das Netzausbaubeschleunigungsgesetz (NABEG) und eine Novelle des EnWG in Kraft getreten. Mit dieser Novelle hat der Gesetzgeber erstmals eine verpflichtende und koordinierte Netzausbauplanung für die großen Stromübertragungsnetze geschaffen. Netzentwicklungspläne sollen den Netzausbau im notwendigen Umfang ermöglichen und durch umfassende Konsultationen mit Betroffenen die öffentliche Akzeptanz für den Leitungsbau erhöhen. Auf dieser Grundlage wird der Gesetzgeber durch ein Bedarfsplangesetz den Netzausbaubedarf verbindlich feststellen. Weiterhin wurde mit den Beschlüssen zur Änderung des EnWG die Netzanbindung von Offshore-Parks grundsätzlich verbessert, indem statt der aufwändigen Einzelanbindung eine Sammelanbindung von Windparks ermöglicht wird (Clusteranbindung).

Zudem hat die KfW Bankengruppe am 8. Juni 2011 das KfW-Kreditprogramm „Offshore Windenergie" mit einem Gesamtvolumen von maximal 5 Mrd. Euro im Rahmen des 10-Punkte-Sofortprogramms zum Energiekonzept der Bundesregierung auf den Weg gebracht. Mit dem Programm kann die Errichtung von bis zu zehn Offshore-Windparks in der deutschen AWZ oder der 12-Seemeilen-Zone der Nord- und Ostsee gefördert werden. Für die Finanzierung der Investitionskosten stellt die KfW Kredite zu Marktzinsen zur Verfügung. Die durch das Programm finanzierten Projekte dienen dem Erfahrungsgewinn und sollen helfen die technischen Risiken der Offshore-Windenergienutzung zukünftig besser zu beherrschen und damit künftig die private Finanzierung der Offshore-Windparks zu erleichtern. Durch das Sonderprogramm bekommen insbesondere kleine und mittlere Unternehmen sowie Stadtwerke Zugang zu Fremdkapital.

Vernetzung Maritime Wirtschaft mit Offshore-Windenergie

Die Intensivierung der Vernetzung der Maritimen Wirtschaft mit der Offshore-Windenergie ist ein wesentliches Ziel des Nationalen Masterplans Maritime Technologien. Die Stiftung Offshore-Windenergie, hat diesem Ziel folgend, die Vernetzung mit der Maritimen Wirtschaft mit Unterstützung des Maritimen Koordinators der Bundesregierung und des BMU mit einem beachtlichen Erfolg vorangetrieben. Die unter dem Dach des Arbeitskreises Vernetzung gegründeten Fachgruppen arbeiten an zukunftsweisenden Lösungen praxisnaher Fragen im Bereich der Häfen, der Standardisierung, der Risikominimierung sowie der Aus- und Weiterbildung.

Die Stiftung Offshore-Windenergie wurde im Rahmen der Siebten Nationalen Maritimen Konferenz gebeten, den auf ihre Initiative hin gegründeten Arbeitskreis Vernetzung der Maritimen Wirtschaft mit der Offshore-Windenergie (AK Vernetzung) dauerhaft weiterzuführen.

Anfang 2012 hat der Arbeitskreis eine neue Fachgruppe „Offshore Code of Practice" ins Leben gerufen. Sie setzt sich mit Versicherungs- und Risikofragen bei der Errichtung von Offshore-Windparks auseinander. In einem intensiven Prozess werden Risiken und Maßnahmen zur deren Minderung diskutiert.

Die Stiftung Offshore-Windenergie hat gemeinsam mit der Behörde für Wirtschaft, Verkehr und Innovation Hamburg im Hinblick auf die Arbeiten der Arbeitsgruppe „Aus- und Weiterbildung" innerhalb des AK Vernetzung das Projekt Plattform „Zukunftsberufe Offshore Windenergie" in Auftrag gegeben. Das Projekt gibt einen Überblick über die Grundstrukturen derzeitiger und zukünftiger Qualifikations- und Qualifizierungsbedarfe, über Aus- und Weiterbildungsangebote im Bereich Offshore-Windenergie in Norddeutschland und hat Empfehlungen für umzusetzende Maßnahmen erarbeitet.

Die Teilnehmer des Offshore-Windenergie Workshops auf der Siebten Nationalen Maritimen Konferenz haben die Industrie gebeten, sich noch stärker unter dem Dach der Stiftung Offshore-Windenergie zu vernetzen, entlang der gesamten Wertschöpfungskette. Ziel einer solchen Vernetzung ist die verstärkte Zusammenarbeit, die Erhöhung der Arbeitsteilung, die Erschließung von Kostensenkungspotenzialen, die Optimierung von Logistikketten und letztlich die Optimierung der gesamten Wertschöpfungskette. In dem Zusammenhang hat VDMA Power Systems seinen Arbeitskreis Offshore-Windenergie in einen Lenkungskreis Offshore-Windindustrie überführt, in dem Hersteller von Offshore-Windenergieanlagen, Gründungsstrukturen, Türmen, Plattformen und Kabeln zusammentreffen. Der VDMA Lenkungskreis Offshore-Windindustrie stimmt sich bei gemeinsamen Themen von Herstellern und Betreibern eng mit der AG Betreiber der Stiftung Offshore-Windenergie ab. Weiterhin haben VDMA Power Systems und die Stiftung Offshore-Windenergie die Aktivitäten der Offshore-Windenergie noch stärker in die Aktivitäten der Exportinitiative Erneuerbare Energie eingebracht und sich dazu mit weiteren Offshore-Windenergie-Netzwerken abgestimmt.

In den letzten zehn Jahren haben sich in den Küstenländern regionale Branchennetzwerke im Bereich der Windenergienutzung herausgebildet. Sie haben die Ansiedlung und das Wachstum

der Industrie- und Dienstleistungsunternehmen im Bereich der Off- und Onshore-Windenergie vor Ort unterstützt und begleitet. Die norddeutschen Windenergienetzwerke Windenergie-Agentur, Erneuerbare Energien Hamburg Clusteragentur GmbH und Wind Energy Network e.V. haben sich zu einer Offshore-Wind-Industrie-Allianz (OWIA) zusammen gefunden. Die Offshore-Wind-Industrie-Allianz hat sich zum Ziel gesetzt, die politische Kommunikation der norddeutschen Windenergienetzwerke zum Thema Offshore-Windenergie stärker zu bündeln und die Zusammenarbeit mit der Stiftung Offshore-Windenergie zu vertiefen.
BMU, BMWi und BMVBS haben zusammen mit dem ständigen gemeinsamen Arbeitskreis „Vernetzung der maritimen Wirtschaft mit der Branche Offshore-Windenergie“ zur zweiten Offshore-Windenergie-Konferenz „Maritime Wirtschaft – Partner der Energiewende Chancen der Offshore-Windenergie nutzen – Hindernisse überwinden“ am 8. Januar 2013 in Hannover eingeladen. Über 250 hochrangige Teilnehmer aus der maritimen und der Offshore-Windenergiebranche haben auf der Konferenz Themen der maritimen Wirtschaft im Kontext der Nutzung der Offshore-Windenergie diskutiert. Im Mittelpunkt der Veranstaltung standen neben allgemeinen Fragen der Vernetzung vor allem die Themenfelder Finanzierung (Investitionshindernisse), technische Sicherheitsstandards einschließlich Arbeitsschutz und die Perspektiven für die maritime Wirtschaft.

Aus- und Weiterbildung und Fachkräftebedarf
Der drohende Fachkräftemangel war auf der Siebten Nationalen Maritimen Konferenz für die gesamte Offshore-Windenergiebranche ein zentrales Thema. Auch zum damaligen Zeitpunkt wurden bereits Studiengänge, Aus- und Fortbildungsprogramme initiiert oder befanden sich im Aufbau. Die Fachgruppe „Aus- und Weiterbildung“ des Arbeitskreises Vernetzung (siehe oben) hatte im Vorfeld der Siebten Nationalen Maritimen Konferenz die Handlungsbedarfe in dem Bereich aufgezeigt. Es wurde der Wunsch nach einer übergeordneten Initiative geäußert, die alle Beteiligten einbindet.
Im Rahmen der Siebten Nationalen Maritimen Konferenz wurden Universitäten, Fachhochschulen, Institute und Weiterbildungseinrichtungen sowie die Offshore-Windenergiebranche aufgefordert, sich für die Weiterentwicklung sowie den Aufbau von Studiengängen sowie von Aus- und Fortbildungsprogrammen einzusetzen, um dem drohenden Fachkräftemangel im Bereich Offshore-Windenergie zu begegnen. Auch wurde die Maritime Wirtschaft gebeten, eine Kampagne zur Vermarktung der beruflichen Chancen in der Maritimen Branche Offshore Windenergie zu initiieren.
Der Verband für Schiffbau und Meerestechnik verweist z.B. bereits innerhalb seiner allgemeinen Imagekampagnen auch auf das Thema Offshore-Wind im Rahmen des Angebotsportfolio seiner Verbandsmitglieder hin.
Weiterhin haben die Stiftung Offshore-Windenergie und die Behörde für Wirtschaft, Verkehr und Innovation Hamburg (BWVI) das Projekt „Plattform Zukunftsberufe Offshore Wind“ initiiert. Das Projekt soll einen Überblick über die Grundstrukturen derzeitiger und zukünftiger Qualifikations- und Qualifizierungsbedarfe sowie über Aus- und Weiterbildungsangebote im Bereich Offshore-Windenergie in Norddeutschland schaffen. Die Ergebnisse werden für das erste Halbjahr 2013 erwartet.

Standards, Normen, Bauvorschriften
Die Weiterentwicklung und Optimierung von Standards und Normen wird mit dazu beitragen, die Kosten bei Großkomponenten und damit auch die Stromgestehungskosten zu senken. Die gegebenenfalls im Einzelfall bereits vorhandenen Standards und Regelwerke bei Schiffen, Gründungsstrukturen und andere maritime Ausrüstungen müssen auf die Bedarfe der Offshore-Windindustrie angepasst werden.

Die Teilnehmer der Siebten Nationalen Maritimen Konferenz haben vor diesem Hintergrund die Industrie gebeten, sich mit den Genehmigungsbehörden über die Weiterentwicklung der bestehenden nationalen Normen und Standards zum Bau von Offshore-Windparks insbesondere hinsichtlich der Baustandards bei Fundamenten vor dem Hintergrund internationaler Erfahrungen abzustimmen, um Wettbewerbsnachteile durch unterschiedliche Standards in verschiedenen Ländern zu vermeiden.
So hat die Fachgruppe „Internationale Vorschriften und Normung" im Rahmen des Arbeitskreises Vernetzung der maritimen Wirtschaft die Entwicklung von international verbindlichen Sicherheits- und Umweltschutzvorschriften und ergänzende ISO-Normen für Offshore-Wind-Spezialschiffe vorgeschlagen, um Sicherheit und Umweltschutz weiter zu erhöhen und Anforderungen mit angemessenen Übergangsfristen gleichzeitig bezahlbar zu gestalten. Für laufende Projekte und Ausschreibungen ist die deutsche Schifffahrtsverwaltung aufgefordert, umgehend Übergangsregelungen zu erarbeiten und durchzusetzen, die sich an den Empfehlungen der Fachgruppe orientieren. Nunmehr konnte eine Initiative zur Schaffung von IMO-Neubaustandards für Errichterschiffe und Servicefahrzeuge erfolgreich gestartet werden. Die von Deutschland, dem europäischen Schiffbauverband CESA und dem internationalen Reederverband ICS an den IMO-Unterausschuss „Ship Design and Equipment" (DE 56) eingereichten Ergebnisse der Fachgruppe „Internationale Vorschriften und Normung" trafen auf breite Zustimmung von Nordseeanrainerstaaten sowie weiterer Flaggenstaaten und Industrieverbände. Die Entwicklung von empfehlenden Guidelines wird bei DE 57 (März 2013) fortgesetzt.
Entscheidend für die Weiterentwicklung dieser Initiative ist die verbindliche Klärung des Status von Servicepersonal an Bord von Offshore-Windenergie-Spezialschiffen, da die Schiffssicherheitsvorschriften der IMO und der EU bisher lediglich zwischen Fahrgästen und Besatzungsmitgliedern unterscheiden. Um einen kosteneffizienten Transfer von mehr als 12 Windenergieanlagentechnikern zu ermöglichen, z.B. zwischen Küste und Windpark oder Wohnplattform und Windpark, wird daher international eine Änderung der SOLAS-Konvention sowie eine Ausnahmegenehmigung nach Artikel 9(3) der EU-Fahrgastschiffsrichtlinie angestrebt.
Es hat sich dabei eine Vielfalt an Gremienarbeit entwickelt, die das erhebliche und breite Interesse an der Weiterentwicklung und Optimierung der Offshore-Windenergienutzung in Deutschland dokumentiert.

Fortschrittsbericht „Offshore Windenergie – Bedarf, Chancen und Potenziale für Häfen und Schiffe"

Die Bundesregierung hat einen Fortschrittsbericht „Offshore-Windenergie – Bedarf, Chancen und Potenziale für Häfen und Schiffbau" angekündigt. Diese Maßnahme ist im Nationalen Masterplan Maritimen Technologien verankert.
In dem Fortschrittsbericht sollen Fragen rund um den sich entwickelnden Bedarf der Offshore-Windbranche an Hafen- und Schiffskapazitäten erörtert und Lösungsmöglichkeiten aufgezeigt werden. Es werden mögliche Hafen-Dienstleistungen, umzuschlagende Großkomponenten und mögliche Logistikketten analysiert und dargestellt. Auch werden bestehende und geplante Hafenkapazitäten im Bereich der deutschen Seehäfen, die im Zusammenhang mit der Umsetzung von Offshore-Windparkprojekten stehen, berücksichtigt sowie Chancen, Marktpotenziale und Herausforderungen für deutsche Werften und die maritime Zulieferindustrie untersucht und dargestellt.
Auf der Offshore-Windenergiekonferenz am 8. Januar 2013 hat die Stiftung Offshore-Windenergie Ergebnisse eines Projektes vorgestellt, das sich fachlich und wissenschaftlich mit diesen Fragekomplexen auseinandergesetzt hat. BMU, BMWi und BMVBS erstellen u.a. auch auf Basis dieser Diskussionen auf der Offshore-Konferenz am 8. Januar 2013 den Fortschrittsbericht.

Weiterhin wurden die Küstenländer gebeten, sich bzgl. der Planungen zum Ausbau der Hafenkapazitäten für die Offshore-Windenergie stärker miteinander abzustimmen und die notwendigen Kapazitäten zeitnah zu realisieren. Die Regierungschefs der norddeutschen Länder haben die Anregung der Siebten Nationalen Maritimen Konferenz, sich bzgl. der Planungen zum Ausbau der Hafenkapazitäten für die Offshore-Windenergie stärker miteinander abzustimmen, aufgegriffen und einen entsprechenden Dialogprozess auf unterschiedlichen Ebenen – u.a. auf der Sitzung der Chefs der Staats- und Senatskanzleien (CdS Nord AG), der Konferenz der Wirtschafts- und Verkehrsminister/Senatoren der norddeutschen Küstenländer (KüWiVerMinKo) und dem Hafenentwicklungsdialog Deutsche Bucht (Lenkungsgruppe Hafenkooperation) aufgenommen. Aus Sicht der Länder bleibt die Nachfrage nach geeigneter, auf die spezifischen Bedarfe der Offshore-Windenergie ausgerichteter Hafeninfrastruktur trotz der zeitlichen Verzögerung von Offshore-Projekten unverändert auf absehbare Zeit sehr hoch. Überkapazitäten und damit Fehlinvestitionen seien vor dem Hintergrund an der deutschen Küste nicht zur erwarten.
Neben dem gezielten Ausbau der für das Gelingen der Energiewende notwendigen Hafeninfrastrukturen räumen die norddeutschen Länder der Bereitstellung von Gewerbeflächen für die Windenergiebranche hohe Priorität ein. Hierzu wurde die Gemeinsame Erklärung der Regierungschefs der norddeutschen Länder zur Umsetzung der Energiewende und zur Stärkung der Zukunftsbranche Windenergie auf der Konferenz Norddeutschland am 15. März 2012 vereinbart.

Umweltverträglichkeit der Offshore-Windenergie

Der Ausbau der Offshore-Windenergie bedarf eines breiten gesellschaftlichen Konsenses. Dazu gehört auch die ständige Weiterentwicklung im Hinblick auf die Umweltverträglichkeit von Windenergieanlagen. In diesem Zusammenhang ist eine umweltverträgliche Fundamentierung der Offshore-Windenergieanlagen, insbesondere zum Schutz der schallempfindlichen Schweinswale, eine zentrale Voraussetzung.
Ein Schallschutzkonzept für die Rammung von Fundamenten für Offshore-Windparks ist sinnvoll, um den Vorgaben der EU-Richtlinien zum Naturschutz sowie der EU-Meeresstrategie-Rahmenrichtlinie gerecht zu werden. Es sollte in einem möglichst breiten Konsens aller Beteiligten unter Wahrung der Interessen des Naturschutzes und des Ausbaus der Offshore-Windenergie gefunden werden.
Das Bundesumweltministerium hat in Zusammenarbeit mit den zuständigen Fachbehörden einen Entwurf der Eckpunkte für ein Schallschutzkonzept zum Schutz der Schweinswale bei der Gründung von Windenergieanlagen der Offshore-Windparks in der Nordsee erarbeitet. Dieser erste Entwurf der naturschutzfachlichen Inhalte des Konzeptes wurde im November 2012 auf Einladung des Bundesumweltministeriums mit Vertretern des Naturschutzes sowie der Offshore-Windenergiebranche vorgestellt und diskutiert. Auf Basis der vielfältigen Hinweise und Anregungen der Beteiligten wird der Entwurf nun weiterentwickelt
Weiterhin wurde die Offshore-Windenergiebranche aufgefordert, die bisherigen Aktivitäten zur Erprobung von schallmindernden Maßnahmen oder von alternativen Fundamentkonzepten weiter zu verstärken.
Das Bundesumweltministerium fördert derzeit die Entwicklung von drei alternativen schallarmen Gründungsvarianten. So werden Forschungsprojekte mit Beteiligung der Industrie zum Bucketfundament, zum Schwerkraftfundament sowie zum Bohrverfahren gefördert. Zudem wurden ebenfalls mit Förderung des BMU und mit Industriebeteiligung fünf Schallschutzsysteme im Rahmen eines Forschungsvorhabens an einem Testpfahl erprobt: Hydroschalldämpfer, Kleiner Blasenschleier, BEKA-Schale, Noise Mitigation Screen, FWS-System (Ring aus druckluftgefüllten Feuerwehrschläuchen).
Weiterhin wurden und werden Schallschutzmaßnahmen bei der Errichtung von Offshore-Windparks in Deutschland und Großbritannien erprobt und zum Teil von Forschungsvorhaben

begleitet: Großer Blasenschleier Borkum West II, Global Tech, Meerwind Süd Ost), Kleiner Blasenschleier (Bard Offshore I), Noise Mitigation Screen (Riffgat), Hydroschalldämpfer (London Array, UK).
Mit Mitteln des Bundesumweltministeriums wurden zudem die zwei Fachtagungen „Minimierung von Unterwasserschall bei der Gründung von Offshore-Windenergieanlagen: Anforderungen und Möglichkeiten" (März 2012, Rostock) und „Zwischen Naturschutz und Energiewende: Herausforderung Schallschutz beim Bau von Offshore-Windparks" (September 2012, Berlin) gefördert, die dem konstruktiven Dialog und Austausch zwischen Politik, Wissenschaft, Unternehmen, Behörden und Umweltschutzverbänden dienen.

Forschung und Entwicklung
Das Bundesumweltministerium wurde im Rahmen der Siebten Nationalen Maritimen Konferenz um Prüfung gebeten, ob und wie eine weitere Verstärkung der Offshore-Forschung auch durch virtuelle Testfelder ermöglicht werden kann. D.h. kleinere Teststandorte, die jeweils in größeren kommerziellen Offshore-Windparks für Test- und Forschungszwecke bereitgestellt werden.
Das Bundesumweltministerium fördert Forschung und Entwicklung im Rahmen des 6. Energieforschungsprogramms auch auf dem Gebiet der Windenergie, um insbesondere die Kosten für Herstellung und Betrieb von Windenergieanlagen und damit die Kosten zur Erzeugung von Windstrom zu senken. Gleichzeitig stehen technologische Verbesserungen als Voraussetzung für den naturverträglichen Ausbau der Windenergie im Fokus der Forschung.
Mit der Forschungsförderung wurde die Entwicklung kompletter Anlagen, aber auch von Komponenten und Baugruppen der Windenergietechnologie verfolgt. Besondere Schwerpunkte sind die Anpassung der Windenergieanlagentechnik an die Einsatzbedingungen auf See wie auch die Anpassung der maritimen Technologien an die Anforderungen, die der Bau und Betrieb von Windparks im Meer mit sich bringen. Dadurch werden wichtige Voraussetzungen geschaffen, um die Technologieführerschaft der deutschen Windindustrie im zunehmenden internationalen Wettbewerb zu erhalten und auszubauen.
Aktuell wurde ein Forschungsvorhaben gestartet, das in Zusammenarbeit von Forschung und Industrie die Erarbeitung des Gesamtkonzeptes eines virtuellen Testfeldes (bzw. von zeitlich und örtlich differenzierten Testfeldern) sowie die Etablierung und die Forschung an ersten Teststandorten auf See zum Ziel hat. Im virtuellen Testfeld sollen Forschungs- und Demonstrationsprojekte an unterschiedlichen Standorten und zu unterschiedlichen Zeiten für einen koordinierten Wissenszuwachs gebündelt werden.
Die vom BMU geförderte Windenergieforschung umfasst das gesamte System der Windstromerzeugung von den physikalischen Bedingungen der Ressource Wind, dem Energiewandlungsprozess über Rotor, Getriebe und Generator bis hin zur Netzverträglichkeit des Windstroms. Immer wichtiger werden in der Forschung auch die Optimierung der Prozesse für die Installation und die Instandhaltung auf See, die offshore-spezifischen Anlagenkomponenten wie Gründungen, aber auch die Optimierung der Anlagenkonfiguration in einem Offshore-Windpark und sowie die gegenseitige strömungstechnische Beeinflussung der Windparkcluster auf See. Neben der laufenden Vorsorgeforschung für die Meeresumwelt wurde 2012 auch ein Projekt gestartet, das sich durch Entwicklung von medizinischer Notfallrettungstechnik der Sicherheit der im Offshore-Windpark arbeitenden Menschen widmet.
Im Jahr 2012 liefen 209 vom BMU geförderte Projekte der Windenergieforschung mit einer Gesamtförderung von 230,7 Mio. Euro.
Davon wurden im Vorjahr 84 Projekte im Umfang von 93, 2 Mio. Euro neu bewilligt.
Die Vorhaben befassen sich u.a. mit folgenden Schwerpunkten:
- Gründungen und Tragstrukturen (inkl. Herstellung und Installation).

– Weiterentwicklung und Offshore-Anpassung von Multimegawattanlagen und deren Komponenten (z.B. Rotorblätter, Antriebsstrang).
– Windphysik u. Meteorologie auch im Hinblick auf eine an die Windverhältnisse angepasste anlagenschonende und ertragsoptimierende Betriebsführung.
– Untersuchungen auf den BMU-Forschungsplattformen (FINO 1 bis 3).
– Bau und Betrieb von Testzentren für Rotorblätter, für Antriebsstrang und für Offshore-Gründungen, die den Test von Großkomponenten der Windanlagen im Labor gestatten.
– Umweltaspekte, ökologische Begleitforschung und Schallminderung bei der Offshore-Installation.

Das 2009 in Betrieb genommene Offshore-Windenergie Testfeld alpha ventus dient der vom BMU geförderten Forschungsinitiative RAVE (Research at alpha ventus) auch weiterhin als Forschungswindpark, in dem viele für die Offshore-Windenergie wichtigen wissenschaftlichen Fragestellungen erstmals in Deutschland unter realen Offshore-Bedingungen untersucht und erprobt werden können. RAVE hat gleichzeitig zu einer Bündelung des Forschungspotenzials auf dem Gebiet der Windenergie insbesondere im Norden Deutschlands geführt, die im „Forschungsverbund Windenergie“ des Fraunhofer-Instituts für Windenergieforschung und Energiesystemtechnik (IWES), dem universitären Forschungsverbund ForWind und dem Deutschen Zentrum für Luft und Raumfahrt ihre Fortsetzung gefunden hat. Forschungsnetzwerke der Windenergieforschung haben sich auch in Berlin, im Süden Deutschland (WindForS), in Schleswig-Holstein und in Nordrhein-Westfalen im Umfeld der RWTH-Aachen etabliert. Damit hat die Förderung des BMU wesentlich dazu beigetragen, die Windenergieforschung in Deutschland für die Aufgaben der Energiewende zu rüsten. Dabei geht das Spektrum der Forschung weit über die Windanlagen selbst hinaus und umfasst alle für die Windstromgewinnung auf See wichtigen Prozesse.

Damit der Ausbau der Offshore-Windenergie umwelt- und naturverträglich erfolgt, werden negative Einflüsse, die vom Bau, Betrieb und Rückbau von Windparks auf die Umgebung ausgehen, intensiv untersucht und technische Lösungen entwickelt, um diese zu minimieren. Dazu zählen Maßnahmen zur Schallminimierung beim Bau der Offshore-Windenergieanlagen sowie zur Schallvermeidung durch Gründungstechnologien ohne Rammimpulse. Hier besteht hoher Forschungsbedarf. Das Bundesumweltministerium leistet vor dem Hintergrund umfassende Unterstützung bei der Forschung und Entwicklung bei dieser wissenschaftlichen Aufgabenstellung. Notwendig ist auch eine stärkere Vernetzung und spartenübergreifende Zusammenarbeit im Bereich der Forschung zwischen den Forschungseinrichtungen, Industrieunternehmen und den verschiedenen maritimen Forschungszweigen mit der Windenergieforschung.

[...]

Netzanbindung von Offshore-Windparks

Im Rahmen der Energiewende wurde im Juni 2011 die Aufstellung eines Offshore-Netzplans (Fachplanung für Infrastrukturen des Stromtransports) in der Ausschließlichen Wirtschaftszone (AWZ) der Nordsee und Ostsee beschlossen. Mit der darauf folgenden Änderung des Energiewirtschaftsgesetzes (EnWG) wurde das BSH gemäß § 17 Absatz 2a Satz 3 und 4 EnWG mit der jährlichen Aufstellung des Offshore-Netzplans für die deutsche AWZ beauftragt. Die Aufstellung des Plans erfolgt im Einvernehmen mit der Bundesnetzagentur und in Abstimmung mit dem Bundesamt für Naturschutz sowie den Küstenländern. Für die Aufstellung des Plans wurden Windparkcluster identifiziert, die für Sammelanbindungen geeignet sind. Der Plan legt weiterhin Standorte für Konverterplattformen, grenzüberschreitende Stromleitungen und mögliche Verbindungen untereinander fest. Das BSH hat im September 2012 einen überarbeiteten Entwurf des Offshore-Netzplans AWZ Nordsee und den überarbeiteten Entwurf des Umweltberichts öffentlich bekannt gemacht. Das BSH plant eine Veröffentlichung des Offshore-Netzplans im ersten Quartal 2013.

Offshore Netzentwicklungsplan

Im vierten Quartal 2011 und im gesamten Jahr 2012 wurde die Nutzung der Offshore-Windenergie in Deutschland fast ausschließlich im Zusammenhang mit den offenen Haftungsfragen bei verspäteter und unterbrochener Netzanbindung diskutiert. Auf Initiative des Bundeswirtschaftsministers und unter Beteiligung des Bundesumweltministeriumswurde eine Arbeitsgruppe Beschleunigung eingerichtet, die unter Moderation der Stiftung Offshore-Windenergie Lösungsvorschläge vorgelegt hat. Ende August 2012 hat die Bundesregierung einen Entwurf des Dritten Gesetzes zur Neuregelung energiewirtschaftlicher Vorschriften beschlossen, mit dem Ziel, den Ausbau der Offshore-Windenergie zu beschleunigen. Das Gesetz ist Ende 2012 in Kraft getreten. Ziel des Gesetzes ist es zunächst, die Offshore-Netzentwicklung durch einen so genannten Systemwechsel hin zu einem verbindlichen Offshore-Netzentwicklungsplan strategisch neu auszurichten. Das Gesetz sieht zudem eine Entschädigungsregelung für den Fall einer Verzögerung der Errichtung oder einer Störung des Betriebs der Netzanbindung von Offshore-Erzeugungsanlagen vor.

Mit der Ende 2012 in Kraft getretenen EnWG-Novelle werden die Übertragungsnetzbetreiber verpflichtet, jährlich einen Offshore-Netzentwicklungsplan vorzusehen, der die notwendigen Maßnahmen für einen effizienten, sicheren, zuverlässigen und wirtschaftlichen Anschluss von Offshore-Windparks einschließlich eines Zeitplans für die Umsetzung enthält. Der Offshore-Netzentwicklungsplan soll von der Bundesnetzagentur geprüft und genehmigt werden und neben dem Onshore-Netzentwicklungsplan Grundlage für den Bundesbedarfsplan sein.

Die Übertragungsnetzbetreiber werden mit Inkrafttreten der Regelung verpflichtet, die im Offshore-Netzentwicklungsplan enthaltenen Ausbaumaßnahmen entsprechend dem vorgesehenen Zeitplan umzusetzen. Für Offshore-Windenergieanlagen wird der bisherige unbegrenzte individuelle Anbindungsanspruch dann durch einen Anbindungsanspruch im Rahmen der diskriminierungsfrei zugeteilten Kapazität ab dem Fertigstellungszeitpunkt der Anbindungsleitung ersetzt.

Mit Inkrafttreten des Gesetzes Ende 2012 erhalten betriebsbereite Offshore-Windparks, die aufgrund einer Verzögerung bei der Errichtung der Anbindungsleitung oder aufgrund von Betriebsstörungen keinen Strom in das Netz einspeisen können, einen Anspruch auf Entschädigung vom Übertragungsnetzbetreiber. Dabei haftet bei Verschulden der Übertragungsnetzbetreiber, der die Kosten auf Letztverbraucher wälzen kann. Im Schadensfall sind Eigenanteile für die Betreiber von Offshore-Windparks und Übertragungsnetzbetreiber vorgesehen. Der Eigenanteil eines Netzbetreibers ist auf 110 Mio. Euro pro Jahr begrenzt. Die Umlage für die Stromkunden ist ebenfalls begrenzt und darf maximal bei 0,25 Cent pro Kilowattstunde liegen.

Weiterhin wurden Netzbetreiber und Bundesregierung durch die Teilnehmer der Nationalen Maritimen Konferenz um Prüfung gebeten, inwiefern Strom aus Offshore-Windenergieclustern verlustarm mit Hilfe von HGÜ-Leitungen direkt bis in die Verbraucherzentren geleitet werden kann.

Am 26. November 2012 hat die Bundesnetzagentur den Netzentwicklungsplan der vier Übertragungsnetzbetreiber bestätigt und einen Entwurf für den Bundesbedarfsplan vorgelegt. Im Bundesbedarfsplanentwurf sind rund 2 900 km an Optimierungs- und Verstärkungsmaßnahmen in bestehenden Trassen und rund 2.800 km an Neubautrassen vorgesehen. Auf dieser Grundlage hat das Bundeskabinett einen Entwurf für das Bundesbedarfsplangesetz (BBPlG) am 19. Dezember 2012 beschlossen. Das BBPlG soll im zweiten Quartal 2013 verabschiedet werden.

Für die im BBPlG enthaltenen Vorhaben werden die energiewirtschaftliche Notwendigkeit und der vordringliche Bedarf verbindlich festgelegt. Die Übertragungsnetzbetreiber sowie die Planungs- und Genehmigungsbehörden sind an die Feststellungen gebunden. Dadurch sollen die weiteren Verfahren für Netzausbauvorhaben auf der Höchstspannungsebene beschleunigt werden.

Der Bundesbedarfsplan legt die Anfangs- und Endpunkte der Vorhaben fest. Im weiteren Verfahren werden die Trassenkorridore und erst anschließend die genauen Verläufe der Leitungen ermittelt. Gesondert gekennzeichnet sind Vorhaben, die als Pilotprojekte für eine verlustarme Übertragung hoher Leistungen über große Entfernungen errichtet und betrieben werden können (Gleichstromübertragungsleitungen – HGÜ) und Pilotprojekte für den Einsatz von Hochtemperaturleiterseilen. Zwei HGÜ-Pilotprojekte können auf technisch und wirtschaftlich effizienten Teilabschnitten als Erdkabel errichtet werden, sofern bestimmte Abstände zu einer Wohnbebauung unterschritten werden.

Schließung von Finanzierungslücken

Unter der Moderation der Bundesregierung wurde eine Expertengruppe zur Schiffbaufinanzierung eingerichtet. Zu den Empfehlungen der Experten wird im Kapitel Schiffbau berichtet. Die Offshore-Windenergie bietet Werften ein attraktives wirtschaftliches Potenzial. Da jedoch derzeit kein Engpass bei Errichterschiffen oder anderen Offshore-Infrastrukturen für den Ausbau der Offshore-Windenergie erkennbar ist, sind aus Sicht der Bundesregierung zur Umsetzung der Energiewende keine zusätzlichen Förderprogramme notwendig. Die Einführung des 5 Milliarden Sonderprogramms für die Errichtung von Offshore-Windparks, das zu Marktkonditionen angeboten wird, war dagegen notwendig, um die Energiewende in Deutschland in Gang zu bringen. Die Regierungschefs der norddeutschen Bundesländer bei ihrer Besprechung am 15. März 2012 haben die Bundesregierung aufgefordert, die Länder bei der Finanzierung von Häfen für die Offshore-Windenergie zu unterstützen. Diese Forderung nach Finanzierungsinstrumenten zur Anpassung von Hafeninfrastruktur an die Herausforderungen des Ausbaus der Offshore-Windenergie wurde auch für den Energiegipfel der Bundeskanzlerin mit den Regierungschefs der Länder am 23. Mai 2012 eingebracht.
Die Zuständigkeit für die Häfen liegt gemäß der grundgesetzlichen Aufgabenteilung bei den Ländern, so dass sich Bundeszuschüsse nicht rechtfertigen lassen. Jedoch soll zusammen mit dem Bundesverkehrsministerium ausgelotet werden, wie der Bund den Offshore-Häfen darüber hinaus helfen kann.

Sicherheit und Notfallmanagement

Mit der zunehmenden Zahl von Windparks auf hoher See steigen die Anforderungen an die maritime Verkehrssicherung. Die maritime Branche hat ein erhöhtes Interesse an der Fortschreibung und Weiterentwicklung des „Sicherheitskonzept Deutsche Küste“ mit Bezug auf Offshore-Windparks. Vor dem Hintergrund wurden Bund, Länder und Offshore-Windparkbetreiber von den Teilnehmern des Workshops Offshore-Windenergie aufgefordert, eine Sicherheitspartnerschaft zu initiieren und hierfür eine entsprechende Zusammenarbeit zu organisieren. Zu diesem Zweck wäre der Aufbau einer Aus- und Fortbildungseinrichtung für das Notfallmanagement und für das Rettungswesen für Offshore-Windparks unter Einbeziehung der vorhandenen Fachkompetenzen bei Windparkbetreibern und Behörden sowie unter Berücksichtigung der möglichen Verkehre zielführend.
Die DGzRS hat mit Ablauf des Monats Juni 2012 vorläufig die Aufgaben einer betreiberfinanzierten Notfallleitstelle durch das MRCC Bremen aufgenommen. Die beteiligten Unternehmen haben ein formelles Angebot zur Aufgabenkoordinierung und zum Mitteleinsatz erhalten.
Deutschland ist nach internationalem Recht verpflichtet, auch in der deutschen Ausschließlichen Wirtschaftszone (AWZ) eine Rettungsvorsorge für die Offshore-Windparks sicherzustellen. Die Bundesregierung hat trotz bislang ungeklärter Zuständigkeiten und Kompetenzverteilungen in der AWZ unter Koordinierung des Bundesverkehrsministeriums (BMVBS) die Initiative ergriffen. Im März 2012 hat das für das Havariekommando (HK) zuständige Leitungsgremium, das Kuratorium Maritime Notfallvorsorge, vereinbart, dass eine Bund-/Länder-Arbeitsgruppe („AG

Notfallmanagement") unter Leitung des BMVBS gegründet wird. In diesem Rahmen wurde das Havariekommando mit der Erstellung eines Fachkonzeptes beauftragt. Die Fertigstellung des Fachkonzeptes wird im ersten Halbjahr 2013 erwartet.
In der ersten Sitzung einer vom BMVBS eingerichteten Bund-Länder-Arbeitsgruppe zur Klärung der streitigen Fragen wurde im Mai 2012 vereinbart, dass eine gemeinsame „AG Recht" ebenfalls unter Leitung des BMVBS eingerichtet wird, die sich auch mit den Zuständigkeitsfragen weiter auseinandersetzen soll. Ihr Bericht wird sich mit äußerst komplexen juristische Fragestellungen befassen, für die es verschiedene Rechtsauffassungen geben kann. Bund und Küstenländer verfolgen vor dem Hintergrund der gemeinsamen politischen Herausforderung einen kooperativen und zielorientierten Ansatz. Es wird eine pragmatische, von Bund und Küstenländern gemeinsame getragene Lösung angestrebt.
Im Rahmen Konferenz „Maritime Wirtschaft – Partner der Energiewende, Chancen der Offshore-Windenergie nutzen – Hindernisse überwinden" am 8. Januar 2013 in Hannover wurde ein Workshop „Sicherheit in Offshore-Windparks der deutschen AWZ" durchgeführt. Es wurde dort der Wunsch nach einer maritimen Sicherheitspartnerschaft geäußert, die helfen könnte, vorhandene Schwierigkeiten und Schnittstellenprobleme zu überwinden. Es wurde angeregt, hierfür einen „Runden Tisch" zu initiieren, der sich Anfang März 2013 konstituieren wird.

VII. Klima- und Umweltschutz im Seeverkehr

Die Seeschifffahrt ist ein wichtiger Pfeiler des deutschen Verkehrssystems und – bezogen auf die Transporteinheit – der energieeffizienteste aller Verkehrsträger. Seeverkehrswirtschaft und Bundesregierung sind bestrebt, den Umwelt- und Klimaschutz in der Seeschifffahrt weiter voranzutreiben. Da neue Anforderungen möglichst nicht zu Wettbewerbsverzerrungen führen sollten, legt die Bundesregierung einen Schwerpunkt auf die Erarbeitung weltweit gültiger Regelungen in der Internationalen Seeschifffahrts-Organisation (IMO) und die kontinuierliche Überarbeitung ihrer Regelwerke zum Schutz der Meeresumwelt. Nachdem in den vergangenen Jahren die Reduzierung von Luft- und anderen Schadstoffen durch Seeschiffe primär im Vordergrund stand und weiterhin ein wichtiges Ziel bleibt, richtet sich das Augenmerk nun zunehmend auf den Klimaschutz.
Die Bundesregierung war maßgeblich an der bereits 2008 beschlossenen Überarbeitung von Anlage VI des MARPOL-Übereinkommens der IMO beteiligt. Diese schreibt eine stufenweise Absenkung des Schwefelgehalts ölhaltiger Schiffstreibstoffe von weltweit einst 4,5 Prozent über 3,5 Prozent (seit 2012) auf 0,5 Prozent (ab 2020) vor. In den Schwefelemissions-Überwachungsgebieten (SECA) auf Nord- und Ostsee gilt ein strengerer Grenzwert von 1,0 Prozent, der 2015 weiter auf 0,1 Prozent reduziert wird. Diese Vorgaben führen zu einer erheblichen Reduzierung der Schwefeloxid-Emissionen von Seeschiffen und bewirken eine deutliche Verbesserung des Umwelt- und Gesundheitsschutzes an den deutschen und europäischen Küsten. Zur Vermeidung unerwünschter Verkehrsverlagerungen setzt die Bundesregierung ihren Dialog mit der maritimen Wirtschaft fort. Die Bunderegierung begrüßt die Anpassung der EG-Richtlinie für den Schwefelgehalt von Schiffskraftstoffen an die IMO-Vorgaben, insbesondere die verbindliche Festschreibung des Verwendungsverbotes für den Schwefelgehalt von Schiffskraftstoffen von 0,5 Prozent ab dem 1. Januar 2015.
Auch zur Verringerung der Stickoxid-Emissionen von Seeschiffen sollen auf Nord- und Ostsee Sondergebiete ausgewiesen werden. Die Bundesregierung unterstützt eine entsprechende Initiative der Helsinki-Konferenz der Ostseeanrainer (HELCOM) und ist an der Erstellung vorbereitender Studien sowie eines Antragsentwurfes für die Nordsee und den Ärmelkanal beteiligt.
Mit Unterstützung der Bundesregierung ist es der IMO zudem gelungen, mit dem Energieeffizienzdesignindex (EEDI) ein erstes weltweit verpflichtendes technisches Instrument zu verabschieden, mit dem ab 2013 die CO2-Emissionen neuer Seeschiffe schrittweise um bis zu 30

Prozent (gültig ab 2025) reduziert werden. Darüber hinaus ist die Bundesregierung an der Entwicklung weiterer Maßnahmen zur Reduktion von Treibhausgasen und anderer klimarelevanter Schadstoffe in der IMO beteiligt, insbesondere werden die Einführung eines globalen Treibhausgas-Monitoring-Systems für den Seeverkehr und technische und operative Maßnahmen für die bestehende Schiffsflotte als Zwischenschritte auf dem Weg zu einer globalen marktbasierten Maßnahme gesehen. Hierdurch soll effektiver Klimaschutz umgesetzt sowie Wettbewerbsverzerrungen zu Lasten der deutschen Seeschifffahrt und Häfen verhindert und der maritimen Industrie angemessene Planungssicherheit gegeben werden.
Nach derzeitigem Diskussionsstand präferiert die Bundesregierung weiterhin ein offenes Emissionshandelssystem in Verbindung mit einem absoluten Minderungsziel. Mit einem solchen kann effektiver Klimaschutz zu geringst möglichen Kosten erreicht werden. Dieser Ansatz scheiterte aber bislang an dem Widerstand vor allem von Entwicklungs- und Schwellenländern in der IMO. Parallel zu den Aktivitäten auf IMO-Ebene hat die EU-Kommission im Jahr 2011 entsprechend der Aufforderung durch den EU-Rat aus dem Jahr 2009 einen Konsultationsprozess begonnen, bei dem ein regionales Instrument für die EU zur Verminderung von CO2-Emissionen der Seeschifffahrt diskutiert wurde. Sie hat nun zunächst angekündigt, im Frühjahr 2013 einen Vorschlag für die Einführung eines einfachen und praktikablen Monitoring- und Berichtssystems auf Basis des Treibstoffverbrauchs vorzulegen, der als notwendiger Ausgangspunkt für eine mögliche regionale Regelung der Treibhausgasemissionen der Seeschifffahrt dienen könnte. Grundsätzlich sollte ein weltweiter Ansatz aus deutscher Sicht auch hier Priorität vor regionalen Maßnahmen haben.
Die Einhaltung bestehender und kommender Anforderungen im Bereich des Umwelt- und Klimaschutzes auf See setzt die Entwicklung entsprechender Technologien voraus. Dabei rückt insbesondere die Nutzung von verflüssigtem Erdgas (LNG) als Schiffskraftstoff zunehmend in den Mittelpunkt des Interesses von Schiffbau und Seeverkehrswirtschaft. Die von der IMO neu entwickelten Regelungen zur Schadstoffminderung und zur Verbesserung der Energieeffizienz, wie etwa die Schwefel-Grenzwerte in MARPOL Annex VI oder der EEDI, schaffen konkrete Anreize zur Entwicklung und Nutzung neuer Technologien. Daraus entstehen attraktive wirtschaftliche Möglichkeiten für die innovativen Unternehmen der deutschen Schiffbau- und Zulieferindustrie. Die Bundesregierung unterstützt die Nutzung dieses Potenzials auch weiterhin mit der Bereitstellung von Mitteln zur Forschungsförderung. Zudem muss der bestehende Rechtsrahmen angepasst werden. Die IMO ist mit der Entwicklung des IGF-Codes befasst, der den Umgang und die Nutzung gasförmiger Brennstoffe regelt und durch eine Änderung des SOLAS-Übereinkommens verpflichtend gestaltet werden soll.

III. Der Deutsche Bundestag fordert die Bundesregierung im Rahmen der zur Verfügung stehenden Haushaltsmittel auf,

angesichts der nach wie vor bestehenden Probleme und Herausforderungen, insbesondere der anhaltenden Finanzierungskrise in der Seeschifffahrt und des laufenden Strukturwandels in der Schiffbau- und Zulieferindustrie sowie der weiterhin angespannten Marktlage, die Bemühungen zur Stärkung der Wettbewerbsfähigkeit und Innovationskraft der deutschen maritimen Wirtschaft aufrechtzuerhalten und zu intensivieren, insbesondere

1. weiterhin die bestehenden Finanzierungsinstrumente für den Schiffbau – hierzu gehören die Exportkreditgarantien des Bundes (Hermesdeckungen) und die so genannten CIRR-Zinsausgleichsgarantien des Bundes – flexibel im Rahmen der rechtlichen Möglichkeiten (EU, OECD und Haushaltsrecht) einzusetzen, um den deutschen Werften im internationalen Wettbewerb an- nähernd gleiche Bedingungen zur Verfügung zu stellen. Für die Wettbewerbsfähigkeit der deutschen Werften ist es darüber hinaus wichtig, dass die Länder die Möglichkeiten der Schiffbaubürgschaften flexibel ausschöpfen;

2. die Bemühungen der deutschen Reeder, die aktuellen Probleme der Schiffsfinanzierungen zu lösen, durch geeignete Maßnahmen zu unterstützen, etwa
a) durch Schreiben des Bundesministeriums der Finanzen klarzustellen, dass reine Erlöspools nicht der Versicherungsteuer unterliegen und dadurch für Rechtssicherheit zu sorgen,
b) die Bemühungen, den sogenannte Long Term Asset Value (LTAV) als alternatives Schiffsbewertungsverfahren einzusetzen, zu prüfen und ggf. zu unterstützen und
c) die bestehenden Programme der KfW Bankengruppe für die Finanzierung umweltfreundlicher Nachrüstmaßnahmen für Seeschiffe zu optimieren;
3. unter Verstetigung der Fördermittel für die Seeschifffahrt von jährlich knapp 60 Mio. Euro für die nächsten Jahre die erfolgreiche Arbeit im Maritimen Bündnis fortzuführen und an den getroffenen Zusagen weiterhin festzuhalten;
4. eine einheitliche moderne Flaggenstaatverwaltung zu schaffen, um die Attraktivität der deutschen Flagge zu stärken;
5. sich bei der Europäischen Union für eine Fortsetzung der bisherigen Leitlinie zur Förderung der Seeschifffahrt nach ordnungspolitischen Grundsätzen ein- zusetzen;
6. in der Europäischen Union dafür einzutreten, dass auch künftig die einzelnen EU-Mitgliedstaaten bei der Internationalen Seeschifffahrts-Organisation (IMO) vertreten sind und deren Vertretungsanspruch im Rahmen der Vorgaben des Vertrages von Lissabon nicht durch eine alleinige Repräsentanz der EU ersetzt wird, damit die Mitgliedstaaten ihre Rechte und Pflichten als Mit- glieder der Vereinten Nationen (VN) wahrnehmen können;
7. im Rahmen der begonnenen Reform der WSV Strukturen zu organisieren, die den Bedürfnissen der umfassenden Aufgabenerledigung (Ausbau, Betrieb und Unterhaltung, Infrastruktur, Verkehrsmanagement) gerecht werden;
8. im Rahmen der laufenden Reform der WSV für transparente Verfahren zur Prüfung weiterer Vergaben an Dritte nach Wirtschaftlichkeitskriterien zu sorgen, z.B. durch Einführung einer einheitlichen Kosten- und Leistungsrechnung;
9. die in der begonnenen Reform der WSV enthaltene Netzkategorisierung so umzusetzen, dass die in die höchste Prioritätskategorie A eingeordneten seewärtigen Zufahrten entsprechend ihrem kalkulierten Verkehrs- und Güter- aufkommen zügig ausgebaut werden;
10. die für den Seehafenhinterlandverkehr wichtigen Verkehrsprojekte im nächsten Bundesverkehrswegeplan gesondert auszuweisen, um damit die besonders hohe bundesweite wirtschaftliche und verkehrliche Bedeutung der Häfen und ihrer Anbindung bei den zukünftigen Infrastrukturinvestitionen deutlich hervorzuheben. Im Vordergrund stehen dabei die Engpassbeseitigung und Ertüchtigung von Knoten, um einen zuverlässigen Transport auf den Hauptachsen von und zu den Seehäfen zu ermöglichen. Hierbei sind besonders die Engpässe in den Binnenschifffahrtsstraßen zu beseitigen, um mehr Güterverkehr auf das umweltfreundliche Binnenschiff zu verlagern;
11. durch geeignete Maßnahmen dafür zu sorgen, dass es durch die Einführung der letzten Stufe des Grenzwerts für den Schwefelgehalt von Schiffskraftstoffen ab dem 1. Januar 2015 nicht zu Verkehrsverlagerungen vom Seeweg auf die Straße kommt und sich zugleich in der EU und bei der IMO weiterhin dafür einzusetzen, dass auch das Mittelmeer, die Atlantikküste und das Schwarze Meer als Schwefelemissions-Überwachungsgebiete (SECAs) aus- gewiesen werden;
12. das Hong-Kong-Abkommen der IMO zügig zu ratifizieren und sich auf europäischer Ebene für dessen Ratifizierung durch die europäischen Partner einzusetzen, um den Gefahren für Mensch und Umwelt, die mit dem Ab- wracken alter Schiffe – insbesondere in den Ländern Indien, Pakistan und Bangladesch – häufig verbunden sind, wirksam entgegenzutreten. Eine EU-Verordnung, die über das Hong-Kong-Abkommen hinausgeht, dessen weltweite Anwendung untergräbt und zudem die Wettbewerbsfähigkeit der europäischen Flaggen nachhaltig schwächt, ist abzulehnen;

13. die Offshore-Industriepartner aufzufordern, die geschaffenen Anreiz- und Gewährleistungsinstrumentarien zu nutzen und die Zurückhaltung bei Investitionen in die Offshore-Windenergie als eine tragende Säule der Energie- wende aufzugeben und den Ausbau dieser Technologie zu beschleunigen;
14. die Initiative „LeaderSHIP 2020" der EU zur Verbesserung der Rahmenbedingungen für die Schiffbauindustrie in Europa weiterhin zu unterstützen und die Bemühungen der Normenstelle Schiffs- und Meerestechnik bei der Erarbeitung nationaler und internationaler Normen für die Offshore-Windindustrie weiterhin zu unterstützen und positiv zu begleiten;
15. bei Errichtung und Betrieb von Offshore-Anlagen in der deutschen ausschließlichen Wirtschaftszone die alleinige Verantwortung der Anlagenbetreiber für den Schutz von Sicherheit und Gesundheit der dort tätigen Arbeitnehmer zu achten;
16. eine schnelle und sachgerechte Regelung zu verabschieden, um die Vorschriften für Crew- und Versorgungsschiffe im Offshore-Bereich anzupassen, damit die derzeit angewandten Regelungen für die Sicherheit auf Fahrgastschiffen nicht zu Wettbewerbsnachteilen führen;
17. zu prüfen, den Schiffbau und die Meerestechnik in die Hightech-Strategie der Bundesregierung einzubeziehen;
18. durch geeignete Maßnahmen wie eine Öffentlichkeitskampagne die Länder zu unterstützen, mit den Unternehmen der maritimen Branche dem Nachwuchsmangel aufgrund der Demographieentwicklung entgegenzuwirken;
19. durch geeignete Maßnahmen den Aspekt der maritimen Sicherheit verstärkt in die Betrachtungen einfließen zu lassen und dabei
a) die technischen Vorrausetzungen für ein organisationsübergreifendes, flexibles und integriertes maritimes Lagebild zu verbessern und auszubauen, um Risiken eher zu erkennen und zu analysieren,
b) eine operationsgerechte Ausstattung der Einsatzkräfte von Bund und Ländern zu gewährleisten und
c) die Interaktionsfähigkeit der Führungs- und Informationssysteme aller beteiligten Einrichtungen von Bund und Ländern noch weiter zu verbessern.

Berlin, den 19. März 2013

Anlage IV – Glossar

ABS: Abkürzung für American Bureau of Shipping. Klassifikationsgesellschaft, die insbesondere bei Tankern eine führende Stellung einnimmt.

Ablieferung: Zeitpunkt, ab dem die Reederei/Fondsgesellschaft das fertig gestellte Schiff von der Werft erhält.

Abschreibung: Wertminderung von Unternehmensvermögen innerhalb eines Zeitraums.

Agio: Anderer Begriff für Aufschlag. Dabei handelt es sich um einen bestimmten Prozentsatz der Kapitalanlage, die der Anleger zusätzlich bezahlen muss. Damit wird der Vertrieb einer Schiffsbeteiligung bezahlt. Beträgt oft 5 % des Betrags, der investiert wird.

Anleger: Normalerweise ist das der Kommanditist. Er beteiligt sich an einer Kommanditgesellschaft mithilfe seines Kapitals (Einlage). Somit wird der Investor zum Kommanditisten.

Anteil: Auch: Fondsanteil. Kleinster Teil eines Fondsvermögens, über den ein Anteilsschein ausgestellt wird.

Ausflaggung: Eintragung eines Schiffes in das Schiffsregister eines anderen Staates veranlasst durch die Reederei.

Ausschüttung: Anteilige Verteilung liquider Mittel der Fondsgesellschaft an die Anleger.

Außengesellschaft: Teilnahme am Rechtsverkehr durch ihre Vertreter.

Backbord: Die linke Seite des Schiffes.

BaFin: Bundesanstalt für Finanzdienstleistungsaufsicht. Vereinigt unter ihrem Dach die drei ehemaligen Bundesaufsichtsämter für das Kreditwesen, für das Versicherungswesen und für den Wertpapierhandel. Übernimmt die staatliche Aufsicht für alle Bereiche des Finanzwesens.

Ballasttanks: Um die Stabilität zu erhöhen, ist jedes Schiff mit Ballasttanks versehen. Dadurch soll die gewichtsmäßige Belastung eines Schiffes ausgeglichen werden. Gesteuert wird dies durch Befüllung mit Wasser.

Barrel: Maßeinheit, die für Flüssigkeiten wie Rohöl verwendet wird. 1 Barrel = 159 Liter.

Bareboat-Charter: Fachbegriff dafür, dass der Schiffkörper ohne Besatzung vermietet wird. Charterer muss die Aufwendungen für Reparatur, Pflege und Besatzung des Schiffes selbst tragen.

Bauaufsicht: Experten, die eine konkrete und termingerechte Ausführung eines Schiffes überwachen.

Befrachter: Auch Charterer genannt. Das ist derjenige, der ein Schiff für eine bestimmte Zeit mietet.

Befrachtungskommission: Vergütung für die Vermittlung der Charter.

Beirat: Gremium einer Schiffsbeteiligungsgesellschaft. Gesellschaftsversammlung wählt den Beirat. Aufgaben sind die Beratung und die Kontrolle der Geschäftsführung.

Beiträge: Alle Leistungen, die die Gesellschafter nach dem Gesellschaftsvertrag zur Förderung des Gesellschaftszwecks zu erbringen haben.

Beitritt: Der Anleger tritt einer Beteiligungsgesellschaft mit dem in dem Zeichnungsschein eingesetzten Betrag durch Unterzeichnung bei. Erst durch die Annahme durch den Treuhänder ist der Beitritt wirksam.

Beitrittserklärung: Zeichnungsschein als Anlage zum Beteiligungsprospekt.

Bereederung: Technischer und kaufmännischer Betrieb von Seeschiffen.

Bereederungsvertrag: Vereinbarung zwischen dem Schiffsfonds und der Reederei.

Betriebsausgaben: Aufwendungen, die im Rahmen des Betriebes anfallen (§ 4 Abs. 4 EStG).

Betriebseinnahmen: Alle Wirtschaftsgüter in Geld oder Geldeswert, die im Rahmen des Betriebes zu fließen.

Betriebsergebnis: Saldo von Erträgen und Aufwendungen eines Schiffsfonds.

Betriebskosten: Kosten, die nach Abschluss der Investitionsphase mit der Aufrechterhaltung des operativen Geschäftsbetriebes eines Unternehmens verbunden sind.

Boston Beamer: Schiffe, die den Ölumschlagshafen Boston auf Grund ihrer Maße anlaufen können. Die maximale Breite beträgt 29 Meter (90 Fuß).

BRZ: Bruttoraumzahl. Diese gibt den gesamten Raum eines Schiffes an.

Bulkcarrier: Massengutfrachter. Auch Bulker genannt, die große Laderäume besitzen, in die das Massengut hineingeschüttet wird.

Bürgschaft: Einseitig verpflichtender Vertrag, durch den sich der Bürge gegenüber dem Gläubiger verpflichtet, für die Erfüllung einer Verbindlichkeit des Hauptschuldners einzustehen.

Capesize: Größenbezeichnung. Sie gilt für Schiffe, die auf Grund ihrer Maße nicht den Suezkanal befahren können.

Cargo: Ladung.

Charterer: Nutzer oder Mieter eines Schiffes.

Charterrate: Mietpreis für die Nutzung eines Schiffes, den der Eigner vom Charterer erhält. Dieser ist pro Tag einer Reise zu zahlen.

Chartervertrag: Vereinbarung zwischen dem Mieter und dem Eigentümer eines Schiffes in Bezug auf die Nutzung.

Clean products: Gereinigte oder verarbeitete Produkte. Hauptsächlich Benzin oder Chemikalien.

Container: Metallbehälter, der registriert und international standardisiert ist.

Containerschiff: Seeschiff, das für den Transport von Containern konstruiert und gebaut wird.

Dachfonds: Anleger beteiligen sich an einer Schiffsbeteiligungsgesellschaft (Dachfonds), die ihrerseits meist in mehrere Objektgesellschaften (Zielfonds) investiert. Eine besonders breite Risikostreuung kann auf diese Weise erzielt werden.

Dirty products: Insbesondere Roh- und Schweröle. Allgemein noch nicht verarbeitete oder gereinigte Produkte.

DBA: Doppelbesteuerungsabkommen. Abkommen zwischen zwei Staaten zur Vermeidung einer Doppelbesteuerung.

DCF-Methode: Hierbei wird der Kapitalwert des Unternehmens ermittelt, indem die zukünftigen Zahlungsüberschüsse mit einem gewählten Diskontfaktor abgezinst werden.

Doppelhülle: Zweiwändige Schiffskörper. Insbesondere bei Tankschiffen von großer Bedeutung auf Grund der Sicherheitsauflagen.

dwt (Deadweight): Englische Abkürzung für die höchstens zulässige Ladefähigkeit eines Schiffes. Gemessen wird dies in Tonnen.

Eigenkapital: In einem Unternehmen angelegte Mittel, die den Eigentümern (Gesellschafter) gehören.

Einlagen: Wirtschaftsgüter, die dem Betrieb als Kapitalerhöhung zugeführt werden, § 4 Abs. 1 S. 5 EStG. Beitrag eines Gesellschafters (Anlegers), den dieser als Beteiligung einer Gesellschaft leistet.

Emissionshaus: Gesellschaft, die geschlossene Fonds konzipiert, den Fondsprospekt erstellt und Fondsanteile ausgibt.

Emissionsprospekt: Beschreibende und verbindliche Broschüre, die begleitend zu einer Emission am Finanzmarkt erstellt und veröffentlicht wird. Er dient dazu, die potenziellen Anleger über alle Eigenschaften, Chancen und Risiken zu informieren.

Einnahmen: Nach § 8 Abs. 1 EStG alle Güter, die in Geld oder Geldeswert bestehen, dem Steuerpflichtigen im Rahmen der Einkunftsarten § 2 Abs. 1 Nr. 4–7 EStG zufließen.

Entnahmen: Wirtschaftsgüter, die dem Betrieb für private oder andere betriebsfremde Zwecke entnommen werden, § 4 Abs. 1 S. 2 EStG.

Feederschiff: Schiff für notwendige Zubringer- und Verteilerdienst von und zu den großen Häfen, die von den größeren Schiffen nicht direkt angelaufen werden können.

FEU: Abkürzung für „Forty-foot Equivalent Unit". Standard-Containermaß mit einer Länge von 12,20 Metern (40 Fuß), einer Breite von 2,44 Meter und einer Höhe von 2,59 Meter.

Firma: Name, unter dem ein Kaufmann seine Geschäfte betreibt (§ 17 HGB).

Fonds: Sondervermögen, die das Geld von Anlegern bündeln und in Anlageformen – wie Aktien, Anleihen, unternehmerische Beteiligungen – investieren. In der Regel wird das Risiko durch die Verteilung auf verschiedene Anlagen gemindert gegenüber einer Anlage.

Fondsvolumen: Besteht zum einem aus dem in die Fondsgesellschaft eingebrachten Kapital der Anleger (Eigenkapital) und zum anderen aus dem durch Dritte zur Verfügung gestellten Fremdkapital.

Geschlossener Fonds: Investitionsgegenstand und Investitionsvolumen stehen vorher fest und damit ist die Anzahl der Anleger begrenzt. In der Regel kann nur während eines bestimmten Zeitraums (Platzierungszeitraum) investiert werden.

Gesellschaften: Privatrechtliche Personenvereinigungen, die zur Erreichung eines gemeinsamen Zwecks durch Rechtsgeschäft (Gesellschaftsvertrag) gegründet werden.

Gesellschaftsvertrag: Regelt die Rechten und Pflichten von Gesellschaften, die sich zum Zweck der gemeinsamen Verfolgung eines Zieles in einer Gesellschaft zusammengeschlossen haben.

Gewerbe: Jede äußerlich erkennbare, selbstständige, planmäßige, auf gewisse Dauer angelegte und zum Zweck der Gewinnerzielung ausgeübte Tätigkeit.

Gewöhnlicher Aufenthalt: Hat eine Person, wo sie sich unter Umständen aufhält, die erkennen lassen, dass sie an diesem Ort nicht nur vorübergehend verweilt; als nicht nur vorübergehend ist ein zusammenhängender Aufenthalt von mehr als sechs Monaten anzusehen (§ 9 AO).

GmbH & Co. KG: Besondere Ausprägung der im Handelsgesetzbuch (HGB) geregelten Kommanditgesellschaft (KG).

Grundlagengeschäfte: Entscheidungen, die die Organisation oder die Zusammensetzung der Gesellschaft verändern.

Hafteinlage/Haftsumme: Begrenzt den Umfang der Haftung des Kommanditisten im Außenverhältnis.

Handelsregister: Öffentlich beim Registergericht (Amtsgericht) geführtes Verzeichnis für Kaufleute und Handelsgesellschaften einer bestimmten geografischen Region, das eine Publikations-, Beweis-, Kontroll- und Schutzfunktion erfüllen soll.

IMO: Abkürzung für „International Maritime Organisation". IMO ist eine Einrichtung der Vereinten Nationen und soll im nautischen und technischen Bereich für die Schifffahrt international gültige Mindeststandards definieren und etablieren.

Initiator: Gesellschaft/Unternehmen (oder eine Person), das eine Schiffsbeteiligung auflegt und zur Finanzierung des Fondsobjekts von Investoren das erforderliche Eigenkapital einwirbt.

Innengesellschaft: Bleibt auf die interne Vereinbarung beschränkt und nimmt nicht am Rechtsverkehr teil.

Insolvenz: Unternehmen (oder Privatpersonen) können ihren Zahlungsverpflichtungen meist durch Überschuldung nicht mehr nachkommen. Im Rahmen eines Insolvenzverfahrens werden die verbleibenden Vermögensteile des Schuldners auf die Gläubiger verteilt.

Investitionsphase: Zeitraum des Erwerbs des Anlagegutes und aller damit zusammenhängenden Leistungen und Tätigkeiten, wie Fondskonzeption, Projekterstellung, Beschaffung von Fremd- und Eigenkapital.

ISL: Abkürzung für „Institut für Seeverkehrswirtschaft und Logistik" in Bremen. Es erstellt und veröffentlich Statistiken, Berichte, Analysen und Prognosen über die Entwicklungen sämtlicher Schifffahrtsmärkte.

Jahresabschluss: Aufstellung einer Jahresbilanz, Gewinn- und Verlustrechnung sowie eines Geschäftsberichtes nach Ablauf eines Geschäftsjahres.

Juristische Personen: Personenvereinigungen oder Vermögensmassen, die von der Rechtsordnung als selbständige Rechtsträger anerkannt werden. Sie sind rechtsfähig, d.h. sie können Träger von Rechten und Pflichten sein.

Kapitalverwaltungsgesellschaft: Verwalter eines oder mehrerer Investmentvermögen (OWAG oder AIF).

Kick-back: Automatische Rückerstattung eines Teilbetrages einer gezahlten Summe (verdeckte Provisionen).

Klasse, Größe: Totalinspektion eines Schiffes. In der Regel alle fünf Jahre durchgeführt.

Klassifikation: Diese Kennzeichnung ordnet ein Schiff in eine bestimmte Klasse ein. Zu den Kriterien zählen Bauausführung, Konstruktion, Technik sowie Sicherheit.

Knoten: Mittels Knoten wird die Geschwindigkeit eines Schiffes angegeben. Hierbei handelt es sich um die Anzahl der Seemeilen (1,852 Kilometer) pro Stunde.

Kommanditist: Bezeichnung für einen Gesellschafter einer Kommanditgesellschaft, bei dem die Haftung gegenüber den Gläubiger der Gesellschaft auf den Betrag einer bestimmten Einlage beschränkt ist.

Komplementär: Persönlich haftende Gesellschafter einer Personenhandelsgesellschaft. Dieser haftet mit seinem gesamten Vermögen. Übernimmt eine GmbH die Stellung eines Komplementärs, ist die Haftung auf das Gesellschaftsvermögen der GmbH beschränkt.

Konsortium: Unternehmenszusammenschluss in der Rechtsform einer Gesellschaft bürgerlichen Rechts. Meist vorübergehende Vereinigung zu gemeinsamen Handels- oder Finanzoperationen oder zur Schaffung größerer Investitionsaufkommen.

Leistungsbilanz: Jährliche vorzunehmende Darstellung des Fondsinitiators, in denen Entwicklung und Ergebnisse der emittierten Fonds dokumentiert werden. Zentraler Bestandteil ist der Soll-/Ist-Vergleich mit den wesentlichen Eckdaten wie Chartereinnahmen, Ausschüttungen etc.

Liquidität: Die Fähigkeit, im Markt ein Wirtschaftsgut schnell gegen ein anderes zu tauschen. Mit Ausnahme des Tauschmarktes ist mindestens eines der beiden Wirtschaftsgüter ein geldwertes Zahlungsmittel. Deshalb bezeichnet die Liquidität auch die Verfügbarkeit über genügend Zahlungsmittel.

Liquiditätsreserve: Schiffsfonds halten diese regelmäßig vor, um unplanmäßige Kosten zahlen zu können.

Lloyd's Register of British and Foreign Shipping: Älteste Klassifikationsgesellschaft weltweit (1760 gegründet).

Loss-of-hire: Erlösausfall bzw. Einnahmeausfall. Das Schiff, das still liegt, hat keine Einnahmen. Gegen dieses Risiko kann sich die Schiffsgesellschaft versichern. Der Versicherer übernimmt dann die finanziellen Ausfälle.

Major Bulks: Fachbegriff für trockene Massengüter (Bsp. Eisenerze, Getreide, Kohle).

Massengüter: Homogene Schiffsladung, die in der Regel unverpackt und als sog. Schüttgut transportiert wird. Eine Mengenangabe in Stück ist nicht möglich.

Mindestbeteiligung: Die minimal mögliche Zeichnungssumme für Anleger, um den Verwaltungsaufwand für das Fondsmanagement in angemessener Relation zu halten.

Minor Bulks: Ebenfalls trockene Massengüter wie landwirtschaftliche Produkte, Kunstdünger, Phosphate, Zement, Zucker, Soja.

MS: Abkürzung für „Motorschiff".

MT: Abkürzung für „Motortankschiff".

Multipurpose Carrier (MPC): Mehrzweckfrachter, der sowohl Container als auch Massengut und Stückgut transportieren kann.

Nachschusspflicht: Durch Gesetz Satzung oder Vertrag festgelegte Verpflichtung für Gesellschafter, über die ursprünglich vereinbarten Beiträge hinaus weitere Beiträge zu leisten und durch Verluste verminderte Einnahmen auszugleichen.

Netto-Charterrate: Ergibt sich aus der Brutto-Charterrate, von der die Kommissionen und Bereederungsgebühren abgezogen werden.

NOK: Abkürzung für „Nord-Ostsee-Kanal". Dieser ist fast 100 Kilometer lang.

Off-hire: Zeitraum, in dem ein Schiff keine Beschäftigung hat oder technisch nicht einsetzbar ist.

Oil Major: Sammelbegriff für die weltweiten Öl-Multis.

Open-Top-Containerschiffe: Ein solches hat keinen Lukendeckel, ist also nach oben offen.

Panamax-Schiffe: Darunter versteht man die größten Schiffe, die auf Grund ihrer Ausmaße noch den Panamakanal befahren können. Maximale Abmessungen: 294,13 Meter Länge; 32,31 Meter Breite; 12,04 Meter Tiefgang.

Parteifähigkeit: Fähigkeit, Kläger oder Beklagter in einem Prozess zu sein.

Partenreederei: Eine sehr alte Beteiligungsform der Schifffahrtsindustrie. Geregelt in den §§ 489ff. HGB. Die Eigentümer sind Mitreeder, somit unbeschränkt persönlich haftbar.

Pflichteinlage: Betrifft die Leistungspflicht im Innenverhältnis.

Phase-Out: Ausmusterung alter Schiffe auf Grundlage der IMO-Bestimmungen.

Platzierungsgarantie: Zusicherung gegenüber der Beteiligungsgesellschaft, dass das Platzierungs- oder Emissionskapital eines geschlossenen Fonds vollständig gezeichnet wird. Der Garant gewährleistet, dass er oder ein Dritter eventuell nicht platzierte Kapitalbeträge zu einem bestimmten Zeitpunkt übernimmt.

Portfolio: Bezeichnet einen Teil oder die Gesamtheit der Kapitalanlagen.

Pool: Schiffe, die gemeinsam unter der Regie eines Koordinators bzw. Poolmanagers als Einheit betrachtet werden und deren Einträge zuerst kumuliert und anschließend nach einen festgelegten Schlüssel auf die einzelnen Schiffe verteilt werden. Eingesetzt werden meistens typähnliche Schiffe in unterschiedlichen Gebieten.

Postpanamax: Containerschiffe, die auf Grund ihrer Breite (über 32,25 Meter) den Panamakanal nicht mehr passieren können.

Private Placement: Beteiligung an einer Gesellschaft, die für Einzelanleger oder nur wenige private Anleger vorgesehen ist.

Privatautonomie: Jeder kann seine Lebensverhältnisse im Rahmen der Rechtsordnung eigenverantwortlich regeln und frei darüber entscheiden, ob, mit wem und mit welchem Inhalt er Verträge schließen will.

Produkte-/Chemikalientanker: Tanker, die neben Ölprodukten wie Benzin, Gasöl und Dieselöl auch Säuren, Laugen und aggressive Chemikalien befördern. Der Transport erfolgt in vergleichsweise kleinen Tankern.

Prognose: Enthalten in den Verkaufsprospekten geschlossener Schiffsbeteiligungen. Abgebildet wird der finanzielle Verlauf des Investments.

Progressionsvorbehalt: Die steuerlichen Ergebnisse der Anleger aus den meisten Auslands-Beteiligungen sind durch Doppelbesteuerungsabkommen (DBA) von der deutschen Besteuerung freigestellt. Die Einkünfte unterliegen jedoch nach § 32 b EStG dem Progressionsvorbehalt, d.h. das steuerliche Ergebnis aus der Beteiligung wird zur Ermittlung des Steuersatzes zum in Deutschland steuerpflichtigen Einkommen addiert und der daraus resultierende Steuersatz wird dann auf das in Deutschland steuerpflichtige Einkommen angewandt.

Projektladung: In Einzelteile zerlegte Ladung, die am Bestimmungsort wieder zusammengesetzt wird.

Prokura: Handelsrechtliche Vollmacht, die kraft Gesetzes zu allen Arten von Geschäften und Rechtshandlungen ermächtigt, die der Betrieb eines Handelsgewerbes mit sich bringt (außer Veräußerung und Belastung von Grundstücken).

Publikumsfonds: Eröffnen einen großen Kreis von Anlegern eine Beteiligungsmöglichkeit. Die Anteile können von jedermann erworben werden und werden entsprechend der Nachfrage ausgegeben.

Rechtsfähigkeit: Fähigkeit, Träger von Rechten und Pflichten zu sein.

Reede: Hier ankern Schiffe auf See, also außerhalb der Häfen, um die Wartezeit zu überbrücken.

Reeder: Kaufmännischer und/oder technischer Geschäftsführer einer Schiffsgesellschaft.

Reederei: Transportunternehmen der See- oder Binnenschifffahrt. Verfügt über einen kaufmännischen Betrieb zur Frachtwerbung, Abwicklung und Verteilung an Land.

Rendite: Kennzahl zum Vergleich der Vorteilhaftigkeit von Kapitalanlagen. Bezeichnen den Gesamterfolg einer Kapitalanlage, gemessen als tatsächliche Verzinsung des eingesetzten Kapitals.

Round-the-world: Schiffsliniendienst. Dieser umfährt den Globus stets in derselben Richtung.

Schiffsbetriebskosten: Kosten, die durch den Schiffsbetrieb hervorgerufen werden wie zum Beispiel Personal-, Bunker-, Ausrüstungs- und Versicherungskosten. Es gibt inzwischen Vergleichsportale und Vergleichsgrößen vom Verband VGF.

Schiffsfonds: Auch als Schiffsbeteiligungen bezeichnet. Schiffsfonds sind geschlossene Fonds, bei denen das Fondskapital in den Bau oder Erwerb von Seeschiffen investiert wird. Anleger können nur während eines bestimmten Platzierungszeitraums beitreten. Sobald genügend Anleger beigetreten sind und das notwendige Eigenkapital erreicht wurde, wird der Fonds geschlossen.

Schiffshypothekendarlehen: Bankkredit für die Teilfinanzierung eines Schiffes. Darlehensforderung der Bank ist durch Eintragung einer Schiffshypothek im Seeschiffsregister abgesichert.

Schiffsregister: Das Grundbuch für Schiffe. Geführt wird es im Heimathafen eines Schiffes vom dort zuständigen Amtsgericht. Man unterscheidet zwischen Binnenschiffsregister und Seeschiffsregister. Das Register ist in drei Abteilungen aufgeteilt: Identitätsangaben des Schiffes (Bsp. Größe), Eigentumsverhältnisse und Rechte Dritter (Hypotheken).

Secondary Ports: Übersetzt „Zweitranige Häfen“. Das sind Häfen, die nicht an den weltweiten Schiffs-Hauptrouten liegen. Diese haben in der Regel geringen Tiefgang.

Self Geared: Ein Schiff mit eigenen Ladeinstrumenten.

Seemeile: 1 Seemeile = 1.852 Meter.

SOLAS-Abkommen: „Safety of Live at Sea-Convention“. Die internationale technische Sicherheitsstandardvorschrift.

Sondertilgungen: Tilgungen die über dem im Kreditvertrag vereinbarten Leistungsraten hinausgehen. Festgelegt werden die Höhe und die Bedingungen im Darlehensvertrag.

Spotmarkt: Hier werden kurzfristige Charterverträge für Schiffe abgeschlossen.

Steuerboard: Rechte Seite eines Schiffes. Diese ist versehen mit einem grünen Positionslicht.

Stille Gesellschaft: In Deutschland eine Sonderform der Gesellschaft und gehört zu den Personengesellschaften. Sie entsteht dadurch, dass sich eine natürliche Person oder juristische Personen an einem Unternehmen mit einer Vermögenseinlage beteiligt. Der Stille Gesellschafter nimmt am Gewinn in prozentualer Höhe seiner Beteiligung teil und am Verlust bis zur Höhe seiner Einlage.

Stille Reserven: Rücklagen, die, anders als Rückstellungen oder offene Rücklagen, in der Bilanz eines Unternehmens nicht ausgewiesen sind. Entstehen durch Unterbewertungen von Vermögen.

Stückgut: Trockenladung, die fast immer unverpackt ist (Bsp. Autos, Lkw oder größere Maschinenteile).

Suezmax: Fachbegriff für Schiffe, die den Suezkanal zwischen dem Mittelmeer und dem Roten Meer befahren können. Diese Schiffe dürfen höchstens 70 Meter breit sein und maximal 17 Meter Tiefgang haben.

Tanker: Schiffe, die mit Laderaum für den Transport flüssiger Ladung ausgestattet sind.

TEU: Abkürzung für „Twenty-foot Equivalent Unit“. Standard-Containermaß mit einer Länge von 6,10 Meter (20 Fuß), einer Breite von 2,44 Metern und einer Höhe von 2,59 Metern.

Tilgung: Planmäßige Rückführung einer Geld- bzw. Kapitalschuld ohne Zinsen.

Time-Charter: Vermietung eines komplett betriebsbereiten Schiffes für eine bestimmte Zeit.

Tonnage: Fachbegriff für den Bereich der Schiffsvermessung. Zum einen ist die Tonnage das Maß für den nutzfähigen Raum in Bezug auf die Aufnahmefähigkeit und zum anderen richtet sich nach der Tonnage die Gebührenhöhe.

Trampschifffahrt: Bedarfsfahrt. Dient vornehmlich der Beförderung von Massengütern. Die Trampschifffahrt hat keinen festen Fahrplan und nimmt Ladung auf, wo sie angeboten wird.

Treuepflicht: Alles zu tun, was den Gesellschaftszweck fördert, und alles zu unterlassen, was ihm schadet.

Treugeber: Bezeichnung für eine Person (natürliche oder juristische), die sich ihre Anlageinteressen bzw. Rechte gegenüber dem Fondsmanagement von einem Dritten, dem Treuhänder, vertreten lässt.

Treuhänder
Bezeichnung für eine natürliche oder juristische Person, die fremdes Eigentum in eigenem Namen, aber für fremde Interessen verwaltet.

Trip-Charter: Vermietung eines komplett betriebsbereiten Schiffes für nur eine Reise.

Überschuldung: Überschuldung eines Unternehmens liegt vor, wenn Verluste das Vermögen übersteigen. Verpflichtet zum Insolvenzantrag.

ULCC-Tanker: „Ultra Large Crued Carrier"-Tanker. Diese zählen zu den größten Tankschiffen. Deshalb werden sie auch als Supertanker bezeichnet. Ihre Tragfähigkeit beträgt mehr als 320.000 tdw.

Umschlag: Be- und Entladen einer Ladung im Hafen oder auf See.

VDR: Abkürzung für „Verband Deutscher Reeder".

Veräußerungserlös: Dieser kommt beim Verkauf eines Schiffes zu Stande.

VIB = Vermögensanlagen-Informationsblatt: Gemäß § 13 VermAnlG ist das VIB vom Anbieter der Vermögensanlage zu erstellen. Der Umfang darf 3 DIN-A-4 Seiten nicht übersteigen.

Vertretungsbefugnis: Befugnis, die Gesellschaft durch rechtsgeschäftliches Handeln im Außenverhältnis wirksam zu verpflichten.

VLCC-Tanker: „Very large crued carrier"-Tanker. Auch als Supertanker bezeichnet. Haben mit 200.000 bis 320.000 tdw eine geringere Tragfähigkeit als ULCC-Tanker.

VSM: Verband für Schiffbau und Meerestechnik.

Währungsrisiko
Risiko von Kursschwankungen, besonders, wenn Ausgaben und Einnahmen in unterschiedlichen Währungen erfolgen.

Werbungskosten: Aufwendungen, die zur Erwerbung oder der Sicherung und Erhaltung von Einnahmen dienen, § 9 Abs. 1 S. 1 EStG.

Wirtschaftsgüter: Auf der Aktivseite der Bilanzausgewiesene positive Güter (Anlage-, Umlaufvermögen) und auf der Passivseite der Bilanz ausgewiesene negative Güter (Schulden).

ZDS: Zentralverband der Deutschen Seehafenbetriebe.

Zweitmarkt: Markt, in dem Geschäftsanteile (Kommanditanteile) an bestehenden geschlossenen Fonds während ihrer Laufzeit gehandelt werden.

Zwingendes Recht: Eine Abweichung von der gesetzlichen Vorgabe durch Vertrag ist unzulässig und unwirksam.

Zwischendeck: Ein in der Höhe verstellbares, bisweilen auch herausnehmbares Deck. Diese Flexibilität dient der Anpassung des Laderaums an die jeweilige Fracht. Mehrzweck-Schiffe haben oft dies.

Stichwortverzeichnis

Die Zahlen verweisen auf die Randnummern